《苏州通史》编纂委员会 ◇ 编

苏州通史

人物卷（下）
中华民国至中华人民共和国时期

李　峰 ◇ 主编

学术总顾问

戴　逸

学术顾问

李文海　张海鹏　朱诚如　汝　信
茅家琦　段本洛　熊月之

总主编

王国平

苏州大学出版社
Soochow University Press

图书在版编目(CIP)数据

苏州通史.人物卷.下,中华民国至中华人民共和国时期/《苏州通史》编纂委员会编;李峰主编.—苏州:苏州大学出版社,2019.3
ISBN 978-7-5672-2516-9

Ⅰ.①苏… Ⅱ.①苏… ②李… Ⅲ.①苏州-地方史 ②人物-列传-苏州-现代 Ⅳ.①K295.33

中国版本图书馆 CIP 数据核字(2018)第 270102 号

苏州通史 人物卷（下）
中华民国至中华人民共和国时期

主　　编	李　峰
篆　　刻	陈道义
责任编辑	刘一霖
装帧设计	唐伟明　吴　钰
出版发行	苏州大学出版社
地　　址	苏州市十梓街 1 号
邮　　编	215006
电　　话	0512-67481020　65222617(传真)
网　　址	http://www.sudapress.com
邮　　箱	sdcbs@suda.edu.cn
印　　刷	苏州工业园区美柯乐制版印务有限责任公司
开　　本	787 mm×1 092 mm　1/16　印张 32.75　字数 588 千
版　　次	2019 年 3 月第 1 版
	2019 年 3 月第 1 次印刷
书　　号	ISBN 978-7-5672-2516-9
定　　价	150.00 元

版权所有　侵权必究

李　峰	王晋玲	袁成亮	李海涛	顾亚欣
曹培根	李　军	徐　阳	王　宁	李嘉球
马一平	俞　前	沈　潜	潘正言	陈道义
朱季康	许冠亭	张　敏	陆宜泰	缪　宏
王伟群	林锡旦	章致中	黄丽芬	王　晨
解　军	王　亮	朱汉林	金问涛	金　坡
冯勇攀	陈天慧	陈希强	郭素素	罗时进
姚福年	柴念东	陈中平	钱万里	邵志锋
陈凯歌	郑　颖	谢丽玲	唐宏婷	谢　磊
吴智煜	袁　炜			

序

在苏州市委、市政府领导和市委宣传部的组织实施下,经过长达十年的努力,皇皇16卷本的《苏州通史》即将出版,实在可喜可贺。

盛世修史,是中华民族的优良传统。伴随着经济的发展和社会的进步,2002年8月,党中央、国务院郑重做出了启动国家清史纂修工程的重大决定。在国家清史纂修工程的成功示范下,不少地方政府也开始组织力量,对本地区的历史文化进行深入挖掘和梳理,编纂区域性通史即是其中的重要途径。

苏州是我国重要的历史文化名城,在2500多年的发展史上,苏州先民创造了光辉灿烂的地方文化,成为中华文化的重要组成部分。宋代以来,苏州就有"人间天堂"的美誉。明清时期的苏州,在很多方面都达到了中国封建社会发展的顶峰。当今的苏州,作为改革开放的前沿,在经济、社会和文化诸方面都取得了令人瞩目的成就,综合实力位居全国前列。深入挖掘苏州的历史文化内涵,总结苏州发展的得失成败,是历史赋予当今苏州人的光荣使命。《苏州通史》在这种背景下应运而生。

十年来,在苏州市委、市政府和市委宣传部的大力支持下,总主编王国平教授带领课题组的数十位专家学者,心怀高度的历史责任感,反复切磋,努力钻研,通力合作,高质量地完成了《苏州通史》的撰写,堪称"十年磨一剑"。可以说,这部《苏州通史》系统地厘清了苏州发展的历史脉络,全面展现了苏州丰厚的文化积淀,是第一部完全意义上的苏州通史。我认为,这部《苏州通史》不但可以作为苏州城市的文化名片,也可以作为爱国主义教育的乡土教材。

古人云:"鉴于往事,有资于治道。"对于一个国家如此,对于一个地区何尝不是如此。相信《苏州通史》的出版,必将会为苏州的进一步发展提供强大精神力量。

　　苏州是我魂牵梦萦的家乡。八年前,我曾为《苏州史纲》作序;八年后的今天,又躬逢《苏州通史》出版的盛事,何其幸哉!对于家乡学术界在苏州历史文化研究方面取得的历史性跨越,我感到由衷的喜悦,故赘述如上,谨以为序。

戴逸

2017 年 10 月 25 日

绪 言

苏州是中国重要的历史文化名城。早在一万多年前,太湖的三山岛就已出现了光辉灿烂的旧石器文化,成为中华文明的摇篮之一。商代末年,泰伯奔吴,带来了先进的中原文化。此后,吴国在此立国。吴王阖闾时期,兴建了吴大城,吴国也渐臻强盛,最终北上称霸。秦汉时期,今苏州地区纳入统一王朝的治理,经过孙吴政权的经营和东晋南朝的发展,到唐代中叶,苏州已经成为中国的经济中心之一。宋元时期,苏州的经济文化得到长足发展。到明清时期,苏州的发展水平已臻历史巅峰,成为全国著名的经济和文化中心,影响直至今日。晚清至民国时期,苏州逐渐从传统走向现代。中华人民共和国成立后,特别是改革开放以来,苏州再度强势崛起,成为当今中国发展最快、率先基本建成高水平全面小康社会的地区之一,创造了新的奇迹。这是苏州历史进程的主要脉络,构成了《苏州通史》的主线。

作为第一部完全意义上的苏州通史,我们希望能够以16卷的体量,系统完整地厘清苏州历史发展的脉络,全方位地展现苏州政治、军事、经济、社会、文化各方面的历史风貌。《苏州通史》撰写所涉及的主要内容与问题说明如下:

一、《苏州通史》的时空界定

1. 时间界定:苏州的历史包括这一区域的史前史。今日苏州所辖吴中区的太湖三山岛,早在一万多年前就出现了旧石器文化,这就成了《苏州通史》的起点。《苏州通史》的时间下限为公元2000年。

2. 政区空间界定:兼顾政区空间的现状与历史,以现行行政区域为基准,详写;历史行政区域超越现行行政区域部分,在相关历史时期中略写。

二、《苏州通史》的体例

参照中国传统史书编撰体例,借鉴国家清史纂修工程的《清史》主体设计,《苏州通史》主体部分为导论以及从先秦至中华人民共和国时期的历史(分为若干阶段的断代史),另设人物、志表、图录等三部分。人物、志表、图录中的内容是对通史部分相关内容的补白与补强。

《苏州通史》共分16卷。第1卷为导论卷,第2卷为先秦卷,第3卷为秦汉至隋唐卷,第4卷为五代宋元卷,第5卷为明代卷,第6卷为清代卷,第7卷为中华民国卷,第8卷为中华人民共和国卷(1949—1978),第9卷为中华人民共和国卷(1978—2000);第10卷为人物卷(上),第11卷为人物卷(中),第12卷为人物卷(下),第13卷为志表卷(上),第14卷为志表卷(下),第15卷为图录卷(上),第16卷为图录卷(下)。

三、"导论卷"的结构与内容

"导论卷"为丛书首卷,包括苏州历史地理概要、苏州史研究概述以及苏州史论三个部分。

"导论卷"上篇为苏州历史地理概要。在对苏州各历史时期地理环境要素演变做分期分类的基础上,重点对苏州历史沿革地理和苏州历史自然地理演变做概要性叙述,主要包括苏州历史气候与生态变迁、苏州地质与地貌变迁、苏州古城水道变迁、苏州历史建置沿革以及苏州城池防务沿革。

"导论卷"中篇为苏州史研究概述。《苏州通史》是学术界业已取得的研究成果的集中体现。对于苏州各个时期历史的研究,学术界已有或多或少的成果,并以著作、论文等为载体展现世间。《苏州通史》的作者们充分关注和汲取了这些宝贵的学术营养。"导论卷"的苏州史研究概述,分别列举并适当评述了先秦、秦汉至隋唐、五代宋元、明代、清代、中华民国、中华人民共和国等历史时期苏州史的研究成果。

"导论卷"下篇为苏州史论。按照通史的体例,正文中不可能就论题展开详细的专题性论述,这些相关论述即构成了"导论卷"下篇的苏州史论。这些专题论述有:《春秋吴国国号及苏州城市符号的"吴"及其溯源》《秦汉至隋唐时期吴城所辖行政区域及政治地位的变迁》《五代宋元时期来苏移民问题》《明代苏州地位论纲》《晚清苏州的现代演进》《民国以降苏州经济社会发展的传统规定性》《人民公社时期苏州农村社队工业的兴起与发展》《改革开放时期苏州经济发展的三次跨越》,大体上覆盖了苏州历史发展进程中的一些重要节点。

四、自先秦至中华人民共和国各卷的章节体系

自先秦至中华人民共和国各卷是通史的主体,分为 8 卷断代史。各卷采用纵横结合的结构,根据本卷所跨时段的政治经济发展状况,划分若干客观发展阶段为若干章,主要写政治、军事、经济状况;另设社会一章,主要写整个时段苏州人口家族、宗教信仰、民风节俗等;另设文化一章,主要写科学技术、教育、文化艺术等。这样,以"X+2"模式架构和贯通 8 卷断代史。

自先秦至中华人民共和国共 8 卷的章节体系,展示了苏州历史进程的主要脉络,体现了《苏州通史》的主线。各卷设章如下:

先秦卷 第一章,远古文明;第二章,泰伯南奔与立国勾吴(泰伯至寿梦);第三章,从徙吴至强盛(诸樊至吴王僚时期);第四章,"兴霸成王"与吴大城建筑(阖闾时期);第五章,从称霸到失国(夫差时期);第六章,战国时期的吴地;第七章,吴国社会状况;第八章,吴国的文化。

秦汉至隋唐卷 第一章,秦汉时期的苏州;第二章,六朝时期的苏州;第三章,隋唐时期的苏州;第四章,秦汉至隋唐时期的苏州社会;第五章,秦汉至隋唐时期的苏州文化。

五代宋元卷 第一章,五代苏州从混战走向稳定;第二章,北宋苏州的稳固与发展;第三章,南宋苏州的复兴与繁华;第四章,元代苏州的持续发展;第五章,五代宋元时期苏州的社会组织与社会生活风俗;第六章,五代宋元时期苏州的文化。

明代卷 第一章,洪武时期苏州社会恢复性发展;第二章,建文到弘治时期苏州社会持续性发展;第三章,正德到崇祯时期苏州社会转型性发展;第四章,明代苏州社会生活;第五章,明代苏州文化。

清代卷 第一章,恢复、发展与繁荣(顺治至乾隆年间);第二章,衰退与剧变(嘉庆至同治初年);第三章,变革与转型(同治初年至宣统年间);第四章,社会风貌;第五章,文化成就。

中华民国卷 第一章,民初情势;第二章,革命洗礼;第三章,近代气象;第四章,战争浴火;第五章,社会生活;第六章,文化教育。

中华人民共和国卷(1949—1978) 第一章,向社会主义过渡;第二章,全面探索的十年;第三章,"文化大革命"的十年内乱;第四章,在徘徊中前进的两年;第五章,社会变迁;第六章,文教、卫生事业的曲折发展。

中华人民共和国卷（1978—2000） 第一章,全面拨乱反正和改革开放启动时期;第二章,推进改革开放和加快发展时期;第三章,深入改革开放和现代化建设勃兴时期;第四章,和谐多彩的社会生活;第五章,与时俱进的文化建设。

五、人物、志表、图录各卷的编排

人物卷 《苏州通史》第10—12卷为人物卷（上）（中）（下）,所录人物共1600余人（含附传）,包括苏州籍人士、寓居苏州有影响的非苏州籍人士,以及主要活动在外地的有影响的苏州籍人士。所录人物主要按人物生卒年排序。

志表卷 《苏州通史》第13—14卷为志表卷（上）（下）,志表合一,分为建置、山川、水利、城市、街巷桥梁、园林、乡镇、人口、财政、职官、教育、藏书、文学、新闻出版、绘画、书法篆刻、音乐、昆曲、评弹、工艺美术、宗教、物产、风俗、古建筑、会馆公所、古迹等共26章。

图录卷 《苏州通史》第15—16卷为图录卷（上）（下）,所录历史图片按政区舆图、军政纪略、衙署会所、城池胜迹、乡镇名景、水陆交通、市政设施、农林水利、工矿企业、店铺商社、苏工苏作、园林园艺、科学技术、科举教育、文学艺术、报纸杂志、书法绘画、文献藏书、文化设施、文娱体育、医疗卫生、风俗民情、宗教信仰、慈善救济、人物图像、故居祠墓等共26类编排。各类图片基本按图片内容发生时间排序。图录卷共收录图片2000余幅,每幅图片均附扼要的文字说明。

《苏州通史》的人物、志表、图录等卷与其他相关的人物传记、方志、专业志、老照片等著作体裁有别,详略不同,其内容取舍取决于丛书的学术需求。

六、苏州元素的体现

苏州通史,所以能区别于其他地区的通史,在于展现了苏州悠久的历史发展过程中形成的历史文化特色,这些特色又是通过其独特的元素来体现的。为此,《苏州通史》的撰写,对历史进程中的苏州元素予以重点关注与剖析。诸如三山旧石器文化、太湖与苏州水系、伍子胥建城、三国东吴、范仲淹与"先天下之忧而忧,后天下之乐而乐"、苏州府学、"苏湖熟,天下足"、"上有天堂,下有苏杭"、吴门画派、吴门医派、昆曲评弹、园林、丝绸、顾炎武与"天下兴亡,匹夫有责"、姑苏繁华、明清苏州状元、苏福省、冯桂芬与"中学为体,西学为用"、苏州洋炮局、东吴大学、社队企业、"苏南模式"、苏州工业园区等,都会在相关各卷进行重点论述。

绪　言

从 2007 年撰写《苏州史纲》算起,至 2010 年《苏州通史》立项,再至 2018 年《苏州通史》付梓,整整十一年。若谓十年磨一剑,绝非虚语。

十余年里,我们怀抱美好的愿望,希望这部《苏州通史》能够成为第一部完全意义上的苏州通史,系统完整地厘清苏州历史发展的脉络,全方位地展现苏州政治、军事、经济、社会、文化各方面的历史风貌。希望这部《苏州通史》能够成为苏州城市的一张靓丽名片,展现苏州历史文化的丰厚积淀,展现当今苏州发展的辉煌成就,也在一定程度上展现苏州社会科学界在本土历史文化研究方面的学术成就。希望这部《苏州通史》能够成为苏州历史文化资源开发利用的一个坚实基础。

为此,《苏州通史》作者力求城市通史体系创新,力求新史料应用及史实考证的创新,力求观点提炼与论述创新,力求《苏州通史》能够达到同类通史的最高水平。

为此,《苏州通史》作者严格把握了保障学术水平的几个环节,诸如开题研讨、专题研讨、结项研讨、书稿外审、总主编审定、编委会审定等。在通史撰写过程中,熊月之、崔之清、姜涛、周新国、范金民、李良玉、戴鞍钢、马学强、张海林、王健、王永平、孟焕民、徐伟荣、汪长根、吴云高、卢宁、邓正发、涂海燕、陈其弟、陈嵘、尹占群、林植霖、张晓旭等专家学者参与了书稿的审阅,并提出了宝贵的意见与建议。

为此,苏州市领导还聘请了全国史学界及相关领域权威学者戴逸、李文海、张海鹏、朱诚如、汝信、茅家琦、段本洛、熊月之等先生担任学术顾问,并聘请戴逸先生担任总顾问。非常感谢他们听取相关事宜的汇报,并不吝赐教。

《苏州通史》作为市属重大社科研究项目,十余年来,得到苏州市委、市政府的高度重视和大力支持。先后担任中共苏州市委书记的王荣同志、蒋宏坤同志、石泰峰同志、周乃翔同志,以及先后担任苏州市市长的阎立同志、曲福田同志、李亚平同志等,都对《苏州通史》的研究编纂工作给予关心、指导和帮助。作为《苏州通史》编纂的主管部门,苏州市委宣传部历任部长徐国强同志、蔡丽新同志、徐明同志、盛蕾同志、金洁同志,历任分管副部长高志罡同志、孙艺兵同志、陈雪嵘同志、黄锡明同志等接续发力,从各方面为《苏州通史》编纂团队排忧解难,提供条件,创造了从容宽松的工作氛围。苏州市委宣传部副部长、市文明办主任缪学为同志和市社科联主席刘伯高同志积极支持项目立项和研究,并从资金等方面提供保障。苏州市委宣传部工作人员洪晔、吕江洋、徐惠、刘纯、刘锟、陆怡、盛征、陈华等同志先后参与了具体组织和协调推进工作。谨此致谢。

《苏州通史》杀青之际，掩卷而思著作之艰辛，能不感慨系之？感慨于《苏州通史》课题组各位同仁十余年来付出的难以言表与计量的刻苦与辛劳，感慨于众多学者专家审读各卷书稿所给评价与建议的中肯与宝贵，感慨于苏州市委宣传部历任领导对《苏州通史》从立项到出版全程的悉心呵护与大力支持，感慨于苏州大学领导从我们承接任务到付梓出版所给予的支持和关心，感慨于社会各界对《苏州通史》方方面面的关注与期待。

　　历经十余年打磨，《苏州通史》即将面世。果能得如所愿，不负领导希望，不负社会期待，不负同仁努力，则不胜欣慰之至！

王国平

2018年10月于自在书房

目 录

俞粟庐 / 001
邵松年 / 001
曹沧洲 / 002
陆　恢 / 003
吴荫培 / 004
祝大椿 / 005
曹允源 / 007
王同愈 / 007
胡玉缙 / 008
印　光 / 009
叶德辉 / 010
赛金花 / 011
沈恩孚 / 011
曹元忠 / 012
顾麟士 / 013
章　钰 / 014
金兰升 / 015
唐文治 / 016
姚承祖 / 017
范　祎 / 018
施肇曾 / 019
席裕福 / 020
方　还 / 021
徐兆玮 / 022

彭榖孙 / 022
张　鸿 / 023
张一麐 / 024
蒋元庆 / 025
曹元弼 / 026
胡石予 / 027
邓邦述 / 028
余　觉　沈　寿 / 029
王大炘 / 030
言敦源 / 031
孙德谦 / 032
章太炎 / 033
贝润生 / 034
潘月樵 / 036
丁祖荫 / 037
姚鹏图 / 038
曾　朴 / 038
张一鹏 / 039
朱锡梁 / 040
蔡　寅 / 041
瞿启甲 / 042
马光楣 / 043
凌昌焕 / 044
王季烈 / 044

潘昌煦 / 046
陈去病 / 047
赵　石 / 048
金松岑 / 049
赵子云 / 050
潘定思 / 051
杨云史 / 052
王季同 / 053
薛凤昌 / 055
穆藕初 / 056
潘子欣 / 057
蔡俊镛 / 058
萧　蜕　兄萧麟徵　弟萧蛊友 / 059
包天笑 / 060
戚饭牛 / 061
施肇基 / 062
汪荣宝 / 064
吴　徵 / 065
杨廷栋 / 065
钱汉阳 / 067
沈祖绵　子沈延国 / 068
魏钰卿 / 069
孙润宇 / 070
李根源 / 071
周凤文　子周云瑞 / 073
陆鸿仪 / 074
费公直 / 075
郑辟疆 / 076
唐慎坊　子唐仁缙 / 077
俞天愤 / 078
李复几 / 079

张紫东 / 079
陈则民 / 080
徐卓呆 / 081
许　泰 / 082
周梅谷 / 083
陈中孚 / 084
杨天骥 / 084
唐昌言 / 088
卢赋梅 / 088
陆啸梧 / 089
朱文鑫 / 090
彭清鹏 / 091
吴粹伦 / 092
时慧宝 / 092
王荫藩 / 094
朱文熊 / 095
汤国梨 / 096
沈　鹏 / 097
吴双热 / 097
费树蔚 / 098
杨荫榆 / 099
吴　梅 / 100
陆翥双 / 101
沈同午 / 102
汪逢春 / 102
徐朴诚 / 104
许厚基 / 104
邹树文 / 105
吴献书 / 106
王季玉 / 107
金静芬 / 107

徐天啸 / 108
冯世德 / 109
吕凤子 / 110
张竹平 / 111
王荫泰 / 112
邓邦述 / 113
王文显 / 114
俞子夷 / 115
柳伯英 / 116
钱　刚　子钱康民 / 117
也是娥 / 118
陈　摩 / 118
叶楚伧 / 120
李君磐 / 121
蓝公武 / 123
柳亚子 / 125
莫悟奇　子莫非仙 / 126
郑桐荪 / 127
吴恩淇 / 128
戴逸青 / 128
贝晋眉 / 129
徐佩璜 / 129
宗秀松　子俞炳元 / 130
余佩皋 / 132
冯子和 / 133
王　謇 / 134
潘慎明 / 135
王绍鳌 / 135
徐枕亚 / 138
张冀牖 / 139
陈定谟 / 140

陈调甫 / 141
沈初鸣 / 142
申振纲 / 143
陆树棠 / 143
顾福如 / 144
黄伯樵 / 145
庞敦敏 / 146
殷震贤 / 146
汪　东 / 147
朱剑芒 / 148
王伯祥 / 149
陈霆锐 / 150
汤修慧 / 151
徐镜清 / 152
郑泽南 / 152
朱桂芳 / 153
汪懋祖 / 154
杨永清 / 155
俞寄凡 / 157
陆殿扬 / 158
赵士卿 / 159
陆　权 / 160
毛吟槎 / 160
王无能 / 161
陆　基　陆衣言 / 163
王荫嘉 / 164
席德懋 / 165
陈端友 / 166
王怀琪 / 166
陈万里 / 167
傅焕光 / 169

薛元龙 / 170	陆澹安 / 208
徐兰沅 / 171	平襟亚 / 210
孙本文 / 172	凌鸿勋 / 211
邵汝干 / 175	叶圣陶 / 212
徐佩琨 / 176	陈震寰 / 214
章元善 / 177	周瘦鹃 / 215
朱屺瞻 / 178	王国秀 / 216
姚民哀 / 179	徐祖诒 / 217
张景孟 / 181	陶冷月 / 218
俞颂华 / 181	郑逸梅 / 220
潘镒芬 / 183	曾虚白 / 221
徐　谟 / 183	侯家源 / 222
柳士英 / 184	翁之龙 / 223
张慰慈 / 186	顾青瑶 / 224
程小青 / 187	朱翊新 / 225
顾颉刚 / 188	潘家洵 / 227
贝祖诒 / 189	黄　觉　黄炳星　黄　钧 / 227
钱大钧 / 190	顾明道 / 228
郭绍虞 / 192	俞庆棠 / 229
邹秉文 / 194	唐　豪 / 231
颜文樑 / 194	管平湖 / 232
江小鹣 / 196	孙本忠 / 232
金诵盘 / 197	陈彬龢 / 234
张叔良 / 198	余彤甫 / 234
张冶儿 / 198	周玉泉 / 235
金国宝 / 199	范君博 / 236
洪警铃 / 201	陶叔南 / 238
范烟桥 / 202	蒋吟秋 / 239
吴湖帆 / 205	章守玉 / 240
朱耀祥 / 206	宗白华 / 241
吴子深 / 207	潘承孝 / 242

吴颂皋 / 243
宋鸿铨　宋鸿鉴 / 243
蒋　英 / 244
张江树 / 245
吴泽霖 / 246
钱用和 / 247
徐碧波 / 249
朱通九 / 249
吴莲洲 / 251
张德骢 / 251
承澹盦 / 253
刘　云 / 254
吴保丰 / 255
郭琦元 / 256
朱石麟 / 257
胡昌才 / 258
胡觉民 / 260
钱昌照 / 260
王淑贞 / 262
曾世英 / 263
祝　嘉 / 264
汪伯乐 / 265
徐蔚南 / 266
严宝礼 / 267
沈俭安 / 269
李叔明 / 270
胡粹中 / 271
谷春帆 / 273
陈庆瑜 / 273
陈　章 / 274
浦薛凤 / 275

张应春 / 276
朱穰丞 / 277
翁之镛 / 278
徐云志 / 279
薛筱卿 / 280
龚积芝 / 281
沙千里 / 282
钱荣初 / 283
黄兆熊 / 284
钱昌祚 / 284
胡文楷 / 285
陈三才 / 287
裴复恒 / 287
王益厓 / 288
王古鲁 / 289
陈复祥 / 290
黄文东 / 291
黄一峰 / 292
陈一白 / 293
姚嘻笑 / 293
潘伯英 / 294
夏坚白 / 295
王汉伦 / 296
金家凤 / 297
袁家骅 / 299
费新我 / 300
顾翼东 / 301
吴进贤 / 303
费达生 / 304
潘家辰 / 305
仇昆厂 / 307

彭国彦／309
朱兆雪／309
陆近仁／310
顾公硕／311
支　谦／313
王守竞／314
顾廷龙／314
吴吉人／315
周奎麟／315
潘承厚／316
费　巩／316
冯有真／318
徐碧云／319
姚苏凤／320
许云樵／322
严欣淇／323
徐荫祺／324
金　震／324
李先良／325
严家淦／326
李　强／328
仲肇湘／329
谢孝思／330
许金元／331
费　穆／332
彭望荃／333
李廷松／334
庞薰琹／335
王传淞／338
胡均鹤／339
周文在／340

沈传芷／341
吴晓邦／341
倪徵𠹘／344
张寒月／345
姚荫梅／346
戴松恩／348
刘天韵／349
吴永刚／350
吴景略／352
徐迈进／352
周同庆／353
宣景琳／354
王淦昌／355
柳无忌／356
王季迁／357
吴蔚云／358
潘景郑／359
柴德赓／360
王沛纶／362
蒋恩钿／363
许宪民／365
祁莲芳／366
费彝民／367
张鸿声／368
王守泰／369
蒋德麒／370
包可永／371
吴作人／372
吴兆基／374
钱仲联／375
张青莲／377

沈遵晦 / 378
黄文熙 / 379
陆瘦燕 / 379
朱传茗 / 381
沈祖棻 / 382
陶秋英 / 383
温肇桐 / 384
吴　茵 / 385
张辛稼 / 386
周云舫 / 387
张文元 / 388
郑传鉴 / 389
顾传玠 / 389
刘汝醴 / 390
朱　凤 / 391
张道行 / 392
费孝通 / 393
瓦　翁 / 395
陆修棠 / 396
金　山 / 397
唐长孺 / 398
丁善德 / 399
樊庆笙 / 400
王兆俊 / 401
张幻尔 / 402
张英超 / 403
严绍唐 / 404
鲁　思 / 405
周传瑛 / 405
胡崇贤 / 407
吴健雄 / 407

程金冠 / 409
曹汉昌 / 411
时　钧 / 412
曹孟浪　程丹娜 / 413
张光斗 / 414
王为一 / 416
王承绪 / 417
夏崇本 / 418
任天石 / 419
严雪亭 / 420
华特生 / 421
黄异庵 / 422
李竞雄 / 423
沈昌焕 / 424
麦　新 / 425
彭子冈 / 426
唐　纳 / 427
李　猷 / 428
陈国符 / 429
陈华癸 / 430
何泽慧 / 431
顾　准 / 433
黄授书 / 434
许　亚 / 435
潘　素 / 436
高伯瑜 / 436
宋鸿钊 / 437
冯新德 / 438
姚　鑫 / 440
冯英子 / 441
王大珩 / 442

夏济安 / 443
袁水拍 / 444
陶　金 / 445
汤蒂因 / 446
陆宝麟 / 446
谈镐生 / 447
吴大琨 / 449
曹大铁 / 452
顾也鲁 / 453
沙曼翁 / 454
钱家骏 / 455
朱季海 / 456
陆兰秀 / 457
筱快乐 / 459
陆　地 / 460
吴仲华 / 461
程民德 / 462
蒋月泉 / 463
钱人元 / 464
李敏华 / 466
胡　绳 / 467
吴中伟 / 468
吴传钧 / 470
钱今昔 / 470
严庆澍 / 472
赵三岛 / 473
宋文治 / 474

阙殿辉 / 475
杨嘉墀 / 476
殷之文 / 477
汪闻韶 / 477
王　安 / 478
朱德熙 / 479
周玉菁 / 480
吴敎木 / 481
唐耿良 / 483
徐国钧 / 484
张永昌 / 485
陈华薰 / 486
顾懋祥 / 487
范雪君 / 488
殷启辉 / 489
殷　震 / 490
朱　预 / 491
徐丽仙 / 492
陆文夫 / 493
屈梁生 / 494
范敬宜 / 495
黄胜年 / 496
章　申 / 497
时铭显 / 498
潘承洞 / 499
丁大钊 / 501

俞粟庐（1847—1930）

俞粟庐,名宗海,以字行,号韬庵,江苏娄县（今上海松江）人。生于清道光二十七年(1847)。幼习弓马武艺,后从学于吴江沈景修。工书法,宗北碑,通金石学,精于书画鉴别。光绪初年署金山县守备,后调任苏州葑门外水师营务处办事,移家于苏州吴县范庄前义巷内。

俞粟庐少时即好昆曲,同治十一年(1872)从上海怡怡集同籍曲友韩华卿习曲,尽得其师衣钵。宗叶（堂）派唱口,工冠生,其他行当也都精通。擅唱《琵琶记》《长生殿》《千忠戮》《玉簪记》《牡丹亭》《红梨记》等戏。其拿手戏《金雀记·乔醋》为滕成芝亲授。1921年春,俞粟庐与穆藕初、徐凌云共同发起组织昆剧保存社。百代唱片公司曾为俞粟庐灌制唱片十三面。俞粟庐所撰《度曲刍言》于1924年发表于上海笑舞台《剧场报》。

俞粟庐定居苏州四十余年,长期受聘于补园主人张履谦家鉴定书画,兼为其子张元谷、孙张紫东等拍曲授艺。热心参加曲社同期,以启迪后进为己任,被尊为"江南曲圣"。吴梅、张紫东、徐镜清、贝晋眉、陆麟仲、殳九组、尤企陶、顾公可、俞锡侯、吴仲培、汪鼎丞、宋选之、宋衡之等均受其教益。1930年俞粟庐病逝于苏州乔司空巷新宅。有《粟庐曲谱》行世。

子俞振飞,承家学,别有传。

（徐　阳　王　宁）

邵松年（1849—1924）

邵松年,字伯英,号息盦,常熟人,寄籍宛平（今北京）。生于清道光二十九年(1849)。邵亨豫子,杨庆麟女婿。

同治九年(1870)邵松年中举人,被授予内阁中书。光绪九年(1883)成进士,被选为庶吉士,被授予翰林院编修,充国史馆协修、会典馆帮总纂。十七年,任河南学政,曾创办明道学院,调各县高才生肄业其中,并辑刊《续中州名贤文表》《中州试牍》。二十一年,归里奉母。居乡生活三十年,热心于公益事务。二十八年,游文书院改办常昭学堂,不久改名常昭公立高等小学堂,邵松年曾为主事之一。二十九年,协助庞鸿文纂修《常昭合志稿》。三十一年,常昭学务公所设于石梅游文书院,邵松年则任公所总董,总揽常昭两县学务。三十四年,任常熟、昭文二县自治筹备公所所长。1917年任《重修常昭合志》协修。

邵松年作画笔墨娴雅。擅长书法,尤精小楷,深得翁方纲神髓,有《邵松年小楷》流传于世。家藏颇富，以兰雪斋所藏神龙本《兰亭序》为最著，古鲸琴馆则专藏古琴。邵松年精于鉴别，光绪末著成《古缘萃录》十八卷，记述所藏书画、碑帖，既精且博，品评多识见，如认为石涛一生郁勃之气无所发泄，寄情于诗书画，因而"有时如豁然长啸，有时若戚然长鸣，无不于笔墨中寓之"。翁同龢跋碑帖二卷，称"此编出，即作帖鉴帖考观可也"[1]。邵松年所辑《虞山画志补编》成于1922年。同年邵松年撰成《一斑吟草》，为鉴赏书画碑帖的工具书。书中为每件藏品各赋七绝一首，包括《论碑帖绝句》40首、《论书绝句》46首、《论画绝句》140首，涉及祝允明、文徵明、唐寅、傅山、郑燮等名家。邵松年还辑编《海虞文徵》三十卷，为清代以前常熟历代诗文之集大成者。

1924年邵松年逝世，被葬于常熟虞山五丈涧。其诗文手稿多在抗日战争期间散佚。

（沈 潜）

曹沧洲（1849—1931）

曹沧洲，名元恒，字智涵，以号行，吴县（今江苏苏州）人。生于清道光二十九年（1849）。系北宋武惠王曹彬后裔。父毓俊，字锦涛，号承洲，同治六年（1867）举人，议叙知县。承曾祖曹炯、祖维坤之业，擅内外科，为著名儒医。

曹沧洲幼承庭训，宗法黄帝、岐伯《灵枢》《素问》医学经典，认真学习叶桂、薛雪、吴鞠通、王孟英等名医经验，博涉经方，无不精贯。治病辨证精深，处方灵巧，疗效卓著，医名冠吴中。建诊所于阊门西街，远近求治者门庭若市，日逾百人。居心仁厚，对贫病者送诊给药。治疗温病有丰富经验和精辟见解：温病初起，以透达表邪、宣泄肺胃、疏畅中宫为法；迨温病后期，津耗热陷，则重祛邪泄热，参以养阴扶正，往往收到较好疗效。尤擅治疗烂喉丹痧。既精内科，又善外科。对外疡初起尚未化脓者，着重消散，自制外敷药"连城散""消坚散"，方便病家；对外疡已成，位居肤表者，则用红升丹提毒，使肿溃脓出，再用药收口，若疡患已深，必要时才用刀破脓：实具典型的吴门医派外科特色。光绪三十三年（1907），经江苏巡抚陈启泰保荐，与青浦名医陈莲舫同被征召入京，诊疗光绪帝疾病，作为御医留京。其间为慈禧太后诊病，治之见效。故"三钱萝卜籽，换个红顶子"之逸闻在民间广为流传。翌年因病告归。与陈莲舫为光绪帝诊治的脉案、药方被辑为《御医请脉详注》。

---

[1] 翁同龢：《古缘萃录碑帖二卷跋》，见谢俊美：《翁同龢集》下册，中华书局2005年，第1016页。

曹沧洲积极参与地方慈善公益事业,每多捐资。1920年吴中大疫流行。曹沧洲所撰之《霍乱救急便览》,内有五张验方,广被印行分赠各界,对防治霍乱颇有贡献。曹沧洲又撰《戒烟有效无弊法》,列有汤、丸四种方剂。该四种方剂对戒烟起过一定作用。曹沧洲广传医道,门人多成名医。门人屠锡淇辑成之《曹沧洲医案(内外科)》、董雪帆辑成之《曹沧洲内科医案》各两卷,具有很高的学术与临床实用价值。

1931年曹沧洲逝世,被葬于穹窿山苍坞里。

曹沧洲昆季三人,弟福元、元弼皆为光绪进士、翰林院编修。子岳镇、岳祐、岳昭,侄岳峻,孙凤冈、凤钧,侄孙凤阊等,均继承医业,术有专攻。 （马一平）

陆　恢(1851—1920)

陆恢,初名友奎,一名友恢,字廉夫,号狷叟、狷盦、獧庵、廉道人、井南旧客、丑奴盦主、话雨楼主、破佛盦主人、容膝轩主人等,吴江(今江苏苏州吴江区)同里人。生于清咸丰元年(1851)。祖父陆乾元经商无子。父孝德,本姓顾,入赘为婿承嗣,善经营,家业富饶。陆恢十四岁时,父、祖父相继去世,与母相依为命,发奋攻举子业。下笔超俊,县学考试发榜第一为"案前",因被人告发其父曾参加太平军而未取。

陆恢早岁即习书法,工于汉隶。尤喜丹青,戏作鱼鸟舟车等皆生动有意。弃科举后,不慕利禄势位,尤专意绘事,得严承健、任瀫、刘德六、陶焘等指授,不治生产,家业日落。光绪十三年(1887)寓居苏州河沿街,以卖画为生。朝夕临摹,其画艺被吴大澂称赏,誉为"三百年来无此作"[1]。十八年,陆恢移居桃花坞。母卒后,为吴大澂幕客,甲午战争时曾随之从军出关抗日。好游名山水,意兴所到,日夜忘归,胸罗林壑,手写烟云,艺事益精绝,所作八幅《衡山纪游图》为生平杰作。二十二年,因两江总督张之洞之邀,陆恢总领补绘元王恽《承华事略图》。后回苏州,与吴大澂、王同愈、吴昌硕等在顾氏怡园结社,又与金心兰等结画社。弟子数十人,入其门"恍若去尘浊之场,别开境界"[2]。

陆恢貌清奇,望之如图画中人。"兹厚耿介,志节皎洁,生平行谊,无愧古人。

---

[1] 何实睿:《陆廉夫先生暨德配陈夫人墓志铭》,见卞孝萱、唐文权:《民国人物碑传集》,凤凰出版社2011年,第582页。

[2] 何实睿:《陆廉夫先生暨德配陈夫人墓志铭》,见卞孝萱、唐文权:《民国人物碑传集》,凤凰出版社2011年,第582页。

诗古文、金石之学皆能博览旁通,窥见精微,而于画则积五十余载,几无一日辍笔以嬉,亦几无一刻精神不注,于是所造尤深远也"[1]。1920年10月24日逝世,被葬于吴江同里移来圩。有《陆廉夫冷香居记事图册》《陆廉夫花卉十六幅》《陆廉夫临王石谷山水册》《陆廉夫临董其昌山水册》《陆廉夫临恽南田山水册》《陆廉夫画册精品》《陆廉夫先生编年画册》等。

长子陆翔,字听鸥,邑庠生,兼通法文。曾任上海广文书局编辑主任,1919年辑译《拿破仑外纪》出版,翌年编选《世界知识新文库》《当代名人新文精华》,皆风行一时。

（俞　前）

吴荫培 (1851—1931)

吴荫培,字树百,号颖芝、云庵,晚号平江遗民,吴县(今江苏苏州)人。生于清咸丰元年正月二十六日(1851年2月26日)。祖仁荣,附贡生。父恩熙,廪贡生,文辞雅正,授读乡里。

吴荫培幼承庭训,善属文。年十八,补博士弟子员。同治九年(1870)举于乡,声名藉甚,受业者甚众。光绪十六年(1890)以一甲三名进士探花及第,被授予翰林院编修。历任日讲起居注官、翰林院侍讲,充国史馆协修、会典馆总校、武英殿纂修、功臣馆总纂、撰文处行走,教习庶吉士。屡掌文衡,襄助校京兆乡试、礼部会试各两次。二十八年,典试福建,得士称盛。脾气耿直,能指陈利弊。二十九年,中国因筑沪宁铁路向英国借款290万英镑,折扣大,利息高,索酬多,有人则勾结外商,中饱私囊。吴荫培上疏力陈利弊并请整饬官纪。三十年,清廷裁撤漕督,改设江淮巡抚。一省设两巡抚,徒滋权争。吴荫培上疏抗争。次年,清廷将江淮巡抚裁缺,改设江北提督。三十二年,京察简放广东潮州知府遗缺。以时事多艰,非周知他国不能胜任为由,吴荫培自费东渡赴日本考察。回国后,即条陈创办女子师范学校,添设幼儿院,提倡银行储蓄,改良戏曲,试办水产与农林讲习所以及试验场等五事,由两江总督端方转奏,均被采纳,次第施行。被补授予廉州知府。三十三年,改潮州知府。宣统二年(1910),简知贵州镇远府,奏保贵西道,记名提学使。辛亥革命后归隐,宅苏州乘马避(今作乘马坡)巷。

吴荫培为人性情温和,淡泊明志,桑梓公益则不少懈,曾捐资修普济桥。见民多流亡,与人募集巨资,分设男女两织布厂安置。1914年始任男普济堂董事

---

[1] 陆翔、陆永瑞:《先府君事略》,吴江图书馆藏。

十余年,节约开支,增置房田产业,至移交苏州救济院时,仅现款即达四万余银圆。1916年,预修《吴县志》,与曹允源等被聘为总纂。闻吴地盗墓之风盛炽,戚然忧伤,创办吴中保墓会,为会长,冒严寒酷暑,徒步实地查勘,备极劳瘁;自制章程,约束丁役,劝导乡民,事事躬亲,感以情,晓以理,使得奸宄敛迹。魏了翁、葛应雷、董其昌、金圣叹、何焯等众多名人墓葬赖以保护。对无主坟,吴荫培悉为之植碣,绘图造册立案。阊门外半塘龙寿山房,藏有明高僧继元血书《妙法莲花经》,日本人有觊觎之意。吴荫培发起募款,修缮寺屋,建造石室,使血经得以妥善保管。又于枫桥支硎山设义社,培植孤寒子弟。1924年,任贫民乞丐习艺所董事长。曾兼任西区惜字会会长、苏城年终饥寒维持会会长、吴中礼义会会董等职。1931年2月16日逝世,被葬于枫桥白马涧祖茔旁[1]。

吴荫培平生好图书碑版,善鉴别,尤好登临名山大川。宦迹所至,涉山探幽,登眺览胜,或舟楫,或徒步杖藜,以徐霞客自况,有"足迹半天下"印钤。公暇常与爱好者鉴别真赝,独具心赏。兴致所至,挥毫作画,一树一石自成佳趣,尤善松石。数十年未尝间断日记,积存数十册。著有《岳云庵文稿》《岳云庵诗存》《岳云庵丛稿》等数十卷,另有游记若干卷。

子吴铭丹,附监生,会典馆誊录,议叙盐大使;吴铭常,举人,弼德院三等秘书、吴县救济院副院长。

(李嘉球)

祝大椿(1856—1926)

祝大椿,字兰舫,江苏无锡人。生于清咸丰六年十一月十二日(1856年12月9日)。幼年家贫,父早亡,未受正规学堂教育。同治十一年(1872)入无锡一家冶坊当学徒,后入上海大成五金号(一说旧铁行)当学徒。勤奋好学,三年师满时,已深谙业务。受当时上海五金业丰厚的利润驱使,光绪十一年(1885)多方筹措,集银千两,开设源昌号,主要经营煤铁五金业务,营业蒸蒸日上。又敏锐地看到海运之利,遂购置轮船,经营海运业务。与同乡周廷弼又合伙经营房地产业,并很快成为上海同业的佼佼者。

中日甲午战争后,祝大椿在上海投资建设民族民用工业,贡献尤著。二十四年,投资40万两白银,在上海开办第一家机器碾米厂。二十六年,被英商怡和洋行聘为买办,深得洋行大班信赖。二十八年,出资20万两白银,与人合资创办华

---

[1] 旧长洲县境一都十五图虚字圩华山龙池里。

兴机制面粉公司。公司装备有最新式英制钢磨16部,日产3 500包。三十年,祝大椿又以50万两白银独资创建源昌机器缫丝厂,拥有丝车335台。三十二年,与怡和洋行合资设立怡和源机器皮毛打包公司。同年又出资67万两白银,与人合资创设公益机器纺织公司,拥有英制纱锭约2.5万枚、织布机400台。此外,还在上海投资源昌轧花厂、恒昌源纱厂等。因祝大椿积极倡办实业,清廷特赏其二品顶戴,聘其为农工商部顾问。[1]

祝大椿关心家乡无锡实业建设,曾任锡金商务分会总理。光绪三十五年,与人合资创建源康缫丝厂。1913年又投资创建福昌缫丝厂、惠源面粉厂,被推举为华商纱厂联合会议长。截至是年,祝大椿先后投资民族工业的资金总额达银298.5万两。[2]

祝大椿曾大力投资电气工业,有"电气大王"之誉。宣统元年(1909),与人合资开办苏州振兴电灯公司,购置怡和洋行的蒸汽引擎发电,有灯12 400盏、职工79人。振兴电灯公司为苏州第一家电气照明企业。[3]中华民国成立后,祝大椿先后创办扬州振扬电气公司、常州振生电气公司、溧阳振亨电气公司、大通振通电灯公司。1916年,当选为苏州总商会特别会董,推动组建电业公司联合会[4]。后曾出任中国电业联合会会长[5]。晚年涉足新的行业领域。1924年在苏州郊区浒墅关投资开办华章造纸厂。华章造纸厂占地80多亩,年产量5 000吨,工人180人,资本40万元主要来自祝大椿。[6]

祝大椿平生好义乐施,多有善举,仅1920年至1921年,即捐大椿初小基金及经费12 000多元,获教育部褒奖,发给一等奖状。晚年笃信佛教,曾于无锡修葺龙光塔、保安寺、青山寺,在苏州捐资为西园寺罗汉像塑金身。1926年7月9日,乘坐汽车在上海南京路发生车祸,伤及脑部,次日逝世[7]。被葬于苏州狮子山麓。国民政府国务总理亲发唁电致哀,褒扬其兴办民族实业之功勋。

(李海涛)

---

[1]《政治官报》第101号,光绪三十四年正月初九日。
[2] 王赓唐、冯炬:《试论祝大椿——早期民族资产阶级的微观研究》,见《苏州大学学报》1990年第4期。
[3] 翟海涛、吴佩华:《苏州公用事业的早期现代化——以电报、电话与电灯为例的研究》,见《苏州教育学院学报》2007年第3期。
[4]《中华全国商会联合会会报》1916年第3卷第9、10合期,第17—18页。
[5]《江苏省公报》1919年第1917期,第3页。
[6] 上海社会科学院经济研究所、轻工业发展战略研究中心:《中国近代造纸工业史》,上海社会科学院出版社1989年,第107页。
[7]《申报》1926年7月11日。所刊《祝宅报丧》谓:"祝兰舫老太爷于本月初一日午时寿终。"

曹允源（1856—1927）

曹允源，字根荪、畊荪，号复盫，吴县（今江苏苏州）人，祖籍安徽歙县榕村。生于清咸丰六年十二月初八日（1856年1月15日）。家本富足，因咸同之际太平军据苏州，其父携家人戚友七百余人避难于沪，尽供服食器用，又焚债券两万有奇，家遂中落。而曹允源读书益勤，于光绪十五年（1889）中进士。历任兵部主事、员外郎、郎中，出知直隶保定、宣化二府。二十八年，暂行兼护古北道，调任大名知府。改任山东青州知府，力倡新学，聘包天笑任府中学堂监督。三十一年，调任安徽徽州知府，改任知湖北襄阳府。三十四年，调署汉阳知府兼新堤关监督，权安襄郧荆道。宣统二年（1910）回任襄阳知府。所任皆有惠政，被称为名宦。辛亥革命后归居苏州泗井巷。1915年任江苏省立苏州图书馆馆长，先后编有书目续编、三编、四编。次年兼任吴县修志局主任，参与总纂《吴县志》，编制《吴县列传人名索引》。1927年3月10日逝世，被葬于吴县青字圩状元浜花园山之麓。

曹允源为人和易，与张一麐为契交。工书能诗，善骈俪文，锐志经世之学。治古文辞，以黄宗羲、顾炎武二家为法。冯煦谓其文远希欧阳修、曾巩，近亦不弱汪琬、朱彝尊。曹允源编有《苏州文徵》甲乙编。著有《国朝经师撰述略》《复盫类稿》《鹦字斋诗略》《淮南杂志》《吴县金石考》《复盫集》等。

（李　峰）

王同愈（1856—1941）

王同愈，字文若，号胜之[1]，别号栩缘，吴县（今江苏苏州）人。生于清咸丰五年十二月十七日（1856年1月24日），时隶籍元和。先世居浙江金华，明初迁吴，衍为望族，十世从祖王敬臣为大儒，门生四百余人。

王同愈年十六遭父丧，孤贫好学，师事吴大澂。光绪十一年（1885）举顺天乡试。十五年中进士，改庶吉士，散馆后被授予翰林院编修。十七年、十九年两任顺天乡试同考官。后任驻日公使参赞，未满任归，充国史馆纂修、文渊阁校理。二十三年，任湖北学政，崇尚正学，求敦品励行、体用兼备之才，得鄂人称颂。二十八年，任湖北学务处总办，兼任两湖大学堂监督，丁忧归里，举办地方公益。二

---

[1]　朱汝珍辑《词林辑略》、盛叔清辑《清代画史补编》谓字胜之。此据顾廷龙《清江西提学使王公行状》，见卞孝萱、唐文权：《民国人物碑传集》，凤凰出版社2011年，第210页。按，该书将"号胜之"误作"号胜元"。

十九年,创办苏州商务总会,手订规则,排难解纷,使商人受益。热心于教育,被推为江苏教育总会副会长。参与创办苏州公立第一高等小学堂、第一中学堂及师范传习所、初等商业小学堂等,革新教育,筚路蓝缕,出力最多。又与张謇等主持江苏省铁路事宜,创设苏省铁路学堂,兼掌校务,培养路政人才。后铁路收归国有,王同愈被推为苏路股款清算处主任,艰难匡济。宣统元年(1909)任江西提学使,整顿学校,注重专门类学校发展。潜研格致舆地之学,亦喜读郑观应、严复等救世新论。辛亥革命后退隐上海。1926 年在嘉定南翔镇仙槎桥东置宅,名槎南草堂。生平好友,世交、门生有吴湖帆、张谷年、陈巨来、钱葆青等。与陆俨少结忘年之交,于外孙顾廷龙耳提面授,后二人皆成才知名。1937 年日军进犯,槎南草堂被毁,百物荡然,王同愈复避居沪上。1941 年 4 月 7 日诵陆游《示儿诗》时辞世。

王同愈习书法喜临赵孟頫字帖,欧阳询、虞世南碑拓,于唐《王居士砖塔铭》习之最久。画"山水用笔雅秀,气韵浑朴,得宋元人逸韵,精工绝俗,不染一尘"[1],书、画皆享盛名。喜藏金石、书画及文房古玩。酷嗜藏书。其栩栩庵藏七万余卷,旧刻精印之本十有二三,有《栩栩园藏书目录》。王同愈著有《说文检疑》《选砚刍言》《栩缘诗文集》《栩缘随笔》《栩缘日记》等。外孙顾廷龙编刊《王同愈集》。

(张 敏)

胡玉缙(1859—1940)

胡玉缙,字绥之,号绥庵,别署玉搢、艳荞,吴县(今江苏苏州)人。生于清咸丰九年(1859)。许玉瑑女婿,袁宝璜弟子。

胡玉缙肄业于正谊书院。光绪十四年(1888)任江阴学古堂斋长。十七年中举人。二十六年,任福建兴化教谕。二十九年,入湖广总督张之洞幕。次年东渡日本,考察政学。三十二年,补学部主事,升员外郎。三十四年,任礼学馆纂修,后任京师大学堂讲习。辛亥革命后,应教育总长蔡元培之邀,任职于南京临时政府教育部,接收前清典礼院。1912 年 7 月,国立历史博物馆筹备处在国子监成立,胡玉缙任主任至 1918 年 7 月。后任北京大学、北京高等师范学校教授。抗日战争全面爆发后返里,专事著述。1940 年逝世。

胡玉缙藏书甚富,有李文田抄本《元史地名考》等,深于目录之学研究,尤致

---

[1] 盛叔清:《清代画史增编》,台湾明文书局 1985 年,第 780 页。

力《四库全书总目提要》。所著《续四库提要三种》,补辑《四库全书总目提要》失收之古人著作,并增辑《四库全书》未收之清人著述共1 000多种。其中,《四库未收书目提要续编》收《四库全书》应收未收、《四库全书总目提要》之引而未载、《四库全书》焚毁、《四库全书》所收非足本、中土久佚而归海外、自《大藏经》《道藏》钞出之书凡740多种;《许廎经籍题跋》收清人著述共400多种;《续修四库全书总目提要礼类稿》收书86种。胡玉缙另著有《甲辰东游日记》《说文旧音补注》《许廎学林》《许廎经籍题跋》《群经资料通检》等。

(曹培根)

印 光(1862—1940)

印光,俗姓赵,名丹桂,字绍伊,号子任,法名圣量,字印光,别号常惭愧僧、继庐行者,陕西郃阳(今合阳)孟庄乡赤城东村人。生于清咸丰十一年十二月十二日(1862年1月11日)。父赵秉纲,耕读传家;母张氏系礼部尚书、雍正帝师张大有后裔,读书知理,向善拜佛,乡里相敬。

印光幼随长兄折桂习儒,涉猎佛典。光绪七年(1881)至陕西终南山莲花洞寺,师从道纯和尚,剃度为僧。因出家遭到家人特别是兄长的强烈反对,为避家人阻挠,于次年前往安徽,途经湖北竹溪莲华寺,驻留苦修为知客僧,还负责柴头、水头等工作。在代理库头时,于晒经过程中读到《龙舒净土文》,更加坚定了以净土宗救世的信念。九年,受具足戒,遍参南北丛林,归心净土宗。十二年,至红螺山资福寺专修净土道场。次年起,在浙江普陀山法雨寺藏经楼阅藏、修行三十余年。因徐蔚如、高鹤年二居士取其文刊载于《佛学丛报》,印光名声大震。1923年在南京与人合作创办放生念佛道场,开办佛教慈幼院。1926年,苏州灵岩寺真达和尚为重振道场风规,特请印光订立五条规约,由此奠定灵岩寺净土道场的基础。

印光一生自奉俭约,乐善好施,曾募捐修建南京法云寺、上海慈幼院,并组织监狱感化会等。除此之外,1926年至1936年还先后三次为陕西、绥远赈灾捐款。在佛教徒中威望极高,与近代高僧虚云、太虚、谛闲等为好友,弘一大师更是拜其为师,其在净土宗信众中的地位无人能及。

1930年,印光以七十高龄往苏州报国寺闭关修行。闭关前曾嘱托明道法师于上海创立弘化社,得王一亭、黄涵之等居士参与、协助,使佛经、善书的印制、传播和流通更为顺畅。还指导创办了灵岩净土宗第二念佛道场。1937年抗日战争全面爆发后,印光应灵岩寺监院妙真和尚之请迁至灵岩寺,继续弘扬净土法门。苏州沦陷后,印光拒绝与日本人合作,发扬爱国民族气节。1940年12月2日在大众念佛声中安详坐化。其舍利子分置各寺,被尊为佛教净土法门第十三代莲宗世祖。

印光自1918年起刻印善书、佛经,印行净土经论近百种,印量达数十万册,并广泛赠予各界人士。一生著述甚丰,遗著《印光法师文钞》、续编《文钞》及《增广印光法师文钞》,总计十卷百余万字,均由印光回众人信集结而成。其中,《印光法师文钞》被认为是佛教徒尤其是净土宗信众的修行宝典,也是近代以来流通量最大、流通面最广的佛学著作之一。印光圆寂后,后人编有纪念文集《印光大师永思集》及其续编。

(袁成亮　谢　磊)

叶德辉(1864—1927)

叶德辉,字奂彬,又作焕彬,号直山,又号郋园,自署朱亭山民、丽廔主人等,吴县(今江苏苏州)洞庭东山人。生于清同治三年六月初一日(1864年7月4日)。祖父经商,徙居湖南湘潭,于长沙广置产业。

叶德辉八岁入学习《四书》《说文解字》《资治通鉴》等。光绪六年(1880)就读于长沙岳麓书院,十一年中举人,十八年举进士。被授予吏部主事,不久便辞官归长沙里居。思想保守,戊戌变法时期,与王先谦等反对变法改良,攻击新学。宣统二年(1910)因囤积谷万余石,激起饥民抢米风潮,被清廷削籍。辛亥革命时曾避往南岳僧寺。1915年任湖南省教育会会长,发起成立经学会,编写《经学通访》讲义。袁世凯复辟时,叶德辉组织筹安会湖南分会,赞成复辟帝制。第一次大革命时期,反对湖南农民运动。1927年4月11日,被湖南农工商学各界团体召开大会处死。

叶德辉擅词翰,诗设色工丽,宗法李商隐,集中佳句甚多。尤嗜藏书,有藏书楼观古堂、郋园、丽楼等,藏书四千余部,逾十万卷,重本、别本倍于四库,有宋刻《韦苏州集》等,明刻《道德经》《六书索引》《馆阁录》《三家诗补遗稿》《辛稼轩词》等善本、名人抄校本。编有《观古堂藏书目录》四卷及《观古堂藏书十约》。刻有《郋园丛书》《观古堂汇刻书》《观古堂所刊书》《丽楼丛书》《双梅景闇丛书》《观古堂书目丛刻》等,曾将家藏宋版《南嶽总胜集》影摹刊行。精于版本目录学,有感于叶昌炽《藏书纪事诗》以藏书家轶事为主,而无历代版刻及校勘故实,乃另辟蹊径,撰《书林清话》十卷、《书林余话》二卷。

(曹培根)

赛金花(1864—1936)

赛金花,本姓赵,名彩云,吴县(今江苏苏州)人,原籍安徽休宁,一说盐城。生于清同治三年(1864)。父阿松,曾于苏州顾家桥老虎灶执役,因家贫将赛金花卖入娼门,于苏州阊门游船唱曲,艺名富彩云。

光绪十三年(1887)赛金花被状元洪钧纳为侍妾,后随洪钧出使俄、德、奥、荷等国,学说德语,参与交际,被目为公使夫人。十九年,洪钧病逝后,赛金花被迫与洪家定协议离开苏州,赴上海与商人兼票友孙少棠同居,重操旧业,更名曹梦兰,人称状元夫人。二十四年,至天津组金花班,后迁居北京陕西巷开设小班。素喜男装,行为仗义,人称赛二爷。二十九年,因班内幼妓自尽而被捕入狱,被押解回苏州。获释后又赴上海开班,后为津浦铁路局收支委员曹瑞锺妾。1911年曹瑞锺病故后,赛金花再操旧业。1918年为国会议员魏斯炅妾,改名魏赵灵飞,曾于民兴社串演新剧《同胞血》。后随魏斯炅去北京。1921年魏斯炅卒后,赛金花固守清贫。1931年"九一八"事变后,受爱国救亡运动感染,曾演讲表达对日本侵略之愤慨和匹妇爱国之心,为爱国之士称道,经记者采访报道,一度掀起赛金花热,为社会所瞩目。

1936年12月4日晨赛金花因贫病而逝。名士将其礼葬于北京陶然亭。张次溪为其编纪念集《灵飞集》。曾朴著名谴责小说《孽海花》以其为女主人公原型。夏衍编话剧《赛金花》,另有同名电影述其爱国事迹。　　(李　峰)

沈恩孚(1864—1944)

沈恩孚,字信卿,亦署心磬,初号莘梧,又号渐庵,晚号若婴,吴县(今江苏苏州)人。生于清同治三年六月初一日(1864年7月4日)。随父母寄居嘉定外家。聪颖好学,六岁常代母授同岁生读书,时人有"六岁为师古未闻"之语。沈恩孚八岁从伯兄习举业,年十五补诸生,始究《说文解字》,习训诂之学。肄业于上海龙门书院。中日甲午战争后,无意仕进,以躬行教育为职志,被宝山县学堂聘为总教习。光绪三十年(1904),与袁希涛等倡议改上海龙门书院为师范学堂。东渡日本考察教育,为龙门师范学堂首任监督。办学认真,锐意改革,使"江苏新教育为各省先,蕃衍孳生,影响及于全省每一村落,饮水探源,龙门其最高峰"[1]。张謇闻沈恩孚之办学成绩,敦请其出任中国图书公司总编辑。后沈恩孚因图书公司费绌辞职。三十一年,参与创建江苏学务总会(次年改称江苏教育总会),任评议员,先后十余年。其间推广普及教育,研究合乎中国国情之教育学说,倡小学单级教学法。为建立民宪基础,组织集会研究地方自治。改组上海总工程局为市议会,被选为议长,历任时间逾十年。为反对铁路借款,倡立江苏铁路公司,被选为董事,主持修建沪杭甬铁路江苏段。1912年发起全国教育联合会,被推为主席。

武昌起义爆发后,沈恩孚进言江苏巡抚程德全,于促成和平光复有功,任江苏都督府民政司副长,廉洁奉公。又充江苏民政长应德闳首席秘书,感激知遇,尽力协助,省单行法规皆出其手。1913年"二次革命"后弃政从教。1915年任南京河海工程专门学校筹备副主任。兼任东南大学、同济大学等校董事。1917年拒任湖南省教育厅厅长。与黄炎培等发起中华职业教育社于上海,致力推广、改良职业教育。1924年参与创设甲子社。1930年甲子社改名为人文社。沈恩孚搜辑近代史料,广罗报章杂志,以供学人研讨。1933年叶鸿英参观人文社,出资筹建图书馆,定名为鸿英图书馆,由沈恩孚主持馆务。全面抗日战争期间沈恩孚隐居上海,闭门读书,晚年殚力研究《春秋》《左传》及舆地之学。1944年4月26日病逝于上海康定路康宁村,谥勤毅先生。

沈恩孚是著名社会贤达,与章士钊、蔡元培、黄炎培等各类名流多有交往,张君劢兄弟等皆拜其门下。诗文书史俱精,其"书法雄秀,由颜、柳入王,诗歌逼近李、杜,遗著有诗文若干卷"[2],后人辑刊《沈信卿先生文集》。

沈恩孚有二子四女。长子沈有乾,美国斯坦福大学博士,哲学家;次子沈有鼎,美国哈佛大学硕士,心理学家。次女沈有珪,嫁著名爱国民主人士、实业家胡厥文。外甥潘光旦,为著名社会学家。

(张 敏)

曹元忠(1865—1923)

曹元忠,字夔一,亦作揆一,号君直,别署凌波居士,吴县(今江苏苏州)人,祖籍安徽歙县。生于清同治四年(1865)。长于儒医世家。幼时师从名儒管礼耕,研治经史与训诂之学,得江苏学政黄体芳赏识,被荐入读南菁书院,从黄以周

---

[1] 黄炎培:《沈信卿先生传》,见沈恩孚:《沈信卿先生文集》,凤凰出版社2015年,第599页。
[2] 蒋维乔:《沈信卿先生传》,见卞孝萱、唐文权:《民国人物碑传集》,凤凰出版社2011年,第305页。

习"三礼"即《周礼》《仪礼》《礼记》之学,复从缪荃孙习校勘、目录之学。光绪二十年(1894)中举人,次年会试未及第。曾参与康有为等发起之"公车上书",主张拒约、迁都、抗日。后因张之洞保荐,应试经济特科未取,遂捐内阁中书。三十一年,任玉牒馆校对,校阅内阁大库书籍,并遍览宫廷所藏宋元旧本。旋任大库图书馆纂修、礼学馆纂修,曾执掌北洋师范学堂及中州学堂。

宣统元年(1909)曹元忠任内阁侍读学士,代拟宣统皇帝登基诏书,参与遴选资政院议员。1911年辛亥革命爆发,曹元忠恰归乡奔丧,遂居乡不出。与朱祖谋、叶昌炽等关系密切,常以诗词发遗老之叹。家中藏书甚丰,计有34大柜,以乡邦文献为主,亦不乏珍贵善本。1923年卒后,藏书因后人不能守而散落。

曹元忠所作多在古文献方面,代表作有《宋元本古书考证》等。曹元忠亦工诗,为晚清西昆派代表诗人之一。早年与常熟徐兆玮、张鸿等同为官于京师,相约作西昆体诗。因张鸿居西砖胡同,遂仿宋初杨亿编《西崑酬唱集》而作《西砖酬唱集》,于当时流行之同光体外,别兴吴中诗派。

曹元忠与曹元弼为堂兄弟,而学问笃实渊雅,过于元弼。曹元忠博涉多通,遍及经学、史学、目录版本学、词学。著作、诗文遗稿等,经王欣夫搜集整理,被编订为《笺经室遗集》二十卷。由卷二所载讨论《丧服》诸篇及卷三《周学制郑义适说》三篇,知其研精经学,功力深厚。由卷十至卷十三所载群书题跋,则又知其熟于目录,详熟版本者。至于论证词律,则可于卷八《彊邨丛书叙》及卷十三《舒艺室白石词校语跋》中发其凡。辑补医经,则卷八《素女经集本叙》以下诸篇颇能阐其意蕴。而卷十六《补畸人传》,综录自宋忠以下十八人行事,而论定之。曹元忠拾遗搜逸,昌明绝绪,尤有阐幽表微之功。

曹元忠另有《司马法古注》、《荆州记》辑本及《礼议》《沙州石室文字记》《蒙鞑备录校注》《乐府补亡》《凌波词》《秘殿篇》等。

(顾亚欣　李　军)

顾麟士(1865—1930)

顾麟士,字鹤逸、谔一,自署西津渔父、筠邻等,吴县(今江苏苏州)人。生于清同治四年六月十七日(1865年8月8日),时隶籍元和。顾文彬孙,顾承子,过云楼第三代传人,终身不仕。工书画,善山水,被吴中画苑推为祭酒。爱书如痴,继承其父分得过云楼藏品,陆续购归传于别家的过云楼书画,扩充至上千幅,有宋元旧刻、精写旧抄本、明清精刻本、碑帖印谱八百余种,名震江南。又常请画家至过云楼品鉴临摹,并组织怡园画社、怡园琴会。前北洋政府教育总长傅增湘曾如约每日入过云楼观书数种,后依记忆编纂《顾鹤逸藏书目》,1931年刊载于《国立北平图书馆馆刊》第五卷第六号,载过云楼宋元古椠50种,其中9种被傅增湘判为明本,以及精写旧抄本165种、明版149种、清精印本175种。顾麟士在世时,日本岛田翰等曾借阅过云楼藏书,其中元刻本《古今杂剧》30种8册,岛田翰借取后一去不返。

顾麟士于1930年5月17日去世。撰有《过云楼书画续记》《鹤庐画识》《鹤庐画趣》《鹤庐画学》《顾鹤逸山水册》《顾鹤逸中年山水精品》《顾鹤逸仿宋元山水册》《顾西津仿古山水册》。

去世前五年,顾麟士于1925年立定分家书,将过云楼藏品分为四册,以抽签形式分给顾公柔、顾公可、顾公雄、顾公硕四子,并于名册评定藏品,以墨笔规出,视圈之多少即定价之多少,其有名重一时、世无二本之物,更以小印钤出为记。全面抗日战争时期,顾氏将家藏书画精品存于上海租界银行,藏匿于地窖之书画霉变损失惨重,存书柜之字画被日本人搜出挖走,沉井铜器不知去向。中华人民共和国成立后,顾公雄、顾公硕将所藏古籍善本及珍贵书画、清代刺绣等文物捐赠给国家,分别藏于上海博物馆、苏州博物馆。1978年改革开放后,南京图书馆收藏之过云楼旧藏720部4 999册,其中宋元刻本22部。1992年南京图书馆购藏过云楼藏书541部3 707册,包括宋版《乖崖张公语录》二卷。2002年江苏凤凰传媒集团以1.88亿元购得由南京图书馆收藏之过云楼藏书179部1 292册,包括宋版《锦绣万花谷》前后集、宋杜大桂编纂之《皇朝名臣续编碑传婉琰集》、元刻元胡一桂撰之《周易本义启蒙翼传三篇外传一篇》、元黄瑞节附录之《易学启蒙朱子成书》、元太监王公编之《针灸资生经》等。

(曹培根)

章　钰 (1865—1937)

章钰,字式之,号茗簃,一字坚孟,号汝玉,别号蛰存、长孺、曙戒学人、晦翁、老式、北池逸老、蛰存斋、四当斋、霜根老人、全贫居士等,吴县(今江苏苏州)人。生于清同治四年五月二十一日(1865年6月14日),隶籍长洲。

章钰少孤力学。光绪二十九年(1903)中进士,以主事分部学习。返乡举办初等小学堂多所以启发民智,是苏州开办小学的创始人。曾于刑部湖广清吏司行走,为南洋、北洋大臣幕僚,京师图书馆编修。三十三年,任江苏师范学堂校长。1914年任清史馆纂修。辛亥革命后寓居天津,以收藏、校书、著述为业,以校勘精审为称。家有藏书处四当斋,取宋人尤袤以书籍"饥当肉、寒当裘、孤寂当友朋、幽忧当金石琴瑟"之语,储书万册。另有算鹤量琴室,聚书两万余册,抄本近百种,多名人著述。藏书印有"四当斋""长洲章氏珍藏善本书籍""长洲章钰""得此书,费辛苦,后之人,其鉴我""茗理题记""章钰假观""章氏医书""长洲章钰秘笈"等。

1937年5月9日章钰病逝于北平,被归葬于吴县横塘乡梅湾村境内福寿山东麓。后人遵其遗嘱将藏书赠予燕京大学图书馆,藏书后归北京图书馆。顾廷龙为其编有《章氏四当斋藏书目》三卷,著录藏书为3 368部72 782卷。《国家图书馆章钰藏拓题跋集录》选录194幅章氏题跋及国家图书馆专藏金石拓片1 879种2 231件,年代从先秦至民国,其中唐代拓片有910种,多为整幅拓片,介质有青铜器、石刻、砖瓦等。1 700多种石刻拓片涉及墓志、画像、造像、题名题记、法帖、砚等,其中有墓志1 015种,还有西夏文碑、日本题名碑刻和越南钟铭等,具有很高的文献价值。

章钰撰有《张晋昭墓志》《张晋昭妻庞氏墓志》《顾麟士墓志》《顾元昌妻高氏王氏许氏王氏墓志》《胡祥鑅墓志》《柳兆薰墓表》等碑文。著有《四当斋集》《钱遵王读书敏求记校正》《胡刻通鉴正文校宋记》《宋史校勘记》等。

章钰撰有四子二女。长子章元善别有传。

(曹培根)

金兰升(1865—1938)

金兰升,名清桂,以字行,号石如,晚号冬青老人,常熟金村(今属江苏张家港)人。生于清同治四年(1865)。早年攻举业,不为八股所囿,诗文有奇气,风流自赏。二十三岁应试不售,乃弃而学医,欲投江阴名医柳宝诒门下,柳宝诒以年老推辞。一日,柳宝诒在城外茶肆喝茶,金兰升投诗送呈,诗曰:"郭外闲游眺,春风乐送迎。得时花作态,在野草无名。旧事空惆怅,新诗写性情。欲消尘俗虑,柳下独听莺。"柳宝诒阅后不禁击节,叹称真奇才,于是收金兰升为弟子。

金兰升刻苦钻研,上窥《内经》《难经》《伤寒》《金匮要略》之奥蕴,下采后世医坛诸家之精华,有出蓝之誉,卓然成家。以擅治黄疸、臌胀等杂病著称,诊病必审询周详,屡起沉疴,并精心研制丸散,治臌胀用"运脾丸",治黄疸用"珍珠犀珀散",治钩虫、贫血用"铁霜丸",治胃病用"如意丸",等等,均取得显著疗效,由此名噪大江南北。先悬壶于金村,后迁至常熟城内中巷行医,因医术精湛,与晚年开缺回籍的翁同龢情同莫逆。民国时期与名医王宗锡、章成器齐名,人称"常熟三鼎甲"。1938年8月金兰升病逝。

金兰升重医德，尚侠义，行医惜贫悯苦，凡贫者就诊不收报酬，数十年如一日。遇远道求医者，则免费留饭，乃至赠送盘缠。若邻近农家邀请，金兰升常徒步而往。晚年一次夜诊，不慎跌倒，良久方起。旁人劝金兰升稍事休息，但其答曰无妨，病者在，不可使其久待。金兰升积多年行医经验，著有《补缺山房医案》数十卷，续柳宝诒之《惜余医案》若干卷，以及《医学刍言》《历史名医表》《石龛医学丛俎》《温病歌括》《瘟疫明辨歌括》《金氏丸散验方》《医学初步》等，惜多散失。

金兰升兼擅书画、金石。所绘山水、花鸟、走兽、人物，无不精妙。篆刻以秦汉为宗，刀法娴熟。

（沈　潜）

唐文治（1865—1954）

唐文治，字颖侯，号蔚芝，别号茹经，江苏太仓人。生于清同治四年（1865）。家境贫约，以古贤相伊尹自期。光绪七年（1881）受业于王紫翔之门，"日夜淬厉于性理文学，初知门径"[1]。十一年，入江阴南菁书院，师事黄以周，于经学、小学亦粗得门径。十八年，考中进士，官户部江西司主事。因痛心于国事，阅读各国条约事务各书，并评点《万国公法》及曾纪泽、黎庶昌诸家文集，究心于经世之学。二十四年起，兼任总理各国事务衙门章京，后调任外务部権算司主事，擢升员外郎、郎中。曾随载振赴英国考察，随访比利时、法国、美国、日本等国。三十年，设立商部，调任商部右丞，洊升左丞、左侍郎。所拟《商部章程折》《订立商勋折》《请设立商会折》旨在剔除内弊，考察外情，改善商政，通达商情，保护商利。三十二年，唐文治暂署尚书，适逢改商部为农工商部，奉旨将工部归并农工商部，接收案卷、安置人员。因母逝丁忧。

三十年，唐文治任邮传部上海高等实业学堂监督，着力培养工程技术人才，改普通工程科为铁路专科，增设电机、商船驾驶等专科，增设实验工厂，并选派毕业生赴美国留学。星期日则设国文补习课，并坚持亲自上课教授，随讲随编，撰著《国文大义》等。宣统元年（1909），当选为江苏教育总会会长。次年被推为江苏地方自治会总理。1912年，邮传部上海高等实业学堂改为南洋大学，不久又改为交通部上海工业专门学校。唐文治仍任校长。1919年冬太仓水灾甚巨。唐文治兼任太仓旅沪同乡会会长，劝募赈灾颇力。

1920年冬唐文治辞校长之职，旋应施肇曾之聘，于无锡创办国学专修馆（后

---

[1]《茹经年谱》，见苏州大学校史编写办公室：《唐文治年谱》，1984年内部发行，第6页。

改名为国学专门学院、国学专修学校)。抗日战争全面爆发后内迁长沙、桂林办学,颠沛困顿。1938年夏,在桂林遭空袭后将校务委托他人,回上海兴复国学专修学校,亲授宋元哲学及读文法课程,逢星期日上午赴交通大学演讲。抗日战争胜利后,又派人赴无锡筹备复校事宜,并欢迎桂校复员,本人则继续主持沪校。1949年中华人民共和国成立后,无锡国学专修学校改名中国文学院,唐文治任院长。1950年沪校奉令并入,不久并入苏南文化教育学院语文系,唐文治任名誉教授。1952年,苏南文化教育学院与东吴大学等合并成立江苏师范学院(今苏州大学)。

1954年4月10日凌晨,唐文治病逝于上海,被葬于江湾第一公墓。著述被汇刊为《茹经堂全书》。弟子王蘧常、唐兰、吴其昌、蒋天枢、钱仲联等,皆成名师大家。

(许冠亭)

姚承祖(1866—1938)

姚承祖,字汉亭,号补云,晚号养性居士,吴县(今江苏苏州)香山墅里村人。生于清同治五年(1866)。出身于木匠世家。祖灿庭,建筑技艺高超,著有《梓业遗书》。

姚承祖十一岁随叔开盛到苏州营造厂学木匠。心灵手巧,饭后茶余用泥巴、蜡烛油捏成亭台楼阁模型。这些模型纤小玲珑,形象逼真。长辈见姚承祖聪明勤奋,使其辍工读书,拜香山举人钟仲田为师,读完《百家姓》《大学》《中庸》等。十六岁姚承祖重返建筑业,不到二十岁,即出类拔萃。终年营建于乡郡,有"江南耆匠""一代宗师"之誉。一生设计建造的厅堂馆所、亭台楼阁及寺院庙宇不下百幢,现存苏州怡园藕香榭、补云小筑、光福邓尉香雪海梅花亭、木渎灵岩寺大雄宝殿、严家花园等。

姚承祖感慨工匠因不识字、没有文化而因循守旧、墨守成规、缺乏创新,妨碍建筑技艺传播和事业发展,于是出资在苏州观前街玄妙观旁梓义公所开办梓义小学,在家乡创办墅峰小学,免费招收建筑工匠子弟入学,并自编教材,无私传授经验。赵子康、张胜、徐永富、姚桂泉、陆文安、徐文达等均得其言传身教,成为香山名匠。

1912年姚承祖倡导成立苏州鲁班协会,自任会长。1923年,应苏州工业专门学校校长邓邦逖邀请,于建筑科讲授建筑学,成为"香山帮"工匠走上高校讲台第一人。1932年,据祖上家藏秘籍和图册及亲身实践经验,整理成《营造法原》[1]。《营造法原》系统阐述了江南传统建筑形制、构造、配料、尺度、工限,以

---

[1]《营造法原》书稿经张至刚等人增编成书,1956年由建筑工业出版社出版。

及江南园林建筑的布局和构造,被称为"中国南方传统建筑之惟一宝典"。姚承祖另有《姚承祖营造法原图》,每图绘有一种建筑构件式样,标注尺寸及制法文字;上承北宋,下逮明清,穷究明清两代建筑嬗蜕之故。

姚承祖晚年笃信佛教为居士。与灵岩寺高僧印光、妙真和尚往来密切,常至寺庙讨教佛理。在苏州鹰扬巷六号筑宅园,名补云小筑。1938年病逝,被归葬于家乡香山[1]。

(李嘉球)

范 祎(1866—1939)

范祎,原名国英,字伯美,一字子美,号皕诲、古懂老人等。吴县(今江苏苏州)人。生于清同治五年(1866)。光绪十九年(1893)举人。曾任塾师,后为《苏报》《实学报》《中外日报》撰述,鼓吹维新。二十八年为《万国公报》首位华人编辑,加入基督教美国监理公会。与林乐知合作译述颇多,主张政治改革,为介绍社会主义与女权思想先驱。三十一年科举被废后,范祎筹办《通学报》,主张广设师范学堂与仕学馆,曾创办振华学校,任教于中西女塾,又任上海中国基督教徒保路协会副会长、牧师。宣统元年(1909)任江苏教育总会调查部干事。

1911年范祎加入共和建设会,任上海中华基督教青年会书报部干事,历任《进步》《青年进步》杂志总编、主笔。1919年任上海救国团童子军主任,次年任东吴二中童子军牧师、中华基督教救国会学务部主任。1921年被推为基督教经武会副会长。次年与简又文等发表《对于非宗教运动宣言》,主张及观点颇有影响。1924年范祎建立国学研究社。次年积极参加"五卅"运动,组织上海中华基督徒联合会,任临时执行委员。曾任义利印刷股份有限公司董事长,1929年退职。1932年《青年进步》停刊后,范祎曾任上海青年会大学补习学校教授,被誉为国学先进。与赵紫宸为忘年交。1935年退休,晚年目盲,1939年病逝于上海。东吴大学设有范子美纪念奖学金。

在基督教文字事业上,范祎曾建构人格救国理论,将基督教文化与中国传统文化融通,意在保存国粹,建设现代中国,为开拓中国本色教会的先导。与王树声合编《评基督抹杀论》,编有《道之桴》《适道篇》,著有《老学蜕语》《小数除法》《算学开方》等。

(王晋玲)

---

[1] 原被葬于香山法华山南麓,1982年被迁葬于墅里村阴山麓,1986年再被迁葬至度假区蒯祥园。

施肇曾(1866—1945)

施肇曾,字鹿珊,号省之,吴江(今江苏苏州吴江区)震泽人,民国占籍杭县(今浙江杭州)。生于清同治五年(1866)。先世居钱塘,清初迁居震泽,世代急公好义、乐善好施。父施善增与伯父施善昌乐善树德,有声于时;堂兄弟施则敬是中国红十字会的重要创始人之一[1];弟施肇基是著名外交家,曾参与中国红十字会的创建。[2]

施肇曾少嗜学,读四书五经,稍长就读于上海圣约翰书院,又入上海电报学堂专学英文及时事,于中西学均有根底。光绪十七年(1891)赴直隶劝募救灾。十九年,随杨儒出使,任驻美公使馆随员。二十二年,被奏补纽约正领事官,以知县用,并加四品衔。二十四年归国,任湖北省汉阳铁厂提调,兼办京汉铁路工程。三十二年,因劝办秦、晋、鲁赈捐出力,被以道员用,并加二品顶戴。任沪宁铁路总办兼招商轮船局董事。三十四年,经苏浙两省公举为沪杭甬铁路总办,兼任沪宁铁路议员。宣统三年(1911),调任京汉铁路南段会办。1912年10月督办陇秦豫海铁路事宜,任陇海铁路局局长,兼同成铁路督办。1914年兼任内国公债局董事、漕运局总办。次年被公举为交通银行董事长、北京新亨银行董事长。1917年被公举为中国银行董事长。1918年创办北平中央医院。1919年被全国商会公举为国际税法平等会赴欧总代表。1920年晋给一等大绶嘉禾勋章。捐资创办无锡国学专修馆,敦请前南洋大学校长唐文治任馆长。1922年弃官从商。1924年创办上海闸北水电厂股份有限公司,被推为董事长。此外任永亨银行董事长、久安实业股份有限公司董事等职。

施肇曾中年信佛,1922年创办上海佛教净业社,任董事长。平生热心于慈善公益事业。曾捐资为母校上海圣约翰大学建设礼堂。设立施氏义庄,以赡宗族。在震泽创办江丰农工银行,任董事长,扶持家乡蚕丝业。1923年,与弟施肇基出资两万元,创办震泽初级中学。为便利震泽至浙江南浔间运河的水上运输,捐资重建浔震石塘,续筑梅堰、平望石塘,造福桑梓。1929年,参与创办震丰缫丝厂。1938年,在上海创办育英中学及附属育英小学。1945年10月24日病故于上海觉园。

---

[1] 池子华:《施则敬与中国红十字会的创始》,见郝如一、池子华:《红十字运动研究》(2007年卷),安徽人民出版社2007年,第83—88页。
[2]《施君肇基笔译上海创设万国红十字支会会议大旨》,见《申报》1904年3月14日。

施肇曾一生卓尔不群。"初为外交官,折冲樽俎,颇具干才"[1];于铁路交通事业,"折冲坛坫,不竞不絿,用是敦槃辑睦,卒保主权","殚精竭虑……成效丕著,而于国库恒济有无,橐橐不思不润";于教育事业,"树木树人,项背相望";于慈善事业,"沾闾泽者,口碑载道"。[2]

(张　敏)

席裕福(1867—1931)

席裕福,字子佩,江苏青浦(今属上海)朱家角人,祖籍吴县(今江苏苏州)洞庭东山。生于清同治六年(1867)。随兄席裕祺于上海经商,加入上海商务总会,并通英语。十一年,英商美查在上海创办《申报》,聘席裕祺为华人经理。在席裕祺苦心经营下,《申报》声望日隆,发行量节节攀升。席裕福依靠兄长的支持,立足上海,经营图书事业。光绪二十三年(1897)席裕祺中风病故,临终前,向美查力荐席裕福接任经理,获得允准。席裕福累捐分部郎中。热心于慈善事业,踊跃参加赈济救灾、修桥铺路、扶贫帮困等活动。二十九年,苏沪瘟疫流行。席裕福斥资数千两白银,散发药品,救命无数,清廷敕赠花翎道衔候选郎中暨三代正二品封典。

席裕福还以实际行动提倡实业救国。三十一年,创办中国图书公司,编印图书,以保中国教育利权。与朱葆三合资创办大有机器榨油公司。此外,还在淮扬徐州一带创立蛋厂七处。三十三年,收购英商美查所办图书集成局及点石斋石印局,创办华商集成图书公司,并于北京分设印刷局,承印学部图籍。宣统元年(1909年)美查因年高归国,将《申报》馆全部产业以7.5万银圆的价格转让给席裕福。从此,该报由中国人管理经营。席裕福改革《申报》文风,增加新闻表现形式,创设副刊《自由谈》,为海内文家所喜,报纸销量因此逐日上升。所编纂《六通订误》《历代史事政治论》《皇朝政典类纂》等时获好评。

1913年,席裕福将《申报》转让给著名报人史量才,致力出版事业。重金聘请专家校刊《九通》《二十四史》等书,以廉价印行,使广大读者受益。

席裕福曾任中国红十字会常议员、中国体操学校董事,因襄办华洋义赈荣获三等嘉禾勋章。1924年,将上海的所有事业出让给他人,举家迁回朱家角。乡居期间,冲破阻力,开河修桥,创建珠安轮船公司,沟通朱家角与沪宁铁路安亭站

---

[1] 张丹子:《中国名人年鉴》(上海之部),中国名人年鉴社1944年,第208页。
[2] 唐文治:《钱塘施公省之墓志铭》,见《茹经堂文集》六编卷六。沈云龙:《近代中国史料丛刊续编》第4辑第34册,台湾文海出版社1974—1982年,第2195页。

的交通,为繁荣家乡经济发挥重要作用。1931年5月5日卒于家。　　（李海涛）

方　还(1867—1932)

方还,本名方中(一作方舟),乳名还,字惟一,昆山玉山人。生于清同治六年(1867)。父方赓为堪舆家。因家贫,方还长于蓬阆镇顾氏外家。赘于嘉定钱门塘张氏,承嗣姓张。光绪十二年(1886)入县学,为廪贡生。学政莅院后,合苏属九县秀士试经古一场,方还诗词古赋独出冠时。方还两次赴乡试均不第。二十七年,与同邑王颂文创办昆山县第一所新式小学堂——樾阁学堂,担任教员。次年,又与王颂文等创立亭林学会,仿效明末复社,呼吁地方推行政治改革。三十一年,与亭林学会同人联名电请两江总督端方,阻止英国人格林森借修筑沪宁铁路之名圈占玉峰山南麓山地,并申请在该处开办蚕桑场,建立马鞍山公园。次年,被推为昆新学会(后更名为昆新教育会,隶属江苏教育总会)会长。同年,与宁波人李庆钊发起创建昆山县商会,出任会长。三十三年,任商办苏杭甬铁路购地所所长,复姓方,改用今名。

宣统元年(1909),方还代昆山亭林祠从苏州吴本讷处购回顾炎武《天下郡国利病书》稿本。同年,当选为江苏省谘议局议员。次年,当选为资政院议员,入京参加年会,与同人联名提出《先行讨论速开国会案》,敦促立宪。三年九月昆山光复,方还被公推为民政分府民政长,主县政。

1912年,方还经张謇、孟森介绍,加入共和党。同年10月,从县民政长任上引退。次年任北京师范学校校长。1917年改任北京女子师范学校(1919年改为北京女子高等师范学校)校长。1919年7月,因反对学生参加示威游行,辞职南归。1921年,应张謇之邀,出任南通女子师范学校校长。旋因与张謇意见不合离职,转任上海招商局公学校长。1923年赴南京,任江苏省省长公署机要秘书。次年,江浙战争爆发,昆山首当其冲,损失惨重。方还联络同人,与上海红十字会联系,请求将战时救护医疗设备无偿留予后方,改善昆山广仁医院条件。1927年,北伐军进驻昆山。方还避往上海。次年年初赴南京任交通部部长室秘书。未几回昆山,优游林下,与邑中诸老发起鹿城九老会,举行雅集。1932年"一·二八"淞沪抗战爆发。方还携家眷避往苏州甪直镇,与苏绅张一麐商救国是,入南京请愿,4月10日病逝。1934年,被落葬于昆山马鞍山东麓。

方还工诗文词。书学颜真卿,略变其体,古拙绝伦,与扬州方地山有"南北二方"之目。著有《十亩园诗钞》。　　　　　　　　　　　　　　　（李　军）

徐兆玮(1867—1940)

徐兆玮,字少逵,号倚虹、棣秋生,晚年号虹隐,别署剑心,常熟何市人,祖籍昆山。生于清同治六年(1867)。光绪二年(1876)师从太仓胡益谦学经文。十四年中举人,次年会试中式,十六年恩科补行殿试成进士,改翰林院庶吉士。散馆后被授予编修,淡于宦情。三十三年,赴日本留学,治法律。辛亥革命前夕,参加同盟会。民国成立后,任常熟县民政副长,当选为国会众议院议员。曹锟贿选总统,徐兆玮拒贿南归,居家读书著述。关注家乡事务,先后办乡校,协助创办常熟图书馆。任常熟县水利工程局主任,修浚白茆塘等水利工程。1926年当选为常熟县教育会会长。后任《重修常昭合志》总纂。抗日战争全面爆发后,流徙无锡等地,后寓居上海,1940年秋去世。

徐兆玮博学工诗文。其诗多感怀时事之作。其虹隐楼藏书两万余册,多善本、抄本及稿本,手自校雠。徐兆玮曾帮助瞿氏铁琴铜剑楼聚书,校跋藏书。一生著作多达百余种。除纂修《重修常昭合志》外,还编纂与邑志和乡镇志相关的大量史志,有《常熟艺文考》《海虞艺文目》《海虞艺文志剩稿》《金石诗录》《金石诗续录》《金石诗再续》《桂村金石录》《桂巷纪闻》《虞乡琐记》《海虞诗文征附目》《桂村诗文征》《桂村诗钞》《续桂村诗钞》《海虞诗话》《续海虞诗话》《海虞画人传》《桂村耆旧传》以及《海虞闺秀诗话》附《虞山诗史》和《桂村士女传》附《艺文略》等。编纂汇辑的史料丛书有《蒙学诸书考》《虹隐楼书目汇编》《北松庐杂著》《虹隐楼考古丛录》《海虞稗乘》等稿本,《海虞六家诗选》抄本。手抄编写的书内容丰富,范围甚广。如《黄车掌录长编》,为通俗小说资料汇编。关于灯谜等类书有《诗钟·联语·酒令·隐语》《文虎琐谈》《灯虎汇录》等。其他著述有《壶庐秘史》《剑心簃野乘》等。

徐兆玮专治明末清初史事,有《河东君遗事》《牧斋遗事续编》《沈万三遗事》《芙蓉庄红豆录》等。至1940年去世前,42年未辍之《徐兆玮日记》,又名《虹隐楼日记》,具有极高的历史文献价值。

(曹培根)

彭毂孙(1867—1940)

彭毂孙,字子嘉,吴县(今江苏苏州)人,生于清同治六年(1867)。大学士彭蕴章孙。附贡生。早年入京师同文馆学英文。光绪十二年(1886)报捐主事,历任户部陕西司主稿、北档房及八旗现审处总办、会典馆纂修、户部主事等。二十八年,与堂弟彭翼仲创办北京最早的儿童画报《启蒙画报》。次年考授经济特科二等,为专使美国随员。历加员外郎、候补知府。三十年,任户部计学馆总教员,出任广西候补道。次年调充奉天商务总局总办,历任学务处、垦务局会办。三十三年,创办奉天法政学堂并任总办,后改任副监督兼庶务长。宣统元年(1909)被派充度支部贵州清理财政监理官。1912年署奉天高等审判厅厅丞,兼护奉天提法使,次年任奉天司法筹备处处长。

1915年彭毂孙当选为国民会议代表。以大总统政事堂存记身份任浙江道尹,曾任浙江省公署总务科科长及对德绝交临时办事处副主任,1922年任太湖水利局会办。参加苏社,以名流于苏州平旦学社演讲财政学、文学,被推举为新苏公会名誉理事。1927年任北京政府农工部参事。全面抗日战争时期,出任伪江苏省政府参议、委员,中华洪道社苏州分社社长、吴县款产经理处主委、县金库主任,吴县租赋委员会委员、平定米价评议委员会委员、民食救济委员会委员等。曾主持伪吴县田赋征收局葑门征收分局,镇压佃农抗租。1940年12月4日被国民党地下特工锄奸团暗杀于十全街。

(李　峰)

张　鸿(1867—1941)

张鸿,原名澂,字映南,一作隐南,又字师曾,号璠隐、蛮公、燕谷老人、童初馆主、蛮巢居士等,常熟施家桥人。生于清同治六年(1867)。翁曾桂女婿,曹元忠妹夫。

光绪三十年(1904)张鸿中进士。先已任内阁中书,供职于总理衙门,迁户部主事,举进士后改官外务部主事,补郎中,为记名御史。辛亥革命后,任驻日本长崎、神户领事。1914年任驻朝鲜仁川领事,1916年归居燕园。曾创办塔前小学、孝友中学,后任常熟县立图书馆馆长,兼任通俗教育馆馆长、体育场场长,受聘为常熟地方自治筹备员。1924年任中国红十字会常熟分会会长、常熟佛教会会长。曾兼任中国国学会常熟分会会长。抗日战争全面爆发后避居香港,1938年夏移居上海,1941年10月25日去世。

张鸿与沈鹏、唐文治为挚友。善书画,嗜昆曲,探究佛学,喜治元史。工古文、骈文,能诗,亦以词名,为吴下西昆派中坚。译有《元史》。著有《续孽海花》《蛮巢诗词稿》等。

(李　峰)

张一麐（1867—1943）

张一麐，字仲仁，号民佣、大圜居士、古红梅阁主、心太平室主人，吴县（今江苏苏州）人。生于清同治六年（1867）。年十二补诸生，有"圣童"之誉。光绪十一年（1885）中顺天乡试举人，文名溢吴下。二十四年，在苏州创建苏学会，提倡新式教育，赞成戊戌变法。义和团运动后，为四川学政吴郁生幕宾。二十九年，清廷设经济特科，选拔洞达时务人才，张一麐被陕西学政沈卫保荐应试，以第二名录用。

适值袁世凯新授直隶总督，广揽人才，张一麐被罗致入幕办理文案。才思敏锐，昏夜时分，袁世凯嘱草十余稿，立马可就。为文工巧，他人数百言不能达意之事，其以数十言而能为之，故颇得袁世凯重用，得参机密，升署天津河防同知。三十三年，袁世凯调任军机大臣，兼任掌外务部，筹划宪政。张一麐随同进京，有关宪政各类章制文电多出自其手。次年年底，袁世凯被贬斥，张一麐亦解职归里。被浙江巡抚增韫聘为总文案，兼任自治筹备处会办。宣统三年（1911）春，返苏州养疴，入江苏巡抚程德全幕。武昌起义爆发后，张一麐竭力劝说程德全反正，最终促成江苏脱离清廷独立。袁世凯复出，任内阁总理大臣。次年年初，张一麐再次进入袁世凯幕府，并被视若心腹。与南方阵营的张謇、赵凤昌等人互通声气，协助袁世凯成功逼迫清帝退位，出任中华民国临时大总统。

袁世凯任大总统后，张一麐任总统府机要秘书，1914年5月任政事堂机要局局长。后袁世凯复辟帝制图谋日渐显露。张一麐多次谏止，陈述利害，终不被采纳。1915年10月调任教育总长，然其反对帝制的言行不改，几乎引祸上身。1916年4月段祺瑞组阁，张一麐辞教育总长职，避居天津。

任教育总长期间，张一麐积极支持注音字母统一运动，并捐廉俸创立注音字母传习所，及至下野，对此事仍不遗余力。1917年任中华民国国语研究会副会长。1919年4月任国语统一筹备会会长。1920年教育部接受国语统一筹备会建议，在初级小学明令禁用《国文》教科书，改用《国语》教科书。

在军阀混战时代，张一麐秉持和平统一之信念，利用自己沉浮宦海多年与各方形成的良好关系，多次斡旋于各派军阀之间，调和其矛盾，消兵弭乱，倡议召开和平会议，然鲜有成效。乡居期间，热心于地方公益事业。为改善地方交通，倡议修建苏邓洞公路。积极支持筹建苏州图书馆和大公园。为保护苏州文物古迹，与吴荫培、李根源等发起成立吴中保墓会保护古代墓葬，发动地方绅士捐资修缮古寺，不遗余力保护甪直罗汉塑像国宝。1924年江浙战争期间，出面周旋，使苏州地方得以保全。1931年接任修志局主席，完成《吴县志》出版工作。与李根源等和中华职业教育社等合作，在苏州藏书乡建设善人桥新村，兴办教育，改良农事，倡导善行。为表彰张一麐对地方事业所做贡献，东吴大学曾授予其法学博士学位。

面对日本侵略，张一麐坚决主张抗日救国，并以垂老之躯，率先垂范，赢得举国赞叹。"九一八"事变后，在苏州创办《斗报周刊》，呼吁抵抗日本侵略。1932年"一·二八"淞沪抗战期间，出面组织抗日治安会，慰问将士，救护伤兵，赈济难民。1937年中日淞沪会战时，与其子亲赴前线慰问将士，作诗著文，大呼杀敌救国，更与李根源等人通电全国并呈国民政府，组织"老子军"，动员六十岁以上老者效命疆场。事虽被蒋介石劝阻，然民气为之大张。日军逼近苏州时，张一麐仍坚持留下安葬阵亡将士，安置难民，治疗伤员。苏州沦陷后，断然拒任伪自治会会长，在友人帮助下，经香港辗转抵达重庆，任国民参政会参政员。1938年年底汪精卫公开叛国投敌后，张一麐痛斥其卖国行径。

在国民参政会上，张一麐能发人所欲言而不敢言之论。对于军事，力主团结抗日，反对分裂投降；对于政治，力主民主自由，反对独裁专制；对于社会建设，极力强调普及义务教育，认定此为抗战建国之根本。忠诚耿介，爱国热忱，常令闻者动容。1943年10月24日在重庆病逝。著有《心太平室集》行世。（李海涛）

蒋元庆（1867—1952）

蒋元庆，字志范，一作子蕃，号鄦楼老人，常熟人。生于清同治六年（1867）。蒋溥裔孙，汪鸣銮、毛庆蕃弟子。光绪二十四年（1898）拔贡。三十三年，任上海澄衷蒙学堂监督时，对竺可桢奖拔有加。宣统二年（1909）考授学部普通司七品小京官，于江苏学务公所办理学务。1913年任上海同济医工学堂医正科国文教授。1915年所著《卢氏遗书辑释》及《重农抗议》被呈送内务部，获大总统袁世凯褒奖。曾主《新申报》笔政，因车祸足跛返乡。1925年被推举为常熟外交会委员，1934年被聘为常熟县整理名胜委员会委员。全面抗日战争时期曾任常熟伪自治会委员兼学务处处长。1952年逝世。

蒋元庆能文善对，好作雅谑文字。通经史小学，精训诂，研习六书之学。工篆书，用笔在吴大澂、杨沂孙间，曾题北京常昭会馆门联。编有《新编中国通俗字书》《后汉侍中尚书涿郡卢君年表》。著有《礼记卢注佚文疏证》《蠡言》《清朝逸史》《读尔雅日记》《读小戴礼记卢植注日记》《鄦楼烬余稿》等。（李 峰）

曹元弼(1867—1953)

曹元弼,字谷孙、师郑,号叔彦、新罗仙吏,晚号复礼老人,吴县(今江苏苏州)人,祖籍安徽歙县。生于清同治六年正月初八日(1867年2月12日)。自曾祖曹炯、祖父曹维坤以来,世代以医术济世。父曹毓俊,同治举人。

曹元弼早慧。三岁时祖父教以八卦奇偶,曹元弼已能辨别。四岁时,父教以经子诸书,曹元弼多能通晓大意。光绪七年(1881)曹元弼以幼童科试第四名入县学。十一年,肄业于江阴南菁书院,师从黄以周,与张锡恭、唐文治交厚。同年,选充拔贡生第一名,旋中式举人。次年赴京应礼部试,结识孙诒让,论《礼》学甚相得,并与黄绍箕订交。二十年,会试中式,以目疾未与殿试。次年补行殿试,列二甲,复因目疾不能作工楷,经翁同龢奏请,降为三甲第五十名进士,以中书用。被两江总督张之洞聘为书局总校。二十三年,张之洞移节湖广总督,电聘在籍守丧的曹元弼主讲两湖书院。曹元弼曾撰《原道》《述学》《守约》,又与梁鼎芬同辑《经学文钞》,示诸生治学之方。以张之洞之命,编撰《十四经学》,立治经提要钩玄之法,约以明例、要旨、图表、会通、解纷、阙疑、流别七目。先后撰成而梓行者有《周易学》八卷、《礼经学》九卷、《孝经学》七卷,刻而未竟者有《毛诗学》《周礼学》《孟子学》,《论语学》后改名为《圣学挽狂录》。三十三年,曹元弼任湖北存古学堂总教。次年,江苏巡抚陈启泰荐曹元弼经明行修,并以其著《礼经校释》二十二卷进呈御览,奉旨赏给曹元弼翰林院编修。同年,奏设存古学堂于苏州可园,由曹元弼任经学总教。

辛亥革命后曹元弼辞去存古学堂总教一职,不涉世事,殚心著述,暇则为众弟子讲授经义,毅然以守先待后为己任,先后从之受经学者有金松岑、王大隆、王蘧常、钱仲联、沈文倬等。而一时所交往者,如叶昌炽、邹福保、张锡恭、朱祖谋、王季烈、刘锦藻、刘承乾等,多为前清遗老遗少。袁世凯任民国大总统后,设立礼制馆,曾有意聘曹元弼任职,但遭到其严词拒绝。曹元弼所有著作、日记等仍沿用清朝、伪满年号,以示臣心誓死不渝。

1953年经冒广生推荐,曹元弼任江苏省文史研究馆馆员。同年10月22日卒于苏州。

曹元弼一生以经学知名,著述繁富,堪称大师。有《周易郑氏注笺释》《周易集解补释》《大学通义》《中庸通义》《孝经郑氏注笺释》《孝经校释》《礼经大义》《孝经集注》《复礼堂述学诗》《复礼堂文集》及《诗存》《日记》《师友书札》等。另有《孙氏尚书今古文注疏校补》《太誓》未完成,遗命以书稿交于弟子王大隆。王大隆撰《行状》云:"先生说经,一以高密郑氏为宗,而亦兼采程、朱二子,平直通达,与番禺陈氏为近,而著书二百余卷,总三百余万言,则又过之。"

（李　军）

胡石予(1868—1938)

胡石予,名蕴,字介生,号石予,别署石翁、萱百、瘦鹤、丹砾、老跛、胡布衣等,昆山蓬阆(今蓬朗)人,祖籍安徽徽州。生于清同治七年三月十六日(1868年4月8日)。至父胡钟祥时家道即已中落,因家贫胡石予只能自学。光绪十年(1884)父卒,胡石予在家开馆授徒,补贴家用。娶同街曹万和药铺主人曹祥兴幼女桂贞为妻。

次年,胡石予与张景云、陆功甫、张顽鸥、杨雪庐等七人结文社。被太仓管少泉激赏,遂订忘年交,从管老学画梅。复向张顽鸥学习刻印。二十年,赴宋家泾陶聘三家坐馆,课其二子陶兆熊、陶兆鹗,并携长子胡昌会伴读,与陶聘三订为儿女亲家。四年后回蓬阆,于家设私塾。弟子有余天遂、邵汝干等,日后皆知名。三十二年七月,停办私塾后,胡石予考入上海东城师范学习。次年,经同乡方还介绍,任苏州草桥中学国文教员兼舍监。顾颉刚、叶圣陶、王伯祥、吴湖帆、江小鹣、范烟桥、蒋吟秋、顾廷龙、郑逸梅等为其学生。胡石予时与画家陈摩共事,画梅时常相互商榷,陈摩曾绘赠墨梅琴条四幅。

宣统三年(1911)中秋胡石予加入南社。1913年参加国学商兑会。与南社社友柳亚子、高吹万、高天梅、胡寄尘等唱和,将诗作连载于《南社丛刊》。1917年编选历年所作诗1500多首结集,另有文存二卷,稿本藏于家。高吹万、樊少云、郑逸梅等曾有意出资为胡石予刊印,均被其婉言谢绝。1919年,长子胡昌会时任太仓蓬莱乡小学校长,因急性肠胃炎而亡。四年后,母谢氏以九十四岁高龄逝世。江浙战争时家乡遭兵灾,胡石予避乱到上海。1926年,重病几殆,又因校长汪家玉解职,随即辞去江苏省立第二中学教职,仅任教于振华女校,次年辞职归里。1930年,夫人曹氏因肺炎去世。1935年,胡石予在南市上海医院手术时,不慎伤及右足筋骨,致右足不能行走。抗日战争全面爆发后,避往安徽铜陵章村章惠民家。1938年8月28日病卒于异乡。

胡石予工诗文,画尤擅墨梅,信笔成趣。精治国学,著作等身,被金松岑推为"江南三大儒"之一。著有《半兰旧庐文稿》《半兰旧庐诗稿》《半兰旧庐诗话》《炙砚诗话》《秋风诗》《锦溪集》《章村诗存》《梅花百绝》《后梅花百绝》《松窗琐话》《画梅赘语》《缥缈史》《岳家军》《诗学大义》《读左绎谊》《四史要略》等。

（李　军）

邓邦述(1868—1939)

邓邦述,字正闇,号孝先,自号沤梦老人、群碧翁,江宁(今江苏南京)人,祖籍吴县(今江苏苏州)洞庭西山明月湾。生于清同治七年(1868)。两广总督邓廷桢曾孙,邓嘉缜子。

光绪二十五年(1899)邓邦述中进士,选庶吉士。二十七年,为湖南巡抚端方幕僚。二十九年,被授予翰林院编修。三十一年,随端方出洋考察各国政治。次年回国,参与厘定新官制,协助端方收购丁氏八千卷楼藏书,参与筹办江南图书馆。三十三年,吉林设行省。邓邦述署理吉林交涉使,促成创立吉林图书馆。宣统元年(1909)转任奉天交涉使,次年任吉林省民政使。入民国后,曾任东三省盐运使,受赵尔巽聘为清史馆纂修,负责编撰《清史稿》本纪、光宣列传。1918年当选为安福国会参议员。

邓邦述喜藏书,为藏书家赵烈文女婿。每遇善本,不惜重价购买。光绪末在上海获得黄丕烈旧藏宋本《群玉诗集》《碧云集》两部唐人集子。集子上因有文徵明、徐乾学、金俊明、季振宜、黄丕烈等藏书印记而难得。邓邦述遂名其书楼为"群碧楼"和"双沤居"。后又得孟郊、贾岛两集的明刻本,取"郊寒岛瘦"之意,作藏书楼名"寒瘦山房"。藏书近4万卷,其中宋刻本千余卷,还有《全唐诗》稿本等,曾藏过云楼旧藏宋刻《锦绣万花谷》《后集》各40卷。藏书有"正闇居士""三李盦""披玉云斋""沤梦词人""四十学书,五十学诗,六十学词,七十学画""从吾所好""碧云群玉之居"等印。邓邦述刻有《群碧楼书目》9卷,著录宋本800多卷、元本2 700多卷及抄本、明本、批校本25 000多卷。又刻《寒瘦山房鬻存善本书目》7卷,著录明本120种、抄校本65种、清刻本362种。又有《双沤居藏书目初编》,著录宋元本12种、明本和抄校本185种、清刻本362种。1927年为偿还巨额债务,将1 100种16 000多册藏书以5万元售予中央研究院。晚年住苏州,一心著述。抗日战争全面爆发后邓邦述避难于邓尉山中。1939年去世。家属将其所余藏书以3万多元售予北京景文阁、东来阁、文殿阁和苏州集宝斋等。这些藏书后多被袁克文、王体仁等购藏。

邓邦述工书擅画,能诗文,尤以词名于时。著有《群碧楼诗草》《书衣题识》《六一消夏词》《沤梦词》等。

（曹培根）

余 觉（1868—1951） 沈 寿（1874—1921）

余觉,本名兆熊,字龙韬,又字龙钧,号冰臣、长庚,山阴(今浙江绍兴)九墩人。生于清同治七年正月二十六日(1868年2月19日)[1]。迁寓苏州城内范庄前。工诗文词,擅美术,精书法,颇见才华。

沈寿,原名云芝,字雪君,号季宦,吴县(今江苏苏州)人,祖籍吴兴(今浙江湖州)。生于清同治十三年八月十三日(1874年9月23日)。父沈椿,监生,晚年在苏州察院场护龙街口开古董店。沈寿从小随姐沈立在家合绷刺绣,八岁即能分绷自绣《鹦鹉》,十一二岁绣事渐精,所绣唐寅画《秋夜月上图》已颇精致。光绪十九年(1893)沈寿与余觉结婚,夫妻恩爱。余觉上午教书,下午研究绣艺,以画理教妻;沈寿以绣法告夫,使画循绣艺。夫画妻绣,配以题款,使绣品平添意趣神韵,高人一筹。于是沈寿绣愈精,声名愈噪。二十五年,余觉应上海潘道尹之聘就馆教书,沈寿随往。在上海,余觉见到西洋油画与摄影照相,经过分析对比,与妻一起研究阴阳明暗之理。沈寿在实践中渐渐领悟,并创出虚实针来表现明暗之别,仿真绣由此萌芽。

二十八年,余觉中举人。三十年,慈禧太后七十寿辰,东南疆吏争相祝寿。余觉同科友单束笙索订绣品。余觉挑选佛像八幅摹入绣屏,由沈寿绣制后请商部代奏。慈禧太后惊为绝世神品,懿旨嘉奖,亲书"福""寿"两字赐之。余觉因此改妻名为寿。翌年沈寿绣《济公图》,即题"光绪乙巳春日吴中天香阁女士沈寿制",并钤"御赐寿""三百年来第一人""姓名长在御屏风"方章。农工商部奏准设立绣工科,是年十一月,奏派余觉、沈寿夫妇去日本考察美术刺绣教育两月。沈寿在上海时感悟刺绣线色之"影生于光,光有阴阳,当辨阴阳,潜神凝思,以新意运旧法,渐有得。既又一游日本,观其美术之绣,归益有得"[2],再行钻研,终于创成形神兼具之"仿真绣",成为一代宗师。

三十二年初,余觉、沈寿在刘伯年赞助下,在苏州马医科巷购置花园住宅,设同立绣校。学生四五十人,亦即福寿绣品公司绣工。四月底,夫妇带帮教绣工七人、画师一人赴京,分别任农工商部绣工科总理、总教习。余觉特向驻意大利公使吴宗濂求得意大利皇后爱丽娜像,亲自放大摹入绣绷。沈寿运用仿真绣法绣成精品,于宣统二年(1910)南洋劝业会上展出,获一等奖。次年在意大利都朗

---

[1] 余觉《浙江乡试中式卷》(清光绪二十八年苏城临顿路南首毛上珍刻印):"同治辛未年正月二十六日吉时生。"公历为1871年3月16日。
[2] 张謇:《雪宦绣谱》叙,民国八年翰墨林刊印,页一。

万国制造工艺赛会上获"世界至大荣誉最高级之卓越奖凭"。苏绣自此走向世界,苏绣夺冠由此开端。

余觉、沈寿在京六年,教授绣工科80名学员。辛亥革命后,就近转至天津办自立女红传习所。1913年7月,余觉从于日本带回的画品中选择《耶稣临难像》(一名《荆棘冠冕》)摹入绣绷,交沈寿刺绣。次年年初夫妻被张謇聘至南通传艺,任绣工传习所教习,精心将《耶稣临难像》绣毕,于1915年参加美国旧金山巴拿马太平洋万国博览会,荣获一等大奖章。

余觉、沈寿为苏绣在国内外赢得了史无前例的声誉。余觉自谓:"余无妻,虽智弗显;妻无余,虽美弗彰。故世咸以嘉偶目之。"[1]沈寿绣品被珍藏于国内各地博物馆。如:上海博物馆藏《荻丛鹭鸶》《樱花栖霞》等花鸟册页4幅;苏州博物馆藏《虎》《兔》《龙》《猪》生肖4幅,《秋声》《济公像》各1幅;南京博物院藏《罗汉》屏4幅,《观音像》轴片、《红鸟翠鸟》轴片、《耶稣临难像》和《倍克像》各1幅;南通博物馆藏《古观音像》《山水风景》《蛤蜊图》《牧羊图》等。

余觉与张謇意不合,不愿寄人篱下,不久即离南通。1916年在沪鬻书求艺,后自号"三在居士",意为"身在沪,家在苏,心在通"。沈寿留南通,培训绣工本科完全毕业者九人,甲、乙班普通毕业者一百四五十人。积数月口述绣谱,由张謇记录整理,编成《雪宧绣谱》并作叙。1921年6月8日沈寿在南通病逝,张謇主持公葬于南通黄泥山麓墓园。

沈寿抑郁因病而亡,余觉撰《余觉沈寿夫妇痛史》,因而"近字思雪",别号"鹮口孤鹣"以寄悲愤。1932年,余觉与吴清望、吴进贤、蒋吟秋合作,书写草、楷、隶、篆四体屏条,义卖赈灾,时称"吴门新四杰"。1933年4月,余觉在苏州石湖畔渔家村购两亩三分地建觉庵(现名余庄或渔庄)。次年觉庵建成后,余觉自号石湖老人,或自称觉翁。1951年10月18日去世。

(林锡旦)

王大炘(1869—1924)

王大炘,字冠山,因治斯冰之学,又以铁笔行藏,故号冰铁,别署罐山民,吴县(今江苏苏州)人。生于清同治八年(1869)。少居萧家巷。补诸生,与章钰为同学友。精医术,年二十余寓居上海执业。所居名曰南齐石室、食苦斋、冰铁戡。光绪二十四年(1898),王大炘曾与友吴昌硕等义葬仪征篆刻家方仰之于苏州谊

---

[1] 余觉:《余觉沈寿夫妇痛史》,1926年手书石印本,第1页。

园后。与郑文焯、廉泉、端方、孙揆均、缪荃孙、陶湘、蒲华、袁克文、吴永及流寓上海的韩国贵族闵泳翊等交善。以行医度家用,工篆书,于金石文字有癖嗜。其印艺一时为官员、儒士、藏家所爱,所辑印谱多有名家序跋与诗赞,受到高度评价。王大炘与安吉吴昌硕(苦铁)以号并称"江南二铁",加无锡钱厓(瘦铁)又称"江南三铁"。

王大炘治印涉及面广,面目亦多。其连襟南社社员戚饭牛著《书画小纪》,称其于印所资极广,自古玺、汉印、封泥钟鼎、镜铭、砖瓦、汉魏石刻文字,及文三桥、何雪渔、丁敬身、黄小松、邓石如、赵之谦、吴让之与并世吴昌硕等诸家印法,靡不遍究,游刃恢恢,上下古今,神妙萦于方寸。郑大鹤素精印学,评价王大炘刻印,浑涵、疏逸、工雅亦复古穆、浑成、幽静、挥绰、容与、古茂、雄穆等。1912年王大炘辑自刻印成《王冰铁印存》五册出版,后上海文明书局改以《冰铁戡印印》再版,风行一时。

王大炘晚年喜好神仙丹药之术。乐善好施,1920年曾参加海上题襟馆书画助赈会。卒于1924年。另著《说玺》一卷、《陶斋吉金考释》五卷、《金石文字综》一百零六卷、《缪篆分韵补》五卷、《印语》二卷以及《石鼓文丛释》等书,惜均未见梓行。

(陈道义)

言敦源(1869—1932)

言敦源,字仲远,号养田、虒庄,人称仲远公,常熟人。生于清同治八年(1869)。孔子七十二贤弟子之一言偃第八十一世孙。父言家驹,监生。三任直隶井陉知县,称名宦。善行草书。嗜藏书,通文史,工诗能曲。治词学五十年,诸调皆备。有散曲《鸥影曲》。著有《梠叟诗存》《鸥影词钞》等。

言敦源为言家驹次子,名儒吴汝纶弟子。十岁能诵"九经",后以监生应顺天试录科第一。翁同龢见其文章精练得体,颇有桐城派风范,特召见勉励。言敦源初入直隶总督李鸿章幕,后被李鸿章推荐给袁世凯。光绪二十三年(1897)任新建陆军督练处文案。二十五年,与段祺瑞等纂校《训练操法详图说》。二十八年,任北洋常备军兵备处提调。三十年,任练兵处兵备处总办。三十二年,擢山东补用道,留直隶,署任大名镇总兵等。宣统三年(1911)十二月署长芦盐运使。1912年袁世凯就任民国大总统后,唐绍仪组织第一届内阁。言敦源任内务部次长,次年5月代理总长。7月辞职,寓居天津英租界马厂道。投资工商业,为其姻亲周学熙主持唐山开滦矿务局,曾任督办。1915年协助周学熙创建华新纺织有限公司,后在青岛、唐山、卫辉建立分厂。1919年,周学熙等在天津成立中国实业银行。言敦源曾任该银行常务董事、代董事长,此间操持实业、金融,均有不凡业绩,成为津门儒商。

北洋旧僚中唯言敦源与严修不爱做官。自天命之年后,言敦源告老隐退,以吟诗作画自娱晚年。日常与严修、赵元礼等津门名士唱和往来、抒志咏怀。同时热心于社会公益事业,倡建并资助兴建了南开女中。1932年病故。被归葬于常熟张桥祖茔。黎元洪、徐世昌、冯国璋、曹锟等历任民国大总统及龚心湛、颜惠庆、顾维钧等历任总理均赠联致悼。

言敦源嗜藏书,善书画,诗文功底深厚,文采出众。曾协助整理袁世凯《养寿园奏议》。著有《南行纪事诗》《梵庄文存》《梵庄诗存》等。

妻丁毓英,字蕴如,一作韫如,江苏宜兴人。与夫同庚。室名静馥阁。明医理,工诗,喜藏书,曾校刊唐末五代杜光庭《玉函经》。1923年卒于天津,被归葬于常熟张桥。与夫合集有《喁于馆诗草》。子言雍陶、言韦叔,承父实业经营。幼子言韦叔毕业于南开大学。曾任中国实业银行天津分行文书科主任,永宁保险公司天津分公司经理。1934年当选为天津市保险同业公会第一届理事长。1945年因飞机失事身亡。

（沈　潜）

孙德谦(1869—1935)

孙德谦,字寿芝,一字益庵,或作益盦,号龙鼎山人,晚号隘堪居士,吴县(今江苏苏州)人。生于清同治八年(1869)。自幼聪慧,十三岁读罢五经,十八岁补诸生。后喜好高邮王引孙、王念孙父子之学,涉足声音训诂领域,为日后研究打下基础。其时,张尔田治经学,兼涉小学。孙德谦常与之切磋探讨,甚至日夜不休。后因觉二王之学过于烦琐,转向章学诚之思想,并以超乎其上为目标。三十岁后,欲将诸子经典悉数注解,为此苦心孤诣。后曾应邀任漳川紫山书院训导。义和团变起后遂归,并活跃于浙赣两地,声名日彰。前辈学人郑文焯、吴昌硕、朱祖谋等皆与之交往。其时正值革故鼎新之际,多有人视旧学为障碍。孙德谦甚忧之,与人合著《新学商兑》,力图一正视听。复又请于苏州设立存古学堂,以扭转风气,前后为之奔走约三年。

辛亥革命爆发后,孙德谦只身避居上海。独处之时,常忧伤不已,并作《南窗寄傲图记》,以遗民自居。1912年,梁鼎芬、沈曾植等人创立孔教会,发起征文活动。孙德谦作《孔教大一统论》以应征,广为时人所知。时人将其与张尔田视作清末民初诸子学开山人物,加王国维并称为"海上三君"。此后,孙德谦愈加以发扬所谓"名教"为己任。各国汉学研究者如德国人颜复礼、日本人福田千代作等亦皆来请教。德国汉堡大学曾以重金聘孙德谦,日本宫内省亦寻访孙德谦的著作,日本人所办上海同文书院欲聘孙德谦讲学,皆为孙德谦所拒。六十岁以后,孙德谦先后任上海政治大学、大夏大学教授,一度于广州学海书院任教。1935年10月12日病逝于上海。

孙德谦平生于经学、校雠学、目录学等皆有造诣,然以诸子学成就为主。主要著作有《太史公书义法》《汉书艺文志举例》《刘向校雠学纂微》《六朝丽指》《稷山段氏二妙年谱》《诸子要略》《诸子通考》等。[1]

(顾亚欣)

章太炎(1869—1936)

章太炎,原名学乘,字枚叔,后易名炳麟。因慕顾炎武改名绛,号太炎,余杭(今浙江杭州)人。生于清同治七年十一月三十日(1869年1月12日)。十二年,入私塾就读,接受系统的文字音韵学教育,打下初步汉学基础。光绪九年(1883)因病放弃县试,从此无意于科举,广泛涉猎经史子集。十六年,进杭州诂经精舍,师从经学大师俞樾。二十一年,倾心于变法维新,加入上海强学会。二十三年,任上海时务报馆撰述。不久回杭州,与宋恕、陈虬等创兴浙会,为《实学报》和《译书公会报》撰稿。次年赴武昌筹办《正学报》,不久在沪任《昌言报》主笔。戊戌政变后,携家避难于台湾。二十五年夏东游日本,初次会晤孙中山。不久回沪任《亚东时报》主笔,并编定刊刻其第一部政治学术文集《訄书》。

二十六年,义和团之变起,章太炎割辫,立志反清。自立军失败后,章太炎于次年避居苏州,于美国基督教会所办东吴大学堂任国文教习近一年,"不好经史课生,高论民族大义训迪后生,诱导学生走光复的道路,收效甚巨"[2]。时俞樾住在苏州马医科曲园。章太炎往谒,被斥以"不忠不孝",遂撰文《谢本师》,绝师生之谊。为逃避官府追捕,东渡日本,屡与孙中山共商革命大计。二十九年春,到上海爱国学社任教,为邹容《革命军》撰序,并发表《驳康有为论革命书》。"苏报案"发生后,被捕入狱。三十二年出狱,再赴日本,加入同盟会,主编《民报》,进行革命宣传,与《新民丛报》展开论战。并为留日学生开设讲座,讲授《说文解

---

[1] 张京华:《孙德谦及其诸子学》,见《湖南农业大学学报》2012年第5期。
[2] 沈延国:《记章太炎先生若干事》,见章念驰:《章太炎生平与思想研究文选》,浙江人民出版社1986年,第27页。

字》《庄子》《楚辞》《尔雅》等。又为周树人、周作人、朱希祖、钱玄同等单独开设一班,另行讲授。后因与孙中山发生尖锐冲突,与陶成章等于东京重组光复会,任会长,兼任光复会通讯机关《教育今语杂志》社社长,与同盟会正式分裂。

1911年上海光复后章太炎回国,建立中华民国联合会,被选为会长,兼任机关报《大共和日报》社社长。中华民国南京临时政府成立后,被孙中山聘为总统府枢密顾问。次年,袁世凯在北京就任临时大总统后,聘章太炎为高等顾问,又委其为东三省筹边使。1913年宋教仁被刺后,章太炎因参加讨袁活动被软禁。犹为吴承仕等讲学不辍,后集为《菿汉微言》。1916年袁世凯死后,章太炎获释南归。次年与孙中山联袂赴广州,发动护法战争,任护法军政府秘书长。护法战争失败后寓居上海。因不满"五四"运动前后的新文化运动,创办《华国月刊》,专门提倡"国故"。组织辛亥同志俱乐部,反对孙中山的联俄、联共政策。1927年南京国民政府建立后,又因主张讨伐蒋介石曾遭明令通缉。

1931年"九一八"事变后,章太炎呼吁抗日救国。次年到北平燕京大学发表演说,号召青年拯救国家的危亡。1933年2月与马相伯联合发表宣言,反对日本帝国主义侵占中国东北。1934年秋举家由上海迁居苏州。此前章太炎曾赴苏州讲学并组织国学会。因与国学会旨趣不同,另创章氏国学讲习会,"以研究中国固有文化,造就国学人才为宗旨"。创办《制言》半月刊,自任主编。于章氏国学讲习会授《小学略说》《经学略说》《史学略说》《诸子学略说》等。听者济济一堂,盛况空前。1935年蒋介石派丁惟汾来苏州探视章太炎,并赠万金为疗疾之费。章太炎将此款移作章氏国学讲习会经费,谓取诸政府,还诸大众。关心国事,1936年6月4日致信蒋介石,要求抗日,14日病逝于苏州锦帆路家中。国民政府下令"国葬",因时局变化未行,权将其葬于苏州故居小园。1956年按照章太炎生前遗愿,将其安葬于杭州西湖畔张苍水墓侧。

章太炎被称为"有学问的革命家",是中国近代学术史上自成宗派的巨人,在语言文字学、经学理论、历史学、哲学等方面卓有建树,著述宏富。1915年其著作被集为《章氏丛书》,由上海右文社出版。1919年《章氏丛书》经过精心校勘并增补新作,由浙江图书馆出版。章太炎著作现被汇编成《章太炎全集》。

(许冠亭)

贝润生(1870—1945)

贝润生,名仁元,字润生,以字行,吴县(今江苏苏州)人,清季隶籍元和。生于清同治九年(1870)[1]。幼时因家贫,十六岁赴上海,在奚润如瑞康颜料行做学徒。因精明能干,二十八岁擢为瑞康颜料行经理,并成为股东。另外,又与咸康颜料号薛宝润合伙组建谦信靛油公司。20世纪20年代薛宝润退出后,贝润生又与周宗良合作改组谦信公司,扩大资本,在全国各地广设分号、代理处。瑞康、谦信等行号因与洋商关系密切,享有品牌经销特权,发展十分迅速[2]。20世纪20年代中后期,谦信公司更名为谦和公司,成为全国最大的德国进口颜料包销商。贝润生因此获得"颜料大王"称号,成为沪上巨富。

除了经营进口颜料业务外,贝润生还大量投资工业和房地产业。中日甲午战争后,独资创办赓记缫丝厂、振成缫丝厂。与朱葆三等人集资20万元,创办中兴面粉厂。此外,还投资厚生纱厂、裕和缫丝厂、纶华缫丝厂、豫丰纱厂、豫康纱厂、光华机器染织厂等企业。20世纪20年代开始在上海大力投资房地产业,先后购置各类房屋千余幢,房产面积达16万平方米,土地面积达150亩,其因此成为沪上房地产业后起之秀。

贝润生素来热心于社会活动和公益事业。光绪三十年(1904)上海商务总会成立,贝润生任协理。三十四年,发起成立上海洋货九业公所,次年当选为上海商务总会议董。1912年3月再任上海总商会协理。是年,向陈其美捐资十万元,资助革命活动。后南京国民政府于1935年通电嘉奖,为贝润生颁发金质奖章[3]。1914年,贝润生任全国商联会副会长。此外,还兼任洋货公会总董、平江公所总董、苏州旅沪同乡会会长等。热心于教育事业,曾资助同济德文医工学堂,并出任校董。1918年与黄炎培创办中华职业学校。此外还曾创办吴县城东幼儿园。

贝润生通过捐资办学、筑桥修路、助穷帮困等善举回报桑梓,曾在家乡修建梅村桥,而对扶危济困之义行多不愿留姓名。1918年在苏州购得狮子林,经多年改建和扩建,将狮子林修葺成名动江南的私家园林,亲撰《重修狮子林记》以志其事。狮子林以叠石之奇冠于吴中各园,内设贝氏家祠和族学。

1945年贝润生因病于上海逝世。

(李海涛)

---

[1] 贝念正:《回忆曾祖父"燃料大王"贝润生》,见《史林》2011年增刊。
[2] 徐鼎新、钱小明:《上海总商会史(1902—1929)》,上海社会科学院出版社1991年,第14—15页。
[3] 《国民政府命令二·褒奖贝润生捐资救国》,见《内政公报》1935年第8卷第19期。

潘月樵(1871—1928)

潘月樵,名宗岳,一名万胜,乳名连生,艺名小连生,以字行,甘泉(今江苏扬州)人,徙居妻籍常熟。生于清同治十年(1871)。八岁于天津戏班学艺,习梆子文武老生。后于北京师从许福奎学京剧,初唱花旦,改须生,宗奎派,唱做俱工,因倒嗓专注于做工,武功高强,尤擅演急杀戏,文武兼擅。饰《九更天》之马义、《一捧雪》之莫成、《战蒲关》之王老仆、《战皖城》之张绣、《玉堂春》之刘臬司、《九件衣》之县尹等角色最为的当。光绪十二年(1886)于上海天仙茶园演出,独有秘本全本《盗御马》。亦擅演《四进士》《明末遗恨》等,以连台时装新戏《铁公鸡》最红,曾任该园小金台班经理。李鸿章、刘坤一曾联衔奏保潘月樵为花翎游击。三十二年,潘月樵转隶丹桂茶园,与契交夏月润、夏月珊兄弟及孙菊仙、毛韵珂等编演《妻党同恶报》《杨乃武》等新剧。又与夏月珊创议组织榛苓初等小学堂,并于苏州创办菁莪两等小学堂,义务教育贫寒子弟。三十四年,于上海南市与夏月珊筹建第一家新式剧场新舞台并组班,对传统京剧从舞台、戏装、道具、唱腔等方面改革,排演改良京剧《四收关胜》《四戏迷传》《血手印》《潘烈士投海》《黑籍冤魂》等。所排演之时装新戏《新茶花女》尤享盛誉。潘月樵又襄办救火联合会,捐助商团公会,义演赈灾颇力。

1911年武昌起义爆发后,潘月樵率商团从革命党人攻打上海江南制造局,率先突入并负伤,于光复上海有大功,被任为沪军都督府调查部长,毁家助饷,促请北伐,裁员节费,改部为司,又编排新戏《黄鹤楼》宣传革命。1912年与夏月珊创立上海伶界联合会,任执行部长,组织伶界商团并任评议员,编演《波兰亡国惨》新戏。拓建伶界义冢。孙中山亲赠"急公好义"鎏金章。1913年潘月樵任上海伶界联合会会长,与关外都督蓝天蔚交密,被川粤汉铁路督办岑春煊委任为旅长,于上海招募卫队一营为营长,赴武汉任岑春煊卫队教练官。"二次革命"失败后潘月樵解散上海卫队营,避居常熟中峰寺,被通缉抄家。次年再返上海新舞台演出,被誉为伶界巨子兼伟人。1917年南下从岑春煊参加护法运动,曾任广州军政府内务部稽查长、七总裁府一等副官、漳州镇守副使。后返上海演出,1927年被聘为上海乐社票房名誉董事、混世魔王剧团剧务顾问。

潘月樵为周信芳师。生前曾著自传。1928年卒于常熟山塘泾岸家中。

(李 峰)

丁祖荫(1871—1930)

丁祖荫,原名祖德,字芝荪,一作之孙,号初我、初园居士,又号一行,常熟人。生于清同治十年(1871)。祖父丁云瑞,道光举人,官至内阁中书。工文词,勇于任事,任助饷局总理。咸丰十年(1860)率团练与太平军力战阵亡。被赠主事,予世职。

丁祖荫曾于南菁书院肄业。光绪十五年(1889)庠生。二十二年,与潘任、季亮时、曾朴、张鸿、徐念慈、殷崇亮等同乡好友冲破地方顽固势力阻挠,在城东塔前学爱精庐和别峰庵成立中西学社。次年创办中西蒙学堂,后改称中西学堂、常昭公立高等小学堂。捐款改建藏书楼,广置图书,集合同志,讲究新学,改良社会,首开县内倡导西学之新风,并与曾朴共主校务。二十九年,为振兴女学,提倡女权,与曾朴在上海创办《女子世界》月刊,并任主编。同年又在常熟创办竞化两等女子小学堂。三十年,与曾朴发起成立常昭学会[1],以研究和推广新学为宗旨。翌年常昭学会改组为常昭教育会,丁祖荫出任会长。同时开设海虞图书馆,并在家中独资开办丁氏小学。与曾朴在沪创办《小说林》社,以发表翻译作品为主,兼及小说理论与曲话、诗话。后历任常昭劝学所总董、海虞市自治公所总董、江苏省谘议局议员等职。

宣统三年(1911)辛亥革命爆发,常熟光复,丁祖荫被推选为首任县民政长,捐俸充作添置路灯费,创编《常熟民政署报告》,辑录县政大事。1912年改任首任县知事,在县遭严重水灾时,积极赈灾,努力维护社会秩序。1913年调任吴江县知事,以"严治"著称,对境域水利、教育、漕赋、司法等多有兴革。因成绩斐然,政府曾为其颁发金鹤奖章,并欲保升道尹,但丁祖荫坚辞不受,后因病归里。有感于清末民初社会鼎革的历史变迁,1917年与邵松年、徐兆玮等人发起修纂《重修常昭合志》并任总纂,为此殚精竭虑。1921年任常熟水利研究会会长。热心于地方公共事业,积极参与筹备县立图书馆,并捐献家藏图书数百种。此外创办贫民习艺所、农事试验场,批准开办警察教练所、师范讲习所等,竭诚造福乡梓。

丁祖荫素擅文翰,嗜书如命,时人称之"于学无所不窥,尤精于目录校雠之学,见有佳书,必搜讨抄录;于乡邦文献刻意旁求,寒暑弗渝,丹黄不辍"。其藏书处名缃素楼,收藏数万卷,所得多来自赵氏旧山楼、莫氏铜井文房旧藏,精品颇

---

[1] 清雍正四年(1726)将常熟县析为常熟、昭文两县,辛亥革命后两县合并,仍为常熟县。

多,如常熟赵用贤、赵琦美父子抄校的明刻《古今杂剧》为海内孤本,还有顾千里校勘本、黄丕烈点校本等。家藏抄本见于文献记载的达 20 多种,稿本近 50 种。丁祖荫曾校刊《海陵丛刻》,辑刻《虞山丛刻》14 种、《虞阳说苑》32 种。编有《丁氏书目》《常熟金石志》《常熟艺文志》《常熟旧志列传目稿》《万国公法释例》。著有《松陵文牍》《一行小集》《初我杂著》等,曾撰《河东君轶事》,有《丁芝孙日记》稿本。

1930 年 1 月,丁祖荫举家移居苏州民治路。7 月 21 日因病逝世,被归葬于常熟虞山北麓。墓志由名士张一麐撰,邓邦述书,名工孙仲渊刻。好友黄炎培曾有挽联云:"弱志偏彊骨,吾怀初我贤。尺书来劫后,一瞑在秋前。抵死在孤醒,论交剩卅年。丛残谁与辑,倘许凿楹传。"

子丁剑锋,持志大学肄业,抗日战争胜利后移居上海。丁剑锋之子丁士昭,为同济大学教授,工程管理研究所创始人、名誉所长。　　　　　　　　（沈　潜）

姚鹏图（1872—1921）

姚鹏图,字纯子,号柳屏、古风,太仓人。生于清同治十一年（1872）,时隶籍镇洋。王祖畬弟子。光绪十七年（1891）中举人。二十四年,被分发至山东为候补知县,任缉捕委员。二十九年,奉派赴日本大阪参加万国博览会。次年被委署山东邹县、沾化、兰山知县,有惠政。三十二年,曾随载泽出使日本、美国考察政治。三十四年,署聊城知县。宣统间为提学使罗正钧幕宾,协助筹建山东省图书馆及金石保存所。1912 年任山东巡按使署内务主任,1914 年被委署省公署秘书长。1919 年任北京政府内务部礼俗司司长,被国务总理钱能训委为秘书。卒于1921 年。

姚鹏图喜收藏,碑版尤富,考据精到。书工隶、楷,擅篆刻,诗词鲜隽,与陆增炜并称"东西二才子"。著有《襄阳张氏世系表》《乙巳邹记》《扶桑百八吟》《柳屏词》《古风诗词丛钞》《古风遗草》等。　　　　　　　　　　　　　　（李　峰）

曾　朴（1872—1935）

曾朴,谱名朴华,初字太仆,改字孟朴,又字小木、籀斋,号铭珊,笔名东亚病夫、病夫国之病夫等,常熟人。生于清同治十一年（1872）。曾之撰子,汪鸣銮三女婿。

曾朴少好学能文,为潘欲仁弟子。光绪十七年(1891)中式举人。于上海求志书院肄业,课案掌故、舆地为超等。捐中书舍人,入北京同文馆特班学法文,以所作《补后汉书艺文志》及考证得翁同龢赏识。二十三年,曾师从张德彝学英、法文,从陈季同研讨法国文学,后又从日本教授金井秋萍学日语。二十五年,与张鸿、丁祖荫、徐念慈等创办中西学社,开邑中新学先声。二十九年,与人合伙经营丝业出口破产。次年与丁祖荫、徐念慈等创办《小说林》社,后创办《小说林》月刊,著译极多,介绍外国文学,提倡文学改良颇力。三十二年,主持设立常昭两县教育会,当选为苏府同乡会会董,为苏路股东。三十四年,参与发起江苏铁路协会,任总干事,加入预备立宪公会,参加召开国会请愿运动,捐纳浙江候补知府。宣统元年(1909)任两江总督端方财政文案,筹建南洋印刷官厂苏州分厂,当选为江苏教育总会干事。次年出任浙江发审委员、清理绿营营产局会办。

1912年曾朴加入共和党,次年当选为江苏省议员,参与发起江苏省政讨论会。1914年被江苏省财政厅派为江苏清理沙田局会办,次年改任江苏官产处处长,当选为江苏国民代表,反对袁世凯称帝。后兼任苏学会主任干事、省督军署谘议。1920年任全国烟酒事务署江苏事务局会办、总务科科长,兼任烟酒税二区分局局长,接任江苏禁米查验处主任。1922年再任江苏官产处处长,1925年兼署江苏省财政厅厅长,代理省署事务,兼任苏州湖田局总办,改任政务厅厅长,次年曾代理省长。1927年年初辞职,与子虚白于上海开办真美善书店,创办《真美善》杂志。次年曾任江苏禁烟总局局长。后专心著译,于文学理论及小说改良多有建树,驰誉国内外。1935年6月23日下午在常熟病逝。

曾朴所著《孽海花》为清末四大谴责小说之一。曾朴译有雨果之《九十三年》《吕克兰斯鲍夏》《笑面人》、左拉之《南丹及奈侬夫人》、莫里哀之《夫人学堂》等。另著有纪念亡妻之《昙花梦院本》和自传体小说《鲁男子》等。有《曾朴全集》行世。

子曾虚白,别有传。

(李　峰)

张一鹏(1872—1944)

张一鹏,字云抟,号不知老之将至斋主,吴县(今江苏苏州)人。生于清同治十一年(1872)[1]。张一麐弟,康有为门人汤觉顿妹夫。光绪十九年(1893)中

---

[1] 孙筹成:《张一鹏之生平》,见《大众》1944年第23期。

举人。其后两次参加会试,均因同考官为其妹丈而回避。二十三年,入上海南洋公学师范院,与陈懋治等 24 人获第一层蓝格凭据,并因志趣尤异、学识兼懋,同时被发给第二层绿格凭据[1]。与兄张一麐发起成立苏学会,鼓吹维新思想。在苏州唐家巷创办中西小学堂,后任教于上海澄衷蒙学堂。三十年,公派留学日本法政大学速成科,与汪精卫同学。三十二年,创办《法政杂志》月刊并任主编。同年毕业归国,拣选知县,任法部主事,在监狱司行走,为京师内城地方检察厅首任厅长。宣统二年(1910)署云南高等检察厅检察长。参加辛亥革命,任各省都督府代表联合会云南代表,于南京选举孙中山为临时大总统。自滇返沪后,任《时事新报》主编。后出任江苏司法筹备处处长、平政院第三庭庭长、平政院代理院长。1917 年 8 月任江西省财政厅厅长,旋改任河南省财政厅厅长,坚辞不就。次年 5 月出任北洋政府司法部次长[2],力主禁烟,扫除烟弊,曾赴上海主持销毁货值近千万元的烟土。1920 年代理司法部长,到东北视察,创特区法院编订章制,延揽人才。回京后,两次充任法官考试总裁。1925 年辞官,在苏州、上海当律师,被推举为上海律师公会会长,兼充江苏财政、实业两厅顾问,并兼任东吴大学法学教授。1927 年 3 月,国民革命军据苏州,成立吴县临时行政委员会,维持县政。张一鹏任主席兼民政局局长,直至 6 月该委员会撤销。于苏州地方公益事业多有贡献,如修缮教养院、增储丰备义仓谷物。曾任吴县禁烟委员会执行委员和苏州商团临时自卫队筹委会主任[3]。全面抗日战争时期留沪,1944 年 1 月任汪伪司法行政部部长,后因视察监狱感染斑疹伤寒,于 7 月 15 日病卒。

张一鹏曾与范君博合作《不知老之将至斋随笔》。辑有《魏略》辑本《隋书经籍志补》。编有《普通学歌诀》《小学普通学读本》,编译《刑事诉讼法》,著有《读毛诗日记》《皇朝掌故》等。

(李海涛)

朱锡梁(1873—1932)

朱锡梁,字梁任,以字行,一字夬庼,号纬军、君仇,吴县(今江苏苏州)人。生于清同治十一年(1872)。宋大儒朱长文第三十三世孙。父朱永璜,同治十三年武进士。历任江南常州营中军守备,以两江候补参将管带浙西盐捕缉私后营。苏州和平光复后,曾任民团统带。精武艺,尤擅使大刀,枪法精准。以书法著名。

---

[1] 凌安谷:《西安交通大学大事记(1896—2000)》,西安交通大学出版社 2004 年,第 4—5 页。
[2] 《政府公报》命令,1918 年 5 月 21 日,第 835 号。
[3] 章开沅:《苏州商团档案汇编》(上),巴蜀书社 2008 年,第 99 页。

朱锡梁自少叛逆,早怀反清革命思想。光绪二十九年(1903)曾义务任教于吴中公学社,与苏曼殊、包天笑等于苏州狮子山招国魂,署名黄帝之曾曾小子。后于日本加入同盟会,孙中山曾赠以宝刀。宣统元年(1909)参加南社。支持辛亥革命,1912年曾参谋北伐军事,次年当选为苏州自治协会评议员。曾任上海《商务报》及《民国新闻》报主任编辑。1917年与叶德辉督工深刻宋碑《平江图》,被吴县修志局聘为采访员,后任《苏报》主笔。1920年以保护古迹古墓等因被捕入狱。后曾主《正大日报》笔政,1924年任上海南方大学教授。次年被聘为东南大学、爱国女学苏州分校教授,后于苏州美术专门学校教授国文及国学。1928年与南社社友陈去病等发起南社成立二十周年纪念会,任编辑委员,提议将李鸿章祠改祀太平天国忠王李秀成,后改为南社先烈祠。被聘为江苏省及吴县古物保管委员会委员。1932年11月12日,携子朱世隆参加甪直保圣寺唐塑陈列馆开幕典礼,因返乘之源兴轮于途中倾覆,不幸溺亡。

朱锡梁好古绩学,喜藏书集帖,善鉴别。工诗词,娴音律,精天算。学日本假名,通古文字,研究甲骨文有心得。与张一麐、冯守之有"痴子"之名,时为"苏州五奇人"之一。著有《历算超辰》《甲骨文释》《草书探原》《词律补体》等。

子朱世隆,字天禄,一作天乐。生于清光绪二十九年(1903)。素承家学习武,任苏州成烈体育专门学校事务主任、武术教练。1932年11月12日与父参加甪直保圣寺唐塑陈列馆开幕典礼,因返乘之源兴轮于途中倾覆,舍身救父同死。章太炎为之书墓碑,国民政府主席林森题赠"舍生殉孝"匾。

(李　峰)

蔡　寅(1873—1934)

蔡寅,字清臣,改字清任,又字冶民,号壮怀、怀庐、青纯、平江遗民,法号宗寅,吴江(今江苏苏州吴江区)黎里人。生于清同治十一年(1872)。幼有"神童"之誉。十二岁能书径尺大字。十七岁补诸生。光绪二十三年(1897),与金松岑、陈去病义结金兰,在同里组织雪耻学会,并称"吴江三杰"。二十九年,与金松岑等在上海参加中国教育会,入爱国学社肄业,结识蔡元培、章太炎、邹容等,与内侄柳亚子等捐资印行邹容之《革命军》。"苏报案"发生,章太炎和邹容陷于牢狱。蔡寅积极营救,与金松岑、柳亚子等聘请英国人琼斯为辩护律师,又密写书札托金松岑带入狱中致意。后东渡日本,入早稻田大学攻法政,结识孙中山、黄兴、陈其美等,加入同盟会。完成学业后回国,宣统元年(1909)被赏法政科举人。任宁波地方检察厅检察官。以铁肩、铁面、铁骨、铁笔取斋名"四铁斋",认为:"惟铁肩能担责任,惟铁面能杜阿谀,惟铁骨能矫脂韦,惟铁笔能公是非!"[1] 1911年加入南社。武昌起义爆发后,陈其美光复上海,建立沪军都督府。蔡寅任军务部执法科科长,捕审杀害辛亥革命志士周实、阮式的山阳县民政长姚荣泽。1912年调任军法司长兼临时法庭庭长。次年年初任民政长秘书、署江苏司法筹备处处长。参加"二次革命"反袁,与黄兴宣布江苏独立,任江苏民政厅厅长,失败后隐居上海。1917年在北京从事法律编查工作。1921年署广西高等审判厅厅长,改署高等检察厅检察长。次年任财政会议秘书。1923年为修订法律馆副总裁,次年免职后寓居上海。1928年任南京国民政府司法行政部参事。晚年醉心于浙南山水风光。1934年10月病逝于上海。

蔡寅才华出众,于学无所不窥,被推为南社文坛巨擘。对诗学自有一套理论,曾为社友高旭所编《变雅楼三十年诗征》作序,曰:"诗也者,乃本诸无心之倾吐,亦有为而寄托。一人有一人之诗,一时有一时之诗,一境有一境之诗,有真性情之流露,斯有真事实之证明。"[2] 金松岑谓:"今展读冶民诗,乃洒落有风度,盖无意于崇唐揖宋,而自选乎诗人之庭。与山民父子相抚手也。"[3] 蔡寅书法初学苏、欧,晚似颜平原,画具徐渭风格。蔡寅著有《怀庐诗钞》稿本留世。

(俞 前)

瞿启甲(1873—1940)

瞿启甲,字良士,号铁琴道人,常熟古里人。生于清同治十二年四月二十九日(1873年5月25日),时隶籍昭文。贡生。为瞿氏卜居古里第九世,铁琴铜剑楼第四代楼主。光绪二十四年(1898)即刊刻《铁琴铜剑楼藏书目录》24卷。

光绪二十八年,瞿启甲以捐纳同知被分发至安徽。三十四年,考补浙江同知,逾年即归。宣统元年(1909)学部奏设京师图书馆,瞿启甲进呈刊本、钞本50种,保全藏书。1913年当选为第一届国会众议院议员,于三吴水利多有建议。积极倡议设立公共图书馆,1915年创办常熟公共图书馆,任筹办主任、首任馆长,并捐赠家藏图书42种649册。与丁祖荫等集议修纂《重修常昭合志》。1922

---

[1] 金松岑:《天放楼诗集》四《为蔡冶民题四铁斋读律图序》,转引自李海珉:《南社书坛点将录》,苏州大学出版社2012年,第533页。

[2] 郑逸梅:《记蔡冶民事》,见《申报》1934年10月26日。郑逸梅此文谓前天偶见某报载有蔡寅死讯。

[3] 金松岑:《天放楼诗集》四《为蔡冶民题四铁斋读律图序》,转引自李海珉:《南社书坛点将录》,苏州大学出版社2012年版,第534页。

年编《铁琴铜剑楼宋金元本书影》影印出版,并汇辑《铁琴铜剑楼藏书题跋集录》。1923年于国会反对曹锟贿选总统,拒贿南归。次年任县水利研究会副主任,于县政多所匡赞。江浙战争时曾将珍本藏于上海。抗日战争全面爆发后瞿启甲拒任伪职,曾避难于苏州洞庭东山,再次将藏书移藏于上海租界。1940年1月15日去世。

瞿启甲精心呵护瞿氏先辈藏书,公开私藏,在整理藏书和传播家藏文献方面做出巨大贡献。直接整理出版所藏图书,如重刊《秋影楼诗集》,影刊《河间刘守真伤寒直格》《离骚集传》《周贺诗集》《李丞相诗集》《中原音韵》等。提供藏书精品影印。1920年至1925年,上海商务印书馆影印大型丛书《四部丛刊》初编、续编、三编。瞿启甲提供的铁琴铜剑楼所藏宋元古籍珍本81种被作为影印底本,成为当时《四部丛刊》诸编所采录的私家藏本之冠。商务印书馆出版的《百衲本二十四史·汉书》32册系借铁琴铜剑楼藏北宋景祐本影印而成,《百衲本二十四史·旧唐书》36册系借铁琴铜剑楼藏宋刊本影印阙卷并以明闻人诠复宋本配补。瞿启甲临终遗命家人"书勿分散,不能守,则归之公"。中华人民共和国成立后,瞿启甲子遵父遗命,将家藏宋、元、明善本书捐献给国家。

瞿启甲擅文学、书法,勤于著述。辑《瞿氏诗草》及《铁琴铜剑楼丛书》13种。编有《前明常熟瞿氏四代忠贤遗像》《壬子春常熟圩工征信录》《海虞艺文目》《常熟县图书馆藏书目录》《铁琴铜剑楼金石录》《铁琴铜剑楼藏扇集锦》,著有《瞿启甲文存》等。

(曹培根)

马光楣(1873—1940)

马光楣,字梅轩,号眉寿、梅痴、梅道人、玉球生、西鹿山人、玉山痴人、自得庐主、花史馆主等,昆山人。生于清同治十二年(1873)[1]。昆山名儒钱邦彦门生。光绪三十一年(1905)末科生员。

马光楣自幼喜爱刻印,青年时期取法近代名家印谱,精研邓石如、吴让之和西泠诸家,后深入秦汉印堂奥,融会贯通。1917年,与文友顾天熙、顾天锡等十余人在昆山后浜创立遁社。遁社为西泠印社之后最早成立的印学社团之一。成员唱和诗文,切磋印学,使昆山金石研究之风大盛。次年,马光楣将遁社成员所

---

[1] 顾工:《马光楣、遁社及〈三续三十五举〉》,见《昆山书法论文集》,荣宝斋出版社2011年,第210页。

藏古印和明清印人作品汇编为《遁社印存》。另有自刻印谱《玉球生印存》，中有为章太炎、商衍鎏、邓邦述、陈摩、朱屺瞻等所刻印蜕。中年移居苏州，先住紫兰巷，后迁富郎中巷，积极参与金石书画社活动。钻研篆刻艺术几十年，对秦汉印和明清流派篆刻都有深入的学习研究，形成了自己的印学思想。1927年撰成之印学理论著作《三续三十五举》，1929年由花史馆刊印，由名画家王师子题书名，由顾天熙作序，由俞锡畴等题词，有朱印、墨印两种版本，颇有影响。1940年马光楣卒于苏州。

（马一平）

凌昌焕（1873—1947）

凌昌焕，字文之，号子元，吴江（今江苏苏州吴江区）莘塔人。生于清同治十二年（1873）。名儒凌淦侄孙，柳亚子表兄。诸生。光绪三十二年（1906）入上海商务印书馆编辑所。次年被黄炎培聘为浦东中学教员。宣统二年（1910）参加南洋劝业研究会理科部。

1912年，凌昌焕再入商务印书馆，任自然科编辑，后兼任博物生理部编辑。曾当选为江苏省教育会理科教授研究会编审员、副干事，中华博物学研究会会计员，江苏省教育会调查部干事、评议员，中华职业教育社研究部干事等。加入南社及南社纪念会，被推为吴江旅沪同乡会常委、执委、会长。1935年任中华教育用具厂研究部主任，并为无锡庆丰纺织公司股东。抗日战争胜利后凌昌焕返乡，1947年去世。

凌昌焕曾参与校勘《黎里续志》，参与编纂《辞源》《植物学大辞典》《动物学大辞典》及《共和国新教科书》丛书等。主编《常识小丛书》丛书，合编《共和国教科书新理科教授法》《新法自然研究法》《小学校校园经营法》等。译有日山田弥转著之《植物的运动》等。编有《共和国教科书生理学》《新学制自然科教授书》《新时代民众学校自然课本》与《新时代民众学校卫生课本》及教授书、《小学校用自然科挂图》《小学校用生理卫生挂图》《昆虫标本采集及制作法》《初级农业职业学校教科书作物学》《现代初中教科书植物学》等。

（王晋玲）

王季烈（1873—1952）

王季烈，字晋馀，号君九，别号螾庐，又号螾楼，吴县（今江苏苏州）人。生于清同治十二年七月十六日（1873年9月7日），时隶籍长洲。王颂蔚、王谢长达长子。

王季烈幼承庭训,濡染经史子集。光绪二十年(1894)中举人,赴浙江做幕宾。后往上海江南制造局,与傅兰雅合译《通物电光》一书。此书叙述了X光相关知识。因时人对字母"X"不熟悉,加之X光因放电现象产生,且有穿透性,王季烈遂将X光译为"通物电光"。此书出版仅比伦琴发现X光晚四年。此后,王季烈又在钻研西方近代物理学的基础上,将日本人藤田丰八翻译之教科书重新改写,定名《物理学》,并由江南制造局刊行。此为中国第一本具有大学水准的物理教科书。二十六年王季烈任职于汉阳铁厂,次年入张之洞幕,受到器重。三十年考中进士,因张之洞保举而入学部,任专门司郎中,兼任京师议学馆理化教员。三十四年,主持编纂中国第一本由官方颁布的物理学名词规范——《物理学语汇》。与此同时,还担任商务印书馆理科编辑,翻译、编写《最新理化示教》《最新化学》《初等小学格致》《初等小学格致教授法》《新式物理学教科书》等教材,并在北京创办五城学堂。

辛亥革命后,王季烈反对袁世凯,为同盟会会员、妹夫何澂所影响,倾向于孙中山,拒绝在袁世凯政权下任职。同时,因清帝逊位,王季烈对引进西学感到困惑,决定归隐,迁居天津,修订族谱,研究昆曲。1918年至1920年,应交通总长叶恭绰之聘,为交通部筹办子弟学校,以"扶轮"为校名,并在京、津、唐等地建成数所。1924年再度编著物理学教科书,并为当时的高级中学所普遍采用。

1927年王季烈迁居大连,欲以儒家思想平定社会动荡,恢复秩序。20世纪30年代初,复古思潮盛极一时,王季烈之主张因此更加坚定。1932年3月,溥仪成立伪"满洲国"后,王季烈表支持,被列名为内务大臣,12月转任技正。未几,因见伪"满洲国"仅为日本操控下之傀儡政权,遂丧失信心,于1934年递交《乞归奏折》。1942年南返苏州。

王季烈通词曲,精通曲律,长期从事昆曲理论研究,作八折小剧《人兽鉴传奇》及杂剧《西浦梦》等,著有《螾庐曲谈》《度曲要旨》,并依律考订旧谱,辑成《集成曲谱》《与众曲谱》《正俗曲谱》,校订《孤本元明杂剧》。同时以曲学理论指导度曲实践,竭力倡导业余昆曲活动。早年在津门等地曾先后创建审音社、景璟社、同咏社,延请吴中名笛师徐清云、高步云北上拍曲授戏,与曲友登台串演。又组织咏霓社、正俗社、螾庐社等。返苏州后又先后发起俭乐曲社、吴社,集新老曲友六十余人,定期活动。于曲唱工净色,嗓音洪亮,讲究咬字,擅《单刀会·训子、刀会》《虎囊弹·山亭》等折子,偶尔亦粉墨登场,曾与全福班名老生沈锡卿于苏州全浙会馆同台串演过《刀会》,其饰关羽,沈锡卿配演鲁肃。

1949年中华人民共和国成立后,王季烈受同科进士、民主人士陈叔通之邀进京,欲参与中央文史馆筹备工作。然赴京后不久即因病瘫痪在床,1952年2月25日病逝于北京毛家湾寓,被葬于翠微山麓福田公墓。

王季烈曾编纂《莫厘王氏家谱》,辑补父著《明史考证攟逸补遗》。全面抗日战争时期,应张元济聘请,为商务印书馆校订也是园旧藏《孤本元明杂剧》,撰序并校改了全书提要,有开创古典戏剧整理先河之功。另著有《螾庐未定稿》《螾庐未定稿续编》《螾庐剩稿》等。

(顾亚欣　徐　阳　王　宁)

潘昌煦(1873—1958)

潘昌煦,字春晖,号由笙,一号芯庐,吴县(今江苏苏州)人,祖籍安徽歙县。生于清同治十二年(1873),时隶籍元和。家族世代经商致富,家业因太平天国运动而衰败,父潘鎏英年早逝。

潘昌煦家贫好学。年十七应县试夺魁,深得知县李超琼激赏,被收入门下,并延教其子。光绪二十年(1894)中举人,四年后中进士。因愤于时势之变,积极参与维新变法。戊戌政变后,随翁同龢南下避祸。后经袁世凯部下推荐,进京入进士馆学习中外政法,与陆鸿仪、孔昭晋等同期。三十三年毕业,为内班最优等三十八名之一。被选派至日本留学,入中央大学主修法科。五年后学成归国,历任国史馆协修、编查处协修、武英殿协修等职,辛亥革命后南归。

1912年春,潘昌煦与朱寿朋、潘鸿鼎、陆鸿仪等三十余人在上海发起组建国民党(与同盟会改组之国民党不同)同志会,主要成员为江浙间朴学士人、素昔从事教育及地方公益者。国民党同志会后与统一党、民社、民国公会、国民协进会等合组为共和党。因资深的法科背景,潘昌煦出任法制局参事。1915年11月,任司法官惩戒委员会委员,次月任大理院推事兼刑庭庭长。1922年一度代理院长。又任大总统顾问,因不满军阀混战的政局,毅然辞职,改任教职。1928年被燕京大学慕名聘为法律系教授,次年兼任清华大学政治学系讲师。1933年自感年事已高,乃辞职南归苏州,定居皮市街,以鬻文售字自给。

1937年,日军侵占苏州,潘昌煦与张一麐同办难民救济会,旋避处光福乡间。因救济难民事遭日军通缉,并被列入黑名单,不得已避往无锡荡口。回苏州后,拒不与出任伪职之亲朋好友会面。1943年,汪伪江苏省省长、特工头子李士群被日本特务毒死后,因有请翰林题主的旧俗,当时仅潘昌煦在苏州,故李士群部下威逼利诱,欲请潘昌煦为李士群点主,均遭潘昌煦严词拒绝,足见潘昌煦志节高尚。

中华人民共和国成立后,潘昌煦于1953年当选为苏州市首届人民代表大会代表。1958年1月13日逝世。22日,其子潘铭紫奉遗命将家藏文物如清光绪三十年诰命、科第匾额等17件,书籍787册捐赠给苏州市文物管理委员会。

潘昌煦于书法上有盛名。善诗词,早宗杜甫,晚爱陶、白遗风。所著《芯庐遗集》八卷,由郭绍虞作序,陆鸿吉撰传,顾廷龙题跋。其中《沦陷集》为抗日战争时之诗作,堪称实录。

(李 军)

陈去病(1874—1933)

陈去病,原名庆林,字佩忍,别字病倩、巢南,号垂虹亭长、勤补老人,吴江(今江苏苏州吴江区)同里人。生于清同治十三年七月初一日(1874年8月12日)。世代经营榨油业。陈去病为遗腹子,幼承母教,七岁入塾,为名儒诸杏庐弟子。光绪二十一年(1895)补县学生员。二十三年,与金松岑、蔡寅在同里组织雪耻学会,有"吴江三杰"之誉。

八国联军侵华之后,清廷的腐败无能使陈去病逐渐接受革命思想。二十八年,陈去病参加蔡元培等人发起成立的中国教育会,在同里组织支部。次年赴日本留学,发奋救国,以汉朝霍去病"匈奴未灭,何以家为"的责任担当深自砥砺,改名去病。在东京毅然加入拒俄义勇队。发表《革命其可免乎》,宣言"不革命非丈夫"。三十一年,经秋瑾介绍加入光复会,次年初由刘师培介绍加入同盟会。采取多种方式宣传排满革命。尤为重视宣传明清鼎革时期反清义士事迹,先后编辑《陆沉丛书》《清秘史》《吴长兴伯遗集》《五石脂》《烦恼丝》《吴赤溟先生文集》《明遗民录》等。还直接在报刊上发表文章,抨击清政府反动统治,任《警钟日报》编辑,编辑《国粹学报》,主持《中华新报》笔政,创办《苏苏报》等。

陈去病重视戏剧的社会教育作用,受京剧演员汪笑侬影响,意识到戏剧具有一般艺术作品所不具备的感染力。撰文《论戏剧之有益》,鼓励青年革命党人深入梨园,与戏剧艺人结合,演绎宣传革命思想的新戏。陈去病任编辑兼主要撰稿人的《二十世纪大舞台》丛报,是近代中国最早的戏剧报刊。

三十三年,陈去病在上海主持国学保存会,并邀集吴梅等人组织神交社,以论文讲学为名联络革命知识分子。次年夏又在绍兴组建匡社,以匡复中华为志。宣统元年(1909)冬,在苏州虎丘邀集柳亚子等人成立南社。三年,在绍兴帮助学生宋琳组建越社。这些社团往往兼具学术和政治性,对革命事业产生重要影响。

武昌起义后,陈去病为实现共和民主制度而奔走呼号。入民国,先后任职于《大汉报》《越铎日报》《平民日报》。1913年宋教仁被刺后,陈去病入京,计划在北京设立南社总机关未成。参加"二次革命"反袁,出任江苏讨袁军秘书,为总司令黄兴起草文檄。"二次革命"失败后陈去病回乡隐居。1916年2月,拟在苏州策动起义响应护国战争,事泄未成,赴浙江,任省公署民政秘书,兼杭州法政专门学校讲师。1917年7月,张勋复辟帝制,陈去病撰文批判郑孝胥等人。1918年护法战争期间,陈去病追随孙中山,先后担任非常国会秘书长、参议院秘书长等职。护法战争失败后陈去病返回故乡,修筑浩歌堂,整理诗稿。1922年再赴广东,协助孙中山北伐,任大本营前敌宣传主任。陈炯明叛变,第二次护法战争失败后,陈去病离粤至宁,执教于东南大学,主讲中国文学及诗赋。1923年12月经柳亚子介绍,加入中国国民党。次年5月任国民党江苏省临时党部执行委员,11月被办理清室善后委员会聘为检查清宫古物委员。

孙中山去世后,陈去病任葬事筹备委员会委员,奉命回南京勘查墓地。1925年11月,通电支持西山会议派。次年3月被西山会议派选为中央监察委员。之后,逐渐对政治失去热情。1927年辞去孙中山葬事筹备委员会委员一职,并拒任江苏省政府主席、省党部监察委员等职。后任古物保管委员会江苏分会主任、江苏革命博物馆筹备处委员、江苏通志馆委员、江苏革命博物馆主任、上海持志大学国文系系主任、中央党史编纂委员会委员等职。1931年辞去各职。1933年在苏州报恩寺受比丘戒,10月4日病逝,被隆重公葬于虎丘。著有《陈去病全集》。

(李海涛)

赵 石(1874—1933)

赵石,字石农,号慧僧,晚号古泥,别署泥道人,常熟西塘市(今属江苏张家港)人。生于清同治十三年(1874)八月。室名拜缶庐。善诗文。画花卉近于李鱓。书擅颜体行楷,神似翁同龢。尤嗜金石,精于治印。

赵石自幼早丧慈母,读过三年私塾,因家贫失学,曾习业于药铺。时值倡导青少年习字刻印,赵石每天夜半即起苦练不已,于第一次评比中曾获三斤菜油奖励,愈加勤奋。才为李钟所赏识。李钟亲加指授,并借吴昌硕来常熟之际,介绍赵石拜入门下为弟子。吴昌硕不仅亲授治印要诀,还将赵石介绍于好友沈石友。沈石友为鉴藏大家,对赵石颇为嘉许。赵石在其家三年,读诗书,习书画,学鉴赏,使得艺事精进,见识大为增广。为沈石友刻拓所藏百余方端砚,成《沈氏砚林》四卷;又为收藏家沈煦孙刻印颇多,编成《师米斋印存》十余册:均被艺林视为珍品。

赵石篆刻得力于封泥,印文融石鼓、小篆、汉碑额、缪篆于一体,加之其臂力、腕力过人,善刻碑、刻牙、铜、金、玉皆有石章意趣。治印四十余年以万计,铜印、玉印尤佳。朴茂厚重,自成一家,时称赵派。妻金汝珍亦能琢砚刻碑,女赵林篆印有声名。弟子邓散木得其嫡传,成为大家。赵石辑自刻印成《拜缶庐印存》40卷,著有《枫园画友录》《泥道人诗草》等。他人辑有《赵古泥印存》《泥道人印存》《赵古泥印谱》《赵古泥印集》等。

赵石秉性亢直,疾恶如仇,尤重信义,乐善好义。因弟早卒,赵石照料弟媳并抚育其五个子女,二十年始终如一。1933年4月14日去世。临终嘱咐,不立嗣子、孝女,丧葬俭薄,自题墓名为"金石龛"。金鹤冲遵命为赵石撰墓志铭。墓在常熟虞山南麓。

(李　峰)

金松岑(1874—1947)

金松岑,原名楸基,一作懋基,又名天翮、天羽,字大嗣,以号行,别号壮游、鹤望、鹤舫、天放楼主人等,笔名金城、麒麟、爱自由者金一、K.A、P.Y等,吴江(今江苏苏州吴江区)同里人,祖籍安徽歙县。生于清同治十三年五月二十一日(1874年7月4日)。金宗翰曾孙,金凤标孙,金元宪族兄,顾询虞、钱焕、袁龙、曹元弼弟子。诸生,有声于庠序。

金松岑素慕顾炎武,能击剑驰马,好谈兵略,研习西北边疆史地与水利,以爱国救亡为己任。光绪二十二年(1896)创办同川自治学社和理化音乐传习社。二十四年,入江阴南菁书院肄业,选充学长,特课案为唯一经学超等。辞荐试经济特科,与陈去病、蔡寅组织雪耻学会。二十八年,创办同川学堂。次年赴上海参加中国教育会、爱国学社,组建中国教育会同里支部并任会长,与柳亚子等资助刊行邹容之《革命军》,加入兴中会。三十二年,改办同川两等小学,创办明华女学,当选为吴江教育会会长,提倡女权及小说改良。宣统元年(1909)当选为江苏省谘议局议员候选人。三年,移居苏州授徒讲学。

1913年金松岑当选为江苏省议会候补议员,参与发起江苏省政讨论会。1916年递补省议员。次年兼任江苏水利协会研究员兼编辑部主任,率先提出太湖水利案。1918年参与发起江浙水利联合会,次年倡建虎丘冷香阁。1920年当选为苏社理事,兼任江苏水利协会议案审查员。次年任研究部主任、太湖水利局总务科科长,1922年调任秘书。1923年任吴江县教育局局长,当选为江苏省一师二女师区小学教育研究会干事,兼任苏州平旦学社国学讲师,与费树蔚等发起九九消寒会。兼任瓜泾工程事务所主办主任。1927年任江南水利工程局局长。次年改任苏州市政局秘书,被特聘为市政府参事,参与发起苏州识字运动委员会,兼任苏州青年会暑期学术讲座教授。1932年为益助社及附设国学函授部教授,与章太炎、张一麐、李根源等发起创办中国国学会,主编《国学论衡》。受聘为安徽通志馆编纂,撰《安徽通志凡例草案》及《皖志列传稿》,为《滇志列传》作《郑和传》。1936年当选为吴越史地研究会常务理事,次年支持成立中国国学会上海分会,任中国国学会秘书长,并于上海佛音电台播讲国学。

抗日战争全面爆发后,金松岑寓居上海,1939年任上海光华大学国文系系主任、教授,兼无锡国学专修学校沪校讲座教授、正风文学院教授。1941年太平洋战争爆发后金松岑归隐苏州,拒任伪职。1946年被聘为吴县文庙整理委员会委员、吴江田业会代表。与陈去病、柳亚子并称"吴江三杰",弟子极多名人。卒于1947年12月19日。弟子王大隆与其同门集议,私谥贞献先生。

金松岑富藏书,搜罗古人遗墨不遗余力。书似米芾,画擅菊石梅花,所作均为能品。金松岑亦能制迷,深研音律曲学,制《梅花雪月操》为琴调笛谱,又为包天笑撰《招国魂歌》作谱。1924年与费树蔚等十九老修禊于网师园,作《名园绿水曲》,曾请吴梅为订谱。尤工诗词文赋,根柢经史,才雄气奇,被誉为国学耆宿、一代宗师。曾撰写《孽海花》前六回,后交曾朴修改和续写。辑纂《新中国唱歌集》。与薛凤昌同译《日俄战争未来记》,译述《自由血》《三十三年落花梦》等。著有《女界钟》《天放楼诗文集》《孤根集》《天放楼文言》《鹤舫中年政论》《红鹤词》《惆怅词》《词林撷隽》《元史纪事本末补》等。

（李　峰　陈道义）

赵子云(1874—1955)

赵子云,初名龙,改名起,字子云,号云壑,以字行,亦以号行,又号铁汉、壑道人、秃翁等,吴县(今江苏苏州)人。生于清同治十三年(1874)。居十泉街(即十全街),因园内有古梅十株,晚年自署泉梅老人,并题其厅舍之额为"十泉十梅之居",题画室名曰"云起楼"。为吴昌硕入室大弟子和得意门生,日本人誉其为"缶庐第二"。

父赵玉峰经营渔业。虽家境清贫,然赵子云生性聪颖,喜读书,成绩名列前茅。又笃嗜绘画,临摹无不栩栩如生。早岁从许子振(善山水、花鸟)、李农如(擅作花鸟小品)习绘事,后又从学于专业画家任立凡,进步很快,基础结实。光绪三十年(1904),经缶翁吴昌硕谱兄顾潞介绍,登门拜吴昌硕为师,且唯师命是从,揣摩仿效,但不以得其形似为满足,更力追神似,于花卉、山水等深得其师神髓,颇受吴昌硕赏识。吴昌硕将其引为知己,还与其联手出版画集《吴昌硕赵子云合册》。绘事之外,赵子云还临池习书,除取法吴昌硕外,对颜柳楷书、米芾行书、王铎草书、郑簠隶书以及《张迁碑》《石鼓文》等亦能窥门径、得古趣。又擅篆刻,能宗秦汉、法流派,与古为徒,重在得法、贵在取神,良足称赏。

宣统二年(1910)赵子云去上海独立谋生,由吴昌硕推荐得识王一亭。其"润例单"经王一亭之手被分发至各笺扇庄、装池铺。赵子云赁租盆汤弄一小楼权为工作室,开始卖画生涯。次年夏,吴昌硕离苏至沪,赁居于北山西路吉庆里,入金石画组织海上题襟馆。赵子云也随师参加其中,并被推为常任理事,得识海上不少书画名家,如曾农髯、张梅庵、姚虞琴、钱瘦铁、康有为、于右任、张善孖、张大千、商笙伯等,交游日广,令技艺大进。

1933年春,赵子云携家眷由沪上返苏,以历年卖画所得积金,把所居屋舍、庭园修缮一新。在园内种植其师吴昌硕喜绘之铁骨红梅、石榴、桃树、玉兰、枇杷、牡丹、松柏等花木,点缀四时。在苏书画家来访不绝,与赵子云谈论画艺,兴致颇高。赵子云即在其宅创立云社,自任社长,专事研究金石书画,加入者有蒋敬甫、林雪岩、张寒月、吴清望、曹贯之、蒋毓琪等。1935年赵子云假座北局青年会举行金石书画展览,出品三百余幅,颇得好评。1937年抗日战争全面爆发后,云社活动乃告一段落。

中华人民共和国成立后,赵子云仍以鬻画为生。虽年迈但精神矍铄。一时兴来,每天可画花卉近十幅。求画者接踵,但赵子云从不积压画债。暇时与萧蜕等友好幽游园下,或听评弹,以乐天年。卒于1955年。代表作品有《铁骨红梅》《百花图》《松柏常青》《枇杷》《飞瀑图》等,有《赵子云山水册》《赵子云花卉册》。

(陈道义)

潘定思(1875—1922)

潘定思,榜名立书,谱名蕴初,以字行,别字初白,别号桔隐居士,吴县(今江苏苏州)人,祖籍金陵(今江苏南京)。生于清光绪元年(1875),时隶籍元和。曾祖潘筠基,为彭启丰长子彭绍谦外孙,附贡生。官至山东试用道,加布政使衔。

工诗善书。著有《薇红馆诗钞》。

潘定思为言南金孙女婿,孔昭晋弟子。二十八年中举人。游幕二十余载,曾为闽浙、两江总督幕客。宣统三年(1911)时任江苏提学使署会计科副科长,同知职衔,以廉洁耿介闻名。

潘定思嗜酒善诗文,喜金石,工篆刻、书法。尤酷嗜象棋,藏抄象棋古谱颇多,余暇最爱钻研象棋艺术。早期创作十字形排局及《公孙舞剑》《马嵬埋玉》图案排局并附对垒着法,首创中国象棋字形排局。1912年,象棋名家谢侠逊在《时事新报》征答《八国联军》图案排局,应者多至数百人,而潘定思获首选,遂与谢侠逊订交。1915年,中日《二十一条》订约的消息传出,潘定思感愤其丧权辱国,将近代以来的20件国耻和辛亥革命以来的10次重大历史事件排成"莫忘国耻"字形局30局,由谢侠逊校阅后刊载于《时事新报》,使广大读者在欣赏棋艺的同时,感受强烈的爱国激情。以此为基础,1916年编著出版《国耻纪念象棋新局》。《国耻纪念象棋新局》为中国第一部铅印象棋谱。次年,潘定思又与谢侠逊合作编著《帝制纪事象棋新局》,以诗系局,抨击谴责袁世凯及其帮凶复辟帝制的行为[1],但《帝制纪事象棋新局》为北洋权贵所忌,未能刊行。潘定思另与谢侠逊合编《象棋新谱》。著有《定思所学象局》。

潘定思曾任江苏财政厅秘书处处长,1918年为参议院议员候补当选人。1922年夏突患重疾去世。遗命将其藏钞及校订、注解象棋谱及习作残局等赠予谢侠逊,有《残局汇存》《象局汇存》《象棋零拾》《吴兆龙象棋谱》《石杨遗局》《适情雅趣》《梅花谱》《橘中秘》等。后谢侠逊以此为基础,编纂出版大型象棋丛书《象棋谱大全》。潘定思注解之古谱《适情雅趣》《竹香斋象棋谱》《橘中秘》等被辑刊为《象棋摆谱》。

(李海涛 李 峰)

杨云史(1875—1941)

杨云史,初名朝庆,更名鉴莹,又更名圻,字云史,以字行,又字思霞,号野王、石花林主人,常熟恬庄(今属江苏张家港)人。生于清光绪元年(1875)。监察御史杨崇伊子,李鸿章长子李经方女婿,康有为门人。少于京师与何震彝、翁之润、汪荣宝以才号"江南四公子"。年二十一以诸生为詹事府主簿,累迁户部郎中。二十八年,中式顺天举人第二名,为南元。改为邮传部郎中。三十三年,随岳父

---

[1] 谢瑞淡:《百岁棋王谢侠逊》,浙江人民出版社2003年,第88页。

出使英伦,任商务委员。次年任驻英属新加坡领事。宣统二年(1910)集资创办南洋大利树胶公司,在新加坡推广种植橡胶。辛亥革命后辞官,1915年公司破产后,归隐常熟虞山石花林,筑江山万里楼。原配夫人李国香卒后,杨云史续娶徐檀(字霞客)为妻,志同道合,人称佳偶。1920年受聘为江西督军陈光远秘书,次年携妻赴洛阳,任吴佩孚机要处处长、秘书长。第二次直奉战争前,妻于洛阳突然病逝,杨云史仓促殡殓后随军赴前方。战争因冯玉祥倒戈而败,杨云史复随吴佩孚在武汉东山再起,任秘书处秘书、幕僚长,1926年曾力阻破坏武泰闸决江阻敌之议。钟情于武汉名妓陈美美,为其画蜡梅屏幛四幅,兼题八首七言绝句,时被称为"风流小杜""娼门才子"。吴佩孚败后,杨云史落魄之时,颇得陈美美关怀照顾,与之成为知己。1928年应少帅张学良邀赴沈阳,代草和平通电。后与狄美南结缡。1931年"九一八"事变后回常熟,被聘为国民政府行政院参议。闻知日本策动华北五省自治,受章太炎委托赴北平,劝阻吴佩孚勿与日本人合作。1937年上海"八一三"事变后避居香港,1941年7月15日病逝,所撰《攘夷颂》为其最后手笔。

杨云史擅词翰,早有"江东才子"之誉。素性清狂,爱梅、咏梅,嗜好画梅,曾与吴佩孚合作《墨梅》。吴佩孚曾赠一联:"天下几人学杜甫,一生知己是梅花。"杨云史亦擅联,代陈光远作追悼阵亡军士挽联,代张学良所拟挽杨宇霆、常荫槐联尤为时人所称。其词清空流丽,风调隽永。其诗宗唐音,歌行多长庆体,五律必效杜甫,有"诗史"之称。杨云史晚年以文姬归汉故事所作《天山曲》与其早岁所作《檀青引》相比,体制、气魄皆大,主体意识尤胜,浑非江湖庙堂之忧,已隐具希腊民主精神。杨云史著有《榆关痛史》《玉龙词》《中原纪痛诗》《杨云史先生侨港诗文钞》《云史悼亡四种》《江山万里楼诗词钞》等。

(李 峰)

王季同(1875—1948)

王季同,一名季锴,字孟晋,号小徐,吴县(今江苏苏州)人。生于清同治十三年十一月二十七日(1875年1月4日)。王颂蔚、王谢长达次子,王季烈弟。监生出身。通晓俄文,精于算学。二十一年,任总理衙门京师同文馆天文算学教习,二十三年期满,任总理衙门七品翻译官,被赏加五品衔。升户部主事、档房司主稿。后曾任江苏十二圩盐务督办蒯光典文案。二十八年,出版《积较补解》《泛倍数衍》《九容公式》等,介绍西方数学。与蔡元培等于上海发起创建中国教育会,兼任爱国学社和爱国女学义务教员。次年当选为中国教育会评议员、监察员,参加拒俄运动,与蔡元培等组织对俄同志会,创办《俄事警闻》日报并任主编及英文翻译。三十年春改办《警钟日报》,为首任主编,号召抵御沙俄侵略,恢复国权,宣传爱国反帝革命思想。加入中国同盟会,参加暗杀团爱国协社,参与秘密研制炸弹,投身于革命。积极参加反美华工禁约运动。三十四年,被推为苏省铁路公司章程起草员。宣统元年(1909)随蒯光典赴英国,任驻欧洲留学生督署随员。后入英吉利电器公司及德国西门子电机厂学习,攻读电机工程,发明转动式变压器,并于英国申请得专利。三年,于《爱尔兰皇家学会会报》第29期A辑发表的论文《四元函数求微方法》,是中国数学家在国际数学杂志上最早发表的论文。同年回国后,王季同在上海广方言馆从事翻译工作。

南京临时政府成立后,王季同被教育总长蔡元培聘为筹备员。1912年被聘为中央临时教育会议员。1916年发明电气变流方法。1917年与吴次伯、陈调甫等用苏尔维法试制纯碱成功。次年与范旭东等发起并于天津塘沽创办永利碱厂,被聘为技术主任但未就。与吴次伯、杨杏佛等集资于上海闸北创办大效机器制造公司,自任厂长兼总工程师,是工程技术人员办厂的先导,制造过柴油引擎及发电机,并包造永利碱厂大部分机器设备,绩效甚著。后曾任上海江湾模范工厂总技师,吴淞中国铁工厂主任、总技师。1927年南京国民政府成立后,任清查整理招商局委员会工程师。又随蔡元培筹备中央研究院,为中央研究院筹备会理化实业研究所筹备员、常务委员。次年任中央研究院工程研究所研究员。曾当选为中国科学图书仪器股份有限公司监察人。1929年以中国政府代表身份赴日本出席万国工业会议。1930年赴德国出席世界动力协会会议,同年发现分解电网络之新方法,入选《当代中国名人录》。后任江苏省第一家民营电气事业——镇江大照电气公司主任工程师。1932年当选为全国民营电业联合会技术委员会第四届执行委员。1934年4月于《中央研究院工程研究所集刊》第2期刊登论文《关于分解电网络之新方法》,产生了很大的学术影响。国际学术界将该方法称为"王氏代数"。"王氏代数"成为解决电网络问题的一种拓扑方法,此后又成为图论、哈密顿圈研究等领域中的一种有用工具,而且其影响一直延续到20世纪80年代。

王季同究心于佛学,为著名居士,得佛教中兴功臣杨仁山居士启迪,为科学界信奉佛法第一人。初习静虑,继修净土。服印光大师之言,遂顶礼求摄受。晚年治相宗,于因明、唯识诸书无所不窥。复博览禅门诸家撰集,科玄并究,空有双融。加入苏州觉社,热心于弘法。1935年老友章太炎于苏州创办章氏国学讲习会。王季同被聘为特别讲师,后曾任董事,主讲"唯识大意"。同年刊行《王小徐先生六十岁纪念册》,由蔡元培题词,载其所著《马克斯主义批判》《电网络计算新法(英文)》。曾于北京大学讲授佛学。1936年加入欧美佛化推行社。平生以"慈悲、忍辱、柔和、质直"八字作为治事的方针。以研究理工之方法,创立新理论解释佛学,试图将科学与佛学融通。曾发表《佛教与科学》《佛法之科学的说明》《用佛法来解答三个哲学问题》《一个类似佛尼尔量法的读算尺方法》《独立变数之转换与级数之互求》等文。著有《佛法与科学》《佛法与科学之比较研究》《略论佛法要义》《佛法省要》《因明入正理论摸象》等。

抗日战争全面爆发后王季同避居昆明,于抗日战争胜利后回籍。1948年10月30日因肺病逝世,遗体于苏州灵岩山火化。

四子三女受高等教育皆成才。次子王守融、次女王明贞皆为名牌大学教授,三子王守武、四子王守觉和三女王守璨夫婿陆学善皆为中国科学院院士。长子王守竞、长女王淑贞别有传。

(李 峰)

薛凤昌(1876—1943)

薛凤昌,原名蛰龙,字砚耕,号公侠,一号病侠,吴江(今江苏苏州吴江区)同里人。生于清光绪二年(1876)。二十四年补诸生,因受戊戌变法影响,致力新思想、新知识的传播,走上教育救国之路。二十八年,于金松岑所办同川自治学社讲授自然科学知识,主持理化教习所,主编《理学杂志》。后赴上海。少慕侠,尤崇仰黄宗羲,搜访文史、杂著等编为五十七卷,又以诸家所撰像赞、碑传、年谱等列为首卷,宣统二年(1910)汇刊为《梨洲遗著汇刊》。《梨洲遗著汇刊》时称最全善本,可与王夫之、顾炎武遗书相鼎足。次年薛凤昌曾去皖北,参加辛亥革命,促成吴江光复。1912年当选为吴江县议会副议长,任吴江县立中学校长,未满一年即辞职。先后执教于无锡师范学校、光华大学、东吴大学等。1917年冬与柳亚子等人组织吴江文献保存会。1923年以县议会代表身份参加江苏县议会联合会,次年被推为吴淞江水利协会代表,参加江苏省自治法会议组织法筹备会,为吴江县政府科员。1927年7月,吴江县财政管理处改组为本县县市乡财政管理处,薛凤昌等十人被聘合组为董事会。薛凤昌精通日语,曾任金松岑日语口语翻译,佐助金松岑翻译日本人宫崎寅藏著《三十三年落花梦》,同译《日俄战争未来记》等。自译有《中等化学》。

室名邃汉斋,收藏金石、碑帖、图书甚富。薛凤昌书精行、隶、楷,有谜癖。庚子事变后两年,即集朋侪在吴江创建灯社,活动八年多,先后出灯悬谜公展三次。

所著《邃汉斋谜话》为论述灯谜学理论和记录地方谜志的专著,选择精审,颇有可观之处。

抗日战争全面爆发后薛凤昌闭门谢客。1942年秋在同里募资创办同文中学,出任校长。顶住日伪政治高压,不开设日语课,坚持开设英语课。伪教育局多次警告薛凤昌,并提出接收同文中学,派驻日籍教员,皆被拒绝。1943年12月15日薛凤昌为吴江日本宪兵队所逮捕,惨遭酷刑而不屈,12月25日被杀害。[1]

薛凤昌一生勤于著述。与费善庆辑《松陵女子诗征》,与柳亚子辑《吴江文献保存会书目》,与沈昌直等撰《戊午暑期国文讲义汇刊》。汇辑编订《淳化阁帖萃编》《游庠录姓氏韵编》《秀餐集》《邃汉斋碑帖目》《诗札选录》《光汉室丛谭》《工科国文》等。编著有《理学杂志》《日语初桄》《昆虫分类概说》《读左札记》《左传讲席札记》《植物记载籍》《薛纂国文教本》《邃汉斋文存》《龚定庵年谱》《师范文存》《尚友录》《书札粘存八十二通》《伤昙录》《劫灰录》《旧闻录》《游庠录》《语石考证》《金石丛话》《饱蠹录》《文体论》等。

(俞　前)

穆藕初(1876—1943)

穆藕初,谱名湘玥,号恕园,上海人,祖籍吴县(今江苏苏州)洞庭东山人。生于清光绪二年五月二十九日(1876年6月20日)。先祖从洞庭东山迁至江苏川沙杨思乡(今属上海浦东新区),以植棉为业。其父改业,在上海南市开设棉花行。穆藕初六岁入私塾启蒙。十五年,入棉花行当学徒。二十三年,进夜校学英文。二十五年,考入江海关任办事员,次年娶苏州人金氏为妻。三十一年,参加上海各界抵制美货运动,愤然从江海关辞职,任龙门师范学堂英文教员,兼任学监,次年任江苏铁路公司警务长。

宣统元年(1909)穆藕初赴美留学,1914年获农学硕士。学成归国,以所学专长投身于实业建设,五六年间,创办和投资五家棉纺织工厂,并翻译出版被后人尊称为"科学管理之父"的美国人戴乐尔的《工厂适用学理的管理法》,并将该

---

[1] 薛凤昌遇害年份记载不一,《江苏艺文志》谓1943年,《苏州民国艺文志》谓1944年春,新版《同里志》谓"于民国32年十二月二十五日(1944年1月20日)被日本宪兵队杀害"。据陈旭旦《芬陀利室日记》载:"民国卅二年癸未十二月十五日晨,公侠先生为人邀至江,家遭搜捡,真相未明。""十二月十七日悉侠老家又有五人来查,到校有三人,入校长室。""十二月廿五日上午得侠老凶讯。"十二月廿五日之下有注阴历"十一月廿九日丁巳"。据此定为1943年12月25日。

管理法在厂内推行,成为"近代中国棉纺织史上第一位依靠知识创业而崛起的实业家","与张謇、聂云台、荣宗敬并列为四大棉纱巨子"[1]。1918年当选为上海总商会会董。1920年发起组织上海华商纱布交易所,被推为理事长,又被聘为农商部名誉实业顾问。

在从事实业的过程中,穆藕初"抱服务社会之大愿,立建设事业之鸿图"[2]。创办植棉试验场,著《植棉改良浅说》,积极推广植棉改良经验。提出开发浦东,与黄炎培等筹资组建浦东实业公司、上川交通股份有限公司和上南长途汽车股份有限公司等,创建浦东电厂,修筑铁路、公路。创办学校,资助教育,甚至为兴学育才以个人名义向银行贷款。积极提倡教育与实业相结合,1917年参与发起成立中华职业教育社,任中华职业学校校董会主席。资助北京大学、河南留学欧美预备学校学生及其他青年职员赴国外留学深造。曾率团赴美国檀香山参加太平洋商务会议,与各国代表交换意见,联络感情,别开国民外交生面。1921年捐资在苏州创办昆剧传习所,招收学员研习昆曲,创办昆剧保存会,积极组织1922年苏浙沪名人大会串的义演活动,并亲身粉墨登台,连续演出三日,既为昆剧传习所筹得可观的经费,也扩大了昆曲的社会影响力。

1928年穆藕初出任国民政府工商部常务次长,不久辞职,筹建中央农业实验所。1932年"一·二八"事变发生后,穆藕初和史量才、黄炎培等人组织地方维持会,支持十九路军抗战。1937年"八一三"事变爆发后,穆藕初曾任上海市救济委员会给养组主任,转赴重庆。次年任国民政府行政院农产促进委员会主任委员,改进土纺机,定名"七七棉纺机",以毋忘"七七"事变国耻,并组织推广,提高了抗日后方及陕甘宁边区棉纺生产的效率,缓解了棉布短缺。1941年任经济部农本局总经理,次年12月被解职。1943年9月19日病逝于重庆。

(许冠亭)

潘子欣(1876—1951)

潘子欣,名志憘,字和仲,号子欣,以号行,排行第七,人称潘七爷,吴县(今江苏苏州)人,祖籍安徽歙县。生于清光绪二年(1876)。属大阜潘氏敦九公一支长房。大伯父潘霨,官至贵州巡抚。父潘霱,监生,候选翰林院待诏。潘子欣为

---

[1] 高俊:《穆藕初评传》,上海古籍出版社2007年,第47页。
[2] 穆藕初:《藕初五十自述》,见穆藕初:《穆藕初文集》,北京大学出版社1995年,第56页。

次子,为汪开祉、顾麟士妻弟。

潘子欣六岁丧父,十二岁丧母。与兄志桓由大伯父潘霨抚养成人。光绪二十八年即自行剪辫,表现对清朝腐朽统治之叛逆精神。三十年,与妻王英一同留学日本东京蚕业学校,与沈钧儒、马幼渔等同窗。四年后学成回国,被赏农科举人,任顺天府黄村农务学堂教习。宣统二年(1910)将苏州祖产悉数变卖,赴天津投资经营实业。第一次世界大战期间,以廉价购得天津英租界马场道德国人花园别墅一栋,与达官贵人交游,为天津青帮头目。

1918年永利制碱公司成立,潘子欣为最初发起人之一。1922年,从天津美丰洋行买办兼三北轮船公司华北总经理李正卿手中接手法租界高档西餐厅国民饭店,自任董事长。因持有股份,曾任天津意商运动场即回力球场名誉董事长,并经办泰安里俱乐部。为人刚直,深孚众望,被称为"天津杜月笙"。1932年,参加在南开中学举行的全国废止内战大同盟筹备会第一次会议。次年,暗中保护罗隆基,避免其遭到国民党特务刺杀。1934年,爱国将领吉鸿昌、任应岐在国民饭店设联络点,集合各方力量,策划武装举事,反蒋抗日。后日军妄图偷袭天津警备司令部。潘子欣获悉后,秘密通知天津当局做好防范,使日军计划未得逞。为避日军威胁,1935年南下苏州,次年定居上海法租界。

1940年夏,经杜月笙等人筹划,以"联合全国帮会抗战建国"为宗旨的人民动员委员会在重庆莲花池江苏同乡会礼堂召开成立大会。该会采用集体领导制。潘子欣与杜月笙、杨虎等十一人出任委员,与军统联系密切。1946年秋,在蒋介石授意下,军统一手包办的中国新社会事业建设协会在上海丽都花园成立,实由人民动员委员会改组而成。潘子欣改任监事。利用个人特殊身份,暗中保护、协助中共地下工作人员。1949年上海解放后,中共情报工作重要领导人潘汉年曾亲自登门致谢。1950年潘子欣的肺结核旧病复发。虽经上海军管会觅送盘尼西林,终未获愈,1951年1月潘子欣病逝。

夫人王英,系嘉兴王宝莹女。长子潘承孝,承嗣潘志桓,与三子潘承诰均为著名科学家。

(李 军)

蔡俊镛(1876—1957)

蔡俊镛,一名晋镛,字云笙,号巽庵、巽堪、洞泾渔父、雁村词人、泾南钓叟等,吴县(今江苏苏州)人,祖籍德清(今属浙江)。生于清光绪二年四月初八日(1876年5月1日)。蔡廷恩长子,范敬宜外祖父。

光绪二十年蔡俊镛中式举人。肄业于江阴南菁书院。二十四年,与范祎等禀请江苏巡抚,拟设经世小学堂及农务学堂。二十七年,任上海珠树园译书处编译,后任上海华童公学中文总教习、安徽广德州中学堂校长,当选为长元吴学务公所议董、江苏教育总会评议员。三十三年,任苏州公立第一中学堂首任监督。次年辞职,考授河南试用知县,宣统二年(1910)代理西华知县。1912年回籍,加入同盟会、国民党,任国民党苏支部政事科干事。次年任苏支部城外分事务所所长、吴县分部副部长,当选为江苏省第一届候补省议员。历任苏州警察厅行政科科长,江苏省行政公署总务处第三科科长兼秘书、政务厅内务科科长,无锡税务总公所所长。1915年以县知事身份被分发至河南。1917年任河南省财政厅制用科科长。1920年兼任武陟统税局局长。次年任交通部佥事。1922年任江苏省财政厅省款经理处主任。1924年改任荷花池税务总公所所长。1927年曾任吴县临时行政委员会财政局秘书长。次年被推选为古物保管委员会吴县支会主席委员。1930年任吴县救济院育婴所主任。

全面抗日战争时期,蔡俊镛曾任伪江苏省民政厅秘书、杂粮业同业公会职员,伪江苏文献馆总编纂,编辑《江苏文献》。善书法,通经学,精考据。能诗文,长于词,曾与邓邦述、吴梅、王謇等组织六一词社。又师事吴致觉学佛。卒于1957年2月24日。

蔡俊镛曾为曹云祥译《商业教本》润色。编译德国格露孟开伦之《格氏特殊教育学》。著有《雁村词》。

(王晋玲)

萧蜕(1876—1958)　　兄 萧麟徵　　弟 萧蛊友

萧蜕,原名守忠,一名敬则,后更名嶙,字中孚,一作蛊孚,号退庵、退闇、旋闻室主、寒叟、南园老人等,常熟人。生于清光绪二年(1876)。世居虹桥下塘,三代业医。父萧嗣宗,字院生,号院僧、晨星楼主人等。附贡生。嗜学有文誉,为翁同龢所称赏。中年丧偶,鳏居终身。萧蜕为其次子,与兄麟徵、弟蛊友以才号称"三萧"。

萧蜕为清季廪生,曾任常熟竞化女学、第一民立两等小学、石梅西校教职。辛亥革命后寓居上海,执教于爱国女学,曾继蔡元培之后代理爱国女中校长。1914年4月经柳弃疾、陈去病、庞树柏介绍加入南社。1919年11月与吴梦非等发起成立中华美育会于上海。翌年《美育》杂志创刊后,萧蜕兼任文艺编辑。素慕陶渊明、苏东坡、傅青主为人。喜禅悦,精医术,为张乃修弟子,曾被推为上海中医公会副会长。与李叔同、印光法师友善。1933年加入苏州觉社,后寓居苏州葑门内阔家头巷底圆通寺,鬻书奉佛。全面抗日战争时期以僧服蓄须明志节,拒伪官巨金求字。抗日战争胜利后书名益高。中华人民共和国成立后,1953年萧蜕被江苏省人民政府聘为江苏省文史研究馆馆员,但坚辞未就。1957年5月当选为苏州市政协金石书法研究会主任。因贫病交加,于1958年5月26日逝世。生有二子二女。长子萧玫,字茂硕,曾为篆刻家赵石之女赵林夫婿。沙曼翁、邓散木曾从萧蜕学。萧蜕博通经史,能治印,精书理,尤工篆书,民国时有"江南第一书家"之誉。著有《小学百问》《书道八法》《华严字母学音篇》《蜕盦诗钞》《劲草庐文钞》等。

长兄萧麟徵,字谷士。清诸生。南社成员。为名僧昭尘弟子,以才早为翁同龢所称赏。研佛学,长于文学,时文师法方还、方朝,亦治古文。书法纯学苏轼,闲静安详,较两弟尤佳。

弟萧蛊友,原名守谦,更名绍,字仲渊,以号行,别号松游、松缘居士、忏摩精舍行者、纸田老农等。生于清光绪七年(1881)。早年入上海数理化专修学校,留校教授数学。后归里任教于石梅公学。书精篆、隶,隶书尤俊逸超妙。诗文清隽。家有晨星楼,藏书数万卷。萧蛊友好佛学,治算学。卒于1947年。编有《忏摩精舍书目》。著有《开整立方简法》《钧中比例别解》《虹巢学吟》《松篆题跋》《萧蛊友诗文稿》等。

(李　峰)

包天笑(1876—1973)

包天笑,初名清柱,改名公毅,字朗孙,号包山,笔名天笑、春云、微妙、迦叶、拈花、秋星阁主、钏影楼主等,吴县(今江苏苏州)人。生于清光绪二年(1876)。五岁即入私塾受教。二十年,补诸生。二十六年,与友人合资创办东来书庄,自任经理。次年,集资创办《励学译编》杂志,译介新思想。与杨紫麟合作首译名著《迦茵小传》,于《励学译编》连载,大受欢迎。后翻译小说三十余种,其中《馨儿就学记》等最受欢迎。同年,《杭州白话报》创办。包天笑亦仿其体例,创办《苏州白话报》,由毛上珍刻字店以雕版印刷。《苏州白话报》的内容以政论、新闻为主。

二十八年,包天笑因寻找刊物及译本而往来于苏州、上海间。于上海筹办金粟斋译书处,出版严复所译《穆勒名学》《社会通诠》《群学肄言》《原富》等名作。并与表兄尤子青合资翻印禁书谭嗣同之《仁学》,半赠半售,以广宣传。三十一年,加入南社。次年正式定居上海后,应邀任《时报》外埠新闻编辑,并编辑副刊《余兴》,开近代报纸文艺副刊之先河。每日为报纸撰文六篇,遐时作小说。宣统元年(1909),《时报》馆创办《小说时报》,包天笑与陈景韩轮流主编,并合作小说。三年,《时报》馆创《妇女时报》。包天笑为首任主编,于该报鼓吹新妇女观,发表《包仲宣女士哀辞》《最大之敬告》等评论,复于所刊之小说中探讨新家庭观。

1912 年,包天笑应张元济之邀,赴商务印书馆兼职,参编国文教科书,并主编课外读物《新社会》。次年应日本新闻界之邀,与《申报》之张生平、《时事新报》之冯心友、《神州日报》之余大雄、《中华新报》之张群等赴日访问。归国后于《时报》发表《考察日本新闻纪略》。此为江苏报人最早撰述的新闻著作,后由商务印书馆出版单行本。1915 年与 1917 年,包天笑先后任文明书局发行之《小说大观》和《小说画报》主编。1922 年,为大东书局编《星期》杂志,加入青社,并为该社起草章程。社友有周瘦鹃、许廑父、胡寄尘、徐卓呆、范烟桥、毕倚虹等。包天笑任青社社刊《长青》编辑主任,又入星社,为《星报》撰述员。1928 年,应周瘦鹃之聘,任上海群书浏览社介绍人。此阶段,以笔名于各杂志发表小说及杂文。以梅兰芳为主人公作小说《流芳记》,叙述清末民初生活,复作长篇章回小说《上海春秋》等。《流芳记》及《上海春秋》等皆大受欢迎,成为其代表作。

1935 年,包天笑接替张恨水编辑《立报》副刊《花果山》。1937 年抗日战争全面爆发后,包天笑于《救亡日报》发表政论与杂文,宣传抗日。抗日战争胜利后包天笑移居台湾,复迁香港,寓居于开平道,至晚年依然笔耕不辍。九十余岁高龄所作《钏影楼回忆录》,为社会文化及地方风俗史研究保存资料甚多。1973 年 10 月 24 日包天笑病逝。所著《衣食住行的百年变迁》于其身后刊行。

(顾亚欣)

戚饭牛(1877—1938)

戚饭牛,名牧,乳名红儿,字荷卿,一作和卿,又字达材,以号行,别号蓑笠神仙、牧牛童、牛伯伯、天问阁主等,笔名牛翁、老牛、白头宫监等,吴县(今江苏苏州)人,祖籍浙江余姚。生于清光绪三年(1877)。王大炘连襟,包天笑同学。幼孤,奉母居苏州桃花坞,娴吴语,喜文翰,有神童之目。

光绪三十年,戚饭牛于临顿路开"活乐窠"画店。三十四年,任上海《国魂报》主笔之一,加入丽则吟社、著涛吟社,师事杨葆光,能诗善对,尤喜诗钟,与契友杨锡章、奚囊等并称"《国魂》九才子"。加入南社,与奚囊等创办销魂语社,

1914年创办销魂语社社刊《销魂语》，为百新公司编辑《色迷》。1916年任松江东吴四校高等班国文教员，以法书楹联参加南汇义赈。1919年为中华图书集成公司编辑《小说博览会》《花国百美图》。1922年创办半月刊《笑》并任主任。曾任圣约翰大学国文教授，1925年任上海东方艺术专门学校教授，改上海女子文学专门学校诗词教授兼函授部主任。"五卅"运动时期发起成立上海理教联合后援会，后被聘为上海各团体外交后援会名誉文牍主任、中国国宪协进会文书主任，参与筹备组织上海新闻社，任外埠编辑。其长篇技击小说《马永贞演义》被改编为社会剧在笑舞台演出，轰动上海。《马永贞演义》还被明星影片公司改编为电影。1927年戚饭牛任南方高级中学国文教员，次年再任圣约翰大学国文教授，讲课多妙趣。

戚饭牛与苏州弹词名家魏钰卿义结金兰，互为师友，曾为魏钰卿增写改编《珍珠塔》唱篇，别具特色。又与林步青、范少山为老友，擅唱小调歌曲，创作各种小调山歌、开篇弹词、小热昏时调、杂曲百多篇，编刊为《时调歌曲》四集。酷嗜灯虎，擅猜谜、制谜。所作《饭牛廑词》被张玉森辑入《百二十家谜语》。戚饭牛曾加入上海灯谜团体萍社、大中虎社，任大中虎社《文虎》半月刊特约撰述，有"文坛虎痴"之称。

戚饭牛善画山水、花卉，工行、楷书，尤擅摹《云麾碑》。1930年任艺海金石书画社文牍、研究部教授，被上海理教联合会聘为会刊《理路》主笔。1932年始于亚美等电台教授国学，并任上海市教育局主办的第一次说书竞赛会评判员。次年率先据张恨水同名小说改编新弹词《欢喜冤家》，由周凤文弹唱。又据张恨水同名小说改编弹词《啼笑因缘》，由沈俭安、薛筱卿弹唱，并灌制唱片。1938年为汪梅韵改作弹词《双金锭》脚本，自成一家。同年卒于上海。

戚饭牛另作弹词《红绣鞋》《热昏水浒传》《西厢记鼓词》《狗屎香新苏滩》等。为文喜作趣味小品，有《姑苏小志》《真吴语》等，亦为通俗小说名家。另著有长篇小说《绿萍》《山东女侠盗》《清代圣人陆稼书演义》等，短篇小说集《江湖秘诀百种》《诗人小传》《百名人小传》《饭牛翁小丛书》等。

（王晋玲）

施肇基（1877—1958）

施肇基，字植之，吴江（今江苏苏州吴江区）震泽人，民国占籍杭县（今浙江杭州）。生于清光绪三年二月二十七日（1877年4月10日）。施肇曾弟。五岁开蒙。十二年，入江苏江宁府同文馆学习英文。翌年转入上海圣约翰书院学习三年,毕业后复专修中文三年。十八年,因成绩优异,荐充驻美公使杨儒的翻译生。二十二年,入康奈尔大学文科,公余学习。不久,随杨儒奉调使俄,充随员。二十五年,充中国代表团参赞官,参加海牙国际和平会议。会后返驻美公使馆,继续在康奈尔大学攻读英国文学,二十七年毕业,获硕士学位。次年回国,娶唐绍仪之女。

归国不久,施肇基应张之洞聘襄理文案,派充湖北省留美学生监督,先后两次护送湖北留学生赴美。后于端方处襄理文案,经办外事活动。三十一年,随端方等五大臣出洋考察宪政,任一等参赞官。次年夏回国,将所得宪政专书四百余种辑成《列国政要》等书刊。参加留洋学生会考,获法政科最优等,被赐予进士。经端方保荐升为道员,任邮传部右参议,兼京汉铁路局总办。三十三年,调任京奉铁路会办。次年调任吉林西北路兵备道兼滨江道监督,旋升吉林交涉使,办理中日外交事务。妥善处理朝鲜义士安重根刺杀伊藤博文案。宣统二年(1910)任外务部右丞。次年东三省鼠疫横行。施肇基奉派主持防治事务,迅速控制疫情,改任外务部左丞。武昌起义爆发后,施肇基被派任出使美国、墨西哥、秘鲁、古巴大臣,因时局骤变未能成行。

1912年,施肇基曾任唐绍仪内阁交通总长,后兼管财政部。1914年出任驻英公使。1919年以中国代表之一身份出席巴黎和会,努力争取中国的正当权益,遭到拒绝后,赞成拒签丧权辱国的《巴黎和约》。1921年春转任驻美公使,作为中国政府首席代表参加华盛顿国际会议,提出处理中国问题的十条原则,包括各国须尊重中国领土的完整与行政独立,给予中国充分的机会发展并巩固统一政权等内容。这十条原则基本被大会接受,并写进《九国公约》。但施肇基提出的十二个关于中国具体问题的提案,如关税自主、退还租界地、收回治外法权、撤退外国在华驻军等,未被大会全部认可。1922年1月,中日达成《中日解决山东悬案条约及附约》,中国收回日本在山东继承德国的部分权益。1923年1月,施肇基入张绍曾内阁任外交总长,4月辞职,仍回驻美公使任所。1924年出席日内瓦国际禁烟会议,次年出席国际关税特别会议,任中国全权代表。1926年访问土耳其,后奉派为中国驻秘鲁公使。

南京国民政府统一全国后,施肇基被留用。1929年年初调任驻英公使,就近出任日内瓦国际联盟会议中国全权代表,兼驻欧办事处主任、国际联盟理事会中国全权代表。1931年"九一八"事变后,在国际联盟揭露日本侵占中国东三省罪行,呼吁各国制裁日本,被特派为外交部部长。虽然国际联盟通过了向中国东北派遣调查团的提案,但英美等国对日本侵略持绥靖主义,中国外交因此遭遇失败,施肇基被免去外交部部长职务。1933年1月复任驻美公使。1935年6月,国民政府将驻美公使馆升格为大使馆。施肇基为首任驻美大使。次年8月卸职,归国寓居上海。

1937年抗日战争全面爆发后,施肇基以极大的爱国热忱投身于抗日救亡活动。出任国际救济会宣传组主任,并创办上海防痨协会及附设医院,任董事长。1941年太平洋战争爆发后,美国援助中国抗日。施肇基赴华盛顿担任行政院中国物资供应委员会副主任委员。1945年联合国成立大会期间,曾任中国代表团高等顾问。1948年至1950年任国际复兴开发银行顾问委员会委员。1958年1月4日病逝于华盛顿。著有《施肇基早年回忆录》。 （李海涛）

汪荣宝(1878—1933)

汪荣宝,字衮父、衮甫,号太玄,吴县(今江苏苏州)人。生于清光绪四年(1878),时隶籍元和。父汪凤瀛兄弟四人,时有"一家四知府"之誉。

汪荣宝年十五入县学,被保送南菁书院肄业。二十三年举拔贡生。次年应朝考,入职兵部。戊戌变法失败后汪荣宝请假回籍。八国联军侵华,国事蜩螗。汪荣宝深受刺激,转趋新学。先入上海南洋公学,二十七年,留学日本早稻田大学和庆应义塾大学,主攻法政。次年冬,在东京参与创建青年会。该会"以民族主义为宗旨,以破坏主义为目的",为留日学生中第一个具有革命倾向的团体。此后,汪荣宝的思想由激进转向渐进,由革命趋向改良。三十年,汪荣宝归国,仍供职于兵部。三十二年,任京师译学馆教习,旋改巡警部主事,转补民政部参事,仍兼任译学馆教习。三十四年,任民政部右参议,后升任左参议、左丞。宣统二年(1910)任资政院敕选议员。次年,任协纂宪法大臣、《法令全书》总纂。曾参与编纂、草拟《钦定宪法大纲》《法院编制法》《大清民事诉讼律》《大清刑事诉讼律》《资政院章程》等法令规章,为京城立宪派核心人物之一。

辛亥革命爆发后,汪荣宝曾为袁世凯起草南北交涉电稿与优待清室条件奏稿等。中华民国成立后,任临时参议院议员,加入读音统一会。1913年第一届国会成立。汪荣宝任国会众议院议员。国民政府曾公开征集国歌。由法国音乐博士欧士东谱曲,汪荣宝根据古诗词改编的《卿云歌》被定为国歌。[1]

1914年2月汪荣宝任驻比利时公使,后曾被推举为宪法起草委员。1918年

---

[1]《附卿云歌》,见《安徽教育月刊》1919年第21期《公文》。

11月,受命与陆徵祥、顾维钧、王正廷、颜惠庆任中国出席巴黎和会全权代表。次年转任中国驻瑞士公使。"五四"运动后,中国驻日公使一职长期空缺。1922年6月,汪荣宝调任驻日公使,因请辞未准,至次年12月正式到任。1931年7月受朝鲜排华事件影响离职回国,赴北平任陆海空军副司令部行营参议、外交委员会委员长。1932年3月国际联盟调查团来华调查日本侵占东北恶行。汪荣宝被派为北平方面招待委员。1933年7月18日病逝。[1]。

汪荣宝著有《清史讲义》《史学概论》《法言疏证》《法言义疏》《思玄堂诗集》等,成就一家之言。另有《汪荣宝日记》存世。

（李海涛）

吴　徵(1878—1949)

吴徵,字待秋,以字行,号石门鹭鸶湾人、春晖外史,又号抱鋗居士,崇德(今浙江桐乡崇福镇)人。生于清光绪四年(1878),时隶籍石门。父吴滔,字伯滔,雅艺名闻画坛。

吴徵幼承庭训,十二岁能诗,十八岁进学。肆力攻画,弱冠已名震江南。画山水初学家传,后致力研究宋、元、明、清诸家,尤得髓于"四王",功力深厚,亦擅画花卉,魄力沉雄,出于白阳、青藤之间。书工行草,得王觉斯、倪元璐神韵。辛亥鼎革时遨游燕鲁,于京华任小职。不久南返,至上海商务印书馆任美术部主任,参加吴昌硕为会长的海上题襟馆金石书画会,并成为西泠印社最早社友。1931年离沪来苏州,购得巨绅姚大赉旧居残粒园。全面抗日战争时复去沪。1948年再次返苏州。1949年8月病故。

吴徵与吴湖帆、吴子深并称"当世三吴",加冯超然又称"三吴一冯",驰誉民国画坛。吴徵一生创作颇丰,传世作品有《秋山静远图》《松泉读易图》《梅花图》等,画集有商务印书馆出版之《吴待秋画稿》、西泠印社出版之《吴待秋画册》、文明书局出版之《吴待秋花卉册》。

长子吴䍩木得其薪传,为当代吴门画坛巨擘,别有传。

（章致中）

杨廷栋(1878—1950)

杨廷栋,字翼之,吴县(今江苏苏州)人。生于清光绪四年(1878)。二十四

---

[1]《前公使汪荣宝氏薨去》,见《同仁医学》1933年第6卷第10期,第73页。

年,以南洋公学中院官费生留学日本早稻田大学法政科。加入励志会,于东京创办《译书汇编》月刊,又与秦力山、沈云鹏等创办《国民报》。二十八年,翻译《路索民约论》。《路索民约论》为卢梭《社会契约论》第一个完整中译本。回国后,杨廷栋供职于南洋公学译书院,另译《政教进化论》,编著《理财学教科书》,于《政治学教科书》中率先使用"公民"概念并加以定义。曾与戢翼翚等创办《大陆报》,任上海商务印书馆编译所编纂。三十二年,时任常州府学务公所庶务长、常州师范法制教员。三十四年被推为苏浙铁路公司赴京争路代表,任江苏铁路协会评议员、苏属谘议局筹办处选举科科长,编纂谘议局章程及《谘议局职务须知》三编即《调查须知、议员须知、选举须知》。宣统元年(1909)任长元吴教育会法政讲习会、预备立宪公会附设法政讲习所教员,长元吴城厢自治筹备公所名誉谘访员兼编辑员,当选为江苏谘议局法律股常驻议员、苏属地方自治筹办处顾问,编著《地方自治章程通释》《城镇乡地方自治章程通释》。与张謇策划国会请愿运动,供职于请愿即开国会同志会上海总部。次年编撰《钦定宪法大纲讲义》,撰《上海商界国会请愿意见书》,当选为各省谘议局议员联合会审查员,江苏教育总会专门部干事,江苏巡抚署顾问,江苏省会议厅议员、参事,参与发起全国农务联合会。三年当选为预备立宪公会董事,加入宪政实进会,任东三省总督赵尔巽秘书。在武昌起义的前三天,与张謇、雷奋苦心孤诣为江苏巡抚程德全草拟奏疏,其中有"乞罢亲贵,改组内阁,宣誓太庙,提前立宪"等重大政治改革内容。程德全立即通电各省的将军督抚联名上奏,杨廷栋也电请东三省总督赵尔巽领衔上奏。

辛亥革命爆发后,杨廷栋积极参与江苏独立活动,任江苏都督府外务司次长。1912年年初任统一党参事,当选为南京临时参议院参议员。南北统一后杨廷栋任北京临时参议院参议员、参议院国旗统一审查长,国会组织及选举法起草委员,兼任共和党特派员、北京本部干事,参与发起国际法会。次年任第一届国会众议员。1914年年初任农商部矿政局局长,兼任中比兴业公司中方理事,反对袁世凯称帝。曾任中华职业教育社议事员,承办中国红十字会上海北市医院。后投身于实业救国。兼任苏州振兴电灯公司、苏州市公所自办电灯公司、商务印书馆附设尚公学校、常州富华储蓄银行董事等。1921年发起苏州隐贫会,与德国西门子公司于常州合办震华制造电气机械总厂,任常务董事兼厂长。次年参与集资筹建利民纱厂,恢复旧国会,仍兼任议员。1935年任国民政府铁道部秘书。1950年卒于香港。生前与吴本善交契。曾校订陈海瀛、陈海超译之《民法原论》。编译《原政》《法律学》等,编著《民法讲义》。

(李　峰)

钱汉阳（1878—1958）

钱汉阳,字镜湖,更字景华,常熟人。生于清光绪四年(1878)。清增生。二十二年入苏州学古堂,转入中西学堂,二十八年被选任为学长。次年加入常熟教学同盟会,复于上海格致书院肄业。长于算学。被官派留学日本,宣统元年(1909)于大阪高等工业学校机械科毕业,归国后被赏工科举人,以内阁中书补用。次年改任农工商部七品小京官。后任奉天优级师范和高等实业学校、浙江两级师范学堂数学、物理教员。三年任天津北洋铁工厂机器师,仿制国外新式枪炮,设计新式农具。入民国后,1918年任农商部佥事,代理权度制造所所长,被派赴日本考察学习度量衡器制造与检定方法,回国后制订度量衡新制。业余爱好摄影,留日时即为学校业余摄影团体骨干。后参加照相同志会。1921年与俞承莱组织摄影团体乐社,于常熟石梅举办国内首次联合影展。1922年被天津裕大纱厂聘为机械技师,将该厂手摇纺车改装为机械化,设计制造工具机、喷雾机等配套设备,使该厂生产率跃居同类企业之首。次年与陈万里等在北京发起组织艺术写真研究会(1924年改名光社),与陈万里、吴郁周、老焱若被誉为"光社四杰"。遂于北京设厂,1927年发明制造胜于美国柯达沙克梯镜箱的新式转镜"景华"环像摄影机,当选为上海机业劳资总联合会筹备委员。次年参加上海中华摄影学社摄影展览会,作品《猫》及关于狗之《欢跃》、关于鹤之《起舞》、关于蝉之《残夏》尤佳。《晓雾涉荒津》被刊载于《天鹏》摄影月刊。1929年在上海设厂制造"景华"环像摄影机,获工商部专利执照。正式加入中华摄影学社。作品《寒溪》参加该社影展,极富气韵。次年钱汉阳任《中国摄影年鉴》编辑顾问,被聘为工商部南京度量衡制造所第二厂主任兼度量衡检定所教授,规划仿制刻度机。1932年当选为中华摄影学社理事。次年发明制造国内首台手摇计算机,1936年获实业部注册国家专利及美国注册专利。次年与高鲁合作制成"天璇"式手提中文打字机。抗日战争全面爆发后钱汉阳居上海,为电通影片公司司徒慧敏制造国产录音机机件,为信德工厂设计制造机器及膏壳钢模设备,发明三轮车里程计算表及商店用自动记账仪等,曾编制一套百年日历。博览古今名帖法书,编订有《淳化阁帖释文》《泉帖考证》《刘次庄法帖释文》《姜尧章绛帖手校勘记》《宋元明法帖题跋选录》等。抗日战争胜利后,1946年钱汉阳曾复任南京度量衡制造所总工程师。1948年与郎静山等创办学联摄影速成学校,任校董。中华人民共和国成立后,1954年钱汉阳被聘为上海市文史研究馆馆员。晚年研究汉字改革,曾编订《汉字组织法》。1958年去世。

（李　峰）

沈祖绵(1878—1969)　　子 沈延国

沈祖绵,字念尔,号跛民,钱塘(今浙江杭州)人。生于清光绪四年十二月十二日(1878年1月14日)。为《梦溪笔谈》作者沈括后裔。祖父沈观淮精于易学,不幸早逝。父沈绍勋,字莲生,号竹礽,时逢太平天国运动,家业中落。成年后,赴沪从事机械制图工作,酷爱易学,著有《周易易解》等。母谢宗蕴,上虞谢佩三之女,亦传家学,精于相学,曾手录《冰鉴》一书,并作题跋,后由沈祖绵刊印。

沈祖绵幼年仍习八股,兼学英文、日文及数理科学知识,并拒绝参加科举。稍长,从陈兰甫、林迪臣学经、子,从秦砚畦学史地,从支雯甫学数学,因此而先后结识黄炎培、蔡元培、马一浮等。光绪二十三年,东渡日本,以浙江省公费入东京早稻田大学历史地理科肄业。次年戊戌变法时,闻风返回上海,创办时宜学塾,并在十六铺码头创设识字会,教授工人识字,宣传救国思想,遭到清廷通缉,亡命日本。化名高山独立郎,在东京留日学生会馆任翻译,自费进早稻田大学。结识孙中山、陶成章等。归国后任教于杭州求是书院。二十八年,经浙江大学堂派遣,再次赴日,入弘文学院进修,与鲁迅、许寿裳等同学,并暗中联系陶成章、王嘉祎、蒋尊簋等,筹组光复会,主编《胡天》杂志在东京出版,鼓吹革命。两年后归国,赴长沙,与黄兴等同任明德学堂教习,策划武装起义。后因长沙运枪械事泄,起义失败。沈祖绵转往上海,任南洋公学教习,与陶成章等发起成立浙江旅沪同学会。

1911年沈祖绵参加辛亥革命,出任浙江都督府秘书,旋任上虞民事长。次年九月,调任宁波民事长。"二次革命"爆发后,沈祖绵在宁波率众起义反袁,因孤立无援失败。被捕后,所有著作手稿散失无存。后经光复会同志营救,沈祖绵出亡日本。袁世凯死后,沈祖绵不愿重回浙江,于山东、山西、江西勘察煤矿。以黄炎培之助,将早年所作200万字之《中国外患史》,连版权一并售得数千元,交由务本女中学生杨达权在苏州代购富郎中巷德寿坊寓所,自1933年起定居苏州,专心著述。未几,故交章太炎于苏州讲学,创办章氏国学讲习会,邀其任特约讲席。抗日战争全面爆发后,沈祖绵为避日伪骚扰,寄居上海友人家中。曾任与新四军合资的长江商行董事,支持抗日战争事业。1949年中华人民共和国成立后,沈祖绵曾任江苏省、苏州市政协委员。因学养深厚,受聘为中国科学院历史研究所特约研究员,继续从事《易》学研究。1969年7月4日逝世。

沈祖绵继承家学,工诗词,精研经史,一生著述百余种,但除《屈原赋证辨》等外,其大多著述未能公开刊印。经过"文化大革命",其子沈延国尚保存遗稿88种之多。

子沈延国,字子玄。生于1914年。章太炎弟子。1932年入上海光华大学为插班生。1935年于苏州参与发起章氏国学讲习会,任教务主任,兼《制言》杂志编辑,与师蒋维乔及同门杨宽、赵善诒等编著《吕氏春秋汇校》,又与杨宽合著《吕氏春秋集释》。1940年佐章太炎夫人汤国梨在上海筹建太炎文学院,任教授、教务长兼章氏国学讲习会理事。次年任爱国女中国文教员,又和父同任与新四军合资的长江商行董事并兼秘书。1946年任生生美术公司总经理,综合性文化月刊《高度》、大型学术综合性杂志《月刊》主编。中华人民共和国成立后,曾创办东吴业余科技进修学校,任副校长。卒于1985年。深研经学。曾参与编校《章太炎全集》。著有《逸周书集释》《周易证释》等。

(李 军)

魏钰卿(1879—1946)

魏钰卿,吴县(今江苏苏州)人。生于清光绪五年(1879)。父魏小亭,业"小甲",于都图内包揽婚丧户烹饪筵席。魏钰卿继承父业,然从小喜欢弹唱。三十一年,师从马如飞十二弟子之一的姚文卿习弹词《珍珠塔》。其相貌英俊,姿态潇洒,嗓音洪亮,人又极聪明,稍经指点即触类旁通[1]。因子姚如卿在技艺方面远不如魏钰卿,姚文卿恐魏钰卿超出其子,影响其子生计,仅将《珍珠塔》的《初见姑》到《方卿跌雪》这一段传授给魏钰卿,而全书中《婆媳相会》《二进花园》等重要情节并未传授。

魏钰卿一出师门即放单档,常在江浙各市镇演唱,初露头角便一鸣惊人[2]。三十四年,在浙江嘉兴演出时,遇到擅说评话《水浒》的艺人钟伯亭。钟伯亭亡兄钟柏泉亦是马如飞十二弟子之一,藏有《珍珠塔》的《二进花园》至《打三不孝》等脚本。钟伯亭允诺魏钰卿抄其亡兄脚本,以魏钰卿收其子钟笑侬为徒作为条件,双方各得其所,心安理得[3]。后魏钰卿到上海演出,受到好评,成为20世纪20年代之响档,被称为"书坛文状元""塔王"等。灌录的唱片《二次进花园》《哭塔》《后哭塔》等,发行量较大。魏钰卿在上海成名以后,苏州听众极为渴望其到苏州演出。临顿路青龙桥堍国泰书场老板派专人赴沪邀请魏钰卿到苏献艺。但

---

[1] 米谷:《魏钰卿》,见《评弹艺术》第24集,江苏文艺出版社1999年,第145页。
[2] 汤乃安:《魏钰卿》,见《评弹艺术》第4集,中国曲艺出版社1985年,第236页。
[3] 米谷:《魏钰卿》,见《评弹艺术》第24集,江苏文艺出版社1999年,第146页。

是上海的演出不能中断,因此魏钰卿日场在苏州登台,散场后返沪说夜场,每天乘坐火车来往,如此往复几个月,成为评弹界空前绝后之举,被传为美谈。

弹唱《珍珠塔》时,魏钰卿注重起角色,在用嗓、语调、手势、眼神等各方面均注意了年龄、性别、心情的差别,实现了角色与角色的不同,同一角色在不同场合的表演不同,使角色生动、形象。对所起书中数角"均能运用其善于变化之眼神,无往而不引人入胜"[1]。起角色时,"把眼风和手指的动作加强,眼到、口到、手到之外还加一个心到……在当时评弹界是首屈一指,艺术上压倒同时弹唱《珍珠塔》的许多老辈"[2]。不仅如此,魏钰卿弹唱时还能够做到"以己意当场编唱,自然雅致合韵"[3]。除曾与其子魏含英短期拼双档外,长期单档演出,唱"马调"有所发展,中气十足,咬字清晰,能将数十句唱词一口气像连珠炮似的唱出来,既保持了"马调"原有的韵味,又加强了高低起伏、抑扬顿挫。在弹词声腔发展史上,突破了"马调",惯用"下呼"拖腔自成一家,人称"马派魏调"[4]。

1946年魏钰卿逝世。《珍珠塔》传人有子魏含英及钟笑侬、薛筱卿、沈俭安、王燕语等。魏钰卿另曾自编自演《二度梅》,仅传魏含英。

(金 坡)

孙润宇(1879—1960)

孙润宇,原名润家,字滋含,一字子涵,吴县(今江苏苏州)人。生于清光绪五年(1879)。蔡俊镛妻兄。二十八年,毕业于北洋大学堂预科,任奉天大学堂教习,举为优贡生。三十四年,于日本法政大学专门部法律科毕业,获法学学士学位。宣统元年(1909)被授予法政科举人。次年被分发至广东为试用知县。曾任民政部宪政筹备委员,陆军部统计科科长,财政专门学堂、高等巡警学堂及法政学堂教习。三年,任陆军部承政司秘书科科员。

1912年年初,孙润宇任中华民国南京临时政府内务部警务局局长兼警务学校校长,上呈临时大总统孙中山,建议施行律师制度,并拟定首部《律师法草案》,为中国法律史上之创举。后与章士钊等于上海创办民国法律学校,并任校董。与沈复、张家镇于苏州特设律师事务所,当选为江苏律师总会会长,参与发起法律协会。当选为江苏省议会候补议员,同盟会苏支部副会长、国民党苏支部

---

[1] 横云阁主:《听书必览·眼神》,见《茶话》1946年第4期。
[2] 张鸿声:《书坛见闻录》,见《评弹艺术》第29集,2001年内部印行,第181—205页。
[3] 片月:《记弹词家魏钰卿近状》,见《申报》1935年10月19日。
[4] 吴宗锡:《评弹小词典》,上海辞书出版社2011年,第181页。

副部长。1913年当选为国会众议院议员及宪法起草委员会委员,脱离国民党,参与组织民宪党,1914年被派任中国驻日本公使馆秘书、一等参赞。1916年于国会提交《律师法案》,组织宪政讨论会,当选为外交委员会理事,赞成组织江苏省政研究会。次年又发起组织苏学会,为国会议员吴派首领。1918年任安福国会众议院议员。1920年与王绍鳌等成立江苏省自治法起草委员会,参与江苏自治与省宪运动,支持曹锟贿选总统。1924年任国务院秘书长兼法制局局长。1926年再任国务院秘书长、法制局局长,曾任张作霖安国军总司令部外交处副处长、代处长,铨叙局局长。次年初改任外交部顾问,后于天津执业律师。参与发起中日密教研究会,1933年任密教学院副院长。次年任天津市政府外交顾问,1935年任秘书长,改任顾问、改进委员会设计专员,后任冀察政务委员会外交委员会委员。

抗日战争全面爆发后,孙润宇任伪天津市治安维持会委员、总务局局长。1938年任伪中华民国临时政府河北省公署总务厅厅长、秘书长,参与发起华北矾土矿业股份有限公司。1943年任华北政务委员会内务总署署长、华北剿共委员会总会委员。次年任电影公司理事长。抗日战争胜利后孙润宇曾以汉奸罪被捕。卒于1960年。

孙润宇喜昆曲,曾参加同咏社。工书喜收藏,善画花鸟、山水,曾加入湖社天津分会并举办中日画展。译有《现在之劳农俄国》。

(王晋玲)

李根源(1879—1965)

李根源,字雪生,又字印泉、养溪,别署高黎贡山人,云南腾冲人。生于清光绪五年四月十七日(1879年6月6日)。早岁入来凤书院,师从赵瑞礼。二十四年,补诸生。二十九年,考入高等学堂。翌年东渡日本,入振武学校。三十一年,加入中国同盟会。同年被推为云南留学生同乡会会长,创办《云南》杂志,宣传革命思想。回国后,奔走驱逐云贵总督丁振铎,因遭通缉再返日本。三十四年年初,入陆军士官学校。是年冬,与李烈钧、阎锡山、孙传芳、孔庚、程潜、唐继尧等同时毕业。同盟会领导河口起义时,李根源等人组织云南独立会以为声援。宣统元年(1909),李根源经朝鲜往奉天,拟刺东三省总督锡良未果。经上海回云南,任云南陆军讲武堂监督兼步兵科教官,次年升任讲武堂总办,培养朱德等诸多著名将领。三年,英国入侵片马。李根源奉办片马防守交涉事务,化装潜入敌后实地调查,曾提交应对英国入侵片马三策及《滇西兵要界务图》。武昌首义时,云南迅即响应。昆明重九起义成功后,蔡锷任大都督,李根源任军政部总长兼参议院院长。不久,李根源任云南陆军第二师师长兼国民军总统,节制文武官员,自楚雄以上三个直隶厅共三十五个州县均归其管辖。民国元年即1912年,李根源当选为国会众议员。次年4月被国民党两院议员会公推为主任。参加"二次革命"反对袁世凯。后辗转至日本,入早稻田大学。1916年任两广都司令部副都参谋、北伐联合军都参谋。次年任陕西省省长。1918年抵广州参加护法斗争,任驻粤滇军总司令兼滇军第四师师长。1920年调任督办广东海疆防务,兼摄雷琼镇守使。1922年,历任北洋政府航空督办、农商总长、代理国务总理。任农商总长时,致力修订农商法规,推行《商标法》,不惧各国公使群起抗议,收回国权不少。次年6月因反对曹锟贿选总统,愤然辞职,随前大总统黎元洪辗转于天津、上海。

1925年3月孙中山逝世后,李根源对政局失望,遂隐居苏州十全街,修曲石精庐。1926年,遍访灵岩山、穹窿山、邓尉山、天池山、尧峰山、天平山、寒山、阳山及洞庭东西两山等山丘数十座,上真观、宁邦寺、圣恩寺、光福寺、寒山寺等寺观数十座,以及顾雍等历代名人墓冢百余座,致力保护。次年,母阙氏去世,李根源庐墓于穹窿山北麓小王山,建阙茔精舍,营松海十景,时有"山中宰相"之称,瞻拜者络绎不绝。其间,李根源创办善人桥农村改进会、阙茔小学、成人夜校,凿井筑路,绿化山岭,倡导文明生活,深为乡民所称颂。1931年,任《吴县志》总纂,撰写冢墓、金石卷。接任吴中保墓会会长。1936年,奔走营救沈钧儒等"救国会七君子"。"七七"事变爆发后,李根源与张一麐等组织"老子军"。中日淞沪会战时,李根源亲赴前线慰问抗战将士,组成苏州各界抗敌后援会,收葬阵亡将士遗骸,建"英雄冢"于藏书五峰山、马岗山,披麻送国殇。

1937年11月,李根源离苏转道由湘鄂入川,任监察院委员兼云贵监察使。1942年,赴滇西保山前线。面对日军压境,严词拒绝避往大理,誓与保山共存亡。致电蒋介石,力主坚守怒江,并发表《告滇西父老书》。抗日战争胜利后,李根源被聘为国民政府国策顾问,呼吁和平,停止内战。云南解放前夕,李根源置特务威胁于不顾,四处奔波,并面恳李宗仁签发政治犯赦令。1949年中华人民共和国成立后,李根源历任西南军政委员会委员、全国政协委员。1959年将所藏古籍、书画、文物捐给苏州文物管理会。1965年7月6日病逝于北京,被归葬于苏州小王山。

李根源笃嗜金石之学,勤于辑纂著述,有《景邃堂题跋》《吴郡西山访古记》《虎阜金石经眼录》《云南金石目略》《中华民国宪法史案》《曲石文录》《曲石诗录》《永昌府文徵》《雪生年录》等三十余种。

(李嘉球)

周凤文(1880—1943)　　子 周云瑞

周凤文,谱名小老,艺名夜来香,吴县(今江苏苏州)人。生于清光绪六年(1880)。出身于艺人家庭。周钊泉子,章瑞卿弟子。昆剧旦角,擅六旦。曾隶苏州全福班。擅演《牡丹亭》之春香、《西厢记》之红娘及全本《占花魁》之花魁等,被誉称为"昆旦翘楚"。又擅箫、笛,能弹词,兼唱京剧、苏滩,生旦丑末亦能应行,长于滑稽,被誉为全才。

周凤文长期于上海演出。清光绪二十年(1894)于福仙茶园搭京昆、山陕、潮州、湖南等班演《佳期》《卖饽饽》等。次年于张氏味莼园搭三雅文班。二十二年,与陈凤鸣于天仪茶园演《荡湖船》《游殿》《巧姻缘》等,与张红玉演《凤凰山》《卖胭脂》等。二十三年,改隶天华茶园。二十五年,搭京陕全班文武生于天福茶园演出。三十二年,于春仙茶园演《桂枝》《投靠》等。宣统元年(1909)于新舞台演《凤阳花鼓》等,又与苏滩名角林步青合唱《卖橄榄》《卖草囤》等滩簧戏。

此后周凤文投身于戏曲改良运动,于维新及时事戏皆能庄谐并用,扮演得神。1912年饰演《新茶花》之马太太,与夏月珊、潘月樵等合演新剧《猛回头》,次年合演《黑籍冤魂》,1918年又合演《济公全传》。周凤文反串济公,开创京剧大型剧目以丑角为头牌先例。1919年与欧阳予倩等演出《空谷兰》《塔子沟》等改良实事新剧,次年又与夏月润等合演萧伯纳名剧《华伦夫人之职业》。1935年与夏佩珍等排演歌唱滑稽剧《乡下大姑娘加冠典礼》等。1941年尚演出双簧苏滩。又能弹唱新弹词《欢喜冤家》,曾于电影《桃花扇》中饰演苏昆生。

1943年周凤文因患脑溢血于上海逝世。生前灌制的唱片有《泣颜回》《醉花阴》《喜迁莺》《小宴》《佳期》《楼会》《昭君跑马》《凤凰山》等。

子周云瑞,本名国瑞,小名根宝,以艺名行。1921年生于上海。全面抗日战争时期先后拜弹词名家王似泉、沈俭安为师,由《三笑》改学《珍珠塔》。抗日战争胜利后周云瑞与师弟陈希安合作,有"小沈薛""小塔王"之誉,为上海评弹界著名的"七煞档"之一。周云瑞曾当选为上海评弹协会执行委员。中华人民共和国成立后,周云瑞为首批参加上海市人民评弹工作团的18位艺人之一。其唱调极其幽静,人称"周云瑞调"。周云瑞亦有"琵琶圣手"之誉,其三弦指法极玲珑之能事。周云瑞曾任本团学馆主任兼教研组组长,受聘为上海音乐学院兼职教授,兼任苏州评弹学校教导部副主任等。"文化大革命"爆发后周云瑞受到审查和迫害,1970年11月14日病逝。

(李　峰)

陆鸿仪(1880—1952)

陆鸿仪,因避宣统帝溥仪讳曾名鸿彝,字棣威,号立盦,吴县(今江苏苏州)人。生于清光绪六年九月二十五日(1880年10月28日),时隶籍元和。先世居松江(今属上海),明末迁全苏州。六世祖陆天义,官至山东沂州府同知。曾祖陆仁沛,字雨春,长洲庠生,顾元震妹夫。祖陆彦超,字菊莳,府庠生。父陆增甲,字榕卿,元和庠生。

光绪二十九年,陆鸿仪中进士,改翰林院庶吉士,于教习进士馆研习法政。三十二年十二月以优异成绩毕业。翌年被学部官费选送至日本中央大学攻读法律。宣统三年(1911)归国。曾与汪郁年等在海红坊办私立法政学校,又当律师。1912年曾任吴县县立中学校校长两月,在上海与朱寿朋、潘昌煦等创立国民党,又与黎元洪之民社及统一党等组成共和党。历任法制局参事、司法部佥事。1913年任民事一庭审判长。1915年兼任司法惩戒委员会委员、国民代表全国选举资格审查会审查员。1916年1月任大理院推事。1917年任大理院推事兼庭长,为民事三庭首任庭长。1918年7月署修订法律馆副总裁兼总纂。1920年任副总裁,被大总统任命兼任法权讨论委员会委员。1921年被大总统任命为司法官甄录考试及初试典试委员长。当选为国会议员。1923年6月因反对曹锟贿选总统,辞职南归,于苏、沪执业律师。1926年被省长陈陶遗聘为江苏省修订礼制会会员。1927年3月北伐军进据苏州后,陆鸿仪被推为吴县临时行政委员会交通委员。1928年,与庄曾笏受盛宣怀之女盛七小姐盛爱颐聘请,代理原告在上海地方法院、租界临时法院赢得诉讼胜利,争取到遗产50万两白银。该案件被誉为"民国第一女权案",成为司法界未嫁女性争取财产继承权案件的典型判例。

1937年4月抗日"救国会七君子"案发生后,陆鸿仪与张志让、吴曾善志愿担任章乃器义务辩护律师,陆鸿仪为首席义务辩护大律师。抗日战争全面爆发前,陆鸿仪出于爱国义愤,自印日本《田中奏折》材料3000份,揭露日本帝国主义侵华阴谋。全面抗日战争期间携家入川。1938、1944年与沈钧儒、沙千里、吴昱恒等两次受聘为中共南方局重庆《新华日报》社常年法律顾问,不惧国民党政府司法院的责难。还与黄炎培等创办《宪政》月刊,担任编辑委员,推进宪政运动。抗日战争胜利后回苏州仓米巷半园执业律师,拒绝担任汪伪大汉奸褚民谊的辩护律师,被推为中共苏州地下党领导成立的文心图书馆董事长。上海"二九"惨案发生后,陆鸿仪与史良和沈钧儒等九位律师共同出任爱用国货抵制美货筹备会负责人的法律顾问。陆鸿仪还任同济大学学潮案爱国学生的辩护律师,积极救助进步学生,掩护中共地下党工作。

1949年4月苏州解放后,陆鸿仪被特邀为苏南第一届各界人民代表会议代表。中华人民共和国成立后,陆鸿仪应政协全国委员会副主席、中央人民政府委员、最高人民法院院长沈钧儒之邀赴京,10月19日任中央人民政府最高人民法院委员兼民事审判庭庭长,参与起草最高人民法院组织条例。1952年2月1日病逝于北京。沈钧儒亲撰"洁己奉公,守法不渝"挽词并题写墓碑。黄炎培致悼词,称陆鸿仪"是一位规规矩矩的法律家"。

陆鸿仪编著有《刑事诉讼法规及判例》。

(李 峰)

费公直(1880—1952)

费公直,原名善机,又名启之、起志,字天健,号一云、一瓢、霜红、霜庵、双桥词人、双桥居士等,吴县周庄(今江苏昆山)人,原籍吴江。生于清光绪六年(1880)。曾祖费玉成,本名秀元,捐监生。慷慨任侠。咸丰三年(1853)设保卫局于周庄,扩编团练,被太平天国累封为镇天燕。被清廷赏三品翎顶,赠武显将军。嗣祖父费金绶,字若卿,费玉成次子。同治元年(1862)统父部隶清军,于进攻太平军有战功,官至署理嘉兴协副将。

费公直为江苏元和廪生,肄业于宁波中西储才学堂。二十六年中式举人,为浙江候补通判。赴日本东京同文书院学日文,进正则理化速成专科学校,与黄兴、苏曼殊、陈去病等交契。参加拒俄义勇队、军国民教育会。回国后襄助创办丽泽学堂,任安徽新安中学理科教员,加入同盟会。三十四年,再入日本东京医专学习,研究河豚毒素分析鉴定法。所制河豚标本获德意志万国卫生博览会优等奖。宣统三年(1911)费公直返国,加入南社。从陈其美在上海起义,光复上海后任沪军都督府总务科一等科员。

1912年费公直回周庄行医,义务施种牛痘,并组织红十字会。与王大觉为莫逆之交,曾入虞社。1931年参加上海救济国难书画展,曾捐古画二十余件。1933年任上海私立晓风绘画函授学校校长,后办吴越译书编辑局,又佐陈去病编辑《警众报》。晚年移居苏州。1951年当选为吴县人民代表会议代表,次年9月逝世。

费公直亦习拳术、射击,喜花艺,工诗文。能刻印作画,精鉴藏,传世画作有《江湖行乞图》等。

(王晋玲)

郑辟疆(1880—1969)

郑辟疆,字紫卿,吴江(今江苏苏州吴江区)盛泽人,祖籍浙江嘉善。生于清光绪六年十月十九日(1880年11月21日)。母张仪贞是织绸能手。父郑雍为儒生,兼行医,家境清贫。

郑辟疆系诸生出身,曾为塾师,而有志于振兴蚕丝业。二十五年,考入杭州蚕学馆。二十八年,毕业后留馆工作,次年赴日本爱知、群马、长野、静冈诸县主要蚕区调研考察蚕丝业应用的先进科学技术。受到黄炎培、史量才等知识界进步人士的影响,认为振兴蚕丝业必先提倡蚕丝教育,培养实干人才。三十一年,任教于山东青州蚕丝学堂。入民国后,于山东省立农业专门学校任教。先后编纂《桑树栽培》《蚕体生理》《养蚕法》《蚕体解剖》《蚕体病理》《制丝学》《蚕丝概论》和《土壤肥料论》等教科书,大行于世。

1918年应史量才邀请,郑辟疆接任江苏省立女子蚕业学校校长。以培养蚕丝界技术人才为教学宗旨,要求学生知行合一,学以致用。积极推行传统蚕丝业改革,不仅在校创办了蚕桑试验场、原蚕种部、蚕丝推广部、制丝实习厂,还建立了众多校外制丝所和实习基地,并派胞妹郑蓉镜去日本学习蚕种培育技术。1925年又聘请日籍教师白泽干来校协助蚕种改良,创建国内第一座天然冰库,试行冷藏盐酸人工孵化,并厉行蚕室、蚕具消毒和母蛾检查,减轻蚕病之威胁。1926年与蚕业专家邵申培集资创办大有蚕种场,注册"虎"字蚕种商标。为确保蚕丝业的健康发展,于1930年年初商请江苏省农矿厅颁布了《江苏省蚕业法规》,从此使蚕种生产有了法规保障。蚕种培育和养蚕技术的创新,使蚕农经济效益大为改观,带动了江南经济的发展。同时郑辟疆又致力制丝技术的改进,先后派费达生、张复升等去日本学习,在校增设制丝科和制丝实习厂。1935年创办江苏省立制丝专科学校,开创中国制丝专业的高等教育。1937年又增设养蚕专科,将学校改办为蚕丝专科学校。抗日战争全面爆发后,学校惨遭洗劫。郑辟疆率同人初于上海租界招生复课。汪伪政权建立后,郑辟疆将学校迁至四川乐山,并协助乐山蚕丝实验区开展蚕丝改良工作。1945年抗日战争胜利后,郑辟疆回苏州浒墅关艰苦复校,并协助中蚕公司接收日商瑞丰丝厂,改为苏州第一丝厂。

1950年江苏省立蚕丝专科学校和江苏省立女子蚕业学校合并为苏南蚕丝专科学校。1954年郑辟疆参加第一届全国人民代表大会,由黄炎培引见得以见到毛泽东和周恩来。毛泽东和周恩来勉励其把我国的蚕丝业发扬光大。1956年蚕、丝分校,苏州蚕桑专科学校和苏州丝绸工业专科学校分别建校。1960年,苏州丝绸工业专科学校升格为苏州丝绸工学院,逐步发展成制丝、丝织、印染整理、染织美术等专业配套齐全的高等学府。郑辟疆加入中国共产党,一直担任两校校长。曾当选为第一届全国人大代表,第三、四届全国政协委员,江苏省人民委员会委员,第三届江苏省政协常委,中国蚕学会名誉理事长,江苏省蚕学会理事长。于"文化大革命"中被错误批判,1969年11月29日病逝。"文化大革命"结束后郑辟疆被改正,被尊称为"中国蚕丝教育界泰斗"。

郑辟疆生前致力整理清人蚕桑著作,曾校释《蚕桑辑要》《野蚕录》。与郑宗元校释《广蚕桑说辑补》,校勘《豳风广义》。

(王　晨)

唐慎坊(1880—?)　　子 唐仁缙

唐慎坊,字翊之,号山如,江西德化人,徙居吴县(今江苏苏州)。生于清光绪六年(1880)。二十八年举副贡生。考取上海澄衷蒙学堂师范生,又入格致书院尚贤堂英文头班学习各国约章。三十二年,被聘为德化学堂英文体操教习,后留学日本法政大学专门部法律科。宣统二年(1910)考授江苏高等审判厅民庭庭长。三年代理江宁审判厅厅长。调任苏州地方审判厅厅长、提法署科长,遂定居苏州。

1912年唐慎坊于苏州、上海开办律师事务所。与陈则民、潘志冈、狄梁孙号称四大律师。1915年任江苏第三区烟酒公卖分局首任局长。1918年创办九江映庐电灯公司。次年被聘为江苏督军署一等书记官。1920年署任盐城县知事。次年被弹劾撤职。1921年加入上海律师公会。次年当选为吴县律师公会候补评议。特编之《最近司法法令第一辑》大受社会欢迎。唐慎坊致力提倡国医科学化。1925年与王慎轩创办苏州中西医学讲习所。1933年任苏州国医学社社长。次年改任苏州国医学校校长。1936年兼任国医研究院院长,曾聘章太炎任名誉校长和研究院院长。并任沈钧儒等"救国会七君子"辩护律师。1938年出任伪江苏省禁烟局局长。次年创办苏州国医医院,任院长。卒年不详。

唐慎坊工书法,精日文。另编有《大理院判例解释菁华录》《飘庐判状随录》《司法法令辞典》。译有《民法要览》《刑法要览》《汉医全书》《汉医要诀》等。

次子唐仁缙,生于清光绪二十八年(1902)。1919年考入江苏公立医学专门学校。1921年毕业于江苏省立医科大学。历任军警监狱医务各职,兼设所应诊。1925年任苏州中西医学讲习所西医主任。次年任教于苏州志华产科医院。1928年留学德国。1931年获柏林大学医学博士学位,于柏林圣玛维多利亚医院及奥地利国立罗道夫医院实习。次年回国,于上海开诊称名医,擅外、眼、耳鼻喉科,兼治内外皮肤花柳各科。曾任上海青年会第三十七队队长,同德医学院、东南医学院教授。1945年至1949年任上海特别市警察局警察医院院长,兼烟毒调验所所长。中华人民共和国成立后,唐仁缙留任上海市公安局警察医院院长至1958年。加入中国国民党革命委员会。1951年至1952年当选为上海市各界人民代表会议第二届二、三次会议公安界人民代表。

(李　峰)

俞天愤(1881—1937)

俞天愤,原名承莱,字采生,一作采笙,号忏生,以笔名行世,常熟人。生于清光绪七年(1881)。出身于书香世家。父俞钟銮,字金门,翁同龢外甥。光绪举人。好诗文,善书法,通医学,著有《养浩居诗集》。

俞天愤尤肆力于经史,能一字不误地背诵《十三经》,还喜欢撰写诗词、文章及绘画。历充琴南、儒英学校教员,海虞市立第八小学校长。友人称其"伉爽有丈夫气,重然诺,与人谋,虽蒙难不辞"[1]。辛亥革命时,俞天愤曾率乡邻健儿百余人保卫乡里,为人所称道。邑人称其"俞懑","虽妇女孺子、贩夫走卒,莫不知俞懑其人"[2]。民国成立后,俞天愤曾为改良地方市政而奔忙。目击军阀混战,生民涂炭,乃以"天愤"作笔名,以示对现实之不满,闭门著述,以小说为主,希望有补于社会。曾在常熟先后兼任《鸣报》《常熟日日报》编辑。

俞天愤喜写小说,创作上不受拘束,尤爱作说部文字。辛亥革命前即著有《法国女英雄弹词》,反对封建专制,大胆倡言革命。1913年创作长篇言情小说《二月春风》。次年又精心创作长篇哀情小说《镜中人》。1915年开始做小说理论方面的探讨,并和徐天啸、徐枕亚、吴双热、姚民哀等鸳鸯蝴蝶派重要人物相投合。1917年所著长篇言情小说出版,并在《小说日报》上连载。此时,中国文坛上侦探小说由译介进入创作阶段。俞天愤所著短篇集《中国新探案》《中国侦探谈》二书相继问世。《中国侦探谈》包括《双履印》《鬼旅馆》《风景画》《三棱镜》《黑幕》《花瓶》《遗嘱》《白日祸》等12个侦探短篇,构思奇巧,推理新颖,回旋曲折,引人入胜,令读者回味无穷,俞天愤因此成为中国侦探小说的先驱拓荒者之一。此外,俞天愤尚有《绣囊记》《剑胆琴心录》,以及散见于《红杂志》《红玫瑰》

---

[1] 徐天啸:《俞天愤》,见芮和师、范伯群等:《鸳鸯蝴蝶派文学资料》,福建人民出版社1984年,第352页。
[2] 严芙孙:《民国旧派小说名家小史·俞天愤》,见魏绍昌:《鸳鸯蝴蝶派研究资料》,上海文艺出版社1984年,第556页。

《礼拜六》《小说日报》《小说新报》《小说丛报》等杂志的短篇小说数十篇。1926年父临终遗嘱,以为稗官野史于事无补,嘱俞天愤不必浪费笔墨。俞天愤从此辍笔。晚年皈依佛教,潜心研究佛理,以其心得著《沉吟集》(一作《呻吟集》),阐发佛旨,1931年由佛学书局出版。1937年12月,常熟沦陷于日军,俞天愤死于避寇途中。

海虞俞氏一门风雅,曾组织家庭诗社丽红社。俞天愤妻姚鸿茝,字婉莹,常熟福山人,系道光进士、御史姚福增孙女。亦工诗,与姐鸿慧、孪生姐鸿倩并称"三朵花"。其酬唱之作被编为《联珠集》,为樊增祥所称赏。姚鸿茝著有《纫芳集》。

(沈 潜)

李复几(1881—1947)

李复几,原名福基,字泽民,吴县(今江苏苏州)人。生于清光绪七年(1881)。李维格侄。

二十七年,李复几毕业于上海南洋公学。赴英国留学,于伦敦国王学院学语言,于芬斯伯里学院学机械工程。毕业后,入伦敦机械工程师研究所、德国汉尼尔理机器厂实习。三十二年,赴德国波恩皇家大学自然科学专业深造,师从著名物理学家凯瑟尔,从事光谱学研究。次年获高等物理学博士学位,为该学科中国留学生中第一人。

回国后李复几曾于江南船坞、汉冶萍公司、汉口工巡处、四川盐务管理局等任工程师,1947年病卒于四川自贡。

(李 峰)

张紫东(1881—1951)

张紫东,名钟来,以字行,号适庵、心秋,吴县(今江苏苏州)人,祖籍安徽合肥。生于清光绪七年(1881)。苏州东北街补园主人张履谦孙,张元谷子。自幼从俞粟庐习曲而深得真传,于唱、念上均具功力,又擅擫笛。后又向全福班名角沈锡卿、沈月泉、吴义生学习身段、台步。嗓音高亢醇厚,念字清晰纯正,台步稳重大方。张紫东擅演《浣纱记·寄子》之伍员、《四声猿·骂曹》之祢衡、《连环记·小宴》之王允、《狮吼记·跪池》之苏东坡、《千忠戮·搜山、打车》之程济,以及中型昆腔武戏《割发代首》之张绣、新排剧目《荆钗记·开眼上路》之钱流行等,尤以《绣襦记·打子》之郑儋最为拿手,被当时曲友誉为"吴中老生第一人"

及"苏州曲坛一正梁"。

张紫东热心于组织业余曲社及培育昆剧新人。1918年与贝晋眉、汪鼎丞等创办谐集曲社。后谐集曲社与禊集曲社合并成道和曲社。张紫东参与主持社务,组织同期及会串活动。1921年又与贝晋眉、徐镜清等共同发起创建昆剧传习所,培养"传"字辈艺人。尔后,成为苏州业余昆剧演出组织普乐团重要成员。1945年9月始,又常参与苏州吴社曲社活动,曾与工小生之知名曲家殷震贤合唱过《连环记·小宴》。

1951年1月张紫东因肺病在苏州病逝。

(徐 阳 王 宁)

陈则民(1881—1953)

陈则民,字惠农,吴县(今江苏苏州)光福人。生于清光绪七年(1881)。日本大学法科毕业,获法学学士学位。宣统三年(1911)被赏法政科举人。

1912年陈则民为南京临时政府司法部提法司注册律师,当选为上海律师公会首任会长。次年改任副会长,编《律令全书》,当选为众议院候补议员。1915年当选为国民会议代表,曾任袁世凯大总统府顾问。1917年发起自治研究会,任会务部主任干事,次年递补广东护法国会议员,参加孙中山领导的护法运动。1919年当选为苏州旅沪同乡会评议部正议长,参加"五四"运动,当选为上海公共租界各马路商界联合会总董、会长及总代表,与租界工部局交涉争取华人权利,修改洋泾浜章程。次年当选为公共租界纳税华人会筹备处副委员长、理事。1921年兼任苏州城中市民公社社董,苏州证券交易所股份有限公司筹备主任、名誉总董,大陆晚市星期物券交易所股份有限公司筹备主任,中外证券物品交易所、中外信托股份有限公司常务主任董事,苏州电气厂董事长,苏州电灯公司经理、第一股东。次年被黎元洪聘为大总统府顾问,1923年曾任北京政府政治善后讨论会副委员长,历任修订法律馆顾问、外交部委员、农商部顾问、众议院议员。1925年"五卅"惨案发生后,陈则民到沪积极提供法律援助,声援反帝爱国运动。1927年在沪设律师事务所,兼任上海律师公会执行委员、上海建设讨论会主席团总主席、华商纱厂联合会总干事等。

1937年抗日战争全面爆发,苏州沦陷后,陈则民任伪苏州地方自治委员会会长。次年任伪维新政府教育部部长、江苏省省长兼省财政厅厅长。1939年免兼财政厅厅长,改任伪江苏省政府主席。次年汪伪国民政府成立。陈则民改任监察院监察使。曾重修拙政园、香雪海闻梅馆,创办苏州国医学院为伪江苏省立中医院。

抗日战争胜利后,陈则民与弟陈福民及子侄陈福如、陈展如等皆以汉奸罪行被提起公诉。1946年陈则民被判处死刑,改无期徒刑,关押在苏州江苏省第三监狱,因瘫痪被保外就医。1949年苏州解放后,陈则民又被人民政府逮捕收监。1953年再获保外就医资格,卒于苏州调丰巷光明医院。

陈则民工书法。曾合编《法院编制法参考材料》,合著论文集《废检察制度之运动》。

(李 峰 李海涛)

徐卓呆(1881—1958)

徐卓呆,原名傅霖,号筑岩,别号卓呆,吴县(今江苏苏州)人。生于清光绪七年(1881)。幼年丧父,由祖母与母亲抚养成人。少好体育。光绪末年在东洋留学热潮中赴日,攻徒手操、哑铃操、棍棒操等专业,为中国最早的体育留学生之一。

徐卓呆业余爱好戏剧,居日期间即入春柳社,曾出演《猛回头》等剧。尤其擅长滑稽表演与创作,为开创上海都市喜剧做出贡献。1914年加入新民社期间,曾连续一个月每日表演一出自编"趣剧",有《遗嘱》《谁先死》《约法三章》《广告结婚》《嫉妒交换》《媒约公司》《父子同心》《临时公馆》等三十余出剧目。"趣剧"取材于市民生活,且品位较高、讽刺得体,故反响亦佳。《谁先死》《约法三章》等为滑稽戏传承保留剧目。1917年,徐卓呆与欧阳予倩受张謇之托,赴日考察俳优教育,回国后于《时报》开辟专栏,鼓吹新戏剧。徐卓呆还曾涉足电影,与汪亚尘合办开心影业公司,拍摄《雄媳妇》《临时公馆》《济公活佛》等十余部滑稽电影。于电影理论等方面徐卓呆亦有所贡献。所编著之《影戏学》于1924年出版,为中国第一部电影理论著作。是作强调电影与戏剧之区别,确认电影乃独立艺术,并具体论述电影创作之主要元素及形式特点,对中国电影理论建设有开创性作用。

徐卓呆曾主持先施乐园场务。1928年应大中华唱片公司老板之邀,编写滑稽段子十一个。除醉心于戏剧外,亦写作小说,并发表于《礼拜六》《小说月报》等杂志。随着文明新戏趋于衰落,徐卓呆遂专心创作小说。其小说沿用滑稽创作笔调,然内涵趋于深厚。《小说材料批发所》等作于诙谐之中反映社会问题,并彰显本人爱憎,令读者于笑后有所思索。1924年,长篇小说《万能术》开始连载于《小说世界》,为中国现代文学中较早涉及科幻题材者。徐卓呆于其中展现自身现代知识,并嘲讽当局之无能与罪恶,让政治批判意识充溢其间。其创作形式亦丰富多变,如日记体之《无进步的乡村生活》、剧本体之《一方面的心》、心理体之《小说家之爱》等,皆呈现出时代气息。而作品中之社会关怀,亦随时间推移而愈加明显。1942年开始连载于《万象》创刊号之《李阿毛外传》,直面都市中升斗小民之生计问题。是作以主人公李阿毛教他人如何谋生为主线,写尽生活中之艰难与无望。

徐卓呆晚年于1957年出版《话剧创始期回忆录》一书,对中国话剧发展史研究贡献资料甚多,并对自身早年经历做梳理与回忆。1958年去世。　　（顾亚欣）

许　泰(1881—1948)

许泰,字颂和,又字仲瑚、颂瑚、仲蝴,亦字久安、疢庵、疢盦,别署瘦蝶,太仓鹤溪人,祖籍安徽歙县许村。生于清光绪七年(1881)。系出自高阳宗支,数世大率致力商业,间有精究医理者。父维坚,号厚山,监生,去世时许泰仅五岁。许泰少孤失学,家境艰难,赖母陆氏抚教成立,曾于沙溪经商。

许泰幼耽翰墨,为名士毛丹梧弟子。擅作绮丽缠绵之词,尤喜作激昂慷慨、苍凉沉郁之诗词,间作小说与小品杂文。二十九年,入《海上同文沪报》附设消闲社。三十三年,居太仓岳王,与陆墨缘、金翼谋等唱和。宣统时角逐于丽则、著浈文社间,广结翰墨之缘,颇有声誉。

1912年许泰为《东乡报》撰述,后入陈蝶仙之《著作林》社。又为《游戏杂志》《女子世界》《礼拜六》《红杂志》《小说丛刊》《月月小说》及《申报·自由谈》《金刚钻》等之主要撰述。"十年以还,目击政潮之变幻,风俗之颓靡,杞忧无已,辄借滑稽文字以宣泄之,间及稗官野乘,用自排遣,积之既久,哀然成帙。"[1]其创作以"滑稽笔法"为特色,文字浅白流畅而不失雅驯绮丽。其文体较自由,有纪游体、词曲体、杂感体、古诗体等,按照内容和文体的综合分成文潮、歌坛、志林、瀛谭、野乘五类。1922年许泰出版小品文集《蝶衣金粉》。同年加入常熟虞社。1924年襄助陆冠秋创办甲子吟社。与鸳鸯蝴蝶派众多文人过往甚密。郑逸梅早期作品《味灯漫笔》和《近代野乘》合集出版时,收录十人题词,许泰题诗列名第一。

许泰耿介不谐俗,不屑于功名富贵,而常怀忧国忧民之思,其品格迥非庸俗可比。自述性情志趣有"十不""十愿""十喜",愿世界大同、社会平等、中华国运日隆,追求法律范围内之自由平等。以读奇书、勤著述为志,勇于讽世讥时。与盛小鹤、陆无悲交最契,绘《岁寒三友图》,以留鸿雪,洵称佳话。抗日战争全面

---

[1] 许瘦蝶:《蝶衣金粉》自序,新声杂志社1922年。

爆发后许泰隐居故乡,坚守民族气节。1947年,将自撰《鹤市续志》与《鹤市志略》合为一册,交由胜利印务局出版。是作中记载了王同文、薛金奎、陶德辉、王道士等乡贤的抗日事迹。1948年10月20日许泰逝世。

许泰曾与张麟年合作《蝶麟酬唱集》。作《尚湖春》《谈孤鸿影》等弹词《十二新开篇》及昆曲《改良西厢新哭宴》。创作小说《醉吟梦》《负心汉》《土偶谈》《天雨苣》《花果山》《钟馗》等。著有《澄庐笔记》《我梦园十二金钗传》《太仓五日史》等。《啸秋阁诗钞》七卷、《梦罗浮馆词钞》三卷、《疢庵文剩》一卷被辑刊为《许瘦蝶全集》。

(李 峰)

周梅谷(1882—1951)

周梅谷,本名容,以字行,一字楳阁,号东邨、见斋居士、百匋室主、寿石斋主,吴县(今江苏苏州)人,原籍江苏无锡。生于清光绪八年十一月十五日(1882年12月24日),时隶籍长洲。吴昌硕弟子。年十六去常熟学刻碑,十九岁去上海碑刻店谋生,后在苏州虎丘山塘街靖园刻碑。与同门赵石交厚。能书善画,尤嗜金石。宣统三年(1911年)曾刻何维朴书、程德全撰之《重修寒山寺记碑》。1912年与陈伯玉合营尊汉阁碑帖店。1920年在苏州护龙街怡园旁嘉余坊口独资开设寿石斋碑帖店。该碑帖店的规模为当时苏州碑帖店之首。周梅谷篆印宗秦汉,布局刀法近赵石,所刻牙章名重一时。周梅谷亦善竹刻,镌刻碑石被誉为江南第一。吴昌硕被安葬于杭州超山后,周梅谷亲刻的《缶庐讲艺图》以及于右任书、冯君木撰之《吴昌硕墓表》,被誉为"三绝"。

1921年起周梅谷开始研究仿古铜器,尤其以仿商周青铜器超越时流。1937年抗日战争全面爆发后,周梅谷的作坊停工。据考商周铜器之仿作,宋人导其先河,至近世而愈见精湛,北京、西安、潍县、苏州皆具高手,而周梅谷被誉为苏州之白眉。周梅谷擅长设计,重视能工巧匠,如蒋圣宝擅接色,陶善甫擅浇铸,李汉亭、黄桂伦擅刻铜雕木范。其作坊恢复捏坯仿古铜炉,制模作范的铸造技术水平日趋成熟,尤其在制作蜡模时使用木模板,且刻版质量上乘,形成了中国传统的失蜡法铸造技术中独特的贴蜡法铸造技艺,以精绝乱真的"苏州造"闻名于世。例如,周梅谷仿制的一件"车马猎纹方口壶"曾被定为战国珍品,被美国芝加哥艺术博物馆收藏,并被容庚、张维持收入所著《殷周青铜器通论》。

周梅谷有《古吴周梅谷周甲后留存》《寿石斋印存》等谱。1951年12月14日去世。著名弟子有钱荣初等。

(李 峰)

陈中孚(1882—1958)

陈中孚,字奇曾,日名佐佐木三郎,吴县(今江苏苏州)人。生于清光绪八年(1882)。工书能文。毕业于日本法政大学。追随孙中山,加入中国同盟会。辛亥革命爆发后,陈中孚任关外大都督总司令部东三省军事联络员。1913年参加"二次革命",追随孙中山。次年任中华革命党总务部第二科科长,于东北本溪起义失败后流亡日本。1915年与居正在山东青岛起事,任中华革命军东北军总司令部副官长、参谋长兼运粮局局长。次年克复山东潍县,任代理总司令。1917年随孙中山参加护法运动,任海陆军大元帅府参议兼军事委员会委员。1921年任大总统府参议。1923年任陆海军大元帅府大本营参议、广东造币监督。1925年任广州国民政府财政部国营实业管理委员会委员。次年任广州国民政府委员会秘书,与孙科、宋子文为广州大沙头改特别市筹备员。1927年任安徽省政府委员兼财政厅厅长、国民政府财政部安徽省特派员。1929年4月任青岛市接收专员,改胶澳商埠局为青岛接收专员公署。7月被任命为青岛特别市首任市长,未就任,改任江苏省政府委员。1931年追随汪精卫参加广州国民政府反对蒋介石活动,任政务委员会委员。广州国民政府取消后,陈中孚当选为国民党第四届中央候补监察委员。1933年捐国立中山大学校舍建筑费5万元。该校舍后被命名为中孚堂。1935年陈中孚任西南政务委员、冀察政务委员会外交委员会主席委员,次年年初辞任。抗日战争全面爆发后,1938年陈中孚任南京伪维新政府行政院院长梁鸿志顾问,协助重庆方面特工刺杀唐绍仪。次年劝阻吴佩孚参加亲日政府,组建中国新同盟会,与何世桢合著有《我们的立场,和战问题的基本认识》,反对汪精卫。1940年以附逆被开除国民党籍,为国民政府所明令通缉,实际上仍然秘密从事国民党地下工作。次年任汪伪国民政府委员,后任汪伪国民党第六届中央监察委员。1944年11月汪精卫死后,陈中孚赴日本,任亚洲交友会顾问。1958年5月24日因心肌梗死卒于日本东京都。

(王晋玲)

杨天骥(1882—1958)

杨天骥,原名锡骥,字千里,亦以字行,笔名骥公、天马、东方、闻道等,吴江(今江苏苏州吴江区)同里人。生于清光绪八年五月十七日(1882年7月2日)。父杨敦颐,字粹卿,号甦民,拔贡出身,被授予丹徒县学训导。后设塾授徒。曾任上海商务印书馆编辑、复旦大学教授,苏州江苏省立第二中学书法教员,被推举为苏州振华女校董事长,与曹元弼有"苏府二龙"之誉。

杨天骥为杨敦颐长子,为边疆史地名家吴燕绍入室弟子,与柳亚子有吴江"杨柳"之称。光绪二十五年入上海南洋公学,师从唐文治等,肆力于国学。二十七年,曾于东文学堂学日文,充乐群书局编辑,兼任苏州励学译社所办《励学译编》译述。二十八年,举优贡。充苏州府同里邮政支局代办铺商,与金松岑等在同里创办同川学堂及自治学社。次年又发起成立中国教育会同里支部,资助邹容出版《革命军》。"苏报案"发后,杨天骥参与营救章太炎、邹容。三十年,任上海澄衷蒙学堂国文教员,积极提倡新学,介绍严复著名译作《天演论》,倡言"物竞天择,适者生存"。学生胡洪骍深受其思想影响,遂取表字"适之",后易名"胡适"[1]。杨天骥教学之余,与蒋维乔合著《初级师范学校教科书各科教授法》及学部审定之《学校管理法》,出版日文译著《论理学》,编著《简易修身课本》《王阳明之历史谭》。又提倡女性解放,以中外女性名人事迹编著《新女子读本》。历任上海龙门师范学堂、中国公学、复旦公学、务本女塾及常州府立师范传习所教席,上海《新闻报》编辑。加入中国同盟会。三十三年,与曾朴等起草章程,定名江苏铁路协会。此为苏杭甬拒款运动领导机关。杨天骥佐助于右任接办《神州日报》。次年当选为江苏教育总会干事,后任庶务部书记。与于右任同入《舆论日报》,宣统元年(1909)复共同创办《民呼报》,改办《民吁报》,自任编辑与撰述,加入南社。二年,充《民立报》记者兼编辑,兼任江苏省谘议局研究会苏属编辑员。与于右任、邵力子、徐血儿、叶楚伧等发起合作《斗锦楼小说》。此为点将小说的创始。杨天骥与父合著《满夷猾夏始末记》,控诉清廷残民罪行。三年夏,杨天骥与沈缦云、马相伯等发起中国国民会,任书记。武昌起义爆发后,杨天骥支持陈其美光复上海,参与发起中国赤十字会,当选为上海事务所干事员、赤十字社办事总董。与章太炎等发起共和建设会,又与张嘉璈等发起国民协会,"以谋中华民国之统一、促进共和政体之完成为目的"[2]。复加入中华民国联合会,襄佐会长章太炎创办《大共和日报》。

1912年2月杨天骥任中国国民总会月报主编。3月,与伍廷芳等发起成立蒙藏交通公司。又发起成立民国法律学校,当选为校董兼总书记、教务员。9月又与孙润宇、章士钊等发起成立法律协会,倡议将律师组织起来,推进司法改革,

---

[1] 胡适《四十自述》:"澄衷的教员之中,我受杨千里(天骥)先生的影响最大。"人民日报出版社2013年,第54页。

[2]《国民协会简章》,见上海社会科学院历史研究所:《辛亥革命在上海史料选辑》增订版,上海人民出版社2011年,第687页。

保护人权。12月,任统一党上海机关部参事,奉派与黄侃等为代表,分赴各党联络。遂有"政团联合会"出现。1913年2月杨天骥当选为第一届国会参议院候补议员。3月20日挚交宋教仁被袁世凯暗杀后,杨天骥所撰《渔父先生被害后十日记》追踪记述宋案最为翔实完全。杨天骥又与徐血儿、叶楚伧等合编宋教仁遗著及传记、悼文等为《宋渔父》并出版,以资纪念。因被聘作凶手武士英辩护律师,杨天骥招致上海新闻界攻讦。出任财政部盐务署湘岸榷运局稽核员。1914年任财政部主事。袁世凯爪牙陆建章欲捕治杨天骥,但因袁克文救护,杨天骥得免。后杨天骥转任教育部视学,兼任编审处编撰员。1915年兼任教育部通俗教育研究会讲演股审核干事。1917年响应孙中山号召,曾赴广州参加护法运动,任护法国会参议员。加入中国国民党。1919年奉教育部派考察江苏图书馆事务,赴沪促请蔡元培北上。1920年年初被聘为交通部谘议,出任国务院秘书。1921年任中国代表团谘议,赴美国华盛顿参加太平洋国际会议,担负宣传之任,列名国民外交后援会。1922年历任国务总理王宠惠秘书、秘书厅帮办,后兼任国务院秘书长,改任参议。次年从王宠惠奉总统黎元洪、内阁总理张绍增之命南下,面晤孙中山,磋商南北和平统一问题,因直系军阀吴佩孚、曹锟等把持政局,终一无所成。1924年被国务院派充清室善后委员会助理员,参加故宫文物点查工作。1925年3月赴沪任淞沪督办公署筹备委员。中国国民党上海总党部议决追悼孙中山,杨天骥与唐绍仪、章太炎等皆被推举为上海孙公治丧事务所办事员。9月杨天骥被聘为上海总商会关税委员会顾问。10月任江苏无锡县知事。1926年2月离职后,被内阁派为行政研究会副会长。参与发起筹备新苏社,改称新苏公会,任理事。12月被推为上海市民公会常务委员及罢市宣言起草员,参加苏皖浙三省联合会委员会议,与沈钧儒、李时蕊被推为上海特别市市制大纲起草委员,并推定起草宣言,声讨军阀孙传芳,被明令通缉。

1927年北伐军至。杨天骥曾任吴江县临时行政委员会主席兼民政委员,寻任江苏省民政厅江苏全省水陆公安管理处视察员,9月向国民党中央特别委员会建议二事:"(一)应迁国府于今总部地址,以省议会旧址为中央党部;(二)国府改组后,即改组各省政府,并主张苏政委员多用苏人。"[1]10月被委任睢宁县县长,寻供职于《申报》馆。1928年1月任国民政府交通部秘书,上书蔡元培,营救共青团苏州市委书记陈廉贞。出任交通会议秘书处秘书、议事科主任。1929年7月代理吴江县县长,次年2月改署理,5月因带征地方费省令未准而辞

---

[1]《申报》1927年9月19日。

职。1931年4月任国民政府监察院秘书,曾代秘书长。1932年7月与王陆一、王广庆等于南京发起组织文社。次年兼充国难会议会员,出任监察委员,被简派为普通考试监狱官考试监试委员。提出弹劾铁道部部长顾孟余等渎职贪腐案,声名大震。1935年2月为监察院编辑《监察制度》一书起草总纲。8月,因请托江宁地方法院首席检察官孙绍康平反交通银行南京支行经理江祖岱侵款买卖公债一案轰动全国,以违法渎职被弹劾辞职,并受中央公务员惩戒委员会惩戒,11月被国民政府明令"免职,并停止任用三年"[1]。1936年加入上海市同仁协会,旅居北平,被宋哲元聘为参议。抗日战争全面爆发后,杨天骥于1938年避居香港,被杜月笙聘为私人秘书。1941年被推为中国儿童健康实验所常务董事,兼任国民政府经济委员会委员,秘密参加抗日活动。太平洋战争爆发后日军占领香港。1942年3月杨天骥被胁迫出任东亚文化协会会长[2],寻经中共领导的东江抗日游击队营救,转赴桂林、重庆,复任监察委员。抗日战争胜利后杨天骥居上海。1946年当选为吴江旅沪同乡会理事长。次年被推为同里私立仁美中学校董会主任,兼任上海民智中小学校董。1948年12月上海市云林书画社成立,杨天骥被推为总干事。

中华人民共和国成立后,1950年杨天骥迁居苏州甫桥西街,当选为苏州市第三届各界人民代表会议特邀代表。由柳亚子介绍加入中国国民党革命委员会,任华东(后改上海市)文物管理委员会特约顾问,当选为上海市徐汇区第一届政协委员。1958年12月27日因患脑溢血病逝于上海愚园路寓所。

杨天骥"能文、能诗、能词、能刻、能书、能治稗官家言,无一不佳"[3],又"精鉴文物,多所建树"[4]。其诗词对联颇饶意趣。杨天骥画工山水。书精楷、篆、隶、草、行诸体,广采博收,碑帖并重,融汇南北各派,"立出自家法度,成就了个人面目"[5]。曾佐于右任编纂《标准草书千字文》,有《杨天骥书画稿》《书法留存稿》《茧庐书艺》存世。治印曾从吴昌硕请益,于印学深造有得,工力韵味皆佳,为于右任刻有"太平老人"印章,晚年自钤所刻陆游句"老翁垂七十其实似童儿"之印。辑有《江苏六十一县印拓本》,自刻印有《茧庐印痕》《茧庐治印存稿》。著

---

[1]《国民政府训令》第888号,民国二十四年十一月八日,见《国民政府公报》第1893号,第12页。
[2] 叶灵凤:《新香港的文化活动》,见《新东亚》1卷2期,1942年9月1日。参见卢玮銮、郑树森:《沦陷时期香港文学作品选·叶灵凤、戴望舒合集》,香港天地图书有限公司2013年,第35页。
[3] 郑逸梅:《艺林散叶续编》,中华书局2005年,第156—157页。
[4] 马国权:《近代印人传·杨天骥》,上海书画出版社1998年,第172页。
[5] 李海珉:《吴江与南社·吴江南社社员小传》,见吴江市政协文史资料委员会:《吴江文史资料》第23辑,2009年内部印行,第53页。

有《茧庐吟草》《茧庐长短句》等。部分诗稿、日记由其幼子杨恺编入纪念专辑《千里骏骨——纪念杨天骥先生逝世五十五周年》。

(李　峰　俞　前)

唐昌言(1882—1963)

唐昌言,字润生,一作闰生,号退庵,吴江(今江苏苏州吴江区)人。生于清光绪八年(1882)。二十六年补诸生。苏州紫阳书院肄业。三十二年,毕业于苏州师范学堂速成科甲班。曾任教于上海浦东中学、无锡竞志女校、湖州湖郡女校。

1912年唐昌言当选为吴江县议会议长。次年当选为第一届江苏省议会议员。赴日本考察师范教育,当选为江苏省教育会理科教授研究会编审员,任无锡江苏省立第三师范学校附属小学主事。模仿英国童子军组织,1915年创建中华江苏无锡童子义勇队。此为国人创建的第一个童子军组织。次年唐昌言发起成立中华江苏无锡童子义勇队联合会,任首任会长及第一队队长,编制课程,制定《中华江苏无锡童子军组织法》,推广于全省,成为江苏省童子军创始人。加入南社。1922年调任江苏省立第一师范学校教务主任,并任吴江农村分校主任。在吴江发起成立童子军,任江苏全省童子军联合会董事。1925年创办中国红十字会吴江城区分会,并任主任。1927年任吴江县临时行政委员会教育委员。吴江农村分校改称江苏省立苏州中学乡村师范科后,唐昌言任主任。1932年吴江农村分校再改为江苏省立吴江乡村师范学校后,唐昌言任校长,因保护进步学生被迫辞职。次年当选为中国童子军总会设计委员会委员、文书课总干事,回吴江乡村师范学校,教授国文兼教育法。

全面抗日战争期间,唐昌言曾任伪江苏省立苏州图书馆馆长,后创办上海育英中学,自任校长,又被聘为伪北京大学图书馆馆长。1945年抗日战争胜利后,唐昌言回吴江乡村师范学校任教。1956年被聘为江苏省文史研究馆馆员,曾任吴江县政协委员。1963年逝世。

唐昌言曾与李康复合编《国音白话注学生词典》,自编《童子军用具目录》等。

(王晋玲)

卢赋梅(1882—?)

卢赋梅,字义思,吴县(今江苏苏州)人。生于清光绪八年(1882)。二十二年前后开始集邮。二十八年,入读东吴大学堂附属中学。在学生时代有着广泛的兴趣,是音乐会、青年会、健身会成员。后因家境缘故"中学停业"。东吴大学堂主楼林堂落成,内设图书馆。卢赋梅被延聘为"驻馆办事",成为首任管理员。亦为东吴大学堂《吴语》编辑部成员之一,还在《东吴》学报社兼职,任营业部发行经理。1918年,其编组的邮集在中国首次专门邮展常州邮展上获得头奖。

1919年卢赋梅自东吴大学辞职后,于苍龙巷5号寓所挂牌"卢义思邮票公司"。此为苏州最早的两家邮票社之一。邮票社几易其址,历迁水仙弄13号、瓣莲巷45号、铁瓶巷60号和61号。

卢赋梅具有集邮家、专业邮商和邮学研究者三重身份,是中华、新光、甲戌民国三大邮票会之元老,历任中华邮票会评议,新光邮票会研究部、拍卖部及江苏分会主任,指导东吴大学成立苏州首个集邮组织东吴集邮社,积极推广集邮文化。1926年与陈复祥合编国内最早的中文邮票目录《中国邮票汇编》。早期邮学论文有《读袁寒云之说邮》《集邮家注意》《研究邮票之价值》等。对卢赋梅的邮学造诣,著名集邮家张包子俊曾追记道:"卢赋梅君则正于此时努力于帆船票之研究,又古票之刷色与变体经卢赋梅君发明者甚多,情况有如今之钟笑炉君。"[1]

1937年1月卢赋梅被聘为甲戌邮票会顾问。抗日战争全面爆发后卢赋梅即匿迹邮坛,不知所终。

（金问涛）

陆啸梧

陆啸梧,吴县(今江苏苏州)人。家居砂皮巷口。幼习东乡调。1912年入上海任天知进化团,改演文明戏,移植苏滩《马浪荡》于湖州演出获誉。擅演阳面丑角,兼作彩旦,唱作、说笑话等的风格都属北派,被誉为滑稽派名家。1914年时隶新民社。次年于民兴社与王幻身合演《还金镯》等。又随张啸天领衔的警钟新剧社赴无锡,于景先第一台与张幻影等演出趣剧《换空箱》,首开无锡演出新剧风气。

1919年陆啸梧于上海笑舞台演出《郑元和教歌》,自扮扬州阿二。阿二与张冶儿所扮苏州阿大被誉称"双杰"。陆啸梧与张冶儿、张啸天、夏天人并称和平社"四大金刚"。陆啸梧亦擅唱苏滩、苏州京调、昆曲小堂名、小热昏等,改良唱春被誉为第一。曾自编《叹五更》《叹十更》等。《孟姜女》《蒋老五》《福气人》等

---

[1] 张包子俊:《新光邮票会会史实录》,见《新光会刊》1946年第5期。

唱段被百代、蓓开公司灌制成唱片,颇畅销。1921 年陆啸梧曾与马焦桐做对手。次年入新中华剧社,与王无能合演《郑元和教歌》等。1924 年再隶和平社,与王无能、易方朔、张冶儿同演《描金凤》《活神仙》等。四人被称为滑稽界"四大金刚"。陆啸梧主演的《凌连生杀娘》之法师被称为"第一杰作"。陆啸梧还主演《描金凤》之道士钱笃笤,说白做工极佳,有"滑稽大王"之誉。后加入新世界男子达社,又与吴梦笑合做喜庆堂会。次年自组新新社,提倡男女合演。1927 年率团将所编剧目《钱笃笤求雨》于苏州慕家花园等处演出。《钱笃笤求雨》后被百代、高亭等公司灌制成唱片,为滑稽戏传统保留剧目。次年陆啸梧曾于大世界竞社主演《恶家庭》《义贼》等。后与钟美玉合组新新团,参与编演《滑稽闻人丁怪怪之死》,并于东方书场夜场加演滑稽新剧。1935 年在该团改组为东方话剧团后辍演。

陆啸梧能文,曾于《红杂志》发表《游戏宝卷》《张欣生》等。编有小调曲谱《游四门》《兜喜神方》《嫖客现形记》等。

(李 峰)

朱文鑫(1883—1939)

朱文鑫,字贡三,号槃亭,昆山陈墓(今锦溪)人。生于清光绪九年九月初九日(1883 年 10 月 9 日)。副贡生。二十八年,入上海爱国学社,追随蔡元培、章太炎。三十年,肄业于江苏高等学堂。创办苏州女学并任校长,复入上海南洋公学,考取江苏官费留学生。三十四年,赴美国留学,入威斯康星大学,改读天文和数理科。撰《中国教育史》和《攀巴斯切园奇题解》,并对 18 世纪法国天文学家梅西叶所发表的 103 个星团和星云的位置进行重测,作《星团星云实测录》。被选为留美中国学生会会长,并加入美国数学学会和天文学会。宣统二年(1910)毕业,获理学学士学位,留校任助教。

1912 年朱文鑫经欧洲回到上海,任《太平洋报》编辑,经叶楚伧介绍加入同盟会,受聘为湖南公立工业专门学校教员。1913 年回上海,任南洋路矿学校校长,兼任开明女学、南洋大学、复旦大学教授。1919 年当选为全国欧美同学会总干事,兼任代办海军部租船督办处秘书长。1923 年加入新南社。次年 7 月,将南洋路矿学校改组为东华大学,并增设附属中学。因办学卓有成效,获交通部二等一级奖章。爱护有进步思想的青年学生,支持陆定一及费振东等学生参加爱国行动。学生金家凤、侯绍裘、沈昌、王振球等密谋炸死淞沪护军使何丰林,未遂事泄,被逮捕入狱。朱文鑫千方百计与当局交涉,将学生保释出狱。

1926年,为庆祝交通部上海工业专门学校建校二十周年,朱文鑫设计建设纪念亭。时任校长的唐文治为纪念亭取名槃亭,并作《槃亭记》纪盛,朱文鑫遂号槃亭。1927年6月,东华大学因办学经费困难而停办。经叶楚伧举荐,朱文鑫任江苏省建设厅秘书兼第一科科长。后历任中国国民党中央执行委员会上海临时政治会议上海市内地方机关调查委员会会员、国民政府简派扬子江技术委员会委员、江苏省土地局局长、江苏通志编纂委员会委员兼总务主任、国民党中央政治会议特务秘书、中央政治委员会交通专门委员会委员兼秘书等职。始终洁己奉公,勤政廉明,曾作《槃亭》诗自勉:"槃阿多乐地,门无车马纷。德业抱衡石,富贵自浮云。亭亭竹有节,皎皎玉无纹。岁寒知松柏,鹤立燕雀群。"

朱文鑫于天文学研究上有很深的造诣,治学严谨。当选为中国天文学会1928年第八届年会至1933年第十届年会秘书,兼任天文学名词编译委员、评议员,并成为永久会员。国民政府教育部会同国立编译馆设立天文学名词审查委员会。朱文鑫等十三人被聘为委员。朱文鑫在学术上最重要的贡献是利用现代天文学知识研究中国传统天文史料。朱文鑫著述约四十多种,主要有《天文考古录》《历法通志》《天文学小史》《史记天官书恒星图考》《十七史天文诸志之研究》《中西天学汇表》《中国历法史》《史志月食考》《〈淮南子·天文训〉补注》《织女传》《管窥杂识》等。译有《近世宇宙论》。

1939年5月15日朱文鑫于上海病逝。次年朱文鑫逝世一周年之际,中国天文学会主办的《宇宙》杂志出版专刊纪念。日本学者桥川时雄所编《中国文化界人物总鉴》为其立传。

(陆宜泰)

彭清鹏(1883—1940)

彭清鹏,原名清栋,字彦颐,号云伯,吴县(今江苏苏州)人。生于清光绪九年(1883)。彭蕴章曾孙,彭穀孙侄。附生。二十七年,入南洋公学特班,后游学于日本东京物理专门学校政治经济科。宣统二年(1910)被赏格致科举人,以主事分部补用。辛亥革命后任吉林省学务公所总务科科长、省教育司司长。1916年任教育部编审员,与黎锦熙、汪懋祖、朱文熊等于北京成立中华国语研究会。次年任留日学生监督。1918年当选为第二届国会众议院议员,出任京师图书馆主任。

1920年彭清鹏参与筹建苏州公园及图书馆,任苏州图书馆协会会长。1926年任吴县教育局局长。1927年北伐胜利后,因反对国民革命,镇压爱国师生,彭清鹏被苏州教育界开展运动驱逐。后任国民政府司法行政部秘书、科长。1940年出任汪伪司法部次长,同年病逝。

彭清鹏早有才名,精通教育学、心理学,通习版本目录。工书,善诗文,精制迷,曾入北平射虎社、南京清溪诗社。与夏曾佑主编《京师图书馆善本简明书目》。译有《德意志和议法草案》《日本假释放审查规程》《重译足本几何教科书》《普通儿童心理学》等。著有《微分积分学》《实际教育学》等。　　（王晋玲）

吴粹伦（1883—1941）

吴粹伦,名友孝,以字行,昆山巴城人。生于清光绪九年(1883)。宣统二年(1910)以全校第一的成绩毕业于江苏两江优级师范学堂,留校任客籍日本教师翻译。后历任昆山樾阁学堂及苏州市省立第一师范学校、省立第二中学教员,昆山中学首任校长,上海澄衷中学教务长、校长等职,因办学成绩斐然,在教育界有极高的威信。

吴粹伦博学多能,精于理科,长于古文诗词,且擅昆曲,工正旦,凡填词、谱曲、拍曲、撅笛无所不精。1921年7月即为苏州道和曲社首批会员,又积极资助昆剧传习所的创建。与吴中名曲家俞粟庐、俞振飞父子及作曲家吴梅、著名曲友穆藕初等交往甚密。曾为吴梅所作杂剧《湖州守干作风月司》二出谱曲。所谱曲目被收入1932年出版的《霜厓三剧歌谱》中。吴粹伦供职于教育界时,课余时间成立丝竹、国画、篆刻和演唱昆曲、话剧等活动小组,躬亲指教。尤其对在师生中推广昆曲不遗余力,如在昆山中学任职时,曾亲手刻印昆曲曲谱教材,逐字逐句教唱《渔家乐》《邯郸记·仙圆》等曲目。

吴粹伦平生待人诚恳,处处以身作则,以息争为止,深受时人尊重。1937年"八一三"事变爆发后,日本大举侵略。吴粹伦以半生积蓄于昆山北后街落成的新居被日机炸毁。国难家仇令吴粹伦悲愤交集。后吴粹伦不幸染上斑疹伤寒,1941年11月在上海病逝。　　（徐　阳　王　宁）

时慧宝（1883—1943）

时慧宝,字炳文,号智侬,吴县(今江苏苏州)人。清光绪九年(1883)生于北京。京剧名旦时小福四子。幼年聪慧,师从刘桂庆,八岁登台,与龙长胜、宋赶时合演《铁莲花》。孙菊仙赞叹时慧宝造就,称其前途未可限量。时慧宝又向陈福盛、刘景然学戏,再拜杨隆寿、姚增禄为师,学《四郎探母》《黄金台》等戏。曾随父与谭鑫培合演《汾河湾》。后在小洪奎班、长庆班演出,名动京师。二十年,京城评选"菊榜状元",时慧宝以童伶折桂。后入春庆班、双庆班,以《庆顶珠》《定军山》诸剧盛称一时。二十六年,八国联军破京城。时慧宝家中所蓄全被掠去,父气郁而殁。时慧宝忧愤于心,气梗于喉,以致失声。二十三岁复出,日渐扬名。应邀演出于上海、苏州、杭州、南京、武汉、宁波、芜湖等地。曾应上海天蟾舞台经理许少卿之恳请,连演《七擒孟获》数月。所演孔明声势赫赫。入民国后,时慧宝先后入裕群社、协庆社、和胜社、协成社、春生社、谦和社、五老班,与尚小云、荀慧生、朱琴心、张君秋等合作。

时慧宝工老生,为孙菊仙派老生传人,有"孙派第一人"之誉。嗓音高亢清澈,声洪酣畅,令听者颇觉痛快,但亦有人称其唱调高腔直少韵味。时慧宝演戏又不拘泥于规范,融各家之长,富于创新,自成一家,人称"名士派"。与王凤卿、余叔岩并称"青年老生三杰"。曾与盖叫天、常春恒、孟鸿茂、刘筱衡等合演《七擒孟获》。擅演剧目三十多种,主要有《朱砂痣》《逍遥津》《戏迷传》《雪杯圆》《上天台》《雍凉关》《马鞍山》《柴桑口》《法门寺》《三娘教子》《三顾茅庐》《马鞍山》《鱼肠剑》《乌龙院》《捉放曹》《铁莲花》《桑园会》《金马门》《乌盆记》《一捧雪》《太白醉写》《除三害》等。

时慧宝通诗文,能操琴,善书法。书宗魏碑与黄庭坚,师魏鲍公,于北碑浸润尤深,笔力遒劲,为梨园界书法家。光绪末年,在沪上即为陈去病、柳亚子、汪笑侬创办的《二十世纪大舞台》杂志题写刊名。为北京梨园公会题写"永垂不朽""光被斯科""艺囿增光""梨园新馆""艺界增荣""光艺囿荣""坚固团体"等匾。每演《戏迷传》,必自拉自唱,昆乱并进,当场书写,为世人所称。1934年11月于天津北洋戏院演此剧,当场书写"毋忘东北"[1],以至剧场内顿时掌声雷动。1938年,随马连良、张君秋赴沪演于黄金大戏院。演《戏迷传》时当场挥毫,令金匾大字重现舞台,被誉为沪上一绝。

时慧宝为人谦虚友善,温文尔雅。平日生活节俭清苦,却乐于助人,扶危济困。若族人有无力婚丧及同业有困乏,辄解囊相助。义赈演戏筹资,尤乐为之倡,在伶界有"侠伶"美誉。1943年2月28日病故于北京宣南小川淀寓所。

(李嘉球)

---

[1] 一说当场书写"收复失地,还我东北"。

王荫藩(1883—1958)

王荫藩,号薇伯,以号行,山西汾阳人,徙居吴县(今江苏苏州),祖籍浙江绍兴。生于清光绪九年(1883)。王荫泰堂兄。曾祖王宗濂,曾任江苏上海、南汇、武进、无锡、丹徒、吴县、长洲、元和八县知县,定居苏州。祖父王玮,曾任盐场大使。父王敬铭,曾任江苏海州直隶州吏目、奔牛厘捐局总办,捐升候补道。叔王式通,光绪进士,曾任北京政府司法部代理次长,暂代司法总长,后任国务院秘书长等职。

王荫藩为清诸生。早年在上海与章士钊、蔡元培、陈去病等办《国民日日新闻》《警钟》日刊,盛倡反清。光绪二十八年,于苏州观前街广仁堂组织吴中公学社,自任社长,义务收留位育堂义塾散学塾生蓝公武、王拱之等,又与朱锡梁、包天笑、苏曼殊等于狮子山招国魂,创办半月刊《吴郡白话报》,促成吴梅著第一种曲《风洞山传奇》。东渡日本,加入中国同盟会。于岩仓铁道专门学校业务科毕业,获日本大学大学部商科学士学位,为山西籍留学生中第一人。得日籍妻子木田月子即王月芝之助,创办横滨《华侨公报》、神户《日华新报》,于东京创办《实业之支那》月刊。后于东京协同黄兴、宋教仁等发起《民报》。又与景耀月等合组古今图书局,自任局长,编译新书,并代理发行革命书报。独立创办日华通讯社,开中国国人创办通讯社之先声,为国际新闻协会会员。宣统元年(1909)发起创办《法政新报》,后组织中国殖民学会,赞助叶伯常、张伯英等组织中华南画会,当选为留日记者公会会长,被誉为留学界伟人。

辛亥革命后,1912年年初王荫藩呼吁日本政府首先承认中华民国南京临时政府。回上海佐助通谱弟兄宋教仁赴京组阁未成,与王博谦经营《民强报》年余,创办上海商务印书馆。1914年任《商务报》社长,又创办《民国大新闻报》,反对袁世凯称帝。1919年于日本组织大发洋行,任上海中日贸易博览会理事长。在苏州创办对开日刊《苏报》,附设东吴印刷所。次年《苏报》被查封后,王荫藩与孙一衣办《正大日报》。1924年被推为吴县烟兑业纸烟公会外交交际代表。1926年负责上海佛化教育社苏州办事处,参与建立觉社、净心社。1928年将《苏报》改名为《大苏报》并任社长,自备印刷设备,首倡考聘女编辑、女记者,而此举为苏州报业之首创。1930年王荫藩曾以政治犯入狱。1934年发起将苏州全晋会馆改组为山西旅苏同乡会。后隐居避世,1958年逝世。编有《日本商工大观》。

(李　峰)

朱文熊(1883—1961)

朱文熊,字造五,一字兆弧,昆山陈墓(今锦溪)人。生于清光绪九年正月初五日(1883年2月12日)。族兄朱文焯早年留学日本,族弟朱文鑫留学美国,皆有才名。

朱文熊幼习四书五经,又刻苦自学"学算笔谈""笔算数学""代数备旨""形学备旨"等课程。二十八年,以第二名补诸生。考入苏州府中学堂,成绩特优。三十年,官费留学日本。先入弘文学院学习日语,后又入东京高等师范学校攻读物理、化学。与鲁迅、杨昌济、许寿裳、钱家治等为同窗好友。三十二年,设计出用拉丁字母改造汉字方案《江苏新字母》,自费由日本同文印刷舍出版。书中指出:"日本以假名书俗语于书籍报章,故教育亦普及。而近更注意于言文一致,甚而有创废汉字及假名而用罗马拼音之议者,举国学者,如醉如狂。以研究语言文字之改良,不遗余力,余受此激刺,不觉将数年来国文改良之思想,复萌于今日矣。"朱文熊联系汉字发展历史,认为自古以来由大篆而小篆,由小篆而隶书,而草书,楷书,古人就是在不断简化文字。敢于破除汉字天经地义不能改变的陈见,指出文字改革是"世界潮流势不可遏",汉字改革与教育普及、文化发达、国家强盛关系密切。所提出的"与其造世界未有之新字,不如采用世界通行之字母"观点,成为后来拉丁化拼音运动的一个重要原则。朱文熊是最早提出"新文字"和"中国文字之改革"概念的人,也是最早提出"普通话"的人。

宣统二年(1910),朱文熊毕业回国。次年被授予学部七品小京官。先后受聘于吉林省两级师范学堂、吉林省立法政专门学校、北京高等师范学校等。1914年任教育部编审员,与鲁迅等同为通俗教育研究会会员。1916年参加教育部主持的国语注音字母制定工作。次年1月被聘为京师图书馆主任。1919年被聘为教育部国语统一筹备会委员,参与制定《国语注音字》和试行推广工作。在国语统一筹备会第一次大会上,提出《拟请教育部推行国语教育办法五条案》,主张推行国语教育,培养师资,逐步改学校国文为国语,其他各学科也采用国语作文。被指定为汉字省体委员会委员,国语罗马字拼音研究委员会、图书审定委员会专任委员等。1928年被南京国民政府教育部聘为国语统一筹备会委员。1932年迁居苏州。先后任教于苏州惠灵女中、东吴大学附属中学和安徽滁州中学。对数学也颇有研究,尤其精通几何。所著《三S平面几何学习题详解》,1934年由中华书局出版,曾数十次再版。

1947年朱文熊应昆山槃亭中学之邀教授国文、数学。1949年因病退居苏州。仍关注汉字的文字改革,多次撰文发表于《光明日报》《文字改革》等报刊。所著《江苏新字母》,1957年由文字改革出版社影印出版,并被编入《拼音文字史料丛书》。吴玉章在《六十年来中国人民创造汉字拼音字母的总结》报告中,充分肯定了朱文熊所做出的贡献,翌年5月14日亲笔致函朱文熊,称赞他"数十年来致力中国文字改革工作,六十年前创造了《江苏新字母》,对于文字改革工作付出了艰苦的劳动"。

1961年3月4日朱文熊在苏州病逝。著有《龙潭轩诗集》。　　（陆宜泰）

汤国梨(1883—1980)

汤国梨,字志莹,号影观,晚年自号苕上老人,浙江桐乡乌镇人。清光绪九年八月二十四日(1883年9月24日)生于上海。九岁丧父,返乡寄居舅父家中。作为家中长女,白日助母操持家务,夜间刻苦自学文化,不甘心受旧的家庭思想观念的束缚。二十二岁考入上海务本女塾。积极参加江浙绅商发起的收回苏杭甬铁路路权的运动,为妇女保路会负责人之一。三十三年,以第一名的成绩毕业,执教于浙江吴兴女校,后任校长。

1911年秋汤国梨辞职赴上海,与旧友拟筹建新校。上海光复后,汤国梨与沪上女界名流发起成立神州女界共和协济社,开办神州女学,任主讲教员,为革命培养妇女骨干。又创办《神州女报》,为主要撰稿人之一。还先后参与筹组中国女子救国会、女子参政会、女权同盟会等进步妇女组织,为争取和维护妇女权利鼓吹呐喊。1913年与章太炎结婚。全力支持章太炎讨袁护法、反蒋抗日的行动,并投身于追求爱国、民主的进步活动中。1932年"一·二八"淞沪抗战期间,为支持十九路军抗日,与人合作筹建第十九伤兵医院,治愈抗日将士140多人。1934年,与章太炎迁居苏州锦帆路"章园"。次年,章太炎创办章氏国学讲习会。汤国梨任教务长。"一二·九"运动期间,亲带慰问品赴苏州火车站慰问赴南京请愿抗日之爱国学生。1936年6月,章太炎逝世。汤国梨继续维持讲习会,自任理事长,又增开章氏国学讲习会预备班,自任主任。沈钧儒等"救国会七君子"被囚于苏州时,汤国梨曾多次去狱中探视,并设法营救。1937年秋日本入侵占苏州。汤国梨于次年在上海创办太炎文学院,并任院长。后因拒绝向汪伪政府办理注册手续,被迫停办太炎文学院,保持了崇高的民族气节。

中华人民共和国成立后,汤国梨曾当选为第一至三届和第五届江苏省人大代表,苏州市第三届各界人民代表会议代表和协商委员会委员,第四届各界人民代表会议代表,被聘为江苏省文史研究馆馆员。连任历届苏州市妇联执行委员。1958年、1961年连任第一、二届民革苏州市委员会副主委。1963年起任第三至五届苏州市政协委员。1980年7月中旬当选为第三届民革苏州市委员会主任委员,同月27日病逝。1985年被自苏州迁葬于浙江杭州西湖南屏山麓章太炎墓侧。工书法,擅诗词。编有《章太炎先生家书》,著有《影观集》。　　　　（李海涛）

沈 鹏(1883—1982)

沈鹏,字之万,吴江(今江苏苏州吴江区)盛泽人,祖籍吴兴(今浙江湖州)。生于清光绪九年(1883)。三十二年,毕业于浙江武备学堂。曾任教于陕西省立优级师范学校及上海复兴公学、中国公学等,兼任沪西商团教练。追随陈其美参加辛亥革命。上海光复后,任沪军都督府军械科一等科员。1912年为江苏都督府军械委员。次年因参加"二次革命"反对袁世凯被通缉。

1916年沈鹏于盛泽创办经成纺织有限公司,自任总经理,率先引进提花织机,于吴江有首倡之功。1919年任盛泽商会会长。曾创办复新电灯公司、电话局等。1923年任浙江海盐县知事。1927年任国民革命军总司令部参议兼上海电政材料管理处处长等职。1928年任外交部总务处科长。次年任中华民国法律研究会执行委员。1932年任江苏省保卫委员会视察员,出任安徽滁州行政督察专员。1935年调任四川永川行政督察专员。1941年兼任四川省政府粮委会委员、南泉建设设计委员会主任,多有政绩。地方为其建之万图书馆。沈鹏后任四川省政府委员,1946年被免职,于上海支持发起富农丝绸联营企业股份有限公司。次年任江苏省政府委员兼民政厅厅长。1948年兼任江苏省二区戡乱施政纲领实施督导团团长。1949年出任西南长官公署政委会政务处处长,赴台湾后曾任"总统府参议""光复大陆设计研究会委员"等职。与张群为契友。1982年去世。著有《我的回忆》《县政实际问题研究》等。　　　　（王晋玲）

吴双热(1884—1934)

吴双热,原名光熊,字渭渔,后改名恤,号双热,拆"恤"为"心""血"二字,寄寓"热心热血"之意,别署一寒、汉魂等,因足病被称为吴跛,常熟人,祖籍吴县(今江苏苏州)洞庭山。生于清光绪十年(1884)。诸生。出身于书香之家。祖传有三声书屋,藏书甚富。吴双热早年得以博览群书。入虞南师范学校就读,与徐枕亚同学,又得识其兄徐天啸。三人结为金兰之契,自称"海虞三奇人"。郑逸梅谓:"即哑者天啸、哭者枕亚、笑者双热。"[1]三十一年,吴双热毕业于江苏两级师范讲习科,任教于常熟南门米业小学。后在苏州初等小学任教,开始文学创作。初以短篇小说刊载于常熟《吴声》、上海《时报》。1912年与徐枕亚赴上海,受聘为《民权报》编辑。创作长篇小说《兰娘哀史》在《民权画报》上连载,从此一鸣惊人。继又创作长篇哀情小说《孽冤镜》。《孽冤镜》与徐枕亚的《玉梨魂》隔日被连载于《民权报》。《孽冤镜》共二十四回,顺应时代潮流,并融入梁启超倡导利用小说来改造社会的主张,被发表后反响强烈,风行一时,成为鸳鸯蝴蝶派的代表作之一。吴双热与徐枕亚并称鸳鸯蝴蝶派开山之祖。

因反对袁世凯帝制自为,《民权报》被查封。吴双热随后与徐枕亚等创办《小说丛报》,兼任主编。1915年在常熟创办《琴心》周刊。次年主办《虞阳日报》,编辑《绿竹》半月刊。1919年在广州协助徐天啸主编《大同日报》。1921年回常熟,任《药言》周报编辑,改组出版《饭后钟》月刊。1923年任《绿竹》名誉编辑。次年任《海虞周报》名誉编辑。1928年任《琴报》副刊《余韵》主编、《逍遥游》日报主编。1931年创办《镭锭》三日刊。曾组织过双热俱乐部。晚年执教于南京正谊中学、安徽旅沪公学等校。1934年以暴疾卒。

吴双热一生创作小说、杂文、诗词甚多。性好诙谐,常作调侃、讽刺文字,既有骈四俪六的文言文,也有雅俗共赏的白话文。除上述作品外,另有《断肠花》《鹃娘香史》《女儿红》《花开花落》等长篇小说,以及《双热嚼墨》《双热新嚼墨》等短篇小说集。另编著《海虞风俗记》。

(沈 潜)

费树蔚(1884—1935)

费树蔚,字仲深,号韦斋,又号愿梨、左癖、迂琐,吴江(今江苏苏州吴江区)同里人。生于清光绪十年五月二十三日(1884年6月16日)。名士费延釐子,吴大澂女婿,袁世凯子袁克定连襟和亲家。光绪二十八年补诸生。入袁世凯幕府。捐资任主事。宣统元年(1909)入邮传部任员外郎,兼任理京汉铁路事。

辛亥革命时,费树蔚集资创办公民布厂,以救助苏城贫民。1915年任北京政府政事堂肃政史。袁世凯欲称帝。费树蔚直言劝谏未被采纳,遂隐归苏州桃花坞宝易堂。与张一麐热心于地方公益事业。二人一时被称为"吴中二仲"。

---

[1] 郑逸梅:《吴双热传》,见郑逸梅:《清末民初文坛轶事》,中华书局2005年,第39页。

1918年费树蔚举债收购苏州振兴电灯公司,创办苏州电气厂,并出任董事长。1922年发起组织悯农团,并创设江丰农工银行,以微利贷资,助灾民恢复生产自救。1924年当选为苏州总商会特别会董。次年与黄炎培、史量才等筹组太湖流域联合自治会。1929年创办信孚银行,任董事长。后在吴江创设红十字会,任会长,出任苏城年终饥寒维持会会长。1932年"一·二八"事变后,组成治安会,积极支持十九路军淞沪抗战。

费树蔚工书善画,能诗文。与李根源、傅增湘交好。1935年4月8日逝世,被葬于苏州虎丘白杨湾。著有《费韦斋集》。

费树蔚有三子,次子费巩别有传。一女费令宜,王季同长子王守竞之妻,美国哥伦比亚大学硕士,曾任私立东吴大学和国立北平大学、云南大学英文教授。

(李　峰)

杨荫榆(1884—1938)

杨荫榆,江苏无锡人。生于清光绪十年七月十八日(1884年9月7日)。出身于传统观念浓厚的小官吏家庭。十八岁时反抗父母一手安排的旧式婚姻,挣脱封建家庭的羁绊,开始接受新式学校教育。二十八年,在兄长杨荫杭资助下,进入苏州葑门天赐庄景海女学学习两年,后转入上海务本女塾。三十三年,从该校中等部毕业,通过江苏省官费留学考试,前往日本留学。先入青山女子学院,两年后在东京女子高等师范学校理化博物科学习,1913年毕业。

杨荫榆回国后任苏州江苏省立第二女子师范学校教务主任。1914年任北京女子师范学校学监。1918年4月,以公费留学美国哥伦比亚大学教育系。1922年获硕士学位。回国继续任教。1924年2月接替许寿裳任北京女子高等师范学校校长。5月学校改为国立女子师范大学,杨荫榆则为首任校长。1925年年初,因不满杨荫榆对违纪学生处理不公,学校爆发驱逐杨荫榆风潮。后在5月7日国耻纪念会上,杨荫榆又遭学生驱赶。事后,杨荫榆开除为首的6名学生,遭到时任该校教员的鲁迅、钱玄同等人的反对。鲁迅等人支持学生,引起社会强烈反响。学生占领校舍,禁止杨荫榆入校,僵持至8月初,北京军警介入,并与学生发生冲突。8月10日教育部下令停办女子师范大学,另立国立女子大学。杨荫榆辞去校长职务。1925年冬回到苏州,仍以教书为业。1927年前后,在苏州女子师范学校任首席自然科学教师,在中央大学区立民众教育学院任讲师。1929年东吴大学聘杨荫榆教授日语。后因与校方开除一名大四学生的意见不合,杨荫榆辞去东吴大学教职。之后,在苏州中学教授数学和英语。1935年8月,江苏省教育厅因对杨荫榆的英语教学不满,并指斥其蔑视教育厅督学,罢免其公职。是年年底,杨荫榆自筹资金,在苏州创办二乐女子学术研究社,自任社长。社址先设在盘门东大街瑞光塔杨宅,后迁往娄门耦园。该社旨在提高女子的文化修养,于1937年抗日战争全面爆发后被迫解散。1938年1月1日,杨荫榆因指斥日军暴行,在苏州盘门外吴门桥被杀害。

(李海涛)

吴 梅(1884—1939)

吴梅,字瞿安,一字灵䲢,晚号霜厓,别署呆道人、逋飞、厓叟等,吴县(今江苏苏州)人。生于清光绪十年七月二十二日(1884年9月11日),时隶籍长洲。三岁丧父,八岁嗣于叔祖吴长祥为孙,十岁丧母。十二岁从潘霞客读书,十五岁初应童子试。二十七年,以第一名补长洲县学生员,并开始戏曲创作。据南明瞿式耜之事迹作《风洞山》,部分内容后被刊载于《中国白话报》。二十九年,吴梅又据戊戌变法之事作传奇剧《血花飞》。在此前后两度应乡试,皆铩羽而归,遂转赴上海,入东文学社习日文。三十一年,得黄人引介,入东吴大学堂任教。次年作杂剧《暖香楼》及理论著作《奢摩他室曲话》。三十三年,秋瑾死难,吴梅又作传奇剧《轩亭秋》。《暖香楼》亦被刊载于是年《小说林》第一期。宣统元年(1909),吴梅首批加入南社,倾心于反清革命。

1912年春,吴梅应南京第四师范学校之聘,次年转入上海民立中学。所撰《顾曲麈谈》被连载于《小说月报》,复由商务印书馆于1916年刊印单行本,销行数十万册,吴梅于曲学研究之地位亦由此而定。1917年秋,吴梅应北京大学之聘教授古乐曲。次年兼授北京高等师范学校课程,并开始撰写《南北词简谱》。1921年徐树铮任西北筹边使,欲聘吴梅为秘书长。吴梅作词却其请。1922年携家南归,应东南大学之聘,任国文系国学研究会指导员。其间,曾组织爱好词曲之学生建立潜社。1927年东南大学停办。吴梅归苏州校订《奢摩他室曲丛》,又赴广州应中山大学聘,旋因生活不适于年底返苏州。次年,赴上海光华大学任教。未几,东南大学复起,并易名为中央大学。吴梅复往中央大学任教。1930年,撰著《辽金元文学略》(后改《辽金元文学史》)等。次年《南北词简谱》脱稿。1932年上海"一·二八"事变起,吴梅留于商务印书馆之著作底本多有毁坏,损失颇大。其后数年,吴梅于授课著述之暇,多参加南京、上海、苏州等地词曲社及学会活动,并与昆剧演员韩世昌、白云生交往甚多。1937年"八一三"事变起,日机投弹于苏州。吴梅携家迁避于南京、武汉。1938年3月,于湘潭完成旧时所作诗词之修订工作,《霜厓词录》随之问世。5月,中央大学国文系系主任电召吴梅返校,吴梅以喉疾辞之。6月携家迁居桂林。8月以身后遗著出版之事托付他人。12月应学生李一平之邀抵昆明。次年1月至李一平故乡云南大姚县李旗屯。因连日失眠,哮喘症状加重,于3月17日下午病逝。

吴梅曾数次参与审订中国国民党党歌和中华民国国歌。在文学上有多方面成就。习古文师从桐城派盛霞飞,学诗得同光体大家陈三立指点,习词得晚清四大词家之一朱祖谋亲授,均有深厚造诣。尤以治戏曲负盛名。精通曲理、曲律,曾与著名曲家俞粟庐交往切磋。并能自己谱曲、演唱,曾组织啸社及道和曲社演戏,为苏州昆剧传习所十二位董事之一。主讲词曲三十余年,为我国高等学府开创昆曲教学第一人。搜藏海内外戏曲书籍不下两万卷,被誉为"近代著、度、演、藏各色俱全之一位曲学大师"[1]。著名词曲家任中敏、卢冀野、钱南扬、王玉章、唐圭璋、王季思等皆出其门下。

吴梅平生创作传奇尚有《绿窗怨记》《东海记》《义士记》,及杂剧《落茵记》《双泪碑》《白团扇》《无价宝》《惆怅爨》等十余种。另著有《中国戏曲概论》《词学通论》《词余讲义》《元剧研究ABC》等及数量可观的曲话、序跋、散论、笔记等曲学论著。主要戏曲论著被辑入《吴梅戏曲论文集》。吴梅另有《霜厓诗录》四卷行世,《霜厓文录》二卷未刊行。

(顾亚欣　徐　阳　王　宁)

陆嘉双(1884—1943)

陆嘉双,名兆鹍,以字行,吴县(今江苏苏州)人。生于清光绪十年(1884)。陆韵梅侄,陆冠曾堂叔。毕业于苏州福音医院学堂。南社成员。1915年供职于上海中美实业公司,后经营典当业,于苏州另开办四家典当行,时被称为翘楚。1921年任苏州证券交易所股份有限公司筹备主任。1924年任苏州旅沪同乡会副会长。1927年参与创办旅沪公学。次年当选为江苏全省典业公会执行委员、苏州总商会监察委员。历任国民政府外交部总务司帮办、交际科科长,出任驻温哥华领事。1929年改署驻朝鲜新义州领事。次年升任驻日本神户总领事。1931年辞职回国,任外交部外交讨论委员会委员,被聘为江苏革命博物馆名誉

---

[1] 王玉章:《霜厓先生在曲学上之创见》,见梁淑安:《中国近代文学论文集(1919—1949)·戏剧卷》,中国社会科学出版社1988年,第548页。

顾问。1933年当选为苏州典业会常务委员、主任。次年当选为旅沪同乡会会长、苏州旅沪小学校董兼校长。1937年抗日战争全面爆发后,陆翥双曾保释为"救国会七君子"之一的李公朴。

1940年陆翥双任汪伪外交部专员。次年由伪江苏省政府视察室主任出任吴县县长。1943年2月任伪江苏省政府参事,被国民党地下抗日人员刺杀。

(王晋玲)

沈同午(1884—1945)

沈同午,字圣逸,号职公,常熟人。生于清光绪十年(1884)。名士沈鹏侄,曾朴弟子。二十八年补庠生。毕业于日本士官学校第五期。在日期间,与田应诏义结金兰。回国后,经部试被授予举人,分发至江苏第九镇新军,任正参谋官。1911年武昌起义爆发后,沈同午率兵起义,守卫南京雨花台。南北和议后,沈同午任职于北京陆军部,晋级为少将。袁世凯复辟帝制时,沈同午协力讨袁。袁世凯死后,沈同午回乡,与方山翁、潘天慧等十余人怡情于诗酒,号称"酒团"。1924年江浙战争爆发后,沈同午避难于南通,后寓居上海。1925年被孙传芳召赴南京。孙传芳北进后,沈同午被委为南京留守处处长、江苏省清乡督办兼导淮屯垦督办。国民革命军自广东北伐开始后,沈同午因主和与孙传芳意见相左。孙传芳败后,沈同午复隐居上海。全面抗日战争期间,任伪华北政务委员会委员、天津市市长、天津电灯厂厂长等职,曾掩护革命志士多人在津活动。1945年抗日战争胜利前夕,沈同午病卒于北京。

沈同午善撰文,喜写滑稽文章,是《女子世界》杂志主要撰稿人之一。曾主编《现世报》《鬼报》等刊物。

(王晋玲)

汪逢春(1884—1949)

汪逢春,名朝甲,字凤椿,悬壶时改字逢春,以字行,吴县(今江苏苏州)人。生于清光绪十年五月二十日(1884年6月13日)。先世业儒。汪逢春排行第六,自幼随诸兄习举子业。十二岁师从吴门名医艾步蟾,得师真传。三十二年进京,供职于法部,任法医。时福建人力钧任商部主事,医名满京城。汪逢春时往力钧处请教,常侍诊左右,使临证经验益丰,为同僚诊病应手辄效。宣统三年(1911)辞法医职,在北京前门外西河沿五斗斋巷内赁屋三楹,正式设诊所行医。1916年商借江苏会馆西河沿一闲置院落,修缮成新诊所应诊,斋名泊庐。1929年汪逢春任北平市中医考试委员。1938年秋北京国医职业分会成立。汪逢春被推举为会长。1939年1月自筹经费创办《北京医药月刊》,并任主编。同年在天安门内午门外西侧朝房内开办诊所,并创办北京医学讲习会与中药讲习所,聘请中西名医为主讲教师,授课之余定期召开中医临床讨论会,于提携后学多有贡献。其门人弟子众多,如赵绍琴、吴子桢、谢子恒、秦厚生等皆为知名医家。

汪逢春学有渊源,师古不泥,临证注重整体观念,强调辨证论治。其治内伤杂症重在调理脾胃。善治时令病与胃肠病,融健脾、消食、理气、利湿于一体,收效甚佳。治外感疾患则重由表宣达。擅治湿温病,强调宣畅三焦气机,在化湿清热时,注重以宣透、疏郁、淡渗、缓泻等法缓解病势,尤善以辛香宣透、芳香清解之法取效。其遣方用药独具匠心:一是对药物的炮制、产地、相须、相使、相关、相畏和服法等十分讲究;二是善用曲类药物,以振奋胃气、增加食欲、生化气血;三是善用药物鲜品,轻宜疏解药物之鲜品芳香气浓,化浊力强;四是将成药入煎剂或丸剂,既起协同或佐使作用,又可弥补单纯汤剂或丸剂的某些不足;五是善用药物粉剂装胶囊使用,意在减少浪费,方便患者。在学术上主张博采众家,赞同中西医汇通,互相取长补短。平时应诊遇疑难杂症,亦邀著名西医刘士豪、林巧稚等会诊。因常能顿起他医束手之病,临床效验甚佳,与施今墨、萧龙友、孔伯华并称"北京四大名医"。

汪逢春淡泊名利,不尚虚荣,对当时医生以患者赠匾数多为荣之习气颇反感,凡有赠送匾额者皆婉言谢绝,不容推却者亦从不悬挂。在京行医垂四十年,门前虽病人车马盈门,但门旁仅钉三寸宽尺许长之"汪逢春医寓"木牌一块。汪逢春毕生热心于公益事业,为使无钱就医者能得到治疗,每日门诊前五名不收诊金,特贫者还赠予药费。自奉俭约,每日黎明即起,书写前一天日记和所诊疑难病例,继入佛堂坐禅诵经,七时即至诊室应诊,数十年如一日。

1949年9月19日汪逢春坐禅时逝于佛堂[1],被葬于北京西郊福缘门内东北义园(今西静园公墓)。著有《泊庐医案》《中医病理学》等。 (马一平)

---

[1] 张绍重:《汪逢春·医家小传》,见张绍重、刘晖桢:《汪逢春(中国百年百名中医临床家丛书)》,中国中医药出版社2002年,第5页。

徐朴诚(1884—1953)

徐朴诚,字普春,号乐一,吴江(今江苏苏州吴江区)震泽人。生于清光绪十年(1884)。父徐人骥,字梅峰,光绪六年连捷成武进士,以军功被保举为总兵,任嘉(兴)湖(州)水陆统领,官至江西水师巡察右军统领。夫人周氏去世时,林森、蒋介石、汪精卫、宋子文、陈果夫等政要和地方贤达皆撰联题赞,哀荣称盛。

徐朴诚为青帮首领。早年于保定军官学校、徐州炮兵学校肄业。辛亥革命时任沪军第三十四旅营长,参加江浙联军克复南京之役。1913年与何嘉禄在吴江发动起义,参加"二次革命"反对袁世凯,失败后曾遭通缉。1920年去广州,任孙中山大总统府参军处参军。后任浙江都督卢永祥部游击司令,1924年参加江浙战争,后任江苏水警厅第四区游击总队总队长、第五队队长。1927年任国民革命军暂编第十六师何嘉禄部团长,后任江苏水警第一区区长,兼任闵行军警联防办事处总指挥。次年因擒拿绑匪营救钱养廉受嘉奖,调任水上省公安队驻无锡第二区区长,转任浙江南浔水警第三区区长、嘉兴二区水警区区长。1931年复任江苏水警第一区区长,擒获太湖悍匪首领太保阿书,大快人心。抗日战争全面爆发后,徐朴诚任嘉兴水警第五分队队长兼盐巡所所长、路东游击指挥,于青浦等地参加抗战。1938年任伪嘉兴二区、杭州一区绥靖司令。次年改任伪杭州地区绥靖队少将司令。1940年任伪苏浙皖绥靖军杭州地区司令,被授予陆军少将加中将衔。次年任伪第一方面军陆军第一师师长。1943年任伪第二军中将军长。曾兼任杭州普缘社董事长。1945年抗日战争胜利后,徐朴诚一度被派充国民党先遣军总指挥、徐州绥靖公署少将参议。1947年在香港参与发起组织民主自由党。次年加入中国国民党革命委员会,被委任为苏浙皖边区挺进军司令。其子徐锡驹被委任为十四兵团政治部主任,同回上海开展策反工作。1949年年初徐朴诚拟组织太湖旧部占领江阴,策应中国人民解放军渡江。同年秋移居香港,次年移居日本东京。1953年去世,被安葬于横滨华侨公墓。(李 峰)

许厚基(1884—1958)

许厚基,字博明,号怀辛,别署怀辛阁主人,吴县(今江苏苏州)人,祖籍吴兴(今浙江湖州)。生于清光绪十年(1884)。居苏州高师巷。父许椿荣为上海南京路大丰洋货行巨商,以经销进口洋布发家。许厚基文化程度不高,时遭人讥,遂发愤读书。捐款千元成基督教青年会特别会员,又为苏州美术专科学校等学校捐资办学,成为苏州美术专科学校董事,跻身士绅之列。

许厚基喜藏书,广收古籍,有元刊本《世说新语》,旧抄本《嘉泰会稽志》,明弘治刊本《严州续志》,正德刊本《博平县志》《襄阳府志》《滇略》,嘉靖刊本《恩县志》,天一阁抄本《仇池笔记》,赵琦美手抄《西洋朝贡典录》等罕见秘籍。藏书十余万卷,部分得自缪荃孙艺风堂、袁世凯子袁寒云皕宋书藏,有"怀辛主人""云川许氏怀辛图籍""读书乐""博明怀辛主人藏书印""怀辛馆""申申阁""澹宁居""吴兴许氏怀辛斋藏""怀辛阁主人"等藏书印。编有《怀辛斋书目》一种,著录宋元明刻本149种、明抄本16种、清抄本83种。还藏有沈周之《有竹邻居卷》、董小宛之《墨梅》、徐开晋之《千手观音画像》等书画。

全面抗日战争期间,日军侵占苏州,许厚基以变卖藏书维持生活。所藏部分善本被上海来青阁书店杨寿祺购得,内有明内府刊本《大明一统志》、嘉靖刊本《大明集礼》、旧抄本《宁波府志》、南宋临安陈氏书棚本《江湖群贤小集》60家、明刊本《篆文六经》、正德建阳慎独斋刊本《山堂考索》、元刻本《韵府群玉》《礼经会元》《周易程朱先生传义附录》以及一批清初康熙刊本等,后被中央研究院图书馆购得。1950年年初,子许贵定殁后,家人贫困无计,书遂尽散。1958年许厚基逝世。

(曹培根)

邹树文(1884—1980)

邹树文,字应宪,一作应蘷,吴县(今江苏苏州)人。生于清光绪十年八月初四日(1884年9月22日)。邹浩第二十八世孙。世居乐桥。祖父邹钟俊,监生,工诗文词,任安徽太平等县知县,入国史馆《循吏传》。父邹嘉来,邹钟俊长子,石韫玉玄孙女婿,进士出身,累官外务部左侍郎、署外务部大臣,弼德院副院长。

邹树文为邹秉文堂兄。光绪三十三年毕业于京师大学堂师范馆,被授予内阁中书五品衔,任师范馆附校教员。宣统元年(1909)赴美国康奈尔大学农学院攻读经济昆虫学,获农学学士学位。1911年参加全美科学联合会,为美国科学荣誉会会员,获西格玛赛金钥匙奖。1912年获美国伊利诺伊大学科学硕士学位,入芝加哥大学研究院,参与发起成立中国科学社。

1915年邹树文回国,历任南京金陵大学农林科教授、北京农业专门学校教授兼农场主任、南京高等师范学校农科教授。1921年任东南大学农科昆虫学教授,后兼病虫害学系系主任,兼任江苏省昆虫局技师、副局长、代理局长。1928年转任浙江省昆虫局局长。1930年调任江苏省农民银行设计部主任。1932年任国立中央大学农学院院长、教授。参与发起组织中华农学会、留美同学会、中国昆虫学会等,参加中华职业教育社。1937年当选为中华农学会副理事长,曾任中华棉业改进会执委,国民政府教育部农业教育委员会常委、学术审议委员会农科委员,农林部专门委员,贸易委员会蚕丝研究所所长等。1944年至1945年任国立西北农学院院长。抗日战争胜利后邹树文曾当选为国民参政会参政员、立法委员。

中华人民共和国成立后,邹树文曾任南京中山陵园管理委员会委员,江苏省文史研究馆馆员,中国科学院、南京农学院中国农业遗产研究室顾问等。参加中国国民党革命委员会,当选为江苏省政协常委。1980年9月17日逝世。为中国农业教育和昆虫学研究先驱之一。曾校勘徐光启《农政全书》。著有《中国农学史》《中国昆虫学史》《昆虫》《浙江省稻作栽培概况》等。

(李　峰)

吴献书(1885—1944)

吴献书,本名旭初,吴县(今江苏苏州)人。生于清光绪十一年(1885)。家居东麒麟巷。考取东吴大学堂,连续两学期获全校优等生(每门功课成绩在80分以上者)殊荣,全校仅其一人。《东吴月报》创刊后,吴献书兼任丛录部职员。宣统元年(1909)冬毕业,为东吴大学堂第三届毕业生,获文学学士学位。留校任英文教员,同年所译小说《财色界之三蠹》出版。后兼任东吴大学附属中学英文教员。1915年编《初级英文法英作文合编》,1917年编《高等小学英文新读本》等。在教学上重阅读原文,尤重朗读与背诵,以活用为宗旨,被其高足许国璋称为近代中国英语教学界大师。尤致力著译,主张翻译必须表现原文真义,绝不失其风格和神韵。1920年上海商务印书馆出版吴献书译著《柏拉图之理想国》。此书为中国首译之柏拉图著作。次年吴献书与杜师业首译法人黎朋著《群众心理》,最早将社会心理学著作传入中国。1922年吴献书首译德国人杜里舒《生机哲学》,与张东荪合译英国人柯尔《社会论》。次年著《基尔特社会主义》。1924年于《东方杂志》发表节译英国人罗素之《中国问题》第十一章《中西文化之比较》。1927年被聘为国立第四中山大学文学院讲师。后相继出版译著《科学之将来》《近代欧洲史》《最近欧洲史》,并与吴颂皋据英译本重译亚里士多德《政治论》。1935年兼任上海私立中华书局函授学校英文教员。次年出版所著《近代英文文学初津》《英文翻译的理论与实际》等。抗日战争全面爆发后吴献书随校流徙浙、皖,1938年避居上海,兼任江苏省立女子蚕业学校教员。后双目失明,

1944年病卒。

吴献书生前迷蟋蟀,精园艺,尤喜菊。亦嗜京剧、评弹,好旅游,关注社会问题,早年曾与陈海澄于苏州发起节育研究会。另编著有《英语正误练习册》《英语正误自修册》《英语正误详解》《实验英文文法读本》《初中英文背诵文选》《英语文学入门》等。

（王晋玲）

王季玉（1885—1967）

王季玉,吴县（今江苏苏州）人。生于清光绪十一年（1885）。王颂蔚、王谢长达三女,费孝通、杨绛师。

王季玉早年毕业于苏州景海女塾。宣统二年（1910）入日本长崎活水女校大学部预科。1912年考入美国麻省蒙特霍克女子大学,获理学学士学位。1915年入伊利诺伊大学攻植物学,获硕士学位。1917年归国,任教于上海裨文女中。后于苏州振华女校创办中学部,任教务主任,兼乐益女中常务校董。1925年为出席美国檀香山太平洋国民会议中国代表,并考察欧美教育。次年接任振华女校校长。1927年当选为吴县教育行政委员会委员。次年当选为第四中山大学苏常区评议员。于校务大加革新,分设文学、数理、师范、国专四科,率先采用美国最新进步教育法,为办学楷模,两获江苏省教育厅传令嘉奖,被师生敬称为"三先生"。

全面抗日战争时期王季玉曾于上海办学,于抗日战争胜利后复校。1948年赴哥伦比亚大学进修教育学,次年主持振华女校校务。后学校改名为苏州市女子中学、江苏师范学院附属女子中学、江苏师范学院附属中学,王季玉则历任校长、名誉校长。曾兼任苏州市妇联副主任,江苏省、苏州市人民代表,苏州市人民委员会委员。1958年后供职于南京中国科学院植物研究所、杭州药物试验所,终身未婚。1967年逝世。

（李　峰）

金静芬（1885—1970）

金静芬,原名彩仙,小名杏宝,回族,吴县（今江苏苏州）人,祖籍浙江嘉兴。生于清光绪十一年（1885）。家居护龙街。祖上开古董店,至其父已败落,靠其母织缎带维持全家生活。金静芬于兄妹四人中排行第二。八岁师从吉由巷一范姓绣女,十一岁满师,独自到绣庄领绣件刺绣以贴补家用。十六岁入上海爱国女学免费读书。两年后因家境困难,辍学回苏州,重操绣艺,所绣《双猫图》生动有神。二十九年,拜沈寿为师。次年承师命绣《无量寿佛》,敬祝慈禧太后七十寿辰。三十一年,从余觉、沈寿夫妇入京,任农工商部女子绣工科帮教。叔祖金吉石为其改名静芬。宣统二年(1910),金静芬所绣《水墨苍松》于南洋劝业会获三等奖。

辛亥革命后金静芬回苏州,任苏州武陵女校刺绣教员,绣有《袁世凯像》及以"四大美人"为主体的《四季屏》。1914年到上海城东女子学校任教,课余绣有《拿破仑像》及《仕女》立轴、《家禽图》《双狗图》。1915年,所绣《拿破仑像》在美国巴拿马太平洋万国博览会上获青铜奖章和奖状。1916年春,金静芬应沈寿之请到南通女工传习所任教。次年年底回苏州,任苏州女子职业学校美术科主任,课余替学校筹募基金。曾绣军阀齐元燮母亲及校董米熙、潘济之像。1920年与供职于津浦铁路的回族人张洪(又名仙源)结婚,迁居天津,以侄金忠忻为养子。1928年机务段改组,夫被辞退,遂举家返苏。1930年夫病故,1943年母病故。1948年金静芬到上海投靠侄子。

1955年11月,金静芬应苏州市文联顾公硕邀请,回苏参加文联刺绣小组,年底被任命为苏州刺绣工艺美术生产合作社主任,绣有《屈原像》。1956年参加江苏省首届政治协商会议、江苏省手工业社员代表大会,加入农工民主党。1957年调入工艺美术研究室。1960年任苏州刺绣研究所主任,并配备艺徒沈茂英、陈庆玉、孙茂娟、牟敦娟(后改名牟志红)及绣工洪芝范为其学生。1964年出席第三届全国人民代表大会。1966年"文化大革命"爆发后,金静芬曾受到错误批斗。1970年11月30日病故。

金静芬晚年绣有《鲁迅像》《农儿采红菱》《红楼梦十二金钗》《插秧图》《养鸭姑娘》《看杏图》《簪花仕女》《东山采茶图》《红灯记》及《西厢记》二幅、《刺绣针法汇编》四十幅等作品。

(林锡旦)

徐天啸(1886—1941)

徐天啸,名啸亚,原名凤,又名天萧,字天啸,别署秋槐室主、天涯沦落人等,晚号印禅,常熟人。生于清光绪十二年十一月初十日(1886年12月5日)。父徐梅生为学馆名师。徐天啸与弟徐枕亚幼承庭训,勤奋好学,并潜心钻研书画金石,以才名并称"海虞二徐"。徐天啸十六岁补诸生,就读于虞南师范学校,与弟及族叔徐笑云、好友吴双热等人结诗社,后将四人诗作辑成《四痴酬唱集》。三十一年,在父所办善育小学堂执教。三十四年,至虞城谊育小学任教。1912年年初偕徐枕亚赴上海,入法律学校学习,不久加入国民党。为《民权报》撰文,议论剀切。卒业后应邀主持《民权报》笔政。因反对袁世凯,立论激烈,次年《民权报》遭当局强行停刊。1914年6月徐天啸任上海《黄花旬报》主编,同时协助徐枕亚编辑《小说丛报》。《黄花旬报》以"秉奇气,傲霜雪,月暗风凄之夜,秋高人瘦之天,劲节独标,孤芳自赏"为办刊精神[1],因销行有限停刊。不久徐天啸又编《五铜元》问世,同年加入南社。因国事日非,家事拂逆,妻死女殇,徐天啸心伤志灰,以酒为伴。此后,走广西、转广东,曾在军界任职。1918年年底前往广州,一度主持《大同日报》笔政。次年"五四"运动爆发后,为伸张正义,徐天啸著文疾呼,带头拒登奸商广告,为学生所景仰。1920年夏由粤返乡,不久任上海青年会中学国文教员,兼任香港《大光报》驻沪特约记者。1923年与潘剑啸创办《海虞周刊》。1927年青年会中学停办后,徐天啸任同济大学国文系系主任,因痔疾折磨,不久辞职返家。1930年8月应戴季陶之荐,赴南京任考试院秘书。1937年抗战军兴,徐天啸携家眷西行重庆。因悲忧劳瘁,于1941年11月24日病故。

徐天啸工书法,尤善草书,题"自由不死"勒石于广州黄花岗烈士陵园。兼治金石之学,铁笔苍劲朴茂,尤为见珍于世。徐天啸有《徐天啸印谱》和篆刻论著《天涯沦落人印话》。为文以政论见长,亦能诗,有《湖上百日记》《鸳鸯梦》《自由梦》等小说。所著《神州女子新史》旨在唤起女界同胞为社会改革出力,成为中国第一部妇女通史。徐天啸另著有《太平建国史》《天啸残墨》《珠江画舫话沧桑》等。

子徐成治,承嗣徐枕亚,1948年毕业于国立药学专科学校。历任上海第一医学院、上海医科大学、复旦大学教授。编有《徐天啸印谱》。 (沈 潜)

冯世德(1886—1953)

冯世德,字稚眉,号心支,亦以号行,吴县(今江苏苏州)人。生于清光绪十二年(1886)。改良思想家冯桂芬孙。早年补诸生。留学于日本私立哲学馆大学,与蓝公武、张东荪发起爱智会。三十二年,于东京创刊《教育》杂志。又参与发

---

[1] 沈秋农:《徐天啸传略》,见《江苏文史资料》第53辑《吴中耆旧集——苏州文化人物传略》,江苏文史资料编辑部1991年印行,第226页。

起留日同学公益协会。宣统元年(1909)被赐予文科举人,被授予主事,为学部七品小京官,历掌江西高等学堂、优级师范学堂教务。编著《实用主义教育学》《新教育学》《学校管理法》等,皆为中国第一人。

1912年年初冯世德当选为国会众议院议员。次年任江苏私立法政专门学校理事、教务长,后任《时事新报》记者、主笔。1918年当选为江苏省议会第二届议员,被推为苏州昌善局、安节局、工巡捐局董事。1921年当选为江苏省议会第三届议员,发起太平洋会议研究会,加入平社。1927年曾任吴县临时行政委员会财政委员兼财政局局长,兼代苏州关监督,后任吴县教育行政委员会委员、苏州市参事、吴县款产管理处副主任、吴县救济院副院长等。1937年年初参与发起木渎吴西初级中学,并被推举为校长。

抗日战争全面爆发后,冯世德曾任伪苏州地方自治委员会委员、副内务处处长、工商处处长,亲日团体大民会苏州联合支部部长、会长。1939年被抗日锄奸团刺成重伤。次年曾任伪交通部秘书。抗日战争胜利后冯世德曾以汉奸罪被通缉。卒于1953年。

(王晋玲)

吕凤子(1886—1959)

吕凤子,原名濬,号凤子,江苏丹阳人。生于清光绪十二年(1886)。年十五为诸生。三十一年,入苏州武备学堂。次年考入南京两江优级师范学堂图画手工科,师从李瑞清、萧俊贤。以优异成绩毕业,留附中任教。宣统二年(1910),在上海创办中国最早的美术专门学校——神州美术院。1912年捐献家产在丹阳创办正则女校。1925年正则女校易名为正则女子职业学校,内设蚕桑科、绘绣科等。

吕凤子习书法师从李瑞清,并得力于《石门颂》《张迁碑》,善写擘窠大字,气势磅礴。中年后,其书法熔篆、隶、行、草于一炉,风格奇崛,人称"凤体字"。吕凤子绘画擅长山水、人物、佛像,早期的仕女和后期的罗汉为其代表作。其作品意境深远,富于哲理,人物画线条苍劲有力,运笔张弛有度,造型简练生动,神逼形肖,独具风格。其国画作品《庐山云》1931年参加法国巴黎中国画展览,《迦陵填词图》参加第二次全国美术展览会。

1937年抗日战争全面爆发后吕凤子到重庆。1939年创作的《逃亡图》《敌机又来矣》等作品曾被送往苏联展出,并获得好评。吕凤子靠卖画募捐创办壁山私立正则艺术专科学校。1940年被教育部聘为壁山青木关之国立艺术专科学校校长。1942年创作的《四阿罗汉》在重庆第三次全国美术展览会上荣获一等奖。1944年吕凤子兼任国立社会教育学院艺术系系主任。1945年抗日战争胜利后,私立正则艺术专科学校于丹阳复校。吕凤子仍任校长。中华人民共和国成立后,1953年将正则艺术专科学校移交人民政府。历任苏南文化教育学院教授,江苏师范学院艺术系教授、图画制图系系主任,兼中央美术学院民族美术研究所研究员。曾任苏州市美术创作小组组长、江苏省国画院筹备委员会主任、中国美协江苏分会副主席等职。

吕凤子的创作深深扎根于民族传统,并富有时代精神。中华人民共和国成立后,吕凤子积极热情讴歌社会主义建设。代表作之一《老王笑》创作于1955年"五一"国际劳动节,采用"张势"进行置阵布势,笔墨简练,力道十足。上一位筑路老工人拿着长镐,人物形象高大、豪迈,微眯的眼睛、发白的胡须、微张的嘴将内心的喜悦表露无遗。1956年吕凤子的作品《菜农的喜悦》在江苏省美术新作品展览会上荣获一等奖。

1959年12月20日吕凤子病逝于苏州,被安葬于灵岩山公墓。有《吕凤子仕女画册》《吕凤子华山速写集》等。著有《美术史讲稿》《中国画法研究》等,其中《中国画法研究》是中华人民共和国成立后第一部研究中国画理论的著作。

(袁成亮)

张竹平(1886—1961)

张竹平,字竹坪,太仓人。生于清光绪十二年(1886)。早年毕业于上海圣约翰大学。为基督教圣公会信徒,又是不收弟子的上海青帮人物。1914年前后进《申报》馆,任经理兼营业部主任。在其主持下,《申报》摆脱经济困境,经营收入大增。张竹平深得董事长史量才器重,"被目为经营的能手"[1]。

为了改变中国电讯业为外国通讯社所垄断的局面,1924年,张竹平聚集部分同人筹组电讯社并做非正式发稿,主要将《申报》和《时事新报》收到的专电拍发给外地有关系的少数报社。1928年改组电讯社,成立申时电讯社,扩充资本,另聘专职人员,拓展业务范围,分别编发中英文电讯。1930年,将申时电讯社从《申报》馆迁至《大陆报》馆三楼。集资购下英文报《大陆报》产权,任经理。联合他人合资五万元购进《时事新报》,任董事长。1931年与董显光、曾虚白等人积

---

[1] 徐铸成:《报海旧闻》,上海人民出版社1981年,第52页。

极筹办《大晚报》。1932年上海"一·二八"事变爆发后,派军事记者冒险刺探敌方情报,及时报道淞沪抗战战况,"得各方极大之好评,换回吾国电讯事业难得之荣誉"[1]。《大晚报》非正式出版《国难特刊》后,于5月2日正式出版。该报锐意革新,关注社会民生,且语言直白、简明、有趣味,成为上海晚报之冠。1934年2月,张竹平将申时电讯社改组为股份有限公司,并将该社发展为全国规模最大的民营电讯社。《大晚报》正式创刊后不久,张竹平将他支持或参股的三报一社整合,成立了时事新报、大陆报、大晚报、申时电讯社四社联合办事处,简称"四社",自任"四社"总经理。还以"四社"名义成立资料室、出版部,创办《报学季刊》《时事年鉴》《十年》等出版物。这是中国近现代史上报业集团化的一次有益尝试,张竹平因此一跃成为上海新闻界仅次于史量才、汪伯奇的著名报业家。

张竹平坚持"反对内战,一致抗日"的爱国立场。国民党为加强新闻统制,扼杀与政府抗衡的舆论力量。1935年年初,孔祥熙根据蒋介石指示,以五万元法币强行收购"四社"股权。5月1日,张竹平被迫辞去"四社"总经理职务。后在上海经营商业,曾任联合广告公司董事长、协丰矿行经理等职。1937年赴湖南积极筹办大规模新式炼锑公司[2]。上海沦陷后张竹平迁居香港,在皇后大道开设大华饭店,专售江浙名菜和苏浙名点[3]。1941年12月18日香港沦陷后张竹平去重庆。在嘉陵江畔的山城中度过人生最后二十年。1961年5月4日病逝。[4]

(张　敏)

王荫泰（1886—1961）

王荫泰,字孟群,山西汾阳人,徙居吴县(今江苏苏州),祖籍浙江绍兴。生于清光绪十二年(1886)。王荫藩堂弟。曾祖王宗濂,曾任江苏上海、南汇、武进、无锡、丹徒、吴县、长洲、元和八县知县,定居苏州。祖父王玮,曾任盐场大使。父王式通,进士出身,清季累官大理院少卿。1912年任北京政府司法部代理次长,曾暂代司法总长,后转任总统府法制秘书,约法会议、政治会议秘书长,总统府内史、政事堂机要局局长等。1916年任国务院秘书长,改任参议。次年至1920年

---

[1]《十年之申时电讯社》,见申时电讯社:《十年》,申时电讯社1934年,第43页。
[2]《国内贸易消息:张竹平筹办新式炼锑公司》,见《国际贸易情报》1937年第2卷第18期。
[3] 徐铸成:《报海旧闻》,上海人民出版社1981年,第53页。
[4] 张竹平卒年,许多辞书著录为1944年,皆误。据张竹平子张抱安教授更正,张竹平于中华人民共和国成立后去世。参见姚福申:《张报安教授话先父张竹平遗事》,《新闻大学》2008年第1期。

任全国水利局副总裁。后任清史馆纂修、故宫博物院管理委员会副委员长、东方文化事业总委员会委员等。工诗文辞,学长于史志。于书法上与傅增湘、华世奎、郑孝胥齐名,并称四大家。曾佐徐世昌编选《晚晴簃诗汇》。著有《弭兵古义》《志盦遗稿》《王书衡先生文稿》等。被葬于吴县木渎兴福塘凤凰池。

光绪三十二年,王荫泰于日本东京官立第一高等学校肄业,改赴德国留学。1912年毕业于柏林大学法科。归国任法典编纂会纂修。1914年任北京政府国务院法制局佥事等,并任北京大学法律科教员。1917年起历任高等检察厅判事、敌国财产管理处法律顾问、库伦特派员、库伦宣抚署总务处处长、法制局参事、铨叙局参事等。曾被张作霖聘为顾问。1926年任北京政府外交部次长,兼关税会议中国代表、中俄交涉委员会委员长。次年升任外交总长,并任条约研究会副会长、中华汇业银行总经理。1928年年初任司法总长、关税自主委员会中国委员。南京国民政府北伐胜利,北京政府垮台后,王荫泰一度隐居。1930年在上海开办律师事务所,为大律师,后参与创办上海法学书局。1937年任国民政府财政部上海市所得税审查委员会委员。

1938年王荫泰任日本傀儡中华民国临时政府实业部总长、议政委员会委员。次年任伪维新政府外长。1940年任伪华北政务委员会常委兼实业总署督办。1943年兼任伪全国经济委员会委员,改任农务总署督办、总务厅厅长、内务厅厅长,兼华北合作事业总会理事长等。1945年年初任华北政务委员会委员长,兼新民会中央总会会长。抗日战争胜利后王荫泰以汉奸罪被捕,1948年被判处无期徒刑。1961年卒于上海提篮桥监狱。译有《德意志刑法草案》。

(李　峰)

邓邦逖(1886—1962)

邓邦逖,字著先,江宁(今江苏南京)人,祖籍吴县(今江苏苏州)洞庭东山。生于清光绪十二年(1886)。两广总督邓廷桢后裔。三十年,于湖北宜昌华美书院毕业。次年考取官费留学生,就读于英国曼彻斯特高等实业学校机织本科。三十四年毕业后入利兹大学纺织工学院,为中国留欧学习纺织并获学位第一人。

宣统二年(1910)邓邦逖归国[1],主持苏州官立中等工业学堂学科教务工作。次年任纺织科主任。1912年该校更名为江苏省立第二工业学校,1923年升

---

[1] 一说1912年归国。

级为江苏公立苏州工业专门学校。1925年邓邦逖任校长。曾兼任江苏省立丝织模范工场场长、苏州染化职业班校长、上海章华毛纺厂厂长兼总工程师等职。1927年苏州工业专门学校并入南京第四中山大学工学院。邓邦逖任教授。经邓邦逖四处呼吁，积极策划，1932年苏州工业专门学校得以复办。邓邦逖仍任校长，续办土木、纺织、机械等科，并设清花间、纺纱间、力纱间及实验室等。1937年抗日战争全面爆发后，邓邦逖率师生先后迁移至常州埠头镇及上海租界坚持办学，并兼任南通工学院教授。太平洋战争开始后，邓邦逖隐蔽校名继续办学，兼任上海诚孚高级职员养成所董事。后改办诚孚纺织专科学校，历任教务长、校长，还被聘为蒋维乔、颜惠庆等发起成立的私立上海工业专科学校校长。1945年抗日战争胜利后，邓邦逖受命接收伪江苏省立苏州职业学校，复校任校长。中华人民共和国成立后，邓邦逖任苏南工业专科学校校长。1955年2月任江苏省纺织工业管理局副局长，增补为江苏省人民政府委员。次年11月任江苏省纺织工业厅副厅长。1958年当选为第二届江苏省人大代表，再次当选为江苏省人民委员会委员。曾应邀列席全国政协第二届三次会议和最高国务会议。1962年3月5日病逝于苏州。著有英文版《织物组织与结构》等。

邓邦逖积极投身于纺织教育工作，在经费短缺、环境艰苦的条件下，坚持理论联系实际的教学方法和学风，主张学校与社会密切联系。"始终以'教育救国、振兴实业'为宗旨，将苏工专由一所普通的地方学校办成闻名全国的高等院校，先后培养出4 000多名工业科技人才，其中不少成为我国著名的纺织、土木、机械、建筑专家。"[1]邓邦逖逝世一周年之际，原纺织工业部副部长陈维稷曾写诗赞曰："金陵邓公，教范可风；专攻纺织，贯彻始终。早年留英，治学能工；壮以及老，育才江东。"[2]

（朱季康）

王文显（1886—1968）

王文显，英文名J. Quincey-Wong，号力山，笔名胡世光，昆山夏驾桥人。清光绪十二年（1886）生于英国伦敦。其父于清咸丰年间为英军官常胜军统领戈登侍从，镇压太平军，后随戈登赴英国。怀念桑梓，常以家国情怀教育子女。王文显自幼勤学，三十四年，于英国伦敦大学文学系毕业，获文学学士学位。为英国

---

[1]《中国近代纺织史》编委会：《中国近代纺织史》上卷，中国纺织出版社1997年，第391页。
[2] 张建：《见证并记录》（上），陕西人民出版社2006年，第243页。

皇家足球协会及莎学研究会会员,曾任中国驻欧洲财政委员、伦敦《中国报》编辑等。

1915年王文显归国,历任清华学校教务处主任,暂兼代理校长,1922年改兼副校长。1925年被特聘为清华研究院教授。次年任大学部英文系系主任,赴美国耶鲁大学师从乔治·贝克学习编剧理论,研究莎士比亚,开创中国现代讽世喜剧,宣传民主主义和爱国主义精神。所著三幕剧《委曲求全》《北京政变》由贝克导演引起轰动。1928年王文显返任清华大学外文系教授兼主任。次年兼任清华研究院外国语文研究所所长,并任清华戏剧社顾问,导演所编独幕剧《白狼计》等。开设"戏剧概要""莎士比亚""现代西洋文学:戏剧部分"等课程,高足有洪深、余上沅、李健吾、张骏祥等。抗日战争全面爆发后王文显加入中国剧作家协会,任上海圣约翰大学教授。抗日战争胜利后王文显移居香港,后任美国密西根大学教授。1968年逝世。

王文显在戏剧理论和戏剧编演技巧方面功力非凡,著述皆为英文。其剧本尚有独幕剧《媒人》《老吴》《猎人手册》《皮货店》等。王文显编著有《留美指南》《从中国军阀割据看世界大战的影响》等。弟子李健吾为其编《王文显剧作选》。

(李　峰)

俞子夷(1886—1970)

俞子夷,字道秉,吴县(今江苏苏州)人。生于清光绪十二年(1886)。出身于店员之家。六岁入私塾,业余时间随父习珠算。十二岁入中西学堂,习英文与国学。十五岁入上海南洋公学中院,复因学潮而退学,入爱国学社学习,受教于蔡元培、章太炎等反清革命志士。二十九年,"苏报案"发,爱国学社被解散。俞子夷逃往日本,受聘为横滨中华学堂算术教员。次年回国,入上海新民学堂教算术,并随蔡元培参与革命活动。三十二年,蔡元培出国。俞子夷先后辗转于芜湖安徽公学、上海广明学堂、上海爱国女学等处任教。

宣统元年(1909),江苏教育总会拟推行复式教学法。俞子夷获委派,与杨保恒、周维城赴日本考察。归国后于上海开办复式教学法练习所,学员有徐特立等人。次年秋练习所结束,俞子夷重任教职。1912年赴江苏省立第一师范学校任教,将日本考察所得予以实践。1913年,奉江苏教育厅之命赴美国考察,着重关注杜威实验主义教学。1914年秋主持江苏省立第一师范学校附属小学之"联络教材"实验。1918年编制《小学国文毛笔书法量表》,开中国教育测量编制之先河。同年受聘于南京高等师范学校,并兼任附属小学主任。任职期间,进行设计教学法实验,并将其间经历编撰成《一个小学十年努力纪》。1924 年受江苏义务教育期成会委托,赴各乡村调查小学教育情况,撰著《一个乡村小学教师的日记》。其后,任职于杭州浙江省立女子中学师范部,并指导附属小学工作,其间做"不彻底"设计教学法实验。1927 年 8 月任第三中山大学(后改浙江大学)初等教育处处长。1933 年后长期在浙江大学教育系任教。

1937 年抗日战争全面爆发后,俞子夷先后任教于杭州师范学校、湘湖师范学校等。1943 年春,浙江省教育厅于云和县南溪乡办国民教育实验区,俞子夷任主任。后实验中心设南溪乡中心学校,俞子夷亦任主任。抗日战争胜利后俞子夷回任浙江大学教育系教授。曾兼任浙江国民教育实验区主任。中华人民共和国成立后,1951 年俞子夷任浙江省教育厅厅长。1952 年当选为中国民主促进会杭州市分会第一届理事会主任理事。1957 年被错划为"右派分子",赋闲在家。1970 年逝世。生平著述丰富,有《俞子夷教育论著选》等。

(顾亚欣)

柳伯英(1887—1926)

柳伯英,字成烈,吴县(今江苏苏州)人。生于清光绪十三年(1887)[1]。毕业于江苏师范学堂,留校任职。后奉派留学日本,专攻体育。在东京结识孙中山,加入同盟会。回国后,曾任南京实业学校教员,不久在上海设立中国体操学校,收罗有志青年,灌输革命思想,辅以军事训练,以为革命之准备。

辛亥革命时期,柳伯英对策反江苏巡抚程德全、光复苏州、组织革命军会攻南京做出重要贡献。率部北伐,被任命为山东提督、齐鲁总司令,驻守烟台、青岛等地,及至南北议和,释去兵权,返回苏州。因在苏州当地驻军的威望而受当局猜忌,内心愤懑不平。加之袁世凯复辟帝制时,柳伯英攻击甚烈,不为袁氏政府所容,遂再次东渡日本。1918 年回国,出资创设苏州私立中华体育学校,亲任校长。倾注心血于校务,为筹集办学资金,常至典产鬻业。

国民革命军北伐战争势如破竹,柳伯英与中共苏州独立支部书记汪伯乐建立迎接北伐军中心组,以学校为联络基地,出任指导,在校内发展三十多名成员。1926 年 12 月 11 日,苏州军警拘捕迎接北伐军中心组成员唐觉民。柳伯英随即

---

[1] 柳道平:《纪念父亲——在纪念柳士英先生诞辰百周年会上的发言》,见《南方建筑》1994 年第 3 期。

被捕,14日晚同唐觉民、汪伯乐被押解至南京,16日被军阀孙传芳秘密杀害。

1927年苏州各界为柳伯英隆重举行追悼会,决议将私立中华体育学校更名为成烈体育专门学校,以资纪念。

（李海涛）

钱　刚 (1887—1927)　　子 钱康民

钱刚,字涤根,吴江(今江苏苏州吴江区)松陵人。生于清光绪十三年(1887)。世居紫石街。父钱达知,字澜庆,曾于吴江县衙房科为吏,后捐纳知县,被分发至江西候补,遂迁居南昌。

钱刚早年就读于江苏铁路学堂。三十四年考入江西常备军随营学堂。加入中国同盟会。宣统三年(1911)于江西陆军宪兵学堂毕业,追随李烈钧参加辛亥革命,1912年任江西都督府三等副官,随赴湖北组织北伐军。次年参加"二次革命"反对袁世凯,曾任江西都督府军法处处长。1916年参加护国运动,赴浙江运动金华、衢州、严州宣布独立,发起成立江苏党人代表事务所,任主任。次年任中华民国公民会交际部干事。拥护孙中山组织中华民国军政府,受命迎接非常国会议员至广州,参加护法运动。1922年任广州孙中山大元帅府命令传达所副官长、广东增城警备司令。次年任冯玉祥国民军第二军参议。1924年受命联络奉系军阀张作霖、皖系军阀段祺瑞,反对直系军阀吴佩孚。次年年初任江苏省苏昆常清乡委员,再赴广州,任东征军总指挥部谍报主任,参加第二次东征,调任中国国民党黄埔陆军军官学校副官,兼入伍生招待所主任。1926年任国民革命军北伐军总司令部副官处上校副官长、江苏省国民革命军总指挥部少将总指挥,潜入上海组织起义响应北伐。次年1月16日被孙传芳部李荣章杀害于龙华。1937年年初国民政府褒扬钱刚为先烈。上海特别市政府于龙华西命名涤根路,并立碑纪念。

子钱康民,生于清光绪三十三年(1907)。1926年考取上海法政大学政治经济科预科。订立不平等的《辛丑条约》之"九七"国耻纪念日,于租界演讲、发放革命传单,被捕,后获释。加入中国共产党。1929年任轮埠运输业总工会工人夜校义务教员。毕业后供职于上海财政局,后任国民党江浙联防处参谋长。1938年任国民党军事委员会苏浙行动委员会长兴县太湖别动队副司令兼政治部主任。次年所在部队被改编为第三战区江南挺进纵队第三团。钱康民与中共党员丁秉成建立江浙太湖抗日义勇军,自任司令,并与新四军"江抗"总指挥部联系密切。1939年于吴江吴娄附近被国民党顽固派袭击牺牲。中华人民共和国成立后被追认为革命烈士。

（王晋玲）

也是娥(1887—1943)

也是娥,本姓王,名小虹,以艺名行,吴县(今江苏苏州)人。生于清光绪十三年正月初三日(1887年1月26日)。幼从父王海庠习评话,擅《金台传》《八窍珠》《五义图》等。三十一年,与夫姚寄梅结合,于城乡各码头演出。1913年,经其奋力争取,吴县县署给照批准其于苏州乐意楼开讲《金台传》。次年也是娥演出于上海愚园、豫园、天外天、新世界、大世界等,开女说书先声,为光裕社首位女艺人。

也是娥演出时喜着男装。说比武场面时,善于将拳术融汇于手面、身段中。擅弹三弦、琵琶,亦能唱宣卷、弹词、小曲。1935年曾于苏州察院场创办芙蓉社苏滩班,任班主,常演曲目有《芦林》《逼休》《荡湖船》《卖橄榄》等。卒于1943年。

(李 峰)

陈 摩(1887—1946)

陈摩,字迦盦,别作迦庵、迦厂,号迦仙、迦蓝陀、百花庵主、松化石室主人等,常熟人,祖籍福建罗田。生于清光绪十三年正月初三日(1887年1月26日)。祖父时因仕宦始著籍常熟。

陈摩自幼从父学画。宣统二年(1910),徙居苏州饮马桥头吉由巷,任教于苏州公立第一中学堂(即草桥中学),与同事胡石予相与商榷画艺。与樊少云皆为名家陆恢入室弟子,画山水人物、虫鱼走兽及花鸟蔬果皆能而精。后樊少云专力于山水,陈摩专力于花卉,分道扬镳,二人被比为王石谷与恽南田。陈摩所作花卉轻倩秀逸,妙具韵致。陈摩不抚本,不临稿,随笔所至,自有章法,于"当代花卉作家中……为巨擘"[1]。加之曾于上海图画美术学校受过正规教育,能绘水彩,故其画风融汇中西。其画面所用大小印章四十多方,均为好友常熟篆刻家赵石所刻。斋名竹林精舍,因珍藏松化石三块,故画室又名"松化石室",一作"松石室"[2]。陈摩亦工书法,致力《张黑女墓志》,尤擅北魏体,时与萧蜕并称"双绝"。以之题画,苍劲古雅,尤见珠联璧合。

---

[1] 郑逸梅:《迦盦之逃画》,见《申报》1931年3月11日第11版。
[2] 陈摩室名,多写作"松花石室",号"松花石室主",当误。陈摩画作落款为"松化石室",或"松化石"。松化石为松树干的化石,别名"石松",色彩各异,质地坚硬,也称硅化木、矽化木、木化石。《图经本草》载:"今处州出一种松石,如松干,而实石也。或云松久化为石。人多取饰山亭及琢为枕。"

1919年11月,陈摩执教于江苏省立第一师范学校,与江浙闽鲁及北京等地中师、高师姜丹书、陈蒙等以及上海图画美术学校刘海粟等教职员联合发起成立中华美育会,"期竭力鼓吹美育,追随世界最近之潮流"[1],定拟每月刊行《美育》杂志。后执教于苏州工业专门学校、苏州美术专门学校。1925年参加苏州美术会第七届画赛会,与管一得、樊少云等组织冷红画会。次年辞去教职,专注于绘事。时吴中画社林立,唯以国画著称,而得社会之美誉者首推"冷红",每届春秋公开展览。陈摩"为人喜诙谐。躯体肥硕,具罗汉形,为冷红会中表率,从之学画者綦众"[2]。包括程小青、范烟桥、郑逸梅等在内,学生、弟子有上千人,其中柳君然、金揞清、张宜生、张辛稼、王季迁、陆抑非等专业画家后皆著称于世。

陈摩早负海上盛名,与吴昌硕、顾鹤逸、姚叔平、刘海粟、吴湖帆、刘临川、王一亭、吴琴木、颜元、张大千、曾熙、金梦石等曾同订润例。1929年3月,以苏州特约出品人身份应邀参加在上海举办的第一次全国美术展览会。其作国画松石大幛,与陈子青之仿黄鹤山樵、吴湖帆之小李将军尤获称赏[3]。所作花卉屏四条,每条集花三四种以上,活色生香,迥异流辈。虽云仿自子祥老人张熊,然其设色布局,秀润简当,皆已突过原作。此屏于6月复陈列于第十四届冷红展览会,获选录刊入会报,更足见其名贵,被誉为"会中巨子"[4]。同年9月,陈摩与顾鹤逸等人的作品又入选中日现代绘画展览会。1931年1月末,日本美术学校校长正木直彦与画家渡边晨亩来华,接洽元明清及现代绘画展览会事,于苏州与陈摩结识,极其钦佩。7月,陈摩与弟子柳君然及《苏州明报》创办人张叔良发起,于宫巷乐群社举办苏沪名家书画纨扇展览大会。售款所入除会务开支外,悉被用于慈善。陈摩于此次画会中画一仕女,婀娜娟媚,尤属别开生面[5]。1932年12月,应邀参加上海美术专科学校二十周年纪念美术展览会。1933年11月,作品参加在法国巴黎举办的中国画展,被收入《当代名画大观》。1934年陈摩参加上海现代名人书画展,与吴待秋、顾墨彝、樊少云及弟子柳君然、张宜生等组织苏州书画社,并举办展览,1935年1月又移展于上海三马路天艺社。陈摩与柳君然作品最多,其中陈摩作品共计二十余幅,花鸟山水,色色俱全。那一幅篱下鸡雏,繁花满架,织草如茵,几球黄色雏鸡,粥粥觅食,仿佛离纸欲下,真是写生神

---

[1]《组织中华美育会》,见《申报》1919年11月19日第10版。
[2] 郑逸梅:《迦盦之逃画》,见《申报》1931年3月11日第11版。
[3] 舞成:《美展两日记》,见《申报》1929年4月15日第11版。
[4]《冷红展览会所见之所感》,见《申报》1929年6月18日第20版。
[5] 朱馘:《苏州的书画展览》,见《申报》1935年1月26日。

手。[1]陈摩还积极支持柳君然创办苏州国画研究社,开展美术教育。1936年,参加上海飞声国画函授学校主办的名人画展、中国画会第六届书画展览会。为庆祝绥东抗战百灵庙大捷,与苏州文艺界书画家以及收藏名家于宫巷乐群社组织了一次前所未有的审美展览会,轰动苏沪,并将门券收入完全捐献给绥东抗日军队。和一百三十余位全国名家为中国画会总干事丁念先与夫人谢圣镛订婚所作精品,1937年2月由中国画会辑刊为《念圣缔缘集》。《念圣缔缘集》时被称为艺术界空前巨著。同年6月,陈摩还应邀参加了上海默社举办的第二次画展。

盛名之下,求陈摩尺帧丈幅者户限为穿。陈摩画倦喜至观前吴苑茶居品茗,然熟客又多求画,使其画债胜于钱债,故陈摩终年挥染犹积件如山,无以应付。加之广交游,颇苦于朋侣造访趋谈,不得已而挟画具隐避于沧浪亭,日落始归,或时往郊野访古、冷摊拾旧以逃画债,如儿童逃学,时为艺苑奇谈。然其乐善好义,踊跃参加书画助赈活动。抗日战争全面爆发前,陈摩与颜元、樊少云等组春联社,每年腊月广征苏州书画家作品,将售卖得款用于慈善或举办展览,一时称盛。

抗日战争全面爆发后陈摩隐居作画。1942年加入江苏美术协会,与赵子云等主持学术部。1943年新秋遵庞树松之嘱作《停雨填词图》,以纪念其弟庞树柏。1945年元旦因哮喘剧发,举步维艰。次年为花甲之寿后因病情剧变,2月14日逝于吉由巷寓所。卒后其所藏清初王翚家书百余通散出,但画作传世颇多,声名不绝于响。

(李 峰)

叶楚伧(1887—1946)

叶楚伧,原名宗源,字卓书,以笔名行,别署叶叶、小凤、湘君等,吴县(今江苏苏州)周庄(今属昆山)人。生于清光绪十三年七月十五日(1887年9月2日)。出身于书香之家,后家道中落[2]。二十九年,叶楚伧就读于浙江南浔浔溪中学堂数月。后学校因学潮解散。之后,叶楚伧接触邹容《革命军》等书籍,开始接受革命思想。次年入苏州高等学堂。三十三年,任广东汕头《中华新报》主笔。宣统元年(1909)加入南社和中国同盟会。次年在汕头、潮州等地组织诗钟社,联络革命同志,进行反清革命宣传。三年春,为《中华新报》撰写《新七杀碑》,痛斥清政府,后报纸被查封。当年秋在美国友人帮助下,将《中华新报》改为《新中

---

[1] 朱戬:《记苏沪名人之纨扇大会》,见《申报》1931年7月21日。
[2] 叶元:《重要更正》,见叶元:《叶楚伧诗文集》,上海三联书店1988年,第241页。

华报》重新出版。著社论小说,痛诋时症,使报纸发行较前愈盛。武昌起义爆发后,叶楚伧加入革命党人姚雨平领导的广东北伐军,任总司令部秘书兼参谋。年底随姚部粤军乘轮抵沪,时值孙中山在南京就任中华民国临时大总统,遂随军至宁拱卫。后参加北伐固镇和宿州之役。南北议和后叶楚伧解军职,与姚雨平在上海创办《太平洋报》。1913年入《民立报》,主编副刊,撰写时评传诵一时。1913年"二次革命"失败后,《民立报》被迫停刊。叶楚伧改任《生活日报》编辑。1914年6月该报停刊后,叶楚伧曾任上海城东女学、竞雄女学、开明女学国学教员,兼为民鸣新剧社编辑剧本,并著小说词章,备极劳瘁。1915年袁世凯复辟帝制,陈其美在上海创办《民国日报》,以鼓吹革命、反对袁氏为职志,叶楚伧则任总编辑。时报社经济竭蹶,叶楚伧四处挪借,曾典当夫人首饰以渡难关。曾任上海青年会中学、南洋路矿学校国文教员和复旦公学中国文学系主任。

1923年叶楚伧任中国国民党宣传部部长、第一届中央执行委员会委员。次年在国民党"一大"上当选为国民党上海执行部青年部部长、妇女部部长。对孙中山的"联俄联共"政策并不认同,曾经一度参加西山会议派,并利用《民国日报》公开反对共产党和孙中山的三大政策,为此曾受到警告处分,并被免去总编职务。1926年5月至广州,任国民党中央政治会议秘书长,参加北伐战争。1927年任上海临时政府分会委员,代理中央工人部部长。次年代理中央宣传部部长,兼任江苏省政府委员、秘书长及建设厅厅长。1929年当选为国民党第三届中央执行委员,任中央宣传部部长。1930年任江苏省政府主席。1931年任约法起草委员、国民政府委员。1932年再任中央政治会议秘书长。1935年任中央宣传委员会主任委员、立法院副院长。次年兼任中央执行委员会秘书长。1937年任中央党部史料编纂委员会委员、国民大会筹备委员会委员、中国文艺社社长。1942年任中央出版事业管理委员会主任委员。1945年抗日战争胜利前,叶楚伧当选为国民党第六届中央执行委员会常务委员,12月任中央特派苏、浙、皖三省及京、沪两市宣慰使。赴沪途中,因感冒引发肺病,终致不治,1946年2月15日卒于上海。被葬于苏州木渎灵岩山南麓。

叶楚伧一生著述甚富。其小说词章散见于报刊。叶楚伧有长篇小说《古戍寒茄记》《如此京华》单行本问世。著有《楚伧文存》《世徽楼诗稿》等。 (李海涛)

李君磐(?—1955)

李君磐,名士莹,以字行,或作君盘、君槃,号南沙,常熟人。生年不详。南菁高等学堂肄业,江南格致书院毕业。善雄辩,工书画,博学多能。清光绪二十九年(1903)任苏州府中学堂算学、英文教习,兼私塾改良社教习。三十一年,当选为苏州抵制华工禁约会议代表,加入讲报社、光裕公所,为拒烟总会职员。三十三年,任苏路劝股会副会长。次年于北京任江苏旅京公学监督,当选为畿辅学堂教育会副会长,与莫逆之交王钟声研究剧学,擅演生角,曾于北京天乐园组织公学学生举办音乐舞蹈义演,为翔千学堂和实践女子学校筹款办学。因宣传反清被解职,赴张家口学堂任教。

1912年年初,李君磐于上海与朱旭东等创办开明社。开明社附有乐队,擅演洋装戏,与进化团齐名。李君磐饰演《血泪碑》之石生获盛誉,当选为上海新剧俱进会助理演剧主任。次年主演春柳社高等新剧团之《血蓑衣》,后赴湖南演剧,在长沙组织伏风社,得高足黄秋士、谭志远、毛霜钟等。1916年加入民鸣社,参演《卖国救国》等剧抨击袁世凯,任笑舞台剧务主任,编演梅兰芳故事为《梅郎艳史》。又与徐枕亚、吴双热发起成立常熟首个业余话剧团体正化社,演出方言话剧。次年加入苏州民兴社,演出自编之《北京轶事》等,并主演《合浦珠还》。后主持常熟通俗教育馆,1919年"五四"运动时编导爱国活报剧,发起组织通俗讲演部,任常熟教育局教育委员会委员。1925年任江苏省长公署参议、省清乡总办公署第三股编纂,被推为南京成德中学筹备主任。次年成德中学建成后,李君磐任校长。北伐战争时期,热情迎接国民革命高潮,曾于《民国日报》副刊《觉悟》连载革命文学作品《共同奋斗》。

1929年,李君磐为金龙影片公司武侠滑稽片《女侠百花娘》编剧,参演《名誉问题》,任上海市第一次民众艺术教育研究委员会第三组研究委员,参与组织中国电影戏剧学院,任学员养成所教授。次年任国风新剧社主任兼舞台监督,于《红玫瑰》周刊发表独幕剧《人格问题》,为金龙影业公司编剧《破天荒之滑稽术》《西国奇谈》。1931年导演商务印书馆南光剧社反日爱国话剧《共同奋斗》。参演联华影业公司影片《自由魂》,饰德祥,以静穆传神闻名影坛。撰文大力提倡国产新片,提出口号"电影是娱乐革命的唯一工具",被聘为中国电影研究社名誉顾问。次年被特聘为《电影日报》编辑,当选为中华国民缩衣节食会常务委员,被誉为电影文学家。1933年任人道学社主任,出演明星影片公司影片《狂流》之乡绅、《春水情波》之祝有亮,艺华影业公司影片《中国海的怒潮》之张荣泰,联华影业公司影片《母性之光》之矿主黄晓山、《城市之夜》之资本家等角色。次年饰演联华影业公司影片《体育皇后》之校长、《母亲》之校长,与阮玲玉等主演联华影业公司名片《神女》,所饰校长情尤深刻。李君磐又出演艺华影业公司影片《女人》、月明影片公司影片《昏狂》之邬仲仁等。1935年出演天一影片公司影片《母亲》,艺华影业公司影片《生之哀歌》及《黄金时代》之老教授、《凯歌》之乡绅,联华影业公司影片《小天使》及《孤城烈女》之陈舅舅、《寒江落雁》之金庭儒,玉成影片公司影片《梨花夫人》之王行长,快活林影片公司影片《小姨》之祖父、《难姊难妹》之林父等,当选为上海市话剧研究会监事。1936年当选为上海市游艺协会监事及《电化教育》月刊特约撰述,为湖社编导《血海情潮》,为皇后剧院编剧《浮海鸳鸯》,编导《胡小姐的秘密》,与王君达联合导演据张恨水原著改编的《满江红》,参演舞台剧《恩爱夫妻》。出演联华影业公司影片《张文祥刺马》及《迷途的羔羊》之校长,民新影片公司影片《新人道》之柳祥,次龙制片厂影片《好汉》,文化影业公司影片《父母子女》之老父等。1937年出演新华影业公司影片《夜半歌声》之钟笑天、《潇湘夜雨》之校役,主演上海有声影片公司影片《富春江》,为华电公司影片《祸水》编剧,又为话剧研究会编导话剧《善恶之门》《神圣的牺牲》。

抗日战争全面爆发后,上海沦陷。1938年,李君磐于上海"孤岛时期"始提倡"高尚话剧",创作《悔婚》《舞场血案》《失恋以后》《莫须有》等剧,导演《处女心》。出任新新公司绿宝剧场编剧。1939年创作《时代姑娘》《群魔》《花花草草》,编导《母亲的秘密》,参演艺华影业公司影片《神秘夫人》《楚霸王》。为中央书场编剧《夫人与爱人》,编导《色魔》《幸福之路》《兰娘痛史》《金色世界》《情海波澜》于东方书场演出。加入新春秋戏剧学校,编演《野草闲花》。次年为绿宝剧场编剧《白雪佳人》。1941年为永安天韵楼编剧《真假千金》。次年任教于现代影剧演员专校,编电影剧本《蔷薇处处开》,为绿宝剧场编剧《私奔》《繁华梦醒》。1943年任上海游艺协会福利委员会委员、常务理事,编导越剧《鸳鸯塚》。次年转向编播音剧,有《青年镜》《蝶恋花》。1945年编《残花泪》,与赵燕士编导《四女性》。次年编《荒村野店》。后于张冶儿所办残废养老堂任秘书。

1951年李君磐演出电影《镇压反革命——警惕》后息影。1955年逝世。

(李 峰)

蓝公武(1887—1957)

蓝公武,原名庆章,字志先,笔名知非等,吴江(今江苏苏州吴江区)同里人,祖籍广东大埔县湖寮镇古城村。生于清光绪十二年十二月三十日(1887年1月23日)。幼读私塾,曾就读于吴中公学,才华为包天笑所称赏。三十二年考取官费赴日本留学,结识梁启超。宣统三年(1911)自东京帝国大学哲学系毕业回国,投住北京江苏会馆,闲暇时向《国民公报》投稿,获该报主编徐佛苏赏识,被聘作主笔、记者。帝制被推翻后,蓝公武常于报纸上抨击袁世凯之内外政策,受到袁世凯关注和笼络,入国民参议会,任总统府参议。1913年当选为参议院议员,兼任宪法起草委员会委员。次年春赴德国续修哲学,于第一次世界大战爆发前夕回国。撰《辟近日复古之谬》,刊载于1915年1月号之《大中华》杂志,反对尊孔复古,且意指袁世凯称帝图谋,因此而遭迫害,遂与梁启超等离北京赴上海,策划护国战争。袁世凯死后,梁启超回京,改进步党为宪法研究会(即研究系)。蓝公武为重要成员,并于1917年1月任《国民公报》社社长,于该报鼓吹新思潮,曾主持刊发《世界大革命》《俄国过激派Bolsheviki之研究》等文,对十月革命、马列主义等做专门介绍,使报纸渐成新文化阵营中一员。《国民公报》在巴黎和会前后刊文对相关问题做系统讨论,并大篇幅报道"五四"运动,后因坚决支持学生爱国反帝运动,并披露段祺瑞政府向日本人秘密借款之事,于1919年10月遭封闭。蓝公武遂避往上海。后以《晨报》董事、《时事新报》及《改造》杂志撰述员身份于报刊撰稿,并参与研究系与马克思主义者论战及曹锟贿选总统等事。

东北易帜,国民党完成"全国统一"后,蓝公武退出政坛,入中国大学任教。1931年"九一八"事变发生后,蓝公武在思想上趋于左转,积极帮助中共地下组织。1937年抗日战争全面爆发,平津沦陷后,蓝公武在课堂公开讲授马列主义,并宣传抗日,于1940年遭日本宪兵逮捕。出狱后处境日艰,困苦度日。抗日战争胜利前夕,其女蓝文华受晋察冀边区城工部部长刘仁委派,将蓝公武全家转移至河北阜平。1945年8月下旬,中共领导的察哈尔省政府成立。蓝公武以省政府委员身份兼任教育厅厅长。国民党军攻陷张家口后,蓝公武转任北岳行政公署民政厅厅长。1948年9月于华北解放区人民代表会议上当选为华北人民政府第二副主席,兼民政部部长。次年9月参加中国人民政治协商会议第一次全体会议。

中华人民共和国成立后,蓝公武任最高人民检察署副检察长、政务院政法委员会委员。1953年,因患重病导致半身瘫痪,难以工作。于1954年第一届全国人大会议上被免去职务,并当选为全国人大常委会委员。1957年9月9日逝世后,被中共中央追认为中共正式党员。译有德国哲学家康德名著《纯粹理性批判》。

(顾亚欣)

柳亚子（1887—1958）

柳亚子，初名慰高，字安如，曾更名为"人权"，字"亚卢"，意为"亚洲的卢梭"，后再改名弃疾，字亚子，吴江（今江苏苏州吴江区）黎里人，原居北厍大胜村。生于清光绪十三年闰四月初六（1887年5月28日）。二十八年，补诸生。热心于诗学革命，加入上海中国教育会，并创建黎里支部，办《新黎里》月刊。三十二年，在健行公学任教期间加入中国同盟会，后又加入光复会，自称"双料的革命党"。宣统元年（1909）冬，和陈去病、高旭在苏州虎丘张公祠发起成立南社，主持社务。南社为中国近代第一个革命文学团体，"以文学来鼓吹民族革命"[1]。1912年1月，柳亚子赴南京任孙中山临时大总统府秘书，三日即辞职赴上海，任《天铎报》主笔。1918年辞南社主任职务，整理书目，搜集、抄录和考订吴江地方文献，并发起成立吴江文献保存会。1923年，创办《新黎里报》，任总编辑。与南社旧友叶楚伧、邵力子等发起新南社，担任社长，提倡民族气节，引纳世界潮流。

1923年12月，柳亚子以同盟会会员资格加入中国国民党，赞同国共两党合作。次年在吴江秘密组党，当选为国民党吴江县党部首届执行委员会常务委员。1925年，江苏省党部成立于上海，柳亚子被选为执行委员会常务委员兼宣传部部长。在中国国民党第二次全国代表大会上当选为中央监察委员。1926年6月，出席在广州举行的国民党二届二中全会，对会上提出的排斥中共的《整理党务案》极为不满，当何香凝顿足反对时，连连拍掌支持何香凝。1927年上海"四一二"反革命政变发生后，柳亚子遭到搜捕，以匿于黎里家中楼上复壁得免。旋东渡日本，1928年4月回国，任江苏省通志编纂委员会委员。1931年"九·一八"事变后，主张抗日救国，11月当选为国民党第五届中央监察委员。出任上海通志馆馆长。1932年"一·二八"事变爆发后，柳亚子随同何香凝组织国难救护队，积极支持十九路军淞沪抗战。又与鲁迅、丁玲、茅盾等联名通电营救在南京入狱的第三国际代表牛兰夫妇，与蔡元培、杨杏佛等通电营救在上海被捕的陈独秀。1933年奔走救援在上海被捕的廖承志等。

1937年日军侵占上海后，柳亚子因病留居租界，从事南明史料的研究，寄寓兴亡之感。1940年12月前往香港。国民党发动皖南事变，图谋消灭新四军。柳亚子拒赴重庆出席国民党五届八中全会以示抗议，被开除国民党党籍。太平

---

[1] 柳亚子：《柳亚子自述》，群言出版社2014年，第3页。

洋战争爆发后香港沦陷。柳亚子从广东海丰北上桂林,1944年因日军大举南下又前往重庆。认为"中国的光明在延安"[1],在重庆与中共领导人周恩来等交密。1945年与飞抵重庆参加国共谈判的毛泽东阔别重逢,期待国共合作建设国家,毛泽东手书《沁园春·雪》词相赠。此后,柳亚子加入中国民主同盟,被增选为中央执行委员,与谭平山、陈铭枢、马寅初等创三民主义同志联合会,当选为中央常务干事,并任文教委员会主任委员。与张西曼、郭沫若、田汉等发起革命诗社,自任社长。

柳亚子谴责国民党当局的内战政策,因国共关系恶化赴香港。1947年10月,在中国国民党民主派联合代表大会第一次筹备会上,被推为秘书长。12月组织扶余诗社,任社长,以推进新诗、解放旧诗为宗旨,积极推进民主运动。1948年1月1日中国国民党革命委员会在香港成立,柳亚子当选为中央常务委员兼监察委员会主席。2月底得毛泽东电召前往北京。出席中国人民政治协商会议第一次全体会议。10月1日中华人民共和国成立。柳亚子当选为中央人民政府委员。后任政务院文化教育委员会委员、华东军政委员会副主席、中央文史馆副馆长等。1954年9月出席第一次全国人民代表大会,当选为全国人大常委会委员。1958年6月21日病逝,被安葬于八宝山革命公墓。

柳亚子一生作诗七千余首,词两百余首。作品《磨剑室诗词集》《南社纪略》等被汇编成《柳亚子文集》。

(许冠亭)

莫悟奇(1887—1958)　　　子 莫非仙

莫悟奇,小名阿毛,吴县(今江苏苏州)人。生于清光绪十三年(1887)。年十三赴上海为纸扎店学徒,创制活动灯彩等风靡一时。又师从叶兰亭学传统戏法。后与钱香如研究新魔术,又观摩英国戈定、赖文提,朝鲜金文弼,日本天左、天胜等魔术家演出,触类旁通。三十四年,于上海挂牌营业演出。艺能汇通中西,善于学习和改编外国魔术。能设计制作精巧道具,对表演方法、服装及伴奏音乐首倡采用中国民族形式。创造以魔术指法见长的莫派手技,与韩秉谦有"南莫北韩"之称。成为中国表演西方魔术的先驱者,南派魔术的一代宗师。创作的魔术代表作有《铜瓶出鸭》《穿心美人》《一球化四》《巧翻纸牌》《美人阁》《神仙画橱》等。莫悟奇又为新舞台所演文明戏《济公活佛》《飞龙传》等制作机关布

---

[1] 柳亚子:《柳亚子自述》,群言出版社2014年,第245页。

景,花样翻新,把魔术融于海派京戏中。1942年后辍演。中华人民共和国成立后莫悟奇复出。1956年任上海人民杂技团魔术顾问。亦能唱曲,酷爱品茶,精于花艺,擅自制紫砂陶器、制砚及盆景。1958年逝世。传人有子莫非仙及弟子鲍琴轩、翁达德、李传芳、凌幻天等。

子莫非仙,原名子奇,曾名小奇,以艺名行。生于1919年。小学毕业。魔术得父真传。年十八即组班演出,于上海走红。1948年应聘去香港献艺。1952年参加上海人民杂技团,曾任该团顾问,为中国杂技艺术家协会名誉理事、上海分会理事,美国国际魔术师协会名誉会员。传承发展以魔术指法见长的莫派手技,手彩出神入化,有"莫仙人"之誉。代表作有《画鸡生蛋》《遁半导体》《空怀变鱼》《空柜变人》《空手取花》《顶针》《神碑》等。曾创作现代魔术剧《农业科学家》及魔术《帕中变灯》《蜡烛自明》等。1992年逝世。弟子有周良铁等。

(李　峰)

郑桐荪(1887—1963)

郑桐荪,名之蕃,字桐荪,以字行,别号焦桐,吴江(今江苏苏州吴江区)盛泽人。生于清光绪十三年闰四月二十一日(1887年6月12日)。父郑式如,旧学功底既深,又措意"新学",创办镇上第一所新式学校。郑桐荪自幼业儒,参加科举考试未取,遂弃举业。后考取上海震旦学院,转入复旦公学学文科。三十三年,考取江苏省留美官费生,入康奈尔大学改习数理,毕业于数学系,获硕士学位。

1911年回国后,郑桐荪在福建马尾海军学校、上海南洋大学等校任教。1920年至清华学校任教,1923年至1924年任教务长。1928年至1935年曾在上海震旦女子文理学院讲授中国诗词。全面抗日战争期间在西南联合大学任教。抗日战争胜利后郑桐荪又回清华大学,是清华大学算学系创办人之一与首任系主任,曾担任多门基础数学课程讲授,是该校第一个讲授高等数学的中国籍教师。著有《四元开方释要》《微分方程初步》和数学史专著《墨经中的数理思想》,参与编纂《数学名词》。

郑桐荪深受中国传统儒家思想的熏陶,在学术研究的过程中注重教化,留心发掘中国古代数学研究的成就,向学生进行爱国主义教育。生性恬淡,为人却古道热肠。对学生,尤其是初出家门的新生关怀备至。1952年退休后,通读《二十四史》,于历代兴废、山川变革乃至名胜古迹、遗闻轶事颇有研究。著有《禹贡地理新释》《元明两代京城之南面城墙》及《吴梅村诗笺释》《宋词简评》等文学专著。曾作诗词数百篇,但多已散佚。曾作七言百句诗《河清歌》。于国画、书法亦有研究。1963年10月23日因肺炎病逝于北京。著名数学家陈省身为其女婿。

（朱汉林）

吴恩淇(1887—1964)

吴恩淇,字芑孙,吴县(今江苏苏州)人。生于清光绪十三年(1887)。华特生师。幼喜文学、戏剧与游艺。年十六留心魔术,师从吴石泉。后购书自学,并于日本天一魔术函授学校学习两年。1914年于苏州萧家巷创办万国魔术会附设幻术研究社,后又创办世界学院,自任院长,设道具工场,编《幻术月刊》,编印讲义,除开办面授班外,又首开中国魔术函授班。国内外学生达数万人。后吴恩淇在上海劳合路设分社。1937年因病迁居上海。1950年恢复函授部,重建工场,制造新道具。

吴恩淇喜藏古今中外魔术书籍,表演娴雅纯熟,以快见称。设制道具匠心独运,大、中、小型魔术均擅,其教授方法独特有效。1964年吴恩淇因病逝世,被誉为一代魔术大师。编著有《幻术讲义》《幻术说明书》等。

（李　峰）

戴逸青(1887—1968)

戴逸青,号雪崖,吴县(今江苏苏州)人,祖籍安徽旌德。生于清光绪十三年十月初九日(1887年11月23日)。家居虎丘山塘街,后因家宅失火,全家迁居上海。

戴逸青自幼酷爱音乐,少年时代就读于上海中西学堂。十八岁考入沪北体育会音乐研究班,师从意大利教授诺韦士,学习和声、乐器和指挥,前后数年,成绩斐然。辛亥革命后,赴武汉任第八镇军乐队助教、指挥。1913年被东吴大学聘为音乐讲师。1916年复受聘于上海南洋大学。1919年入美国合众音乐专科学校,追随威尔克士,精研作曲与配器学,次年毕业。回国复任东吴大学、南洋大学两校教席。1923年兼授苏州美术学校音乐课程。次年创作《天涯怀客进行曲》。1928年春出版《和声与制曲》,开国人此类著作之先河。次年转职军旅,主持中央陆军教导队音乐教务,两年后供职于南京励志社,谱成《从戎回忆进行曲》。1932年供职于中央陆军军官学校,因贡献良多,被擢升为上校音乐主任教官。

1937年抗日战争全面爆发后戴逸青携家内迁,历尽艰辛,辗转入川。在艰苦环境下完成《指挥概述》《乐队训练操演法》《配器学》等著作,并谱成《崇戎乐》《姑苏船歌》《送葬曲》,获军令部嘉奖。1944年经教育部审核获得教授资格。抗日战争胜利前夕,戴逸青完成《凯旋进行曲》。1946年任中央干部学校教授,兼特勤学校研究委员。1949年春,携家迁往台湾。1951年台湾"国防部总政治部"政工干部学校创立,戴逸青被聘为教授兼首任系主任。毕生从事音乐教育与创作,培养了大批音乐人才。1968年2月19日病逝于台北。　　（李海涛）

贝晋眉（1887—1968）

贝晋眉,名绵礼,号晋美,以字行,吴县(今江苏苏州)人。生于清光绪十三年(1887)。自幼受家庭熏陶,从二兄贝仲眉学昆曲。初习老生,后改唱巾生,擅演《琴挑》《偷诗》等巾生戏。曾向俞粟庐学艺,精俞派唱法,唱曲颇具韵味。后又向全福班名小生尤凤皋、沈月泉学习身段,精益求精。能戏颇多,尤擅《西楼记·楼会、拆书、玩笺》《红梨记·访素、亭会》《西厢记·跳墙、着棋》《占花魁·湖楼、受吐、独占》《玉簪记·茶叙、琴挑、问病、偷诗》等巾生戏,兼演五旦。中年后改习冠生,亦能应老生与丑角,戏路极宽,堪称苏州曲家中的全才。

1919年贝晋眉在苏州创建禊集曲社并任社长,后又参与组建道和曲社,并与张紫东、徐镜清等创建苏州昆剧传习所,将家中产业五亩园作学员训练食宿之所。1932年,为首组建壬申曲社。1945年抗日战争胜利后,贝晋眉复与王季烈共同创办吴社,并被推举为社长。1952年与陈伯虞等人共同发起建立苏州市昆剧研究会。被聘为江苏省锡剧团教师,为"继"字辈演员授戏。20世纪60年代初患病中风后,仍坚持为苏州市戏曲研究室校订《昆剧穿戴》第一、二集,并撰写《苏州昆剧传习所和曲社》文稿及其半个世纪从事昆曲艺术活动的回忆录。1968年秋于苏州去世。　　（徐　阳　王　宁）

徐佩璜（1887—1973）

徐佩璜,字君陶,吴江(今江苏苏州吴江区)横扇人。生于清光绪十三年(1887)。徐佩琨兄。宣统元年(1909)毕业于上海高等实业学堂附属中学。公费留学美国威廉士敦高中。1914年于麻省理工学院化工专业毕业,获学士学位。留美工作,曾任助教、研究员、工程师、实验场长,被聘为纽约市市政工程副总工程师。

1921年徐佩璜回国,历任上海总商会商品陈列所化学工艺部审查员、上海五洲固本皂药厂总工程师、南洋大学教授兼附属中学主任,创办同心制造厂。1924年当选为中国工程学会会长,1926年改任董事,参与创办工业材料试验研究所。1927年北伐胜利后,徐佩璜任上海政治分会秘书长、扬子江技术委员会接收改组委员会委员,上海农工商局工业科科长、代局长,再次当选为中国工程学会会长。次年改任上海社会局技正兼二科科长、市政府参事,后兼任工业检验所所长、中华化学工业会上海分会会长,当选为上海南洋公学同学会会长。1930年暂代上海市财政局局长,任教育局局长、市划区委员会主席,当选为中华工程学会副会长。1931年任上海特别市党部执行委员会常委、市高等普通检定考试委员会委员长,当选为中国工程师学会副会长及上海分会会长。1932年调任上海市政府专员,兼代公用局局长,次年实授。1937年,主持上海市公用局编印纪念刊《十年来上海市公用事业之演进》。

全面抗日战争时期徐佩璜曾任云南省裕滇磷肥厂厂长、资源委员会化学原料厂主任、衡裕工程公司经理等职,当选为中国经济建设协会工业组副干事。于1945年8月抗日战争胜利之初与缪嘉铭、梅贻琦、熊庆来、周自新等于昆明筹建中国经济建设研究会,12月当选为中国化学工业会常务监事。1948年11月,作为昆明区酸碱工业同业公会代表参与创建中华民国酸碱工业同业公会全国联合会,当选为常务理事。

中华人民共和国成立后,1949年12月9日徐佩璜参加卢汉起义,任云南人民临时军政委员会之财政经济委员会委员,迎接人民解放军进驻云南。后曾任昆明市轻工业局副总工程师,当选为云南省工商联副主任委员,云南省人民代表及昆明市人民代表、政协委员等。1973年逝世。著有《抗战与公用事业》。

(王晋玲)

宗秀松(1888—1928)　　子 俞炳元

宗秀松,字倚琴,或作绮琴,常熟人。生于清光绪十四年(1888)。北宋开封府尹宗汝霖二十五世孙女,岁贡生宗汝成女,贡生俞可师继妻。出身于书香门第,善诗文。曾就读于常熟竞化女学。于苏州大同女校师范科毕业后,留校教授国文。1914年夏襄和女校改组为常熟县海虞市女子初等小学。宗秀松出任校长。草创伊始,租借小塔前杨姓两间民房做校舍,自捐首饰以补助办学经费。同年秋,校址迁到学前街学宫,校名改为海虞市立女子国民学校。兹后宗秀松更悉心规划,逐年增班添级,扩校舍,辟操场,修园圃。女校开始时只有两个复式班,64名学生。1916年增办附属蒙养园,1919年添办高级班。1922年因学制改革,改办六年制小学,又试办初中,因不符定章,1923年奉令停办,改名为海虞市立女子小学,附设师范讲习所一班,后改为常熟私立女子师范,单独设校。小学部本身发展到14个班(含幼稚园两班)、665名学生,规模为当时全县各校之冠。

宗秀松办学颇具远见,重视学生的德、智、体全面发展。于修身上强调"整理旧观念""智能足以与社会竞争"[1]。又重视体育,每学期从蒙养园起,都要举行一次运动会。设置的学生课程多达13门,包括修身、家政、国文、算术、历史、地理、理科、英文、手工、缝纫、图画、体操、乡土。教法则重在启发、应用。宗秀松又慎选良师,精研业务,订有《各科教授程序》十余篇,为县内教法改革的先驱。还自订《校长服务细则》34条,身体力行。对大至学校工作规划、教育管理、经费收支,小至个人一言一行,都订有明确的准则,并公示于众,自觉接受监督。对各课教学、班主任工作都分别有具体要求,每月召开教职员会议,共策进行。个人捐款共计1400多元,且自抑俸给,年仅支薪42元,余充校用。其办学理念和各项措施皆开当时县内小学教育之先河。前后主持校政14年,成绩卓著,名重省、县,被省令嘉奖15次,颁褒奖状两方,有毕业学生凡1356人,被誉为常熟"女学之雄"。

1927年夏,宗秀松辞任校长。1928年学校与海虞市立第三初等小学合并,称常熟县第一学区学前小学。同年8月1日宗秀松因产中染病不治去世。送殓之日,弟子亲族痛哭失声。

宗秀松著有《彤管遗芬录》。其夫俞可师辑《海虞俞宗秀松女士追悼录》,由于右任题签,并刊行《影松山房唱和集》一册,汇编夫妇平日诗词唱和之作。

子俞炳元,生于1915年。1937年于上海交通大学电机工程学院电力门毕业。历任资源委员会湖南湘江电厂工务员、祁阳新中工程公司工程师、水力发电勘测总队副工程师,重庆中央电工器材厂副总工程师,昆明中央电工器材厂四厂工程师。抗日战争胜利后俞炳元奉派赴美国摩根·斯密司公司实习,学习水轮机设计。1948年归国后任资源委员会上海中央电工厂工程师。中华人民共和国成立后,俞炳元历任华东工业部电工器材厂、上海电机厂、东北工业部电器工

---

[1] 常熟市地方志编纂委员会:《常熟市志》第二十七编《人物》,上海人民出版社1990年,第1092页。

业局技术处、哈尔滨电工四厂工程师。1951年主持试制四川长寿下硐电站首套单机容量800千瓦水轮发电机成功。1954年任哈尔滨电机厂总设计师,后任该厂兼大电机研究所副总工程师。曾兼任哈尔滨工业大学水电机械教研室主任、东北重型机械学院水力机械教研室主任。曾任全国人大代表,哈尔滨市政协委员,国家科委水利电力组组员、电工组水轮机分组副组长,哈尔滨市机械工程学会、中国透平锅炉学会理事。1968年逝世。被誉为中国水轮机设计研究奠基人之一。曾校译《水轮机结构及零件计算》,自译有《水力透平》。　　（黄丽芬）

余佩皋(1888—1934)

余佩皋,名敬,以字行,昆山人。生于清光绪十四年五月初六日(1888年6月15日)。全国侨联主席,第五、六届全国政协副主席庄希泉原配。父余宏淦,字夔钦,一作夔卿,徙居苏州胭脂桥,为俞樾、雷浚弟子。光绪二十三年中举人,被分发至山东任直隶州同知。历任苏州公立振吴师范学堂、苏州公立第一中学堂教员。宣统元年(1909)正取举贡,为江苏谘议局议员当选人。1912年改任吴县县立第一中学国文兼地理教员,后任教于上海江苏省立第一女子师范学校。工书法,通中医。深研经学,治《尚书》能钩稽古义,探讨边海防地理险要亦多有创获。著有《新编沿海险要图说》《新编长江险要图说》《读尚书日记》等。

余佩皋为余宏淦长女,余天遂族妹。清宣统三年(1911)以北京女子师范学堂正科最优等第二名毕业。1913年任桂林广西省立女子师范学校校长。与周芜君于上海创办正始女学校。1916年任荷属南洋北婆罗洲山口洋中华女校校长。次年与庄希泉创办英属新加坡南洋女学校,为首任校长。1920年与学校总理庄希泉发起成立华侨学务维持处,任干事及请愿代表,领导侨胞反对英国殖民当局以新颁学校注册条例限制华侨教育。与庄希泉结婚后,以南洋英属华侨教育总会代表身份回国争取声援。次年与夫于上海合著《南洋英属教育之危机》,从事进步文化事业。1922年在福建厦门创办厦南女中并任校长,1924年与夫均任国民党福建省临时省党部执行委员。次年发起组织厦门国民外交后援会、国民外交协会,积极参加"五卅"运动。到广东参加广东省妇女解放协会工作,于福建诏安县创办平化女子小学,自任校长,并筹组织县国民党党部。1926年组织诏安县农会,兼任县教育改造委员会委员,以福建省党部代表身份赴广东请求援闽,参加国民革命军东路军,任国民党晋江临时县党部执行委员、妇女部部长,晋江县妇女解放协会主任委员,并筹办妇女工读学校。1927年年初任国民党福建省党部执行委员、妇女部部长,全省妇女解放协会筹备处主任,福建省政务委员会教育改造委员会委员,于福州"四三"反革命政变后脱险,被列为共产党人遭到通缉,与夫皆脱离国民党,流亡菲律宾,与王雨亭创办反蒋抗日的《前驱日报》。后回任厦南女中校长,支持兴办厦门泉漳中学,开展抗日救国活动。1932年11月当选为上海辽吉黑热义勇军后援会执行委员。1934年因公回苏州,罹患奇病急性上升性脊髓炎,9月12日卒于上海红十字医院,有遗嘱捐献遗体供医学界解剖研究,被安葬于漕河泾万年公墓。上海、厦门以及新加坡等都举行了隆重的追悼大会,人们称颂她"爱国爱群,至死不衰"。

(王晋玲)

冯子和(1888—1942)

冯子和,名旭,字初出、旭初,号春航,别号晚香庵主,吴县(今江苏苏州)人。清光绪十四年(1888)生于上海。父冯三喜,工青衣、花旦,后改老旦,为四喜班台柱,以擅唱昆曲闻名。

冯子和幼年随父学青衣、花旦。九岁拜夏月珊为师习青衣,十二岁带艺入夏家班,兼演花旦,登台一举成名。边学艺,边进商务印书馆附设学堂习英文、舞蹈、钢琴及西洋音乐,边演剧于丹桂戏园。其青衣戏宗法时小福,花旦戏曾得路三宝传授。因相貌、唱做酷似沪上著名青衣常子和,冯子和有"小子和"之誉,随即改名子和。扮相秀美端凝,风度悠闲淡雅,擅体会剧中人物情感,表演细腻,尤以悲剧为最,在男旦中首屈一指,在上海、杭州、苏州、南京、汉口等地负有盛誉。在其常演剧目中,传统戏有《三娘教子》《花田错》《鸿鸾禧》《贵妃醉酒》《儿女英雄传》等,古装新戏有《杜十娘》《花魁女》《孟姜女》《红菱艳》《冯小青》等,时装和洋装新戏有《玫瑰花》《新茶花》《情天恨海》《黑籍冤魂》《贞女血》《血泪碑》《薄汉命》《拿破仑》等。

冯子和主张京剧革新,反对陈规。依据表达剧情和人物需要,灵活运用传统程式语汇,收纳西洋音乐、舞蹈艺术语汇,加以艺术创新,赋予人物以鲜明形象。在洋装新戏《拿破仑》等剧中,边弹钢琴,边跳探戈舞,将约瑟芬表现得栩栩如生。投身于戏剧改良运动,力主戏剧应以开通民智、改良世风为己任。光绪二十九年,与汪笑侬及夏月珊、夏月润昆仲合作,排演时事新戏《玫瑰花》,开上海京剧时装现代剧之先声。演出剧目多为新编时装戏和古装戏,以《血泪碑》《情天恨海》为代表作,或控诉鸦片毒害,或揭露清廷腐败,或呼吁男女平等,有"醒世新剧"之称。时论赞誉颇多,柳亚子特为冯子和编《春航集》行世。

冯子和受其师夏月珊影响,具有民主、爱国思想。宣统元年(1909)冬,赴苏州参加陈去病、柳亚子组织之南社成立大会,并献演时事新戏《玫瑰花》。辛亥革命起,冯子和即剪辫,穿革命服,参加革命党攻打上海江南制造局战斗。曾编排歌颂北伐战争新剧《江宁血》,主演北伐队女首领。1915年参演周信芳之《王莽篡位》,以谴责袁世凯称帝。1919年"五四"运动爆发,冯子和罢演,以声援爱国学生。又创办伶界救国十人团,在大舞台召开上海伶界大会,慷慨讲演。痛感艺人无文化之苦,租赁屋舍,创办春航义务学校,自任校长。伶界同行子弟均免费入学并获赠用具及服装。赵桐珊、周五宝、王灵珠、李少棠等沪上名伶七十余人均为该校学员。

1923年冯子和因坏嗓离舞台教戏授徒。后至青岛胶济铁路局一小站当庶务科司员。1937年抗日战争全面爆发后冯子和重返沪上,以课徒授艺为生。前后请益者甚众,有吴继兰、袁美云、李丽华、王熙春、云燕铭、袁灵云、华慧麟、杨耐梅等。1938年冯子和受聘于上海黄金大戏院,任编剧,创作新戏《温如玉》《紫荆树》。1942年4月10日病逝于上海马德里寓所。

(李嘉球)

王 謇(1888—1968)

王謇,原名鼒,字佩诤,号瓠庐,晚署瓠叟,吴县(今江苏苏州)人。生于清光绪十四年(1888)。早年师从沈修。1915年于东吴大学文科毕业后从事教育工作,任苏州振华女校教务长,1918年任副校长,兼授国文课。1928年任江苏省立苏州图书馆编目主任。潜心于苏州史志文献的考订研究,曾任《吴县志》协纂。1934年章太炎成立章氏国学讲习会,聘王謇讲授《荀子》。1936年王謇参与筹办首届吴中文献展览会。抗日战争全面爆发后,王謇协助馆长蒋吟秋,将苏州图书馆藏书及善本书目录卡片密藏于太湖洞庭西山包山寺满月阁复壁内。后移居上海,曾任震旦大学、大同大学、东吴大学教授。中华人民共和国成立后,王謇任华东师范大学教授、上海市文物保管委员会编纂。1968年7月16日去世。

王謇生平好藏书,将藏书楼命名为海粟楼,取"沧海一粟"之意。在其成名著作《宋平江城坊考》中自记:"寒家海粟楼,即梅峰秋声馆旧址也。"自编《海粟楼书目》,所藏多为乡邦历史文献、清人词集、传记及金石拓片等,有《天平志》《姑苏名贤后记》和明正德刻本《姑苏志》等。王謇搜罗整理古籍及著述甚丰,尤长于经学。另著有《盐铁论札记》《续补〈藏书纪事诗〉》《新莽金石列目》《宣统〈吴县志〉补正》《汉魏南北朝群书校释》等,校注《山海经》《韩诗外传》《穆天子传》

《说苑》《新序》《焦氏易林》《齐民要术》等。今人辑录其手稿本49种,编为《海粟楼丛稿》影印行世。

(曹培根)

潘慎明(1888—1971)

潘慎明,名志洽,又名润民,以字行,吴县(今江苏苏州)人。生于清光绪十四年(1888)。家居史家巷。潘遵祁孙,顾翼东师。1912年自金陵大学转入苏州东吴大学,1915年毕业,获理学学士学位。留校任化学助教,后任化学系教授兼系主任。1924年获洛克菲勒奖学金,留学美国芝加哥大学研究院,次年获理学硕士学位。回东吴大学后任教务长,1927年曾代理校长,主持校务。1931年又赴美国芝加哥大学研修。次年获生物化学硕士学位,回东吴大学任理学院院长兼校务长。抗日战争全面爆发后,潘慎明随校流徙浙江、安徽至上海办学。1942年与沈体兰组织文理学院师生内迁江西、福建,至广东曲江复课。1944年任江西中正大学化学系教授、工学院院长,曾代行校务,兼任学生社团正社顾问。抗日战争胜利后,1946年东吴大学于苏州复校,潘慎明任化学系教授兼文理学院教务长,兼任在苏州办学的国立社会教育学院、河南大学教授。中华人民共和国成立后,1951年潘慎明任东吴大学副校长,后任苏南师范学院筹建工作委员会副主任委员、江苏师范学院副院长。1955年任苏州市副市长。加入中国民主同盟。1959年加入中国共产党,兼任苏州市科协首任主席。曾兼任苏州市各界人民代表会议协商委员会、苏州市政协副主席,中国民主同盟苏州市委首届主任委员,民盟江苏省委副主委、民盟中央委员。将父遗房产及珍藏典籍字画等文物捐献给国家。"文化大革命"爆发后潘慎明被错误批判和监管,1971年5月逝世,被安葬于南京。曾校订严志弦译著的《普通化学》和编著的《普通化学实验》等。家藏古籍由家属捐赠给苏州大学图书馆。

(王晋玲)

王绍鏊(1888—1970)

王绍鏊,字恪成,一作恪臣,改字却尘,吴江(今江苏苏州吴江区)同里人。生于清光绪十三年十一月二十六日(1888年1月9日)。相传为王鏊裔孙。曾祖、祖父皆曾为地方小官,父为本镇名中医。王绍鏊六岁丧父,自幼多病,由母蒯氏艰辛抚教。及长,深慕范仲淹为人。二十八年,入同里同川学堂。三十一年,补县学诸生[1]。先后肄业于同里理化研究会、江苏教育总会法政讲习所。自费赴日留学,宣统三年(1911)八月毕业于日本早稻田大学政治经济科。因学部考试优等,清廷赏给法政科举人。

1912年1月章太炎等于上海成立中华民国联合会,王绍鏊则任交际科主任干事。该会与预备立宪公会合组为统一党后,王绍鏊组织统一党苏州支部,又加入统一党与国民协进会等合组的共和党,出任江苏都督府外交司第一科科长兼代司长。1913年当选为众议院议员,与部分志同道合之人结成共和党江苏少壮派,和各省少壮派同志及湖北的民社派连接一气,极力主张共和、国民两大党提携,以监督袁世凯。反对共和、民主、统一三党合并为进步党失败后,乃以苏、鄂、川三省少壮派议员为中心,联合各省同志,独立组织共和党。当选为众议院宪法起草委员会委员,因反对袁世凯撤销国民党议员资格,愤而南归。后被乡先辈都肃政使庄蕴宽邀任记录科书记官,兼任四川《国民公报》秘密电讯员。1915年12月护国运动爆发后,王绍鏊辞职赴沪,反对袁世凯复辟帝制,参加恢复旧约法运动。1916年袁世凯死后国会恢复。王绍鏊仍任众议院议员,脱离民社,组织平社,专任政务研究。次年赴广州出席非常国会,参加护法运动,寻赴沪任教于上海第一甲种商业学校。1919年再赴广州出席正式国会,归沪发起组织外交大会、各省区自治联合会。1920年与孙润宇等成立江苏省自治法起草委员会,投身于江苏自治与省宪运动。1922年旧国会恢复。王绍鏊再任议员,组织宪社,主张先定宪法再选总统。次年反对曹锟贿选大总统,又反对段祺瑞执政,坚持反对"金法郎案"最力,怂于军阀操纵政局,决计南归,与共产党员侯绍裘相接近。1926年秘密组织新苏公会,又联络全浙公会、全皖公会,组成苏浙皖三省联合会,以推翻军阀孙传芳,接应国民革命军北伐,招致通缉。

1927年1月王绍鏊赴武汉,开始学习马列主义,认定要铲除中国式的封建剥削关系,必须废除小农遗产制,必须走向社会主义道路,而要达此目的,唯有彻底革命之一途。"四一二"反革命政变后,以推翻蒋介石专制统治为职志。1930年参加阎锡山、冯玉祥发动的联合倒蒋活动。次年"九一八"事变后,在上海发起组织中华民国国难救济会,并与蓝公武等在北平发起救国协会,为抗日运动而奔走,积极支持十九路军淞沪抗战,支援东北抗日联军。1933年参加冯玉祥抗日同盟军。归后撰著《协力主义》,"共分两大纲领、三个口号"。两大纲领就是"协力的经济分配"和"协力的政治组织",三个口号就是"大家都有饭吃""大家都有

---

[1] 见《申报》光绪三十一年七月初八日。

路走""大家都有教育"(即大家都有学习生活技能的机会)[1]。王绍鏊联络各界秘密组织中华协社。得中共党员黄申芗引导,1933年秋加入中国共产党。先后策动陈济棠、阎锡山等抗日反蒋。1936年6月在南京浦口被捕。次年抗日战争全面爆发后王绍鏊获释,奉派至八路军上海办事处工作,参与中共中央特科的外围组织华东人民武装抗日救国会的领导工作,在苏南地区组织武装抗日小组,并参与组织领导太湖游击队。1940年年初赴香港,组织宪法研究会,1942年赴上海,在潘汉年领导下,从事秘密情报及统一战线工作。

抗日战争胜利后王绍鏊投身于爱国民主运动。1945年12月16日中国民主建国会成立。王绍鏊当选为常务理事。30日中国民主促进会成立。王绍鏊当选为常务理事。次年年初任民本中学校长,与章乃器等筹建中国民主建国会上海分会,5月当选为上海人民团体联合会理事,8月任中国民主同盟上海市支部临时工作委员会首任主任委员。1947年在香港与马叙伦等成立中国民主建国会港九分会,制定了《中国民主促进会拟提出关于政治协商会议之行动公约和政治纲领》。积极响应中国共产党号召,1948年年底从香港经朝鲜抵达东北解放区,参加新政协的筹备工作。1949年1月毛泽东发表了《关于时局的声明》,提出了实现和平的八项条件。王绍鏊和马叙伦等代表民进在东北发表了《为争取永久和平的宣言》,表示坚决拥护和支持。上海解放后,因中共中央指示,王绍鏊被聘为上海市人民政府顾问。9月出席中国人民政治协商会议第一次全体会议,并担任大会《中国人民政治协商会议组织法》草案整理委员会委员,参加了开国大典。

中华人民共和国成立后,王绍鏊任中国民主建国会总会常务委员,自1950年起当选为第三至五届民进中央副主席。曾任政务院财政部副部长、全国人大预算委员会副主任、第二至四届全国政协常委。王绍鏊"勤于学习、严以律己、不计名利、克己奉公,为革命事业而贡献一生"[2]。1970年3月31日病逝于北京,被安葬于八宝山革命公墓。所著《敝帚楼杂忆》《王绍鏊自传》等被辑入《王绍鏊纪念集》。

(俞 前 李 峰)

---

[1] 王绍鏊:《王绍鏊自述》,见上海市档案馆:《上海档案史料研究》第10辑,上海三联书店2011年,第124页。
[2] 徐伯昕、葛志成、梅达君:《为民主主义革命和社会主义革命奋斗不息的忠诚战士》,见中国民主促进会中央宣传部:《王绍鏊纪念集》,江苏教育出版社1987年,第6页。

徐枕亚(1889—1937)

徐枕亚,原名觉,以字行,别署徐徐、辟友、眉子、泣珠生、东海三郎、青陵一蝶等,常熟人。生于清光绪十五年七月初九(1889年8月5日)。父徐梅生自办学馆。徐枕亚五岁始由父启蒙,十岁左右已能作诗填词,负神童之誉。二十九年,入常熟虞南师范读书,与兄徐天啸、族叔徐笑云、同学吴双热等结诗社,并辑四人诗作为《四痴酬唱集》。次年毕业后,在父所办善育小学堂执教。宣统元年(1909)至无锡西仓镇鸿西小学堂执教。此间,专心于旧体诗词写作和古籍名著的阅览,又喜读野史笔记,为日后小说创作奠定基础。

1912年徐枕亚赴上海,任《民权报》新闻主编。次年冬,《民权报》因反对袁世凯,被迫停刊。1914年1月,徐枕亚受聘于新华书局,为《中华小说界》编辑。5月任刘铁冷等人创办的《小说丛报》主编。其间将其成名章回体小说《玉梨魂》重新改写成日记体小说《雪鸿泪史》,在该报连载,极受欢迎。1918年独资创办清华书局,编辑出版《小说季报》《小说日报》等。此后参加上海萍社,常为该社制作谜语,又先后为周剑云主编之《春声日报》、李涵秋主编之《快活》杂志的特约撰稿人。徐枕亚的书法秀丽挺拔,自成一家。1922年9月徐枕亚曾应请为中共机关刊物《向导》题写刊名。同月妻蔡蕊珠病逝,徐枕亚作《悼亡词》。末科状元刘春霖之女刘沅颖读后顿生敬慕之心,经樊增祥说合与徐枕亚结为夫妻,一时被传为佳话。1923年徐枕亚兼任《绿竹》半月刊名誉编辑。此间主要从事短篇创作,有《镜破珠还记》《孟生》《洞房血》《湖上吟》《娼妓与爱情》等。这些作品大多反映新旧思想冲突之悲剧,题下常标有"惨情小说""孽情小说""烈情小说""哀情小说"等。中年后,徐枕亚因家庭变故终日抑郁,经营不振,难以为继,1934年将清华书局盘让给大众书局。回常熟后开设以鬻书、篆刻为主,兼营古董生意的乐真庐,与徐天啸、吴双热并称"海虞三奇人"。1937年"七七"事变爆发,徐枕亚于贫病交加中避居乡间,9月27日因咳血症复发而病逝。

徐枕亚创作的长篇小说《玉梨魂》计三十回,以其与陈佩芬的恋情为原型,以华丽的文言文描写了一对青年男女的爱情悲剧,最早在《民权报》副刊连载,一时风靡海内,成为鸳鸯蝴蝶派的开山之作。后单行本发行,再版数十次,销售数十万册,接连被改编为话剧、电影,徐枕亚因此成为鸳鸯蝴蝶派的代表性作家。继《玉梨魂》之后创作的日记体小说《雪鸿泪史》,进一步丰富了中国长篇小说的创作形式,在某种程度上为鲁迅《狂人日记》的流传做了铺垫。徐枕亚一生作品丰富,除小说之外,尚有笔记《枕亚浪墨》、谜集《琴心文虎》等。

(沈 潜)

张冀牖（1889—1938）

张冀牖，本名武龄，字吉友，安徽合肥人。生于清光绪十五年（1889）。祖父张树声，生员出身，在乡组织团练，参与镇压太平天国和捻军起义，终成淮军名将，官至江苏巡抚、两广总督，赏加太子少保。

张冀牖生于豪富之家，而能自甘寂寞，不慕浮华。1912年携家迁离合肥，先寓居上海，1918年又定居苏州。思想开放，重视教育。1921年出售部分家产，于憩桥巷创办私立乐益女子中学。后在王废基买田二十余亩，建造新校舍，购置化学仪器、乐器、图书、运动器械等，为学生提供良好的学习环境。还自撰校歌，其中有词"愿吾同校，益人益己，与世进大同"，揭示了办校的宗旨及校名的含义。课堂上除了教授旧体诗外，也教授英文、数学、外国文学等新知识，在苏州教育界开一时风气。1925年又租用三多巷创办平林中学，专招男生。自任两校校长，致力民众的教育与文化普及。与著名教育家蔡元培、马相伯等交往，虚心请教，并聘请张一麐、吴研因、施仁夫、王季玉、龚赓禹、杨达权、周勖成等苏州知名人士担任校董，聘请具有民主思想和科学精神的人士主持校务或担任教师。

"五卅"运动爆发后，苏州各界纷纷声援。张冀牖支持乐益女中师生广泛开展宣传募捐活动。除在街头募捐外，还在学校设台演戏三天，并让子女一起参加演出，请著名京剧演员马连良、戏剧界名人于伶前来指导。演出费用均由张冀牖负担，募捐所得悉数被送往上海支援罢工工人。当时《申报》记载苏州"组织募捐，乐益女中成绩最优"。

张冀牖仰慕松江景贤中学侯绍裘办学能坚持民主、科学精神，1925年亲赴松江，聘请侯绍裘担任乐益女中校务主任，主持乐益与平林两校校务。侯绍裘来校时，聘请共产党人张闻天和共青团团员张世喻、徐镜平以及进步教师王芝九等一起来苏任教。侯绍裘、张闻天等在乐益女中秘密建立中共苏州独立支部，使之成为苏州早期革命活动的第一个据点。

侯绍裘等离开乐益女中后，张冀牖仍然坚持以民主思想和科学精神办学。自奉甚为节俭，但对师生、员工生活很关心，给教职员工的报酬较丰，对家境清寒、有志学习的学生，除减免学费外，还在毕业后资助深造。创办乐益女中，花费巨大，因学费收入不多，每年要贴补五千元以上，平林中学每年的房屋租金也要两千余元。张冀牖总是想方设法在开学前就筹足经费，使教学正常进行。

抗日战争全面爆发后，乐益女中不得不停办。张冀牖携眷避居合肥西乡。1938年不幸病逝。由于家庭教育良好，子女均有所成，张元和、张允和、张兆和、张充和四姐妹及其夫婿顾传玠、周有光、沈从文和德国汉学家傅汉思尤为著名。

（李　军）

陈定谟（1889—1961）

陈定谟，字汉卿，号海安，昆山陈墓（今锦溪）人。生于清光绪十五年（1889）。上海中西书院肄业。毕业于清华学校留美预备部，赴美留学，获芝加哥大学文学学士学位，1915年获哲学硕士学位。1916年获哥伦比亚大学社会学硕士学位，并成为中国第一个巴哈伊教徒，同年年末回上海。1917年任留美东方学生会主席及泛亚洲会议第一任会长，对鼓吹亚洲民族独立运动不遗余力。复任寰球中国学生会夜校校长，负责留美俭学会驻沪事务，被北京大学聘为文科英文讲师，次年改任法预科讲师，为俭德会甲种会员，兼教于中国大学。1919年任北京中美通信社记者，参加"五四"运动。其妻杨玉洁，毕业于青岛德文学校。"五四"运动爆发后，5月7日在北京女学界发起中国妇女救亡会并任会长，出版《女界钟》，参与发起北京女学界联合会。6月4日为抗议北洋政府逮捕爱国学生，率领北京女子高等师范学校及其他十五所女校女学生集合于天安门，为请愿团领袖，一时声名赫赫。

1920年陈定谟与妻创办上海西南第一中学，自任教务长。被聘为复旦大学教育系教授，兼任国语演说会主席，首开上海大学国文科外国语讲演教学法先河。1921年任复旦大学学监，加入复旦音乐会，当选为上海学校教职员联合会临时干事。兼教于吴淞中国公学。1923年任天津南开大学哲学系教授，发起组织教员会。次年与鲁迅同赴西北大学和陕西省教育厅合办西安暑期学校讲学，任西北大学法专教授。1925年"五卅"运动时，任上海南方大学社会科教授，兼校务维持会委员，参与发起国民大学并任教授。转任厦门大学哲学系教授，兼任国学研究院筹备委员，兼教于闽南佛学院，随太虚法师发心学佛，并赴加拿大参加世界教育会议。1928年兼任厦门大学学生指导委员长，次年任哲学系主任，受聘为厦门各界反日侵略国权委员会委员，曾保释中共党员。后兼任厦门大学中国艺术社研究干事，厦门思明佛教会监宗、执行委员，加入中国经济学社。1935年时任广东勤勤大学教务长。次年兼任中国哲学会广州分会干事。抗日战争全面爆发后陈定谟坚持办学。1939年任广东勤勤大学商学院经济系主任。随太虚法师赴昆明筹备鸡足山佛学院，任副主任、院护，并访问缅甸。次年任湖南蓝田国立师范学院训导主任兼公民训育系教授。身为国民党员和三青团员,因支持进步学生成立非官方歌咏团、剧社,批评国民党、团组织腐败专制,抵制党义教育,1942年被迫辞去训导主任职务。后任中山大学教授兼中华文化学院教授。抗日战争胜利后,1946年年末陈定谟署国民政府财政部、审计部秘书,次年任审计部审计。

中华人民共和国成立后,陈定谟任广西大学教授。1961年逝世。著有《西洋论理学史纲》等。论文《语言与思想》被收入《人生意识》一书。

子陈华薰,美国陆军第十四航空队中美混合联队"飞虎队"第三大队飞行员,抗日航空烈士,别有传。

(李 峰)

陈调甫(1889—1961)

陈调甫,吴县(今江苏苏州)人。生于清光绪十五年十二月初七日(1889年12月28日)。自幼受家庭熏陶,具备坚实的国学基础。三十三年入上海中国公学,毕业后回苏州农业学校任教。1912年就读于东吴大学化学系,1917年获化学硕士学位,是国内培养最早的化学硕士之一。同年用苏尔维法试制纯碱成功,北上天津寻访实业家范旭东,1918年共同创办永利碱厂。陈调甫以"轸念国势阽危、民生憔悴"的情怀,抱定实业救国的决心,在永利碱厂开创时期,毅然承担起工厂设计、人才招聘、基本建设的重任,大力推荐侯德榜担任总工程师。此后,他在企业管理以及主持永利宁(硫酸铵)厂勘察选址、工程建设和人员培训诸多方面均有重大建树。

中国近代化建设广泛应用合成涂料。陈调甫看准这一前景,在为永利碱厂服务的同时,又独力发展涂料事业,1928年创办天津永明漆厂。虽然起步晚、资本少,创业艰难,但是陈调甫通过科研创新实现赶超,采用我国特产桐油研制出永明漆。永明漆的性能超过美国同类产品,1933年获得实业部奖状,成为中国民族油漆工业第一个名牌产品。陈调甫特别重视涂料抵御严酷环境的"耐候性",抓住铁路系统这个高端大宗客户,以优良的产品和服务占领市场。经过短短数年,永明漆厂的技术已经在全国领先,产量居华北之首。全面抗日战争之前,国民政府航空委员会订购永明漆,用于军机涂装,永明漆厂也因此开创了中国自行生产国防涂料之先河。

陈调甫毕生酷爱读书和科学实验,重视人才,亲自招聘大学生并传授学识,委以科研生产重任。制定"做、学、教"永明厂训,加强职工培训教育,使厂内学习钻研蔚然成风。用于研究和教育的费用,分别达到赢利的20%。科研是永明漆厂的生命线。在战乱频仍的条件下，永明漆厂研发出代表当时国际涂料先进水平的醇酸树脂漆"三宝漆"，并创立了著名的灯塔商标。

陈调甫生平不喜涉足官场，但对于时势有敏锐的洞察力。1946年发表《引玉集》，大声疾呼反对内战。提出增加生产、增强国力、发展独立外交、劳资兼顾、改善工人福利、注重国民教育、坚持科研创新、杜绝贪污腐化、建设清廉良政、寄厚望于培育青年等主张。这些主张至今都有值得借鉴的现实意义。

中华人民共和国成立后，永明漆厂的精良产品在国防和经济建设中发挥了重要作用。陈调甫拥护中国共产党，主动提出申请，使永明漆厂于1953年元旦率先实现公私合营，走在全国工商业社会主义改造的最前列。1956年被增选为全国政协委员。1957年列席最高国务会议，聆听毛泽东主席的讲话，并在会上发言。多次提出关于我国工业发展与科学研究的见解和建议，体现了对国家和人民利益高度负责的赤子之心。所创办的永明漆厂跃居全国涂料行业之首。灯塔品牌不断推陈出新，长期引领国内特种工业和国防涂料的发展，成为中国20世纪工业史上的奇迹。

陈调甫曾任化工部华北设计研究院副院长、天津化工学院副院长等职，为第二、三届全国政协委员，天津市人民委员会委员，中国化学化工学会第一届理事，中国化工学会理事兼天津化工学会理事长。1961年12月25日在天津逝世。

（陈中平）

沈初鸣（1889—1974）

沈初鸣，圣名依纳爵，上海人。生于光绪十五年（1889）。出身于天主教信徒家庭。1918年毕业于上海徐家汇神学院。后升为神甫，被派往安徽池州城外天主堂。1926年调驻江苏吴江黎里天主堂。1944年调驻常熟鹿苑天主堂，任本堂神甫兼有原小学校长。

中华人民共和国成立后，沈初鸣积极参加全国基督教"三自一新运动"，为知名爱国宗教人士。1954年被调至苏州大新巷天主堂，任本堂神甫。1956年代理苏州教区主教。1958年2月9日被选为苏州教区正权主教。曾任全国天主教爱国运动委员会常委、江苏省天主教爱国运动委员会副主任、江苏省政协委员、苏州市人民代表。1974年于苏州逝世。

（王晋玲）

申振纲(1889—?)

申振纲,字省三,一字笙泰,号听禅、古吴吹齑子,吴县(今江苏苏州)人。生于光绪十五年(1889)。申时行裔孙。三十四年于保定通国陆军速成学堂第一期步兵科毕业,复于日本陆军士官学校骑兵、宪兵科肄业。1911年辛亥革命爆发后申振纲回上海,曾任沪军都督陈其美部骑兵团长。后任江苏省水上警察厅厅长,曾以诋毁其先祖为由,禁止苏州各书场说唱弹词《玉蜻蜓》。1923年任淞沪警察厅厅长,因被皖系浙江督军卢永祥拒未履任。次年改任苏州警察厅厅长,江浙战争时兼任苏州守备戒严及车站司令,被授予少将军衔,1925年加中将衔。后曾任山东青岛公安第三分局局长,1929年辞职,奉命主持南京卫戍司令部宪兵讲习所。次年率宪兵考察团赴日本考察,升任京畿警备司令部参谋长。1932年曾代理副司令,调任宪兵司令部参谋长,拟定《宪兵令》《宪兵服务规程》由国民政府军政部颁行,成为中国现代宪兵重要创始人。又以参谋本部第二厅厅长身份兼任参谋本部特务警员训练班主任。后任参谋本部处长,1936年辞职,被授予陆军少将,任宪兵副司令,指挥特警队。1938年兼任湘西第三清剿区司令,平定湘川公路匪患。同年受命携电台及军统人员叶星夔等秘密返回上海,开展策反工作。1940年任汪伪军事委员会委员、国民党中央执行委员会委员、警政部常务次长兼首都警察厅厅长,加入中国安清总会。次年任伪首都宪兵司令部司令,兼首都宪兵学校校长。1942年兼任首都警备司令部副司令。次年被授予陆军中将军衔,因与重庆国民政府关系嫌疑被免职,调任江苏监察使,病居家中。1947年以汉奸罪被通缉。中华人民共和国成立后,于1951年镇压反革命运动中被捕入狱,卒年不详。

申振纲精《易学》,师从沈祖绵,深于命相及风水堪舆研究,属无常玄空派,曾作《起星立成图》。译有《苏俄刑法》《警察改善与教育》《欧洲各国宪兵警察制度》等。与高赞鼎合编《国民防空准备》。著有《沈氏玄空吹齑室杂存》《玄空捷诀》《(申氏)乙酉修谱外记》等。

(李 峰)

陆树棠(1890—1932)

陆树棠,字赓南,号麋盦居士,吴江(今江苏苏州吴江区)芦墟人。生于清光绪十六年(1890)。父陆澄,字映澄,号觉庐。自莘塔徙居芦墟。承父业,有良田千亩,经营泰丰米行、米厂、电灯厂及茶楼等称首富,人称"芦半镇"。曾捐建分湖先哲新祠。能篆刻,擅画梅兰竹菊。著有《分湖百咏》。

陆树棠为陆荣光长子,名儒王亦曾、曹元弼弟子。补诸生。考入上海竞业中学堂,改入震旦学院学习法文,毕业后考入南洋方言学堂。光绪三十四年,改入京师大学堂。宣统元年(1909)以主事签分法部编置司西蒙科。辛亥革命后南归。1917年由参议院书记官派任于北京政府财政部公债司第三科,曾任财政整理会办事、关税筹议处委员等。1920年被北京中国大学聘为法文教授。1927年赴南京任国民政府财政部公债司第一科科长。次年兼任有奖公债局副局长。1931年发行江浙丝业公债,任执行委员。1932年卒于任上。

陆树棠通经史,擅诗古文,曾结棠社、饮真社,加入吴江文献保存会。藏书十万卷,精版本目录之学。尤嗜金石书画,精于鉴藏。辑有《二张先生词剩》《分湖诗钞》《图咏汇录》《通鉴蒙拾》等。译有《世界实业志》。编著《松陵画苑》《泊斋寓赏编》等。著有《武功词翰考》《灵芬馆年谱》《鹤轩杂缀》《麋砚盦集》等。

(李　峰)

顾福如(1890—1939)

顾福如,名培吴,以字行,号聋簃老人,吴县(今江苏苏州)人。生于清光绪十六年(1890),时隶籍元和。父顾伯平为名医,精医理,擅治伤寒。

三十一年,顾福如以第一名补元和县学诸生。旋因清廷废科举而随父习医,深得精髓。是时西医东传,顾福如受新思潮影响,又兼学英语。三十三年,考入东吴大学堂医科,师从美籍医师柏乐文与国人成颂文医师学习西医。宣统三年(1911)获毕业文凭。柏乐文赠予顾福如听诊器一个。成颂文授予顾福如抬牌一方:"柏乐文、成颂文门人,伯平子,顾福如中西内外大小方脉。"顾福如悬壶于城区甫桥西街。深感中西医学各有所长,应相互济用,故在临床实践中常以中西两法治病,以中医中药为主,吸取西医西药知识,并运用化验等先进察病手段。因其诊断明确,疗效显著,声名日隆。辛亥革命后,顾福如租居多贵桥开业行医,以擅治伤寒、温病著称,成为吴门医派中西汇通的代表人物。

顾福如医德高尚,参加施药局,为贫民义务诊治,济人无数。1932年淞沪抗战爆发后,顾福如积极投身于苏州红十字会工作,救护抗日将士。后任中央国医馆吴县支馆馆长、中央国医馆医药改进会吴县支会会长。1935年被吴县政府指定为整理吴县中医公会召集人。1935年6月,与顾畴人、钱伯煊、王慎轩、郑连山等26位名医发起创办苏州国医联合诊所于景德路,设内、外、妇、儿等科。

各科医师于每日上午7时至9时轮流值诊,收费比一般名医低,以优惠平民,故就诊者踊跃。1937年抗日战争全面爆发后诊所被迫停办。苏州沦陷后,顾福如避居上海行医,1939年因患脑溢血病故。所积三十年医术经验、医案散失殆尽。弟子有马友常、袁自复、虞立安等二十余人。

（马一平）

黄伯樵（1890—1948）

黄伯樵,原名国祥,改名异,字伯樵,后以字行,化名黄大同,太仓人。生于清光绪十六年(1890)。入江苏陆军小学德文班,被选派入读上海同济德文医学堂习军医。为1916年上海同济医工专门学校电工机械科第一届优等毕业生。任职于上海商务印书馆,编《德华字典》,旋就任宁波工业学校金工科主任兼附属宁波工厂工场主任。1920年留学柏林工业大学,学习工业管理,1922年获工学博士学位。回国后历任中华铁工厂股份有限公司总工程师兼总经理、中华职业学校校长、交通部路政司总务科科长、陇海铁路汴洛局总务处处长、驻德使馆二等秘书、汉口市市政委员兼工务局局长、上海电报传习所所长、杭州市工务局局长、上海市首任公用局局长等职。

1928年黄伯樵奉调至杭州市任市长,未赴任。次年兼任上海市政府代理秘书长。1930年代表国民政府行政院建设委员会出席在德国首都柏林举行的第二次世界动力会议,考察欧美各大都市市政。1932年任京沪、沪杭甬两路铁路管理局局长。1935年兼任京沪、沪杭甬铁路新生活运动促进会干事会常务干事。次年当选为中国工程师学会总会会长。1937年抗日战争全面爆发后,黄伯樵受命为经济部资源委员会国外贸易事务所所长、交通部驻港航空货运稽核处总稽核、资源委员会中央钢铁厂筹备委员,在香港发起组织中国经济建设协会任总干事,从事规划战后经济建设的纲领。1941年年末太平洋战争爆发后,黄伯樵与妻隐居上海,开始德华大字典的编纂工作,并潜修佛法。

1945年抗日战争胜利后,黄伯樵帮助上海市政府接管上海公用事业各行业。先后出任军事委员会委员长驻沪代表公署秘书长、行政院院长临时驻沪办事处副主任、长春铁路公司理事、中国纺织机器制造公司总经理。1947年当选为制宪国民大会代表。次年2月6日病逝于上海。曾主持编译《德华标准大字典》,著有《保健延寿谈》。

（李　峰）

庞敦敏（1890—1956）

庞敦敏，名国锜，以字行，吴江（今江苏苏州吴江区）同里人。生于清光绪十六年（1890）。庞庆麟孙，庞元启次子，赵元任表哥。1912 年成立中国社会党苏州支部，任负责人。开办平民学堂，筹办乞丐习艺所。1917 年毕业于日本东京帝国大学兽医专业。1919 年入天坛中央防疫处，首创微生物学研究所，主持痘苗的制造，为国内最早从事疫苗制造的先驱之一。1927 年研制出风行全国的庞氏牛痘苗，出品各种血清苗浆。加入中华农学会。1938 年任伪北京大学农学院教授、院长，兼任中国农村经济研究所所长、华北农学会会长。1943 年兼任伪东亚文化协议会农学部副部长，曾任伪北平市卫生局局长。中华人民共和国成立后，任河北农学院畜牧兽医系教授。1952 年全国院系调整，被调往内蒙古畜牧兽医学院。卒于 1956 年。

庞敦敏与汪逢春友，与王瑶卿最为莫逆。富收藏，喜文史，通音律，度曲工丑角，称名票。能戏有《山门》《刘唐》等。庞敦敏早年与吴承仕等组昆曲研习会，和陆麟仲主办肄雅社，为苏州道和曲社外埠社员。在微生物学方面有卓越建树。著有《兽医学大意讲义》《病原细菌学及免疫学简义》等。

（王晋玲）

殷震贤（1890—1960）

殷震贤，字邦良，昆山正仪人。生于清光绪十六年（1890）。医承家学，又得闵氏伤科真传。民国初于昆山南街行医，后迁至苏州司部巷，再迁至上海白克路，并就学于伊丽莎白医学院，为上海殷氏伤科奠基人。加入春在社，常年义务医治上海贫儿院年幼儿童，颇获称誉。

殷震贤嗜唱昆曲，得自家学。沈月泉曾为其踏戏。殷震贤工巾生，兼工小官生与旦角，时称名票。1921 年参加上海第一届昆剧会串，演出《拾画叫画》。次年与穆藕初、徐凌云等发起成立粟社，于小世界以清客身份参加全福昆班会串昆曲，为昆剧保存社、昆剧传习所募集经费，后又柬邀苏浙两省昆曲家于其寓所会串。1924 年当选为益社昆曲俱乐部副会长，参加昆剧传习所串演《后视》《亭会》《偷诗》等。曾与梅兰芳合演昆剧《惊梦》《奇双会》等。历被倚云集及赓春、平声、青社、同声集等曲社礼聘。1938 年曾参加上海赓春曲社昆剧会串以救济难民。另擅演《琴挑》《断桥》《跪池》《游园惊梦》《藏舟》等，时与陈凤鸣、翁瑞午、项馨吾等搭档，尤以与老搭档叶小泓合演《乔醋》饰潘岳擅名，有"殷乔醋"之称。

其巾生戏笑功与俞振飞擞腔被称为"双璧",有"殷笑俞擞"之誉。唐瑛、俞锡侯、葛苋吉、周萼轩、樊诵芬、柳萱图等为其高弟。

中华人民共和国成立后,殷震贤组织联合诊所。1956年参加上海市立第十一人民医院工作,任伤骨科副主任,兼任市中医文献馆馆员,同年参加南北昆剧会演,最后一次演出《乔醋》。1960年逝世。

(李　峰)

汪　东(1890—1963)

汪东,原名东宝,字旭初,号寄庵,别号寄生、梦秋,吴县(今江苏苏州)人。生于光绪十六年闰二月初十日(1890年3月30日)[1]。汪凤瀛三子,与长兄汪荣宝并称"二妙"。

汪东早年就读于上海震旦学院。光绪三十年,东渡日本,先入成城学校,后读早稻田大学预科,毕业后入哲学馆(后改为东洋大学)学习。结识孙中山,加入中国同盟会,鼓吹革命,历任《民报》撰述、编辑、主编。三十四年,在日本师从章太炎习文字学,与黄侃、钱玄同、吴承仕并称"章门四弟子"。宣统二年(1910)从日本回国,加入南社,辛亥革命时期参与江苏独立活动,任江苏都督程德全秘书。1912年任《大共和日报》《民声日报》编辑。1913年起历任北京大总统府法政谘议,内务部佥事、民治科第三司司长及编订礼制会会员,政事堂礼制馆嘉礼主任编纂员等。1917年起历任浙江象山、于潜、余杭等县知事及江苏省长公署秘书等。1923年与章太炎等创办《华国月刊》。1927年任国立中央大学教授兼中文系系主任,曾为校歌作词,1930年任文学院院长。抗日战争全面爆发后汪东随校迁至重庆。1938年任国民政府监察院监察委员。1943年任复旦大学中文系教授。抗日战争胜利后,汪东曾任教育部国立礼乐馆馆长。1947年被聘为国史馆纂修。中华人民共和国成立后,1950年汪东当选为苏州市人民代表、人民委员会委员。1954年起,先后任苏州市政协常委、副主席,江苏省政协常委,中国国民党革命委员会苏州市委员会主任委员,民革中央团结委员会委员,民革江苏省委员会副主任委员等职。

汪东于经史百家无不研习,在音韵、训诂、文字学诸方面都有创获。其文如《论支那立宪必先以革命》《法国革命史论》《法言疏证别录》等,散见于《民报》

---

〔1〕 沈云龙:《汪旭初(东)先生遗集》编后语,见沈云龙:《近代中国史料丛刊续编》第4辑,台湾文海出版社1974年,第444页。

《大共和日报》《华国月刊》《制言》等报刊。汪东具有极深的词学工力,1934年曾与吴梅、唐圭璋等在南京组织如社,后刊行《如社词钞》。亲自编定其《梦秋词》,收录从1909年至1962年所作,如《东归集》《闲情集》《俪德集》《绿茵集》《然青集》等,计20卷1380多阕。弟子沈祖棻、殷孟伦等多有成就。

汪东能画山水,画梅尤得同行称赞。在南京任教时,因住所与朋辈黄季刚所居量守庐相近,故为之绘《量守庐图》。兼工篆刻。其书法皆入古。汪东作篆喜用柔毫,使得所作篆书圆润遒劲,别有情趣。曾与鹤园主人庞衡裳等雅集,为鹤园石题"掌云",于苏州留园、拙政园、狮子林等也曾留下墨迹。

1963年6月13日汪东因胃癌在苏州病故,被葬于越溪陆墓山。另著有《寄庵随笔》《词学通论》《汪旭初先生遗集》等。

(陈道义)

朱剑芒(1890—1972)

朱剑芒,原名长绥,更名纂家,曾名师南,字仲康,一作仲亢,以号行,别号复泉居士等,笔名天摩、师侠、太赤、古狂、晴崖、苏遗等,吴江(今江苏苏州吴江区)黎里人。生于清光绪十六年(1890)。朱剑锋弟,严家淦师。

朱剑芒少称神童。光绪三十二年,为家塾师。宣统二年(1910)与表叔陈侠孟创办黎里平民小学,编印《楔粹报》,组织禁烟分会。1912年加入大同民党。曾任平望女子学校、英毅两等学堂教员,梅堰第一国民学校校长。1914年加入南社。1917年任苏州博文学校、桃坞中学教员。1919年任上海寰球中国学生会日校高中部教员,兼编《学生会周刊》,宣传进步思想,并兼任竞雄女校教职。1920年任教于市北公学。1925年任上海世界书局编辑,加入国民党,反对北洋军阀。北伐战争时编著之《三民主义国文读本》,广为各校所采用。朱剑芒后曾任苏州关监督、浙江禁烟总局秘书、南京特别市财政局文牍主任。1936年任浙江审计处总务组佐理员、股长。次年抗日战争全面爆发后朱剑芒拒任伪职,任教于上海明道国学专修馆。发表中篇小说《阿九哥正传》,揭露汉奸无耻丑态。1939年于浙江审计处复职。1941年调入福建审计处,任驻外稽查。参与创办《长风报》,兼任主编及撰稿。1943年成立南社闽集,任社长。1947年调任上海审计处驻外稽查,任第一组组长兼第三组组长,曾代理处务,迎接解放。

中华人民共和国成立后,朱剑芒任黎里禊湖中学校务委员会副主任。1951年调入常熟中学任教。1956年加入农工民主党,并任常熟市政协副主席、县人大代表。1958年至1961年兼任常熟县民办虞山初级中学校长。1972年逝世,被葬于虞山。

朱剑芒喜藏古钱币,精于鉴别。能画,工篆刻,擅书法,能书擘窠大字。诗词、散文、小说皆能,早有文誉,与顾无咎、朱剑锋、周云、沈次约号"梨村五子"。曾编《初中国文》《高中国文》及《美化文学名著丛刊》《艺林名著丛刊》《章台纪胜名著丛刊》《壮游名著丛刊》《百科小辞典》等。著有《经学提要》《剑芒文存》《海上杂诗初稿》《剑庐杂存》《歌声灯影集》《竹坪词录存》《双燕归巢庐词钞》《秋棠室丛话》《苏遗诗钞》《复泉居士诗文集》《燕江诗稿》《春雨楼词话》等。

(王晋玲)

王伯祥(1890—1975)

王伯祥,名锺麒,字伯祥,以字行,别号碧庄、容叟、巽斋、容安、容堂、苏亭、不翔等,吴县(今江苏苏州)人。生于清光绪十六年(1890)。三十二年,考入苏州中西学堂。次年考入苏州公立第一中学堂。三十四年,与同学吴宾若、顾颉刚、叶圣陶等组织放社。毕业后于苏州甪直镇县立第五高等小学任教,曾任北京大学国学门通讯研究员。1919年冬,与叶圣陶等创办《直声》文艺周刊。后任教于厦门集美学校、北京大学中文系。担任上海商务印书馆史地部编辑十余年,此间著《三国史略》《郑成功》《太平天国革命史》《中日战争》等,编辑史、地教科书多种,发表《四库全书述略》《古史辩今古文学》《辛弃疾的生平》等论文。1921年年初文学研究会成立。王伯祥成为该会会员。"五卅"运动时,与郑振铎等创办《公理日报》。1932年离开商务印书馆,至开明书店任编辑,此间编写教科书,编辑出版《二十五史》《二十五史补编》等。藏书有几万卷,在淞沪抗战中被毁于日军炮火。

1953年王伯祥应郑振铎之邀,任文学研究所研究员。1975年12月30日去世。

王伯祥曾选注《史记选》,标点《四库全书总目》,校点王夫之之《黄书》《噩梦》《思问录》《俟解》和严衍之《资治通鉴补》,增补范希曾之《书目答问补正》,参与《唐诗选》选注。著有《春秋左传读本》《增订李太白年谱》《庋榢偶识》《王伯祥日记》等。

(曹培根)

陈霆锐（1890—1976）

陈霆锐，名政，乳名翰臣，以号行，笔名霆公，吴县（今江苏苏州）郭巷人。生于清光绪十六年十一月初九日（1890年12月20日）。陈希濂长子，陈章兄。三十二年，入东吴大学堂肄业两年，因病辍学，曾任苏州第三小学英文教员。

1914 陈霆锐任上海中华书局编纂员，兼《协和报》译述。次年所译《獒祟》被辑入《福尔摩斯侦探全集》。1917 年陈霆锐考取上海东吴大学法科。1919 年参加"五四"运动，当选为上海学生联合会日刊编辑员，通过国家文官考试。次年以法科第一名毕业，获法学学士学位。留学美国，获密歇根大学政治学硕士、法学博士学位。1922 年回国，任东吴大学法科主任、教授。次年兼任商务印书馆附设函授学社商业科教授，入租界会审公廨律师名簿，受美国樊克令律师公会之聘襄理律师事务所。1924 年与李祖虞合组无锡、苏州、常熟联合律师事务所，同为赴京呈请收回会审公廨代表。次年被中国参加联太平洋会议筹备处聘为司法委员，代拟取消列强在华领事裁判权议案，兼任"五卅"惨案交涉法律顾问，受聘为上海学生会"五卅"事件救济会东吴法科学生会法律股委员，组织义务律师救援会，兼任上海华东高级商业学校校董。1926 年被推为上海律师公会、总商会等各公团收回会审公廨代表及中外法律委员会委员、修订临时法院手续法委员，起草收回公廨计划书，促成交涉订立协定。又兼任上海明华学院名誉院长、尚志中学商科校董。

1927 年陈霆锐被国民党上海市党部任命为改组上海律师公会委员会委员、改组筹备委员会委员、执行委员，兼任上海临时法院手续法委员。1928 年当选为东吴大学法科同学会、东吴大学上海同学会会长，上海公共租界工部局纳税华人会警务执行委员，工部局防御、交通委员会委员，出任东吴大学法学院教务主任。次年任国民党上海市党部代表，兼任国民政府工商部工商法规讨论委员会、上海特别市政府建设讨论委员会委员。1931 年兼任中国法学函授学院院长、暨南大学法学院教授，当选为密歇根大学同学会副会长，上海市各界反日援侨委员会常委兼登记科、外务科主任。1933 年任工部局地皮委员会委员。次年当选为上海律师公会常务执行委员、新闻记者公会专门委员，兼任中国法学函授学院主席校董。1935 年任中国公学大学部法律系系主任，兼上海市商会工商法规研究委员会、上海律师公会所得税法研究委员会委员。次年当选为国民大会代表，在"救国会七君子"案中为邹韬奋义务辩护。1937 年义务兼任上海市人力车夫互助会理事长、理事部主席、常务理事兼人事委员会委员，公共租界治安组主任。

"八一三"事变后于租界创办私立南方中学,任主席校董。次年回任东吴大学法学院教授。1939年集资创办华文正楷铜模铅字股份有限公司。1941年补任工部局华董。太平洋战争爆发后,陈霆锐经香港转重庆,任国民参政会参政员,仍执律师业务。1945年年初应美国国务院之邀以司法院特派员资格赴美考察,组织中国法律教育委员会并任委员,为中国法学人才游学美国大学做深造研究提供指导及便利,于战后重建中美法律制度之研究多有建树,主张中国富强的基础在制定真正的法制。次年年初当选为东吴大学同学会会长、上海市临时参议会参议员、上海市人民自由保障会法律顾问委员会主任委员、上海律师公会常务理事。1948年编辑《新法学》杂志创刊号,任中国商事公断协会筹备委员、首届理事,奉派出席荷兰海牙世界律师协会第二届年会,参与国际法庭处理战后事宜。次年去台湾台北执业律师,后参与东吴大学在台复校事宜。1954年促成东吴补习学校改制为东吴大学法学院,并任院长。次年辞职,移居美国。1974年8月返台定居。1976年病卒于台北。

陈霆锐好拳术,爱音乐,箫、笛、钢琴、洋琴兼擅。工文章,精通翻译,为法学大家。译有《慈禧写照记》《基督传》《丁格尔步行中国旅游记》《德国近代政治史》等。编著《商法》《西洋拳术》及《公民》教科书分册《法制》等。著有《自由呼声》《浩然堂集》等。

(李　峰　李海涛)

汤修慧(1890—1986)

汤修慧,别名慧子,吴县(今江苏苏州)人。生于清光绪十六年(1890)。父早年寓居浙江金华,开办照相馆。1912年,汤修慧与邵飘萍结婚,继入浙江女子师范学校读书。1913年,邵飘萍因抨击袁世凯政府被捕后,汤修慧四处奔走呼吁,终将邵飘萍营救出狱并送其东渡日本避祸,一时轰动海内,被誉为巾帼英雄。

汤修慧工诗善文,精通书法。1916年随夫北上,合创新闻编译社,任社长助理兼记者。后又与夫创办《京报》及附刊《北京报》。1918年受蔡元培之邀,与夫在北京大学共同创办新闻学研究会,为学员讲授新闻学基础知识和采集方法。学员中的毛泽东、陈公博、罗章龙、谭平山、高君宇等后皆成为时代的精英。汤修慧又在《京报》创办《新闻周刊》,专供新闻学会的学员练笔之用。在"五四"运动中坚持反帝爱国,被尊为"'五四'运动的旗手"。南北和谈时,汤修慧为促成南北统一、邀请孙中山北上主政立下首功。1926年邵飘萍被张作霖迫害致死,《京报》馆亦被查封。1929年《京报》复刊后,汤修慧任社长兼总经理。1930年任北平记者联合会执行委员,负责主持会务。1937年抗日战争全面爆发后,汤修慧关闭《京报》,辗转奔波于全国12个省宣传抗日救国。抗日战争胜利后,汤修慧又投身于人民民主运动。

中华人民共和国成立后,汤修慧回到北京《京报》馆内居住,致力邵飘萍和《京报》历史的研究。"文化大革命"中受到毛泽东保护,得以安度晚年。1986年3月2日于北京病逝。著有《一代报人邵飘萍》。

(王晋玲)

徐镜清(1891—1939)

徐镜清,名鉴,字镜清,以字行,吴县(今江苏苏州)人。生于清光绪十七年(1891)。姑父金南屏,雅好昆曲,光绪年间于苏州创办钧天曲社,工旦角。

徐镜清肄业于东吴大学堂。在古典文学方面有很深的造诣,又爱好音乐,能弹三弦,擅撅笛。幼年随姑父金南屏学唱昆曲,后复师从俞粟庐,于音韵、曲律、唱功、表演均有造诣,是苏州谐集、道和曲社的主要成员之一。工五旦,唱做俱佳,能戏颇多。中年后嗓音失润,而做功更趋细腻传神。徐镜清以扮演《雷峰塔》之白素贞、《蝴蝶梦》之田氏、《狮吼记》之柳氏、《连环计》之貂蝉、《翠屏山》之潘巧云、《金雀记》之井文鸾等不同性格角色享誉曲苑。精通曲律,曾为吴梅之《高子勉题情国香曲》杂剧谱曲,后所谱曲目被收入《霜厓三剧歌谱》。徐镜清又好收集抄写曲本。长年以蝇头小楷抄成的昆曲手折有数百种,现存378种,被藏于中国艺术研究院音乐研究所图书馆。

徐镜清生性豪爽,仗义疏财,常为昆剧艺人慷慨解囊,热情相助,并经常参加赈灾义演活动。1921年参与创建苏州昆剧传习所,为十二董事之一。后经商亏损致家道中落,以致忧郁成疾,患发背疽。抗日战争全面爆发后,1939年徐镜清在苏州病逝。

(徐 阳 王 宁)

郑泽南(1891—1941)

郑泽南,吴县(今江苏苏州)洞庭东山人。生于清光绪十七年(1891)。幼读私塾。早年赴上海经商,为广源糖行经理。宣统三年(1911)被推举为上海南市全国商团联合会副教员。后当选为点春堂糖业公会董事。1921年参与筹备上海糖业交易所,任上海糖业交易所股份有限公司监察。1928年当选为糖业公会主席。1930年创办私立糖业小学校,任主席校董兼校长。1931年因实业部与古巴夏湾拿国际糖公司订立借款兴办糖厂合同,郑泽南向国民政府立法院、行政院、实业部请愿维护国权。当选为上海市商会执行委员及抵制日货研究委员会、实施对日经济绝交委员会常任委员。1933年当选为第二特区市民联合会总务主任、中国航空协会上海市征求队第六队队长,参加捐购沪商第一号飞机,任振业纺织厂董事长。1934年当选为上海市商会第三届执行委员兼财务科主任、糖业同业公会监察委员、上海糖业股份有限公司常务董事。1935年发起中华糖业股份有限公司。次年与海上闻人杜月笙等创办大兴运销公司,任总经理,经营糖杂粮北货。当选为全国国糖产销协会常务理事兼事务主任、上海市商会检私委员会鉴定组组长。

郑泽南素来乐善好义,曾任三善堂议董、堂长,洞庭东山旅沪同乡会董事、常委。1936年当选为同乡会主席,并发起组织东山郑氏旅沪同族会。抗日战争全面爆发后,郑泽南任上海市各界抗敌后援会筹募委员会委员、上海难民救济协会同业组劝募委员会常务委员,资送同乡难民三千余人回籍。1939年改任旅沪同乡会监察委员、糖业公会执行委员。1940年登报启事声明杂粮、糖业等公会立场,拒入伪上海市商会。1941年8月27日晚于公共租界广西路口被日伪暗杀身亡。

(李　峰)

朱桂芳(1891—1944)

朱桂芳,原名裕康,又名庄儿,字云培,艺名小四十,吴县(今江苏苏州)人。清光绪十七年六月初二日(1891年7月7日)生于北京。出身于梨园世家。父朱文英,艺名朱四十,著名武旦,又工刀马旦。兄朱湘泉,工武生。

朱桂芳幼承家学,坐科于长春科班,专工武旦。出科后,搭双庆社,常伴杨小楼、尚和玉、俞振庭演配角,因配合精彩默契,甚得倚重。三十四年,被选入内廷供奉,时年十七岁,为升平署年龄最小优伶。资艺双佳,先后搭梅兰芳、余叔岩、徐碧云班社演出,与梅兰芳合作最久,被梅兰芳倚为左右手。随梅兰芳于1919年出访日本,1929年赴美国,1935年赴苏联演出,配演极尽绿叶扶红花之妙。

朱桂芳武技精湛,功底扎实,其"出手""把子"以及翻跌武打勇猛稳健、精巧轻盈,既有其父勇猛之风格,又有稳健秀美之大家风范,以出手工稳著名。与俞振庭、许德义合演《青石山》,对打动作猛勇迅疾;与梅兰芳合演《廉锦枫》《金山寺》等戏,饰蚌精、青蛇等则施以稳练秀健。又学习姐夫阎岚秋[1]出手技巧,并有所创新,为武旦一代名家。其唱腔圆润、爽亮,做功精美。朱桂芳擅演剧目有《泗州城》《盗仙草》《扈家庄》《红桃山》《蔡家庄》《青石山》《湘江会》《取金陵》《娘子军》《芦林坡》等。为梅兰芳配演剧目尚有《上元夫人》《太真外传》《天河配》《西施》《洛神》《五花洞》《凤还巢》《贵妃醉酒》等。

朱桂芳曾执教于富连成社。受业者有朱成富、班世超、冀韵兰等。后朱桂芳在中华戏曲专科学校任旦行教师。宋德珠等受其教益。晚年朱桂芳在沪为言慧珠说梅派戏,并为其配戏,助言慧珠成名。1944年3月21日于北平病逝。（李嘉球）

汪懋祖（1891—1949）

汪懋祖,字典存,吴县(今江苏苏州)人,祖籍安徽徽州。生于清光绪十七年正月二十四日(1891年3月4日)。汪铭清四子,北京政府教育次长袁希涛长女婿。系出吴趋汪氏,代有冕黻,蔚为江南望族[2]。三十年,入上海广方言馆。次年补诸生,考入苏州府中学堂。宣统二年(1910)毕业于江苏高等学堂。1912年考入北洋大学矿科肄业两年,因需赡母养弟,辍学赴陕西三秦公学任教。

1916年,汪懋祖考取官费留学美国资格,入哥伦比亚大学教育学院,专攻教育学,与陶行知、胡适等为同学,受业于杜威、孟禄等教育大家,获硕士学位。留美期间,曾担任袁观澜组织的欧美教育考察团翻译。1919年任哈佛大学研究员。次年回国,先后任北京高等师范学校(大学)教授兼编辑部主任,北京师范大学教务长、代校长,北京女子高等师范学校(大学)哲教系教授、代主任。1926年被聘为东南大学教授兼江苏省教育厅督学。次年转任中央大学教授。先后加入中国科学社、中华教育改进社、江苏教育学会、中华职业教育社等学术团体,大力提倡新教育。

1927年汪懋祖辞职,回乡创办江苏省立苏州中学,为首任校长,第一年还兼任教务主任。在主校政的三年半中,先后聘请陈去病、钱穆、吕思勉、吴梅等知名学者前来任教。深受杜威"教育即生活"理念影响,于此基础上提出"教育源于生活,又要改变生活"的理论。主张学校要成为学术化、生产化、社会化的学校,鼓励教师自编教材,主张实行学分制等,又提倡中小学文言运动,于学生选拔、教

---

[1] 阎岚秋,艺名九阵风,著名武旦演员,北京人。
[2] 汪安球：《汪典存先生事略》,http://article.netor.com/article/memtext_37250.html。

学改进等方面多有实践,使学校声誉蒸蒸日上,时称教育改革模范,享誉海内,为江浙"四大名中"之一。[1]

1930年汪懋祖被全国教育学会聘为专家会员。次年被罗家伦推荐,赴南京中央政治学校开办教育系,任系主任。1937年抗日战争全面爆发后汪懋祖随校内迁。1938年,奉命以中央政治学校教育系系主任名义,克服经费不足、校舍缺乏、师资紧张等困难,在云南大理开办中央政治学校大理分校。1940年将学校更名为国立大理师范学校,并续创附属小学。1941年学校由教育部接管,汪懋祖因胃溃疡复发导致大出血而离职治病。1942年病愈后,又赴丽江帮助筹建丽江师范学校。在滇西办学近五年,为开拓滇西区民族教育,改变教育落后局面做出重大贡献。

1942年年末汪懋祖赴西南联合大学任教,任西南联合大学师范学院院长、教授。1945年抗日战争胜利后,汪懋祖兼任东方语言专科学校校长。1946年回苏州,任国立社会教育学院教授。1949年1月9日病逝。

汪懋祖自称其教育思想为"新儒家的教育思想",其教育目标是要塑造"自动,自立,自治,健全体格,科学思想"和"守法,服务,责任心,通力合作之精神"的健全国民,同时,称这样的国民又需具备孔孟儒家的理想人格[2]。提出"教育源于生活"思想,主张理论联系实际,务求学以致用;认为人不可能孑然独生于群体之外,尤重视学生团队精神的培养;鼓励学生独立工作能力之养成,务使学生出校后有转移环境之能力;强调人格教育,认为教育的目的在于养成智、仁、勇俱备的人格;看重文言文的价值,反对完全否定文言文的做法,主张分阶段、有选择地加强学生文言文教育。

汪懋祖著述颇丰,除大量文章散见于各期刊外,还译有《罗素论马克斯哲学》等,编校《初级中学教科书公民》《初级中学公民》《初级中学国文》《初级中学教科书国文》等,合作编著《国防教育与各科教学》,著有《美国教育彻览》《教育学》《西洋教育史》《国防中心教育概观》《汪懋祖诗选》等。　　（李海涛　顾亚欣）

杨永清(1891—1956)

杨永清,字惠庆,浙江镇海人。清光绪十七年(1891)生于江苏无锡。其父杨

---

[1] 项红专:《汪懋祖的"学术化"办学理念及实践》,见《中小学管理》2010年第1期。
[2] 罗庆云、戴红贤:《民国教育家汪懋祖文言文教育思想研究》,见《武汉大学学报》2013年第1期。

维翰,为苏州博习医院首届毕业生,曾在无锡行医,与其母余氏皆笃信基督教。

宣统二年(1910)杨永清于美国教会主办的苏州东吴大学堂毕业。在上海清心中学任英文教员两年,1912年考入清华学校。次年夏毕业,任东吴大学附属中学算学教员。1914年以庚款资送留学美国,在威斯康星大学研究政治学和社会学。次年在旧金山代表清华学校出席巴拿马太平洋万国博览会,任中国教育出品副馆长。后转至华盛顿大学,获法学士、文学硕士学位,同时兼在中国驻美使馆工作。1919年冬赴欧,为中国驻英公使顾维钧秘书,并以中国代表团秘书身份参加在日内瓦举行的国际联盟第一次代表大会。1921年任出席华盛顿国际会议中国代表团秘书。1923年回国后,在北京外交部任条约司办事、秘书等职。1925年被派为驻伦敦总领事,随即因关税会议在北京开会,被留用为会务处第一帮办,兼任财政整理委员会秘书、调查股长。

随着国民革命的高潮和北伐战争的胜利,收回教育主权运动兴起。1927年东吴大学创办人及校董会决定将校政移交华人。杨永清被推选为校长,是年10月上任,成为东吴大学及华东地区教会学校华人校长第一人。就任以后,励精图治,把原有英文校训"UNTO A FULL GROWN MAN"改为中文校训"养天地正气,法古今完人",并正式兼收女生。1929年8月完成私立东吴大学在南京国民政府立案。改行院系制,分设文理学院、法学院,选聘优秀教师,遣派优秀教师出国深造,提高师资水平与教学质量,使学生人数激增,办学蒸蒸日上。

1931年杨永清曾短期担任国民政府外交部秘书,被师生极力挽留。1933年11月成立国际问题讨论会。1935年夏,在美国夏威夷大学做暑期特约讲座。1936年,作为大会主席,主持由全国法学院系发起组织的中华法律教育会成立暨第一届年会。1937年抗日战争全面爆发后,杨永清率文理学院师生历迁浙江湖州、上海复课,到印度参加基督教国际布道大会。1939年年初又赴美国参加监理公会合并大会。1941年2月与全家赴美。1942年任巴德温(Bowdoin)大学中国文化特约教授。1943年在纽约中国新闻社任演讲组主任,宣传中国艰苦抗战精神。1945年在旧金山出席联合国国际组织大会,任国际秘书处第一组第三股副股长,后为联合国筹备委员会国际秘书处社会事务组副组长。曾任中国出席联合国大会代表团事务组顾问,联合国社会经济理事会临时顾问,联合国社会委员会委员、副主席。积极募资作为东吴大学重建费用。1947年4月回国,继续履行校长职务。次年曾邀请美国驻华大使司徒雷登到东吴大学参观。为了适应国际化的要求,在东吴大学开设有关联合国知识的课程,认为东吴大学一定可以成为联合国新闻宣传中心之一。

中华人民共和国成立后,杨永清任华东军政委员会列席委员。1950 年 10 月任东吴大学校务委员会主席。1952 年全国高等学校院系调整。东吴大学文理学院和江南大学数理系、苏南文教学院合并,筹建江苏师范学院。杨永清被调往上海,不久告老退休。1956 年 3 月病逝。

杨永清生前曾获美国南方大学荣誉法学博士学位、巴德温大学荣誉人文学博士学位。著有英文版《中国宗教遗产》等。

(钱万里)

俞寄凡(1891—1968)

俞寄凡,本名义范,以字行,号慧天廎主等,吴县(今江苏苏州)人[1]。生于清光绪十七年(1891)。南京两江优级师范学堂毕业。曾任江苏省立第二师范学校教员。工诗文,会风琴,通音律,能书法。尤擅国画,不名一家,且工指画。1915 年春在上海参与发起东方画会。次年入日本川端画学校习西洋画,于东京创立中华美术协会。1917 年入东京高等师范学校图画手工科,毕业后回上海。1920 年加入天马会。其油画风景作品参加该会画展。后俞寄凡留学法国巴黎美术学校。1922 年任上海神州女学图画科教员、上海美术专门学校教授,与汪亚尘等创办东方艺术研究会,翻译出版日本黑天鹏信名著《艺术学纲要》,率先引入艺术学学科。次年任上海美术专门学校高等师范科主任、西洋画教授,兼江苏省立第二师范学校图画、手工教员,被教育部聘为新学制课程标准委员会艺术科初级中学图画、手工课程纲要起草员,编纂《初中手工教科书》。1924 年当选为江苏省教育会美术研究会评议员,参与发起上海艺术学会,与刘海粟主编《新艺术》杂志。次年创作的静物写生等作品参加上海洋画家春季联合展览会,所编著的《艺术教育设施法》被列入《上海美术专科学校丛书》。1926 年俞寄凡任上海美术专门学校艺术教育系首任系主任,兼美学、美术史、色彩学、艺术教育教授。当选为上海艺术学会会长,与王济远编选《天马画集》。主持发起创办新华艺术学院(次年更名新华艺术大学),1928 年任校长。参与发起上海艺术协会、寒之友画社,任上海艺术协会第一届展览会中画组审查委员。其作品《佛》等参展获誉。1929 年年初俞寄凡与张善孖、王陶民合办国画展览会。其作品《长江

---

[1] 关于俞寄凡籍贯,马海平之《上海美专名人传略》、徐国卫之《触摸历史:中国西洋画的开拓者》、陈洁之《上海美专音乐史》、徐昌酩之《上海美术志》等皆作江苏武进人,误。民国十年十月、十二年六月、二十年一月《上海美专同学通信录》,民国十三年《上海美术专科学校一览》,皆作"俞寄凡,字寄凡,江苏吴县人"。参见马海平:《上海美专名人传略》,南京大学出版社 2012 年,第 243 页。

一览》《蕙兰白菜》《国香》《麻姑》及指画《鹰》等参加教育部主办的第一次全国美术展览会。1930年俞寄凡与张肇光等发起光华美术社。学校更名为新华艺术专科学校。次年俞寄凡重组校董会,任校务委员兼总务长。1932年扶轮会为俞寄凡举办个人近作国画展。俞寄凡当选为全国艺术家捐助东北义勇军作品展览会理事,参与主编《画学月刊》。次年参加巴黎中国画展。1934年举办慧天楼书画展览会,当选为中华艺术教育社首届监事、中国画会候补执行委员。次年当选为中国工商业美术作家协会首届监事,创办慧天日语补习学校并任校长。1937年春任上海贫儿院职业初中筹备主任。

全面抗日战争初期俞寄凡降附日伪,任伪教育部高等教育司第三科科长。1939年参加中小学教员访日教育视察团。1940年任伪教育部编审,次年改任专员,兼任伪中国教育建设协会理事,翻译出版日本人所著《中日文化之交流》及《儿童教育问题讨论集》等。1943年任伪教育部参事,改任内政部视察,同年辞职,任伪中央大学教授。1945年年初被聘为伪行政院文物保管委员会图书专门委员会顾问。抗日战争胜利后俞寄凡因任伪职曾被追究。1947年被推为上海市儿童劳美成绩展览会评判委员。中华人民共和国成立后,俞寄凡被聘为上海市文史研究馆馆员。1968年去世。

俞寄凡有《赤壁泛舟图》《拾椹供母图》《农家秋乐图》等传世画作。平生富于艺术修养,向以西画理论研究闻名。著作颇丰。另译有《美学纲要》《艺术教育设计法》《儿童学原理》等。编著《西洋之神剧及歌剧》《色彩学ABC》《玩具与教育》《素描入门》《油画入门》《小学教师应用美术》《小学美术》《小学美术教育》《小学美术教学的研究》等。著有《艺术概论》《美学精华》《人体美之研究》《西洋音乐史纲》《近代西洋绘画》《水彩画纲要》等。

(王晋玲)

陆殿扬(1891—1972)

陆殿扬,字步青,吴县(今江苏苏州)人。生于清光绪十七年(1891)。父陆鸿熙,号敬斋,为贝祖诒义父、颜文樑师,毕业于苏州工业学堂,擅画工书。光绪末支持女儿率先放足,创办诚信学堂并任堂长,为苏州新学先驱之一。

陆殿扬为陆鸿熙长子。光绪三十四年,毕业于上海南洋公学中院第九届电机科。曾任常州高等实业学堂教员、常州省立第五中学教务主任兼外国史地教员,为中共早期领导人瞿秋白、张太雷老师,推广直接教学法,卓有成绩。1920年任南京江苏省立第一中学校长,兼南京高等师范学校、东南大学英文教授。曾当选为江苏省教育会附设英文教授研究会书记、南京学术讲演会主任干事、中华教育改进社中等教育委员会副主任、《新教育》杂志中等教育组编辑员、江苏省新学制讨论整理委员会委员,率先开展"全国中学校状况调查统计"。1925年被推为国语运动大会南京分会副会长。1928年任浙江杭州市财政局第一科科长,后任市政府教育科科长、省教育厅秘书。1931年任上海市教育局科长。次年任浙江省教育厅第一科科长、主任秘书等,兼浙江大学外国语系英语教学法教授。编译《革新的外国语学习法》《国民英语读本》。1935年入国民党中宣部所属南京正中书局,任高级编审、编审处主任,编著《初级中学英语》《标准英语字汇》《陆殿扬英语教学言论集》等。全面抗日战争时期陆殿扬内迁重庆,任国立编译馆教科书部主任,兼任教育部训育委员会委员,筹设国立造纸印刷科职业学校。抗日战争胜利后陆殿扬督导推行教育部定教科书,任国立编译馆中小学教科书编辑委员会主任委员兼人文组主任,主编国文、公民、历史、地理等国定本初中教材辅导书及《中华民国全图》《世界全图》《汉唐盛时疆域图》等。1948年当选为中国英语教学研究会首届常务理事。

中华人民共和国成立后,陆殿扬曾任上海外国语学院教授,洛阳解放军外国语学院教授、英语系系主任等。翻译强调信、达、顺,用英文著成首部翻译教程《英汉翻译理论与技巧》。所作《修辞学与语体文》,在吸收西方吉能等学者修辞学思想的基础上,初步创建了国内首个完整的修辞学体系。陆殿扬曾与张儒秀选注《英文精选》。另编有《中等学校训导与英语科教学》《简易英语论说集》《简易英语故事集》《简易英语书信集》等。另著有《英语构造法》《英文实用修辞学》《汉英词序的比较研究》等。

1972年陆殿扬逝世。

女陆兰秀,革命烈士,别有传。

(李　峰)

赵士卿(1891—1974)

赵士卿,字吉云,常熟人。生于清光绪十七年(1891)。藏书家赵宗建孙。1920年于上海同济医工专门学校毕业。1924年获德国法兰克福大学医学博士学位。曾任柏林社会卫生研究员。次年回国,任北京疗养院院长兼化验科主任,1928年任广州中山大学教授、医学院院长。1932年任国民政府教育部国立编译馆医科专任编审,兼药科名词审查会复审委员。次年被教育部聘为审查细菌及免疫学名词主任委员,后兼任自然科学组主任,被聘为精神病理学、人体解剖学名词审查委员,疾病诊断名词编译主席委员,教育部医学教育委员会、护士教育委员会委员等,审核医教标准。

1937年赵士卿任中华医学会出版委员会委员、中华医学会昆明分会首届副会长。1939年于昆明任同济大学校长,曾兼任医学院院长,次年辞职。教育部复令其改署校长。后赵士卿任国立编译馆编审、代馆长,1948年任馆长。中华人民共和国成立后,1956年赵士卿被聘为上海市文史研究馆馆员。1974年逝世。

赵士卿喜藏书。善画仕女、花鸟。曾编审《精神病学名词》《人体解剖学名词》《病理学名词》《细菌学免疫学名词》《药物学名词》等。

(王晋玲)

陆 权(1891—1978)

陆权,字伴逊,号逊庵,晚年人称逊翁,昆山玉山人。生于清光绪十七年(1891)。宣统元年(1909)入南京陆军小学。辛亥革命爆发后,任沪军先锋团职事官。南北议和后考入武昌第二陆军预备学校。1913年参加"二次革命"反对袁世凯,任沪军先锋营连长。次年考入保定军官学校第三期,毕业后赴广东潮州入赣军第四军,任上尉参谋兼教官。1919年考入北京陆军大学第六期,毕业后供职于北京政府陆军部。

1926年陆权加入中国国民党,参加北伐战争,任国民革命军总司令部参谋处中校参谋,升任上校作战科科长、淞沪卫戍司令部参谋兼训练处处长。1927年任江苏省水警厅厅长、上海总指挥部参事,改任水陆公安管理处少将副处长兼教导团监督。次年任苏州市政局局长,力请建市,并任首任市长,为筹划建设不遗余力,多有建树。1930年因苏州撤市,陆权改任金山县县长。次年调任国民革命军北伐战史编纂委员会少将委员。1932年任陆海空总司令部参谋本部少将处长,主管战史修纂及陆军大学教育。1934年以参谋本部第二厅第五处处长身份代厅长。1939年调任军令部第三厅中将副厅长。1942年调任陆军大学西北参谋班中将主任兼特别党部特派员。1945年冬任军事委员会中将高级参谋。1948年因病退役居苏州。中华人民共和国成立后,陆权曾任苏州市文物保管委员会委员。1978年逝世。

(王晋玲)

毛吟槎(1891—1991)

毛吟槎,吴县(今江苏苏州)胜浦北里人。生于清光绪十七年(1891)。二十二年,入教会主日学校。二十九年,毕业于教会小学。三十四年,受洗入教,于北里教会小学任教。宣统三年(1911)被调至吴江平望传教。1913年由美国监理会保送南京金陵神学院,1916年为首届毕业生。

1917年毛吟槎任监理会无锡牧区协理牧师,兼东吴大学无锡附属第八小学校长。1918年任教区年会书记,被封为执事,于常州北直街任副牧师,申请恢复东吴大学附属第五小学,义务兼任校长。1919年"五四"运动时期,组织惜阴社,自任社长,学习宣传进步文化。1922年调任浙江湖州三余社牧区主任牧师。1923年为苏州圣约翰堂牧师,代理主任牧师,支持东吴大学率先让学生自主决定是否参加宗教活动与修习宗教课程。1924年任监理会年议会刊物《福音光》编辑主任。1925年以圣约翰堂益德会名义,于濂溪坊白蚬桥创办友谊社,开办工人夜校,募捐声援"五卅"运动,后当选为五卅路筑路委员。1926年支持铁机纺织工人罢工斗争获胜。1927年任太仓教区教区长。1932年任苏州宫巷乐群社堂主任牧师。1934年任常州教区教区长,兼恺乐堂主任牧师。1938年于武汉与冯玉祥组织抗日战争基督徒全国联合会,任代理总干事,后迁至云南昆明,与循道会合办天南中学,任校董会书记。1939年筹组全国基督徒联合会云南分会,任总干事,举办难童院。1941年调入华西年议会工作,任四川重庆卫理公会社交会堂主任牧师,申请恢复启明小学,兼任校长。1943年与冯玉祥创办敬善中学,任校长。1944年以社交会堂名义支持东吴、沪江法商学院及景海女中办学。1946年回华东年议会,与冯玉祥合作于苏州悬桥巷恢复启明小学、敬善中学,任校长。

中华人民共和国成立后,毛吟槎于1950年改任浙江湖州教区海岛教堂主任牧师,后当选为湖州市基督教三自爱国运动委员会主席。1954年任江苏常州市北大街卫理公会教堂主任牧师。1958年任恺乐堂主任牧师。曾任常州市基督教第一至二届三自爱国运动委员会主席、名誉主席及基督教协会名誉会长,江苏省基督教三自爱国运动委员会及基督教协会顾问,当选为常州市政协常委。1991年卒于常州。

毛吟槎工书法。编有《中华监理公会第三十九次年议会记录》,著有《永不止息——毛吟槎牧师回忆录》。

(王晋玲)

王无能(1892—1933)

王无能,本命念祖,小名阿魁,绰号小辫子阿魁,吴县(今江苏苏州)人。生于清光绪十八年(1892)。三十一年,随父至沪,就读于文明书局编辑所附设之文明小学。宣统二年(1910)参加业余剧团二警社,演文明戏。被苏石痴、张冶儿等看中,获邀参加职业文明戏团。受"隔壁戏"即口技影响,演出时学各种声音,反响颇佳。1917年,前江苏都督程德全举办寿宴,剧团成员因故不能前往,主家遂命王无能一人撑持场面。王无能即兴模仿各地小贩及堂倌语言动作,颇受欢迎。1919年前后,于上海笑舞台演文明戏,拜郑正秋为师,与张啸天、谭志远、陈素素、张冶儿、易方朔、张利声、丁楚鹤等同为笑舞台主要演员。演出之外,王无能常观街头艺人表演,并于私下模仿练习。其时,笑舞台曾邀电影演员周空空以架子、锣、钹等物摆"独脚场面",做客串演出。王无能受此启发,亦于文明戏开演前摆"独脚场面",做单人表演,观众称之为"等客戏"。因此时上海口语将一人代替几人独撑场面称作唱独脚戏,故王无能之表演遂被称为"独脚戏"。久之,因独脚戏声名渐响,王无能遂退出笑舞台,专应堂会。又以钱无量为搭档,合作演出一主一和的独脚戏,形成"双档"局面,并开创上下手七三分账的报酬形式。1927年两人应新世界游艺场之邀,长期挂牌演出。1929年,王无能联合江笑笑、鲍乐乐、刘春山、盛呆呆、陆希希、陆奇奇、丁怪怪、赵希希等五班响档组五福团,于新世界举行滑稽大会串,所演滑稽小戏《约法三章》《十大教歌》《谁先死》《张古董借妻》等轰动一时。1932年,王无能与江笑笑、鲍乐乐、程笑亭、管无灵、邓笑灵等滑稽演员拍摄的黑白无声电影《到上海去》亦大受欢迎。

王无能善学各地方言,惟妙惟肖,故其常于作品中以各种方言混搭,制造笑料,从而形成方言混滑稽的特色。代表作有《空城计》《广东上海话》《各种小贩》《喝衣》《各地堂倌》等。因其时京剧甚为流行,王无能遂将为大众所熟知之唱段添油加醋,用某方言演唱,外加笑料,以造成滑稽效果。代表作有《宁绍空城计》《武松打虎》《常熟珠帘寨》《江北朱买臣休妻》等。王无能更善从民间挖掘戏剧元素,并加以发挥,使之更贴近百姓生活。代表作有《哭妙根笃爷》《哭阿龙笃爷》《扬州五更调》《十八摸改良》等。其中,《哭妙根笃爷》以自苏州学来的"哭丧调"模仿苏州民间"卖哭"之风,为其一生最有影响之作。

王无能因常年演出而不得休息,加之胃病严重,遂以吸大烟支撑。后因病卧床半年多,无力医治,于1933年秋病故,身后颇萧条。滑稽界同人自愿集资为其发丧。虽无嫡传弟子,然同行、后辈对其所做贡献颇为认同,将其奉为"滑稽戏鼻祖",与江笑笑、刘春山并称"滑稽三大家"。

(顾亚欣)

陆 基　　陆衣言

陆基,字甫安,号豫庵,吴县(今江苏苏州)人,清代隶籍长洲。生卒年不详。陆懋修裔孙。诸生。光绪三十一年(1905)任江苏学会庶务部书记员,三十三年,以长洲、元和、吴三县视学员兼劝学所总董身份办理某女子小学案被学界推崇。宣统元年(1909)当选为长洲县监督。次年被推为长洲县浒墅关筹备自治公所参议员及办事职员。三年当选为江苏地方自治会职员。1912年任公立女学校长时,当选为江苏教育总会图书审查会修身科审查员,吴县教育会副会长、会长。次年辞会长职,后任南北桥区、浒关学务委员,江苏教育总会社会教育部干事,教育部国语统一会干事。1925年兼任教育部图书审定委员会委员。1935年时任教育部国语统一筹备委员会委员。

陆基精卜易,通文史,崇习陆、王理学,尤致力国语统一运动。早年与徐卓呆合译通俗小说《儿童教育鉴》,获教育部嘉奖。编有《苏州同音字表》《苏州注音符号课本》《苏州注音符号字帖》《苏州注音业书》《蒙学经训修身教科书》等。著有《吴郡志略》《陆王学精华》《卜易新法玩占徵验录》等。

陆衣言,陆基次子。擅文学,专于文字音韵之学,尤致力国语标准音研究与推广。1920年入上海中华书局任国语文学部编辑,兼该局创办的国语专修学校教授,讲注音字母教授法及江南音与国音之比较。加入中华教育改进社、国语研究会,编刊1925年《国语运动大会报告书》。与黎锦熙等国音派学者,同京音派张士一等讨论国音问题,于"京国之争"中,反对京音派坚持根本改造的主张,反对全盘欧化。1926年参与发起组织全国国语教育促进会,当选为董事。次年兼任全国国语教育促进会附设第一国语模范学校南京分校副校长,继续推动国语运动。1930年被聘为教育部注音符号推行委员会委员及注音符号传习会导师。次年全国国语教育促进会组织注音委员会。陆衣言被蔡元培会长聘为常务委员。参与发起推行手写简体字。改良康熙字典中部首,发明五角头尾号码检字法。自创的国语速记术被全国国语教育促进会速记委员会试验推广。1939年陆衣言参与组织中华民国国语教育建设协会。

陆衣言一向关心儿童教育及儿童文学创作,曾与黎锦晖、王人路等策划中华书局创办《小朋友》周刊,与王人路等编著《儿童文学丛书》《儿童艺术丛书》,并作插图和封面画,与黎锦晖编《儿童常识画》,与蒋镜芙编《新小学教科书社会课本》《新小学教科书社会课本教授书》等,编著《儿童工艺四十种》《标点绘图小说片锦十种》,创作《太阳出来了》等多篇优秀作品。

陆衣言尤以国语著述称大家。曾与黎均荃编《新教材教科书国语读本》《国音易解》，与妻江仲琼编《标准国音小字典》。主编《国语注音符号丛书》。编著《中华国音留声机片说明书》《国音发音法》《国语发音学大意》《新定国音发音法》《国语注音符号发音法》《国语注音符号讲习课本》《国语注音符号使用法》《国语罗马字使用法》《交际国语会话》《头尾号码新国音学生字典》《国音小字典》《中华国语大辞典》《增补订正国音易解》《国语速记术》等。另编有《南京游览指南》。

妻江仲琼，亦为吴县人。生于清光绪二十二年（1896）。1916年曾于《妇女时报》发表《屋内动物图说》。1926年加入全国国语教育促进会，与夫陆衣言致力国语标准音研究与推广，合编《标准国音小字典》。又与陆仲贤、马国英合编《注音符号函授科讲义》。编著《注音符号小史》《国语游戏》等。1933年产后病卒于上海，被归葬于苏州。

（李　峰）

王荫嘉（1892—1949）

王荫嘉，字苍虬，号殷泉，吴县（今江苏苏州）人，祖籍秀水（今浙江嘉兴）。生于清光绪十八年（1892）。三十一年，随父王次欧赴北京，并留京读书。其父自日本考察宪政返国后，拟往湖北任官，事未成即病逝。王荫嘉遂于宣统二年（1910）自京返里，执掌家业，娶妻周氏。

返归故里后，王荫嘉于古玩店邂逅古钱收藏家周仲芬，并时时切磋研究。1920年前后，获得嘉庆年间古钱收藏家金忠淳之全部藏品，其中不乏大蜀通宝、铁广政、安南刀环绍丰钱等珍品。因有大量实物可供参考，加之本人古典文学基础深厚，周仲芬指点有加，王荫嘉古钱研究之造诣渐深，蜚声姑苏。王荫嘉复与江浙及上海一带钱币藏家张叔驯、郑家相、张絅伯、戴葆庭等来往切磋。其后，又获刘鹗、关渭卿及周仲芬部分藏品，受益日丰。

1937年春，应张叔驯、陈仁涛二人之邀，王荫嘉自苏州赴上海，商议成立上海泉币社及出版相关杂志等事宜。不久遭逢"八一三"事变，苏沪杭一带迅速沦陷。次年，张叔驯一家移居美国，相关事宜宣告停顿。罗伯昭由重庆移居上海，以经费促成泉币社之成立。该社成立后，于每周日下午四点至六点半在罗伯昭家开讨论会，并于每月第一个星期三晚上聚餐。此后，又以庆寿为主题，由王荫嘉与丁福保、罗伯昭、张絅伯、郑家相、戴葆庭、张季量、陶庭耀、陈亮声、蔡季襄组成寿泉会，王荫嘉则为第一位寿星。生辰当日，各人聚宴于罗宅，皆献出三款珍贵古币,将每款拓成十份,再分别粘贴装订成十册,命名为《寿泉集拓》,给每人一册以作纪念。《泉币》双月刊于 1940 年 7 月创刊。王荫嘉负责校正。于此事勤勉有加,每稿皆核对四五遍,对于工人排字错误,亦亲往印刷所修改。久之疲惫不堪,并患高血压,1942 年 4 月携家眷返苏州静养。以邮寄方式继续从事杂志相关工作,并介绍苏州方面同好参与活动,又与地方钱币爱好者不定期举行聚会讨论,从而于近代钱币亦颇有所得。

王荫嘉醉心于钱币收藏,而于身体甚少介意。回苏州后对臂痛剧烈等症状亦不以为然,1949 年终因脑溢血而逝。著有《王荫嘉钱币论集》。

(顾亚欣)

席德懋(1892—1952)

席德懋,字建侯,吴县(今江苏苏州)洞庭东山人。生于清光绪十八年(1892)。祖父席正甫、父席裕光皆为近代金融巨子。受家门影响,席德懋亦为民国金融界之骄子,被公认为"国际金融之隽才"。

席德懋清末毕业于上海南洋公学。1912 年自费留学英国伯明翰大学,获商科硕士学位。1917 年归国,先任意商华义银行经理,后与留美归国的弟弟席德炳合营国际汇兑业务,声名颇著。1928 年 11 月 1 日中央银行在上海成立,国民政府财政部部长宋子文兼任总裁。席德懋任该行发行局副局长,旋任理事会理事兼外汇局局长。后因外汇局并入业务局,席德懋改任业务局局长。1932 年 8 月任中央银行汇兑局总经理。次年出任中央银行美货棉麦事务处经理。1934 年复任中央银行业务局总经理。1935 年 3 月作为中国银行官股董事,参与中国银行的改组工作。席德懋作为中央银行代表,多次出席"废两改元"会议,为上海银两改元兑换管理委员会成员。以中央银行业务局局长身份参加在上海召开的银行界会议,讨论实施法币政策,推动该政策于 1935 年 11 月 4 日正式实行。

抗日战争全面爆发后席德懋常驻香港,加入财政部平衡、平准两基金委员会,参与安定法币币值工作。1941 年春与银行同业公会主席陈光甫一起赴美,接洽经援事宜,并筹设世界贸易公司,同年 8 月任外汇管理委员会常务委员。1944 年 3 月任中央银行理事会理事。1946 年 3 月兼任国际货币基金组织及国际复兴建设银行代理理事。1948 年春以官股董事身份当选为中国银行总经理。1949 年 8 月出席国际货币基金组织和国际复兴建设银行年会,后居留美国。1952 年 1 月 24 日因肝病在纽约病逝。

(李海涛)

陈端友（1892—1959）

陈端友，名介，字介持，常熟王市人。生于清光绪十八年（1892）。幼年家贫。十三岁方进本镇私塾念书，不及两年，因父过世而辍学。后经人推荐，前往扬州问古斋碑帖店当学徒，得该店老板、苏州有名的雕刻好手张太平悉心指导。经数年勤学苦练，其雕刻技艺精进。陈端友尤精于刻砚。1912年随张太平迁居上海，在张太平的新店雕制石砚。7个月后张太平去世。陈端友接手经营该店，勉力维持五年后歇业。1917年冬，在家以刻砚为生，后参加海上题襟馆金石书画会，结识吴昌硕、熊松泉、商笙伯、贺天健等书画名家，并拜名画家任堇为师。陈端友利用机会与这些书画名家切磋交流，提高艺术素养，努力将中国传统绘画的技巧、章法融入刻砚艺术，以写实派著称。1936年前后，上海中医余伯陶欣赏陈端友的刻砚艺术，以优厚待遇聘其于宅为自己刻砚，解除其生计之忧。此后八年，陈端友所制瓜砚、镜砚、蝉砚及古泉、竹节、田螺、鲤鱼等砚二十余方，皆为其砚雕中的珍品。

中华人民共和国成立后，1953年陈端友被聘为上海市文史研究馆馆员，任华东艺术专科学校工艺研究员，继续专心从事砚台雕刻，然因疾病缠身，于1959年去世。

陈端友执着于刻砚艺术，青衣布履，终身未娶。向来强调艺术创作要重质量，要经得起时间检验，不能粗制滥造。故一砚之成，往往花费数年乃至数十年。陈端友一生所制砚约有五十余方，皆为艺术精品，大多被藏于上海博物馆。陈端友身后出版的《陈端友刻砚艺术》一书，是对其毕生刻砚艺术的总结。（李海涛）

王怀琪（1892—1963）

王怀琪，字绥臣，号思梅。吴县（今江苏苏州）人。生于清光绪十八年（1892）。宣统二年（1910）于上海中国体操学校毕业。精武术、技击，致力研究整理中国传统体育典籍《五禽戏》《易筋经》等，于《八段锦》尤有心得。1912年任上海商团尚武小学体育教员，兼教于中国体操学校、爱国女学、湖州旅沪公学、甲种商校等校。加入俭德会、上海武术会。1915年任澄衷中学体育教员，以教授国粹体育八段锦十分钟体操知名，编著《订正八段锦》《易筋经廿四式图说》《易筋经十二式图说》等。后曾兼任精武体育会器械部主任，任教于南京江苏省立第一中学。1919年与吴志青合编《十二路潭腿双人图说》。1921年任教于南京江苏省立第四师范学校,参与组织江苏教育会中华业余运动联合会。1923年任教于浙江省立第九师范学校,当选为严州中等学校体育研究会首任会长。参加中华全国武术运动大会,个人表演菩佛手荣获第一名。次年回任澄衷中学体育主任,当选为江苏教育会附设体育研究会国粹体育部委员。创制体育三段教学法。所编纂的《走步体操游戏三段教材三编》为中国第一套比较完整、系统的中小学教育教材。王怀琪曾兼任海澜英文专门学校技击教员。1926年参与创办中国健学社,任爱国女学国技教员。次年参与发起上海中学体育联合会并当选为委员。后兼任中国体育学校、中国女子体育师范学校教授。1936年自费偕同中国体育代表团考察德国柏林第十一届奥运会及意大利、瑞典、丹麦、捷克等国体育。先后编有《华佗五禽戏图》《五禽戏舞蹈图》《易筋经挂图》《女子八段锦图》《八段锦图解》《八段锦教授挂图》《新编八段锦》《分级八段锦》《八段锦舞》《八段锦歌》等,编成多套极富民族特色的健身操。1939年任博喻中学体育主任。1945年抗日战争胜利后,王怀琪当选为上海市体育协会理事兼国术委员会主席,曾兼任上海市运动会、小学联合运动会筹委会委员,第七届全国运动会上海市预选会国术选拔委员会主席,上海市摔角观摩大会顾问等。

中华人民共和国成立后,王怀琪曾任上海教育学院体育教研室主任,兼任全国体操、武术裁判,曾当选为上海市人民代表、市政协委员等。1963年逝世前,将所有藏书皆捐献给国家。一生著述浩繁,对中国传统武术的改造贡献尤为卓著。合译有《徒手迭罗汉》《手杖自卫术》,合编有《跑冰术》《鞭打游戏》,自译有《笼球游戏》《克罗密氏药球运动》。另编著《体操》《初中柔软体操》《圆阵联络体操》《国耻纪念体操》《庆祝体操》《室内八分钟体操》《中国迭罗汉》《西湖风景迭罗汉》《女子迭罗汉图》《最新女子篮球游戏》《女子机巧运动堆砌图案》《女子跳舞图》《女子手巾体操》《正反游戏法》《圆阵游戏大全》《徒手游戏三百种》《胜战拳》《工力拳》《十字拳图》《户内棒球术图解》《足球规则》《跳舞场》《健身术》《自然治疗法》《十分钟简易强身术》《儿女强身法》《业余运动法》《实验深呼吸练习法》《十二路潭腿新教授法》《小学游戏科教学法》《体育测验法》《健康精言》《体育格言》等。

(王晋玲)

陈万里(1892—1969)

陈万里,本名鹏,又名冥鸿、夷初,字万里,吴县(今江苏苏州)人。生于清光绪十八年(1892)。1917年毕业于北京医学专科学校,主修寄生虫学与公共卫生。任北京大学校医,兼职于北京大学国学研究所,后任厦门大学国学院考古学导师、浙江省卫生处处长、江苏省卫生署署长等职。其间曾于1930年赴南斯拉夫、波兰、英国、法国等国考察卫生行政事宜。1949年中华人民共和国成立后,陈万里任故宫博物院研究员。

任职于卫生行政岗位期间,陈万里颇有政绩,于鼠疫防治尤其是全面抗日战争期间抗击日军细菌战多有贡献,曾撰著《鼠疫流行状况略记》等文。兴趣广泛,多才多艺,对音乐、美术、昆曲等戏剧艺术有相当造诣,对摄影学、古陶瓷研究有杰出建树,数十年里"他的兴趣虽然有变更,但无时无地不把他的生命浸润在趣味中"[1]。

陈万里是中国近代摄影艺术的拓荒者。1923年冬,与黄振玉等人发起组织中国第一个摄影艺术团体——艺术写真研究会(后改名光社)。1924年举办第一次摄影作品展。将自己展出照片中的12帧制为珂罗版,出版了中国第一本美术摄影专集《大风集》。是年参加了清室善后委员会,拍摄溥仪被逐出宫照片,出版了《民十三之故宫》摄影专集。1925年,受北京大学国学研究所委派,陪同美国哈佛大学旅行团考察敦煌,后将途中见闻整理成《西行日记》,附以300余幅佛像洞窟照片,1926年结为《西陲壁画集》出版。同年在上海慕尔堂举办个人摄影展。是为中国首次个人影展。1928年年初,陈万里与郎静山等人组织中华摄影学社即华社。提出了摄影"造美"的观点及摄影的个性化、民族化等问题,并在实践中形成了自己的风格与特色。

作为中国近代走出书斋,运用考古学方法对古瓷窑做实地考察的第一位学者,陈万里因有感于"吾国谈瓷之书,虽则有几部,但是笼统转载,往往人云亦云,并无独创之见"[2],1928年起"八去龙泉,七访绍兴"[3],"搜集了大量瓷片标本,进行排比研究,开辟了一条瓷器考古的新途径,从而使我国陶瓷学进入了一个崭新阶段,为现代陶瓷学奠定了科学的基础"[4]。1928年发表《调查龙泉青瓷报告》。1937年《越器图录》由中华书局出版。1946年力作《瓷器与浙江》发行,堪称从传统的书斋考古迈向窑址考古的丰碑。1956年,陈万里作《中国青瓷史略》,对中国青瓷研究做基本总结。20世纪60年代开始,对北方瓷窑集中的

---

[1] 罗常培:《〈瓷器与浙江〉序》,见《陈万里陶瓷考古文集》,紫禁城出版社1997年,第3页。
[2] 陈万里:《〈中国陶瓷史〉与〈景德镇瓷业史〉的批评》,见《陈万里陶瓷考古文集》,紫禁城出版社1997年,第20页。
[3] 亦有一说为九赴龙泉,八赴大窑。
[4] 李炳辉:《前言》,见《陈万里陶瓷考古文集》,紫禁城出版社1997年,第1页。

河南、河北等地进行考察研究,涉及越窑、邢窑、汝窑、钧窑、当阳峪窑、耀州窑、龙泉窑、景德镇窑、定窑、磁州窑、山西琉璃、中国外销瓷等。发表了《调查平原河北两省古代窑址报告》《邢、越二窑及定窑》《谈当阳峪窑》《禹州之行》《磁州窑的过去与未来》等文。为中国古陶瓷研究做出了杰出贡献。

1966 年"文化大革命"爆发后陈万里遭受迫害,1969 年 3 月去世。生前加入中国民主促进会,为中国美术家协会会员、中国摄影学会理事。另编有《故宫图录》,著有《青瓷之调查及研究》《宋代北方民间瓷器》《陶枕》《陶俑》《陈万里陶瓷考古文集》《陈万里陶瓷研究与鉴定》以及《闽南游记》《湘川道上》等。

(朱季康)

傅焕光(1892—1972)

傅焕光,字志章,太仓浏河人。生于清光绪十八年正月初三日(1892 年 2 月 1 日)。出身于中医世家。1914 年毕业于上海南洋公学中院,转入专科选读,入菲律宾大学森林管理科。1917 年毕业,转入农学院研习植物学。次年任江苏省立第一农业学校教员。1919 年年末因支持进步学潮辞职,任江苏省立第一造林场分场主任,加入中华职教社农业教育研究会。1922 年任南京东南大学农科秘书兼编辑。次年被江苏省教育厅、实业厅聘为全省农业机关视察指导员,兼任明陵委员会筹办修葺临时委员。1924 年江浙战争后,撰《江苏兵灾调查纪实》,出任绥远省实业厅农科科长、代理厅长。1927 年任江苏省立第一农业学校校长、江苏省立第一造林场场长,加入中国国民党。1928 年年初任孙中山总理陵园主任技师,兼任经济部农林司技术科科长,参加筹办先烈遗族学校委员会,出任总理陵园园林组组长兼设计委员会委员,兼任国民党新区分党部委员,襄助纂辑《总理陵园管理委员会总报告》,主持建设植物园。1930 年被聘为教育部审查高中农科课程会林业组委员。次年兼任建筑阵亡将士公墓筹备委员会常务委员、国民革命军遗族学校及女子学校校董。1932 年任军事委员会淞沪抗日阵亡将士营葬委员会中山陵园代表,为中国科学社农林股社员。抗日战争全面爆发后傅焕光入川。1940 年任重庆国民政府农林部林业司造林科科长,兼任农产促进委员会森林勘察团团长、四川教育学院教授。1942 年任农林部天水水土保持实验站主任,建成示范区。1945 年被农林部派送至美国农林部水土保持总局研究部学习,获结业证书,于西部华盛顿大学从事研究。以中国代表团顾问身份参加联合国粮农组织第一次大会及加拿大魁北克粮食会议、美国华盛顿联合国森林专家会议。次年年初任农林部中央林业实验所技正,1947年任副所长,后任所长兼水土保持系主任,筹建苜蓿园森林。1949年年初兼任中山陵园管理处处长。中华人民共和国成立后,傅焕光兼任华东军政委员会财经委员会农林委员、华东农业科学研究所森林系负责人。1950年任华东农林部林业总局副局长。次年任安徽省大别山林区管理处副处长。1953年任安徽省林业局工程师,后任林业厅造林处副科长、副处长,林业科学研究室主任,林业科学研究所副所长等。曾当选为南京市各界人民代表会议代表、安徽省人民代表、全国人大代表、九三学社合肥分社委员、中国林学会理事等。1972年11月10日于安徽黄山逝世。译有《改进中国农业与农业教育意见书》。著有《总理陵园小志》《傅焕光文集》等。

(王晋玲)

薛元龙(1892—?)

薛元龙,字噓云,以字行,一作啸云,吴江(今江苏苏州吴江区)同里人。生于清光绪十八年(1892)。父薛凤钧,字淦夫,号梅隐,乃薛凤昌胞兄。诸生。光绪二十三年与金松岑等结雪耻学会。工词翰,书学刘镛,尤擅小楷。喜制灯谜,与兄创建灯社。曾任同里兴业电灯厂经理。与王锡晋、金祖泽、沈文炯同登古稀,并称"同里耆老"。

薛元龙为薛凤钧长子。早年与柳亚子同学。辛亥革命后,与范烟桥等结同南社。曾任无锡师范实验小学教员,后任南京暨南学校教员,授童子军课程。1917年为江苏省教育会附设童子军暑期研究会旗语课教员,与顾振来等发起成立中华民国江苏童子军联合会。1921年被推举为联合会干事会干事、副总教练员,兼任淮扬道总教练员,参与发起成立全国童子军研究会。1924年代联合会总教练员,次年当选为联合会董事、总教练员,兼任江苏省教育会江苏学校军事教育研究委员会委员。1926年兼任全省童子军会操营务主任,任吴江暑期童子军讲习会讲师。反对军阀统治,支持国民革命。次年参与发起筹备吴江县教育协会,任临时执行委员。于苏州主持改组江苏童子军联合会,另立江苏省童子军协会,当选为首届常务执行委员,兼任训练部主任及厘订课程标准委员会、童子军用书编审委员会委员及起草章程委员,主持厘订童子军誓词、纪律、徽章、旗帜等,指导成立江都童子军协会。1928年任中央大学区童子军委员会及附设课程标准委员会委员、中国国民党童子军江苏省军部筹备委员会常务委员,兼党童军领袖训练班筹备委员,与戴企留合编出版《童子军测绘法》。后任省立常州中学国文教员。1930 年被聘为上海中国体育学校特设童子军教练员训练班、清华暑期体育学校讲师,兼任江苏全省童子军第一次大露营新闻社主任、江苏省党部特设童子军教练员训练学校教练员。次年兼任江苏全省童军镇江大露营比赛裁判长。"九一八"事变后,为常州中学学生救国义勇军编定军歌。1932 年被聘为中国童子军总会设计委员、训练科总干事,后改任科长,拟定男女幼童子军训练标准及各种学科标准,通令全国施行。1935 年任中国童子军总会训练会议服装证章组召集人,提议修正中国童子军青年军名称为中国青年童子军。次年被聘为全国童子军第二次大检阅设计委员会委员兼营火会总干事,与陈立夫主编《师范丛书》,主持编校《童子军》系列教科书及《新编建国童子军》,校译《童子军教育原理》,主编《童子军小丛书》,辑入其著《看护》《营火会的一助》《军棍使用法》《领巾使用法》《幼童军游戏》等。

1937 年薛元龙被聘为江苏省幼童军教练员暑期训练班讲师,于抗日战争全面爆发后赴重庆。1941 年于《教与学》杂志发表《修订中国童子军训练标准的刍见》,强调适应时代,注重精神、体格、技能、智慧、集体、服务训练,而以精神训练为灵魂。1943 年参与发起中国童子军教育学会,出版《小队长必备》及教材《初级中学童子军》等。后供职于毛啸岑所办重庆合众产物保险公司,于抗日战争胜利后任南京支公司经理。1947 年被推定为江苏省教育会教育行政研究委员会委员,参与筹备中国童子军教育学会上海分会。被誉为民国时期中国童子军事业的开创者和奠基人之一。

中华人民共和国成立后,1957 年薛元龙被增补为上海市虹口区特邀政协委员。1975 年 12 月 5 日,为老友陶冷月寄赠《耆耋图》而赋七绝三首,自署"枫江八四老人"。亦通星象学,擅奏扬琴。曾与蒋息岑编《初中三角教本》,与弟薛元麒编《文通高小算术教科书》,自编《初中新算术》。

(王晋玲)

徐兰沅(1892—1977)

徐兰沅,吴县(今江苏苏州)人。清光绪十八年(1892)生于北京。出身于梨园世家。曾祖徐阿四,以拉琴卖唱为生。祖徐承翰(或作承瀚),工小生,随徽班进京,搭三庆班为程长庚配戏,曾入清宫供奉。父徐宝芳,亦工小生,为四喜班吴巧福长女婿,有五子三女。

徐兰沅居家为长。八岁学戏,初学老生,曾为谭鑫培、汪桂芬、孙菊仙等前辈配戏。又向姚增禄、徐立棠、吴连奎、吴顺仙、何薇仙及萧长华等名师学过生、旦、净、丑各行当应工戏,会戏甚多。受嗓子限制,徐兰沅改学场面。自幼酷爱音乐,尤喜京剧文场戏,更迷胡琴。光绪三十四年,由杨小楼介绍拜南府音乐教习方秉忠为师,后又向名鼓师沈宝钧、王景福、刘顺等学武场。宣统三年(1911),登台为名旦吴彩霞操琴。后加入春庆社,为何桂山、刘永春、俞振庭等操琴。1913年入富连成班,为高百岁、马连良、侯喜瑞、筱翠花等伴奏。翌年秋,为伶界大王谭鑫培操琴。谭鑫培卒后,徐兰沅又给其女婿王又宸操琴近四年。1921年,陪梅兰芳赴港演出,回京后为梅兰芳操琴,合作二十八年之久。曾随梅兰芳赴美国、苏联等演出。1949年中华人民共和国成立后,徐兰沅曾任北京戏曲学校副校长。

徐兰沅操琴宗法梅雨田、孙佐臣,又汲取名家陆砚亭、王玉田等人所长,经钻研创新,自成一家。其操琴平正大方,快而不火,慢而不瘟,尺寸严谨,节奏鲜明。琴音清彻纯净,洒脱飘逸,圆润浑厚,韵味浓郁。其伴奏能因人而异,随情而转,平稳中见其俏,柔和中显其刚,托腔垫字,传神达情,与演唱者配合紧密,丝丝入扣,犹如拱星托月。徐兰沅被梨园界誉为"胡琴圣手",尊为旦行琴师之楷模。

徐兰沅对艺术求精求新,所创唱腔"垫头""过门"翻新切合情理,悦耳动听。梅兰芳排演《西施》《洛神》《红线盗盒》《太真外传》《生死恨》等戏,从场次穿插、曲牌选择到唱腔组织都与徐兰沅共同精心研创。徐兰沅对梅派唱腔了如指掌,被言慧珠、陆素娟等梅派传人聘为说腔指授。生平谦逊好学,博学多才,京剧文场样样都能,京剧武场件件皆行,深谙琴理,精通曲牌锣经。知识渊博,熟悉梨园掌故,20世纪40年代初,在华声广播电台播讲京剧音乐知识、胡琴及梅派唱腔。曾为清华大学京昆班学生讲课。中华人民共和国成立后,徐兰沅曾在北京人民广播电台播讲戏曲知识。结合前人经验,总结出胡琴"撞、拈、滑、垫、虚、兜、抒"七字技法。1958年总结毕生艺术经验,撰写《徐兰沅操琴生活》。

1977年1月8日徐兰沅于北京病逝。徒弟甚多,成为名琴师者有杜奎三、李慕良、黄天麟、唐在炘、熊承旭、李德山等。

(李嘉球)

孙本文(1892—1979)

孙本文,原名彬甫,曾用名共,字时哲,一字行健,吴江(今江苏苏州吴江区)吴溇庙港人。生于清光绪十七年十二月二十四日(1892年1月23日)。世代书香门第。父孙祖禄,字存生,贡生,教私塾,曾任本乡小学校长,著有《乐陶居诗稿》。

孙本文五岁入塾,随父迁居薛埠,先后就读于震泽明体学堂、县城江震小学。1915年春从江苏省立第一师范学校毕业,任吴江县立小学教员。8月考取北京大学文科哲学门,与冯友兰同学,并任班长,两年均为第一名,被全免学费。1916年秋选修康宝忠教授的社会学课程,受到美国社会学家吉廷史的学说影响。1918年以甲等毕业,任南京高等师范学校附属中学国文兼哲学教员。1920年考取江苏省公费留美生。次年4月赴美,就读于伊利诺伊大学研究院,专攻社会学和社会调查,兼修教育理论。1922年6月获硕士学位。入哥伦比亚大学研究院攻读博士学位,师从社会学系系主任吉廷史、心理学系系主任吴伟士等,研读社会学、社会心理学和统计学,又受教于文化学派创始人乌格朋,并深受其影响。1924年7月转入纽约大学研究院。次年6月完成博士论文《美国对华舆论之分析》,获哲学博士学位。被聘为上海南方大学教授未任,入芝加哥大学社会学系从事博士后研究,选修高级社会心理学、社会病理学等课程,兼修经济学,又深受芝加哥学派的熏染。

1926年年初孙本文回国,被聘为大夏大学暑期学校教授,9月任复旦大学社会学系教授,兼复旦学生社会科学研究会顾问。在《东方杂志》发表《美国社会学现状及其趋势》一文。次年先后发表《何谓社会问题》《中国文化区域研究》《文化失调与中国社会问题》等文,出版首部著作《社会学上之文化论》,成为国内社会学界提倡重视文化分析研究第一人。同年又出版《社会问题》。1928年编著出版《社会学ABC》《人口论ABC》《文化与社会》,同年10月与游嘉德、潘光旦、吴泽霖、吴景超等在上海发起成立东南社会学会。该学会成为沪宁地区各大学研究社会学的学术团体。孙本文当选为常务委员兼编辑主任。1929年2月任南京国立中央大学社会学系教授,主编出版学会刊物《社会学刊》,9月任系主任,兼任中央政治学校教授,编撰《社会学》讲义,主编出版《社会学丛书》。1930年2月东南社会学会正式改组成立中国社会学社。孙本文当选为理事,并被推为第一届正理事兼常务编辑委员,后议定主编《社会学词典》,根据其所拟定之学名汉译及人名汉译两表,修订社会学译名。5月兼任国民政府教育部高等教育司司长,并被聘为中华文化教育基金会董事。

1931年孙本文经陈布雷、陈立夫介绍加入国民党,年末辞去司长职务专任教职,再任中国社会学社正理事。1932年任中央大学教务长,将被撤之社会学系改为社会学组,暂隶哲学系,次年复系。1934年2月辞教务长职务,专任社会学系教授,暑期后兼任系主任。1936年社会学系再被撤。孙本文改任哲学系教授,参加中国统计学社。1937年年初仍当选为中国社会学社理事兼常务编辑委员。抗日战争全面爆发后,孙本文随校迁至重庆。1939年兼任国立编译馆社会学名词审查委员会主任委员。次年被国民政府社会部聘为设计委员。1941年任中央大学师范学院院长,一度兼任附中校长。翌年9月社会学系恢复,孙本文仍兼任系主任,被教育部遴选为首批部聘教授,兼任考试院考试委员会委员,当选为中国社会学社常务理事。1944年辞去院长职务,专任社会学系系主任,并主编中国社会学社与社会部合办的《社会建设》月刊。抗日战争胜利后孙本文回南京,1947年兼任中央大学社会学研究所主任,第三次当选为中国社会学社理事长。1949年4月任第二届校务维持委员会主任委员,与师生员工坚持护校。南京解放后,学校更名为南京大学,社会学系被撤销。孙本文改任政治系教授。1950年被聘为保卫世界和平委员会南京分会社会组研究员。加入九三学社。1951年主动要求进入华东人民革命大学政治研究院学习。翌年年初结业回校,任江苏省哲学社会科学联合会理事,南京市经济学会理事、副理事长,《江海学刊》编委。1953年调入地理系,自修俄文,先后编撰《统计学》《统计学与统计图表》《经济统计学》《国民经济计划》等讲义。1955年起任第一至四届江苏省政协委员。1962年调到新组建的政治系,讲授"现代资产阶级社会学批判""哲学英语选读"等课程。1966年"文化大革命"爆发,孙本文被打成"资产阶级反动学术权威",又升级为"专政对象",一度被下放至南京大学溧阳分校劳动改造。1972年被"解放",参加翻译《瑞士史》《摩纳哥史》等国别史及联合国文献资料等。1977年改任哲学系教授,先后完成《评论美国现代两位著名实用主义哲学家权威詹姆斯和约·杜威》《评论德国古典哲学家黑格尔》等译著,自著《现代西方资产阶级哲学流派简介》(未完稿)、《中国人口计划生育问题》(已成草稿)。1979年2月21日逝世,被彻底改正。

  孙本文是中国社会学的开拓者和奠基人之一,"是我国学院系统社会学界中最有影响的人物之一"[1]。毕生致力社会学教学与研究,系统介绍西方社会学到中国,并建立了一个综合性的社会学理论体系。学术思想总体上属于文化学派,但孙本文对其他学派亦兼收并蓄,体现了中国社会学者报国为民、促进社会进步、有学派无宗派以及勤奋治学的精神,在社会学中国化和彰显社会学的应用价值的道路上具有里程碑式的建树。一生著作丰硕,除上述之外,还主编有《社会学大纲》《社会组织》《现代社会科学趋势》等,著有《现代社会学派》《社会学原理》《社会学的领域》《社会变迁》《社会的文化基础》《社会行政概论》《现代中

---

[1] 韩明汉:《中国社会学史》,天津人民出版社1987年,第118页。

国社会问题》《社会思想》《社会心理学》《近代社会学发展史》《当代中国社会学》等。今人编有《孙本文文集》十卷行世。

孙本文有二女五子。长子孙世笃,著名画家吕凤子女婿。毕业于南京兵工学院,曾任香港中文大学商学院院长,后定居美国。次子孙世实,曾就读于清华大学,1936年加入中国共产党,为"一二·九"运动北平学联党组领导成员之一。1938年10月牺牲于武汉附近,被追认为革命烈士。

弟孙本忠,著名蚕桑专家,曾任中央大学蚕桑系系主任、中国农业科学院蚕桑研究所研究员,别有传。

(李　峰　俞　前)

邵汝干(1892—1982)

邵汝干,原名汝福,字季真,号可羡,昆山蓬阆(今蓬朗)人。生于清光绪十七年十二月初三日(1892年1月2日)。胡石予弟子。清宣统元年(1909)考入上海龙门师范学校。武昌起义爆发后,邵汝干参加敢死队攻打上海制造局,加入上海少年社,供职于吴淞军政分府军需处。1912年转入苏州拓殖学校蒙科。次年因学校关闭辍学,曾任常熟县立第一高等小学校、昆山蓬阆乡第一初等小学校体育教员。1918年毕业于南京高等师范学校体育专修科,历任江苏省立第一农业学校舍监、省立第一师范学校兼苏州体育学校教员。1921年创办南京体育师范学校,自任校长,兼教于省立法政学校,加入中华教育改进社。1924年兼江苏省教育会附设体育研究会委员、师范体育部主任,江浙战争时任蓬溪临时妇孺收容所主任。1927年任昆山县教育局局长,加入中国国民党,曾兼任县立中学校长。扩充县中,创办昆嘉青三县联立乡村师范学校,设立农民教育馆,扩大民众教育馆,推行中心小学区制,举办民众识字学校,扩充图书馆、体育场,与上海中华职业教育社合办徐公桥教育实验区。1929年任南京市教育局社教科民众体育股主任,后改任文化技术股主任,兼任民党南京市教育局区分部委员。1933年任上海市教育局视察员,兼第三届上海全市运动会总干事及注册股主任干事,创办月刊《勤奋体育月报》并任主编。次年任上海市教育局体育督学,兼上海东亚体育专科学校、教育部体育讲习会教授。1935年发起中华体育学会,草拟组织章程,当选为上海体育协进会常务理事、推行组主任,在《体育杂志》创刊号上发表《如何提倡全民体育》《建立民族本位体育》。次年兼任第六届全运会副总干事、上海市代表团总领队,任上海市体育场董事会董事、中心体育场场长,主编《上海体育月刊》,赴德国考察奥运会及欧洲体育,后兼任大夏大学体育科教授。抗日战争全面爆发后邵汝干两次被日伪拘捕入狱,守节不屈。1945 年抗日战争胜利后,邵汝干任上海市体育协会总干事,筹备恢复上海体育专科学校。次年任上海市国民体育委员会主任委员、上海体育馆馆长。1947 年再任全运会筹备委员、副总干事,编撰《第七届全国运动大会手册》。次年兼任东亚体育专科学校教授兼教务委员。中华人民共和国成立后,1956 年邵汝干加入民革,被调至上海市体委,先后供职于运动技术研究室、体育宫武术办公室。1982 年逝世。编著《模仿运动》《准备操》《小学准备操》《远足登山》《小学体育教本》《体育场》等。

(王晋玲)

徐佩琨(1892—1980)

徐佩琨,字叔刘,吴江(今江苏苏州吴江区)横扇人。生于清光绪十八年(1892)。徐佩璜弟。清宣统元年(1909)于邮传部上海高等实业学堂附属中学首届毕业,升入高等船政科,被举为岁贡生。三年考取电政局初等班。1914 年于交通部上海工业专门学校土木工程科毕业,被选派至美国宾夕法尼亚铁路公司实习,曾就读于宾夕法尼亚大学。1917 年获俄亥俄州立大学经济学硕士学位。入芝加哥大学毕业院修业,曾任生打飞铁路、伊利诺伊中央铁路研究员及芝加哥大陆银行研究员。1919 年于上海与徐名材及兄徐佩璜创办中华肥皂公司。1923 年任南洋大学铁路管理科教授,兼校经济学会顾问。次年辑著《经济学》。1925 年与徐名材等教授组织学生课外活动委员会,并制定学生课外服务规则。1927 年任南洋大学校务维持委员会常务委员,被国民政府交通部任命为铁路管理科主任,第一交通大学筹备委员、校产保管员、教务长。次年兼任农工商局合作事业委员会咨询员、交通大学教职员对日外交后援会执行委员兼经济绝交设计委员会主任委员,创建中国铁路学会并任首任主席。又兼任交通会议续聘专家专门会员、交通教育委员会委员。学校改组后,徐佩琨任上海交通大学交通管理学院教授兼院长。1929 年奉铁道部令往东北调查中东铁路状况,出任中央大学商学院副教授兼工商调查部主任。次年提出金贵银贱救济方案,参与筹备组织中国工商管理协会并当选为理事,被聘为中央大学商学院教授、教务主任兼银行科主任,兼任上海市财政局组织财政讨论委员会经济组委员。1931 年任商学院代理院长、院长。次年商学院更名为国立上海商学院后,徐佩琨任首任院长,兼任民光中学、振德中小学校校董。1933 年离职,被中国统计学社推为统计学名词审定委员。次年年初参与发起国际学会,当选为常务监事,出任持志学院商学系教授、系主任。发起创办上海商政学校,兼任校长。创办上海社会经济调查所并任主任。1935 年当选为南洋公学同学会理事、副会长。次年兼任私立上海市北中学职业科筹备主任、高级会计科主任。1937 年曾任浙江省财政厅秘书。次年创办上海私立致用大学,任校长,1939 年兼任海南职业学校教授、公共租界工部局教育委员会附设华人私立学校补助金委员会委员、《青年文会》编辑顾问。后任广东中山大学政治学系教授。1946 年任上海商学院复校筹委会委员、北平铁道管理学院院长。1949 年初离职后去香港。1958 年任新加坡南洋大学商学院工商管理系教授兼系主任,次年任院长兼代银行学系主任。后任台湾清华大学、华侨大学和香港岭南书院、香港理工学院等校教授。1976 年冬归居上海。1979 年受聘为上海市文史研究馆馆员。1980 年逝世,被归葬于苏州横山。著有《中国币制问题》《商情调查法》《金本位之末日》《铁路法读本》等。

(李　峰)

章元善(1892—1987)

章元善,吴县(今江苏苏州)人。生于清光绪十八年(1892)。清末民初知名学者章钰长子。少年时就读于苏州草桥中学,与王伯祥、顾颉刚、叶圣陶等为校友。三十三年,父章钰入两江总督端方幕。章元善随迁南京,考入江南高等学堂预科,与赵元任、周仁等同攻数学、英文等科。宣统二年(1910),章钰携家迁京。章元善与赵元任同应外务部游美学务处招考,相继赴美国留学。章元善于康奈尔大学文理学院攻读化学,并积极参与留学生活动,曾任《中国留美学生月报》总经理及发行人。

1915 年章元善回国,先后供职于直隶工业试验所、北洋防疫处、直隶交涉公署、直隶公立第一中学、天津基督教青年会、《京津泰晤士报》《华北明星报》、天津拒毒会等处。1918 年夏水灾发生。章元善目睹难民惨状,遂欲脱离官僚机构,投身于社会事业以救死扶伤。1920 年华北出现大旱。章元善受邀担任救灾机构总干事,负责筹款事宜。1921 年 11 月,各省救灾组织于上海成立中国华洋义赈救灾总会。章元善当选为副总干事,不久任总干事。悉心研究赈灾任务性质,注重制度建设,尤其关注农村问题。1922 年年初,为求农村信用合作社问题之解决,在查阅大量国内外资料后于华洋义赈救灾总会内设农利股,邀于树德任主持人。1923 年 6 月于直隶香河成立中国首个信用合作社。8 月华洋义赈救灾总会专门设立合作委员会,章元善则负责推动农村合作事业。1924 年,主持创办白话文月刊《合作讯》。1925年起于农闲季节举办讲习会,介绍合作社常识。复推行合作社规范化,对合作社实行证书制度,并评定等级,奖优罚劣。至20世纪30年代中期,河北农村合作社达237个,遍及80多个县。

在义赈会任职期间,章元善亦参与其他社会团体的工作。曾会同知名人士颜惠庆等创立欧美同学会,并对清华同学会、公益联合会、扶轮社等团体多有贡献。1935年11月,应邀任南京国民政府实业部合作司司长,拟定《组织合作社须知》《登记程序》等文件,并呈准行政院颁行于全国,以求合作社经验之推广。至1938年,合作事业制度、规划等已趋完备,CC系首领陈果夫对此多有垂涎。章元善遂脱离合作系统,并转任多职。1940年,因被指在平价销售处处长任上有贪污情事而遭军统侦讯。事件平息后,章元善遂决定不再于国民政府任职。

此后,章元善曾主持中国国际救济委员会工作,并参与民主建国会筹建工作,其间接触中共人士,并逐渐与之接近。1949年上海解放后,民主建国会在上海公开活动,并成立临时工作委员会。章元善负责机关联络事务,并主持机关刊物《民讯》之恢复工作。中华人民共和国成立后,章元善历任政务院参事,第一至四届民建中央常务委员,第二至六届全国政协委员。1987年6月7日病逝于北京。

(顾亚欣)

朱屺瞻(1892—1996)

朱屺瞻,本名增钧,号起哉、二瞻老民,太仓浏河人。生于清光绪十八年五月初二日(1892年5月27日)。父承祖业,经营太仓、上海吴淞等处酱园,家境优越。朱屺瞻八岁不幸丧母。九岁入私塾读书,得塾师童颂禹启蒙,喜爱绘画。三十一年,入宝山县学堂读书。三十四年,考入邮传部上海高等实业学堂。校长唐文治是朱屺瞻表叔,对其作字作画着意指点,告诫切忌浮滑。后朱屺瞻常去外国人所办伊文思洋书店和岭南派画家高剑父、高奇峰兄弟开办的审美书馆购买西洋画册,精心临摹。

1912年年底,朱屺瞻考入刚刚成立的上海图画美术院,次年即被聘为擦笔画教师,并兼任函授乙部主任。1917年,其创作的油画《风景》入选首届苏州美术画赛会展览。同年夏辞去教职东渡日本,经汪亚尘介绍进入川端美术学校,师从日本著名画家藤岛武二。数月之后,因继母病重奉父命回国。1926年其父病逝后,承继酱园产业,仍致力绘画艺术。

1928年10月,朱屺瞻与友人王济远、江小鹣、潘玉良等在上海林荫路创办艺苑绘画研究所。次年,所创作的国画作品《春寒》等和油画作品《劳苦》《静物》入选教育部主办的第一次全国美术展览会。1931年朱屺瞻受聘为新华艺术专科学校校董兼教授。1932年"一·二八"事变发生后,十九路军同日军血战。朱屺瞻冒险去前沿写生绘画,歌颂神圣抗战。7月12日"朱屺瞻淞沪战迹油画展览"于新华艺术专科学校举办,轰动上海。1933年后朱屺瞻资助成立新华艺术专科学校绘画研究所。1935年参加柳亚子组织的南社纪念会。1936年与徐悲鸿、汪亚尘等创办默社画会。1937年,创作的国画作品《竹石图》和油画作品《菊花》参加教育部主办的第二次全国美术展览会。全面抗日战争期间,朱屺瞻奔波于宝山、嘉定、太仓等地,积极参加赈济活动,坚守民族气节。抗日战争胜利后,朱屺瞻加入新太仓社,与陆博泉倡办"大学贷金""中学生助学金",自捐十万元,资助清寒学子。1946年上海美术会成立。朱屺瞻当选为监事。曾筹集钱款购藏《万点恶墨图卷》《八大山人书画册》等名作,以使国宝不流失国外。

中华人民共和国成立后,朱屺瞻参加上海第一次文代会,后受聘为上海市文史研究馆馆员、上海中国画院画师,兼任华东师范大学及上海大学艺术系教授。曾当选为上海美协常务理事,被聘为中国美术家协会顾问、西泠印社顾问等。1962年8月,上海美术家协会和上海国画院在上海美术馆联合举办了朱屺瞻国画展览,展出的百余幅山水花鸟作品受到行家好评。

"文化大革命"爆发后,朱屺瞻受到冲击,被迫停笔达十年之久。"文化大革命"结束后,朱屺瞻迎来了艺术创作的新时期。重点进行中国画创作,间作油画,迎来了艺术的鼎盛期,并形成了自己独特的艺术面貌。其作品既保持了中国画的力度和神韵,又有油画的凝重和色调之美。1977年朱屺瞻应邀为北京饭店和首都机场作画。1979年为人民大会堂创作了巨幅国画《红梅图》。1981年上海美术电影制片厂拍摄了艺术纪录片《画家朱屺瞻》。1984年朱屺瞻的山水画《大地春意浓》获第六届全国美术展览会荣誉奖。1995年,上海市政府在鲁迅公园修建了朱屺瞻艺术馆。

1996年4月20日朱屺瞻在上海病逝。有《朱屺瞻画集》《朱屺瞻画选》《朱屺瞻百岁画集》等,著有《癖斯居画谈》。

(袁成亮)

姚民哀(1893—1938)

姚民哀,本名朕,字天亶,别名肖尧,字民哀,以字行,笔名乡下人、花萼楼主、护法军、半塘、小妖、老匏、芷卿、灵凤等,绰号姚小脚,常熟人。生于清光绪十九年(1893)十一月[1]。室名花萼楼、息庵、息庐、芝兰庵、珠兰庵等。曾祖姚锡田。祖父姚家福,字小琴,一作啸琴,诸生,著有《潭影山房诗钞》。父姚仁寿,字琴孙,或作琴生、芹生、秦生,庠生。屡试不第。因酷爱弹词,被其祖锡田逼出族,遂从母姓朱氏,艺名朱寄庵,由马如飞女婿王石泉带领自苏州光裕社出道。著有抄本《姚琴孙手稿》和首创弹词曲本《西厢记》、刻印本《荆钗记全传》存世。

姚民哀乃姚仁寿继妻邹氏所生,为次子,被养育于苏州三门巷九年。异母长兄朱梅庵自缢于苏州言桥头后,姚民哀随家迁回常熟。毕业于虞西高等小学堂,因家道中落而辍学。父以说唱《西厢记》《三笑》《荆钗记》《双金锭》闻名一时。姚民哀随之取艺名朱兰庵,同母弟姚民愚取艺名朱菊庵,从父学艺谋生,游走江湖,献艺于江浙等地,深受各界听众欢迎。宣统二年(1910)姚民哀赴上海演出时,从南社社员冯平学诗文,渐与革命党人交往。辛亥革命时,谒淞沪光复军司令李燮和,被委为秘书[2]。随后加入光复会、中华革命党,鼓吹革命,为南社中坚分子。后与弟拼档弹唱《西厢记》,长期在上海大世界游乐场及东方书场等处献艺,其说书艺术在当时很有影响。姚民哀曾创作《空谷兰》《巧姻缘》《荆钗记》三部长篇弹词,又为朱耀祥、赵稼秋编写弹词《啼笑因缘》前部。

1920年,姚民哀进入美商花旗烟草公司任文牍,出差各地搜求党会秘闻,对帮会内幕尤为熟悉。1922年4月创办《戏杂志》,兼任主编。杂志内容涉及弹词、评话、京剧、昆剧、新剧、滩簧、电影等方面。1923年姚民哀在程小青主编的《侦探世界》上发表第一篇武侠小说《山东响马传》,由此迈入武侠之林,以"党会小说"别树一帜,被称为"帮会武侠之祖"。曾任《小说霸王》杂志编辑,作有《江湖豪侠传》《四海群龙记》等长、中、短篇武侠小说二十余种,与文公直、顾明道合称"武坛三健将"。此外编过《春声日报》《新世界报》《世界小报》等。发表了包括《南北梨园略史》《谭鑫培来沪之回溯》《仙韶寸知录》等在内的大量戏曲史、戏曲评论文章。还在上海《红玫瑰》《半月》《快乐》《紫罗兰》《小说专刊》等报刊上发表诗词、杂文、小说、弹词作品甚多,为鸳鸯蝴蝶派重要作家之一,在上海文坛颇具声誉。

1937年"八一三"中日淞沪会战时,姚民哀参加常熟抗日后援会,以常委身份

---

[1] 姚民哀于《我之恩物》一文中自谓:"我是前清光绪十九年十一月内出生的。"见《红玫瑰》1927年第3卷第14期。按,光绪十九年十一月二十四日为1893年12月31日。姚民哀又谓"岁丁未,余年十五",见姚民哀:《民哀说集》,国华书局1921年,中编第1页。《民哀说集》冯平序谓:"庚戌孟秋,惨缘少年猎名来访。问其姓氏则朱兰庵;问其职业则说书;问其年则十七。"见姚民哀:《民哀说集》,国华书局1921年,序第9页。丁未即1907年,庚戌即1910年,按虚岁推其生年为1893年。

[2] 郑逸梅:《南社丛谈》,上海人民出版社1981年,第220页。

担任宣传工作。常熟沦陷后,姚民哀充任伪常熟绥靖司令徐凤藻部秘书。1938 年 10 月 19 日,被国民党抗日游击队司令熊剑东部于常熟白茆捕获并处决。[1]

(沈 潜 李 峰)

张景盂(1893—1945)

张景盂,吴县(今江苏苏州)人。生于清光绪十九年(1893)。自幼喜爱邮票,曾为小学教员。受《上海时事新报》征求邮票广告启迪,1915 年在苏州曹胡徐巷 81 号创设五洲邮票社。1918 年专程赴常州邮展陈列票品。张景盂深谙邮商与集邮者的唇齿关系,十分热心于邮会工作。1925 年加入中华邮票会并任评议。次年当选为新光邮票研究会评议,加入北京邮票交换会。1927 年编刊《集邮须知》,惠及初学同好。1936 年成为中国邮商公会苏州区委员、甲戌邮票会吴县通讯处宣传委员。五洲邮票社的广告及《卖品目录》均不忘宣传邮识。张景盂还积极向三大邮刊《邮乘》《新光》《甲戌邮刊》投稿,普及邮学。

抗日战争全面爆发后,张景盂将五洲邮票社于 1938 年春迁至上海愚园路 608 弄 67 号,迭任新光邮票研究会理事。编刊《邮苑珍闻》《标准中西地名对照表》。1940 年任中华邮票会发行部主干。1941 年参与组建大华邮票会,并负责主编《大华邮刊》,出品《世界精选票》,参加新光邮票研究会上海展览会。1944 年,将五洲邮票社移交子女经营。1945 年 5 月 8 日晚因胃疾病故于上海寓所。

苏州五洲邮票社被称为"中国最早之邮票公司"[2],"为早期国内邮商中经营有道而规模备具者之先锋。今日享有盛名之集邮家,其集邮之始,发轫于五洲邮票社者,实繁有徒"[3]。中华人民共和国成立后,五洲邮票社更名为五洲集邮社。1966 年"文化大革命"初遭到抄家。1967 年 4 月 5 日,张景盂长子张心华退租邮政专用信箱,经营长达半个世纪的五洲集邮社遂告终结。

(金问涛)

俞颂华(1893—1947)

俞颂华,名垚,又名庆尧,笔名澹庐,太仓人。生于清光绪十九年(1893)。在上海澄衷中学与复旦公学毕业后,于 1915 年留学日本。1918 年毕业于东京

---

[1]《申报》1938 年 10 月 23 日。参阅黄恽:《姚民哀生死之谜》,见《苏州杂志》2006 年第 4 期。
[2] 庚伯:《集邮小掌故(二)》,见《新光》1939 年第 7 卷 2 期。
[3] 编者:《海上邮人小志(十一)》,见《国粹邮刊》1942 年 12 月 15 日第 11 期。

政法大学,获学士学位。其间开始阅读马克思主义著作。

1919年4月俞颂华任上海《时事新报》副刊《学灯》主编。9月《时事新报》发行《解放与改造》杂志,俞颂华亦参与其中,并积极鼓吹新思潮,曾全文转载毛泽东发表于《湘江评论》之《民众的大联合》一文。亦曾于《解放与改造》发表《社会主义之批判》《社会主义之定义》等文,使该杂志成为最早介绍社会主义的刊物之一。

1919年年底,岳父钱菊人私下将俞颂华荐与北洋政府驻海参崴外交特使李家鳌任日文秘书。俞颂华勉强赴任,未几即辞去,仍回上海任《学灯》主编。1920年,在梁启超、张东荪支持下,以《时事新报》及北京《晨报》特派员身份赴苏俄采访约三月,与其同行者有北京俄文专修馆学生瞿秋白等人。俞颂华采访了列宁、莫洛托夫、季诺维也夫等领导人,采写了《旅俄之感想与见闻》等报道,向国人初步披露了十月革命后的苏俄实情。1921年5月赴德国,任驻德记者。其间研修哲学、逻辑、马克思主义等课程,并赴欧洲数国游历,增广见闻。1924年自德返沪,任中国公学教务长兼教授。1928年经人邀请参加商务印书馆工作,编辑《东方杂志》,先后兼任暨南大学、持志大学、中央大学、上海商学院等校教授,讲授社会学、论理学等课程。1931年7月,上海中社创《新社会》半月刊,俞颂华应邀自第二卷起兼任主编。1932年5月,复应史量才之邀赴《申报》馆,创办并主编《申报月刊》。曾邀鲁迅、茅盾等撰文,并出版《申报月刊社丛书·苏联研究》等。1936年元旦《申报月刊》更名《申报周刊》。俞颂华仍任主编。西安事变发生后,俞颂华与孙恩霖赴西北采访,面见毛泽东、周恩来、朱德、傅连暲、张国焘等人,并于《申报周刊》刊载通讯《从上海到延安和西北》。

1937年"八一三"事变后,俞颂华赴广州筹划《星粤日报》,因日机轰炸而未果,遂转赴武汉筹备《申报》汉口版,复因工作争执而遭辞退。未几,赴湖南芷江任中央政治学校大学部新闻系教授,与师生合办《芷江民报》。1940年夏,因不愿加入国民党而赴香港任《星报》主笔,数月后赴新加坡任《星洲日报》总编,九个月后再遭辞退。1941年9月再赴香港,参与民盟机关报《光明报》创刊事宜,并编辑《国讯》周刊香港版。太平洋战争爆发后,香港陷落。俞颂华于1942年年初逃难至桂林,任《广西日报》主笔,不久遭辞退,转赴衡阳任《大刚报》总编。1944年豫湘桂战役发生。《大刚报》迁至贵阳。俞颂华因身体欠佳而赴重庆与家人团聚。抗日战争胜利后,俞颂华任四川璧山之国立社会教育学院新闻系主任,并主编《国讯》周刊。1946年春回沪,复随社会教育学院迁至苏州。1947年10月11日于苏州病逝,被葬于灵岩山。著有《俞颂华文集》。

(顾亚欣)

潘镒芬(1893—1953)

潘镒芬,一名式芬,字万玉,一字谷臣,吴县(今江苏苏州)人。生于清光绪十九年正月十三日(1893年3月1日)。家居大儒巷端善堂。广东补用道,苏经丝厂、苏纶纱厂商董会总董吴景萱外孙。宣统元年(1909)毕业于江苏铁路学堂测绘科,担任津浦、浦信铁路测绘工作。1917年被张謇聘请主持南通建设测绘,以才识被张謇荐举,于山东黄河河务局历任技术员、工务科科长。1922年主持筑成宫家透水坝。1926年奉命堵筑李升屯、黄花寺、王家苑凌汛决口,任总工程师。首次成功采用平堵法,并最先设计制造打桩机。1931年撰写《统治黄河意见书》,提倡改埽工为石工,主张运用乱石坝,提倡绿化河堤,提高河工技术水平。1935年任董庄堵口工程组组长。

全面抗日战争时期,潘镒芬任黄河水利委员会简任技正兼河防组主任。1946年任黄河花园口堵口工程处处长、堵口复堤工程局副局长,主持完成花园口堵口工程。次年任黄河水利工程总局副局长。1948年辞职居上海。中华人民共和国成立后,潘镒芬欢欣鼓舞,有志效力。1951年被黄河水利委员会聘为工务处处长,因中风未能赴任。1953年9月28日病逝。

潘镒芬与瞿秋白之父瞿世玮为契交。善篆刻,精研黄河水利。遗著资料《历代治黄史》《关于秸埽之研究》《关于河工备考资料》《关于山东境内黄河历年决口的调查》等及文物皆被捐献给国家。

(王晋玲)

徐　谟(1893—1956)

徐谟,字叔谟,吴县(今江苏苏州)人。生于清光绪十九年八月初三日(1893年9月12日)。家居因果巷。十一岁随父至上海,就读于南洋公学附属小学,后升入南洋公学、北洋大学。在学习期间,就以能言善辩而为师友所推许。1917年自北洋大学法律系毕业,在扬州江苏省立第八中学任英文教员。1919年9月赴北京参加国家外交官考试,名列榜首。根据外交部规定,于次年4月被派往中国驻美公使馆学习,并在华盛顿大学攻读法学硕士学位。1921年参加华盛顿国际会议,任中国代表团秘书。1922年回国,受聘为南开大学政治系教授,先后开设"政治学概要""比较政体""政党概论""比较宪法""国际公法""中国外交史"等课程。授课时广泛吸收和借鉴西方相关资料与研究成果,加强中西法学、政治学的比较研究。1925年任南开大学文科主任。曾兼任天津《益世报》总主笔,以"平章"为笔名。1926 年受聘为上海公共租界临时法庭法官。次年调任镇江地方法院院长。

1928 年,徐谟由北洋大学同学金问泗推荐,任南京国民政府外交部参事,不久调任欧美司司长。1931 年"九一八"事变后兼任亚洲司司长,专门负责对日交涉及向国联控诉日本侵占中国东北之事。次年"一·二八"事变后,任外交部常务次长,7 月升为政务次长。外交部部长罗文干针对日本侵略活动的宣言,多出自徐谟之手。华北事变后,徐谟陪同外交部部长张群对日交涉,多有贡献。1937 年南京沦陷前夕,德国驻华大使陶德曼调停中日冲突,而徐谟为主要联络人。外交部迁出南京后,无论是在武汉还是在重庆,日常工作均由徐谟主持。徐谟对这一时期中国外交政策的制定和实施发挥了重要作用。

1941 年,徐谟因身体原因谢绝驻英大使的任命,选择气候温和的澳大利亚担任公使。积极争取国际社会对中国抗战的同情。其雄辩的口才给人留下深刻印象。1943 年徐谟改任驻土耳其大使。抗日战争胜利前夕,徐谟赴美国华盛顿出席联合国法律专家委员会,参加起草国际法庭章则,并任旧金山联合国组织会议中国代表团顾问。1946 年,当选为联合国海牙国际法院大法官,1948 年连选连任,在此职位共计十年,成为国际公认的法学权威。1956 年赴西班牙参加国际法学会,当选为大会副会长。同年 6 月 28 日病逝于荷兰,被葬于新加坡后港基督教公墓。

(李海涛)

柳士英(1893—1973)

柳士英,字飞雄,吴县(今江苏苏州)人。生于清光绪十九年十月二十六日(1893 年 12 月 3 日)。柳伯英弟。三十三年,考入江南陆军学堂。宣统三年(1911)九月苏州光复后随兄加入苏军先锋营,参加光复南京之役。1913 年"二次革命"失败后柳士英赴日本,入东京高等工业学校建筑科预科,次年升本科。1918 年参加中华民国留日学生救国团,回国请愿取消中日协约,并主办《救国日报》。次年于日本参加发起声援纪念国耻活动,支持"五四"运动。1920 年毕业后,曾任日资上海日华纱厂建筑施工员、东亚公司技师、冈野建筑师事务所设计师。

1923 年柳士英于国内高校率先创办苏州工业专门学校建筑科本科,任科主任、教授,开创我国近代建筑专业教育之先河。同年冬在上海与王克生等组建华海公司建筑部。1925 年华海公司建筑部改为华海建筑公司。柳士英兼任上海市公所工程行政委员会委员,为陆军四校同学会设计建筑会所。1927年任苏州市政筹备处工程师,曾代理处长,兼任成烈体育专门学校董事长。次年苏州建市后,柳士英任首任市政局工务科科长、工务局局长,曾设计苏州工业专门学校教学楼,主持制订苏州城市建设规划。加入中华学艺社,后当选为常务委员。1930年供职于协隆洋行,设计大夏大学校长王伯群花园住宅,兼任上海中华职业学校土木科首任主任。次年任大夏大学附设高中土木科主任,创办建筑师事务所。1932年兼任上海美术专科学校建筑顾问。次年兼任上海市立图书馆、博物馆、体育场筹备委员会工程组筹备委员,被中华职教社聘为职校高级建筑科教材编订专家委员。1934年又被聘为漕河泾农学团农村建设常任导师。曾设计大夏大学附属中学、实验小学、女子幼师、幼稚园校舍,义务设计中华学艺社新舍等。同年任湖南大学土木系教授,创设建筑组,兼任长沙建筑工程学校教授,曾设计长沙商务印书馆、上海银行、湘鄂赣粤四省博览会场馆、长沙电灯公司厂房及办公楼等建筑。全面抗日战争时期曾设计四川秀山交通银行等建筑。抗日战争胜利后,柳士英兼任长沙高等工业学校、长沙公路运输学校教授。1947年任湖南大学工程学会联合会第一届督导,兼湖南省立克强学院建筑系首任主任、长沙迪新土木建筑公司总建筑师等,设计湖南大学工程馆、长沙医院等建筑。1949年参加《长沙各界呼吁和平宣言》签名,支持湖南和平解放。

中华人民共和国成立后,柳士英任湖南大学土木系主任。次年当选为中华学艺社临时社务委员会委员。1951年筹建湖南省土木建筑学会,为首任理事长。1952年加入中国国民党革命委员会。1953年任中南土建学院筹备委员会主任委员。次年担任首任院长。先后设计湖南大学、武汉市政府、中南民族学院大礼堂等建筑,主持设计改建长沙岳麓山爱晚亭。1958年改任湖南工学院院长。次年学校改名湖南大学后,柳士英任副校长,兼任高等教育部教材编审委员会委员等。曾任中国国民党革命委员会中央委员和湖南省委常委,湖南省人民委员会委员、省人大代表、省政协委员及全国政协委员等。1973年7月15日病逝于长沙。

柳士英毕生从事建筑设计与教育事业,自我总结其设计思想为"不中不西,亦中亦西"。编有《西洋建筑史》《建筑营造学》《五柱规范》等讲义,编著有《建筑设计》《建筑历史》《建筑结构》等教材。

(李　峰)

张慰慈（1893—1976）

张慰慈，字祖训，吴江（今江苏苏州吴江区）人。生于清光绪十八年十二月初五日（1893年1月22日）。少年时与胡适为上海澄衷蒙学堂同学，毕业后进复旦公学。1912年赴美国爱荷华大学留学。1917年毕业，获政治学博士学位。同年夏归国，进北京大学任教，和陈启修、陶孟和等共同承担"现代政治讲座"课程。后经北京大学法科学长王建祖推荐，任政治系教授。成为《新青年》《每周评论》的重要撰稿人，发表一系列政治学、城市问题文章。其许多观点至今仍有启发意义。

1921年张慰慈转任交通部铁路技术委员会英文秘书。次年至京汉铁路局任英文秘书。1923年调至通译科工作两年。1925年离开北京到上海，在沪宁铁路局工作。后在铁道部次长兼北宁铁路局局长王微原引荐下，赴天津任该局总务处处长，仅工作八个月。1927年携家至上海，被聘为私立东吴大学法学院教授[1]。1930年应北京大学学生、安徽大学校长杨亮功之聘，赴安徽大学任教，并任校图书馆馆长。1931年在徐志摩推荐下，供职于汉口平汉铁路局。1932年任铁道部秘书，参加修改铁道部有关规章。次年12月升参事。1934年7月28日，与莫介福代表国民政府铁道部参加中英双方为广九铁路通车而举行的谈判，并在新条约上签字，解决了广九铁路联运问题。

抗日战争全面爆发后，1938年1月1日铁道部裁撤。张慰慈出任国民政府资源委员会购置室主任，奔波于香港、上海、重庆、昆明以及越南、菲律宾之间。1943年到重庆任经济部参事，隔年至昆明，任经济部工矿调整处西南办事处主任。1945年抗日战争胜利后，张慰慈赴美调查保险业务，从而脱离国民政府。1947年9月底归国回上海。不久担任华新水泥公司上海办事处顾问，负责接洽办理进口手续，至1950年该办事处解散为止。后至中国科学院工作，1959年被聘为上海市文史研究馆馆员。1976年3月26日逝世。

张慰慈为人低调，不图名利，有精深的学术造诣，是"中国政治学研究的先驱者，在政治学领域具有举足轻重的地位"[2]。曾出版译著《现代民治政体》《妇女论》等，著有《英国政府纲要》《英国选举制度史》《市政制度》《政治学大纲》《政治概论》《政治学》等。

（张　敏）

---

[1]《私立东吴大学法学院概况及大事记》（1930年），见中国第二历史档案馆：《中华民国史档案资料汇编：教育》，江苏古籍出版社1991年，第276页。
[2] 智效民：《张慰慈——中国政治学的开拓者》，见《传记文学》2004年第84卷第2期。

程小青(1893—1976)

程小青,原名青心,又名辉斋,别名茧庐,吴县(今江苏苏州)人,祖籍安徽安庆。清光绪十九年(1893)生于上海淘沙场。出身于小职员家庭。自幼喜读小说,十二岁时读到他人节译之《福尔摩斯探案》,遂乐此不疲。十六岁入亨达利钟表店当学徒,并于夜校习英文,十八岁时开始文学写作。1914年秋,上海《新闻报》副刊《快活林》举办征文比赛,程小青所作《灯光人影》入选。《灯光人影》中的人物本名"霍森",但印出后变为"霍桑",程小青遂就此开始创作《霍桑探案》系列。1915年任苏州东吴大学附属小学临时教员,使得英文程度大进。1916年与周瘦鹃、严独鹤等12人合译《福尔摩斯探案全集》。同年被聘为苏州景海女子师范学校国文教员。次年经人介绍加入基督教卫理会。1919年,所作《江南燕》被上海友联影片公司摄制成影片,由郑君里主演。1922年,程小青开始主编世界书局出版之《侦探世界》杂志。1923年于东吴大学附属中学讲授写作。1924年,受聘为无锡《锡报》副刊编辑,并以函授方式进修美国大学"犯罪心理学""侦探学"等课程。1927年,与徐碧波等人合资于苏州大公园创办公园电影院。此为苏州第一家有发电设备之新式影院。后程小青主译《陈查理探案》。1930年应邀为世界书局重编《福尔摩斯探案大全集》。1935年又主译《菲洛·凡斯侦探案》。

全面抗日战争时期程小青避居上海,曾任中学教员。1945年抗日战争胜利后,程小青因感创作力不从心,遂专心整理早期作品,于1946年发行《霍桑探案袖珍丛刊》。《霍桑探案袖珍丛刊》涵盖其此前几乎所有作品。中华人民共和国成立后,程小青任苏州一中语文教师。1956年响应专业作家归队的号召,再度从事写作。后由柴德赓介绍,加入中国民主促进会,被选为民进江苏省委委员、苏州市委常务委员。此一时期,在公安部门的大力协助下,根据报刊素材,创作的惊险通俗小说《大树村血案》《生死关头》等,发行量皆突破20万册。1957年反右派斗争开始后,欲助程小青出选集的陆文夫遭批判,事遂无果。后据程小青的小说改编的电影《徐秋影案件》风行全国。"文化大革命"伊始,程小青与老友周瘦鹃、范烟桥被指为苏州"三家村",遭到批斗,随即被抄家。未几,范烟桥病逝,周瘦鹃跳井自尽。程小青悲痛不已,大受刺激。1970年起曾被软禁在苏州望星桥旧宅,后获自由,然身体境况恶化,于1976年10月12日去世。

程小青多才艺,善画梅,为陈摩弟子。一生以其创作被推为中国现代侦探小说第一人,有"东方柯南道尔"之誉。尤以《霍桑探案》系列,因在借鉴西方侦探小说技法基础上结合中国现实,而达到较高水平,主人公霍桑亦被誉作"东方福尔摩斯"。

(顾亚欣)

顾颉刚(1893—1980)

顾颉刚,本名诵坤,字铭坚,以号行,笔名上炎、诚吾、余毅等,吴县(今江苏苏州)唯亭人。生于清光绪十九年三月二十三日(1893年5月8日)。顾柏年子,顾廷龙从侄。三十四年,于长元吴高等小学堂毕业,入苏州第一公立中学堂即草桥中学。与叶圣陶等结放社,组织国学研究会。1912年毕业,任中国社会党苏州支部文书,撰《社会主义与国家观念》刊载于《社会党日刊》,撰《妇女与革命》刊载于《妇女时报》。曾就读于上海神州大学,与叶圣陶等重建放社,主编《学艺日刊》。

1913年顾颉刚考入北京大学预科。1916年考入本科中国哲学门。1920年毕业。留校任助教,于图书馆编目,兼任新潮社编辑,拟编《中国书籍目录》,遵馆长胡适嘱点读《古今伪书考》。参加北京大学歌谣研究会,将吴地歌谣中方言加注陆续发表。次年改任北京大学研究所国学门助教,兼大学预科国文讲师、《国学季刊》编委。1922年任上海商务印书馆编辑。次年首倡成立朴社,提出"层累地造成的中国古史观",开古史辨伪先声。1924年参加研究所国学门考古学会、风俗调查会,编辑《歌谣周刊》,辑《吴歌甲集》,与胡适校点《崔东壁遗书》时称最善。次年任朴社总干事,整理蒙古车王府曲本。1926年辑刊《古史辨》第一册,创建古史辨派。出任厦门大学国学研究院教授以及中山大学史学系、语言历史学研究所主任,发起创建首个民俗学会。1928年获聘中央研究院历史语言研究所常务筹备员。次年任燕京大学研究院国学研究所研究员兼史学系教授,兼北京大学讲师,致力研究《尚书》,主编《燕京学报》。"九一八"事变后参加抗日十人团、燕京大学教职员抗日会。1933年任通俗读物编刊社社长,兼中央研究院史语所通讯研究员。次年获聘暨南大学史地系主任,兼任故宫博物院理事。与谭其骧创办并主编《禹贡》半月刊,发起筹备禹贡学会,1936年为首任理事长,兼任燕京大学边疆问题研究会理事,开拓中国历史地理学科。又以北平研究院史学研究会历史组主任身份出任燕京大学史学系主任,主编《史学集刊》《大众知识》等。1937年兼任西北移垦促进会理事、风谣学会会长。

抗日战争全面爆发后,顾颉刚转赴西北、云南、四川,任甘肃学院、云南大学、民族文化书院、中央大学、复旦大学教授,齐鲁大学国学研究所主任。被聘为教育部史地教育委员会专门委员兼整理处主任、国语推行委员会委员,国民党中央组织部边疆语文编译委员会副主委,北碚修志委员会常委等。当选为首届中国边疆学会理事长、中国边疆学会总会副理事长、中国史学会常务理事。任中国史地图表编纂社社长,主编《文史杂志》等。为国民参政会第二至四届参政员。

抗日战争胜利后,顾颉刚为立宪国大代表。1947年脱离国民党。次年当选为中央研究院人文组首届院士。先后被聘为教育部边疆教育委员会委员、修订中小学历史课程标准专家,国立编译馆社会教育用书编纂委员会常委,国史馆纂修。任中国出版公司总编辑、文通书局编辑所所长、福德图书馆馆长、大中国图书局总经理、民众读物社理事长,兼上海文艺作家协会、中国出版协会首届理事等。主持中国史地学社,主编《民众周刊》等。获聘兰州大学史学系首届系主任,兼任社会教育学院、英士大学、复旦大学教授,边疆文化教育馆研究员。

1949年顾颉刚任诚明文学院中文系系主任。中华人民共和国成立后,顾颉刚任震旦大学、上海学院、复旦大学教授。后任中国科学院、中国社会科学院历史研究所研究员。为第四至五届全国人大代表、第二至四届全国政协委员、全国政协文史资料委员会副主委、中国民主促进会中央委员。当选为中国文联委员、中国民间文艺研究会副主席、中国史学会理事等。主持校点中华书局《资治通鉴》《二十四史》。主编《尚书通检》,合编《中国历史地图集》《尚书文字合编》等。

顾颉刚是中国"古史辨"学派的创始人,中国历史地理学和民俗学的奠基者。1980年12月25日逝世于北京。著述繁富,有《顾颉刚全集》。 　　（李　峰）

贝祖诒(1893—1982)

贝祖诒,字淞荪,吴县(今江苏苏州)人。生于清光绪十九年(1893)。三十三年,入苏州东吴大学堂中学部学习。宣统三年(1911)毕业,继入唐山铁路学校学习两年。1913年任汉冶萍公司上海办事处会计。次年任中国银行北京总行会计。1915年调往广州分行任代理会计主任,后任总会计师兼营业主任、副经理等。孙中山成立广州军政府后,不断要求中国银行广州分行给予大量财政支持。分行经理因无力应付而辞职。贝祖诒遂任代经理。不久,因未能满足地方军阀的财政要求而遭嫉恨,被通令逮捕,逃往香港。1918年,中国银行广州分行迁往香港,成为香港分行的支行。贝祖诒任香港分行经理。任职期间,利用世界主要货币在不同地区的汇率差额,专营套汇业务,提高了本人和中国银行的声誉。

1927年,改任中国银行上海分行经理。次年10月,中国银行改组为专营外汇银行。贝祖诒被推为代表私人股东董事兼总行营业主任。11月中央银行成立。贝祖诒当选为监事。后被派赴英美考察银行业务,1930年任中国银行外汇部主任。通令与外国通商口岸及商埠各分支行都经办外汇业务,给中国进出口商号以信用贷款。在其努力下,该行先后在纽约、伦敦、东京、大阪、悉尼、新加坡、吉隆坡、雅加达等地设立分支机构,打破了外国对华外汇业务垄断的局面。1935年,贝祖诒参与国民政府"废两改元"的币制改革,以其为主起草货币改革政策,由中央、中国、交通三家银行发行法币,禁止银圆流通。

抗日战争全面爆发后,贝祖诒代表中国银行和中央银行合作,共同经营外币交易,维持公众信用。1938年4月任中国银行副总裁。受战争影响,国内通货膨胀严重。为维持法币币值,1939年3月中英双方共出资一千万英镑,设立中英外汇平衡局。贝祖诒任中方委员。1941年4月基金用尽。中国和英美两国政府共同出资,组建中英美平衡局。贝祖诒出任基金会中方委员。

1941年贝祖诒任中国银行代总经理。次年任四联总处战时金融经济委员会放款小组委员会主任,为促进工农业生产提供诸多财政帮助。太平洋战争爆发后,贝祖诒协助宋子文与美国进行五亿美元的借款交涉。1944年赴美国,出席布雷顿森林联合国货币及金融会议。1946年3月至1947年4月任中央银行行长。1948年为争取美援,出任驻华盛顿中国技术代表团团长,促成美国国会通过1948年援华法案。1952年11月任纽约斯泰公司顾问。1960年任香港上海商业银行行长。1973年迁居纽约。1982年12月27日去世。

子贝聿铭,美籍华人,著名建筑家,中国科学院外籍院士。

(李海涛)

钱大钧(1893—1982)

钱大钧,字慕尹,昆山正仪人,徙居吴县(今江苏苏州),祖籍江苏无锡。生于清光绪十九年六月十四日(1893年7月26日)。六岁入私塾。二十八年,转入英华学校,旋入初等小学堂。次年考入长洲高等小学堂。宣统元年(1909),因成绩优异被保送,入江苏陆军小学第四期。辛亥革命爆发后陆军小学停办,钱大钧遂赴上海参加学生军,入革命党人钮永健所办淞军干部学校学习半年,任弁目队班长。1913年陆军小学复校。钱大钧回校补训,半年后毕业,回淞军任别动队排长,加入国民党。参加"二次革命"反对袁世凯,随钮永健部学生军和敢死队进攻上海,事败后前往日本,加入东京大森浩然学社,参加孙中山创建的中华革命党。是年年底回国,赴武汉入陆军第二预备学校,参加"护国运动"。1916年12月升入保定陆军军官学校炮兵队。次年4月以优异成绩被选送至日本士官学校中国学生队第十二期炮兵科深造。1919年6月毕业,回国任保定军官学校第八期分队队长、第九期炮兵队队长。

1921年,钱大钧获悉孙中山当选为非常大总统后,南下广州参加护法运动,加入粤军,历任第一师学兵营务官及少校参谋,先后参加西江战役、赣州战役和讨伐沈鸿英战役。1923年晋升为中校参谋。1924年6月黄埔军校开办。钱大钧为筹备成员之一。任中校兵器学教官,升任代理上校总教官、校本部参谋处少将处长,得到蒋介石的信任。1925年参加东征讨伐陈炯明,任代理教导第二团团长,后代理教育长并代行校长职务,任教导第三团团长、党军第一旅三团少将团长,参加平定滇军、桂军叛乱及第二次东征,升任国民革命军第一军第一师副师长兼参谋长。1926年升任中将师长,北伐战争时留守广州,任广州警备司令,兼广州市公安局局长和广州戒严司令。次年响应上海"四一二"反革命政变于广州"清党",制造广州惨案,任北路军中将总指挥。因围攻中共南昌起义部队有功,所部被改编为第三十二军。钱大钧则晋升为上将军长,兼军事委员会委员。1928年4月兼任淞沪警备司令、上海特别市党部常务委员,被派充江苏省政府委员,改任第一遣编区主任、第三师师长兼江南剿匪司令,驻扎苏州。1929年春调任国民革命军总司令部上将总参议、中央军校武汉分校教育长。1930年编练教导第三师并任师长,参加中原大战,改任十四师师长,调任武汉要塞司令,后当选为国民党中央候补执行委员。1931年1月,调任中央军校武汉分校教育长兼八十九师师长。1932年春,升任第十三军上将军长,驻防武汉,"围剿"红军,6月随蒋介石至南昌,任南昌行营主任,参加第四次"围剿"中央红军根据地。1933年任保定行营主任、北平军分会委员、军政部保定编练处主任,调任豫、鄂、皖三省"剿匪"总司令部参谋长。1935年任武昌行营参谋长,协助张学良"围剿"豫、鄂、皖根据地红军,当选为中央执行委员。1936年1月,国民政府军事委员会委员长蒋介石成立侍从室,下设两处,钱大钧任第一处主任兼侍卫长,直接对蒋介石负责,因参与解决"两广事变"有功,再兼任广州行营参谋长。西安事变时,随侍蒋介石于华清池,曾被流弹击中背部负伤,于事变和平解决后获释。

1937年钱大钧兼任军事委员会办公厅代理主任。抗日战争全面爆发后,钱大钧改任航空委员秘书长、参谋长。1938年2月接任航空委员会主任,组织领导中国空军参加武汉保卫战,并成功组织远航至日本广岛等地投放"宣传弹"。

1939年年初,因涉嫌贪腐被撤职查办,和白崇禧于四川合作创办西泉小学、西泉中学,自任校长,亲自制定校训、校歌。后奉命赴苏北主持抗日军事,与新四军有所摩擦,被视为有力对手。1941年在何应钦的帮助下,出任运输统制局参谋长,改制后任秘书长。次年3月调任军政部政务次长,兼点验委员会主任、军政部特别党员特派员。1944年12月,再任军事委员会委员长侍从室第一处主任,兼军事委员会调查统计局局长。

1945年8月抗日战争胜利后,钱大钧任上海市市长兼淞沪警备总司令。任职期间,收回跑马厅,禁止赛马赌博,又扩建南京中路,修筑吴淞海堤,为上海发展做了一些实事。1946年5月辞职,当选为国民党第六届中央执行委员会常务委员,但已不被蒋介石重用。次年当选为吴县参议会议长。1948年以上海国大代表身份被推为第一届国民大会主席团主席,被聘为总统府战略顾问。次年任重庆绥靖公署副主任兼西南军政长官公署副主任。

1950年钱大钧随蒋介石赴台湾,仍任"总统府"战略顾问。1954年兼任"光复大陆设计委员会"委员。1955年孙立人事件发生后,蒋介石令钱大钧任军事法庭审判长,审理此案。1957年钱大钧任"中华全国体育联合会"监委。1959年任远东旅行社董事长。次年兼任"中央纪律委员会"委员和"宪政研讨委员会"委员。1963年任台湾"中华航空公司"董事长,后为名誉董事长。曾兼任台北市私立复兴戏剧学校董事长。因酷嗜体育,关心台湾体育运动发展,曾被聘为台湾省体育会足球协会主任委员、首席顾问,军队体育促进会顾问,"中华全国体育协进会"常务监事,"中华全国田径委员会"主任委员,"中华民国田径协会"名誉会长等。

钱大钧喜足球,擅太极拳。能诗词,工篆书,曾手书《金刚经》行世。1982年7月21日因肝癌在台北病逝。著有《钱慕尹上将七十自传》《钱大钧上将八十自传》。

(李海涛)

郭绍虞(1893—1984)

郭绍虞,原名希汾,字绍虞,吴县(今江苏苏州)人。生于清光绪十九年十月十四日(1893年11月21日)。家境贫寒。父郭鲁卿为塾师。郭绍虞幼受庭训,曾就读于崇辨学堂、蒙养义塾。宣统二年(1910)考取苏州工业学堂,与同学创办文学刊物《嘤鸣》。因家贫就读一年便辍学。辛亥革命后,曾任苏州《苏报》义务记者。后任教于太平桥小学及上海新民女学、商务印书馆附设尚公学校、启秀女中等校,兼任东亚体育学校及爱国女学体育专科教员,曾任进步书局编辑。

1919年秋郭绍虞到北京,为北京大学哲学系注册旁听生,并任北京《晨报》副刊特约撰稿人,翻译《马克思年表》。次年加入北京大学新潮社。1921年,与郑振铎、耿济之、许地山等12人发起成立文学研究会。文学研究会以研究介绍世界文学、整理中国旧文学、创造新文学为宗旨,是"五四"新文学运动中第一个正式文学社团。1921年2月郭绍虞到山东第一师范学校任国文教员。后被聘为福建协和大学国文系教授、系主任。1924年被聘为河南中州大学教授。1927年被聘为武昌第二中山大学中文系教授、系主任,兼任文学院委员,转任北平燕京大学副教授、教授,曾任国文系系主任及哈佛燕京学社国学研究所导师。1941年末太平洋战争爆发后,燕京大学停办。郭绍虞拒任伪北京大学教职,1943年携家南迁苏州,任上海开明书店编辑,兼任大夏大学教授,显示出强烈的爱国情操与民族气节。

1946年郭绍虞辞开明书店编辑职务,仍任《国文月刊》主编,被聘为同济大学中文系教授兼主任,任同济大学教授联谊会分会主席。曾在之江文理学院、光华大学、东吴大学、诚明文学院及迁至苏州的河南大学兼课。为人谦和忠厚,以济人急难著称。积极支持并参加爱国民主运动,接连发表《民主与狂狷精神》等多篇文章,呼吁知识分子效法斗士去驱除黑暗。当国民党特务企图逮捕进步师生时,郭绍虞及时通知他们安全转移,并因此被列入黑名单。

1949年上海解放后,郭绍虞任同济大学校务委员兼常委、文法学院院长。1952年因全国高校院系调整,同济文法学院被并入复旦大学。郭绍虞先后任中文系教授兼主任、图书馆馆长、文学研究室主任等。为民盟成员,1956年加入中国共产党,并将苏州房产全部捐献给国家。曾兼任上海文学研究所所长、《辞海》副主编。为上海市第一至三届人大代表、第五届政协委员,当选为上海市文联副主席、市作协副主席兼书记处书记,上海书法家协会副主席、名誉主席,中国古代文学理论学会会长等。1984年6月22日因感冒并发肺炎,病逝于上海。

郭绍虞善书法,融合晋唐诸家精髓而自成一体。字形秀朗,笔力遒劲。郭绍虞一生劬勤教事,致力中国古典文学、古代文论、汉语语法修辞及文字训诂等学科建设及理论研究,具有卓著的成果,为中国古代文论研究领域的权威。在报刊发表《再论永明声病说》《声律说考辨》《文笔说考辨》《"六义"说考辨》《兴观群怨说剖析》《汉语词组对汉语语法研究的重要性》《蜂腰鹤膝解》《论吴体》《关于七言律诗的音节问题兼论杜律的拗体》《从文法语法之争谈到文法语法之分》等论文百余篇。主要著作有《中国文学批评史》《沧浪诗话校释》《诗品集解·续诗品注》《杜甫戏为六绝句集解·元好问论诗三十首小笺》《宋诗话考》《汉语语法修辞新探》《照隅室古典文学论集》《中国历代文论选》等。 （郑　颖　袁成亮）

邹秉文（1893—1985）

邹秉文,字应崧,吴县(今江苏苏州)人。生于清光绪十九年十月二十六日(1893年12月3日)。邹嘉来侄,邹树文堂弟。宣统二年(1910)入美国纽约柯克中学,转入威里斯顿中学。1912年毕业,补取为留美官费生,于康奈尔大学学机械工程,改学农科,专修植物病理学。1915年获农学学士学位。参与发起组织中国科学社。

1916年回国后,邹秉文任金陵大学农林科教授。1917年转入南京高等师范学校任农业专修科首任主任。学校更名为东南大学后,邹秉文仍任农科主任,率先成立棉作改良推广委员会。1927年改任中央大学农学院院长,出任河南公立农业专门学校校长。1928年任上海商品检验局局长。1931年起任上海商业银行副总经理。1942年当选为中国农学会理事长。曾任联合国粮农组织筹备委员会副主席、首任中方执行委员,国民政府农业部高等顾问,兼驻美代表及中美农业合作团中方团长等,被美国密歇根大学授予荣誉博士学位。1948年任美国纽约和昌公司董事长。

中华人民共和国成立后,邹秉文于1956年回国,曾任农业部和高教部顾问。为九三学社成员。1985年6月11日逝世。著有《中国农业教育问题》。

（李　峰）

颜文樑（1893—1988）

颜文樑,小名二官,字栋臣,吴县(今江苏苏州)人。生于清光绪十九年五月十九日(1893年7月2日)。家居干将坊。父颜元,名画家任伯年入室弟子,擅画花鸟、人物。颜文樑幼受父教,从临摹《芥子园画谱》学习国画。宣统二年(1910),考取上海商务印书馆印刷所技术学生。当时商务印书馆聘请松冈正识等几位日本画家主持专事创作的科室,颜文樑因此机缘开始接触油画,深为喜爱。

1912年颜文樑回苏州致力学画,用松香水加鱼油自制绘画颜料,创作了第一张油画《石湖串月》。1917年应上海来青阁书坊之约,创作《柳浪闻莺》《平湖秋月》《冷泉品茗》《虎丘早春》《邓尉探梅》《沧浪溪栅》等水彩风景画16帧,以彩印制成苏杭风景挂屏,行销全国,声名大振。在新文化运动影响下,1919年元旦,颜文樑与潘振霄、金松岑、杨左樑等共同发起苏州美术画赛会。这是中国美术史上第一个具有实质意义的美术展览。颜文樑还尝试粉画创作,是年先后有《画室》《厨房》《肉店》等作品问世。

颜文樑曾先后在桂香小学、钱业小学、振华女校、吴江中学、太仓省立第四中学、苏州第二女子师范学校、苏州第一师范学校任图画教员。1922年,与好友胡粹中、朱士杰借海红坊苏州律师公会会所创办苏州美术暑期学校。次年正式创办苏州美术学校,第一期招生13人。1923年首次招收女生徐慧珍,开苏州学校男女同学之先河。起初学校设本科一班,学制两年。1924年学校改称苏州美术专门学校,学制四年。1927年颜文樑被苏州公益局聘为沧浪亭保管员,主持筹建苏州美术馆,学校也随之迁入。

1928年,在徐悲鸿的支持下,颜文樑远赴法国巴黎高等美术学校深造。旧作《厨房》夺得1929年巴黎春季沙龙展荣誉奖。这是中国画家的粉画在国外所获的第一个大奖。1930年苏州美术专门学校呈报教育部立案,更名为私立苏州美术专科学校。颜文樑于1931年回国,将在国外觅购的460多件艺术石膏像运回学校,使学校的石膏数量成为当时全中国美术学校之最,而各方捐资建成的苏州美术馆以及新校舍也堪称一流。1932年学校被教育部批准立案,定名为私立苏州美术专科学校。学校设有国画科、西画科、艺术教育科、实用美术科,并开办附属高中艺术科,办学质量和水平驰誉全国。

1937年7月,抗日战争全面爆发。苏州美术专科学校在几经搬迁后被迫解散。1938年春,应部分在沪学生请求,颜文樑在上海开办苏州美术专科学校沪校,自任素描、油画教师。在此期间,日本人曾多次派人威逼利诱颜文樑回苏州复校,但颜文樑均严词拒绝,表现了高尚的民族气节。1945年抗日战争胜利后,苏州美术专科学校于苏州复校,沪校则改为苏州美术专科学校研究科。颜文樑往返于苏沪两地操持校务。

中华人民共和国成立后,颜文樑以极大的热情投入新中国的美术事业。1950年苏州美术专科学校在全国率先创办动画科。1952年秋,苏州美术专科学校与上海美术专科学校、山东大学艺术系合并,于无锡成立华东艺术专科学校。颜文樑则调任中央美术学院华东分院(浙江美术学院、中国美术学院前身)副院长。1957年所著《美术用透视学》出版,为当时国内同类专著中内容最为翔实的一部。颜文樑先后创作了《天坛》《中山公园》《家园一角》《国庆十周年》《人民大道》《浦江夜航》等大量作品,并于1959年出版了《颜文樑画集》。"文化大革命"中受到错误批判,被迫停笔十年之久。"文化大革命"结束后,颜文樑以高涨的热情创作了《春光好》《载月归》《枫桥夜泊》等大量作品。曾当选为上海美术家协会副主席、中国美术家协会顾问等职。

1988年5月1日颜文樑因突发心脏病在上海逝世。1997年,为纪念这位杰出的艺术家和教育家,苏州市政府在苏州美术专科学校旧址建立了颜文樑纪念馆。

(袁成亮)

江小鹣(1894—1939)

江小鹣,名新,字颖年,别署小三,吴县(今江苏苏州)人。生于清光绪二十年(1894),当时隶籍元和。江标三子,刘海粟之妻张韵士表兄。毕业于苏州草桥中学,屈居校中"三鼎甲"之探花。曾任上海神州女学教员。1912年入日本东京美术学校西洋画科攻油画。1915年任留日学生中华美术协会首任会长。1917年毕业,任教于上海图画美术学校(后改上海美术学校),曾任教务主任。1919年发起成立中华美育会,参与创办天马会并当选为干事,被称为"马头"。其作品《下午》参加第二届天马会画展。江小鹣又加入狼虎会、文学研究会。1921年留学法国巴黎美术学院学习雕刻。1923年与徐悲鸿等结天狗会,并加入星社。1926年回任上海美术专门学校教授、教务长,当选为江苏省教育会美术研究会评议员,举办个人画展,有《辽西春梦》《黄金时代》《北国冰姿》《玛茜女士》《南国少女》《大丽花》《夹竹桃》和摹写夏白郎《少女与猫》及拉斐尔、伦勃郎自画像等作品及玻璃画治艺木刻等。1927年改任上海美术专门学校总务长。次年3月28日《中央日报》发表其木刻版画《总理遗像》,以纪念孙中山逝世三周年。在天马会解散后,江小鹣创办艺苑绘画研究所,出版《艺苑画册》,又为《国闻画报》特约绘画。经营新装公司,并为陆小曼所办云裳服装公司设计服装。1929年兼任全国美术展览会陈列组主任兼乐艺表演部委员会服装股主任。次年创办新华艺术专科学校雕塑系并任教授。1933年创办雕刻工作室、美丰铸金厂,后于所居静园附设艺术工厂,仿铸古董可乱真,并经营铜器,发明鼎彝式省煤火炉。曾主编中华职业教育社高级雕塑科教材,与江亢虎等结大路社。1935年当选为中国雕刻学会常务理事。1937年当选为中国画会大会候补执行委员、第二次全国美术展览会筹备委员。抗日战争全面爆发后,江小鹣应龙云召携家赴云南昆明,兼任中德文化协会昆明分会理事。推动并促成旧交陈小蝶在云南建立西南实业公司和国民政府军政部军工署望远镜厂、资源委员会电线厂内迁至昆明,为抗战尽心尽力。因演出义务戏募款赈灾和支持抗战,受风寒致病,于 1939 年 11 月 7 日逝世。1946 年其灵柩落葬于昆明西山华亭寺北碧峣山,与聂耳墓并列。

江小鹣被誉为民国最早的新兴版画家、雕塑界之泰斗。生平工诗书,善饮酒,爱猫成癖。酷嗜京剧,能唱青衣,为国乐研究会名票,尤工《彩楼配》《上天台》诸出。曾与陆小曼、李小虞合演《汾河湾》《群臣宴》《玉堂春》等。亦擅国画蔬果,能漫画,精于室内艺术设计及书衣、封面设计。其艺术创作能将艺术真髓寓于自然,意境深邃,具有民族特色。江小鹣曾塑造杭州《陈英士烈士骑马像》,武昌黄兴、汉口蒋介石铜像,上海、成都孙中山铜像,南京中山陵孙中山纪念像,及李平书、谭延闿、陈嘉庚、陈师曾、袁观澜、马相伯、戈公振、龙云等铜像,时有"中国自造铜像第一成功者"之誉。

(李 峰)

金诵盘(1894—1958)

金诵盘,字日新,吴江(今江苏苏州吴江区)黎里人。生于清光绪二十年(1894)。出身于医学世家。幼承父教,以精妙医术与良好医德闻名四乡,尤擅诊治无名肿毒等疑难杂症。1914 年毕业于同济医科大学本科。曾任浙江督军府军医,不久辞职,在上海开设私人诊所。1918 年开办崇仁医院。与蒋介石、戴季陶为结拜兄弟。孙中山寓居上海时,金诵盘为其治病受到赏识。孙中山题赠"杏林翘楚""是医国手"。

1924 年黄埔军校创办后,金诵盘应蒋介石等邀任军校军医处处长,兼广州军医补习所教务长。北伐战争期间,任国民革命军卫生处处长,兼总司令部侍从医官。后返沪开设私立静安医院。1937 年抗日战争全面爆发后,金诵盘将静安医院全部医疗设备及被服等都捐献给红十字会,赴南京请缨抗日。先后任卫生勤务部野战救护处处长、卫生勤务部部长、侍从室军医署中将署长、军医署卫生监察委员会主任、陆海空总司令部卫生处处长、卫生部统计司司长等职。赴重庆后任军医署副主任、院长。1945 年抗日战争胜利后金诵盘辞去公职,开办国医训练班。1946 年当选为全国医师公会理事长,曾向东京国际审判法庭提供证词,控诉日军制造南京大屠杀的暴行。

中华人民共和国成立后,金诵盘返回故乡黎里设所行医。曾任苏南行署卫生建设委员会副主任,苏南行署、江苏省卫生厅顾问等职。1953 年调任江苏省爱国卫生运动委员会驻会委员,后任顾问。为江苏省政协第一届委员会委员。1958 年春于南京病逝。

(王晋玲)

张叔良（1894—1960）

张叔良，字慕唐，吴县（今江苏苏州）人，原籍江苏句容。生于清光绪二十年（1894）。早年于苏州读书毕业，与苏州才女项坚白结缡。1924年《苏州明报》创刊。张叔良任新闻记者、采访主任，因报道江浙战争崭露头角。次年变卖句容祖产接办《苏州明报》，自任社长，力加改革，将报纸改为对开报。1926年又首先自办光华印刷所，首倡采用时事电讯，剪辑上海晚报及收发上海电讯社消息，侧重于国内外重大新闻，增加本地新闻。曾聘仇昆厂为主编，聘范烟桥、范菊高兄弟先后主编副刊《明晶》，使《苏州明报》成为苏州三大报之首，销量上万。又主办《苏州民报》《游艺报》，热心于公益，服务报界。1931年受邀组织苏沪名人书画纨扇义卖大会，资助慈善机关。次年于苏州率先派战地记者报道淞沪抗战。1933年张大千为绘《张叔良先生四十初度小像》，吴湖帆、冯超然、梅兰芳等及国民党元老张人杰、胡汉民、戴季陶等六十人广为题咏。

张叔良曾当选为江苏省新闻事业委员会委员。1935年当选为江苏新闻学社理事，1936年任吴县新闻记者公会干事，为苏州百灵电台特邀顾问。全面抗日战争时期曾关闭报馆，于抗日战争胜利后复刊，被尊为苏州报业耆宿。1960年去世。

妻项坚白，吴县人。早以才学知名于苏州女界。加入中国国民党。1929年曾以苏州市政府代表身份参与解决劳资纠纷。佐夫经营《苏州明报》，1934年任主编。被国民党吴县县党部委任为吴县妇女会整理委员会委员。1936年与夫皆当选为吴县新闻记者公会干事，被推举为国大代表吴县候选人。又担任吴县妇女会常务，组织吴县妇女救护训练班，次年辞职。抗日战争胜利后《苏州明报》复刊，项坚白仍任主编。能坚持客观立场，与夫皆于苏州报业振兴有功。

（李　峰）

张冶儿（1894—1962）

张冶儿，原名景华，吴县（今江苏苏州）人，祖籍安徽。生于清光绪二十年（1894）。幼喜看戏，好表演，曾于苏州商团义演《凤池庵》，以丑角贝阿庆获誉。辛亥革命时期加入淞江学生军。1912年于上海加入文明戏首个职业团体进化团。次年赴汉口参加吕大侣临时话剧团，回上海参加新民新剧社。演丑角，尤擅顽皮生，以多噱头著称，擅演趣剧。表演夸张有度，寓巧于拙，被称为"吴派滑稽"。擅演《周元招亲》之周元、《妻党同恶报》之姜玩肖等顽童及《归梦》之老太任氏等角色。

1915年张冶儿加入民兴新剧社,与王无能合演最新双簧,合演《郑元和教歌》分扮苏州阿大、扬州阿二,被称为"开天辟地的好双挡"。1923年与王无能于笑舞台和平社再度合作,同演十七幕剧《歇浦潮》,饰小乞丐梅芝璜,串唱南腔北调,卖座极盛。1924年与王无能、陆啸梧及结义兄弟易方朔同演《描金凤》《活神仙》《红衣女郎》等。四人有滑稽界"四大金刚"之称。1926年张冶儿与易方朔搭档合组精神团,于新新、大世界等游乐场演出滑稽新戏《代理丈夫》《谁先死》及新编什锦歌剧《喜临门》等。张冶儿为滑稽戏创始人之一。1931年自立冶儿精神团,1937年年初将该团改称冶儿剧团,主演滑稽悲剧《摩登少爷》获盛誉。1939年当选为上海市游艺联谊社常务理事,兼任上海救济难民儿童教养院计核委员、上海残废养老堂副董事长等。次年再与易方朔合作,演全部《四教歌》,并合作主演《疯人传》《阿Q正传》《山东马永贞》等剧,被称为"张易无敌滑稽"。1944年张冶儿参加笑笑剧团客串,与江笑笑合演《怕难为情》,与尤光照合演《蠢牛木马》尤为轰动。

抗日战争胜利后,张冶儿主要于亚美、麟记、大陆、大中华等电台播唱。1949年年初参加上海贫儿工读院筹募播音大会,发起劝募上海游艺协会福利基金,救助会员。中华人民共和国成立后,张冶儿曾组建星艺、奋斗等滑稽剧团,参演《三毛学生意》等。1958年因病回苏州。1962年逝世。所演趣剧被整理汇集为《滑稽小戏》。

(李 峰)

金国宝(1894—1963)

金国宝,字侣琴,以字行,吴江(今江苏苏州吴江区)同里章家浜人。生于清光绪二十年九月十四日(1894年10月12日)。金松岑堂弟,毛啸岑谱兄。1917年于复旦公学大学部预科甲等毕业。任吴江中学英文教员,加入国学社。1919年9月1日于《解放与改造》创刊号上发表从英文转译的《鲍尔雪维克之所要求与排斥》一文,最早把列宁论著译成中文。1921年任江苏省立第一师范学校英文教员。次年被南洋兄弟烟草公司考选留学美国。1923年获哥伦比亚大学统计学硕士学位,随即回国。

1924年金国宝供职于上海工商银行,加入中国国民党,历任中国公学大学部、复旦大学教授,出版首部专著《英国所得税论》。1925年为光华大学商科首任统计学教授,出版所著《物价指数浅说》,着重介绍欧文·费希尔的指数理论和方法。《物价指数浅说》是我国最早论述有关指数编制理论、方法的著作之一。同年金国宝还出版了《统计新论》一书,断定统计学中平均数问题、差异问题、相关问题为最主要根本之三大问题。该书于初学者颇为便利。次年金国宝兼任中华职教社经济商学演讲会教授,当选为中国经济学社上海分社首届理事。1927年任上海商科大学教授,当选为江苏省教育协会首届临时执行委员,随校改任第四中山大学商学院工商管理科教授,出任国民政府财政部统计科科长,复任南洋兄弟烟草公司统计科科长,兼任中央训政实施方案委员会户口组委员,出任上海商学院教务长。次年公派考察欧美统计事业。1929年任南京特别市财政局局长,兼首都建设委员会专门委员。次年为中国工商管理协会理财组专门委员,出任交通银行沪行襄理,于率先试办并宣传推行商业承兑汇票和建立贴现市场贡献突出。1931年兼任京沪、杭甬两路商务会议货等组审查委员,劳动大学社会科学院经济系特约教授。次年当选为中国统计学社社务委员、候补理事。1933年当选为中国经济学社理事,兼复旦大学会计系系主任。次年任交通银行总行业务部副理。所著《统计学大纲》作为《大学丛书》之一由上海商务印书馆出版,全书共二十章,并附有大量附录和统计表,是我国早期较为系统的重要统计著作,填补了国内空白,被各大学广泛采用为教材,港台不计,先后印行13版,历久不衰。

  1935年金国宝任中央银行经济研究处专门委员兼交通银行顾问,出任财政部法币发行准备管理委员会秘书处主任秘书,兼中国文化建设协会经济科导师,国际问题研究会政治经济组主任委员,中外文化协会中匈委员会、上海市商会工商业复兴委员会委员等,出版所著《中国经济问题之研究》。1936年当选为私立钱业中小学主席校董,兼任上海私立银行学会函授学校教授。次年兼任立信会计专校教授、中外文化协会经济委员会主任委员。抗日战争全面爆发后金国宝内迁重庆。1938年年末任国民政府资源委员会西南经济考察团团长。次年任财政部外汇审核委员会委员,中中交农四联总处战时金融委员会发行处处长、稽核处副处长。1944年任会计处处长,被派充高等考试典试委员,兼任中国银行、中国实业银行董事,合众保险公司、吴江县银行常务董事等。1946年所著《统计学》问世。1947年金国宝以中国副代表身份赴美国参加国际统计学会年会及世界统计大会,兼任复旦大学校董,兼职于中央印刷厂,同情民主革命。1949年出版所著《凯恩斯之经济学说》,留守拒赴台湾。

  中华人民共和国成立后,金国宝供职于中国人民银行,后任复旦大学商学院、上海财经学院教授,上海社会科学院经济研究所研究员,为国际统计学会正式会员。曾任上海市政协委员、九三学社上海分社委员。1956年曾作为上海市特约代表列席中国人民政治协商会议第二届全国委员会第二次会议。1963年2月15日逝世,被誉为中国近代统计学奠基人之一。通英、日、德文,自学俄文,译有《伦敦货币市场概要》《遗产税》等。"他对译文均反复推敲,并与友人商榷。如四分位差、机误、权数、加权平均数、移动平均数、最小二乘法、环比、锁比等译名,均是首先由他提出和使用的"[1]。金国宝工诗文词,皆有所造诣。曾与作曲家萧友梅合作二部合唱《西山晴雪》及《国立女子大学校歌》。另著有《中国币制问题》《票据问题与银行立法》《工业统计学原理》《高级统计学》《金国宝经济论文集》《侣琴诗存》等。

(李　峰)

洪警铃(1894—1963)

洪警铃,原名志通,又名醒,以号行,吴县(今江苏苏州)人。生于清光绪二十年二月初六日(1894年3月12日)。喜摄影,酷爱演戏。三十四年,于上海参演新剧,加入徐半梅创建的社会教育团。宣统三年(1911)武昌起义爆发后,洪警铃参加上海商团攻打江南制造局之役。1913年入新民新剧社,演趣剧《富贵冤》之仵作、《大男》之阿戆等,以滑稽反派著名。"二次革命"时,曾与夏月润等参加围攻江南制造局、吴淞炮台,并协助亚细亚影戏公司抢拍新闻纪录短片《上海战争》。1917年加入民鸣社,于幻仙影片公司故事片《黑籍冤魂》中扮演妓院龟奴。1920年供职于商务印书馆活动影片部,曾饰演影片《红粉骷髅》之骷髅党徒、《清虚梦》之坏道士、《松柏缘》之流氓、《荒山得金》之强盗、《大义灭亲》之帮闲及《莲花落》之乞丐等,还参演《爱国伞》《好兄弟》《醉乡遗恨》《侠骨痴心》《呆婿祝寿》《憨大捉贼》等片。1926年国光影戏公司成立后,洪警铃参演《上海花》《母之心》《马浪荡》《歌场奇缘》等片。次年转入长城画片公司,参加拍摄《一箭仇》《翠屏山》《火焰山》《真假孙行者》《黄天霸招亲》《妖光侠影》《上海花》《母之心》《武松血溅鸳鸯楼》等片,并于《蜘蛛党》中主演党魁。1929年与友合资成立昌明影片公司,主演《秘密宝窟》《火烧平阳城》等。1932年加入艺联影业公司,参加拍摄纪录片《新广西》及故事片《瑶山艳史》《黑将军》等。次年进入联华影业公司,参演《天作之合》《大路》《迷途的羔羊》《王老五》《慈母曲》《人海遗珠》《艺海风光》《如此繁华》《镀金的城》《将军之女》《狼山喋血记》等影片。1937年"八一三"事变后,曾于新华影业公司参演《飞来福》《雷雨》等片。太平洋战争

---

〔1〕 龚鉴尧:《世界统计名人传记·金国宝》,中国统计出版社2000年,第407页。

爆发后,为伪中华电影联合股份有限公司演员。参演《日出》《家》《琵琶记》《亡命之徒》《儿女英雄传》《铁窗红泪》《武松与潘金莲》《王先生与二房东》《爱人》《吸血魔王》等片。1945年春又联合主演《谍海雄风》《冤家喜相逢》等。笃信佛教。抗日战争胜利后息影,从事社会慈善事业。曾当选为上海贫儿工读院董事、上海普德会理事、上海市民营广播电台商业同业公会理事等,并主持播音会务。1948年参与发起重建四川彭县龙兴舍利塔。中华人民共和国成立后,洪警玲加入上海电影制片厂,参演《秋翁遇仙记》《牧童投军》《铁窗烈火》《51号兵站》《今天我休息》等片。毕生参演影片近二百部,为中国银幕上最有名的反派角色,将趋炎附势、尖刻狡猾、狗苟蝇营的人物形象刻画得淋漓尽致。1963年6月9日逝世。

(李 峰)

范烟桥(1894—1967)

范烟桥,乳名爱莲,学名镛,字味韶,以号行,笔名含凉生、鸱夷室主、余罍、西灶、乔木、万年桥、愁城侠客等,吴江(今江苏苏州吴江区)同里范家埭人。生于清光绪二十年六月初一日(1894年7月3日)。范仲淹从侄范纯懿后裔范思椿自明末由苏州吴趋坊始迁同里。范烟桥为其第十世孙。父范祖培,字葵忱,出身举人。考举优贡,与陈去病等结雪耻学会。曾考授浙江盐大使,充浏河收运掣验局文案,为吴江田业会代表。辛亥革命后,历任同里议事会议长、同里市助理员,为平社吴江发起人之一。家藏古籍数千卷,曾重编《同里志》,辑有《同川诗萃》。

范烟桥为家中长子,自幼不喜读经,独好说部,亦喜弹词。年十四入同川公学高小一年级,受教于金松岑,勤习诗文,兼学历史、地理及小说。宣统三年(1911)入苏州长元吴公立学堂,受教于胡石予,与同学讲求文艺,肆力于诗词,尤喜白居易、陆游、高启、袁枚之作。苏州光复后与里中少年自学于袁龙复斋,慕南社文采风流,结同南社,与张圣瑜刻油印新闻纸《元旦》。《元旦》后易名《惜阴》,再改名《同言报》,"地方人士竟视为舆论所托,且改用铅字排印,为吴江报纸之首创"[1]。

1912年范烟桥回校复课,因学潮退学,转入教会所办杭州之江学堂。孙中山来校演讲时,范烟桥曾与之合影以志纪念。次年入南京民国大学商科,回乡成婚,因"二次革命"爆发后学校迁至上海而辍学,从表母舅钱祖翼学习书法。

---

[1] 郑逸梅:《南社丛谈:历史与人物》,中华书局2006年,第239页。

1914年任八坼第一小学兼八坼女子小学教员,以小品文投上海《时报》副刊《余兴》,得主编包天笑奖掖,出版《同南》社刊。大江南北先后入社者数百人,范烟桥因而结识柳亚子,加入南社。1917年任八坼乡学务委员,编纂小学教材《吴江县乡土志》,应约于包天笑主编的《小说画报》发表连载长篇弹词《家室飘摇记》,嘲讽抨击张勋复辟,大受欢迎。次年任吴江县劝学所劝学员,仍兼八坼乡学务委员。1919年辞学务委员职,任母校吴江县第二高等小学历史教员,佐父编志辑诗,与同学徐光泰等结绵社课诗。1921年辞劝学员职,兼任吴江县第一女子小学国文教员,创办发行《吴江周刊》,旨在广开言路,活跃思想,抨击黑暗,改革社会。次年迁居苏州温家岸"向庐",渐与苏沪文人交结,加入上海青社,七夕日又同赵眠云等八人于苏州创立文学团体星社,任干事,发行小型周刊《星》,主编《星光集》。社员后达百余人。严独鹤主编之《新闻报》副刊《快活林》及《红》杂志,周瘦鹃主编之《申报》副刊《自由谈》及《半月》《紫罗兰》杂志,毕倚虹主编之《时报》副刊《小时报》,江红蕉主编之《新申报》副刊《小申报》,先后约范烟桥撰短篇小说及小品文,《小说丛报》《小说世界》《快活》《游戏杂志》《红玫瑰》《家庭》等杂志亦约范烟桥为撰述。范烟桥乃日写数千字以应,声名籍甚。1923年秋从包天笑办无锡《苏民报》,佐编副刊《余勇》。1926年主编《星报》,创办西亭迷社,赴济南佐办《新鲁日报·新语》副刊。次年出版所著《中国小说史》。1928年被王西神聘为上海正风中学国文主任,复经陈去病介绍于持志大学主讲小说,与包天笑等接办《小日报》,兼任主编,参加南社二十周年纪念雅集。1930年被世界书局聘为苏州编译所特约编辑。次年因买卖黄金巨亏而负债数千金,受聘为苏州东吴大学附属中学国文教员。1932年于东吴大学兼授小说,与小说林书店主人叶振汉合作,创办并主编《珊瑚》半月刊。1934年11月创办并主编《新吴江报》,力倡新文化,深得杨天骥、柳亚子称赏。助弟范镠编《苏州明报·明晶》副刊,撰长篇小说《花草苏州》连载,又追随章太炎、张一麐、李根源诸硕学踪迹,学术空气为之一变。

1936年范烟桥入影剧界,任明星影片公司文书科长,代主编刊物《机联》,主编《人事周报》,纂辑《明星实录》。次年年初兼任中国国学会上海分会庶务、苏州吴中文献展览会干事。"八一三"事变爆发后范烟桥归里,与各校教师为失学青年创办高初中补习班。学籍为东吴大学所认可。1938年应舅父严宝礼之召,范烟桥任《文汇报》秘书,筹办锡珍女学,兼任东吴大学附属中学沪校国文教员。次年主编《苏州公报》,兼任第五中华职业补习学校特设新说书专修班讲师,与顾明道创办国华中学东校附设国学补习社。《文汇报》被迫停刊后,范烟桥改兼任松江中学教务。先后为国华影业公司改编电影剧本《乱世英雄》《西厢记》《秦淮世家》《三笑》,编创剧本《无花果》《解语花》等。1940年任金星影片公司文书。次年于东吴大学沪校主讲小说,兼任正风业余话剧社编剧委员。太平洋战争爆发后,1942年东吴大学附属中学被迫停办,范烟桥乃与附属中学教员组织正养中学并任校长,兼大同大学附中教务。拒应汪伪中华联合制片公司之聘,拒任日本人所办《新申报》编辑、顾问。1943年兼任大夏大学教务,中秋日与梅兰芳、周信芳、吴湖帆等结甲午同庚千龄会,坚守民族气节。抗日战争胜利后《文汇报》复刊,范烟桥任职于报社总务部,兼任编辑,同时主编《文汇画报》,与王亢元发行《新纪元》周刊。1946年正养中学恢复为东吴大学附属中学后范烟桥辞去校长职务,回苏州复校教授国文,并在东吴大学讲授小说。1947年,所撰电影剧本《陌上花开》经洪深、吴之仞修改,易名《长相思》,由华星影业公司出品,香港大中华电影企业公司发行上映。范烟桥于同里筹办私立仁美初级中学,任责任校董,辑刊短篇小说集《花蕊夫人》。次年与赵眠云、周瘦鹃、蒋吟秋等结怡社。怡社为星社余绪。

中华人民共和国成立后,范烟桥当选为苏南各界人民代表会议代表。1950年任吴县土地改革委员会委员、苏南文学艺术联合会副主席。次年被苏南文学艺术联合会推为常务委员及创作推进委员会副主任委员。1952年随东吴大学附属中学并入苏州高级中学,兼任苏南行署文教委员会委员、苏州电气公司监察委员。1954年当选为苏州市第一届人大代表(后连任四届),任苏州高级中学工会主席。次年为江苏省第一届政协委员,出任苏州市文化处处长。1956年改任苏州市文化局局长,兼苏州市政协副秘书长,当选为中国民主促进会苏州市委首届副主委、中央候补委员,江苏省文联副主席。次年当选为中国民主促进会江苏省委首届常委。1958年夏改任苏州市文物保管委员会副主任,在文庙创设苏州地志博物馆。苏州地志博物馆后被移至忠王府,易名苏州博物馆。1959年范烟桥当选为江苏省政协常委。1962年连任中国民主促进会苏州市委副主委,兼秘书长。先后加入中国作协上海分会、江苏分会。与周瘦鹃、程小青、蒋吟秋并称"苏州四老"。1966年"文化大革命"爆发后,范烟桥与周瘦鹃、程小青被诬为"三家村",成为批斗对象,三家同时被抄。1967年3月31日范烟桥因心肌梗死病逝[1],于"文化大革命"后被彻底改正。藏书及手稿《驹光留影录》等46种

---

[1] 范烟桥卒日,或谓1967年3月28日。据范烟桥自编年谱《驹光留影录》卷末其子范崇清注,3月28日胃溃疡病复发,住第四人民医院,31日逝世。见江苏省政协文史资料委员会:《江苏文史资料》第53辑、《苏州文史资料》第20辑《吴中耆旧集——苏州文化人物传略》,江苏文史资料编辑部1991年,第56页。本传多参《驹光留影录》,范烟桥著述,可参郑逸梅:《南社丛谈:历史与人物》附《南社社友著述存目表》,中华书局2006年,第432页。

243 册,由子女捐赠于苏州大学图书馆。

室名无我相室、愚楼、小天一阁、鸱夷室、歌哭于斯亭等。范烟桥嗜碧螺春,酒兴豪壮。工行草,擅画折枝墨梅,写扇册、绘图寄意极精雅。在文史、小说、电影、弹词、诗歌、词曲、猜谜等领域均有建树,系鸳鸯蝴蝶派重要作家,"社会小说"主将。为电影插曲作词《梦断关山》《春风秋雨》《夜上海》《花样的年华》《月圆花好》等。插曲皆由周璇主唱,流行久远。范烟桥著述繁富,除上述作品外,还主辑《苏州景物诗辑》,编有《销魂诗选》等。为唐耿良编新评话《太平天国》脚本,创作《馀兴传奇》《新南柯传奇》《新桃花扇传奇》《玉交柯弹词》,将所撰弹词理论文章及短篇新弹词开篇辑为《人民英雄郭忠田》,撰《苏州四才子》纠正弹词与传说之讹误。纂辑《拙政园志》。与姚民哀等合著《现代侠义英雄传》。改写《永昌演义》为《李自成演义》,创作长篇小说《孤掌惊鸣记》《新儒林外史》《维新小史》《别有世界》《孤岛三年记》《无名之侠客》《江南豪杰》《忠义大侠》《侠女奇男传》《混世魔王》《齐东新语》《李秀成在苏州》《韩世忠与梁红玉》《唐伯虎故事》等。另著有《苏味道》《三十年文坛交游录》《诗坛点将录》《吴宫花草》《新潮过渡录》《学诗门径》《书信写作法》《民国旧派小说史略》《待晓集》《敝帚集》《北行杂诗》《烟丝》《茶烟歇》《范烟桥说集》《鸱夷室杂缀》《鸱夷室文钞》《烟桥日记》等。

(李 峰 俞 前)

吴湖帆(1894—1968)

吴湖帆,初名翼燕,更名多万,又名倩、倩庵,吴县(今江苏苏州)人。生于清光绪二十年(1894)。家居南仓桥。祖吴大澂官终湖南巡抚,精鉴藏,篆隶书法名家。父吴本善,吴大澂嗣子,亦擅书法。母沈静研系川沙名门,沈韵初之女,擅琴棋书画。受家庭熏陶,吴湖帆幼喜书画,四五岁时又得名家陆恢指授,学绘花果,艺事长进。

1912年吴湖帆就读于苏州草桥中学,与颜文樑、顾颉刚为同窗。1922年入上海中国公学。次年因学校他迁而辍学,与同学叶恭绰东渡日本。返回苏州始习画山水,数年之间遍临家藏清初"四王"真迹,旁及恽寿平、吴历,又上溯"明四家",后又浸淫于董其昌。1915年娶潘静淑为妻。潘氏为苏州大姓。潘静淑的陪嫁中有不少家藏书画精品。这些精品成为吴湖帆临摹研究的重要对象。1924年江浙战争爆发,吴湖帆携家迁往上海。1929年其作品入选教育部主办的第一次全国美术展览会,本人应邀出任全国美术展览会评委。后又以上海博物馆筹备委员和董事身份,任故宫评审委员,认真观摩故宫历代名迹,从中吸取创作的营养。1936年被聘为故宫博物院赴伦敦名画展审查委员。创作的《云表奇峰》在《美术生活》杂志发表,为其成名之作,画面极尽丘壑之美。在画法上,吴湖帆或用没骨烘染,得淡荡明艳之致;或用解索皴、披麻皴、小斧劈皴,得深穆渊厚之气。对传统山水画"南北宗"、青绿水墨能兼收并蓄,并形成了自己的笔墨风格。其画风也由"四王"转承宋元。其《晓云碧嶂》《海野云冈》《秋岭横云》等作品是其画风走向成熟的重要标志。

在画坛上,吴湖帆早年与溥心畬并称"南吴北溥",后与吴子深、吴待秋、冯超然有"三吴一冯"之称,与张大千又并称"南吴北张"。曾与同道创立正社书画会。1939年在南京苏州同乡会举办画展,并收王季迁、朱梅邨、徐邦达、宋文治、陆抑非等为弟子。

吴湖帆还是收藏大家。其收藏集祖父吴大澂、外祖父沈韵初的藏品和夫人潘静淑陪嫁的"攀古楼"藏品于一身。所藏有宋米芾之行书《多景楼诗册》、宋宁宗后杨氏之《樱桃黄鹂图》、宋王晋卿之《巫峡清秋图》、元吴镇之《渔父图卷》等,既精且富。吴湖帆亦精于鉴赏,与收藏大家钱镜塘同称"鉴定双璧"。一览古画,立辨真伪。著名书画鉴定家张珩、徐邦达、杨仁恺皆为其弟子。

中华人民共和国成立后,吴湖帆为上海画院中国画画师,被聘为上海市文史研究馆馆员、苏州市文物保管委员会顾问等,当选为上海美术家协会副主席。曾托亲戚将自己的一帧扇面转赠毛泽东主席。毛主席回赠大衣一件,并附上500元润笔费。1954年,吴湖帆将自己的诗词《佞宋词痕》书写影印成书转赠毛主席,毛主席也将自己的诗词手稿影印本回赠答谢。1964年中国第一颗原子弹爆炸成功后,吴湖帆欢欣鼓舞,根据原子弹爆炸的彩色照片以及纪录片资料创作了《原子弹放射图》,受到人民解放军高度赞扬。

1968年7月7日吴湖帆逝世于上海。

(袁成亮)

朱耀祥(1894—1969)

朱耀祥,以艺名行,曾用艺名耀奎,吴县(今江苏苏州)人,原籍江苏无锡。生于清光绪二十年九月二十一日(1894年10月19日)。幼随父朱晋卿学古彩戏法及苏滩,后投邹鸿祥习《义妖传》近三年,于魔术上兼得邹氏神髓。又师从赵筱卿习弹词《描金凤》《大红袍》。初于父苏滩堂会加唱弹词。1930年首赴上海东方书场,与张少蟾、赵稼秋拼三档合唱《描金凤》等。次年单档说《大红袍》。

被誉为光裕社名家。1932年与赵稼秋拼档,于上海萝春阁书场首演姚民哀改编自张恨水小说《啼笑因缘》的部分弹词篇子,因姚民哀有病,请陆澹安续编完结,成《啼笑因缘弹词》前后集共92折,并于东方书场等处及播音电台播唱,为苏州弹词说现代书之滥觞,成为响双档,代表性唱段《别凤》等曾被大中华公司灌制成唱片。朱耀祥亦与赵稼秋拼档弹唱《玉堂春》《四香缘》等。

朱耀祥善于创新题材,说表兼善,第一个将普通话作为书台主角的说白,擅起各类角色并配以相应方言,滑稽突悌,尤擅"乡谈"。其表演艺术新颖并生活化。其唱腔由"魏调"衍变,吸收苏滩行腔等,拖腔尤有韵味,被称为"朱调""祥调"。朱耀祥偶自拉二胡伴奏,时为书坛所稀见。以往评弹开篇都是独唱,无对白。朱耀祥将《追韩信》《昭君出塞》《四郎探母》《平贵别窑》《霸王别姬》等京剧折子戏改编为评弹开篇,与赵稼秋上下手对唱。"他们还喜欢唱白话开篇,像《上海少奶奶》《朱耀祥的甜酸苦辣》等,这是朱耀祥对评弹的又一项贡献。"〔1〕

中华人民共和国成立后,朱耀祥曾参演新书戏《小二黑结婚》,加入常熟市人民评弹团,转入苏州市人民评弹团。1969年逝世于上海。传人有子朱少祥、朱幼祥、朱小祥及弟子施美琴、程美珍、高美玲、姚荫梅、徐似祥、陈平宇等。

(李 峰)

吴子深(1894—1972)

吴子深,名华源,字子深,号渔邨,别署桃坞居士,吴县(今江苏苏州)人,祖籍安徽徽州。生于清光绪二十年九月二十一日(1894年10月19日)〔2〕。祖父吴清卿,咸丰年间为避兵灾来苏,经营酒业和漆业,富甲一方。

吴子深少从表兄包天笑学诗词,善五七言。年十七随舅父曹沧洲学中医。1917年因受父亲吴砚农影响开始习画,后从刘临川学画,并得名家李醉石、顾麟士指授,具有不凡天赋。画山水远追董北苑,近宗董其昌,疏朗清旷,清新雅逸;画竹石师文同,偃仰疏密,合乎法度。1920年,所作《竹石图》参加颜文樑等组织的苏州美术画赛会,获行家好评。1930年吴子深发起组织桃坞画社,将社址设于桃花坞其宅,以联络吴中画家,相互观摩作品,研究艺事。曾组织社友先后举

---

〔1〕 张玉红、姚萌、郁乃尧:《评弹人"平淡"事》,苏州大学出版社2015年,第12页。
〔2〕 吴子深生年有1893、1894、1895年诸说。此据江洛一:《吴子深先生的一生》,《上海文史资料选辑》第72辑《艺苑寻踪》,上海市政协文史资料委员会1992年编印,第154页。江文又称名原,字华源,未知根据,其本文154页又云名华源(字子深)。

行两次书画展览,将作品出售所得皆捐给贫苦百姓。

旧时苏州画坛有"贵吴""富吴"之称。"贵吴"即巡抚吴大澂裔孙吴湖帆。"富吴"即指吴子深。吴子深不仅富有,且有仁爱之心。1927年苏州美术专门学校迁入沧浪亭。任首席校董的吴子深先后两次捐资4 000元整修校舍。1929年9月,为扩建新校舍,亲自去日本进行考察,归国后购下苏州沧浪亭东侧徐姓4亩地,捐资54 000银圆。1932年8月罗马宫殿式楼舍落成,规模之大、造型之美为全国美校校舍之冠。苏州美术专门学校经教育部批准备案,改名为私立苏州美术专科学校。吴子深在苏州美术专科学校兼任教授,从事山水理论课教学,创作了《秋林书屋图》等许多优秀作品,并出版《吴子深仿董书画册》。

1937年抗日战争全面爆发后,吴子深避居上海潜心作画,与老友吴湖帆、吴待秋还有新交冯超然研讨书画,彼此取长补短,影响越来越大,被时人称为"三吴一冯"。1945年抗日战争胜利后,吴子深作《春笋图》并书"胜利"两字以志庆贺。在上海中国画苑举办个人画展,展出120件书画作品。1947年5月分别在无锡及苏州举办个人画展。是年,行家评其作品古趣盎然,厚而能雅,淡而见腴。上海《美术年鉴》也称其"所作山水,落墨则浓淡得宜,干笔皴染;设色则工丽妍雅,妙到毫颠"。《苏州明报》载文《吴子深与中国画坛》称:"子深先生的山水秀润高古,与吴湖帆、吴待秋两氏,称为'当世三吴'。写得一笔俊逸飞扬的董字。小品的竹、松、兰虽是一麟半爪,得之者没有不珍如拱璧。"1948年吴子深又与书法家支慈庵在上海中国画苑举办书画联展,被聘为上海文化运动委员会所主办的美术奖评选委员。次年去香港投奔表兄包天笑,一面挂牌行医,一面鬻画卖字,并曾在南洋举办个人画展。1964年出版《客窗残影》上、中、下册,得稿费10万港元,使生活得到较大改善。1966年经画家张大千介绍前往台北,曾任台湾艺术学院国画系教授。1972年3月24日病逝。 (袁成亮 章致中)

陆澹安(1894—1980)

陆澹安,名衍文,字剑寒,以号行,本号澹盦、澹庵,别署莽书生、琼华馆主、悼翁、吴下幸翁等,笔名何心、罗奋等,吴县(今江苏苏州)洞庭东山杨湾人。清光绪二十年六月二十四日(1894年7月26日)生于上海。孙延庚弟子。

辛亥革命后陆澹安于上海民立中学毕业,曾留校执教。后于江南学院法科毕业,获法学学士学位。1915年加入南社,主编《上海》杂志。1919年始将电影《毒手》《黑衣盗》《老虎党》《红手套》《赖婚》等译编为侦探小说,又主持《新声》

杂志《谈荟》栏目,连载《琼华馆笔记》《影戏话》等。1921年参与创办博约国文专修学校。曾任广益书局、世界书局编辑,参编《金刚钻》报及《红杂志》《侦探世界》等。所作《棉里针》《隔窗人面》《夜半钟声》等侦探小说1924年被结集为《李飞探案集》,连续再版。陆澹安又编话剧《循环的离婚》,为名角黄玉麟编京剧剧本《霍小玉》《风尘三侠》《龙女牧羊》等。出任中华电影公司附设中华电影学校教授兼教务主任。1925年为新华影业公司首部电影《人面桃花》编剧,后导演《风尘三侠》。1927年参与创办小说流通社,加入迷社大中虎社为健将。1929年参与创办中华国文专修夜校及附设函授学校,并任教授,后任教于务本女中、粹华国文夜校、正始中学。1930年首先将云南曲焕章秘制白药百宝丹介绍至上海。次年倡办天南公司任独家销售总代理。后任《中国日报》《社会日报》《金刚钻》等特约撰述,创作武侠小说《新游侠传》及言情长篇小说《落花流水》等。首创用普通话写弹词。所著《弹词韵》为编写开篇唱句之准则。陆澹安别创《西厢》等弹词新开篇,据张恨水同名小说《啼笑因缘》改编的弹词正集与续集,由上海"三双档"之首"朱赵档"(朱耀祥、赵稼秋)演出不衰,尤为风行。

1934年陆澹安于上海江南学院法科毕业,获法学学士学位。任教于正始中学,兼任上海中学、民立中学教员。1937年加入星社、中国国学会上海分会。曾任法国哈瓦斯通讯社记者兼中文主笔。1939年与周瘦鹃等创办大经中学、小学,任校董、校务委员兼教导主任。后任同济大学、上海商学院、上海医学院国学教授,正始中学校长等。1945年将秦瘦鸥同名小说为范雪君度身改编为弹词《秋海棠》。后致力研究古诗文、小说戏曲及金石考据。富藏书,嗜汉碑拓片,工行楷、篆书,精于汉隶。又通训诂,擅对联,精于制迷、猜谜。

陆澹安生平不喜做官,不入党派。中华人民共和国成立后,陆澹安被聘为上海市文史研究馆馆员,予以婉辞。曾创作长篇弹词《九件衣》《满江红》等。1980年3月25日逝世[1]。所著《小说词语汇释》《戏曲词语汇释》《诸子末议》《水浒研究》等已刊著作及未刊著作手稿、日记、函札等,由其孙篆刻书法家陆康主编汇辑为《陆澹安文存》。

(李　峰)

---

[1] 陆澹安生日和卒日皆由其孙陆康核准。《澹安年谱简编》1980年记为"3月27日,离世",见陆康:《陆澹安文存·澹安藏札》,上海锦绣文章出版社2011年,第405页。陆康核准为3月25日去世,户口于同日销注。

平襟亚（1894—1980）

平襟亚，化名沈亚公，别号秋翁，常熟吕舍人。生于清光绪二十年（1894）。出身于乡村塾师家庭。幼年丧母，下有两弟。曾读私塾数年，十三岁赴镇上一南货店当学徒。因性喜读书而屡遭账房训斥，遂借钱考入常熟简易师范学校，毕业后于 1913 年任吕舍公立小学首任校长。1915 年又赴嘉定练西小学任教，结识南社社员杨了公、姚鹓雏、朱鸳雏、奚燕子、戚饭牛等，并在《时事新报》《七襄》等报刊撰文。1918 年起，任上海世界书局编辑，兼为上海各报撰稿，遂成职业文化人。此一时期先后撰著《中国恶讼师》《民国三百件奇案》《江湖三十六侠客》《恋爱的破产》《妆影楼琐记》等，并编辑《滑稽新报》《武侠世界》，复撰写杂文，名曰《襟亚阁笔记》。

1926 年，平襟亚于自办之报纸上刊登文章，得罪女界名人吕碧城。吕碧城欲借英国领事之力兴大狱。平襟亚不得已化名沈亚公，避居苏州。为消遣而撰之长篇社会小说《人海潮》，由友人郑逸梅携往上海，以"网蛛生"之名出版发行，引起巨大轰动，七个月销五万余册，一举奠定平襟亚之文坛地位。其后，平襟亚又续撰《人海新潮》《人心大变》《上海大观园》《百大秘密》等社会及武侠类小说。

此后经友人调停，平襟亚与吕碧城之争端告息，其得回上海。1927 年在福州路 328 弄创办中央书店及万象书屋，除出售普通书籍外，亦翻印古书，并有出版业务。抗日战争全面爆发后，平襟亚又以陈蝶衣为主编，创办《万象》杂志。1943 年 7 月改以柯灵为主编，杂志遂成左翼文化人士对敌斗争平台。平襟亚本人亦具民族气节，曾作杂文拥护抗日，并于《万象》杂志创《故事新编》栏目，对日本罪行多有讽刺。此后遭日本宪兵逮捕，幽禁 28 天后方获释。

后因社会小说生存空间日窄，加之自身爱好，平襟亚逐渐转入评弹创作。中华人民共和国成立后，1950 年平襟亚与同好组建上海新评弹作者联谊会，自任副会长。1955 年任上海市人民评弹工作团特约编稿。其间大量改编传统书目，并创编新书目，有《陈圆圆》《三上轿》《十五贯》《杜十娘》《王魁负桂英》《借红灯》《钱秀才》等。其中 1951 年所作《三上轿》，描述恶霸地主压榨农民，并宣传农民反抗精神，开创评弹新题材之先河。评弹创作之余，平襟亚亦从事逸闻掌故之写作挖掘。1957 年被聘为上海市文史研究馆馆员。"文化大革命"期间，连遭冲击，身体大受影响，以致记忆力丧失，双耳皆聋。幸赖其妻陈秋芳悉心照顾，其子沈东海侨居卢森堡，亦常汇款寄药，方得以延续数年生命。1980 年 8 月 5 日病故于上海。

（顾亚欣）

凌鸿勋(1894—1981)

凌鸿勋,字竹铭,番禺(今广东广州)捕属人,祖籍常熟。生于清光绪二十年三月初十日(1894年4月15日)。父凌佩秋,光绪十一年举人。设馆授徒,曾任广州府中学堂经学、文学教习。

凌鸿勋于家排行第五,早承庭训,家贫励学。宣统二年(1910)以优等毕业于广州府中学堂,考举优贡生。以广东省官费生第一名考取邮传部上海高等实业学堂,次年就读于土木工程科。辛亥革命后,学校先后改名为南洋大学、交通部上海工业专门学校。凌鸿勋曾任校体育会书记、上海六大学联合体育会学生代表。发起组织南洋学会,兼任《南洋学报》总编辑。1915年以本科第一名毕业。创制的有全班同学相片及永久通讯录的纪念册,为国内各大学毕业纪念刊之滥觞。凌鸿勋被交通部派赴纽约州美国桥梁公司实习,并于哥伦比亚大学业余选修课程。1917年参与发起组织中国工程学会,被选为美国工程学会会员。

1918年凌鸿勋回国,任京奉铁路唐山段工务员。1919年任交通部路政司考工科科员,补技士,兼任交通部铁路技术委员会委员、审订铁路法规会建设股会员,曾兼交通部铁路管理学校、邮电学校教席。次年被借调至母校任教,为代理土木工程科主任、代理校长。1921年任交通大学筹备处董事、交通大学上海学校副主任,回任交通部京汉铁路桥梁工程师,兼黄河新桥设计审查会工程师。次年署交通部技正兼路政司考工科副科长、铁路路线审查会委员。1923年任南洋大学大学部机械科教授。次年年末任校长,当选为中国工程学会副会长兼材料试验股股长。1925年兼任交通部商船学校筹备处主任、葬事筹备处孙中山先生陵墓图案评判顾问,负责建材化验工作,当选为南洋大学两广同乡会名誉会长。编著出版新学制高级工业教科书《市政工程学》《铁路工程学》。次年兼任南洋、复旦、光华大学合组的江南大学体育协会会长,中国工程学会工程教育研究会筹备委员会委员长。与中国工程学会合作创建工业研究所。1927年辞校长职,当选为中华职业教育社候补评议员。次年出任广西梧州市政府工务局局长,广西大学筹备委员会委员、筹备主任,发起中国工程师学会梧州分会。1929年任铁道部技正、顾问,陇海铁路工程局局长兼铁道部工程科科长,出版所著《桥梁》《工厂设计》。次年被派赴欧美考察铁路工程,赴比利时出席工业专门教育国际研究会。1931年勘测潼关至西安路线修筑,任陇海铁路管理局副局长兼潼西段工程局局长。次年任粤汉铁路株韶段工程局局长兼总工程师。1933年当选为中国工程师学会董事。1935年当选为中央研究院评议会首届评议员,任粤汉铁路整理计划委员会工务组主任,兼京湘路湘赣段工程局局长,获中国工程师学会首次颁发的金质奖章。次年任粤汉铁路整理委员会常委兼湘鄂段管理局局长,改任粤汉铁路管理局首任局长,使株韶段工程提前竣工,实现粤汉铁路全线通车。

1937年抗日战争全面爆发后,凌鸿勋兼任湘桂铁路南郑段工程处处长兼总工程师。次年兼任桂南段工程局局长兼总工程师。1940年任天成铁路工程局局长。次年兼任西北公路管理处处长,改任工务局局长,被授予中将衔,当选为中国工程师学会会长。1942年被国民政府指定为高等考试初试典试委员会委员。次年兼任宝天铁路工程局局长兼总工程师,当选为三青团首届中央团部评议员。1944年编著《八十年来之中国铁路》。次年任交通部常务次长,兼中国长春铁路拟订章程委员、内政部抗战损失调查委员会委员、中央设计局设计委员、东北经济委员会委员,于国际铁道会议上当选为大会副主席。1946年兼任国大代表、全国铁路协会理事、南京市都市计划委员会委员等。1948年当选为中央研究院首届院士。次年年初任交通部政务次长、代理部长,辞职赴香港,曾任华侨工商学院教授,为华国出版社翻译《科学与战争》《现代武器与自由人》等。1950年迁居台湾,任台湾大学教授,后被聘为"总统府"国策顾问、"行政院"设计委员会委员。1952年任台湾石油公司董事长,1971年退休。曾当选为台湾"中国土木工程学会"理事,筹创新竹交通大学颇力,1975年被授予名誉理科博士学位。1981年8月15日病逝于台北。

凌鸿勋著述颇丰,与高宗鲁合著有《詹天佑与中国铁路》,编著有《中国铁路概论》《中国铁路志》《七十年来东清、中东、中长铁路变迁之经过》《对日抗战八年交通大事记》《詹天佑先生年谱》《七十自述》《凌鸿勋口述自传》《凌鸿勋自订年谱》《凌鸿勋年谱外纪》等。

(李 峰)

叶圣陶(1894—1988)

叶圣陶,原名绍钧,字秉臣,改字圣陶,吴县(今江苏苏州)人。生于清光绪二十年九月三十日(1894年10月28日)。家居悬桥巷。父叶钟济为地主做账房,家教严格。叶圣陶六岁入私塾。先后就读于长元吴公立高等小学堂、苏州公立第一中学堂即草桥中学,对文艺有浓厚兴趣,曾与同学创办油印刊物《课余丽泽》。

1912年中学毕业后,叶圣陶于干将坊言子庙的苏州中区第三初等小学当教员。1915年秋经好友郭绍虞介绍,到上海尚公学校教国文。次年与胡墨林结婚。1917年春应吴宾若之邀,到吴县甪直镇县立第五高等小学任教,并与吴宾若、王伯祥等同道开展教育改革试验,自编各种新教材,捐款创办利群书店和百览室,还将两亩多地开辟为生生农场,为学生创造了一个充满朝气和情趣的校园环境。这一时期,叶圣陶发表了《今日中国的小学教育》《对于小学生作文教授之意见》等一系列关于小学教育的文章,引起教育界的关注。1919年参加"五四"运动,还加入了进步文学社团新潮社,开始从事新文学活动与创作,并编辑新文化运动史上第一个新诗刊物《诗》。1921年1月,与周作人、沈雁冰、郑振铎等人发起成立文学研究会,以"研究介绍世界文学,整理中国旧文学,创造新文学"为宗旨,共同举起"为人生"的现实主义文学旗帜。6月应邀到上海吴淞中国公学中学部教国文。1922年年初又应蔡元培等人之邀,任北京大学中文系讲师,一个月后因妻即将分娩南归,复任教于上海复旦大学和神州女学。

1923年春,叶圣陶经朱经农介绍到商务印书馆做编辑,先后主编《文学周报》《小说月报》等刊物。参加"五卅"运动,与胡愈之等人创办《公理日报》,进行反帝爱国宣传,后又主编中国济难会的《光明》半月刊。1930年年底至开明书店任编辑,编辑出版《妇女杂志》《中学生》《新少年》等刊物,其中《中学生》杂志成为最受青年学生欢迎的读物。在此期间,叶圣陶还为上海文艺界地下党联系中间派人士做了许多工作,并发现、培养和举荐过巴金、丁玲、戴望舒等一批进步青年作者。

"九一八"事变后,叶圣陶积极投身于抗日救国活动,参与发起成立文艺界反帝抗日大联盟。1935年在苏州十全街滚绣坊青石弄五号置地建宅,奔波于苏沪两地。"七七"事变爆发后携家迁入四川,参加发起成立文艺界抗敌后援会。先后在重庆巴蜀学校教国文,在国立戏剧学校教写作,在复旦大学教新文学。1938年10月到乐山,任武汉大学教授。1940年应四川省教育厅之聘,任教育科学馆专门委员。1943年年初,开明书店在成都设编译所办事处。叶圣陶遂重回开明书店工作。1945年8月日本无条件投降后,叶圣陶携全家回到上海,继续在开明书店做编辑出版工作,并积极投身于爱国民主运动,先后出任中华全国文艺界协会理事、常务理事和总务部部长,主持"文协"日常工作,兼任上海市小学教师联合进修会和中学教育研究会顾问。编辑杂志,撰写文章,发表演讲,揭露和抨击国民党政权内战、独裁、卖国的罪行;呼吁文艺界、教育界同人,要有所爱,有所恨,有所为,有所不为,和广大人民为同一目标而斗争,"汇为巨力致民主",转移风气,挽回世运,为万世开太平。1948年12月,应中国共产党邀请去解放区。

1949年出席全国第一次"文代会",被选为全国文联委员,并出席全国政协第一次全体会议,当选为全国政协委员。

中华人民共和国成立后,叶圣陶曾任中央人民政府出版总署副署长、教育部副部长等职,为第一至四届全国人大代表。"文化大革命"中受到冲击。"文化大革命"结束后,叶圣陶复出工作,任教育部顾问、中央文史研究馆馆长,当选为中国民主促进会主席、全国政协副主席等。1984年年底将苏州老宅捐献给国家。1988年2月16日逝世于北京。长子叶至善将其骨灰安葬于甪直乡下,以了却老人家的心愿。为了纪念这位杰出的人民教育家,甪直建有叶圣陶实验小学。

叶圣陶是中国著名文学家、教育家、编辑出版家和社会活动家。创作了中国现代文学史上第一部童话集《稻草人》,第一部长篇小说《倪焕之》,以及《多收了三五斗》等许多优秀短篇小说。有关教育、教学著述繁富,仅在语文教育方面即有十多部论著。叶圣陶提出"为人生"核心价值观,倡导德育教育,培养良好习惯和自主学习能力的理念,并努力践行,被尊为一代宗师。有《叶圣陶集》行世。

(袁成亮　陈希强)

陈震寰(1895—1941)

陈震寰,原名景福,化名刘纲等,常熟东张人。生于清光绪二十一年(1895)。1920年毕业于上海东亚体育专科学校。任上海澄衷中学教员。次年任宣城安徽省立第四师范学校教员,与恽代英、萧楚女为同事。1922年任重庆四川省立第二女子师范学校事务主任,兼重庆县立联合中学卫生部主任及体育教员。次年任教于万县第四师范学校,重回第二女子师范学校,皆与萧楚女为同事,被萧楚女介绍加入中国共产党。1925年到江苏镇江六中任体操教员兼体育主任,赞成国共合作,奉命以个人名义加入中国国民党,创建镇江首个中国共青团支部,并组织成立常熟小学教育改进会、平民施医局。1926年应萧楚女介绍,入广州第六期国民党中央农民运动讲习所,毕业后去杭州任国民革命军第十四军政治部组织科科长。次年随军进驻无锡、常熟,任常熟公安局政治指导员兼工人纠查队指导员、国民党常熟县党部代表。第一次大革命失败后陈震寰与党组织失去联系。1928年任国民党昆山党务指导委员会常务委员。次年任国民党镇江县第一区党部、县党部执行委员,当选为镇江救国会常务委员、江苏省废除不平等条约促进会筹备委员。后供职于江苏省救济院所属游民习艺所。1933年任常熟县立体育场场长,后任镇江体育场场长、中心民校教员、民众教育馆馆长等。1937年春任镇江壮丁训练总队副总队长,兼第一区民众学校副校长。次年年初回常熟组织抗日游击队。该游击队被改编为国民政府军事委员会别动总队淞沪特遣支队第六梯团后,陈震寰任团长,兼常熟、嘉定、太仓、昆山、青浦、松江六县抗日游击军军事学校教育长,于徐市战斗获捷,名震东乡。1939年所部被改编为新四军江南抗日义勇军独立第三支队、二路第三支队,其任二路副司令。"江抗"西撤后陈震寰留在常熟坚持抗日斗争。伪"清乡"时,因汉奸告密,陈震寰被捕,宁死不屈,1941年7月25日被日军刺杀于徐市叶家坟场。后被追认为革命烈士。

(李　峰)

周瘦鹃(1895—1968)

周瘦鹃,原名祖福,改名国贤,号瘦鹃,吴县(今江苏苏州)人。清光绪二十一年闰五月初八日(1895年6月30日)生于上海。在其六岁时,父病逝,母为人缝补维持家计。周瘦鹃七岁入私塾开蒙,十一岁入上海储实两等小学,十五岁入民立中学。宣统三年(1911)夏,以笔名"泣红"于《妇女时报》创刊号发表短篇小说《落花怨》。《落花怨》为其最早发表的作品。后其所作《爱之花》始于《小说月报》连载,其以"瘦鹃"为笔名。

1912年6月周瘦鹃于民立中学毕业,留校教授预科。是年冬,于务本女塾观看演出时,结识该校女学生周吟萍,并书信往还,坠入爱河。然周吟萍已被父母许配给巨商之子,周瘦鹃只得忍痛分手,并因周吟萍英文名为"Violet"(紫罗兰),以紫罗兰花为终身最爱。1913年秋辞民立中学之职,"下海"为职业作家。1914年6月《礼拜六》周刊创立。周瘦鹃助主编王钝根办理刊物,渐成其中重要人物。12月所译长篇小说《霜刃碧血记》由有正书局出版,为其出版之首个单行本。1915年3月周瘦鹃经中学老师孙警僧介绍而入南社。5月作《亡国奴日记》以反对丧权辱国的中日"二十一条"。此作品被周瘦鹃视为重要代表作,是年9月由中华书局出版,销行数十万册。

1916年,周瘦鹃经杨心一介绍入中华书局任编译。先后翻译出版《福尔摩斯侦探案全集》《欧美名家短篇小说丛刊》等书。前者受到广泛欢迎,再版数十次;后者则首次于国内译介苏俄作家高尔基等人之作品。1919年5月,周瘦鹃受《申报》总主笔陈景韩之邀,任该报副刊《自由谈》特约撰述。次年四月任《自由谈》编辑,直至1932年。其间,还以创办、主编、与人合编等形式参与《游戏世界》《半月》《紫兰花片》《礼拜六》《上海画报》《紫葡萄画报》《良友》等多种报刊之事务。其中,《紫兰花片》刊载的内容皆为其创作或翻译之短篇作品,《紫兰花片》也成为极具其个人风格之小杂志。五年前出满百期后停刊之《礼拜六》,经其手于1921年复刊,以迎合小市民、小知识分子口味为宗旨,逐渐大受欢迎,并成为鸳鸯蝴蝶派作家之重要阵地。

1931年周瘦鹃迁居苏州,于王长河头辟"紫兰小筑",人称周家花园。1932年12月,黎烈文接掌《自由谈》,《申报》别创《春秋》副刊。周瘦鹃则任编辑,复受国泰影业公司之聘,拟为该公司筹办电影刊物。自此,开始苏沪之间之往返生活。1936年10月,日本侵华局势日显,周瘦鹃与鲁迅、茅盾、巴金、郭沫若等21人联名发表《文艺界同人为团结御侮与言论自由宣言》,主张一切文艺派别联合起来,为抗日救国、言论自由而斗争。不久鲁迅逝世,周瘦鹃专程由苏州赴上海参加葬礼。1937年"八·一三"事变起,《申报》停刊,苏州亦遭战火波及。周瘦鹃携家眷避战祸于浙江南浔、安徽歙县等地。次年春,《申报》于租界复刊,周瘦鹃亦携家返沪复职。1941年太平洋战争爆发后,《申报》被日本人接管。周瘦鹃遂辞职以保清白。其后,创办《乐观》《紫罗兰》等刊物,并发表此生唯一一部白话中篇小说《新秋海棠》。1945年抗日战争胜利后,《申报》被国民党接收。周瘦鹃本拟返职,然当局仅委以"设计委员"之虚衔,令其大为不快,遂于次年春携家隐居苏州,闭门研究盆景。

1949年中华人民共和国成立后,周瘦鹃获邀参加苏南区文学艺术工作者代表大会。受此鼓舞复行创作,为国内外报刊撰写小品、游记、散文。1962年成为中国作家协会会员。此时,颇受各方重视,陈毅、周恩来、叶剑英皆曾登门拜访。1966年"文化大革命"爆发。周瘦鹃所藏之资料、手稿、古玩、首饰等多遭查抄或毁弃,本人亦一度被送入苏州博物馆隔离审查,后因病获释。1968年1月跌折右腕。4月其房产遭没收,盆景亦被毁于一旦。8月12日周瘦鹃于自家花园内投井自尽。著有《周瘦鹃文集》等。

(顾亚欣)

王国秀(1895—1971)

王国秀,小名竹素,昆山人。生于清光绪二十一年(1895)。父王云衢,名文光,以号行,为黄炎培亲家。历任大清银行汉口分行协理、经理。入民国后曾任中国银行、广东银行、交通银行上海分行经理,汇众银公司董事,香港国民商业储蓄银行总行秘书长,被国民政府财政部派为香港国民银行总行清理人。

王国秀于上海中西女塾高中毕业。1921年考取清华学校公费留学美国,入威斯利女子大学历史系。1924年曾于英语话剧《琵琶记》中饰演丞相夫人。次年毕业获学士学位。1926年于哥伦比亚大学研究院获历史学硕士学位。次年任上海中西女塾教员。1928年任金陵女子大学(后改称金陵女子文理学院)历史科主任、教授。1931年任上海大夏大学教授兼历史、社会两科主任,并任自由艺术学院代教务长,兼任中华基督教女青年会执行委员、书记,为出席太平洋国际学会中国支会代表。次年兼任上海青年会大学补习学校教授,"一·二八"事变后发起组织尚义团,援助东北义勇军及第十九路军抗日,被推举为中华基督教女青年会第三次全国代表大会筹委会委员长。1933年兼任私立上海聋哑学校校董。次年兼任《女子文库》编审委员会委员。1935年于《东方杂志》撰文《中国妇女的社会地位与妇女运动》,当选为中华基督教女青年会全国协会执委会副会长。次年当选为会长,赴锡兰肯地出席世界女青年会东方区域会议,并参加世界女青年会扩大执行委员会议。1938年赴加拿大出席世界女青年会寰球协会大会,任女青年会寰球协会行政委员。1941年兼任上海公共租界工部局工业、社会事务委员会委员及教育委员会华人学校补助金委员会委员。1944年任圣约翰大学历史系教授。曾任国际学生救济委员会委员,加入太平洋亲善团、亚洲文会。1946年任圣约翰大学女生部主任,领衔发起组织上海市大学教授联合会,当选为首届理事,与夫皆兼任苏州乐益女中董事,其任董事长。次年任圣约翰大学历史系主任,被推为世界女青年会杭州大会中国代表、益友社名誉理事。1948年曾赴美国惠斯利大学历史系讲学。中华人民共和国成立后王国秀回国。1951年调任震旦女子文理学院院长,后任震旦大学副校长、华东师范大学历史系教授兼图书馆馆长。曾当选为上海市民主妇联、全国妇联执行委员,全国政协委员,上海市人大代表,上海史学会理事等。与冰心为威斯利女子大学校友和老友。夫孙瑞璜为清华辛酉级级友、留美硕士、著名银行家。

1971年12月11日王国秀病逝于上海。著有《英国中世妇女生活史》。

(王晋玲)

徐祖诒(1895—1976)

徐祖诒,字燕谋,昆山人。生于清光绪二十一年(1895)。自幼随父宦游东北。于吉林陆军小学毕业后,入清河陆军第一预备学校。1915年夏入保定陆军军官学校第三期炮兵科。1916年冬毕业后曾任职于东北军,后被选送入日本陆军大学深造。1927年6月,被北洋政府授予陆军炮兵上校,嗣后任军事部参谋署科长。1928年东北易帜时,徐祖诒任东北边防军司令长官公署军令厅第三处少将处长,并作为张学良之全权代表,赴北平与南京国民政府代表接洽相关事宜。1932年9月任国民政府国防部参谋本部处长。1933年,奉命赴北平协助处理华北事务。5月25日于密云秘晤日军代表,并于30日以随员身份参与熊斌与冈村宁次之会谈。9月,任参谋本部第二厅副厅长兼第四处处长。1936年1月被授予陆军少将,6月任参谋本部第二厅厅长,10月被授予陆军中将。

1937年"七七"事变后,徐祖诒任第五战区长官部参谋长,先期往徐州组建第五战区司令部,调集各路军队布防,并主持拟订临沂会战作战计划。1938年春,日军板垣征四郎、矶谷廉介两师团沿津浦线南下,欲造南北夹击之势以打通津浦线。是时,上海、南京等大城市已沦陷,临沂被围,守军庞炳勋部岌岌可危。徐祖诒受第五战区司令长官李宗仁委派,偕同张自忠等率部增援。为消除庞、张二人宿怨,从中斡旋,使之协同退敌。复协调各军,内外夹击日军,经五昼夜血战,歼敌大部。4月,又协助李宗仁击败日军矶谷廉介师团,取得台儿庄战役胜利。

1939年秋徐祖诒调任中央陆军军官学校第八分校主任,驻湖北均县。1943年2月去职,旋任陆军大学兵学研究院主任及军事教育委员会研究委员。1947年任国民政府中将参军,转任华中"剿匪"总司令部副总司令,为白崇禧所倚重。1949年6月任华中军政长官公署副长官兼参谋长,9月任国防部参谋次长,11月去职。后赴台湾,1950年春任"国防部"高参。1952年10月奉命退役,转任"电信总局"顾问。1976年于台中病逝。

徐祖诒在军事生涯中,以精通参谋业务著称,与蒋方震、杨杰、白崇禧有"四大幕僚"之誉。著有《列强军备概要》等。

(顾亚欣)

陶冷月(1895—1985)

陶冷月,名善镛,字咏韶,号宏斋、冷月,以号行,吴县(今江苏苏州)周庄(今属昆山)人。清光绪二十一年九月十九日(1895年11月5日)生于苏州甫桥西街。出身于书香门第。祖陶然,咸丰末年拔贡,擅词章,有《味闲堂词钞》《味闲堂诗文集》行世。父陶惟垂,生员出身,入民国后任吴县县立小学校长,因工作优异屡获省、县和教育部各级视学嘉奖。

陶冷月五岁由祖母何氏教识字,受二伯祖名画家陶焘影响,尤喜绘画。六岁起在父亲学馆读书。十二岁考入元和县立高等小学堂,课余从美术教员罗树敏学画,除国画外,还学素描、水彩,同学有颜文樑、吴湖帆和樊少云等。陶冷月因成绩优异,四年学制跳级两次,于光绪三十四年提前毕业,并考入江苏两级师范学堂本科。又因成绩优秀跳级一次,1912年提前一年毕业。任吴县县立第三高等小学国文、美术及理科教员,并兼任县立第二高等小学、私立大同女校教员。授课之余勤奋作画,并常外出写生。1918年9月被聘为湖南长沙雅礼大学艺术教授,兼教湘雅医专、湖南省立农专、长沙县立师范、周南女师、福湘女校、明德中学的图画课。每逢假日游衡山、洞庭、湘江写生创作,尤善绘雪月画,被称为"冷月教授"。结识蔡元培,受其美学思想影响,立志开创新中国画。1922年任南京国立暨南学校艺术科教授、中画科主任。1924年与沈惠田、吕凤子等创办南京美术专科学校,任西画科主任。1925年暨南学校迁至上海真如,改办大学。陶冷月遂转任暨南大学教职。1928年暨南大学设中国艺术系。陶冷月被聘为教授兼系主任,1929年5月因病辞职。9月应邀主持开封中山大学美术讲座,名重一时。该美术讲座与梁漱溟之哲学讲座、傅斯年之考古学讲座合称"开封中大三大讲座"。

1932年8月陶冷月应成都国立四川大学教育学院之聘任艺术教授。次年2月因妻在长沙患病,陶冷月遂辞职赴湘。几年间,充分利用假期等时间,走遍苏、浙、皖、鲁、豫、晋、蜀、湘、鄂、赣,登临黄山、泰山、嵩山、衡山、庐山、峨眉山之峰,跨越长江三峡,又泛舟于潇湘、洞庭间,更一览黄河及壶口大瀑布,览胜探幽,饱赏山水景色,忘我写生。1933年下半年起定居上海,潜心创作,鬻画为生。

陶冷月幼承家学,兼习西画,继参宋元笔法,复由唐人没骨法而直师造化,能发挥新意,洗涤陈趋。中西两方面的艺术素养,使陶冷月在艺术创作中既吸取传统绘画中积墨、积色、烘托、没骨等笔法的精华,又融会西画中透视、设色、明暗、质感之技法,推陈出新。其月景、雪景、山水最负盛名,情致幽淡闲放,意境空灵超逸。陶冷月独创"新中国画",成为二十世纪二三十年代中西绘画融会的代表人物,得到蔡元培、黄宾虹等文化艺术大师的高度评价。先后在苏、锡、沪、宁等地举办个人画展二十余次。其作品曾参加南京万国美术赛会、日本东京日华绘画联合展览会、美国费城世界博览会和国民政府教育部主办的第一次全国美术展览会,誉扬中外。

全面抗日战争期间,陶冷月榜其画室为"风雨楼",断绝与日本画商往来,拒绝参加汪伪组织的艺术团体和画展,受到敌伪威胁迫害,三迁其居,终不屈志,表现了一个爱国画家崇高的民族气节。抗日战争胜利后,陶冷月先后被聘为上海文化委员会委员、上海美术馆筹备处征集委员会委员。中华人民共和国成立后,陶冷月曾任上海复兴中学、五爱中学美术教师。1956年3月,创作的国画《暄妍图》入选第二届全国美术展览会,展后被中国美术家代表团作为礼物赠送给苏联莫斯科大学。1958年陶冷月被错划为"右派分子",从此在画坛湮没无闻。1978年被改正。1979年任上海市卢湾区政协委员。1983年加入中国美术家协会上海分会,被聘为上海市文史研究馆馆员。1985年12月3日,苏州市政协于苏州群众艺术馆举办的"陶冷月暨弟子画展"开幕之日,陶冷月病逝于上海风雨楼寓舍。有《冷月画集》《冷月画册》《冷月画屏》等。后人辑其画集编为《陶冷月》和《光风霁月——陶冷月画集》等行世。

(马一平)

郑逸梅(1895—1992)

郑逸梅,本姓鞠,谱名际云,号逸梅,以号行,吴县(今江苏苏州)人。生于清光绪二十一年九月初二日(1895年10月19日)。幼时因遭邻家火灾之殃,家室被毁。外祖父原籍安徽歙县,其子郑国龄早卒,郑逸梅遂承嗣郑国龄而改姓郑。

郑逸梅先后就读于上海敦仁学堂、苏州长元和公立第四高等小学堂。清季考取苏州草桥中学,曾与顾颉刚、王伯祥、吴湖帆、叶圣陶、范烟桥、江红蕉等同窗。读书期间,将英文课文《克买湖游记》译作中文,投寄《民权报》发表。此为其于报刊发表之处女作。后《民权报》停刊,蒋著超改编出版《民权素》杂志。郑逸梅又于该刊辟《慧心集》专栏。《民权素》日后派生为《小说丛报》《小说新报》,皆约郑逸梅写稿。因善以短小文章弥补报刊空白,郑逸梅遂被友人称为"郑补白",日后更冠以"补白大王"之称号。

1922年9月,郑逸梅与范烟桥、顾明道、姚苏凤等九人组文学团体星社,复其又主编《游戏新报》《消闲月刊》,约名家包天笑、周瘦鹃、叶楚伧、徐枕亚等写稿。后因自感在故乡写稿,殊多隔膜,加之美术家但杜宇在沪办上海影戏公司,托姚苏凤来请,遂转赴上海发展。初为默片编写字幕,先后撰《三生石》《万丈魔》《糖美人》《国色天香》《新婚的前夜》等剧本。在陆丹林、许半农介绍下,于此一时期加入南社。1932年"一·二八"事变起,公司被毁。郑逸梅亦失业,遂应老友之邀,主持《金刚钻》笔政,谈论名胜古迹、遗闻轶事、花木欣赏、书画鉴定等内容。后又因素喜人物掌故,而于《正言报》《和平日报》《今报》《新夜报》皆开辟专栏。

写作之外,教书亦为郑逸梅从事多年之事业。郑逸梅早年于苏州时即租屋设教馆,后在惠育学校主持教务。去沪后,先后于徐汇中学、务本女中、江南联合中学、大同大学附属中学任教,曾任国华中学校长,并曾受聘为上海音乐专修馆、志心学院、诚明文学院等校教授。中华人民共和国成立后,郑逸梅曾任晋元中学副校长。教授国文时,常鼓励学生不限定角度。自己亦从多个角度对同一题目撰文数篇,以求既锻炼文笔,又培养探查求索作风,著述颇勤。1963 年,海外有传言称大陆老作家皆于困难时期劳累而死。郑逸梅被廖承志指定,与其他数位老作家撰文发表于海外报刊,并于每年春节在对台广播之"浦江之声"电台讲话。"文化大革命"期间遭受凌辱,搁笔不写。"文化大革命"结束后,郑逸梅被改正,继续笔耕,曾应出版社之邀,以南社成员身份撰《南社丛谈》,以纪念辛亥革命七十周年。1992 年 7 月 11 日逝世。

郑逸梅一生作品计数千万言,成书数十部,代表作有《小阳秋》《人物品藻录》《逸梅杂札》《艺林拾趣》《艺坛百影》《影坛旧闻》《清末民初文坛轶事》《三十年来之上海》等,有《郑逸梅作品集》《郑逸梅选集》《郑逸梅经典文集》等行世。

(顾亚欣)

曾虚白(1895—1994)

曾虚白,名焘,字煦,笔名虚白,常熟人。生于清光绪二十一年(1895)。曾朴子。1918 年于上海圣约翰大学毕业后,在长沙湘雅医学专门学校教英文。1920 年去北京,任全国烟酒公卖局科员。后去天津,曾任直隶交涉使署科长、会计主任。其间与在天津办《庸报》的董显光结识,业余协助董显光办报。1925 年辞去直隶交涉使署职务,全力与董显光共办《庸报》。1928 年秋南下上海,协助父创办真美善书店,并主编《真美善》月刊。1931 年秋到南京,任金陵女子文理学院教授兼文学系主任,同时讲授中国文学史、小说研究、诗词研究等课。次年 1 月上海《大晚报》正式创刊。曾虚白任社长兼主笔,积极主张抗日救亡。与此同时,还兼任上海复旦大学新闻系教授,主讲新闻编采。1937 年"八一三"淞沪会战爆发后,曾虚白辞去《大晚报》社长兼主笔之职,任国防最高委员会国际宣传部宣传处处长,竭力推动国际新闻界宣传中国政府的抗日主张和中国军民的抗战意志,争取友邦的同情与援助。

1945 年抗日战争胜利后,曾虚白历任国民党中央宣传部国际宣传处处长、行政院新闻局副局长等职。1949 年去台湾,历任"中国广播公司"副总经理,国民党"中央改造委员会"委员兼第四组主任,"中央通讯社"社长、管理委员会主任委员,长期负责台湾当局的新闻宣传工作。在此期间,还兼任台湾政治大学新闻研究所所长,热衷于民意学的研究。1972 年退休后,仍然从事研究与教学工作,任台湾中国文化学院(后改大学)三民主义研究所所长,开办博士班讲授民意学原理。1994年病逝于台北。

曾虚白译有《鬼》《人生小讽刺》《欧美名家小说集》《英雄与英雄崇拜》《断桥》等。主编《中国新闻史》等。著有《曾虚白自传》《民意原理》《工业民主制度之理论与实施》及长篇小说《德妹》《魔窟》《三棱》《潜炽的心》等。　　（王晋玲）

侯家源(1896—1957)

侯家源,字甦民,号苏生,吴县(今江苏苏州)黄埭人。生于清光绪二十二年九月初九日(1896年10月15日)。幼时移居葑门。1918年于交通部唐山工业专门学校毕业。考取清华学校官费留学美国,获康奈尔大学土木工程硕士学位,即入麦克令钢梁厂工作。1922年回国,任母校土木工程教授。适逢政府接收胶济铁路,任该路工程师兼段长。四年后,重返母校执教。1927年任鄂东省道工程师。翌年任杭州钱塘江铁路桥梁工程师、总段长、副总工程师。1932年,任南京市政工务局局长,拓筑市区干道,辟住宅区,完成自来水工程,成绩斐然。翌年,杭江铁路工程局改组为浙赣铁路工程局。杭江铁路自浙江江山向西展筑,全线长六百余千米。侯家源任工程局副局长兼总工程师,并主持玉山至南昌段工程,鼎力支持唐山校友茅以升主持的钱塘江大桥工程。1936年,任湘黔铁路工程局局长兼总工程师,仍兼浙赣铁路工程局职务。

抗日战争全面爆发后,因军事需要赶筑京赣铁路,全线长六百余千米,侯家源先任赣境工程处处长,后任京赣铁路工程局局长兼总工程师。工程垂成而南京失守。不久,侯家源兼任湘桂铁路公司总经理、衡阳至桂林段总工程处处长。至1938年秋,湘黔铁路已通200千米,通达安化县之蓝田,蓝田以西至辰溪之路基、隧道及湘、资、沅三大桥墩座建筑亦均完成,复因军事被破坏,幸衡桂段360千米于一年间完成。侯家源主张先筑湘江便桥,以连通粤汉。桥成而武汉失守,两湖物资赖以西撤。是年冬,侯家源任黔桂铁路工程局局长兼总工程师。因地段多属山陵瘴疠之区,物资日益匮乏。侯家源力克困难,至1944年已通广西柳州至贵州都匀470多千米,迤西迄贵阳之工程亦顺利完成。侯家源同时兼任滇缅铁路工程督办,为打通西南国际通道、支援抗战呕心沥血。1941年当选为中国工程师学会宜山分会首任会长。1943、1944年连任中国工程师学会副会长。

1946年侯家源任国民政府行政院工程计划团团长,率中美工程专家三十余人考察全国铁路港埠,并完成规复计划。翌年当选为第一届制宪国民大会江苏代表。任浙赣铁路局局长兼总工程师,重建被日军破坏之浙赣铁路。两年后全线千余千米恢复通车。1950年4月侯家源由香港去台湾,任台湾省政府顾问兼交通处处长。督导台湾铁路、公路、港埠之拓筑改善工程,同时兼筹西螺大桥、横贯公路等大工程,为日后台湾经济发展贡献甚大。1951年兼任台湾"国防部"军事工程总处处长,总督"美援"军事工程历四年余。1956年兼任台湾省观光事业委员会首任主任委员。1957年2月2日因心脏病逝于台北。生前曾任台湾"中国工程师学会""中国土木工程学会"会长等职。

(李嘉球)

翁之龙(1896—1963)

翁之龙,字叔泉,常熟虞山人。生于清光绪二十二年(1896)。曾祖父翁同福为翁同龢堂兄,字子攸,号云樵。道光三十年(1850)岁贡生。通经义词赋,尤善古文辞与书法,邑中碑版多出其手。

宣统二年(1910)翁之龙于常熟石梅小学修业。1920年毕业于上海同济医工专门学校,赴德国留学,专攻皮肤科,研修皮肤病学。1922年获法兰克福大学医学博士学位,尔后在法兰克福大学、勃雷斯劳大学皮肤科任研究员。1927年回国后,任北京大学讲师。次年任广州中山大学教授兼附属第一医院院长。

1932年上海"一·二八"事变爆发,日本大举侵略。因国难深重,校舍被炸,同济大学师生惶惑不安。翁之龙临危受命,接任校长,在国民政府教育部支持下,采取了一系列治校措施。仍以德语为第一外语。积极收拾战争破坏残局,力谋全面发展。工学院增设大陆测量系与造船组。医学院与上海市卫生局合办市立医院,作为同济实习医院。附设机师学校恢复招生,改称高级工业职业学校,校舍用劳动大学旧址,经费独立,附属于本校。翁之龙还积极增加设备,扩大校舍,筹设理学院。调整附属高中课程,要求除德文课程外,其余课程均改用国语讲授,并聘请优良的本国教员任教。又积极扩充医、工两学院学生名额,大力加强师资建设,想方设法从德国聘请一些教授到同济大学任教。[1]工作勤勉,以学者的姿态主持校务,立足长远,使同济大学成为医、工、理三院规制的大学,办学质量得到提高,总体实力得到增强。

1937年抗日战争全面爆发后,翁之龙率领全体师生辗转迁校于浙江金华、

---

[1]《同济大学志》编辑部:《同济大学志(1907—2000)》第十七篇《人物》,同济大学出版社2002年,第1023页。

江西赣县、广西贺县,安抵云南昆明。认真筹划保护全校师生和设备、仪器、资料,积极鼓励师生员工坚定抗战必胜的信心。1939年2月因健康原因辞去校长之职,推荐同乡赵士卿接任。1941年赴重庆,任中央大学医科教授兼附属医院院长,后曾任校长。

中华人民共和国成立后,翁之龙历任川西第二医院、成都市第二人民医院皮肤科主任、主任医师。加入中国农工民主党,曾当选为四川省人大代表、政协委员、科协理事及中华医学会成都分会理事等。1963年7月在成都逝世。

翁之龙长于皮肤病防治,对复发性皮炎的病因研究颇深。曾首先发现稻田接触性皮炎(后被命名为"翁之龙皮炎")。所著《皮肤病学》被长期作为高校教材,一直沿用至今。

(黄丽芬)

顾青瑶(1896—1978)

顾青瑶,本名申,一名菁,以字行,号灵姝,吴县(今江苏苏州)人。生于清光绪二十二年十月初九日(1896年11月13日)[1]。顾沄孙女,陈栩弟子。工诗词,亦精鉴藏。制有青瑶笺。习书法,喜篆籀、甲骨文,行书近章草体。其篆刻追宗秦汉,颇有古风,深为名家钱瘦铁所称许。

顾青瑶自幼酷嗜丹青,善画花鸟、仕女,画山水初学清初"四王"以及董其昌、石涛,中年以后上窥宋元,笔墨超逸,绝无女儿家气。1926年曾与邓散木等发起组织金石画报社。1933年双十节上海《新闻报》举办全国妇女书画比赛。顾青瑶荣膺画部首奖。1934年与陈小翠等于上海创办中国女子书画会,并与陈小翠合编特刊,组织画中诗社。同年应聘为锡珍女子中学美术及历史教席。全面抗日战争时期鬻画课徒,有李庄、雷传孝、朱圣膺、赵含英、沈玉英等弟子。抗日战争胜利后,1946年顾青瑶被推举为上海美术协会筹备会委员、理事。1950年赴香港,曾被香港中国美术会聘为评选委员,参加东南亚巡回画展。1958年8月被新亚书院艺术系聘为讲师。作品曾参加联合国主办的日内瓦救济难民年会展、香港苏浙同乡名画展、联邦德国十大城市巡回展等。1972年顾青瑶移居加拿大多伦多。1978年5月1日逝世。同年香港敏求精舍举办"吴门顾青瑶大家遗作展览"。翌年由香港市政局主办的"顾青瑶:书画篆刻"展览在香港艺术馆

---

[1]《顾青瑶:书画篆刻》之"传略",香港艺术馆1979年,第8页。顾青瑶生年,恽茹辛编著之《民国书画家汇传》、乔晓军编著之《中国美术家人名辞典(补遗一编)》、王本兴著之《江苏印人传》及曹向东主编之《添语实录:中国扇画》等作1901年,皆误。

举办,以纪念顾青瑶一生为艺术所做的贡献。

顾青瑶与夫何卍庐教授皆富才情,并称佳偶,曾合刻《鸳鸯印谱》。顾青瑶有《仕女图》《嫦娥奔月》《李白观瀑图》《天平红叶》等代表画作。著有《宋拓大观帖考证》《青瑶题画诗录》《绿野诗屋印存》《论画随笔》《青瑶印话》《归砚室词稿》《青瑶诗稿》等。

(李　峰)

朱翊新(1896—1985)

朱翊新,名鼎元,以字行,吴县(今江苏苏州)周庄(今属昆山)人。生于清光绪二十二年(1896)。父朱士声,名尔康,以字行,别字稚声,与陶惟坻、沈仲眉为世交。清末于周庄镇北栅创办第一所也是唯一的一所改良私塾,并任国语、算术教员,自编教材。勤俭办学,视生如子,颇有名望。

1914年朱翊新毕业于苏州江苏省立第一师范学校,历任周庄小学教员、校长,办学成绩卓著。1919年入南京高等师范学校。1920年与陈戢人等合办油印小报《冰心》,与表侄唐卢锋等以公民名义通电要求中央废督,反对军阀割据。翌年又与友协力创办《蚬江声》及《新周庄》半月刊。毕业后任无锡江苏省立第三师范学校附属小学教员,后任上海《民国日报》教育版编辑兼主笔。1924年4月被聘为世界书局编译所教科书部编辑。同年10月,所著《儿童文学概论》由上海中华书局出版,是我国第二部儿童文学基础理论著作,对儿童文学的定义、本质特征、教材的分类与选择标准及儿童文学的建设(改编、翻译、创作)等问题做了比较系统的理论阐述。朱翊新加入新南社,诗坛点将录号为"地恶星没面目"。同年加入中国国民党,拥护"新三民主义",积极参加"五卅"运动,支持国民革命。1927年当选为上海特别市第四区教育协会执行委员。次年曾任苏州市政府社会科科长。1929年任上海特别市教育局督学兼私立学校审查委员会、编审委员会、职业指导委员会委员,《上海教育》月刊主编,市党义教师检定委员会委员,学校行政成绩展览会审查委员,曾任督学处主任。同年辞职专任世界书局编辑。合编《辩论术ABC》《小学训育的实际》《新主义常识课本》《国音白话注学生词典》《社会科历史编》及初中本国史、世界史、历史指导书和新学制小学初级国语读本等,编著《儿童文学概论》《时令读本》《党义概要》《党义ABC》《教育测验ABC》《三民主义读本》《三民主义浅说》《大众应用文件集成》《现行公文程式集成》《教师秘籍》《幼稚读本》《朱氏初中本国史》《初中本国史指导书》及初小、高小《国语读本》等。1932年任《民报》记者、主笔,加入上海市新闻记者公会。1934年被现代思潮社聘为讲座讲师。次年兼任《儿童文艺杂志》特约撰稿人。

抗日战争全面爆发后朱翊新留任世界书局局外编辑,兼《中美日报》编辑,不惧恐吓,竭力宣传抗日爱国意义,还编辑了许多宣传爱国的小册子,向广大民众晓以民族大义。1939年兼任中华职业补习学校新说书专修班讲师。曾为《中学活用课本》编写《本国史纲》《外国史纲》,编著《酬世大典》《生活常识集成》《居家与就业常识》《小学教材研究》《初中外国史表解》《小学社会课本》《社会课本高小新地理》,合编《中国名人传》《世界名人传》《近百年本国史》《近百年外国史》等。兼任上海《中美日报》本埠版、《正言报》教育版编辑,主办合作书社,编印《模范学生字典》等。

1945年抗日战争胜利后朱翊新曾任《民国日报》记者,被聘为上海大东书局编辑部编审,主编《新儿童基本文库》,编《作文大纲一千题》《虚字用法及练习》《文句构造及修饰》《词性分解标准学生字典》《新编标准学生字典》《初级尺牍》《高级尺牍》《普通尺牍大观》《儿童新尺牍》《小学尺牍示范》《新商业尺牍》等。

1949年5月上海解放后,朱翊新曾为上海联合出版社主编中小学国语课本,以供华东地区中小学教学急需,又为大东书局主编《小主人文库》,主编《大众学习字典》由柳亚子作序褒扬,但因故未能出版。后供职于上海人民出版社和上海儿童读物出版社。1952年秋改任上海少年儿童出版社秘书。曾因全国侨联之请,主编供海外华侨子弟学校使用的中小学课本。1959年退休。为中国民主促进会成员、苏州沧浪诗社社友,著有诗词《学步集》。1985年1月因心脏病突发逝世。

朱翊新毕生治学严谨,博闻多才,撰著、编辑各类图书四百余种,为中国的中小学教育事业和出版事业贡献卓著,不愧为编辑大家。另编有《儿童知识宝鉴》《新解学生字典》《新编中文大辞典》等。其中《新编中文大辞典》由香港南联图书公司出版,收单字约万个。词目按笔形笔顺法排列。每个单字用国字直音、注音符号、国语罗马拼音三种注音。先按文法区别词性,再加解释,并尽可能附以例句。例句多取自小说、笔记、报纸、杂志、典籍及古诗词,较生僻者加注来源。每一复词,先以注音符号注音,然后再加解释。书前有笔形表、笔顺规律、检字口诀;关键字及难字表,有笔画索引。书后附注音符号索引。《新编中文大辞典》堪称典范之作。

(李　峰)

潘家洵（1896—1989）

潘家洵，字介泉，吴县（今江苏苏州）人。生于清光绪二十二年（1896）。父潘承谋，吴湖帆内侄。副榜贡生。曾任农工商部主事、候补员外郎。久任松鳞义庄庄正。善画山水，能书工诗，词以富丽为工。增编《大阜潘氏支谱》，著有《瘦叶词》《小松麟书屋诗》等。

1916年潘家洵于上海南洋中学毕业。考入北京大学英国文学系。1918年首译英国王尔德剧本《温德米尔夫人的扇子》。与同学顾颉刚、罗家伦、傅斯年等组织新潮社，创办《新潮》杂志。1919年毕业后，曾任山东济南第一师范学校教员。1921年任北京大学英文讲师，参加文学研究会，并最早翻译《易卜生集》。所译易卜生剧作《娜拉》对新文化运动讨论妇女问题影响极大。1924年潘家洵任北京外国语专门学校教员。1926年任厦门大学国学研究院英文编辑兼外语系讲师。次年任浙江劳农学院讲师。1929年返北京大学任副教授。留学英国剑桥大学。1939年回国，曾任西南联合大学文学院院长、教授，贵州大学文学院院长兼外语系主任、教授。1946年任北京大学西语系教授，与朱光潜、梁实秋等合编教育部定《大学英文选》。1948年当选为中国英语教学研究会监事。中华人民共和国成立后，潘家洵于1952年加入中国作家协会。1954年后曾任中国科学院文学所、中国社会科学院外国文学研究所研究员。为九三学社成员。1989年12月29日逝世。

潘家洵通晓英、法、俄文，为中国研究与翻译近代西方戏剧的开拓者与奠基人之一。译作流畅，忠于原著，运用话剧语言娴熟。译著另有《易卜生戏剧四种》《萧伯纳戏剧集》等。

（李　峰）

黄　觉（1897—1937）　　**黄炳星**（1903—1937）　　**黄　钧**（1906—？）

黄觉，字醒华，号若玄，以号行，别号蘧园、蘧庵，吴县（今江苏苏州）人。生于清光绪二十三年（1897）。世居夏侯桥。与弟黄炳星、黄钧皆富才名，时有"三黄"之誉。黄觉毕业于苏州草桥中学。被其师金松岑称为"浪子江南美少年"。誓抱独身主义。书法工秀绝伦。黄觉工骈文，其词情妍雅，诗尤晦涩不易解。1916年黄觉曾作《云英》八首刊载于《中华小说界》。与陈去病、柳亚子等南社社友唱酬之作被载于《南社丛刻》。1922年黄觉加入星社，自编刊物《癸亥》，有颇多学术性文章。后曾执业律师。1937年抗日战争全面爆发后，黄觉遇日机轰炸苏州,惊惧病卒。

黄炳星,字南丁,以字行,生于清光绪二十九年(1903)。早年加入星社,与尤半狂为莫逆之交。擅小说,长于武侠,属于鸳鸯蝴蝶派路数,又以昆曲评论著名。1929年曾于《戏剧月刊》发表《吹弄漫志》《新乐府人物志》及《近来的昆曲》等文,被称为行家。1931年曾代弟黄钧主编上海《黄报》,刊载武侠小说《天涯奇人传》。曾于《礼拜六》连载《红粉侠》、《上海日报》连载《十三太保》、《生报》连载《草莽英雄》等长篇武侠小说。1934年曾编辑《金刚钻》报,刊载短篇小说《九连珍珠灯》及《腥风录》之《蛇王》《人面蛇》等,引人入胜。曾作"国难小说"《肥大佐》。1935年著《杨乃武与小白菜》,是为该案题材小说之翘楚,各种戏剧改编皆以之为据。武侠小说《天涯奇人传》《女侠红娘子》《江湖异侠传》等有通俗马来语版本。黄炳星意译美国影片小说《璇宫艳史》未完。1937年逝世。

黄钧,字转陶,以字行,爱猫成癖,被称为"黄小猫",以猫庵、百猫庵主等为笔名。生于清光绪三十二年(1906)。得亲戚包天笑提携,初办刊物《虎林》,后为《晶报》撰稿并任编辑,为台柱之一。加入星社、云社。1923年与姚苏凤、范菊高合编《芳草》五日刊,为《世界小报》栏《本地风光》撰写剧评,又与包天笑等编辑无锡《苏民报》。1926年与赵眠云、范烟桥、吴闻天合作编辑出版三日刊《星报》。后任上海《小日报》助理编辑、主编,投入青帮大亨张啸林门下。1928年与吴农花等集资创办《社会日报》,自办《新中国报》《中国日报》。1930年创办新上海通讯社,为新闻界名流。工书法,喜制谜,早年曾加入上海大中虎社。又为《申报》副刊《自由谈》及《红杂志》《礼拜六》《半月》《紫罗兰》《电影月报》《半月戏剧》《文虎》等刊物撰稿人。擅影评、剧评及文学评论,为鸳鸯蝴蝶派小说健将,注重社会题材。与尤半狂合著《荒乎其唐》讽刺旧社会。《荒乎其唐》时称力作。1947年上海《小日报》复刊后黄钧任主编。次年上海《海光》文艺周刊复刊后,黄钧任社长兼编辑。后赴香港,徙居台湾,任《华报》总编辑。卒年不详。

(李 峰)

顾明道(1897—1944)

顾明道,原名景程,别号正谊斋主、石破天惊室主,又号虎头书生,吴县(今江苏苏州)人。生于清光绪二十三年(1897)。八岁丧父。因幼时膝部患骨结核而致残,须拄拐行走。然聪颖好学,为教会所办之苏州振声中学高才生,毕业后留校任教,并受洗为基督徒。因行动不便,闲时便写作消遣,以抒发情感。初期多撰言情作品,1914年开始在《眉语》杂志上发表。因该杂志多载女作家文字,顾明道遂化名"梅倩女史"。1915 年 3 月被聘为《小说新报》特约撰述。1920 年冬开始撰写长篇小说《红妆季布》。次年 3 月《情波》即《明道丛刊》4 册出版。1922 年七夕顾明道与范烟桥、郑逸梅等合组文学团体星社,并结识一批文友。10 月出版的《啼鹃录》为其早期影响最大的言情作品之一,至 1932 年 7 月已重版 7 次。是书共收短篇小说 18 篇,多展现惨不忍睹之人间悲剧,并借此抨击专制社会与封建礼教之罪恶。

1922 年平江不肖生(向恺然)之《江湖奇侠传》发表,于社会掀起武侠小说热。报刊编者及书贾皆乐于此道。顾明道亦于 1923 年投身于武侠小说创作。1929 年途经上海时,得星社好友严独鹤之邀,于《新闻报》副刊《快活林》上连载长篇小说《荒江女侠》。此书引发轰动,至 1934 年 11 月已重版 14 次,并被改编为京剧及 13 集连续电影。该作采用主观叙事角度,打破传统章回小说旧模式,具有开创意义。此后,顾明道在武侠小说创作领域与向恺然、赵焕亭鼎足而立,日后又与宫白羽、还珠楼主(李寿民)等比肩。

1937 年抗日战争全面爆发后,顾明道携全家赴上海暂避,因苏州寓所被日机炸毁,只得长居上海。创作之余,办明道国文补习馆,并在郑逸梅主事之国华中学任教。此时之武侠小说创作领域几成北派人士天下,南派唯余顾明道独撑。然其结构松散、不谙武行生活及言情内容过多等创作弱点亦日渐暴露。同时,其日常行动不便,且生活困苦、营养匮乏,以致肺病日益严重,创作遂更难以为继。经友人力劝,顾明道于 1943 年冬解散国文补习馆,并停止创作。时人曾于《永安月刊》报道顾明道的病况,呼吁众人资助,亦有大批文友及读者踊跃捐赠,然顾明道终于 1944 年 5 月 14 日病逝。

(顾亚欣)

俞庆棠(1897—1949)

俞庆棠,字凤歧,太仓人。清光绪二十三年(1897)生于上海。俞颂华妹。1914 年毕业于上海务本女塾。后就读于上海中西女塾、圣玛利亚女校。1919 年"五四"运动爆发后,俞庆棠担任圣玛利亚女校学生会主席,在上海学联领导下,团结同学,参加游行演讲,演剧募捐,开办贫民夜校。还被推为上海学联代表,出席全国学生联合会。同年毕业,留学美国哥伦比亚大学教育学院,受业于杜威和克伯屈博士。其间与唐文治子唐庆诒结婚,1922 年获博士学位。回国后在私立无锡中学等校任教,后任上海大夏大学教授。

俞庆棠宗奉教育救国,一生致力民众教育以"唤起民众",认为教育可给予人们以新的生命和新的力量,就是最美好的东西,就应该把教育给予最大多数的人。1927年出任国立第四中山大学(不久改为国立中央大学)行政院教授兼扩充教育处处长。1928年3月在苏州创立中央大学区民众教育学校,以培养民众教育的师资,自任校长。该校于下半年迁到无锡,后改名为江苏省立民众教育院,1930年与劳农学院合并为江苏省立教育学院。俞庆棠改任教授兼研究实验部主任。先后创办了黄巷实验区、丽新路工人教育实验区、江阴巷民众图书馆、高长岸农民教育馆、实验民众学校、南门民众教育馆、惠北实验区、北厦实验区等。亲自校订的《民众读本》成为全国扫除文盲的主要课本,主持编辑的《教育与民众》月刊被认为是国内社会教育的权威刊物。1932年,俞庆棠发起成立中国社会教育社,被选为常务理事兼总干事。1933年赴欧洲,先后在丹麦、英国、奥地利考察农村民众教育、工人教育、小学教育。作为研究交流社会教育理论和经验的学术团体,中国社会教育社先后在杭州、济南、开封、广州等地召开了第一至四届年会,并创办了洛阳、花县两个民众教育实验区。在俞庆棠的倡导下,民众教育自江苏向全国推行,俞庆棠也因此被喻为"民众教育的保姆"。

"九一八"事变后,俞庆棠积极参加文化界抗日救国会。1935年起主编《民众抗日救国读本》,从事抗日救亡活动。1935年"一二·九"运动中,上海学生赴南京请愿团被阻在无锡。俞庆棠率领部分学生携带食品去火车站和医院慰问,并写了一封给请愿团的公开信,发表在邹韬奋主编的《大众生活》第九期上,热情赞扬学生的爱国精神,谴责宪兵强押学生回沪的反动勾当,引起了强烈的反响。1937年抗日战争全面爆发后,俞庆棠率教育学院师生迁校到桂林。次年8月应邀参加庐山妇女谈话会,会见了中共代表邓颖超。会后,她担任妇女指导委员会生产事业组组长,到重庆开展妇女生产工作,提出了"前线兄弟流血杀敌,后方姐妹流汗做工"的口号,并相继在四川永川县松溉镇创办纺织实验区,在乐山创办蚕丝实验区。1939年8月,因女儿在上海患肺病,俞庆棠回到上海。后因交通阻碍无法返回后方,在东吴大学、沪江大学任教。太平洋战争爆发后租界沦陷,俞庆棠生活艰难,但其民族气节与斗志不衰。

1945年抗日战争胜利后,俞庆棠任上海市教育局社会教育处处长。在短期内恢复了上海民众教育馆等社教机关和原有图书馆,曾主编《申报》之《农村生活丛谈》专栏。还创办了百余所民众学校,以其亲任校长的上海市实验民众学校最为突出。该校洋溢着民主、进步气氛。1947年,俞庆棠兼任联合国教科文组织中国委员会委员。次年兼任联合国远东基本教育会议中国代表团顾问委员会委员,应联合国教科文组织聘请,赴美考察战地难童及成人补习教育。1949年5

月应中国共产党邀请,经香港、沈阳到达北京,被推选为教育界代表,参加中国人民政治协商会议第一次全体会议。中华人民共和国成立后,俞庆棠任教育部社会教育司司长,不顾患有严重的高血压,认真主持草拟 1950 年全国社会教育规划。因劳累过度,1949 年 12 月 4 日病逝于北京。中央人民政府政务院文化教育委员会赠有挽联:"吃野草下去,流鲜血出来,点滴都付与人民,人民群众之保姆;把任务完成,置生命不顾,死生全为了教育,教育工作的典型。"

俞庆棠曾主编《农村生活丛谈》,著有《民众教育》。（陈希强　袁成亮）

唐　豪(1897—1959)

唐豪,字范生,号棣华,原名文豪,吴县(今江苏苏州)人。生于清光绪二十三年(1897)。1919 年离家赴沪谋生,师从刘震南,习练六合拳。加入中国国民党,投身于国民革命。1927 年被捕获释后赴日本留学,专攻法律,兼习武术。回国后从事律师工作。1929 年任中央国术馆编审处处长。1931 年"九一八"事变后,发起组织上海国术界抗日救国会,宣传爱国主义思想,主张以武强国、救国。十分排斥练拳家们的套路,认为武术应在实战技巧方面多加研究,以应用于军队中,抵抗外国侵略。在研究俞大猷、戚继光等明代抗倭名将的武术著作的基础上,提出重战场实用、斥花假套路的观点。[1] 1936 年沈钧儒、李公朴等"救国会七君子"被捕后,唐豪赶赴苏州监狱,为沈钧儒等演习劈刺,鼓舞斗志,并参与无罪辩护。

唐豪是中国近代武术史研究及传统武术资料整理的拓荒者。曾对武术界严重的门户之见、武术思想的荒诞不经现象进行了深刻的揭露和批判,提出要摒弃门户之见、辨真去伪。1930 年写成《少林武当考》,指出所谓少林拳始于印僧达摩、太极拳始于武当张三丰之说,都是后人的牵强附会。1932 年 1 月,为弄清太极拳的来源及演变,亲赴河南陈家沟实地考察。通过对陈氏族谱、家谱以及墓碑等的仔细查阅,以及对遗老的走访调查,断定太极拳为陈王廷所创。1937 年出版《行健斋随笔》,把武艺上种种荒诞、邪魔、神秘的谬说做一清算,同时对前代武艺史料进行考订整理。

中华人民共和国成立后,唐豪曾任华东军政委员会政法委员会委员。1955 年 1 月调至国家体委,曾任顾问。仍致力武术史的考据和武术文献的整理,先后

---

[1] 唐豪:《中国武艺图籍考》,山西科学技术出版社 2008 年,第 4—5 页。

发表《峨嵋考》《我国武术和武舞的起源》《太极拳的发展及其源流》等论文。主编《中国体育史参考资料》共八辑。所撰《中国武艺图籍考》《中国武艺图籍考补篇》《中国民族体育图籍考》等著作成为武术目录学和文献学的奠基石。1959年1月20日唐豪因病在北京逝世。

唐豪另编有《清代射艺丛书》，著有《太极拳与内家拳》《内家拳》《王宗岳太极拳经》《王宗岳阴符枪谱》《戚继光拳经》《少林拳术秘诀考证》《唐豪太极少林考》《王五公太极连环刀法》《中国古佚剑法》等。

（陈天慧）

管平湖（1897—1967）

管平湖，名平，字吉庵、仲康，号平湖，自称门外汉，吴县（今江苏苏州）横山人。清光绪二十三年正月初一日（1897年2月2日）生于北京。父管念慈，号蘧盦。以召试第一入画院供奉，主如意馆，时有名望。细笔山水精绝，人物、花鸟皆合古法。管念慈工书，善篆刻。光绪帝玺印多出自其手。管念慈亦通音律，善鼓琴。传世作品有《热河行宫全图》《山水画集》等，著有传奇《弓砚缘》。

管平湖为管念慈次子。幼随父学绘画鼓琴。丧父后，相继师从叶诗梦、张相韬、杨宗稷、悟澄和尚、秦鹤鸣学琴，得众名家之真传，自成一家，被称为"管派"。又师从名画家金绍城，学画花卉、人物，擅长工笔。曾任教于北平京华美术专门学校，又曾在北京汉学专修馆、国乐传习所和国立北平艺术专科学校教授古琴。早年曾参加九嶷琴社。1938年与北平琴家组织风声琴社。1947年与张伯驹、溥雪斋、王世襄、杨葆元组织北平琴学社。中华人民共和国成立后，1952年管平湖被聘为中国民族音乐研究所副研究员，专门从事古琴研究、整理工作，并在中央音乐学院教授古琴。1967年3月28日逝世。

管平湖以指法坚劲见长，在国内外有很高的声誉。代表曲目有《流水》《广陵散》《胡笳十八拍》《幽兰》等。其中《流水》曾被刻入铜制磁盘唱片，载于美国宇航局研制的无人外太阳系空间探测器旅行者1号上。管平湖整理出版有古琴曲谱《广陵散》，著有《古指法考》。

（李　峰）

孙本忠（1897—1968）

孙本忠，吴江（今江苏苏州吴江区）人。生于清光绪二十三年二月二十二日（1897年3月24日）。出身于蚕农家庭。1921年毕业于南京高等师范学校农科。在上海合众蚕桑改良会任技术员,从事蚕种改良工作。1924年得到邹秉文资助,赴法国蒙贝里农业专科学校攻读蚕科,结业后又考入里昂大学动物学系,研究蚕体生理,获博士学位。其博士论文《家蚕中肠细胞的细胞生理研究》为国内外昆虫学家所重视。

1928年孙本忠学成回国,任江苏省农矿厅蚕丝技正。次年兼任江苏省立蚕桑试验场场长。1930年由时任中央大学农学院院长邹秉文介绍,被聘为教授兼蚕桑系系主任。两年后,又经梁希介绍,任浙江大学农学院教授兼蚕桑系系主任。1933年应国民政府实业部中央农业实验所之聘,任技正兼蚕桑系系主任。孙本忠的育种研究工作首先从蚕品种资源调查入手,一方面搜集地方土种,另一方面引进国内外改良种,通过比较试验选出优良土种和改良种,再进行纯系培育。孙本忠发现我国农家土种丝在强健性、弹性等品质指标上特别优良,因而将本地种与引进的改良种进行深入研究,培育出体质强健、产量高、丝质优的夏秋蚕品种。其间一种黄皮蚕土种的发现,成为孙本忠育蚕研究的重要转折点。黄皮蚕土种茧层率较低,但抗热力极强,孙本忠便选择当时出丝量多的欧8号品种与其杂交。改良制成的第一代杂交种,产丝量比引进种华6×洽桂高出16%~20%。由于杂交后的杂种为白皮,孙本忠遂根据孟德尔遗传原理,利用体色与斑纹显隐性规律,将洽桂也改为黄皮种,于1945年育成了第二代黄皮种3011,并先后在江苏、浙江和四川、新疆等地农村推广。

中华人民共和国成立后,孙本忠任华东蚕业研究所研究员、养蚕系主任,后改任农业部、中国农业科学院蚕业研究所研究员、蚕种研究室主任。培育出镇江1号、镇江2号等家蚕实用新品种,因增产显著获得农业部奖励。1949年到1950年,开始研究褐圆斑纹限性种和普通斑纹限性种的杂交育种,有效提高了蚕种制造过程中的雌雄鉴别率。认为将育蚕方法从皮色育种发展到斑纹育种,再至卵色限性育种,都是为了达到雄蚕饲育的目的,也是其一生为之奋斗的理想。治学严谨,善于汲取他人的研究理论,如学习米丘林遗传学,运用挚友朱洗的受精、混精杂交理论,设计了一雌交多雄的混精杂交育种方法,育成了"镇9""镇16"新品种。他还学习日本田岛弥太郎的染色体易位辐射育种经验,开展黑白卵诱变育种工作。先后发表蚕种培育研究性论文三十余篇,是我国研究蚕种的领军者。1955年,在全国蚕桑选种和良种繁育会议上,主持制定的家蚕选种工作试行方案被农业部批准。参编《中国养蚕学》一书,在第二章"蚕的品种及其选育"中总结了新蚕品种选育的方法和经验。

孙本忠于1956年加入中国民主同盟,曾任民盟江苏省常委、镇江市副主委。

1957 年中国农业科学院成立。孙本忠被聘为学术委员会委员。1963 年当选为第一届中国蚕学会理事长。是第三届全国人大代表、第二届江苏省人民委员会委员。"文化大革命"期间受到错误迫害,1968 年 8 月 10 日病逝于上海。　　　　　（王　晨）

陈彬龢(1897—1970)

陈彬龢,吴县(今江苏苏州)人。生于清光绪二十三年(1897)。幼时因家道寒微,只接受了数年高小教育。十六岁时在上海浦东中学任书记员,从事印刷工作。后进入哈同花园仓圣明智学校男学部,任初小一年级国文教员,结识沈曾植、朱祖谋、王国维等人,颇受教益。1924 年,应北京公立女子中学之聘担任教职,旋入陈垣创办的平民中学任教务长。因政局变化,不久平民中学停办。经谭鸿熙引荐,陈彬龢入南开大学任职。此后曾任为时甚短的上海澄衷中学校长。

1928 年,陈彬龢与日本驻沪总领馆特务岩井英一结识,并为其提供情报。1930 年 1 月,在岩井英一的支持下,陈彬龢创办《日本研究》月刊,并往中国东北进行三个月的实地考察。1931 年春进入《申报》馆工作,"九一八"事变后,开始执笔《申报》社论。还革新《申报》副刊,剔除吟风弄月的游戏文章,提高稿酬,礼聘鲁迅、茅盾等进步作家撰文,向读者灌输新知识。《申报》自改革后,日销量由八九万份增至十五六万份。

1932 年六七月份,《申报》连续发表三篇抨击国民党政治黑暗腐败的时评,为此受到高压封锁。1933 年冬陈彬龢远走香港,结识李宗仁、白崇禧、陈济棠等国民党军政要人,曾主办《港报》《太平洋文摘》等报刊。抗日战争全面爆发后,陈彬龢与岩井英一仍交往甚密。1942 年 2 月在日军护送下回到上海,由日本海军委任,于是年秋出任伪《申报》社社长,秉持亲日立场,宣传日军战绩,攻击蒋介石,讥讽汪精卫,成为可耻的汉奸。1945 年 8 月抗日战争胜利后陈彬龢被国民政府明令通缉,为躲避追捕汉奸的网罗,乔装易服,在东南各小城镇潜匿。1947 年年底逃至香港。1967 年前往日本。1970 年 8 月 30 日在茨城县水海道市病死。　　　　　（李海涛）

余彤甫(1897—1973)

余彤甫,名昌炜,以字行,别字彤父、彤夫,吴县(今江苏苏州)人。生于清光绪二十三年(1897)。樊浩霖、顾麟士弟子。

宣统元年(1909)余彤甫入谢衙前学校。其图画科于全校称冠。1913年余彤甫入吴县第二高等小学。毕业后,曾任教于郭巷镇小学、潘儒巷小学及吴县第二高等小学。1922年任吴县童子军联合会第九团正教练员。1925年与陈摩等组织冷红画会。次年与顾仲华发起组织国画学社,任社长。又任教于苏州私立女子职业中学、江苏省立松江中学,参加松江春风画会。1929年参加教育部于上海举办的全国第一次美术展览会。1930年任江苏省中小学课程暂行标准研究会初高中普通课程组审查委员。又参加娑罗画社、中国画会。1933年与吴湖帆等组织正社书画会。

全面抗日战争时期余彤甫避居上海,曾任私立常州中学沪校教员、江南联合中学事务主任等。1945年任苏州公园管理处主任,任教于国立社会教育学院等校。中华人民共和国成立后,1950年余彤甫与谢孝思组建苏州市新国画研究会。次年任苏州市文物保管委员会副主任。曾任苏州刺绣技术学校、市三中国画教师。1957年被聘为江苏省国画院首批专职画师。参加中国民主促进会,曾当选为苏州市各界人民代表会议代表,江苏省、苏州市政协委员。1973年逝世。

余彤甫能画水彩、图案,仿文徵明早年山水酷肖,善绘小幅,亦曾作巨幅长卷《长江万里图》。有《农村速写集》《新山水画稿》《余彤甫小辑》等。曾与何明斋合编《工艺》。著有《山水画技法》。

(李　峰)

周玉泉(1897—1974)

周玉泉,原名天福,以艺名行,吴县(今江苏苏州)人。生于清光绪二十三年六月二十八日(1897年7月27日)。父周锦山为织带店伙计,家境较差。三十三年,母去世,故家计更加困难。周玉泉初跟苏州琴师徽老四学胡琴,但因与兴趣相悖而改习评弹,以分担家庭负担。十六岁拜张福田为师,学习弹词《文武香球》。跟师做常熟吴苑书场时,与钟士良敌档,被"漂"后受师责打,忍无可忍,纳资而去。1913年在光裕社出道,放单档演出。20世纪20年代,因《文武香球》过短,周玉泉拜王子和为师,学习《玉蜻蜓》。学艺两年,异常勤奋刻苦,学成而身体被拖垮,被大病折磨近四十天,差点丢了性命,感慨道:"我的《玉蜻蜓》是用钱和性命换来的。"[1]。二十八岁单档演出,在苏州一带活动,使技艺渐趋成熟。

---

[1] 傅菊蓉:《拼性舍命学〈蜻蜓〉——周玉泉学艺点滴》,见《评弹艺术》第11集,中国曲艺出版社1990年,第141—142页。

30年代,凭借精书艺成为一代名家。衣着风度翩翩,脸面文质彬彬,举止落落大方,有"活金贵升"之雅号,与夏荷生、徐云志鼎足而立,号称"书坛三杰"。中华人民共和国成立后,周玉泉对《文武香球》《玉蜻蜓》进行整改,去粗存精,提升品位,日臻完善。1955年加入苏州市人民评弹团(今苏州市评弹团),曾与华伯明、薛君亚、徐翰芳等人拼档,说唱《将相和》《卖油郎》《信陵君》《梁红玉》等新书。

周玉泉说书以"阴功"著称,语言精练,款款道来,说唱优雅,慢条斯理,角色生动,描摹细致,穿插幽默,恰到好处。在说、噱、弹、唱、演等方面有很深的造诣,尤其擅长"肉里噱"和"小卖",寥寥数语却耐人寻味。另外,注重吸收戏曲艺术的养分,在手面、眼神方面有独到之处,表演人物栩栩如生。特别是借鉴京剧谭派老生和程派青衣的唱腔,并结合自身嗓音条件,以稳健飘逸、字正腔圆的本嗓演唱为特色,丰富了旋律,增强了感情,展示了阳刚风采,创造了韵味醇厚的"周调"。曾收蒋月泉、周伯庵、徐伯菁、华伯明、薛君亚等为徒,桃李芬芳,享誉江南。

周玉泉曾当选为苏州市人大代表、政协委员。于"文化大革命"开始后遭到迫害。1974年12月因肺癌辞世。著有《周玉泉先生谈艺录》行世。其口述演出本《玉蜻蜓》经整理正式出版。

(王 亮)

范君博(1897—1976)

范君博,名广宪,字子宽,号君博,以号行,别号百琲词人、憨厂、憨庵等,吴县(今江苏苏州)人。生于清光绪二十三年(1897)。居施相公弄,为范仲淹堂弟郎中房族裔。父范沄祥,一作瀛祥,曾于卧龙街开办范成泰戏衣店。

范君博为南社社友。早年为苏沪各报撰稿,尤以上海《晶报》及苏州《吴声》报居多。1920年12月,与结义谱兄郑逸梅、谱弟赵眠云于苏州东大园创办月刊《游戏新报》,并撰发刊词,但因亏本仅出一期。1922年8月29日时当七夕,与族侄范烟桥、范菊高及顾明道、赵眠云、郑逸梅、姚苏凤、屠守拙、孙纪于于留园拥翠山房集会,发起组织文学团体星社,与范烟桥同为主要召集人。范君博好文学,为鸳鸯蝴蝶派的重要作家,尤仰慕《晶报》主笔张丹斧,诗文作风受张丹斧影响很大。

范君博热心于实业和社会活动。曾任刺绣业同业公会理事长。1925年时任行头戏衣业同业公会理事长。为纪念"五卅"运动,与戈秋潭、李楚石等提议建筑苏州五卅路,并向各机关筹募经费。1926年时任护中市民公社社长。1927年5月被推选为苏州总工会执行委员。又先后当选为苏州市民公社联合会、苏州救火联合会第一届执行委员。1929年当选为吴县工会整理委员会委员。1930年观前街改造时,江苏省建设厅指令吴县县政府拆除玄妙观古迹。范君博首倡保护最力,电请国民政府行政院派员严密彻究,制止拆毁玄妙观三斗照壁,获行政院明令支持。1931年,全国掀起提倡国货运动,以抵御日本等外国经济侵略。苏州总商会设股募资,筹办国货商场,于北局建造苏州国货有限公司。范君博于第一次股东大会上当选为董事。1932年于钮家巷创办《新村画报》周刊。1934年夏,倡议成立观前街消防饮料水管委员会,动员商家捐款铺设水管,于苏州首开自来水先声。

　　1937年"七七"事变爆发,抗战军兴。范君博于7月30日代表中国红十字会吴县分会,赴上海与总会接洽筹备组织战地救护队事。苏州沦陷后,范君博赴上海租界避难,做家庭教师。时与屈伯刚、谌则高、包天笑等结霜社,坚守民族气节。友张一鹏后赴南京出任汪伪政府司法行政部部长。范君博坚拒其邀任秘书,于上海鸿英图书馆埋首编撰典籍,致力编辑《中国妇女人名大词典》。曾撰《痛定词》,揭露日军暴行,抒发国难愤懑。

　　1945年8月抗日战争胜利后,范君博任大顺钱庄董事长,并任《苏州日报》社社长,当选为吴县复员委员会常务委员、吴县商会整理委员。1946年曾任国民党吴县县党部执行委员会直属第四区分部书记,当选为吴县参议会参议员、吴县商会监事长。终年生活俭朴,别无嗜好,于社会不公不义之事则勇于仗义执言。《大华报》复刊后,范君博当选为该报董事。国民党官吏黄兆川、俞基善借没收敌产之名诈财骗色,致少女常东娥含恨自尽后,范君博与吴县妇女会代表许宪民、《苏报》代表沈芷痕、《苏州明报》代表张叔良等成立常东娥冤案后援会,并亲撰宣言,谓:"义属公愤,必不许邪丑之幸免法网,敢以匹夫之责任,代正义而呼!"黄兆川、俞基善终于以特种刑事渎职贪污罪被提起公诉,判刑入狱。范君博曾向钱庄借用六百万元,用作救火会制服缝制费,1946年12月被苏州城防司令部诬为冒名索取地下钱庄数千万元,因无实据,终获清白。

　　1947年私立崇范中学易名为私立景范中学。范君博为首任校长,兼任历史、国文教员。1948年当选为吴县商会常务监事、质业同业公会名誉董事长,支持典当公所所办典业小学复校。与戎法琴请示江苏省商联会理事长陆小波,建议成立工商自卫队,被推举为筹备会委员,积极维持苏州秩序,迎接人民解放军解放苏州。中华人民共和国成立后,1951年范君博当选为苏州市第一届各界人民代表会议代表。1954年将祖传唐懿宗为远祖范隋授勋制诰捐献给国家。1956年私立景范中学被苏州市文教局接管后,范君博改任苏州第二中学图书馆馆员。1958年因历史问题被捕,判刑15年。1976年去世。

范君博之室名博庐、小明月龛、容庐、蠹园、怀月轩。范君博能制迷,工文章,善小说,具诗、书、画三绝之才。工行楷,尤擅魏碑体,被张丹斧誉为"裙屐少年第一书家",早年曾为《晶报》《镜报》题写报头。亦为诗词名家,早年以赋《鹦哥词》得名"范鹦哥",故又以鹦哥为号。著有《比珠词》《百琲词》《蠹园随笔》《蠹园词稿》《吴越国宫词》等。尤究心于地方文献,熟悉掌故,编有《吴门竹枝词汇编十四种》《吴门园墅文献》《红兰逸韵》《吴门坊巷待輶吟》《苏州实录吟钞》等。

（李　峰）

陶叔南（1897—1977）

陶叔南,名景寿,以字行,吴县(今江苏苏州)人,原籍浙江绍兴。生于清光绪二十三年(1897)。宣统元年(1909)入长元吴公立高等小学堂。1912年进入其父与他人合资的华伦福纱缎庄,拜陆季皋为师,学习丝织手工技艺。1917年振亚织物公司成立。陶叔南任协理,后兼任技师,在苏州丝绸业崭露头角。1930年胞兄经营失败。陶叔南替兄偿还债务银洋三万元,赢得商界信誉。1932年振亚更新设备,并合资举办大有丝厂,成为全行业翘楚。"陶叔南精研技术,经营得法,重视信用,以此在同业中信誉日增"[1],1936年当选为铁机丝织业同业公会执行委员。

全面抗日战争期间,苏州沦陷。面对日本人的威逼利诱,陶叔南不为所屈。一面坚持经营,一面坚决拒绝与日本人合作。为此,大有丝厂被日本人强占。为避免引人注意,减少损失,陶叔南将振亚织物公司分为振亚织物无限公司、振亚绸厂、一中银号三个公司。参与发起成立丝绸业同业联合会,任监事。抗日战争胜利后,陶叔南曾当选为苏州丝织业同业公会理事长,苏州总商会常务理事,江苏省商业联合会、全国丝织联合会委员,吴县参议会参议员等,成为地方商界重要人物。1949年4月任苏州振亚织物公司经理,在中共苏州工委支持下,通过串联、策划,同其他工商界进步人士推动苏州总商会成立工商自卫队,积极配合人民解放军解放苏州。

中华人民共和国成立后,陶叔南于1950年加入中国民主建国会,并筹建民

---

[1] 惠志方:《以诚处世以诚对党——忆党的挚友陶叔南先生》,见苏州市政协学习和文史委员会:《苏州市政协文史资料》第26辑《同心谱》,1999年,第207页。

建苏州市委员会、苏州市工商业联合会。历任公私合营振亚丝织厂厂长、苏州丝织公司董事长。1956 年至 1966 年任苏州市副市长。曾任苏州市各界人民代表会议副主席及第一至四届协商委员会副主席、第一至五届苏州市政协副主席、第二届全国政协委员、第一至三届江苏省政协常委、第一至二届中国民主建国会中央委员、第一至五届中国民主建国会苏州市委员会主任委员、全国工商联执行委员、江苏省工商联副主任委员、第一至五届苏州市工商联主任委员等。"文化大革命"中曾遭受错误对待。1977 年被恢复名誉和副市长待遇,10 月 9 日逝世于苏州。

(朱季康)

蒋吟秋(1897—1981)

蒋吟秋,原名瀚澄,字镜寰,别字吟秋,吴县(今江苏苏州)人。生于清光绪二十三年八月二十六日(1897 年 9 月 22 日)。家居乌鹊桥。父蒋青庼,业儒为生员。蒋吟秋幼承家教,喜诗文及金石书画。习书法得外祖父陈寿祺指授,十二岁即能为人写楹联、匾额,能书擘窠大字。

1912 年蒋吟秋考入江苏省立第一师范学校本科,毕业后任小学教员。后于南京高等师范学校教育科毕业。1922 年就职于江苏省立苏州图书馆。1929 年,其一幅铁画银钩篆书入选教育部主办的第一次全国美术展览会。1935 年蒋吟秋升任图书馆馆长。筹划举办了吴中文献展览会。展览会的展品达 4 159 种,观众数量约达 23 000 人次。蒋吟秋为此作诗一首:"吴中文献富渊源,展览会开敞可园。盛况空前来客众,车声热闹马声喧。"

1937 年抗日战争全面爆发后,为避免馆藏珍贵图书落入敌手,蒋吟秋带领工作人员将馆藏善本 1 548 种 19 874 册分装 97 箱,转藏于太湖洞庭东山、西山乡下寺庙及农民家中。抗日战争胜利后这批图书被完好无损地运回苏州。蒋吟秋为此赋诗:"东夷进犯逼三吴,秘笈迁藏入太湖。艰苦备尝经八载,永留佳话完书图。"金松岑为此特撰《完书记》表彰其事。

中华人民共和国成立后,蒋吟秋辞去苏州图书馆馆长之职,任东吴大学文史教授。1952 年因全国高校院系调整,东吴大学改办为江苏师范学院。蒋吟秋任院长办公室秘书科科长,1958 年因病退休。此后,全身心投入所钟爱的书法艺术之中。各体书法俱佳。蒋吟秋尤工篆隶,将篆字变长为方,将隶书化扁为长,推陈出新,别具风格。其笔致圆浑,气势磅礴。苏州虎丘、网师园、北寺塔、东吴大学、苏州美术专科学校等处都有其手迹。1959 年应苏州园林管理处处长陈涓隐之邀,蒋吟秋以宋苏舜钦原文创作四条屏书法作品,悬于沧浪亭北面钓鱼台。1963年,与祝嘉、张寒月、蔡谨士四人书印展在南京展出,引起轰动,又移师广州展出。1964年,中央在全国范围内征求书写《淮海战役烈士纪念碑文》。陈毅在全国著名书法家众多来稿中选取了蒋吟秋的隶书。蒋吟秋书写碑文时,创造了简化字的隶书,使传统的隶书书法有了一种浓郁的时代气息,受到行家高度评价。陈毅曾把蒋吟秋所书之《淮海战役烈士纪念碑文》、周瘦鹃的盆景艺术和苏州园林誉为"苏州三宝"。

　　1981年8月11日蒋吟秋病逝于苏州。生前曾任中国民主促进会苏州市委常委、苏州市政协常委,当选为江苏省书法印章研究会理事、苏州市书法印章研究会会长等。辑有《沧浪亭新志》等,著有《吴中藏书先哲考略》《吟秋书论》和短篇小说集《秋星》等。

(袁成亮)

章守玉 (1897—1985)

　　章守玉,字君瑜,以字行,吴县(今江苏苏州)人。生于清光绪二十三年八月初七日(1897年9月3日)。章志坚孙,章守恭兄。1915年毕业于苏州江苏省立第二农业学校,为该校首届毕业生。曾任江阴县立乙种农业学校教员、吴县农业技术员。1922年于日本千叶高等园艺学校毕业,任教于江苏省立第二农业学校,兼管学校农场。次年兼任苏常道教育成绩展览会园艺股审查员。1927年任教于厦门集美农校,曾自日本带回整套葡萄插条百余个品种,又引入道生苹果、乐园苹果等苹果矮化砧木及楤桲等西洋梨砧木。次年被南京中山陵管理筹备处聘为陵园园艺股技师,参与孙中山总理葬事筹备委员会工作,负责中山陵园及中国第一个大型综合性植物园总理纪念植物园、花圃园林绿化规划设计与施工,获得盛誉。后任园艺股主任。1930年当选为中国园艺学会首届委员兼文书。1932年兼任中央大学讲师。编著的国内首部《花卉园艺学》于1933年出版。1938年章守玉任西北农林专科学校园艺组教授,次年改为西北农学院园艺系教授,兼代理总务主任,主持改建西安革命公园、莲湖公园多有劳绩。1946年任南京临时大学教授、中央大学农学院园艺系教授兼系主任,兼任苏州高级农业职业学校教授。1948年于苏州任河南大学园艺系教授兼系主任。次年任上海复旦大学农学院园艺系教授,率先设立观赏组。1950年拟制《新中国的观赏园艺事业计划》。1953年调任沈阳农学院园艺系主任。1955年任沈阳市人民委员会委员,兼沈阳市农业局局长。次年被教育部聘为一级教授。先后加入九三学社、中国共产党。曾当选为沈阳市人大代表,全国政协委员,中国园艺学会理事长,辽宁省、沈阳市园艺学会理事长,中国建筑学会理事,中国园林学会及《大众花卉》杂志顾问等。1985 年 9 月 3 日在苏州逝世。

　　章守玉造园贯彻宜、俭、美原则,先后选育出百余种唐菖蒲优良种株,是中国近代花卉园艺学的奠基人及高等学校园林专业创建者之一。另著有《温室园艺》《花卉园艺学各论》《花卉园艺》《国花牡丹》等。

(李　峰)

宗白华(1897—1986)

　　宗白华,原名之櫆,字伯华,笔名白华、华、櫆等,常熟人,祖籍浙江义乌。清光绪二十三年十一月二十二日(1897 年 12 月 15 日)生于安徽安庆。三十一年,随父至南京,就读于思益小学、第一模范高等小学。1912 年考入金陵中学。次年年初身染大病,初愈后至青岛休养,经亲戚介绍,入当地德国黑水大学中学部,开始学习德语。约半年后至上海,经伯父宗伯皋介绍,入同济德文医工学堂中学部二年级。1916 年夏毕业,升入大学医预科。1917 年学校更名为私立同济医工专门学校,加之自身亦无意学医,宗白华遂离校,在家闭门自修哲学与文学,在《丙辰》杂志发表处女作《萧彭浩(今译叔本华)哲学大意》。1919 年 5 月又于北京《晨报》副刊发表《康德唯心哲学大意》《康德空间唯心说》二文。7 月少年中国学会正式成立后,宗白华被选为评议部评议员。此后,复任《少年中国》月刊主要撰稿人,相继于该刊发表《说人生观》《哲学杂述》《科学的唯物宇宙观》等文,并参与编辑、校勘等事宜。此外,又受上海《时事新报》副刊《学灯》主编郭虞裳之聘,协助其编辑《学灯》。郭虞裳赴英后,宗白华遂正式接任编辑《学灯》。任职期间,将哲学、美学及新文艺相关内容注入《学灯》,使《学灯》声名大振,与北京《晨报》副刊、上海《民国日报》副刊《觉悟》并称为新文化运动三大副刊。

　　1920 年 5 月宗白华辞职,经法国往德国留学。抵德后,与先期到达的王光祈、魏时珍共商少年中国学会发展问题,并入法兰克福大学进修美学、哲学、生物学及心理学。1921 年 2 月转入柏林大学哲学系,进一步研修哲学与美学。同年夏,徐悲鸿夫妇移居德国学画。宗白华为之接洽有关事宜,奔走甚多。1925 年夏完成学业回国,入南京东南大学哲学院任教。1930 年秋,任中央大学哲学系系主任。在任期间,开设哲学、美学等相关课程多门,并长期担任中国哲学会常务理事等职。1935 年 2 月田汉因于上海法租界从事左翼活动被捕。宗白华与徐悲鸿等为其奔走,终使其得以保释出狱。1937 年抗日战争全面爆发后,宗白华随中央大学迁至重庆。其间一面任教,一面重编《学灯》,为大后方开辟了一个重要的学术文化阵地。

中华人民共和国成立后,宗白华改任中央大学更名的南京大学教授。1950年开始参与唯物辩证法教学。1952年起讲授"马列原著选读"课程。同年因全国院系调整,宗白华被调至北京大学哲学系。1960年北京大学新成立美学教研室,宗白华自哲学史教研室被调往任职。曾开设"中国美学史"课程以培养青年教师,复于1963年开始招收研究生。"文化大革命"期间,被宣布为"反动学术权威",无权从事业务。"文化大革命"结束后,宗白华曾任《郭沫若全集》编委会编委、中华美学学会顾问等职,并出版论文集《美学散步》等著作。1984年,北京大学为之举行任教六十周年庆祝大会。1986年6月宗白华退休,12月20日病逝。

宗白华一生在美学思想上注重艺术与自然统一,复讲求整体性的审美观照,并因此而闻名于学界。著有《宗白华全集》等。

(顾亚欣)

潘承孝(1897—2003)

潘承孝,字永言,吴县(今江苏苏州)人。生于清光绪二十三年二月初五日(1897年3月7日)。潘志憘长子。1921年以第一名毕业于唐山工业专门学校,获学士学位。次年公费留学美国康奈尔大学机械动力学专业。1925年获威斯康星大学研究院硕士学位。1927年回国,任教于直隶公立工业专门学校。后被聘为沈阳冯庸大学、东北大学教授,任北平大学机械系教授、系主任。

1937年"七七"事变后,抗日战争全面爆发。潘承孝随校内迁西安,曾任西北工学院教务长、代院长、院长。1948年回天津任北洋大学机械系教授。次年任校务委员会委员。中华人民共和国成立后,北洋大学改为天津大学。潘承孝于1951年任天津大学校务委员会副主任委员,后任教务长。1958年任河北工学院院长。学校更名为天津工学院后,潘承孝仍任院长。此后又任河北工学院名誉院长、河北工业大学名誉校长。先后加入中国民主促进会、中国共产党。曾当选为天津市首届人大代表,河北省人大常委会副主任,全国人大代表,天津市、河北省及全国政协委员。曾任民进天津市委副主委、主委,民进河北省委主委、顾问、名誉主委,民进中央常委和参议委员会副主任。2003年12月22日于天津逝世。

潘承孝为中国内燃机和汽车工程教育奠基人之一。译著有《内燃机测试》《柴油机燃烧》等。

(王晋玲)

吴颂皋（1898—1953）

吴颂皋，别名翼公，吴县（今江苏苏州）人。生于清光绪二十四年（1898）。1918年入复旦大学，毕业后留学法国巴黎大学法科，完成学业后赴英国伦敦大学任研究员。回国后曾任复旦大学法学院院长、教授，中央大学法学院副教授，中央政治学校外交系教授。1932年8月任国民政府行政院参事。次年9月任外交部参事。1935年7月任外交部国际司司长。

1938年年底，吴颂皋赴瑞士任国际联盟中国专门委员。1939年8月被列名为汪伪国民党第六届中央委员会委员。1941年年底在香港任《星岛日报》总编辑。1943年3月出任汪伪接收租界委员会委员，兼接收汉口日本专管租界委员。1944年3月任汪伪上海市秘书长兼秘书处处长，5月任汪伪保甲委员会委员长，同时兼任汪伪中央政治分会、外交专门委员会主任委员。1945年1月就任汪伪司法行政部部长，并被汪伪政府特派为撤废各国在华治外法权委员会副委员长。抗日战争胜利后，1945年9月8日吴颂皋被捕，以汉奸罪被判无期徒刑。中华人民共和国成立后吴颂皋仍被收监，1953年9月病死于上海提篮桥监狱。

吴颂皋治学有成，著述甚丰。著有《合作银行通论》《治外法权》《欧洲外交史大纲》《外交政策论及其他》等，译著有《心理学导言》《政治论》等。（李海涛）

宋鸿铨（1898—1967） 宋鸿鉴（1901—1988）

宋鸿铨，一名铨，字选之，以字行，吴县（今江苏苏州）人。生于清光绪二十四年（1898）。宋骏业裔孙，宋鸿鉴、宋鸿钊兄。1917年，于江苏省立第二师范学校本科第二部毕业，任教于望亭小学。1930年入上海交通银行，业余就读于持志大学法政科法律系。1937年时任永大银行会计主任，并为宋氏义庄管理人。

宋鸿铨酷嗜昆曲，曾师从沈月泉，加入禊集曲社、吴社等曲社，参加普乐昆剧团。工小生，主巾生，擅演《牡丹亭》《西楼记》《西厢记》《玉簪记》《雷峰塔》《白罗衫》等剧目。与弟宋鸿鉴并称"二宋"，合作主演《雷峰塔·断桥》获盛誉。中华人民共和国成立后，宋鸿铨参加苏州市昆剧研究会，受聘于苏州民锋苏剧团、江苏省苏昆剧团，为"继"字辈学员授艺。1956年于江苏省戏剧训练班任昆剧身段教师，后任昆曲班副主任。1960年任江苏戏曲学校地方戏曲系副系主任。1962年任校务委员会委员。精于昆剧身段教学。曾将昆曲《断桥》《琴挑》改编为扬剧,将昆曲《游湖借伞》改编为黄梅戏。编有《昆剧巾生身段谱》。1967年逝世。

宋鸿鉴,一名鉴,字衡之,以字行。生于清光绪二十七年(1901)。宋鸿铨弟。1920年于江苏省立第二中学毕业。后就读于北京盐务学校特科、南京政法学校,曾教家塾。1926年进上海永大银行供职。1929年入持志大学大学部文科业余就读。1945年抗日战争胜利后,宋鸿鉴任永大银行苏州分行会计。1949年中华人民共和国成立后,宋鸿鉴曾为集成药房管账。

宋鸿鉴善古琴,工书,善画工笔仕女。早年从贝晋眉等学昆曲,从许纪根、翁阿松等学吹笛及拍曲,研习《九宫大成南北词宫谱》,又师从沈月泉学台步、身段。曾入禊集曲社、道和曲社、吴社等曲社,参加普乐昆剧团。工旦角,兼擅小生。懂戏情,表演细腻、生动。擅演《游园惊梦》《瑶台》《惊变》《埋玉》《梳妆》《跪池》《佳期》《拷红》《思凡》《借扇》《游湖借伞》《水斗》《断桥》《琴挑》《湖楼》《茶叙》等。与兄宋鸿铨并称"二宋",合作主演《雷峰塔·断桥》获盛誉。

1952年宋鸿鉴加入苏州市昆剧研究会。次年进文管会工作,又受聘于苏州市民锋苏剧团、江苏省苏昆剧团,为"继"字辈学员授艺。1956年调入江苏省戏剧训练班任教,曾任昆曲班主任,后为江苏戏曲学校昆剧教师。擅词曲,能编剧,开创昆曲艺术教学规范,编写昆旦身段、水袖、指法、步位等教材,被誉称为名师。1988年逝世。曾修订《九宫大成南北词宫谱》。著有《苏剧音韵》《宋衡之文集》等。

(李 峰)

蒋 英(1898—1982)

蒋英,原名积英,字菊川,昆山兵希人。生于清光绪二十四年九月二十三日(1898年11月6日)。父蒋璧,清诸生,善诗词书法。1917年蒋英从苏州晏成中学毕业后,被保送上海沪江大学文学院。1919年中断学业自修。次年考取南京金陵大学农学院森林系。1925年毕业,以论文《花的进化史》获美国纽约大学林学学士学位。次年任教于安庆安徽省立农业学校。1927年任江苏省农民协会特派员,昆山县农民协会筹备处主任,农民协会执行委员、常务委员兼组织部部长。次年春辞职,任教于广州中山大学理学院生物系,与师陈焕镛创立植物实验室,并兼任广西大学、岭南大学教员。1930年任中央研究院自然历史博物馆技师、植物标本室主任,兼任江苏、江西、云南、贵州等地植物调查队主任,收集大量科学资料和标本。1933年回任中山大学农林植物学部副教授。抗日战争全面爆发后,蒋英随校流徙云南、湖南,于保全植物标本有功。1941 年与陈焕镛编纂《澄江植物志》。次年任农林植物学部主任兼农林植物研究所代理主任,扩充标本室。1946 年年初被教育部派任台湾林业试验所技正兼台北植物园园长。次年携干制标本约 3000 份回中山大学植物研究所,并发表《考察植物简报》。中华人民共和国成立后,1951 年蒋英被委派为两广野生橡胶资源调查队队长。次年任华南农学院林学系一级教授、植物教研室主任,后改任广东林学院、中南林学院、广东农林学院教授,兼任中国科学院华南植物研究所研究员,中国科学院植物组专门委员,中国植物学会、广东植物学会名誉理事长,《中国植物志》编委会顾问等。曾当选为全国及广州市人大代表、全国政协常委、广东省政协常委等。1982 年 3 月 6 日逝世。

蒋英对夹竹桃、萝藦科和番荔枝科植物有系统研究,发现新种 230 个、新属 10 个,开创"陈列辅导"教学法,是中国现代植物分类学奠基人之一。曾参编《中国植物志》《两广乔灌木名录》《广东从化地区经济植物简编》等。　　　　（李　峰）

张江树（1898—1989）

张江树,号雪帆,常熟张桥人。生于清光绪二十四年四月二十七日（1898 年 6 月 15 日）。1918 年于南京高等师范学校数理化部毕业。留任助教,1923 年公费赴美国学习。所撰《由溶度推证电点互吸论之实验报告》1925 年被刊载于国际权威学术刊物《科学》。1926 年张江树获美国哈佛大学理学硕士学位。次年任上海光华大学助教授,为中国化学会创办人之一。历任南京中央大学教授及化学系主任、理学院院长等,曾兼任武汉大学教授、中国科学社编辑及教育部电机工程名词审查委员会、化学名词审查委员会委员。1940 年当选为中国化学会常务理事。1948 年兼任南京兵工工程学院教授。为中国早期物理化学学科主要学术带头人之一,与北京大学黄子卿并称"南张北黄"。编著有《电池常识》《高级中学化学》及国民政府教育部指定大学用书《理论化学实验》和《物理化学及胶体化学》等。

人民解放军解放南京后,1949 年 8 月国立中央大学改名为国立南京大学。张江树被任命为南京大学校务委员会常务委员。中华人民共和国成立后,张江树任南京大学教务长兼代图书馆馆长、理学院院长,南京工学院筹备委员会主任。1952 年任华东化工学院首任院长,兼任上海市人民委员会委员,后任名誉院长。曾任全国高等工科院校化学教材编审委员会主任、《辞海》化学分科主编。1956年加入中国共产党。曾任第三届全国人大代表、第一至七届上海市人大代表、民盟中央委员、民盟中央参议员、民盟上海市委委员和顾问等。1989年10月8日于上海逝世。

(李　峰)

吴泽霖(1898—1990)

吴泽霖,常熟人。生于清光绪二十四年九月十四日(1898年10月28日)。清诸生、画家吴䬃子。1913年考取北京清华学校,升入高等科。1920年与同学闻一多等组织一社。次年因参加进步学潮曾被除名。1922年毕业后,留学美国攻读社会学。次年获威斯康星大学学士学位。1925年获密苏里大学硕士学位。1927年以论文《美国人对黑人、犹太人及东方人的态度》获俄亥俄州州立大学博士学位,为中国留学生在美国获社会学博士第一人。赴欧洲考察英、法、德、意等国社会情况,回国后任扬州中学教员。次年年初任上海大夏大学代理预科主任兼教育科教授、大夏大学附属中学主任,被推为上海市学联反日运动委员会国际宣传委员,与孙本文等发起东南社会学会,并当选为首届理事,兼任《社会学刊》编辑委员。1929年出版所著《社会约制》,出任大夏大学社会学系主任。次年代理文学院院长,与游嘉德、潘光旦、孙本文、吴景超等发起成立中国社会学社,任首届理事兼会计、编辑委员,出版所著《社会的生物基础》。1931年创办大夏大学社会学教研室,兼任劳动大学社会科学院社会学系特约教授,当选为上海大学教职员联合会理事。次年出版所著《社会学及社会问题》《现代种族》。1934年当选为中国社会学社副理事,兼任光华大学教授。次年兼任上海聋哑学校主席校董、暨南大学海外文化事业部主任。1936年任大夏大学教务长。与妻陆德音合译的《社会学大纲》出版。次年吴泽霖当选为中国社会学社正理事、《社会学刊》常务编辑委员,指导编辑《史地社会论文摘要》月刊,兼任夏光中学校长。抗日战争全面爆发后,吴泽霖率部分大夏大学师生内迁贵阳。1938年成立大夏大学社会经济调查室(次年改为社会学研究部),并建立民族文物陈列室。1940年举办三次贵州省少数民族文物图片展览,时被誉为国内首创。次年应清华大学聘,任昆明西南联合大学社会学系教授。1942年筹建丽江地区边胞服务站。次年兼任昆明译员训练班教务主任及副主任,先后主持训练约3 000名大学生担任援华抗日美军的译员。1946年创办清华大学人类学系,任系主任兼校教务长,建立民族文物陈列室。1948年辞任教务长。中华人民共和国成立后,1952年吴泽霖任中央民族学院教授、中央民族事务委员会中国民族博物馆筹备组主任。次年调任西南民族学院教授兼民族文物馆馆长。1957年加入中国民主同盟。后曾被错划为"右派分子"。参加筹建北京民族文化宫。1960年调任中央民族学院教授,后兼任中国社会科学院民族研究所研究员、南开大学兼职教授。1982年调任武汉中南民族学院教授,后兼任贵州民族学院教授。1986年加入共产党。曾任中国社会学会、中国民族学学会、中国人类学学会、中国世界民族研究学会顾问,湖北省社会学学会名誉会长等。1990年8月2日逝世。

吴泽霖是中国民族博物馆事业的创始人和最有权威的民族博物馆专家,中国社会学、民族学、人类学学科基础的奠基人之一。合译《印第安人兴衰史》。合编《复兴高级中学公民课本》《世界人口问题》等。与陈国钧等合著论文集《贵州苗夷社会研究》。主编《人类学词典》。另著有《吴泽霖选集》《吴泽霖民族研究文集》。

(李　峰)

钱用和(1898—1990)

钱用和,字韵荷,号幸吾,常熟鹿苑(今属江苏张家港)人。生于清光绪二十四年九月二十四日(1898年11月7日)。吴越武肃王钱镠裔孙、常熟钱氏鹿苑支始迁祖钱镛十九世孙女。家世业儒。曾祖钱泰庚,字子长,贡生,著有《云水书屋课艺》《醉绿轩诗草》。父钱寿琛,字甘学,号畊玉,举人。曾任私立晋安小学堂校长。宣统二年(1910)官吏部员外郎。入民国后曾任常熟县教育款产处副董、地方自治筹备处副主任。

钱用和为钱寿琛次女,钱昌祚姐,幼承庭训,勤学能文。父知其可造,令其弃家塾入读国民学校,使其成为鹿苑第一个不穿耳缠足而进洋学堂之女子。钱用和先后毕业于上海务本女塾高小、务本女中师范科,任教于上海万竹小学、嘉定高等小学。考取北京国立女子高等师范学校首届国文部,学冠群侪。1919年投身于"五四"运动,任北京女学界联合会会长,声名卓著。1921年与蔡元培等被推为北京各团体国民外交联合会代表。1922年毕业,任徐州江苏省立第三女子师范学校校长,兼南京正谊中学、上海爱国女学校董,掌教女师成绩优异。1925年由江苏省教育会资助赴美国芝加哥大学研究教育,副科历史。1928年获教育学硕士学位。于哥伦比亚大学师范学院从事研究,并赴欧洲考察师范教育。次年回国,被聘为暨南大学高中部兼普通科主任,因病辞聘,供职于江苏省教育厅。1931年被聘为暨南大学教育学院讲师,出任国民革命军遗族女校校务主任,指导创办《遗族校刊》,加入中国社会教育社、中华职业教育社。次年始兼任蒋介石夫人宋美龄的私人秘书。1934年任南京市社会局第三科科长,被聘为市体育委员会首任委员长。次年被教育部聘为《中国教育年鉴》编纂委员会委员。1936年被教育部聘为编审、秘书处特约编辑。

抗日战争全面爆发后,1938年3月中国战时儿童保育会成立。宋美龄任理事长。钱用和当选为常务理事。5月参加新生活运动促进总会妇女指导委员会指导长宋美龄以个人名义召集的庐山妇女工作谈话会,决议以新生活运动促进总会妇女指导委员会为抗战时期最高妇女运动指导机构,并制定颁布《动员妇女参加抗战建国工作大纲》,促成各党派妇女运动的合作。新生活运动促进总会妇女指导委员会成为妇女抗日统一战线组织。次年钱用和当选为新生活运动促进总会妇女指导委员会委员,出任重庆中央赈委会科长。1940年被聘为第二届国民参政会参政员。1941年任蒋夫人文学奖金评判委员会委员、秘书。后任白沙女子师范学院训导主任兼国文教授、交通大学国文科主任。1945年5月抗日战争胜利前夕,钱用和当选为中国国民党候补中央监察委员。次年当选为制宪国民大会代表。1947年3月任宪政实施促进委员会常委。次年任"行宪"第一届监察院监察委员。私立鹿苑中学因缺基金未能立案,钱用和则慨赠学校祖遗沙田百亩为基金。后立案获准,鹿苑史上首所中学乃成。钱用和兴学义举为人所称颂。

1949年钱用和去台湾,仍任宋美龄私人秘书,至1975年9月宋美龄赴美就医止。其间久任"监察院"监察委员,当选为国民党"中央"评议委员、国民党"中央妇女工作委员会"委员、"中华妇女反共联合会"常委及"中国教育学会""中国大陆灾胞救济总会"监事,曾任私立东吴大学文科教授,国民革命军遗族学校和女校校董会秘书、主任秘书、校董等。1990年8月病逝于台北。

钱用和终身未婚,追随宋美龄半个世纪,深得信任,曾自陈其处事原则:"一、不道人短,二、不耀己长,三、少说分外话,四、多做任内事,五、与人相处和蔼,六、对事辨别清楚,七、不利用地位,八、不假借职权。"[1]生平多才艺,擅诗文辞及译述、考证、演讲,长于中西文艺沿革研究与教育理论、方法研究。编有《东方故事集》。著有《访问欧美教育及文化的报告》《平民主义的孟子》《中国文学研究》《难童教育丛谈》《欧风美雨》《三年之影》《韵荷存稿》《韵荷诗文集》及回忆录《浮生八十》《半世纪的追随》等。

(李　峰)

---

[1] 张家港市政协学习和文史委员会:《张家港旅外人士——港澳台专辑》,2002年内部印行,第49页。

徐碧波(1898—1992)

徐碧波,本名广炤,字芝房,笔名五常、归燕、红雨、直谅、嫉俗等,吴县(今江苏苏州)光福人。生于清光绪二十四年九月二十一日(1898年11月4日)。宣统三年(1911)以光福西崦小学第一名毕业后,于崇明做商店学徒。业余入文苑导游社、中华编译社补习学校,自修诗文、小说诸科。十五岁始于《新闻报》《申报》等报副刊发表作品。1922年加入星社,并自办《波光》旬刊。

1925年,徐碧波经友顾醉莼荐入上海友联影片公司,撰写字幕和编辑《友联特刊》,"五卅"惨案后参与编辑纪录片《五卅沪潮》。次年被无锡大戏院聘为驻沪支配影片经理,为友联影片公司编剧《让婿别纪》《海盗白燕女郎》,并导演《冤狱》。1927年编辑《儿女英雄》特刊,与程小青、钱释云、叶天魂于五卅路公园创办苏州第一座正规电影院,致力宣传推广优秀国产电影。还参与编辑《大中华百合特刊》《美人计》特刊。1928年代表友联影片公司任上海六合影片营业公司《电影月报》月刊理事编辑。加入剧艺社,曾编《山东响马》《续儿女英雄》《战海精魂》《红蝴蝶》及首部有声影片《虞美人》等剧本。"九一八"事变后积极支持抗日救亡活动。1932年任友联影片公司营业部经理。1934年任艺华影业公司营业部部长,国华影业公司、国泰话剧团编剧,合编电影《残梦》等。1938年与程小青编《橄榄》,创办《东海》杂志。1941年任东吴大学附属中学教员。1943年任模范中学史地教员。曾兼任东吴大学文学院及锡珍女子中学等校教员。中华人民共和国成立后,徐碧波于上海市陕北中学任教,被聘为上海市文史研究馆馆员。1992年1月逝世。

徐碧波工行楷,善画,喜灯谜,擅诗词。曾与郑逸梅合编《论说新范》。著有《简易学诗法》《唐函注疏》,弹词《双焚记》,剧本《梦断关山》《粉红莲》《苦肉计》《诚孝感天》《第九天》等,长篇小说《青春之火》,短篇小说集《空气》等,文言笔记《流水》等。

(李 峰)

朱通九(1898—?)

朱通九,字木虎,常熟人。生于清光绪二十四年(1898)。五岁入私塾,后就读于新式高小、中学。1925年于复旦大学商科毕业,获商学学士学位。任爱国女学、中华工专、南洋高级商专等校教员,远东大学中学部主任,兼爱国女学校董。次年春自费留学美国华盛顿大学,当选为该校中国学生会会长,致力劳动经济研究,先后获经济学学士、工商管理学硕士学位。

1929年年初朱通九归国,任上海国立劳动大学经济系教授,兼校周刊编辑主任,出版专著《工资论》。次年被聘为劳动大学秘书主任,出任暨南大学法学院政治经济系教授。加入中国计政学会、上海会计师公会,兼任立达会计师事务所会计师。出版所著《战后经济学之趋势》《经济学研究法》,提倡及时掌握科学方法以促进国内经济学发展,并与西方经济学接轨。1931年出版国人首部《劳动经济学》专著。"九一八"事变后,联名发表《上海各大学教授意见书》,要求收复失地,组织国防政府,尊重人民权利。后任中国公学商学院经济系教授。1932年当选为中国公学教授会执行委员兼书记,兼任暨南大学教授,自组会计师事务所。又任复旦大学会计学系教授,当选为年度校务会议教授代表。与金天锡合著《近代经济思想史》。1933年出版高中商科教本《经济概论》。所著《劳动经济概论》被辑入《社会科学基础丛书》。朱通九被聘为暨南大学经济学系主任,与孙寒冰等合组黎明法律会计事务所。次年当选为上海市新生活运动促进会候补理事、上海各大学教职员联合会候补执行委员兼学术委员会委员,加入上海教授作家协会,兼任上海大学教授会所属高等教育研究委员会委员兼研究员。所著《财务报告的分析与解释》由中国经济学社、中国计政学会联合出版。1935年朱通九与金天锡合编《公民经济概要》,出版专著《土地政策的检讨兼评土地村有制度》,与沈钧儒等联名发表《上海文化界救国运动宣言》。次年被聘为国民经济建设运动委员会委员兼专员。

抗日战争全面爆发后朱通九供职于交通银行,兼任国民党党部书记,先后当选为中国计政学会候补理事,中国劳动协会监事、劳动文化委员会委员,中国经济学社重庆分社理事。主编国联经济财政委员会报告《汇兑统制》,编著《战时粮食问题》《战时经济问题》《战时劳动统制》等。专著《现代劳动思潮及劳动制度之趋势》被誉为劳动学说权威著作。朱通九还与朱祖晦、厉德寅合著《外汇问题与贸易问题》,与徐日洪编著《货币学》,合撰《我国银行制度之将来》,呼吁中国建立美国式的联邦储备银行制度,并对中央银行制度做详尽规划。抗日战争胜利后,1946年朱通九出任交通银行稽核处副处长,兼四联总处盐贷、麦贷审核委员会委员,中国毛皮公司筹备员。次年兼任中央银行贴放委员会专门委员兼工业贷款审查委员会委员。1948年又兼任工矿顾问委员会、生产及出口事业贷款审查委员会委员,当选为太平洋保险公司监察人。1949年3月4日参加国行贴放委员会工矿顾问委员会第卅二次例会,会后主持续开生产及出口事业贷款审查委员会第十五次例会。上海解放后朱通九不知所踪。

朱通九毕生治学勤奋,富于理论素养,关注现实课题,多有创见,是中国劳动经济研究的开拓者及奠基人。合作译著有《经济学大纲》《伊利经济学》等。　　　（李　峰）

吴莲洲(1899—1937)

吴莲洲,一作莲舟,名不详,以号行,吴县(今江苏苏州)人,祖籍武进(今江苏常州)。生于清光绪二十五年(1899)。其师吴菊舫,名宗焘,武进人,占籍吴县。光绪末赴上海行医,以擅治喉痧知名。1919年任神州医药总会神州医院院长,改任副院长,当选为神州医药总会医界副会长,并任神州医药专门学校学监。热心于公益,望重医林。

吴莲洲精中医,尽得吴菊舫之传,于上海三马路执业称名医,为《申报》馆常年兼职义务医生。脉理精细,审症确切,擅治伤寒、痧痘及妇女儿童病症,尤擅治喉痧,将师吴菊舫遗授专治咽喉良方五种配制成珠黄散等,分赠各界以广流传,并将稀见药草移植于江湾小观园,还整理其师医案数十则刊载于《神州医报》。

1921年,吴莲洲任南市华实学友会书记。后加入星社。能文善诗,曾作集锦小说《虎因缘》。喜艺菊,时称专家,1929年曾与周瘦鹃等发起月季菊花争妍会。又酷嗜灯谜,深研谜学,于同门邵亦群所开西新桥大中楼菜馆创办谜会。1930年与萍社耆宿曹叔衡等成立大中虎社,并任社长,创办中国最早的专业性灯谜杂志《文虎》专刊。次年《文虎》改半月刊公开发行,吴莲洲与曹叔衡共同主编,使上海灯谜活动得以复兴。1931年"九一八"事变后,吴莲洲特意征集抗日谜稿,于《文虎》刊载《合作的抗日文虎》,宣传抗日救国,颇有影响。

吴莲洲曾为顾震福《跬园谜稿》作序。1932年参与创办中华化工厂。于1937年抗日战争全面爆发后去世。　　　　　　　　　　　　　　（李　峰）

张德骙(1899—1944)

张德骙,字咏春,亦以字行,吴江(今江苏苏州吴江区)盛泽人。生于清光绪二十五年(1899)。毕业于江苏省立第二师范学校本科。任教于上海万竹小学八年。学问博,口才好,教书的方法更好。1927年张德骙加入中国国民党,历任上海市第三区教育协会第一支部干事、教育协会执行委员。1928年任上海中学实验小学总务主任。1931年"九一八"事变后,当选为上海市教职员抗日救国会候补执行委员,联名通告本市各级公立、私立学校教职员同人将月薪3%接济在东北抗日之马占山将军。1933年任上海市教育局专员,兼上海市教育局中学生毕业会考委员会委员、中小学升学及职业指导委员会常务委员,被聘为上海市教育局与国立暨南大学联合实验学校设计委员会委员、上海市立民众教育馆民众常识顾问处职业升学义务指导专家,被推为龙门同学会首届常务理事。1934年当选为上海市第一区教育会候补干事,加入上海社会教育社,参加中华儿童教育社赴日本考察团。1935年被推为中华儿童教育社服务介绍委员会委员,兼任上海市中学及师范学校教员检定委员会总干事和小学教员检定委员会委员、上海市健康教育委员会委员,当选为互社首届监事、中华儿童教育社上海分社干事。以正风文学院文学士身份被聘为兼职新寰职业中学国文教员、大夏大学文学系讲师。1936年被聘为《童友》月刊特约撰稿,改任上海市社会局专员。1937年4月任上海市第九届小学联合运动会审查委员会主席,被中华书局聘为修正课程标准适用小学教科书编校人。参与编纂《新中华教科书》《上海市市民识字课本》,合编《新小学教科书国语读本教授书》《小学校初级用新中华算术课本》《暑假国语自习书》《民众千字课本》《农工商尺牍教本》《模范学生字典》等。还编有小学低年级儿童补充读物《张小弟》《两只羊》《乌鸦》《瞎子和跛子》《救火》《好学生》《虫的音乐会》《一个早上》《可爱的玩具》等。这些补充读物均经教育部选定被刊入儿童读物目录。

1937年抗日战争全面爆发后,张德骎拒任伪职。次年参与创办上海夜中学,任学校秘书长。1939年兼任新寰第二小学低年级设计教学实验指导,当选为正风文学院校友会首届理事兼介绍组主任,参与创办吴江丝织科职业中学暨暑期学校并任校董。坚持地下抗日活动,忠贞不贰。9月16日曾与周斐成联名于《申报》刊登启事,严正声明:"斐成、咏春办理教育历有年所,惟知服从总裁,拥护中央,深信抗战必胜,建国必成,意念坚定,始终不渝……而忠诚报国此志不容稍懈。誓必贯澈衷怀,努力奋斗,责无旁贷,义无返顾。"[1]1941年秋任国民党上海特别市党部执行委员。1943年5月16日晨被贝当路日本沪南宪兵队逮捕,惨受犬咬、鞭笞、灌辣椒水、钉竹签和电刑等各种毒刑,仍宁死不屈。出狱不久因伤发不治,1944年2月19日晨逝世于怡和医院。抗日战争胜利后,国民政府明令将张德骎褒称为烈士,上海各界隆重为张德骎举行公祭。张德骎的遗孀程定均及四子一女获政府慰问与抚恤。日本宪兵川越河野等罪犯被公审并处以极刑。

(王晋玲)

---

[1] 见《申报》1939年9月16日。

承淡盦（1899—1957）

承淡盦,简称淡安,谱名启桐,江苏江阴华墅(今华士)人。生于清光绪二十五年八月初九日(1899年9月13日)。出身于中医世家。祖承凤岗精幼科。父承梦琴擅长外科、幼科与针灸。

1917年,承淡盦遵父命师从同邑名医翟简庄习中医内外科,三年苦学打下坚实基础。又参加上海一些西医函授学习与实习,兼通中西医。1921年回乡随父侍诊,并学外、幼科和针灸。1923年秋,膺服其父针灸治病疗效迅速显著,专心研习针灸。1925年在江阴北国市集设诊所独立行医。次年冬至苏州城北小学任校医,三个月后在皮市街设诊开业。1927年由伤科医生季爱人介绍加入吴县中医公会。次年夏与季爱人、祝曜卿等同人创办苏州中医学校于王枢密巷,承担生理、针灸两门课讲义编写与授课,不满一年即因经费困难而停办学校。1929年冬迁居吴县望亭,设诊行医并带学徒,业务甚好。

为挽救与复兴针灸医学,承淡盦于1931年6月编撰出版《中国针灸治疗学》,同月联合望亭同道创立中国针灸学研究社[1],被公推为社长。中国针灸学研究社为中国现代成立最早、影响最大的针灸学术研究教育组织。1932年10月社址迁往无锡南门。承淡盦先后编写出版《中国针灸学讲义》《经穴挂图》《经穴图解》《针灸歌赋》等教材。1933年8月增设通函科,发展通函研究会员,最早开办函授教育。同年10月创办中国最早的针灸学专业刊物《针灸杂志》,发行至国内外。1934年9月,赴日本学习考察针灸医学与学校教育,切磋交流学术,并以针术屡起沉疴,引发轰动。还搜集针灸教学图谱与器具,访得《铜人经穴图考》和国内早已散佚之元代滑寿名著《十四经发挥》孤本。1935年9月1日创办中国针灸学讲习所。该讲习所为中国针灸学研究社附设机构,学制有三个月、六个月和二年制,是中国最早的针灸学校。1936年春末讲习所更名为中国针灸医学专门学校。7月承淡盦在原针灸门诊基础上创办针灸疗养院,设病房和门诊治疗室,以此作为学员见习与实习基地。中国针灸学研究社又先后在闽、浙、苏、皖、粤、陕、鄂、晋、桂、港和新加坡等地设立了17个分社,扩大了针灸医学的影响。

1937年春末承淡盦投入全部积蓄动工兴建教学楼,未及竣工而遇抗日战争

---

[1] 中国针灸学研究社成立时间另有1929年、1930年两说。此据李素云:《中国针灸学研究社的创立与发展历程回顾》,见《2010南京国际中医药论坛暨亚洲针灸高层论坛论文集》,第8—12页。

全面爆发。教学楼惨遭日机轰炸,学校和中国针灸学研究社亦被迫停办。承澹盦避难西迁,经皖、赣、湘、鄂,次年6月入川,每到一地坚持行医和开设针灸讲习班,又任四川国医学院针灸科教授。1947年冬南返定居苏州,设诊行医。中华人民共和国成立后,1951年承澹盦在苏州司前街恢复中国针灸学研究社和《针灸杂志》。1954年当选为江苏省第一届人大代表,受江苏省人民政府聘请参加江苏省中医院和中医进修学校筹建,被任命为江苏省中医进修学校(今南京中医药大学前身)校长,又当选为第二届全国政协委员。1955年晋升为一级教授,当选为首批中国科学院学部委员。次年当选为中华医学会副会长。1957年7月10日因心脏病逝于苏州大石头巷寓所,被安葬于灵岩山五龙公墓。其故居被列为苏州市"历史文化名人故居"保护建筑单位。

承澹盦生平治病以针灸为主,立法严谨,取穴精简,手法娴熟,所治常奏奇效。对针所不及者,则施用中药,或针药并用。善用经方,药少力专,疗疾多验。长期进行针灸理论和临床研究,治学严谨,博采众长,精心总结从医经验,著书立说甚丰。撰写发表论文数十篇,出版医著12种、译作4种,共200多万字。其主要学术观点与贡献:大力推介针灸的科学与临床实用价值;主张衷中参西,引入现代解剖学知识阐述腧穴内涵,拓展了腧穴理论;从临床实践感悟肯定经络的客观存在,阐述经络理论的重要作用和诊断治疗价值;强调针刺手法的重要性,提出区分各种不同刺激量以适应各种不同病症,改进针刺操作方法和发明无痛押手进针法;阐明艾灸治疗现代机理,量化灸治操作规范;改进和研制针灸器具,规范针灸器具标准质量规格。

在数十年教学生涯中,承澹盦面授学生数千,函授学员逾万,培养了大批针灸优秀人才。独生女承为奋和女婿梅焕慈善承其业。弟子邱茂良、程莘农、杨甲三、赵尔康、曾天治、陆善仲、邵经明、郑卓人、杨长森、萧少卿、杨兆民、高镇五、陈应龙、留章杰、谢永光、管正斋、谢锡亮、孔昭遐等均为针灸医学界著名教授和名医,形成了近现代针灸发展史上著名的"澄江针灸学派"。承澹盦在针灸理论、临床、教学、科研和人才培养上贡献卓越,诚为中国近现代针灸学复兴之功臣。

(马一平)

刘 云(1899—1957)

刘云,字幕宇,号璞庵,吴县(今江苏苏州)洞庭东山岱心湾人。生于清光绪二十五年(1899)。毕业于东吴大学。曾任教于上海务本女中。1923年任进步青年社团少年中国学会上海筹备会庶务干事。次年任上海女子职业学校教务主任。入黄埔军校第一期,调入孙中山大元帅大本营机要科。1926年加入中国共产党,后脱党加入中国国民党,参加北伐战争。曾任国民革命军第八军旅党代表、政治部主任。1927年任淞沪警察厅政治部组织科科长、警察厅国民党特别党部执行委员,上海特别市清党委员会委员,国民党上海特别市党部临时执行委员会候补执行委员、书记长,上海民众对日经济绝交大同盟主席委员。次年改任上海市党部秘书长,兼上海市民提倡国货会五权队队长,主持上海工会整理委员会。后任武汉行辕少将参议,上海、南京、汉口国民党党部主任,甘肃省民政厅厅长,江苏省反省院院长等。

1937年抗日战争全面爆发后,刘云被推为中国童子军总会成烈童子军教练班董事长、吴县各界抗敌后援会常务委员。1940年降附汪伪,被国民政府通缉,曾任伪国民党第六届中央执行委员会中央委员、中央监察委员。1943年任安徽省政府委员兼粮食局局长。抗日战争胜利后因倾向于革命,刘云被国民党政府逮捕判刑,于1949年上海解放后出狱。中华人民共和国成立后,刘云曾任苏南抗美援朝分会秘书,江苏省文史研究馆秘书、省政府参事等。1957年去世。

刘云善琵琶,喜美食,早年所拟"八德一心"菜谱曾风靡一时。 （王晋玲）

吴保丰(1899—1963)

吴保丰,字嘉谷,昆山人。生于清光绪二十五年(1899)。1921年毕业于上海南洋大学电机科。曾与张闻天等筹建少年中国学会上海分会,并执教于义务学校。1923年自费入美国西屋电气公司研习电气工程。1925年获美国密歇根大学理科硕士学位,经陈立夫等介绍加入中国国民党。归国后曾任国民党中央组织部干事、秘书、科长等。1927年以江苏省党部代表身份任昆山县临时县政府委员、代县长兼警察所所长,中国工程学会南京分会筹设委员,国民党南京特别市党部、中央特别区党部组织部区分部执行委员,中央组织部第三科科长、指导股主任干事。次年任中央组织部普通组织科主任、南京特别市党务指导委员、建设委员会无线电管理处吴淞长波电台接收专员。1929年任江苏省党部监委、整理委员、训练部部长,中央党务视察员。1931年任中央组织部秘书。次年任交通部技正、中央广播无线电台管理处处长。1934年任交通部上海电报局局长、交通部简任技正。次年当选为国民党第五届中央候补执行委员,任兼中央文化事业计划委员会委员。

1937年吴保丰出任中央广播事业管理处处长、中央广播事业指导委员会副主任委员,当选为国民大会代表。1941年任上海交通大学重庆分校主任,兼交通部技术人员训练所副所长。次年代理交通大学校长。1944年任校长,增设系科,办学成绩卓著。1945年当选为国民党第六届中央执行委员。次年回上海复校,发起恢复上海市专科以上学校联合会并任理事,兼中国电机工程师学会会长。1947年支持师生护校运动,因反对镇压学生民主运动,被国民党当局迫令辞职离沪,赴天津为开滦矿务总局顾问。

中华人民共和国成立后,吴保丰于1950年被聘为华东人民广播电台、上海人民广播电台顾问。加入中国国民党革命委员会,曾任上海市政协委员。1963年去世。女婿英若诚,为著名表演艺术家,曾任文化部副部长。（王晋玲）

郭琦元（1899—1964）

郭琦元,字颉韩,江阴杨舍(今属江苏张家港)人。生于清光绪二十五年(1899)。1922年毕业于日本千叶医学专门学校,获医学学士学位。曾与孙宗尧等创办侨日华工共济会,回国后任教于苏州江苏公立医学专门学校。1924年初任上海亚东医科大学解剖学教授,南下广州,任黄埔军校附属医院内科主任。次年随军东征,任汕头病院院长、黄埔军校附属医院院长、代理军医处处长,后方病院院长。1926年参加北伐战争,任湖北第一陆军医院院长,被授予二等军医正。与褚民谊等于上海创办私立东南医科大学及附属东南医院,兼任校长和医院院长。次年任上海市卫生委员会委员、上海市医师公会执行委员。1928年任国民革命军总司令部参事、兵站总监部医务课长,国民政府卫生部统计司第一科科长。次年辞科长职,创办《社会医报》并任主编,兼《医药评论》杂志出版部理事,参加中医加入学校系统问题论战。1930年年初学校改称私立东南医学院。次年真如新校建成。郭琦元兼任《东南医刊》编辑部主任,参与创办上海市私立慈航助产学校,兼任主席校董。1932年"一·二八"淞沪抗战时,任国难救护队后方理事会理事、中国红十字会救护第七支队队长,于苏州设立国难救护队、后方伤病医院并兼任院长,支持十九路军抗日。后开办东南医院真如分院,并受何香凝等委托筹办国难平民医院。次年被聘为上海市教育会高等教育组研究委员,又与实业部上海商品检验局、上海市政府卫生局合办兽医专科学校,任主席校董。1934年兼任《新医药》杂志编委、苏州私立持德助产学校校董,当选为上海市医师公会、中华民国医药学会上海分会常务执行委员,江阴旅沪学会首届理事。次年当选为中西医药研究社首届常务理事,参与创办《中西医药月刊》,兼任上海私立江南助产学校、侨光中学校董,江阴旅沪小学董事长。1936 年被聘为司法行政部法医学审议会首届委员兼病理组副主任,当选为上海市医师公会监察委员,参编《新医进修丛书》。次年兼任中国参加巴黎国际博览会玉器艺术预展会委员、上海人事咨询所健康指导委员及补习夜校校董,与褚民谊创办上海东南高级职业学校,设药剂、护士、应用化学、农村教育四科,兼任校长。

抗日战争全面爆发后,郭琦元任上海市救护委员会副主任委员,淞沪会战时亲率师生员工组成中国红十字会战地服务团,开赴闸北前线,抢救伤病员。兼任筹备伤兵管理委员会委员,出任卫生勤务部野战救护处副处长,指挥第一救护总队第一大队。后参加南京保卫战,目睹日军大屠杀惨状,历险重生。出任第三战区兵站总监部卫生处少将处长,参加徐州会战。后赴重庆,兼任国立编译馆病理学名词审查委员。1945 年抗日战争胜利后,郭琦元赴南京受降,接收日本陆军总医院,任陆军总部第一临时陆军医院院长。次年回任东南医学院院长。1947年隐居杨舍,开办乡村医院并任院长。次年任中国红十字会江阴县长泾分会理事。

中华人民共和国成立后,郭琦元于 1950 年当选为中国红十字会江阴县分会副会长、江阴县第三届各界人民代表会议代表。后供职于苏南行署卫生处、中国红十字会总会。1954 年任中国红十字会西北巡回医疗队领队。留任西安医学院解剖学教授,后任图书馆馆长,兼《译报》编辑委员会副主任委员等。1964 年 1月因患胰腺癌去世。遵照其遗愿,其遗体被捐给西安医学院解剖,病变脏器被制作成病理标本,供教学之用,骨灰被撒向祖国大地。

夫人郑玉英,字皎然,吴县(今江苏苏州)人。父为洋行买办,家居饮马桥。郑玉英投身于国民革命,参加北伐,任陆军医院内科护士长。全力佐夫创办东南医科大学。全面抗日战争时期留居上海,维持校务卓有贡献。1994 年于美国旧金山去世,享年 90 周岁。

(李 峰)

朱石麟(1899—1967)

朱石麟,太仓人。生于清光绪二十五年(1899)。出身于破落官僚家庭。出生后不久,父母和叔父相继去世,由寡婶抚养成人。1919 年入上海工业专门学校读预科两年,毕业后,因生计困难入中国银行当练习生。1921 年至北京,入陇海铁路总局,任考工科科员。其间结识主持北京真光电影院的罗明佑,并为影院撰写影片说明,因此而接触并喜爱电影艺术。1923 年入华北电影公司,任编译部主任。1926 年患关节炎,并为庸医所误,以致大腿根部僵化,双腿落下残疾。然其却于卧病期间写出《故都春梦》《恋爱与义务》等八部剧本,引起电影界注意。病情好转后,1931 年朱石麟在真光电影院天台借助阳光拍摄短片《自杀合同》。此为其所导演之第一部影片。

1930 年朱石麟至上海,任联华影业公司编译部主任兼代经理。1934 年起,为联华影业公司导演《归来》《慈母曲》《联华交响曲》《人海遗珠》《新旧时代》等片,引起广大观众共鸣。其中,《慈母曲》为中国电影中较早关注老人问题者,具有很大感染力与现实意义。全面抗日战争时期,朱石麟又为多家公司拍摄《肉》《洞房花烛》《人约黄昏后》等片,并坚守民族气节,为周信芳编写《徽钦二帝》《文天祥》等具有爱国思想的京剧剧本。1946 年转赴电影人才奇缺的香港,任中华影业公司导演,拍摄《各有千秋》《同病不相怜》《第二代》等片。1947 年任永华影业公司导演,拍摄《清宫秘史》《生与死》等片。

中华人民共和国成立后,1951 年朱石麟以香港代表身份出席中南区文艺工作者代表大会,被选为中南文联候补委员。1952 年参与创建香港凤凰影业公司。在此前后,拍摄《误佳期》《一板之隔》《江湖儿女》《水火之间》《一年之计》等片,以细腻流畅、含蓄幽默的手法表现人与人之间的纠葛。1955 年起,兼任凤凰影业公司艺委会主任。20 世纪 60 年代开始以总导演身份,指导新人陈静波、任意之、鲍方、罗君雄、洪演、姜明等拍片。1966 年"文化大革命"揭幕。1967 年第 1 期《红旗》杂志刊登姚文元所撰文章《评反革命两面派周扬》,提及毛泽东 1954 年曾于《关于"红楼梦研究"问题的一封信》中称朱石麟所导《清宫秘史》为卖国主义影片。1 月 5 日香港《文汇报》完整转载此文。朱石麟于当日读后受极大刺激,勉力起身后便跌倒,并于晚间离世。

(顾亚欣)

胡昌才 (1899—1971)

胡昌才,乳名寿萱,字叔异,亦以字行,签名每用英文 S·Y·HU,昆山蓬阆(今蓬朗)人。生于清光绪二十五年正月初五日(1899 年 2 月 14 日)。胡石予三子。毕业于苏州江苏省立第一师范学校,于附属小学实习一年,有志深造。1919年考入南京师范学校教育专修科(后改东南大学教育科)。1921 年任中华心理学会干事。1924 年毕业,获教育学学士学位。留南京高等师范学校附属小学任教,出任上海商务印书馆附属尚公小学主任、初中筹备主任,兼上宝平民教育促进会干事、江苏省教育会公民教育委员会委员、江苏义务教育期成会编辑员,筹设平民学校,主编《江苏乡村教育》半月刊,于《中华教育界》"小学爱国教材号"发文阐论小学爱国主义教育。经江苏省立第一师范学校同学、中共党员丁晓先介绍,加入中国国民党,又为中华教育改进社成员,出任商务印书馆小学教科书编辑主任。反对军阀反动统治,投身于国民革命大潮。

1927年,胡昌才被列名为昆山国民党党部委员,筹组昆山县教育协会并任临时执行委员、主席,兼省教育厅视察地方教育专员,辞任昆山县临时县政府委员、教育局局长。历任苏州中学师范部主任、江苏大学教育行政院各县师范教育调查专员、中央大学区教育行政院普通教育处课员,调任苏州女中实验小学校长,改任南京女中实验小学校长兼女中教务长,兼任中央大学区检定小学教员委员会、大学院中小学课程标准起草委员会委员。1929年与陈鹤琴等发起成立中华儿童教育社,当选为执行委员、编辑委员及幼儿园实验研究委员会委员,兼任《儿童教育》月刊常任编辑,被教育部聘为拟订幼稚园课程标准专家及乡村师范课程标准审查委员。1930年奉派考察日本教育。1931年任上海特别市教育局第三科代理科长,兼《儿童晨报》《儿童杂志》主编、市政府新闻纸杂志审查委员会委员,后任科长及社会局专员,加入中国社会教育社,参与发起中国儿童文化协会。曾兼任上海儿童幸福委员会常务委员,《儿童幸福丛书》《家庭教育讲座》月刊主编,《申报》《新闻报》妇女、教育专栏编辑,暨南大学、上海美术专科学校教授等。1936年接办私立国华中学,任常务校董主持校务,附设国华学社,教学尤重视文史与经学。次年当选为国民党国华中学分部常务执行委员,主编《全国大中学校学生生活素描》。

抗日战争全面爆发后,胡昌才当选为上海文艺界救亡协会执行委员。1938年任云南省立昆华师范实验小学校长,继任国立艺专训育主任,筹办育侨中学。1941年任教育部普教司小学教育科科长,兼修订小学课程标准委员会委员、中国儿童教育社常务理事。1945年被教育部派赴英美考察教育。次年入哥伦比亚大学攻读研究生。1947年获教育学硕士学位,归国任儿童书局出版部主任兼总编辑,与陈鹤琴等主编《儿童故事》月刊及《儿童知识》画报,出任上海市教育局专门委员,率先倡导电影教材与广播教学新事业。1948年调任上海市立新陆师范学校校长,将报纸所刊其赴英美考察教育所得诸稿结集为《战后西游记》出版。中华人民共和国成立后,胡昌才历任敬业中学教员、上海第二师范学院教授。与星社社友郑逸梅为莫逆之交。1966年退休。1971年因患肠癌病逝,被葬于苏州灵岩山麓。

胡昌才性格开朗,多爱好,能骑马驾车,善游泳、网球,喜昆曲,擅画梅。书学魏碑体,并稍加创新,笔力挺拔。八行笺颇为人所称道。胡昌才曾与人合作主编《新儿童文库》《儿童卫生教育丛书》,合译英美名著《幼童心理与教育》《幼童教养新导》《人的性质》等。编有《歌谣》《新中华实习指导》《师范学生指南》《国民学校教师手册》等,著有《上海之幼儿教育》《儿童的新生活》《英美德日儿童教育》等。

(李　峰)

胡觉民(1899—1982)

胡觉民,化名耕农,笔名野芳、古月、王晓红等,吴县(今江苏苏州)人。生于清光绪二十五年(1899)。宣统三年(1911)小学毕业。为苏州新民社印刷行学徒,后于无锡、上海等地做印刷工人,聪颖好学,渐熟新闻业务。1921年任马飞黄所办《吴语》报编辑,于马飞黄去世后接办该报。1928年将《吴语》报更名为《吴县日报》,扩为对开报,以《吴语》为副刊,聘连襟仇昆厂任总编辑,自任经理,并兼任上海《申报》《新闻报》驻苏记者。次年当选为苏州新闻记者协会执行交际委员。1935年以吴县代表身份任江苏各县新闻界晋京请愿团干事,吁请修改出版法并解释刑法诽谤罪。主办全苏州运动会。创办《每日电讯》专载广播节目。

1937年"七七"事变后,《吴县日报》以大字标题发表《八路军对日抗战》消息,并受冯玉祥将军委托刊发《东战线阵中日报》专送前线。全面抗日战争时期报社被焚毁。抗日战争胜利后报社复刊未成。1946年胡觉民任吴县人民自由保障委员会设计组组长。曾兼任新苏长途汽车公司、吴县县银行董事,当选为吴县临时参议会参议员。

中华人民共和国成立后,1955年起,胡觉民曾任苏州市文物保管委员会委员、民革苏州市委员会委员、苏州市政协委员等。致力文物保护,捐献珍藏文物,尤为熟悉地方史实掌故,被誉为苏州活字典。1982年逝世。撰有《苏州报刊六十年》《苏州钱庄史料杂缀》等文,与单大声合著《苏州评弹评话》。

(王晋玲)

钱昌照(1899—1988)

钱昌照,字乙藜,常熟鹿苑(今属江苏张家港)人。生于清光绪二十五年(1899)。宣统二年(1910)考入江阴县南菁中学。1912年进入上海浦东中学。

1918年6月毕业。次年8月赴英国伦敦政治经济学院求学。1922年毕业后进入牛津大学研究经济。1923年,北洋政府派张孝若等人考察英国、美国和日本等国实业。钱昌照随行,并于次年回国,后游历国内,寻求支持实现工业救国理想的地方实力派人物,无果而终,遂在上海专心研读中国历史。1928年开始涉足政界,初任国民政府外交部秘书,次年任国民政府秘书,1930年任教育部常务次长。

为应对中日冲突,1932年11月国防设计委员会组建,隶属国民政府参谋本部。蒋介石亲任委员长。钱昌照任副秘书长,负实际责任。国防设计委员会对国际关系和中国国情进行了较为系统的调查研究。1934年4月更名为资源委员会,改隶军事委员会,开始过渡到资源开发阶段。钱昌照仍任该会副秘书长。1937年抗日战争全面爆发后,资源会委员会改隶经济部。钱昌照任副主任委员。1946年5月,资源委员会改属国民政府行政院。钱昌照任主任委员,1947年2月离任。

钱昌照主张利用国家资本发展重工业。长期主持资源委员会的工作,在十分困难的条件下,迁移兴办大批工矿企业,进行资源勘查,使资源委员会从最初仅有几十人的调查研究机关,到抗日战争胜利后迅速发展成一个拥有121个总公司、近1 000个生产单位和30万员工的国家资本工业机构,在经济建设方面做出了杰出贡献。所吸收的大批经济建设人才,其中大部分后来成为新中国经济战线上的骨干力量。[1]

钱昌照具有强烈的爱国民主情怀,在抗日战争胜利后坚决反对国民党发动内战,主张和平建国,曾随行政院院长宋子文赴莫斯科签订《中苏友好同盟条约》,后赴美国、加拿大等国商洽大量借款,并争取技术援助。蒋介石的内战独裁粉碎了钱昌照的梦想。钱昌照离开资源委员会后,创办《新路》刊物。因抨击蒋介石独裁误国,《新路》一度遭到查封。1948年秋钱昌照赴英国、法国、比利时考察工业,后在香港加入中国国民党革命委员会。在周恩来的关怀下,1949年6月应中国共产党邀请到达北平,受到毛泽东等中共领导人亲切接见,9月以特邀代表身份出席中国人民政治协商会议第一次全体会议。

中华人民共和国成立后,钱昌照曾任政务院财政经济委员会委员兼计划局副局长。曾当选为全国人大代表,全国政协委员、常委、副主席,民革中央委员、常委、副主席,中华诗词学会会长等,为教育改革、经济建设和祖国统一大业积极建言献策。1988年10月14日在北京逝世。

(李海涛)

---

[1] 屈武、朱学范:《可敬的爱国老人——沉痛悼念钱昌照同志》,见《人民日报》1988年10月29日。

王淑贞(1899—1991)

王淑贞,吴县(今江苏苏州)人。生于清光绪二十五年(1899)。出身于名门望族。王颂蔚、王谢长达孙女,王季同长女。

七岁时母死于产褥病。王淑贞九岁进祖母所办振华女校读书,及长有志学医。1914年入苏州景海女子师范学校读书。1917年转入江苏公立医学专门学校。次年春以同等学历考取清华学校庚款赴美留学生。先在巴尔的摩高氏女子大学学习一年,1919年转到芝加哥大学学习两年,提前一年获得理学学士学位。1921年考入约翰斯·霍普金斯大学医学院,因成绩优异多次受到奖励。1925年毕业,获医学博士学位,在该院任妇产科医师。1926年8月回到上海,应聘入美国教会所办西门妇孺医院工作,建立妇产科,为该科第一位中国籍主任,并兼任上海女子医学院教授。

1928年王淑贞与中国整形外科创始人之一倪葆春教授结婚。1932年出任上海女子医学院院长,为该校第一位中国籍院长。1933年发表有关子宫癌变的论文,为中国妇产科学早期肿瘤研究先驱之一。1937年"八一三"事变爆发,中日展开淞沪会战。医院和医学院遭严重破坏。王淑贞积极投入战时医疗救护,举办难民医院。1942年拒绝向日伪政权注册登记,毅然解散上海女子医学院,坚决维护民族尊严。抗日战争胜利后,王淑贞再渡重洋赴美募集捐款。1947年重建西门妇孺医院。次年任副院长。在医院建立妇科内分泌实验室,开设内分泌门诊,居国内领先地位。

中华人民共和国成立后,1951年年底西门妇孺医院、上海红十字会医院和中山医院妇产科合并改组为上海第一医学院附属妇产科医院。王淑贞任院长,并任上海第一医学院妇产科学教研室主任、一级教授,研究实施妇科恶性肿瘤的普查普治和根治,取得较好疗效。同时开展产后流血防治、腹膜外剖宫产和产道异常研究,取得中国妇女骨盆外测量的正常数据,填补了国内空白。20世纪60年代初从国外引进节育器,并在国内推行。1960年主编出版了第一部全国高等医学院校统一教材《妇产科学》。

"文化大革命"中王淑贞遭受严重迫害,于"文化大革命"结束后被改正。1977年获全国科学大会奖。1978年兼任妇产科研究所首任所长。1984年任上海第一医学院附属妇产科医院名誉院长。兼任卫生部医学科学委员会委员,中华医学会理事、妇产科学会副主任委员、上海分会主任委员,中国计划生育协会首届理事,《中华妇产科杂志》副总编辑等职。当选为全国和上海市人大代表,全国政协委员,兼任第七届上海市妇联副主席。两次被评为上海市三八红旗手。主编《实用妇产科学》。该书获1990年全国优秀科技图书一等奖。王淑贞还主编《现代妇产科理论与实践》《中国医学百科全书·妇产科学》,参编《辞海》医学部分和《医学英语辞典》等。

王淑贞是中国现代妇产科学奠基人之一,与北京协和医院著名妇产科专家林巧稚齐名,有"南王北林"之誉。1991年11月2日在上海病逝。 （马一平）

曾世英(1899—1994)

曾世英,字俊千,常熟虞山人。生于清光绪二十五年五月初六日（1899年6月13日）。出身于书香世家。曾世荣孪生兄。1918年于苏州工业专门学校土木科毕业。历任天津顺直水利委员会练习技师、副技师、绘图室副主任。1928年任华北水利委员会测绘室主任。1930年与丁文江完成川广铁路川黔部分初勘,任北平农商部地质调查所技师,后改任中央地质调查所技师,加入中国地质学会。1932年与方俊编绘出版《中国地形图》。次年与丁文江、翁文灏主持编制的《申报》馆《中国分省新图》出版,被誉为准确精美之空前巨著。曾世英在编制过程中负责技术并编纂地名索引。1934年参与发起中国地理学会,出版正编本《中华民国新地图》,首次采用地形分层设色法,最早展现了中国地势三大台阶的科学概念,创立了中国地图集结构的新体例。而且编制了完备的索引。除编制四角号码索引、部首索引外,编制罗马字索引入地图亦为创举。曾世英又将《分省图检视表》实绘细测,复编制《全国各省区土地面积表》,开创了中国现代地图学之新纪元。又被资源委员会和地质调查所联合派遣,领导四人小组赴甘肃勘测黄河及其支流。1935年再被派赴美国纽约州雪城大学研究生院航测系学习,并赴美国、加拿大、英国、法国、德国、意大利、苏联及瑞士、瑞典等13国考察测绘制图。

1937年年初曾世英任经济委员会水利处陆地测量总局合作组水利航空测量队副队长。抗日战争全面爆发后曾世英内迁重庆北碚。次年任地质调查所绘图室主任。1939年与方俊、周宗浚编绘出版《中华民国地形挂图》。升任技正、简任技正。1941年曾奉派组队赴松潘草地测量地图并调查地质及土壤。为提高小比例尺地图质量,积极搜集经纬度测量成果,推广经纬度天文速测法,1943年整理出版了《中国经纬度测量成果汇编》,并编辑《中国实测经纬度成果汇编》《中国舆图用亚尔勃斯投影表》等。次年被派赴华盛顿,任美国陆军制图局顾问,协助编制航测1∶25万中国地区军用地图,着重于中国地名的罗马字母拼写工作。1945年抗日战争胜利后,曾世英改任资源委员会驻美技术团成员,致力收集美国海陆军编制的中国地图。发起组织中国图书出版公司,次年于上海筹建,并将之改称华夏图书出版公司,任总经理,当选为中国地理学会上海分会筹备委员。1947年与方俊合作按国际标准编绘1∶200万《申报》馆新版《中国分省新图》。次年受邮政总局委托重新编制新版《全国邮政舆图》,完成后因时局骤变未及刊行。

中华人民共和国成立后,曾世英任《解放日报》舆图部负责人,续编《中国人民地图集》。1950年舆图部改属出版总署,组建新华地图社。曾世英为首任社长,兼任中国科学院地理研究所制图组组长,开展中国1∶100万地理图的编辑准备工作。并编绘多种教学地图,组织制作1∶600万球面的中国立体模型等。1954年改任地图出版社副总编辑,主持总体设计《中华人民共和国地图集》,参与《国家大地图集》之普通地图集设计,主持完成在1∶250万地图上量测全国面积。后任国家测绘局测绘科学研究所研究员、编审、副总编、副所长,主持筹建中国第一个专职地名研究机构地名研究室,后将之发展为地名研究所。在中国地名正名、中国地名罗马化,以及外国地名、国内少数民族语言地名译写等方面,进行科学化、标准化、规范化的深入研究,做了大量开创性的工作。曾兼任国家测绘局地名研究所名誉所长,国家大地图集总编纂委员会、中华人民共和国地名词典编纂委员会副主任等。曾当选为全国人大代表,全国政协委员,中国地名委员会、中国文字改革委员会、《中国大百科全书》编委会委员,中国民族语言学会顾问,中国测绘学会、中国地理学会名誉理事,中国地名学研究会名誉理事长等。1994年7月13日逝世于北京。

曾世英是中国现代地图制图学和地名学研究的开拓者和奠基人之一。曾主编《外国地名手册》。著有《中国地名拼写法的研究》《曾世英论文选》等。

(李 峰)

祝 嘉(1899—1995)

祝嘉,字燕秋,广东文昌(今属海南)清澜溪田村人。生于清光绪二十五年(1899)。出身于书香门第。父祝宝斋,为当地广文小学校长,酷爱书画。祝嘉幼受庭训,尤喜欢书法。十七岁考入广雅书院,师从诗词书法方面均有造诣的胡仁陔教授,课余坚持学练书法,练大字临颜真卿《郭家庙碑》,练小字学赵孟𫖯

《洛神赋》。1921年毕业后回文昌,先后在广文、智新、经正、县一高、强亚等学校任教。1930年受聘于新加坡育英学校,结识张叔仁。张叔仁师法康有为习北碑,于《郑文公碑》造诣尤深。受其影响,祝嘉开始研读包世臣之《艺舟双楫》和康有为之《广艺舟双楫》,并临帖不辍,使技艺大有长进。自谓三十岁以前为"笔性说"所误,且取法不高,结识张叔仁后才开始真正的书法研究。1933年秋经朋友介绍到南京,任新闻检查所事务员。工作之余,除精临《张猛龙碑》外,还精临《邑子六十人造像碑》等120多种碑帖,由此对书学有了更为深刻的认识,并于1935年出版了自己的首部专著《书学》。

1937年抗日战争全面爆发后,祝嘉辗转入川。1939年在四川璧山图书馆工作期间,潜心阅读各类书学史籍,探索书法长河的源头,著成中国第一部《书学史》,引用典籍五百余种,填补了中国近代书法史学的空白。1940年受聘于国立社会教育学院图书博物馆学系,主讲金石学、文字学等,兼任学院书法组课余指导。1947年,随国立社会教育学院迁至苏州并定居。同年《书学史》由上海教育书店出版,于右任亲为此书作序以褒扬。中华人民共和国成立后,祝嘉调任苏州市二中教师。1961年退休后在家免费收学生教授书法。1993年以其名字命名的"祝嘉书学院"成立。1995年10月1日祝嘉病逝。

祝嘉于书法上喜秦汉之质朴、六朝之丑拙。真、草、篆、隶、行俱善,晚年融合汉魏开创了独特的章草书风。书风雄强老辣,高古拙厚,举笔横扫,直开胸臆,无雕琢之习,无酸腐之气。在书法创作时祝嘉注重用笔的力度,力主"全身力到论",挥毫时尤重用笔的疾与涩,让自己全身发力,自谓落笔要如老鹰扑小鸡,一笔下去,力道尽显。作品曾入选全国第二届楹联书法大展、全国第四届新人展、西泠印社首届国际篆刻书法展等。祝嘉一生共撰写书学专著70种计360多万字,有《祝嘉书学论丛》《愚盦书话》等行世,影响至今。

(袁成亮)

汪伯乐(1900—1926)

汪伯乐,原名德骐,吴县(今江苏苏州)人,祖籍安徽怀宁。生于清光绪二十六年(1900)。因父母早亡而成孤儿。四岁时由叔抚育,八岁被送进苏州苦儿院,刻苦好学,劳动勤快,深得院长喜爱。十七岁在院长推荐下,入苏州江苏省立第一师范学校。成绩名列前茅。汪伯乐尤精于演讲,曾作为学校代表赴上海参加比赛,获得优胜。"五四"运动期间,积极参与罢课、游行和治安执勤等各项学生运动,曾被推选为本校代表出席江苏学联会议。到处进行通俗演讲,并联络同学在旧学前文山小学开办工人夜校,亲力亲为,不辞辛劳,深受欢迎。1921年毕业后,到市立小学和私立纯一小学任教,积极追求进步。

1924年7月,中共党员叶天底应聘到苏州乐益女中任教,以国民党党员身份发起组织各种社会活动和反对军阀的民主运动,吸引团结许多进步青年。在这些进步青年中汪伯乐尤为活跃,并经叶天底介绍加入了国民党。认真研读孙中山的著作,在各种集会上热情宣传孙中山的新三民主义。其极富感染力的演讲给听众留下了深刻印象。同年,汪伯乐得苏州开明士绅张一麐资助经费,在宫巷天主教堂乐群社创办大苏平民夜校,任校长,招收工人、店员和失学青年入学,宣讲革命道理,启发学员觉悟,培养了一批积极分子。

1925年8月底,共产党员、国民党江苏省党部执行委员侯绍裘到苏州乐益女中任职后,与叶天底、张闻天建立中共独立支部。在乐益女中教师、共产党员王芝九介绍下,汪伯乐加入了中国共产党。1926年8月,当选为国民党苏州市党部常务执行委员兼宣传部部长[1]。当时国共合作下的北伐战争已经打响。为策应北伐军,汪伯乐等人在阊门外中华体育专门学校建立迎接北伐军中心组,并邀请该校校长、老同盟会会员柳伯英出面担任指导,在校内发展了30多名成员。10月底,汪伯乐因积劳成疾住进苏民医院,卧病仍坚持工作。12月11日,迎接北伐军中心组成员唐觉民被拘捕,随后柳伯英和汪伯乐也被捕。14日晚三人同被押送至南京,16日清晨均遭军阀孙传芳秘密杀害。

为缅怀先烈,江苏省立第一师范学校师生倡议筹建伯乐中学,得到苏州各界响应。1927年8月,吴县伯乐初级中学落成。1987年,在伯乐中学创办六十周年之际,苏州市人民政府在学校旧址建立了纪念碑。

(李海涛)

徐蔚南(1900—1952)

徐蔚南,原名毓麟,笔名半梅、泽人、泽生等,吴江(今江苏苏州吴江区)盛泽人。生于清光绪二十六年(1900)。父徐儒隽,字佩青,光绪拔贡。工诗词,业医有盛名。曾任盛泽医学研究会副会长。

徐蔚南承父教,能世家学。于盛湖公学毕业后,考入上海震旦学院,赴日本庆应大学公费留学。1922年回国后创办《前进》半月刊,加入上海青年进步学会。次年发表新诗等文学作品,与从兄徐兆霖创办《新盛泽》报,又任浙江绍兴

---

[1] 中共吴县县委党史办公室:《吴县革命斗争史》,中共党史出版社1990年,第22页。

第五中学国文教员。1924年加入新南社。次年加入文学研究会,与陈望道等发起成立黎明社,创办社刊《黎明》。1926年以散文《山阴道上》享誉文坛。后任教于上海复旦实验中学、浙江大学及上海大夏大学、复旦大学。1928至1930年任上海世界书局编辑,主编《ABC丛书》。1932年任上海市通志馆编纂主任。发起成立上海通社,于《大晚报》辟《上海通》周刊,任主编,并任《民国日报》副刊《觉悟》主编。1935年应叶恭绰之邀任上海市博物馆董事,次年任历史部主任。1937年应邵力子之邀,任国民党中央宣传部主任秘书。1938年与胡朴安创办正论社,积极宣传抗日救亡。1942年赴重庆,曾任国民参政会秘书、国民政府中央图书杂志审查委员会主任秘书。抗日战争胜利后,徐蔚南主持《民国日报》复刊,任上海通志馆副馆长,兼任大东书局编纂主任,并为日新出版社主编《青年文选》丛书。1947年改任上海市文献委员会副主任,上海市年鉴委员会委员、代理主任。

中华人民共和国成立后,徐蔚南任上海市文献委员会副主任,后供职于上海文化局社会文化事业管理处。1952年逝世。

徐蔚南通英、俄、日、法语,博学多识,早年即与柳亚子、金松岑、杨天骥并称"吴江四才子"。编有《中学中国语文第一册》。译有《女优泰绮思》《茂娜凡娜》《她的一生》《寓言读本》《苏联短篇小说选集》《苏联短篇小说续集》等。著有小说集《奔波》《都市的男女》《水面桃花》等,散文集《乍浦游简》《春之花》等。另著有《上海棉布》《顾绣考》《民间文学》《艺术哲学ABC》等。

(王晋玲)

严宝礼(1900—1960)

严宝礼,字问聘,号保厘,吴江(今江苏苏州吴江区)同里人。生于清光绪二十五年十二月初二日(1900年1月2日)。四叔严公辅,字佐治,任上海江海关文书。严宝礼幼年出嗣于严公辅。1916年入上海南洋大学。1920年辍学,入沪宁、沪杭甬铁路局,供职于总稽核室,以运算敏捷精确著称,为同乡局长任传榜所称赏,被推为路局同仁会负责人之一。时逢北伐军兴,严宝礼加入中国国民党。1927年7月当选为两路账务工会执行委员。次年9月被推为沪宁、沪杭甬铁路特别党部工会整理委员会委员。1930年年初与路局同事余鸿翔等集资创办集美广告社,翌年将之扩充为上海交通广告公司,独包两路商业广告,并代办报纸广告,业务鼎盛。当选为两路交大同学会执行委员、铁道部直辖京沪沪杭甬铁路工会候补理事。1933年当选为吴江旅沪同乡会候补执行委员。

1937年中日淞沪会战爆发后,严宝礼与路局大部分职工被迫就地遣散,上海、南京亦先后沦陷。严宝礼义愤填膺,会同路局同事余鸿翔、孙志衡等,与佛学书局经理沈彬翰、《社会日报》主持人胡雄飞、《新闻报》编辑徐耻痕等发起筹资创办报纸,宣传抗日救国。为避开日本新闻检查机构的审查,成立英商文汇有限公司,以英国人劳合·乔治为董事会主席,克明为常务董事。借用原上海英文《文汇报》旧名,由克明以发行人兼总主笔名义,向英国驻上海总领事馆注册。1938年1月25日上海《文汇报》正式创刊。严宝礼以华籍董事身份兼任总经理,实际担任社长职务。《文汇报》创刊号《为本报创刊告读者》宣告:"本报本着言论自由的最高原则,绝不受任何方面有形与无形的控制。"办报的基本方针就是坚持民族大义,反对卖国投降,热情歌颂抗战和民主进步。第一篇社论为《淞沪之战六周年纪念》,缅怀十九路军英勇抗战业绩。3月15日社论《西北大战之展望》更是热情歌颂八路军。知名进步作家柯灵先后主编副刊《文会》《世纪风》,积极刊载从延安和敌后寄来的书简及进步作家的著译作品,还长篇连载史沫特莱的《中国红军行进》。知名报人徐铸成主持编辑部后,扩充要闻版,加强刊载国际新闻,4月初,又扩展为日出三大张,增加了教育与体育新闻版、社会服务版。并增出比《世纪风》较为通俗的副刊《灯塔》,未及半载,使销量居上海各报之首。同时还发行晚刊及《文汇年刊》,出版《文汇报文艺丛刊》,使《文汇报》在读者中声誉卓著,影响日大。严宝礼不惧日伪恐怖威胁,严拒汪伪收买,坚持抗日立场,不改初衷,1939年6月被迫辞职。编辑部全体同人誓同进退,《文汇报》因此被迫停刊。此后严宝礼以经商为掩护,经常往返于上海、安徽屯溪之间,做复刊准备。1945年春遭日本宪兵逮捕,严刑不屈,经营救出狱。抗日战争胜利后,国民政府授予其胜利勋章。

1945年9月严宝礼于上海复刊《文汇报》,又参与发起创办中国新闻专科学校。翌年当选为上海市新闻记者公会监事、上海市报业同业公会理事,兼任上海市尊师运动委员会委员。李公朴、闻一多于昆明被国民党特务暗杀后,严宝礼参与发起两先生追悼大会,为筹备委员会委员。《文汇报》实行改版革新,旗帜鲜明地反内战、反独裁、争民主,成为国民党统治区进步舆论的重要阵地。在国共和谈破裂,国民党公开发动内战、单独召开"国民大会"之际,国民党有关方面曾三度派人接洽,企图以巨款收买《文汇报》,均遭严宝礼拒绝。1947年5月,《文汇报》因连续如实报道上海和各地爱国学生反内战、反饥饿、反迫害运动,触怒国民党最高当局,被勒令停刊。严宝礼仍到报社处理交通广告公司事务,拒绝接受国民党提出的复刊条件,与徐铸成等赴香港。1948年9月9日香港《文汇报》创刊,延续传统作风,为宣传民主革命不遗余力。

1949年5月上海解放。6月《文汇报》率先复刊。严宝礼任管理委员会副主任兼总经理。1956年4月《文汇报》迁址北京改为《教师报》。严宝礼任该报管理部主任。经中共中央批准,10月1日《文汇报》再次在沪复刊。严宝礼任副社长兼总经理。将毕生心血完全凝聚于《文汇报》,素有"办报能手"之誉[1]。曾当选为上海各界人民代表会议代表、上海市人大代表、中国民主促进会中央候补委员及上海市委委员、上海市政协委员等。1960年11月18日病逝于上海。

(俞 前 李 峰)

沈俭安(1900—1964)

沈俭安,吴县(今江苏苏州)人。生于清光绪二十六年(1900)。出身于评弹世家。父沈友庭是以弹词《白蛇传》《双珠球》闻名的响档。沈俭安幼年就读于光裕社所办裕才初级小学,尚未毕业,其父即已过世。迫于家计困难,沈俭安便随其父养子即兄长沈勤安习弹词,因不忍凌辱,改投朱兼庄门下,习《珍珠塔》一书。朱兼庄过世后,再拜善唱"马调"的魏钰卿为师。出道不久即放单档,唱"马调"中气充沛,嗓音清脆,书卷气浓厚。先后与钟笑侬、朱秋帆拼档,既而鬻艺沪上。1924年与师弟薛筱卿拼档,初次合作于上海城隍庙的四美轩,"深得好评,首战告捷,从此在沪奠定了基础"[2]。此后"沈薛档"逐渐蜚声书坛,誉满春申,20世纪30年代成为沪上最负盛名的"三双档"[3]之首。随着电台事业的兴起,"沈薛档"的业务更是应接不暇,二人常需乘坐薛筱卿购买的奥斯汀小轿车穿梭于电台、书场,进行演唱。

沈俭安之唱调初以神备气足、音调洪亮著称,因一曲"马调"似清泉倾玉而备受瞩目。后转为平和舒缓,淡雅飘逸,借助薛筱卿琵琶之衬托,渐成寓苍劲阔达于软糯细腻之中,世称"沈调",传至今日。沈俭安的成功源于对艺术的孜孜以求。在思想追求上,以"说书必须识世"为座右铭,强调艺术应紧随社会步调,能根据听众对象的不同而随机应变,不拘一格。在艺术表演上,借鉴京剧名家周信芳的麒派艺术,要求手势、面风、眼神、语言密切配合,做到口到、眼到、手到、心

---

[1] 储玉坤:《我所知道的严宝礼先生》,见《文汇报回忆录》第一辑《从风雨中走来》,文汇出版社1993年,第384页。
[2] 苏州市评弹研究室:《评弹名人录》第一辑,内部资料,1983年,第80页。
[3] "三双档"指沈薛档(沈俭安和薛筱卿)、蒋朱档(蒋如庭和朱介生)与朱赵档(朱耀祥和赵稼秋)。

到,自然洒脱而又出神入化。所唱调门别具一格,所抚三弦耐人寻味。在书艺磨炼上,沈俭安与薛筱卿密切配合,改进《珍珠塔》的内容,删除伦理说教,增添趣味情节,使该书面目一新,因此,继唱《描金凤》的夏荷生被称为"描王"之后,"沈薛档"被称为"塔王",受到评弹界艺人及听众的一致认可。

20世纪40年代初沈俭安与薛筱卿拆档,先后与艺徒吕逸安、李念安、陈希安等拼档,另有传人周云瑞、汤乃安等。中华人民共和国成立后,沈俭安于50年代末息影书坛。1964年逝世。流传下来的唱篇有三十余篇,其中以《珍珠塔》中的唱篇最为著名,如《方卿见娘》《打三不孝》《老夫妻相争》《方太太寻子》《婆媳相会》等,备受听众喜爱。

(王 亮)

李叔明(1900—1973)

李叔明,吴县(今江苏苏州)人。清光绪二十六年(1900)生于上海。西成小学毕业。十三岁考入中华书局作练习生,两年后调编译所。1918年辞去中华书局职务,任意大利驻沪总领事劳伦斯私人秘书。劳伦斯任期届满后,李叔明随之周游欧洲。通英、法、日、意、俄语。回国后任银行家叶瑜的家庭教师,成其长女叶爱菊婿。1926年任法商万国储蓄会推销部主任。加入手枪总会,1929年曾获该会射击比赛第二名。次年当选为中日联谊会委员。1932年当选为联青社董事。次年兼任上海至中商业储蓄银行董事、杭州电厂总经理。1934年为中国经济学社永久社员,兼任中华书局董事。次年任万国储蓄会副经理。1936年中央信托局筹创中央储蓄会。李叔明为首任经理,开中国金融界办理有奖储蓄之先河。又兼任浙江实业银行、企信银团董事。

抗日战争全面爆发后李叔明内迁。1939年任国民合作化学制药社经理。以京剧名票创办明社票房,创制并刊行《李氏电报密码盘》。1941年应中华书局董事会之聘,兼任总经理,在重庆主持中华书局的编辑出版工作。1944年兼任重庆华南印刷公司董事长。抗日战争胜利后,1946年李叔明任中国农民银行常务董事兼总经理,兼任四联总处理事、麦贷审核委员会副主任委员、中央合作金库理事等。次年又兼任四明银行常务董事,经济部纺织事业调节委员会原料供应小组委员会主任,农林部渔业银团常务理事及首任理事长、总经理,中国银行及《申报》《新闻报》董事等。1948年仍当选为中华书局董事,并兼任总经理,后请辞赴美国养病。1964年台湾中华书局股东会召开。李叔明再次当选为董事兼总经理。1967年任董事长。1969年在台北新建尚德印刷厂,除印本版书外,还

承印中小学教科书及其他书刊,营业鼎盛。1973年8月逝世于台北。 （李　峰）

胡粹中（1900—1975）

胡粹中,名其纯,字粹中,以字行,吴县（今江苏苏州）人。生于清光绪二十六年八月十五日（1900年9月8日）。祖居紫兰巷西豆粉园。自幼家贫好学,少时与颜文樑、朱士杰为友,皆喜欢写生,作水彩画,表现江南水乡风情,时相过从,共研画法。

1919年元旦,颜文樑于旧皇宫发起举办首届苏州美术画赛会,胡粹中与朱士杰则以作品参加,开全国画赛会之先声。次年元旦,胡粹中与朱士杰参加发起第二届美术画赛会,议定每年元旦举办一届,展期两周,并共同发起成立苏州美术会。1922年7月,胡粹中与朱士杰佐助颜文樑于海红坊苏州律师公会会所创办苏州美术暑期学校,教授西画。9月结业后,社会反响颇佳,三人遂借沧浪亭对面县中校舍,将苏州美术暑期学校改办为苏州美术学校。此为中国最早的美术学校之一。时人以吴语"眼乌珠"（颜胡朱）将三人并称,后有"沧浪三杰"之誉。次年,胡粹中被公推为苏州美术会主任干事。

1924年学校更名为苏州美术专门学校。胡粹中任教于苏州美术专门学校之余,还兼任振华女校、景海女校等校图画教员,专注于水彩画创作,尤注重野外写生,多写江南名胜风景,深受朋友徐悲鸿称赏。1926年作品《轮埠》等曾被连续刊载于上海《太平洋画报》。1927年,胡粹中佐助颜文樑在沧浪亭开始筹建学校校舍。次年颜文樑出国后,胡粹中代理校长,全面负责基础建设,食宿皆在校中,为此推迟了婚期,还创办了高中艺术科,学制为三年,为高等教育提供优秀生源。1929年商务印书馆用三色版精印出版《粹中画集》。集中所取题材多为苏州、常熟等处名胜风景,曾经迭次陈列于美术展览会,深得艺术界之嘉许,时评"为研究水彩写生者之极好范作","凡教授或自习均极相宜"。[1]

1931年年末颜文樑自欧洲归国。次年新校舍建成,教育部正式立案批准,定名为私立苏州美术专科学校。胡粹中任教授,兼苏州美术馆主任。1934年6月与书法家吴进贤举办扇面画展。其所画水彩与吴进贤之隶书中西合璧,别有韵味。1935年7月,胡粹中奉派偕该校高中艺术科毕业同学一同赴日本考察艺术,并于日本大学艺术学院学习和研究油画与艺术理论。"因自苏州美术专科学

---

[1]《商务印书馆〈粹中画集〉》,见《申报》1930年4月23日、6月10日。

校扩充后,胡粹中即专心于该校之发展、不遗余力,故被推派之第一人"[1]。1937年4月,胡粹中作品《学府庭院》《南园春色》入选第二次全国美术展览会,并于南京国立美术陈列馆展出,6月又参加上海默社第二次绘画展览会。

1937年上海"八一三"事变后,日本侵略战火延及江南,苏州沦陷,胡粹中的作品多被毁灭。胡粹中随颜文樑率师生流徙杭州、宁波,次年春至上海创办苏州美术专科学校沪校。上海自沦为孤岛后文化寥落,尤以美术为甚。胡粹中与颜文樑、朱士杰、黄觉寺、李咏森等美专同人及其他留沪美术家费成武、刘汝醴等有鉴于此,于1939年3月特发起组织青年美术学会,以提倡研究精神并开展美术运动为宗旨。1941年2月,胡粹中参加苏州美术专科学校校友画展。《申报》刊登吴易生评论称:"胡粹中君的水彩画,颜色清丽,着笔简洁,尤其肖像的神情毕肖,惜似不及风景纯熟……水彩立轴,以纯粹西画而组成(中)国格调,而另有其独到的风格。"[2]1945年抗日战争胜利后,胡粹中为复校筹备委员会成员。次年复校工作圆满完成后,胡粹中任校务主任,并教授西画及理论。

中华人民共和国成立后,1952年因全国高校院系调整,苏州美术专科学校被撤并。胡粹中先后执教于华东艺术专科学校、江苏师范学院,后任苏南工业专科学校建筑艺术科主任。1956年全国高校院系调整时,胡粹中随苏南工业专科学校土木科及建筑艺术科西迁,任西安建筑工程学院建筑系教授,发起并创建西安春蕾水彩画会。曾当选为苏州市政协委员、西安市人民代表、中国美术家协会委员。

胡粹中毕生献身于艺术事业,追求真善美的崇高境界。其笔调、色彩独具一格,画风质朴严谨。胡粹中曾创作了上百幅水彩画,写生、素描及速写稿多达千余件。其中水彩画作品《江南的春天》于1957年参加中国美术作品展览赴苏联展出。后胡粹中在西安、北京、青海、苏州等地举办个人画展。作画之余,喜饮酒、品茗,为人谦虚诚挚。与居沪的颜文樑及任教于南京艺术学院的朱士杰之友谊经久不渝。在"文化大革命"的政治风暴里,胡粹中提前退休归居苏州。1973年曾创作写生《虎丘山》四帧。1975年12月28日逝世。苏州美术界举办过胡粹中遗作展览会,《胡粹中水彩画》亦出版行世。

子胡渊,建筑水彩画家。

(李 峰)

---

[1] 胡粹中赴日本大学艺术学院留学时间,或漫谓"早年",语焉不详。余元康主编《中国油画图典(上卷)1868—1949》所附《早期赴日本学习油画与艺术理论人员名录》:"胡粹中(1925年—不详),日本大学艺术系。"辽宁美术出版社2000年,第174页。南京大学出版社1999年版周棉主编的《中国留学生大辞典》谓胡粹中留学时间不详,"1922年前回国"。亦有谓1935年者。据已知史料及当时情形考察,似当以1935年为宜,不可能在颜文樑之前。其缘由见《申报》1935年7月17日第16版《苏州美专胡粹中赴日考察艺术》。

[2] 吴易生:《苏州美专画展观感维》,见《申报》1942年2月8日。

谷春帆（1900—1979）

谷春帆，原名德全，号春藩，吴县（今江苏苏州）人。生于清光绪二十六年三月十八日（1900年4月17日）。毕业于江苏省立第二中学。1918年考入上海邮政局为邮务员，于上海圣芳济书院进修经济学，加入中国经济学社。1928年后，历任河南省南阳县邮局局长，邮政总局秘书，上海、南京邮政总局业务处副处长，昆明邮政总局业务处、总务处处长，贵阳邮政总局业务处处长，重庆中华邮政总局业务处处长、联邮处处长、副局长等。1944年曾随财政部部长孔祥熙赴美国参加国际货币基金会议，并协助孔祥熙向美国政府要求援助和交涉解决美军在华费用的垫款问题。1946年调任上海市财政局局长。次年调任邮政储金汇业局局长、邮政总局副局长，兼代邮政总局局长。1949年3月任局长，拒赴台湾，留守迎接上海解放。

中华人民共和国成立后，谷春帆曾任华东邮政总局储金处处长、计划室主任。1952年任邮电部邮政总局副局长。1960年任邮电部副部长。曾当选为全国人大代表、全国政协常委、中国国民党革命委员会中央委员会团结委员。1979年9月28日在北京逝世。

谷春帆好集邮，博学多才，早有文坛宿将及经济、货币学家之誉，民国时曾当选为中国统计学社监事。著有《银之发炎——动态的研究》《银问题》《银价变迁与中国》《世界经济衰沉的解剖》《中国工业化计划论》《旧文明与新工业》《中国工业化通论》等。

（李　峰）

陈庆瑜（1900—1981）

陈庆瑜，字瑾功，常熟福山人。生于清光绪二十六年三月十八日（1900年4月17日）。自幼熟读四书五经。十岁时就学于常熟孝友中学，后入镇江第六中学，为校长刘琴生所赏识。毕业后考取南京高等师范学校商科。1921年毕业，留校任助教，不久转任厦门私立集美学校商科主任。1924年回母校继续学习。1926年毕业于由母校改设的东南大学经济系，仍回集美学校任教。

1927年南京国民政府成立后，陈庆瑜应友人之荐，任国民政府建设委员会设计委员。1930年参加江苏省县长考试，名列榜单，出任涟水县县长，政声颇著。因整理捐税有功，陈庆瑜调任财政部整理地方捐税委员会编纂。嗣即出任河南省土地陈报处副处长兼财政厅主任秘书，对河南地方土地陈报和财税整理多有贡献。

抗日战争全面爆发后,陈庆瑜曾任军事委员会委员长天水行营参谋兼第一战区长官司令部秘书、财政部整理地方捐税委员会委员兼三民主义青年团宣传处副处长、财政部整理公债委员会专任委员、经济部物资局主任秘书兼总务处处长等。1943年1月任陕西省政府委员、建设厅厅长。1945年4月调任财政厅厅长。任职期间,积极配合战事供需,改善地方金融,改进税收,曾获国民政府嘉奖。1948年9月俞鸿钧任中央银行总裁,调陈庆瑜任南京分行经理,协助金融调度。当国民党在军事上节节败退之际,陈庆瑜出任财政部国库署署长,跟随国民政府辗转于广州、重庆、成都、海南等地。

1949年抵达台湾后,陈庆瑜任台湾当局"财政部"常务次长、政务次长。1954年俞鸿钧组阁。陈庆瑜则任"行政院"秘书长。1958年陈诚主持"行政院"时,陈庆瑜改任"行政院"主计处主计长、台湾省银行董事长。1963年年底严家淦组阁。陈庆瑜则任"财政部"部长。1967年11月转任台湾"中国银行"董事长。台湾"中国银行"改组为民营的"中国国际商业银行"后,陈庆瑜自请退休,被聘为"总统府"国策顾问,任国民党"中央评议委员会"委员。1981年7月12日在台北去世。

(李海涛)

陈 章(1900—1992)

陈章,乳名端臣,字俊时,吴县(今江苏苏州)郭巷人。生于清光绪二十六年五月初二日(1900年5月29日)。陈霆锐弟。与邹韬奋、张宝桐为金兰之交。1921年毕业于交通大学上海学校电机工程科,留任助教。1924年任美国通用电气公司上海代理处慎昌洋行工业部打样工程师,被江苏省教育厅选派留学美国。次年于普渡大学电机工程系获硕士学位,任美国通用电气公司实习工程师。1926年回国,任广州北郊无线电台工程师,兼任黄埔军校无线电高级班上校技术教官。1928年任军事委员会南京军事交通技术学校上校主教官、杭州浙江大学电机系副教授,后兼任浙江省教育厅督学。所著《电机铁路》、所编《新学制高级工业学校教科书无线电工程概要》及译著《电子论浅说》等先后出版。1931年陈章任上海交通大学物理系副教授。译著《电力事业概论》和所著《电机工程概论》被辑入《万有文库》。次年陈章任中央大学电机系教授,兼南京政治学校教授及中国工程师学会董事、《工程季刊》总编。1935年任中央大学电机系主任,被中国电机工程师学会、中国工程师学会联合推举为国立编译馆电机工程名词审查委员。1937年抗日战争全面爆发后,陈章随中央大学内迁重庆,兼任中国电机工程师学会重庆分会书记。1939年创办电信研究所、电力研究所,培养硕士研究生。1941年兼任校图书馆馆长。1944年任工学院院长兼电机系系主任。次年辞去院长职。1947年中央大学于南京复校后,陈章再任院长,兼任中国电机工程师学会南京分会会长。译著《无线电工程》被辑入大学丛书。次年陈章奉派参加联合国教科文组织大会并于英国、美国考察。1949年返校后兼任中央大学校务维持会委员等。南京解放后,中央大学改名为南京大学。中华人民共和国成立后,陈章曾任南京大学工学院电机系教授兼系主任,南京工学院电信工程系系主任,无线电工程系系主任、名誉主任,院图书馆馆长。兼任中国电子学会常务理事、江苏省电子学会理事长、武汉电工理论学会名誉理事长等。曾当选为南京市首届人大代表,江苏省人大代表、政协常委,九三学社中央委员。1985年加入中国共产党。为中国电子学与无线电学的奠基人之一。1992年12月9日去世。另译有《工程师的教育和工作》等,编著《无线电原理》《无线电基础》《无线电工程学》等。

（李　峰）

浦薛凤(1900—1997)

浦薛凤,字瑞堂,号逊生、涤甦,常熟人。生于清光绪二十六年(1900)。父浦光薛,字雪珊,号锡山,光绪二十八年生员,曾于常熟翁曾桂裔孙翁惠甫府上做家庭教师。

浦薛凤幼承庭训,能赋诗吟咏,被誉为神童。1921年毕业于清华学校。同年秋,官费留学美国,先后获翰墨林大学学士、哈佛大学硕士学位。留美时与闻一多、罗隆基、梁实秋等同组大江会,鼓吹"族国主义"。1926年回国后,历任云南东陆大学(国立云南大学前身)、国立浙江大学教授,清华大学政治系教授兼系主任,《清华学报》编辑,北京大学教授。1934年曾去德国柏林大学进修,深研政治学。抗日战争全面爆发后,浦薛凤随清华大学辗转至昆明。1938年转赴重庆进入政界,任国民政府国防最高委员会参事凡七年。其间,兼任中央设计局设计委员、行政院战罪调查委员会委员兼组长、高等文官考试典试委员及《中央日报》总主笔等职,并在中央大学任教。1944年夏赴美国出席橡树园会议(世界安全机构预备会议),为中国代表团专门委员。同年冬被母校翰墨林大学授予名誉法学博士学位。1945年出席太平洋学会,旋又任联合国旧金山会议中国代表团专门委员。同年回国后,任善后救济总署副署长。1947年任行政院副秘书长。

1949年浦薛凤去台湾。历任政治大学教务长兼政治研究所所长、"教育部"政务次长、台湾省政府秘书长、台湾商务印书馆总编辑。1962年移居美国,先后任汉诺佛学院、桥港大学教授,纽约圣若望大学教务长。1978年曾回台湾任商务印书馆总编辑一年,后返美任圣若望大学名誉研究院教授。1997年1月7日逝世于美国。

浦薛凤曾创立"政治五因素论"之说,是研究西方近现代政治思想史的权威。著有《西洋近代政治思潮》《现代西洋政治思潮》《政治论丛》《政治文集》《八年抗战生涯随笔》《浦薛凤回忆录》等及诗集《沙里淘金沧桑鸿爪——浦薛凤讵占集》等。

(李　峰)

张应春(1901—1927)

张应春,原名蓉城,字应春,因誓以秋瑾为楷模,改字秋石,吴江(今江苏苏州吴江区)黎里人。生于清光绪二十七年十月初一日(1901年11月11日)。1919年夏考入上海女子体育专门学校后,很快接受"五四"运动以来的新思潮,立志要争女权,以天下为己任。毕业后赴福建厦门道南女子中学任教。1923年暑假,因患足疾回乡诊治休养,与柳亚子相识。后经柳亚子介绍,到松江景贤女子中学任教,并加入中国国民党。

1925年夏,张应春竭力倡导于吴江黎里镇创办暑期妇女学校,被公推为主任教员,负责教务工作,成为吴江颇有影响的妇女运动倡导者。国民党江苏省党部正式成立后,张应春被选为执行委员兼妇女部部长,赴上海就职。同年11月,由侯绍裘、姜长林介绍加入中国共产党。12月下旬,作为江苏妇女代表赴广州,出席国民党第二次全国代表大会,汇报了江苏妇女运动的进展,"做了二个提案:(一)中央各省党部组织妇女运动讲习所函授班案;(二)中央各省各县党部附设平民妇女学校案"[1]。1926年3月8日为国际劳动妇女节纪念日,经中共上海区委批准,张应春在上海创办了《吴江妇女》月刊,担任主编。"刊物虽只寥寥数期,但是一份富有革命朝气和战斗性的妇女刊物。"[2]北京政府残酷镇压爱国学生的"三一八"惨案发生后,上海震动。张应春激昂奔走,尽日开会演讲,撰写

---

[1] 南京雨花台烈士陵园管理处史料室:《雨花台革命烈士书信选》,江苏人民出版社1983年,第21页。
[2] 沈永慧、徐佑永整理:《张应春和〈吴江妇女〉》,见中共吴江县委党史办公室:《吴江革命史料选》,1988年内部发行,第275页。

并发表了《悼念北京为爱国惨死的女烈士》《江苏省党部妇女部为反对段祺瑞惨杀北京市民宣言》等,号召广大妇女起来打倒帝国主义和封建军阀,改变不合理的社会制度,求得妇女的解放和全人类的自由平等。同年下半年,当选为中共江浙区委妇女运动委员会委员,努力工作,迎接国民革命高潮的到来。随着北伐军的胜利,1927年3月底,侯绍裘率国民党江苏省党部迁往南京,张应春也于4月9日毅然赶赴南京。国民党蒋介石集团背叛革命,破坏省党部。张应春于11日被捕,几天后与侯绍裘等十余人被秘密杀害。后来亲友们在张应春故居之东北莲荡滩建衣冠冢以资纪念,柳亚子为作传,并赋诗云:"难忘张一妹,横海有婵娟。"[1]中华人民共和国成立后,1955年中央人民政府追认张应春为革命烈士。

(许冠亭)

朱穰丞(1901—1943)

朱穰丞,本名成湘,以字行,吴县(今江苏苏州)洞庭东山屯湾人。生于清光绪二十七年十一月初七日(1901年12月17日)。父朱琛,字献淮,以字行,为上海黄灰丝业巨商,曾当选为洞庭东山旅沪同乡会会长、主席,擅书画,精技击,著有《洞庭东山物产考》。

朱穰丞志不在商,一心向学,于上海圣芳济学校中学部毕业。曾为生大银行、克发洋行及美商书店职员。通英文,自学世界语、法语。通诗词歌赋,工书画,喜体育,擅谭腿、单刀、花枪,会吹笛弹琴,尤酷爱戏剧。1921年参与组织辛酉学社,后任干事长。1923年参与创办辛酉学社商业专门学校。次年兼任辛酉学社征求委员会副委员长。曾任洞庭东山旅沪同乡会文牍董事,参与创办同乡会会刊《莫釐沪报》。1925年,辛酉学社与南洋大学合组中华台球会。朱穰丞当选为副会长。后改任辛酉学社爱美剧团团长,提倡"难剧运动",曾编译导演日本武者小路实笃的《桃花源》、法国巴比塞的《外国人》及俄国安特烈夫的《狗的跳舞》、契诃夫的《万尼亚舅舅》等话剧,并组织公演《获虎之夜》《亲爱的丈夫》《父归》《酒后》等独幕剧,颇得美誉。团长制改为委员制后,朱穰丞当选为委员,重视研究戏剧,创办图书馆与讲读会。1927年被田汉聘为上海艺术大学戏剧科教授。1930年加入左翼作家联盟,参与发起上海戏剧运动联合会及左翼戏剧家

---

[1] 柳亚子:《磨剑室诗词集》,见柳亚子文集编辑委员会:《柳亚子文集》下卷,上海人民出版社1986年,第1页。

联盟,投身于革命的大众戏剧,为夏衍、田汉等所称赏。

为于艺术上获得深造,朱穰丞前赴法国勤工俭学。入巴黎索尔邦大学,加入中国共产党,任留法学生支部书记、旅法华侨支部书记,领导旅法华侨反帝大同盟,主编《救国时报》,被驱逐至比利时。1933年赴苏联莫斯科,先后在国际革命戏剧同盟、瓦赫坦戈夫戏院、外国工人出版社工作。1935年在民族殖民地问题科研所短训班学习。1938年4月归国时被哈萨克苏维埃社会主义共和国内务人民委员会拘捕。次年6月以"间谍罪"被判处监禁八年。1943年1月17日卒于苏联西伯利亚劳改营。1989年苏联最高苏维埃发布命令恢复其名誉。

(李 峰)

翁之镛(1901—1973)

翁之镛,字序东,常熟人。生于清光绪二十七年(1901)。翁同龢裔孙。江苏省立第一师范学校毕业。1921年考取国立南京高等师范学校文史地部,改入东南大学英文科,转至文史地科哲学组。1925年因校长改易而参加学潮,任东南大学学生维持学校委员会主任委员。毕业后留校任助教,次年当选为东南大学毕业同学会干事。

1927年翁之镛曾任常熟县教育局局长。后任《北平晨报》编辑、中华教育文化基金会编译会书记,以所著《我国田赋改革新论》成名。1934年3月,代理财政部一等科员,后任全国第二次财政会议专家会员兼土地清丈案起草委员。6月任财政部整理地方捐税委员会专门委员[1],加入中国地政学会。1936年5月,代理财政部赋税司第二科科长[2],为国民大会代表当选候选人,出任财政部所得税事务处江苏办事处处长。次年任国民政府实业部农本局秘书。抗日战争全面爆发后,翁之镛任屯粮委员会执行秘书。1938年任经济部简任秘书。1940年任全国粮食管理局业务管制处处长。次年任全国财政会议提案审查委员会土地组审查委员、特种审委会召集人,全国粮食管理局主任技正。

1945年抗日战争胜利后,翁之镛被董事长陈果夫指派为中国农民银行农业金融设计委员会主任秘书。次年兼任经济研究处、土地金融处处长等。1949年去台湾,曾任台湾行政专科学校、台湾省立法商学院、东吴大学、东海大学、台湾

---

[1]《财政日刊》1934年第1809号,第1页;1934年第1871号,第2页。
[2]《财政日刊》1936年第2463号,第1页。

大学、政治大学、辅仁大学等校教授,并任"光复大陆设计研究委员会"委员、"考试院"考试委员、"行政院"顾问等。为台湾著名经济学家。1973 年 8 月 29 日病逝。

翁之镛生前著述颇多,主要有《中国经济问题探原》《民国财政检论》《税制概论》《财政学》等。
（李海涛　李　峰）

徐云志(1901—1978)

徐云志,小名荣生,学名燮贤,以艺名行,别用艺名韵芝,吴县(今江苏苏州)人。生于清光绪二十七年十月初七日(1901 年 11 月 17 日)。父曾当伙计、衙役、税卡职员,家境贫寒。

徐云志七岁入私塾,因所居为丝织工人聚居区,常随工人听戏曲评弹,尤喜谢品泉、谢少泉叔侄的长篇弹词《三笑》。弹词《三笑》描述唐伯虎点秋香、周文宾与王月仙成婚这类传统才子佳人故事。说《三笑》时分谢少泉、王少泉两派。谢派以噱见长,王派以理取胜。十五岁时,徐云志拜谢少泉大弟子夏莲生为师,学说《三笑》。十六岁时"破口",离师单档登台。两年后,因演出无人气,生活难以为继,回到师父处重新学习,在光裕社出"茶道"。1922 年,光裕社在苏州举行会书。徐云志代替谢品泉在皮市街隆畅书场送客成功,从此名传书坛。

当时弹词的唱调很少,只有陈(遇乾)调、俞(秀山)调、马(如飞)调和被称为"雨夹雪"的小阳调等几种,其中以"雨夹雪"最通用。唱《三笑》时,除了老外一类角色唱"陈调"外,其余角色及非角色均唱"雨夹雪"。由于多地都有听众反映演唱曲调太过单一,徐云志考虑到《三笑》本身人物众多,形象各异,同一唱腔不能满足对不同形象的饰演,于是摸索以"雨夹雪"为基础,根据自身的嗓子条件和爱好,融汇吸收江南民歌、叫卖声及戏曲唱腔,并反复试验修改。经过两年的努力,创出别具特色的"徐调"。时年方二十二岁。

"徐调"脱胎于"雨夹雪",但又有很大的区别,主要表现为节奏比较缓慢,旋律比较委婉,滑音和转腔比较多,拖腔比较长,总体显得幽雅从容。这种唱调非常适合古代青年男女的抒情,同时也适宜描绘江南的风光、园林景致以及书房和闺房的摆设。由于定音比较高,所用弦子从丝弦改钢线弦。"徐调"初创时,包括短腔、短长腔、长腔三种腔,后又发展出长长腔,韵味更长,抒情气息更浓。

徐云志在湖州南浔镇首唱"徐调",所获评价互有优劣,至菱湖镇则因老听客的批评而惨淡收场。经过不懈努力,"徐调"终于慢慢被同行和广大听众接受。

1926年徐云志到上海演出,受到听众热捧,被称为"糯米腔""迷魂调"。除在书场演出外,同时到电台播唱。1928年上海百代公司灌制"徐调"开篇《狸猫换太子》及《三笑》中《兄妹相会》和《周美人上堂楼》两个唱段,使"徐调"影响日渐扩大,徐云志也成为当时著名的弹词三单档之一。

抗日战争全面爆发后,因堂会减少,电台停播,演出不继,父亲去世,徐云志生活得十分艰苦。战后其境况稍有好转。中华人民共和国成立后,徐云志于1956年加入苏州市新评弹实验工作团(后称苏州人民评弹团),恢复演出《三笑》,并加以修改整理。1959年完成新的《三笑》脚本,重新上台演出,并参加《拉郎配》《雪地沉冤》《罗汉钱》《送稻种》等现代题材中短篇弹词的演出。1960年出席全国第三届文代会。1963年赴北京参加汇报演出,获得好评。曾当选为江苏省曲艺联合会副主席。"文化大革命"期间曾遭到迫害。1976年"文化大革命"结束后,患病期间徐云志还谱唱《悼念周总理》《怀念毛主席》等弹词开篇。1978年12月17日逝世。

传人有严雪亭、邢瑞亭、祝逸亭、华士亭、华佩亭、孙钰亭、杨学亭、吴醉亭、高绶亭、王鹰等二十多人。徐云志撰有《我是怎样创造徐调的》等文,为评弹艺术的整理与保护提供了珍贵资料。

(李 军)

薛筱卿(1901—1980)

薛筱卿,吴县(今江苏苏州)人,原籍江苏无锡后宅。生于清光绪二十七年十一月初七日(1901年12月17日)。辛亥革命后全家迁往苏州。薛筱卿入光裕社所办裕才小学就读,嗜好评弹。1912年小学毕业后,经人引荐拜马如飞再传弟子魏钰卿为师,习弹词《珍珠塔》。于师门练熟了琵琶指法,学会了"俞调"运腔。1916年到浙江狄港镇茶馆书场"破口"说书,曾随魏钰卿到上海大世界、小世界做双档。后因魏钰卿到外埠奏艺,薛筱卿只得单档演出,一度与陈雪舫拼档。1919年年底到苏州参加光裕社会书,超常发挥,初露锋芒便一炮打响,为今后的发展奠定了基础。[1]1924年,经评话艺人钟士亮撮合,与同门师兄弟沈俭安合作,首演于上海城隍庙四美轩书场告捷。从此"沈薛档"逐渐红遍书坛,20世纪30年代成为沪上最负盛名的"三双档"之首。

自与沈俭安合作后,薛筱卿书艺日臻完善。二人弹唱的《珍珠塔》更是经久

---

[1] 俞执中:《闲话薛筱卿》,见《弹词画报》1941年第30期。

不衰,二人亦由此被称为"塔王"。经过长期磨合,薛筱卿的弹唱形成了自己的独特风格,被听众称为"薛调"。"薛调"是划时代的评弹音乐,其特点:节奏稳健明快,铿锵有力;行腔婉转,咬字遒劲;运用音调的高低和声音的变化来表现不同的感情和气氛。薛筱卿弹奏琵琶灵活娴熟,创造的支声复调在评弹音乐发展史上的贡献无与伦比。其恰到好处的琵琶伴奏,对"沈调"的形成具有重要作用,时人认为:"沈弦薛索,放则汪洋恣肆,卷则流利轻清,应向之间,工力悉敌,且能互衬宫商,连绵不断,弦索词韵,打成一片,直有合则两妙,离则两孤之概。"[1]《珍珠塔》唱词多,如果没有清晰、生动的说表加以引导,唱的效果不易显出。再者书中含有大量典故,如不讲出典故的来龙去脉,听众无法理解书情。"沈薛档"大胆地对书目进行改动,淡化其中说教部分,强化了故事情趣,以适应听众欣赏习惯的变化。同时还删去不必要的说表,把书中与故事有关且情感丰富、雅俗共赏的篇子一气呵成地唱下去。1948 年,在浙江湖州东苑书场演出时,听众以"雍容华贵,落落大方"题匾相赠[2]。"沈薛档"合作灌制的唱片有《珍珠塔》中的《方卿哭诉陈翠娥》《唱道情》《方卿写家信》《方卿初次到襄阳》等二十余张,《啼笑因缘》中的《家树别凤》《寻凤》《旧地寻盟》等四张。薛筱卿单独灌制有《柳梦梅拾画》《紫鹃夜探》等。

中华人民共和国成立后,1954 年 11 月薛筱卿与其女薛惠君一同加入上海市人民评弹工作团。入团不久,薛筱卿即与张鉴庭、朱慧珍、陈希安、徐雪月等 26 位演员组队,为郊区农民巡回演出新中篇。1955 年赴京演出,受到热烈欢迎。又与杨振言、徐丽仙等在上海仙乐书场参加中篇《梁祝》演出,还与陈红霞合作演出长篇《西厢记》。1956 年 10 月,与郭彬卿、周云瑞在上海仙乐书场参加中篇《方卿见姑娘》演出。1961 年转入学馆从事评弹教育。1964 年退休。1980 年 8 月 28 日逝世。有徒薛惠君、庞学卿、陈文卿、郭彬卿、陆俊卿、陆君卿等。

(解 军)

龚积芝(1901—1982)

龚积芝,字厥民,吴江(今江苏苏州吴江区)震泽人。生于清光绪二十七年(1901)。1923 年毕业于日本盛冈高等农林学校,于北海道帝国大学进修植物病

---

[1]《谈薛筱卿》,见《上海书坛》1949 年 10 月 9 日。
[2] 夏镇华:《书坛点将录·沈薛档与〈珍珠塔〉》,《20 世纪上海文史资料文库》(7),上海书店出版社 1999 年,第 114 页。

理学。1924年至1925年任吴江震属初级中学校长。1927年曾任吴江县临时行政委员会实业委员,后任教于第四中山大学淮阴农业学校,曾编大学院审定农业学校教科书《农业经济学》《栽培学》等。

1928年龚积芝赴日本陆军士官学校留学。1931年任国民政府军政部陆军署军务司少校科员,曾任福建省主席陈仪参谋,后任军政部总务厅交际科科长。1936以译著《图解战斗动作》获陆海空军甲种一等奖章。1941年始任国民政府最高军事谘议机关军事参议院参议。1943年任国家总动员会议军事组副主任。被授予陆军少将军衔,1946年退役。1947年主编《台湾土地银行》。以中共地下党员身份为中国革命胜利做出了贡献。中华人民共和国成立后,龚积芝曾任农业部秘书处副主任、北京农业科学研究所秘书长,后供职于农业出版社。1982年11月4日于苏州因病逝世。

龚积芝喜杜甫诗,博学有才誉。另译有《德国国家指导经济》《集中营生活报告》《何谓法西斯主义》等。与吴志远合编《高级农业养蚕学》。编著《军事学大意》《农业实用手册》《种子浅说》《植物学植物之种子》《生物学大意》《蔬菜园艺》《养牛法》《造林法》等。

(王晋玲)

沙千里(1901—1982)

沙千里,曾用名仲渊、重远,吴县(今江苏苏州)人。生于清光绪二十七年(1901)。因家贫而失学,曾于上海大丰棉布批发号当学徒。1925年考入上海法政大学,转入法科大学法律系,加入中国国民党。1927年当选为国民党上海市党部四区十七分部执行委员。次年当选为三区二十九分部常务执行委员、中国合作运动协会执行委员及指导委员。参与创办《青年之友》社。1929年大学毕业,曾任国民党上海特别市党部执行委员会民训会训育科助理干事、三区二十九分部监察委员。主编《青年之友》周刊。1930年当选为蚁社执行委员和社友部部长,为上海学生合作社筹备委员。参加中共上海地下党外围组织苏联之友社。

1932年加入上海律师公会,任职业律师。1935年创办刊物《生活知识》。次年当选为上海职业界救国会常务理事,负责总务部,又当选为上海各界救国联合会、全国各界救国联合会执行委员和常务委员,任《救亡情报》编委。积极参加抗日救国活动。同沈钧儒等著名爱国人士被国民党政府逮捕,移解苏州监狱,时称"救国会七君子"。1937年"七七"事变后沙千里获释,任上海职业界救亡协会常务理事兼秘书长、《救亡》周刊主编和《国民》周刊编委。1938年在湖北武汉加入中国共产党。后至四川重庆,曾任中国工业合作协会推进组组长及建国机器厂、建成实业公司和春麦粉厂经理等。1942年与沈钧儒等成立平正法律事务所,共同发起成立中国民主政团同盟。1944年发起组织中国经济事业协进会。抗日战争胜利后沙千里返上海执业律师,筹建救国进修社、中国妇女联谊会、职工劳动福利互助社,并创办正行女子中学、清华学院。参与组织上海人民团体联合会,推动民主运动,当选为中国人民救国会中央执行委员。1949年5月参加接管上海市工作,任上海市军管会、上海市人民政府副秘书长。

中华人民共和国成立后,沙千里曾任贸易部、商业部副部长,中央财经委员会第六办公厅副主任。1954年任地方工业部部长。1956年改任轻工业部部长。1958年任粮食部部长。曾任全国合作总社临时监事会监事,中国银行董事,中华全国工商业联合会秘书长、第二至四届副主任委员,中国民主同盟中央委员,中国民主建国会中央常务委员,第四、五届全国人大常委会委员兼副秘书长,第五届全国人大常委会法制委员会副主任,第五届全国政协副主席。1982年4月26日在北京逝世。

沙千里于经济学、法学上卓然成家。著有《七人之狱》《漫话救国会》《抗战与民众运动》等。

(李　峰)

钱荣初(1901—1986)

钱荣初,江苏无锡人。生于清光绪二十七年(1901)。十六岁时入苏州寿石斋学金石碑刻,亦精拓印、装裱,为名家周梅谷弟子。1933年自立贞石斋。1934年主持承制南京中山陵灵谷寺纪念塔碑刻获誉,复主持藏经楼内《三民主义》碑刻。摹刻精湛传真,被称为珂罗版,得到同行推崇,钱荣初亦因此成为碑刻界领军人物。1939年侵华日军密谋窃取寒山寺之俞樾手书《枫桥夜泊》诗碑,为寒山寺住持静如法师所探知。静如法师遂请钱荣初仿刻,以保护原碑。然仿碑被大汉奸梁鸿志提前探知并截获。事后钱荣初友钱达飞以死设下"诗碑诅咒"之计,终于迫使忌惮诅咒的日军放弃窃碑计划。

中华人民共和国成立后,钱荣初为苏州艺石斋工艺师。1953年应陈乃圣聘请,首先将毛泽东主席像刊石。晚年摹刻毛泽东手书诗词与《怀素自叙帖》赠予叶圣陶,备受称赏。曾任苏州市政协委员。1986年去世。因石刻技艺精湛,声名远播,生前求刻者盛,存世作品颇丰。

(李　峰)

黄兆熊(1901—1986)

黄兆熊,字秋甸,吴县(今江苏苏州)人。生于清光绪二十七年(1901)。黄兆麟弟。师从金桂庭习弹词《双金锭》《落金扇》,亦擅《珍珠塔》《三笑》《玉蜻蜓》。又曾师从陈凤鸣学昆剧,工小生,兼能书画词曲。艺综多能,台风儒雅。黄兆熊擅表白,咬字扼要,精于声韵格律,唱"俞调"能融汇昆曲生旦唱腔唱法,堪称典型。

1922年,黄兆熊始于上海大世界等大书场演出,被誉为光裕社名家。曾主持光裕社,并与谢少泉、王子和、金耀孙、金耀笙、唐竹坪、谢汉庭等拼档。喜弹唱契友汪东所编弹词开篇。1927年曾于共舞台唱昆剧《惊变》,并与俞振飞、朱介生等串演吹腔全本《贩马记》,为光裕社所办裕才学校筹募经费。1931年于东方书场参加光裕社名家会书《三国》《描金凤》《盘丝洞》等。曾灌制弹词开篇《红楼梦·晴雯》及选回《落金扇·做媒》《落金扇·访孙》等唱片。后曾任骏源五金号经理。1937年抗日战争全面爆发后黄兆熊复归书坛,时于上海各电台播唱。1939年曾手订开篇《弹词》并注工字谱,又为龚兰雪堂制药"神化散"作广告弹词,颇有效应。曾被聘为上海银钱业同人联谊会弹词组顾问。1946年代表上海评弹研究会参加演艺界拒绝艺员登记运动。

1949年上海解放后,黄兆熊参加筹备劳军义演编辑委员会,被推为改革脚本委员。后参加上海市人民评弹工作团。1972年被聘为上海市新长征评弹团艺术顾问。1986年逝世。弟子有张维桢等。

(李 峰)

钱昌祚(1901—1988)

钱昌祚,字莘觉,一字惺觉,号星嘉,常熟鹿苑(今属江苏张家港)人。生于清光绪二十七年六月二十三日(1901年8月7日)。钱用和弟,钱昌照堂弟。自幼聪颖好学,成绩优异。1917年以第一名毕业于上海浦东中学,考入北京清华学校。1919年留学美国麻省理工学院机械系,师从著名教授冯·卡门。1922年获机械工程学士学位,转入航空机械工程系。次年当选为中国科学社美洲分社理事,获航空工程硕士学位。又毕业于私立寇迪斯飞行学校,于飞机制造厂、电机厂实习。1924年回国后,任浙江工业专门学校教授,最早将运筹学介绍入中国。1926年当选为中国工程学会材料研究委员会委员,任清华大学工程学系教授。次年任杭州市公用局设计科科长。后任军事委员会航空处秘书兼编译及《空军》

半月刊编辑、上海虹桥飞机厂代理厂长,起草中华航空协进会会章。1929年调任中央陆军军官学校航空队教官兼翻译、航空班教授组组长、航空科主任教官,编译《军用飞行术》,与程瀛章合编《航空工程名词草案》。1931年任军政部兵工研究委员会助理委员。次年出版中国首部专著《航空概论》,改任中央航空学校教育长兼学科主任,并兼国防设计委员会航空军事委员。1933年任军政部航空署技术处处长。次年参与发起上海飞行社,兼任清华大学留美公费考试委员会航空门机架组指导员,为钱其琛之导师。当选为中国航空工程学会首任会长、中国工程师学会董事,改任航空委员会委员兼机械处处长。1935年任南京防空技术学校校长。次年创建南昌中央航空机械学校并任校长,被授予空军上校军衔,与清华大学合作创办航空研究所,奉派考察欧美各国航空。

1937年抗日战争全面爆发后,钱昌祚将学校西迁至成都。次年调任航空委员会技术处处长、技术厅副厅长,代理厅长,当选为世界航空协会理事。1939年春任南川第二飞机制造厂厂长,试制忠二八甲式单座驱逐机成功。1941年任云南瑞丽雷允中央飞机制造厂监理,为中美航空队监装与维护飞机,修筑滇缅机场。当选为中央研究院第二届工程部评议员,兼任教育部机械名词审查委员,以专员身份被派赴缅甸仰光接收美国援华飞机。1943年任航空委员会驻美国办事处租贷组机械专员,兼空军上校联络员。次年入美国陆军大学,研究工业动员复员问题,回国后任航空委员会首席参事,兼战时生产局专门委员。

1945年钱昌祚任清华大学研究院筹备委员会委员。次年任国防部第六厅厅长,被国民政府直接遴选为国民大会代表。1947年兼任国防部国防科学委员会委员及设计委员会主任委员、空军司令部机械监。次年入《中国当代名人传》。1949年去台湾。曾任"经济部"常务次长、"经济安定委员会"秘书处执行秘书、"美援运用委员会"委员、"外汇贸易审议委员会"副主任委员、"中央信托局"常务理事,以及台湾手工业中心、慕华肥料公司董事长,"中国石油公司""中信局"顾问。当选为"中国航空工程学会""中国机械工程学会""中国工程师学会"会长、理事长等。1971年退休后移居美国,任南加州大学客座教授。1988年6月5日病逝于寓所。另著有《航空工业》《惺觉论选》《浮生百记》等。 （李　峰）

胡文楷(1901—1988)

胡文楷,字世范,昆山人。生于清光绪二十七年(1901)。自幼喜读商务印书馆所出《少年杂志》,曾投稿并被采用。十七岁时,赴南京参加小学教员考试,名列乙等。二十岁任张浦乡第四小学校长。1924 年 7 月,经江伯训推荐,赴沪供职于商务印书馆校对股。时值东方图书馆落成,正在抄写《古今图书集成》,胡文楷遂任此书校对工作。次年,湖州密韵楼主人蒋汝藻经商失败,变卖家藏古籍。这些古籍大多为涵芬楼所得。胡文楷协助江伯训将密韵楼藏书陆续上架,并利用图书馆丰富的馆藏积极自学。

1927 年,张元济校印《夷坚志》。胡文楷承担校对,因办事认真得到张元济首肯。日后商务印书馆所印重要图书,张元济多交其校对。1932 年"一·二八"事变爆发,十九路军坚持淞沪抗战。商务印书馆之东方图书馆、商务印刷厂等均遭日军轰炸而毁。商务印书馆被迫停业后,胡文楷避居昆山,复业后进入制版厂,仍任校对。商务印书馆《四部丛刊》《四库全书珍本初集》《宛委别藏》等大型丛书的影印出版均由胡文楷负责校样。《四部丛刊续编》及《四部丛刊三编》中各书提要,多由张元济拟定,部分出自胡文楷之手,经张元济改定后,冠以胡文楷之名。

夫人王秀琴有才女之称,致力古代女性文学的研究及作品搜集,1934 年不幸早逝。胡文楷继续其妻未竟之业,完成其妻所遗《历代名媛书简》一书。该书有稿本 8 卷 6 册,收 197 位作者 318 封信件。1941 年,胡文楷选择其中 84 人共 148 篇,交由商务印书馆公开出版。1945 年抗日战争胜利后,胡文楷改任商务印书馆编译员,参与《辞源》的修订,并继续搜访、编选古代女性诗文,于 1947 年出版《历代名媛文苑简编》,由顾廷龙作序。

中华人民共和国成立后,胡文楷曾参加《四角号码新词典》乙种本小字典的编辑工作。商务印书馆自上海迁至北京后,胡文楷留任驻沪办事处职员,被推荐担任《古本戏曲丛刊》校对工作。1958 年因影印《永乐大典》的工作需要,调入中华书局上海编辑部。

以往在编纂《历代名媛书简》《历代名媛文苑简编》的过程中,胡文楷查阅大量公藏文献典籍,并借阅郑振铎、潘景郑、瞿凤起等人藏书,在辑录作品的同时,有意以历代妇女著作为主题,编写一部专门目录,记录女性作家的姓名字号、籍贯、父名、夫名及简要生平,并详细著录其著作之名称、卷数、版本、存见等。将上述内容编为《昆山胡氏怀琴室藏闺秀书目》《昆山胡氏仁寿堂藏闺秀书目》等,经文化部副部长郑振铎提议,修订命名为《历代妇女著作考》,1957 年交由商务印书馆出版。该书后经胡文楷修订增补后,1985 年由上海古籍出版社再版。全书收录汉魏至民国女性作家 4 201 人,著作 5 298 种,加上女性著作合集 194 种,著作数量高达 5 492 种。此书再版后,曾在美国学术界引起关注,继而掀起国际汉学界研究中国古代女性文学的热潮,并逐渐波及国内。

1988年胡文楷逝世。另撰有《柳如是年谱》《薛史〈王仁裕传〉辑补》等文。

（李　军）

陈三才（1902—1940）

陈三才,名定达,以字行,号偶卿,昆山陈墓(今锦溪)人。生于清光绪二十八年七月初一日(1902年8月4日)。陈竺生曾孙,陈定求弟。早年随家徙居苏州,于元和小学堂、草桥中学毕业。1916年被保送清华学校留美预备部。1920年赴美国留学。1924年毕业于伍思特理工学院电学工程专业,获理学学士学位。进西屋电机公司实习,当选为中国工程学会美国分部书记。1926年返国,供职于上海协成等洋行。1928年曾任上海民训会组织科干事。后出任美商北极冰箱公司副总裁兼总经理,兼中国通惠机器公司常务董事。1931年参与发起组织中国工程师学会,推荐顾毓琇任副会长。曾任上海联青社社长,兼联青儿童施诊所董事、上海清华同学会会长等。擅打网球,乐施好善。1932年"一·二八"淞沪抗战时,支持第十九路军颇力。1939年志愿参加国民党军统局地下抗日工作,主持谋刺头号大汉奸汪精卫,因失密事泄,被汪伪特工总部秘密逮捕。汪伪特工总部以汪伪外交部上海办事处处长及交通部次长等伪职利诱,但陈三才均严词拒绝,誓死不屈,1940年10月2日被枪杀于南京雨花台。

1942年2月1日,黄炎培、顾毓琇等社会名流在重庆隆重发起追悼大会。黄炎培在追悼会前夕发表了题为《陈三才》的悼诗,将陈三才比为谋刺秦王的英雄荆轲。蒋介石亲书"烈并常山"挽额表彰其义烈。抗日战争胜利后,1947年陈三才入祀昆山忠烈祠。中华人民共和国成立后,江苏省人民政府追认陈三才为革命烈士。顾毓琇曾赋诗怀念陈三才:"赫赫精忠事可传,英灵遥望太平年。美邦负笈身心健,沪海经营事业先。西泠桥边云掩月,雨花台上气冲天。痛除汉贼计谋泄,陈氏三才志节坚。"2001年清华大学九十周年校庆,陈三才的英名被刻于清华英烈纪念碑上。

（陆宜泰　李　峰）

裴复恒（1902—?）

裴复恒,吴县(今江苏苏州)人。生于清光绪二十八年(1902)。江苏省省长公署秘书、代理省政务厅厅长裴熙琳三子。1922年考取上海圣约翰大学。次年兼任约翰义校董事、《约翰新声》半月刊编辑、《甲子年刊》中文编辑长,获江苏省教育会第六届演说竞进会第二名。1924 年参加校队为主辩,于圣约翰、沪江、之江、金陵四大学英文辩论会夺冠。次年因参加"五卅"反帝运动被圣约翰大学开除,转入复旦大学社会科学科。1926 年毕业,获法学学士学位。最早节译修昔底德《伯罗奔尼撒战争史》刊载于《史学与地学》杂志。留学法国,获巴黎大学法学博士学位。曾任中国国民党中央政治会议特务秘书。1930 年任复旦大学法律学系教授、首任系主任,有"老爷教授"之号。次年年初任劳动大学社会科学院教授、中国公学教授,于复旦大学《政治学报》发表《海牙国际裁判永久法庭之发表意见权》。1932 年任鄂豫皖三省"剿匪"总司令部总司令蒋介石的机要秘书,兼任国防设计委员会委员,有"智多星"之称。于南京创办《外交评论》并任社长,于创刊号发表《中英关系论》。次年任国立上海商学院院长,时为上海各大学中最年轻的校长,并兼任中山文化教育馆中山文库审订委员。1934 年参与发起上海市新生活运动促进会,当选为中国文化建设协会首届常务理事、中国文化学会上海分会首届理事、上海各独立学院联合运动会第一届田径运动会会长。次年建成江湾新院舍,曾创办经济研究室、《国立上海商学院季刊》,主持编刊《商学丛书》,锐意改革,振兴校务。1936 年加入中国政治学会。次年年初当选为上海各界统一救国大同盟执行委员,随蒋介石参加国民党与中共代表周恩来等人的庐山谈话会。抗日战争全面爆发后,1942 年裴复恒任东南联合大学筹备委员、伪国立上海商学院院长,补任汪伪国民党第六届中央执行委员,被伪财政部派兼交通银行董事。次年为伪全国教育行政会议社会教育组召集人,兼任伪全国经济委员会常务委员、财政部中央储蓄监理委员会委员兼副经理。1944 年兼任苏州旅沪同乡会理事、伪上海市市政咨询委员,出任伪江苏省财政厅厅长。次年年初交卸院长职事,当选为伪国民党江苏省执行委员会监察委员。抗日战争胜利后裴复恒畏罪潜逃。1947 年以汉奸嫌疑案被提起公诉并被通缉。著有《建立踏实的学风为复兴民族之基础》。

(李　峰)

王益厓(1902—1968)

王益厓,名锤麒,字伯谦,以号行,常熟人。生于清光绪二十八年(1902)。王古鲁孪生兄,俞钟銮弟子。于江苏省立第一师范学校毕业,曾任小学校长。1917 年公费留学日本东京高等师范学校,专研史地。1923 年毕业后,任教于江苏省立第一师范文理专科学校。1925 年任教于浙江省立第十中学。次年任江苏省立第八中学训导主任。1927年任江苏省立淮阴中学校长,兼代淮安女子中学校长。次年任江苏省立淮安中学校长,当选为江苏省立中学联合会稽核员,并参与发起新常熟社,被推为《新常熟日刊》社、《新常熟日报》社社长。

1930年王益厓辞淮安中学校长职,赴法国巴黎大学专攻地理。1932年获博士学位。归国后任江苏省立常州中学校长,被聘为广州中山大学地理系主任。1934年任南京中央大学地学系教授。次年任北平师范大学地理系主任。1937年抗日战争全面爆发后王益厓撤至西安,任国立西北联合大学地理系主任、教授,曾与傅作义商讨抗日治国之道。后赴重庆,次年冬任国民党军事委员会战地党政工作考核委员会少将指导员,赴上海展开地下工作。1939年被汪伪特工逮捕,拒任伪职,获释后转至宜兴,坚持抗战至1945年胜利。

1946年,王益厓主持恢复新常熟社,任《新常熟报》社社长兼发行人,被推为常熟县银行董事长及县参议员等。次年当选为江苏省教育会中学及高等教育研究委员会委员。1948年被聘为中山大学教授。次年赴台湾,任省立台北市图书馆编译。1955年至1956年兼任"考试院"高考及特种考试典试委员,"教育部"学术审议委员会委员,台湾大学、台湾师范大学教授。曾任台湾图书馆馆长。1968年逝世。

王益厓深谙英、法、日文,精于历代碑帖鉴藏,为地理学名家。著《中国地形学》未完病卒。译有《地理学》。编著《海洋学 ABC》《自然地理 ABC》《高中人文地理》《高中自然地理》《高中世界地理》《地学辞书》《高中大学用地理学》《初级中学教科书地理》《王氏高中本国地理》及教育部大学用书《中国地理》等。

(李　峰)

王古鲁(1902—1958)

王古鲁,名锺麟,字仲廉,一字咏仁,号古鲁,以号行,常熟人。生于清光绪二十八年(1902)。王益厓孪生弟。1920年赴日本留学。次年考入东京高等师范学校英文系,毕业后入研究科。1926年归国,任北京女子师范大学讲师。次年任江苏省立镇江中学英文学科主任、广西教育厅编译处处长。后任金陵大学中国文化研究所研究员、教授,兼任《学艺》编辑委员,治英国文学以及语言学。后改攻中国古典小说、戏曲,精目录学。深入研究日本政治、经济、文化及汉学。1931年"九一八"事变后,发表《日本对东三省经济侵略情状述略》等文,剖析日本侵华政策举措颇深,被誉为研究日本问题专家。1937年抗日战争全面爆发,南京沦陷后,王古鲁任伪中央大学教授。1938年再次赴日本,任东京文理科大学讲师,致力搜访拍摄中国古典小说及戏曲,其中海内外孤本小说、戏曲全书共十种,如国内久佚的明冯梦龙《古今小说》初刻本等,并搜录编注全本《初刻拍案惊奇》《二刻拍案惊奇》等。1941年归国后,被周作人聘为伪北京图书馆秘书,主持日常馆务。1942年将抗日战争全面爆发初北京图书馆南迁至上海的古籍金石拓本舆图等运回北京。加入伪中日文化协会,被聘为伪北京大学文学院教授。抗日战争胜利后,王古鲁任辅仁大学教授。1948年曾劝胡适勿去台湾。中华人民共和国成立后,王古鲁任北京师范大学中文系教授,晚年将其在日本所拍摄的多种古籍小说珍籍照片计七千余张捐献给国家,受到文化部褒奖。1958年逝世。

王古鲁富于才学,勤于著述。抄录校注《熊龙峰四种小说》。编《曲学书目提要》。辑《明代徽调戏曲散出辑佚》。与徐祖正合译日本武者小路实笃剧本集《四人及其他》。独译日本学者青木正儿的《中国近世戏曲史》、田保桥洁的《甲午战前日本挑战史》、白鸟库吉的《塞外史地论文译丛》,俄国陀思妥耶夫斯基的《一个诚实的贼及其他》及《澳洲》等。编著有《初中英文法分析易解》《英语语法指导》《稗海一勺录》《最近日人研究中国学术之一斑》《王尔德生活》《言语学通论》《王古鲁日本访书记》《王古鲁小说戏曲论集》等。

(李　峰)

陈复祥(1902—1970)

陈复祥,吴县(今江苏苏州)人。生于清光绪二十八年(1902)。父陈兰庭,早年于上海任买办,创办鸿和成号,后改为陈兰记。曾创办公兴股票公债票抵押银公司、苏州阊门外铁路饭店,皆任经理,为沪宁铁路餐车承包商。又任上海华商证券交易所理事,信通商业储蓄银行股份有限公司、苏州证券交易所股份有限公司义务理事,后参与发起上海商业储蓄银行、旅行代办公司。为知名实业家。

陈复祥为陈兰庭长子。于上海工部局华童公学毕业。1921年考取香港大学。立志集邮,于上海开办中华邮票公司。该公司时称中国最大邮票供给所。1922年陈复祥参与发起成立神州邮票研究会。次年与张承惠编刊《邮票月刊》。1925年与周今觉发起成立中华邮票会,任中文书记。次年与卢赋梅合编第一本中国邮票目录《中国邮票汇编》。1936年被聘为甲戌邮票会顾问,于上海发起成立中国首个邮票行业组织——中国邮商公会,任主席。次年3月因病辞职。1948年参与筹备中华邮政总局与新光邮票研究会在上海联办邮票展览。

陈复祥集藏颇为丰富,有大龙、小龙、万寿、红印花、商埠票及商埠戳、海关邮戳等邮集,精于鉴定研究,被誉称邮学大师。1957年其编组的《海关邮戳集》于苏联莫斯科青年联欢节国际邮展上获银奖。1970年陈复祥逝世。早年曾为外籍邮商罗门编辑《中国及商埠邮票罗门氏专门目录》。另编有《中国商埠邮票目录》。著有《中国商埠邮票史》。

(李　峰)

黄文东(1902—1981)

黄文东,字蔚春,吴江(今江苏苏州吴江区)震泽人。生于清光绪二十八年(1902)。幼承庭训,有志于医学。1916年考入上海中医专门学校,受业于孟河名医丁甘仁。1921年以首届第一名成绩毕业。回故里震泽悬壶济世十年,博得民众爱戴,也在实践中打下扎实的临床基础。1931年应丁甘仁长孙丁济万校长邀请,回母校执教,主讲"本草""伤寒论""金匮要略""名著选辑"及中医妇、儿科学等课程,并编写教材。次年上海中医专门学校改组为私立上海中医学院后,丁济万任院长,黄文东则任教务主任,直至1948年该校被迫停办。黄文东在执教期间,同时于上海武定路寓所开业应诊。

中华人民共和国成立后,黄文东积极参与上海市中医进修班、中医师资训练班教学工作。1956年起,历任上海市第十一人民医院内科主任,上海中医学院中医内科教研组主任、附属龙华医院中医内科主任。1960年加入中国共产党,并出席全国文教群英会。1977年出席全国科学大会,被选为主席团成员,并荣获奖状。1978年任上海中医学院院长、教授。曾兼任中华全国中医学会副会长、上海分会理事长,中华医学会上海分会副会长,《上海中医药杂志》编委会主任等。为上海市第三至五届政协委员。1981年7月4日逝世。

黄文东忠诚于中医教育事业,精心培育人才。潜心研究《内经》《难经》和张仲景学说,对李东垣、叶桂、王清任诸家著作钻研尤深,重视调理脾胃,擅用活血化瘀法。综合李东垣、叶桂两家之长,以诊治脾胃肠道疾病和再生障碍性贫血著称,常挽逆证以轻灵之方,起沉疴以平淡之剂。其学识卓越,医术精湛,素为同道和学生所称颂。

黄文东生平著述颇多,曾发表《丁氏学派的形成和学术上的成就》《继承整理李东垣学说的体会》等医学论文二十余篇。受卫生部委托,主编全国高等中医院校教材《中医内科学》。另主编中国现代医学家丛书之《著名中医学家的学术经验》。上海龙华医院整理出版的《黄文东医案》畅销全国,成为医学名著。另有其学生整理的《黄文东论医集》《黄文东论脾胃病》行世。

黄文东书法力摹王羲之,临池奔放,意境高雅,蜚声医林。 （马一平）

黄一峰（1902—1990）

黄一峰,字祥麟,吴县(今江苏苏州)人。生于清光绪二十八年(1902)。出身于手工业主家庭。家居阊门,毗邻著名药店雷允上,又有一宁籍中医租赁其家开业。黄一峰长期受中医药熏陶而自学中医。1924年正式师从老中医陈秋孚,学习内儿科,又私淑著名儿科名医程文卿。出师后,于1928年4月设诊于阊门内下塘官宰弄3号。平时除刻苦钻研古典医籍、博采众方外,尤重视临床经验总结,使业务水平日渐长进。加之其服务态度和蔼,收费又极低廉,对贫病患者还施诊送药,故就诊者逐渐增多。1937年抗日战争全面爆发后黄一峰避居东山。当地疫病流行又缺医少药,黄一峰遂与马友常、沙星垣等医师组建联合诊所,为难民救死扶伤,反响甚好。次年返城,在阊门内下塘街同春堂坐堂行医,业务蒸蒸日上。

中华人民共和国成立后,1951年冬起黄一峰积极参与市郊农村的血吸虫病防治工作。1953年参加苏州市中医诊所,负责内科。翌年任所长。加入中国农工民主党,旋任农工民主党苏州市委副主任委员。1955年任苏州市卫生局副局长。1956年11月苏州市中医医院正式成立。黄一峰为首任院长。1960年加入中国共产党,并出席全国文教群英会。"文化大革命"中遭受磨难。"文化大革命"结束后黄一峰恢复原职。1979年任江苏省政协委员。1980年被授予江苏省劳动模范和江苏省名老中医称号。曾当选为苏州市中医学会首届理事长,江苏省中医学会第一至三届副会长,第四、五届名誉会长。

黄一峰一生"悬壶济世,心系劳苦"。治学注重实用,不存门户之见,无论经方、时方、单方、验方,凡能治病者皆采"拿来主义",批判取舍,择善而从。早年致力温热病诊治,20世纪60年代后,主攻脾胃病。认为脾胃病的关键在于人体气机的升降失常,创立了"温开上焦法""升降并进法"等治疗法则。由于临床经验丰富,擅治萎缩性胃炎、慢性结肠炎、胆结石等消化系统疾病,成为全国著名的脾胃病诊疗专家,在民间有"黄半仙"之称。曾于《中医杂志》等医学期刊发表学术论文,著有《黄一峰医案医话集》。1983年完成"中医中药治疗萎缩性胃炎"科研课题。精心研制的"胃炎丸"临床证明有较好疗效。1984年根据江苏省卫生厅指示,苏州市中医医院与南京中医学院计算机研究中心合作,开展"黄一峰主任医师脾胃病电子计算机诊疗系统"研制,并在黄一峰亲自参与和指导下完成。1988年该系统通过省级鉴定。

1990年11月12日黄一峰在苏州逝世。生前正式收徒13人,私淑者尤多。不少学生成长为苏州市中医界中坚力量。

(马一平)

陈一白(1903—1952)

陈一白,本名楚宝,别名维邺,字南琛,曾以字行,常熟郁家桥(今属江苏张家港)人。生于清光绪二十九年(1903)。1929年于上海交通大学电机工程学院电信专业毕业。于交通部南京电报局实习,后任交通部上海国际无线电台工程师。1931年任南京防空学校教官。加入军统。1933年任胡宗南部无线电训练班教官,又奉派铺筑澄巫军用公路。1935年任国民政府航空委员会防空情报台通讯员无线电训练班教官。次年任防空总台总台长。

1937年抗日战争全面爆发后,陈一白任空军作战前敌总指挥部防空总台总台长,于为中国空军"八一四"对日空战提供准确情报有功。次年任军事委员会特种技术研究室副主任。1939年与叶宗元等成功破译日本空军密码电报。曾任财政部缉私署无线电台总台长。1940年于中央训练团党政训练班第十期受训,以军令部第四处名义建立第八工作队,与英国合作,创建香港航空情报网、广东沿海防空情报网。1941年任空军总指挥部电讯监察总台总台长,组建云南垒允防空指挥部,协助飞虎队对日作战。次年于印度组建电讯监察队。1943年任中美特种技术合作所电讯通讯总台台长。被授予空军少将军衔。

1945年抗日战争胜利后,陈一白任国民政府交通部交警电讯总台总台长。1947年为常熟制宪国民大会代表区域候选人。1948年曾以通共嫌疑被捕,获释后辞职隐退,拒赴台湾。中华人民共和国成立后,陈一白于1952年被捕,枪决于上海。著有《参加八年抗战工作经过》。

(李 峰)

姚嘻笑(1903—1967)

姚嘻笑,吴县(今江苏苏州)人。生于清光绪二十九年(1903)。上海南洋中学毕业。曾师从苏州名丑兼老生詹润泉习京剧。民国初年加入上海民鸣社,演文明戏旦角。亦能唱春、宣卷、因果、滑稽京剧及双簧、四簧、哭妙根等,滑稽属阴噱一流。姚嘻笑后参加新剧团体上海笑社、醒世社和苏州民兴社等。1929年始与陈哈哈拼档,于苏州留园马路蓬莱世界首演独脚戏。亦曾与吴游痕、盛常笑、白玉泉、丁温声等合作。1933年曾参加上海滑稽名家大赛。1936年于苏州玄妙观中山堂与徐笑呆、小春山、小呆呆合演《九曲桥》。与孙笑佛拼档,任上手达三十年,并为响档,专接喜庆堂会。曾于久大、苏州、百灵等电台播唱《游苏州》等。又与方笑笑、孙笑佛、袁汉文等组织七星旅行歌剧团,于昆山等地巡演自编滑稽话剧《姨太太的痛苦》等,兼演什景歌剧与滑稽小戏。中华人民共和国成立后,1953年姚嘻笑参加新声滑稽话剧团。新声滑稽话剧团于1955年并入星艺滑稽通俗话剧团,后改苏州市滑稽剧团。1967年姚嘻笑逝世。弟子有陆辰生、杜介奇等。

姚嘻笑曾于滑稽戏《烟花女子告阴状》中扮演苏州阿大,教歌运用京腔京调,别具特色。改编独脚戏《吃看》等,创作《游苏州》《滑稽宣卷》等。与方笑笑合著有《消闲经》。

(李 峰)

潘伯英(1903—1968)

潘伯英,原名根生,常熟人。生于清光绪二十九年七月初九日(1903年8月31日)。幼年家中以制作琵琶、三弦等乐器为业。潘伯英念中学时逢变故,辍学在家,曾任教员,素好评话。1919年师从朱少卿学艺,尽得真传。翌年登台演出,以说《张文祥刺马》著称。积极推进评话表演艺术的革新,在继承传统"短打书"表演程式动作的基础上,摸索出"清装书"的表演程式动作,表演清代官员戴帽的"翘花翎"和打千时的"翻马蹄袖"以及轿夫的"抬轿子""甩辫子"等动作称绝,把清代各色人物演得生动传神。其表演程式被同道视为规范而遵循。20世纪30年代,潘伯英曾演出《鄂州血》(又名《武昌起义》)等。40年代与人合作演出,声名鹊起,是著名的"七煞档"之一。尤善于评弹书目的改编与创作。早年编演《亚森罗平探案》,编写"连续开篇"《枪毙阎瑞生》,与人合作以三回书为一场的演出形式编写反映上海一逆伦案的书目,做会书演出,将京剧剧目《萧何月下追韩信》《扫松下书》等改编为评话演出。

中华人民共和国成立后,潘伯英于1950年将解放区新剧目《刘巧团圆》改编成中篇弹词脚本。是为首创。其后潘伯英创作了一大批现代题材的新书目和根据戏曲、历史故事改编的新书目:短篇有《大渡河》《小二黑结婚》《阿Q正传》《匪特往那里逃》《千夫所指》《隐藏不了》《以身许国》《一面红旗》《一张褪色的照片》《张彩珍》《回心转意》《快把姑姑接进庄》《刀劈马排长》等;中篇有《小二黑结婚》(书戏)《景明大楼》《刘莲英》《孙芳芝》《罗汉钱》《六对半》《玉蜻蜓》《谢瑶环》《郑成功》《小刀会》等;长篇有《秦香莲》《四进士》《王十朋》《借画箱》《梁山伯与祝英台》《梅花梦》《钗头凤》《江南红》《孟丽君》等。还编写苏剧《孟姜女》《借画箱》《王十朋》《唐伯虎智圆梅花梦》《五人义》《玉蜻蜓》,锡剧现代戏《填池塘》等。其中影响较大的有长篇评话《江南红》、长篇弹词《秦香莲》《梁山伯与祝英台》《王十朋》《梅花梦》《华丽缘》、中篇弹词《刘巧团圆》《刘莲英》《孙芳芝》、苏剧《唐伯虎智圆梅花梦》等。潘伯英还与黄异庵合作《红楼梦》,帮助曹汉昌整理评话《岳传》,帮助曹啸君整理《白蛇传》。编著有《歌表演》《小学唱游教师手册》《唱歌游戏甲编》及话本小说《荆钗记》等。

潘伯英"不仅是一个著名的评话表演艺术家,更主要的是一个评弹革新家"[1]。曾任苏州市新评弹实验工作团团长,当选为苏州市曲联主任委员、苏州市文联副主席、中国曲协理事等。1961年加入中国共产党。1968年11月因病逝世。

(陈天慧)

夏坚白(1903—1977)

夏坚白,常熟吴市人。生于清光绪二十九年十月初二日(1903年11月20日)。夏素民弟。小学毕业后,曾为常熟浒浦泰记森行学徒。1921年赴上海读中学。1925年考入清华学校土木工程系。1929年毕业,获理学学士学位,留校任教。1933年曾赴抗日前方参加修路工作,支持第二十九军长城抗战,出版国人所著首部《应用天文学》。该书被列入大学丛书。次年夏坚白考取第二届庚款留英公费生,入伦敦大学帝国学院专攻大地测量。1935年获皇家科技学位工程师文凭,与同学陈永龄合著出版《养路工程学》。1937年又获德国柏林工业大学测量学院特许工程师文凭。1939年获工学博士学位。

时值全面抗日战争时期,夏坚白毅然返国,到内迁昆明的同济大学测量系任副教授。1940年冬于重庆北碚任中国地理研究所大地测量组副组长、副研究员,参与建立该所首个大地测量组北碚实验区,并创办《测量》和《测量专刊》。1941年任同济大学测量系教授。1943年6月赴贵州,任中央陆地测量学校教授、同少将教育处长。锐意改革,致力培养高等测绘专门人才。抗日战争胜利

---

[1] 凡一:《评弹革新家潘伯英》,见政协苏州市委员会文史资料研究委员会:《苏州文史资料》第15辑,1986年,第2页。

后,夏坚白于 1946 年任国防部陆地测量局二处处长。次年任南京中央大学土木系教授,与陈永龄、王之卓合著出版《测量平差法》。1948 年参加中美两国测量队合作于浙江余杭赐璧坞设站观测日食,并参与主持大地测量。出任上海同济大学测量系教授兼教务长,复任代理校长、校长,曾晋京为师生请命。1949 年 4 月,兼任同济大学临时福利委员会主任委员,严词斥责来校抓捕革命师生的特务,积极营救被捕人员,与全校师生员工同舟共济,应变护校,迎接解放。

中华人民共和国成立后,夏坚白任同济大学校务委员会首届主任委员。1950 年兼任华东军政委员会文化教育委员会委员、中国科学院专门委员。1953 年改任同济大学副校长。1955 年当选为首批中国科学院学部委员。为适应社会主义建设需要,提出筹建专门高等测绘学校的建议。被任命为武汉测量制图学院筹委会副主任委员。1956 年被任命为副院长。1958 年被任命为首任院长。曾参与制定 1957—1959 年我国大地测量规划法式和细则工作,统一全国大地测量技术标准。1962 年参与制订《1963—1972 年测量与制图科学技术发展规划》。曾兼任中国测绘学会筹委会主任委员、副理事长,国家科学技术委员会测量制图组副组长等。曾当选为上海市、武汉市人大代表,全国人大代表,九三学社中央科学文教工作委员会委员,九三学社武汉分社委员会副主任委员等。1977 年 10 月 27 日逝世。

夏坚白是中国现代测绘事业的开拓者和大地测量学、大地天文学的奠基人。自学俄语,曾与李春生合译苏联新编《实用天文学教程》。主持翻译《测量学教程》《高等测量学教程》《地质测量与普查方法指南》等,主持编译《卫星大地测量学概论》《卫星大地测量方法》等。主编《全能经纬仪 T4 的检验与应用》《大地天文学》。另与他人合著《航空摄影测量学》《大地测量学》《实用天文学》等。

(潘正言 李 峰)

王汉伦(1903—1978)

王汉伦,本姓彭,名剑青,吴县(今江苏苏州)人。生于清光绪二十九年(1903)。出身于名门望族。早年就读于圣玛利亚书院。十六岁时父病故,王汉伦被长兄许配给东北本溪煤矿督办张桂卿,遂退学远嫁关外。后因张桂卿在外与日本妓女有染等事,王汉伦与之离婚,返回上海。初于小学任教员。后因学习英文打字,谋得四明洋行打字员之职。同事任矜苹为明星影片公司股东,与导演张石川熟识。时值张石川筹拍《孤儿救祖记》,寻女主演未果。王汉伦被任矜苹引荐前往试镜,并被张石川看中,遂签订合同,正式踏入影界。然此举为其兄嫂所不容,兄嫂对其大加辱骂。王汉伦遂抛弃旧名,以老虎头上"王"字作姓,汉伦为名,以示与旧家庭决裂。在《孤儿救祖记》中摆脱文明戏表演套路,以生活化方式饰演影片主角余蔚如,造就中国电影史上首位贤妻良母形象,成为中国首位电影女明星。

其后,王汉伦于明星影片公司相继出演《玉梨魂》《苦儿弱女》《一个小工人》三片。转入长城影业公司,出演该公司创业之作《弃妇》,后拍摄《摘星之女》《春闺梦里人》等片。后因报酬纠纷,王汉伦复投任矜苹所办新人影片公司,出演《空门贤媳》。又与当红女星胡蝶、吴素馨合演天一影片公司影片《电影女明星》,并随片赴南洋一带放映,轰动一时。此后又自组汉伦影片公司,所拍《盲目的爱情》大受好评。

1930年,王汉伦告别影坛,师从法国美容博士理查德研究美容术,并开办汉伦美容院。1933年与王季欢结婚,然因婚后生活不甚和谐,不久复告离异。自此孤老终身。全面抗日战争时期,上海沦陷,日伪当局邀王汉伦赴电台宣传,被其坚拒。美容院因此难以为继。王汉伦唯以变卖家当为生。抗日战争胜利后王汉伦欲重返影坛,但因片商觉其年老色衰而未果。

中华人民共和国成立后,1950年王汉伦应编导孙瑜之邀,于昆仑影业公司所拍《武训传》中客串慈禧太后。1954年加入上海电影演员剧团,相继参演《鲁班的传说》《热浪奔腾》等片。1960年曾赴北京出席第三次全国文代会。"文化大革命"中曾遭受冲击。所保存之电影资料大多遭洗劫。1978年8月7日王汉伦病逝于上海,骨灰被安葬于苏州横塘青春公墓。

王汉伦以饰演悲剧女性角色见长,有"银幕第一悲旦"之称。[1]其人生经历与家世沧桑,为其对角色的理解与诠释提供了独特的背景。

(顾亚欣)

金家凤(1903—1979)

金家凤,小名祖林,字念祖,吴县(今江苏苏州)甪直人。生于清光绪二十九年八月二十五日(1903年10月15日),时隶籍元和。金家为当地大族。父金恩燮,字友克,于辛亥革命爆发后携家迁居上海,加入社会党,曾任吴县支部长。

金家凤早年入甫里小学,后就学于交通部上海工业专门学校(旧称南洋公

---

[1] 密斯赵:《王汉伦:"银幕第一悲旦"》,见《名人传记》(上半月)2012年第11期。

学)附属小学和中学部。1919年4月,与侯绍裘、王振球、沈昌等同学谋刺淞沪护军使何丰林,因事泄被捕。被保释出狱后,参加"五四"运动,并领导上海学生声援北京爱国学生,被学校开除。转入南洋路矿学校,补习法文,以备留学法国。同年年底成为共产国际中国直属小组成员。翌年5月,加入上海马克思主义研究会,参与创办《共产党》杂志[1],并任编委。陈独秀组建社会主义青年团,对外挂牌"外国语学社",而各地进步青年纷纷至沪,使经费不敷。金家凤遂向其母索得留法经费计银洋六千元[2],悉数交与陈独秀,以解中共建党建团经费之困。8月22日,与施存统、陈望道、李汉俊、俞秀松、叶天底等发起建立上海社会主义青年团,由俞秀松任书记。金家凤负责团务。由陈独秀介绍,携未婚妻毛一鸣入北京大学为旁听生。结识蔡元培、李大钊、胡适、李石曾等。1921年5月,与邓中夏、张国焘、罗章龙、刘仁静、毛一鸣等加入共产主义小组。时年十八岁,成为中共一大时50多名党员中最年轻的党员。翌年5月,赴广州参加中国社会主义青年团第一次全国代表大会。8月陪李大钊、蔡元培到上海拜见孙中山,被委为额外秘书。不久受李大钊指示,由叶楚伧介绍加入中国国民党。1923年春,协助李大钊、李石曾策动首都裁兵大会,遭军阀政府通缉。后奉陈独秀之命,携妻随柯庆施去安庆筹建共产党和青年团组织。翌年初重返北京,任改组之国民党华北执行部组织干事。因与张国焘等有不同意见,回苏州养病。1926年再返北京,奉李大钊之命去武汉找陈独秀,途经南京时遭军警逮捕。经颜惠庆、胡适保释出狱,回上海后因郁闷彷徨,引发精神病。后回家乡养病,参与甪直保圣寺罗汉塑像抢救活动。

1928年金家凤赴沪寻找党组织无果,由蔡元培介绍,任教育部图书馆主任。1930年中原大战爆发,金家凤随汪精卫赴北平组建临时政府,任秘书及江苏特派员,从事"反蒋"活动。1931年"九一八"事变后,又随汪精卫赴广州出席国民党"非常会议",任江苏特派员。翌年与陈立夫结识,转而"拥蒋",先后任中央政治委员会交通专门委员会专门委员,中央经济委员会专门委员,铁道部秘书、专员,国民党中央党部图书室主任等职。

抗日战争全面爆发后,金家凤辗转到重庆,组建江苏同乡通讯处,创办《江苏

---

[1]《共产党》杂志,当时封面常用"康敏主义周刊""无政府""安那其"等名。见刘子健:《中共创建初期的党员金家凤》,2006年5月(内部印刷)。
[2] 此事有诸多文字资料记述,其姨妹葛家表弟葛蔚平(潘汉年系统情报人员)撰有《有关金家凤的一些情况》,见中国革命历史博物馆党史研究室:《党史研究资料》1982年第12期。原件现藏于上海市中国共产党第一次全国代表大会会址纪念馆。

情报》，发表《国防建设与交通》《如何安辑流亡》等，宣传抗日。又通过当年"外国语学社"同学傅大庆与中共领导人周恩来接上关系。1940年夏秋间，奉周恩来及国民党委员张群"双重"之命赴沪开展秘密工作。由丁默邨陪同去南京见汪精卫，被委为伪国民党中央执行委员。历任伪中央政治委员会社会事业专门委员会主任委员、上海华中运输公司董事、交通部顾问等职。次年2月与丁默邨访问日本，密谋压制东条英机，无果而返。1945年4月，被日军以"通共通渝"罪名逮捕，押至苏州监狱，后经调解保释，任上海华中运输公司董事长。翌年年初进上海通安轮船股份有限公司，任副经理。1947年，由通安轮船公司天津分公司、台湾分公司转入香港分公司当经理。奉命与在港李济琛、王绍鏊、朱蕴山、尹致中、孙起孟等民主人士来往，参与上层策反。

中华人民共和国成立后，1950年经吴成方介绍，金家凤为广东省公安厅做情报工作。次年陪孟力平去印度加尔各答购万吨轮"罗斯陶"号，以打破美蒋封锁，并让其子杨庆章（随母姓）当驾驶练习生，与该轮工会负责人宁培增建立关系。1952年8月，孟力平策划将"罗斯陶"号售予台湾"交通部"，经船员斗争，11月15日将该轮开到广州。其间，金家凤先后写信或通过有关人士向原联系人成方、张建良汇报，未获回音。1953年8月18日回广州说明情况，11月底正式被捕，经审查确实，被免于起诉。后因"阶级斗争"升级，1962年8月，被广东省高等人民法院以"反革命罪"判处有期徒刑15年。1968年刑满后，金家凤仍留农场改造。1975年年底，经中央批准"特赦"出狱，金家凤被送至海口海南航运局其子杨庆章处。1979年年初移居香港，9月11日遭遇车祸身亡。新华社香港分社以香港中国旅行社名义送"典型尚在"花圈。金家凤著有《中国之交通发展及其趋向》等。

（李嘉球）

袁家骅（1903—1980）

袁家骅，沙洲（今江苏张家港）人。生于清光绪二十九年（1903）。自幼家贫，得二哥资助读书，以优异成绩考入无锡江苏省立第三师范学校。撰著《唯情哲学》小册子，因之而入创造社，并与社中成员郭沫若、成仿吾、郁达夫等有往来。1923年考入北京大学预科，后本科入英语专业，读书期间兼任北新书局编校。毕业后应聘为上海北新书局编辑。不久，被北京大学聘作助教，讲授英国文学，曾翻译波兰作家康拉德的小说。1937年考取第四届中英文化协会庚款留英公费生，赴牛津大学攻读古英语、古日耳曼语及印欧比较语言学，获硕士学位。

1940年回国,任西南联合大学副教授,讲授英国语言文学。时值抗日战争艰苦阶段,曾在李方桂、罗常培等人组织下,利用暑假赴云南路南等地区调查哈尼族等少数民族语言。根据当地发音人提供之素材,用国际音标记录下千余字汇成14个故事。抗日战争胜利后,1946年袁家骅随北京大学复校于北平,仍任教授,曾代理系主任。次年,撰成《窝尼语音系》《峨山窝尼语初探》二文,介绍了哈尼语的声调规则及语法特点等内容。1948年年底,应英国对外文化协会邀请,赴英国做学术访问一年,专攻历史语言学,做汉语与英语比较研究。次年8月回国。

中华人民共和国成立后,袁家骅任北京大学语言专修科主任。1953年,参加少数民族语言所举办的民族语言调查工作,负责壮族语言调查,并参与壮语文字创制工作。在所撰《僮族语文问题》等作中,对广西壮语的邕南、邕北两大方言做了具体分析,认为在创制壮语文字时应制订南北互通的两个文字方案,方能兼顾南北壮语的全部。1955年,转入中文系语言学教研室。开设"汉语方言学"课程,并受高等教育部委托,制定汉语方言学教学大纲。复在此基础上主编《汉语方言概要》一书。此书为中国首部较为全面系统介绍现代汉语方言的专著,对建立汉语方言学的科学体系具有重要意义。1965年袁家骅与赵世开、甘世福合译美国语言学家布龙菲尔德名著《语言论》。1980年北京市语言学会成立。袁家骅被聘为顾问。同年9月4日去世。著有《袁家骅文选》等。

(顾亚欣)

费新我(1903—1992)

费新我,学名斯恩,字省吾,改字新我,以字行,号立斋,笔名立千,浙江吴兴(今湖州)双林人。生于清光绪二十九年十一月初三日(1903年12月21日)。少小勤奋好学,尤爱绘画,有美术天赋。曾为商店账房。三十二岁时,不顾全家的强烈反对,舍弃每月银洋200元的丰厚薪俸,辞职学画,去捕捉前途渺茫的生机。初于白鹅画校及白鹅画会学西洋画。1939年被上海万叶书店聘为特约美术编辑,同时被三联书店等单位聘用,从事图画范本及应用美术等图书的编绘工作,先后编写美术读物、技法书三四十种。

中华人民共和国成立后,1953年费新我辞去上海万叶书店工作,徙居苏州,专门从事彩墨画创作。参加苏州市文联组织的吴县金山采风活动,创作六十余幅写生稿,归来后创作了《采石工人》《在金山工地上》《收工》等优秀作品。与著名画家张晋、余彤甫、顾仲华等举办联合画展,在画坛引起轰动。代表作《刺绣图》《草原牧民图》,线条明快流畅,人物形象生动逼真,受到行家的一致推崇,并被选送至苏联参展。1957年费新我被聘为江苏省国画院专职画师。

1959年,费新我突患结核性腕关节炎,致使右手病残难以作画,便改用左手来续写自己的艺术人生,将创作领域转向书法,为自己定下严格的"十年临书计划"。从唐入手,上溯至秦。初三四年临《张迁碑》《校官碑》等,次四五年兼习《十七帖》《急就章》等。下了先专临、后遍临的苦功夫,即先宗一帖,写上一阵,临上数十遍,得其形质,后来又遍临,掌握多种规律,这样读读临临,又临又读,以期形神俱备。其书法千姿百态,尤以行草最为精到。作品结字严谨,奇中求正,险中求平。线条干净利落,章法错落有致,运笔时而急促、时而舒缓,起伏有序,极富节奏感和韵律感,尤其是字里行间时时流露出奇崛、劲健和卓尔不群以及在逆境中顽强拼搏的心境。费新我晚年作书更具节奏感,抑扬顿挫,干湿自然,运笔快而不滑,迟而不滞,书虽止而势犹未尽。喜取逆势,若逆水行舟,奇拙互生,具有下笔随意、章法美观、挺拔雄健、凝练遒劲的特点。貌从故我,独能翻新,受到林散之、启功等大家的高度称赞,被誉为继元代郑遂昌、清代高风翰之后又一位另具生面的左笔书法家。毛泽东主席与郭沫若论当今中国书法时,郭沫若以林散之为第一名,以费新我为第二名,誉为真功夫。毛泽东亦称赞费新我身残志坚,以左手练书法,能达到炉火纯青的地步,更值得好好学习。

自1962年起,费新我先后在北京、南京、上海、杭州、郑州、苏州等地举办个展,并远赴日本、美国、新加坡办展、讲学。日本、美国、新加坡媒体称其为"墨仙""书坛李白"。其作品广为国内外博物馆、美术馆、纪念馆所收藏,并被大量刻碑以长期陈列。1978年秋邓小平访日,曾以费新我所书"相邻一带水,友谊万年春"作为国礼。

费新我在勤奋创作的同时,还致力书艺的宣传普及工作,出版有《毛泽东诗词行书字帖》《鲁迅诗歌》等帖,编著有《怎样画铅笔画》《怎样学书法》《楷书初阶》等。1992年5月5日病逝于苏州,骨灰被安葬于穹窿山金鸡山公墓。

(袁成亮)

顾翼东(1903—1996)

顾翼东,名大荣,以字行,吴县(今江苏苏州)人。生于清光绪二十九年二月初六日(1903年3月4日)。出身于书香世家,为顾沅堂玄孙,王同愈外孙,顾廷龙表兄。

1914年顾翼东入东吴大学附属中学。1923年毕业于东吴大学化学科,获理学学士学位。留任助教,并被选为斐陶斐荣誉学会会员。次年自费留学美国芝加哥大学攻读有机化学。1925年获硕士学位,被选为西格玛赛学会准会员。次年回国,任东吴大学化学系教授。1931年任系主任。为中华化学会会员。1933年夏再赴芝加哥大学。1935年获化学哲学博士学位,被选为西格玛赛学会正会员,并成为美国自然科学促进会化学部会员。回国后仍任东吴大学化学系主任,兼信孚银行监察人。

抗日战争全面爆发后,顾翼东任东吴大学沪校教授。1939年兼任震旦女子文理学院化学系教授、系主任。1944年兼任上海交通大学沪校物理化学教授,兼任大同大学教授。曾为信谊化学制药厂配制抗菌新药消治龙,为光明化学制药厂改进磺胺类药物生产工艺。抗日战争胜利后,1946年顾翼东任经济部资源委员会国外贸易事务所分析室主任,承其师成功一早年嘱咐,究心于国防战略矿藏,开展钨矿研究。发起恢复东吴大学校友会,并当选为干事,发起募捐运动协助复校。次年当选为中华化学工业会理事,兼任华东联合大学教授及实验室主任,并兼任东吴大学化学化工系及震旦女子文理学院、上海交通大学、上海医学院化学教授。

中华人民共和国成立后,1952年全国高校院系调整。顾翼东调任复旦大学化学系教授,曾任无机化学教研室、稀有元素化学教研室主任。1954年加入九三学社。1956年兼任中国科学院冶金陶瓷研究所研究员,被聘为冶金陶瓷研究所、应用化学研究所学术委员会委员。任国务院科学规划委员会稀有元素组、国家科委化工组、中国科学院技术委员会化学组组员,当选为中国化学会理事兼化学名词审查委员会委员,上海市化学化工学会、金属学会理事。1980年当选为中国科学院学部委员。

顾翼东好数学,精通英、德语,曾主编《化学词典》,是中国近代无机化学创始人之一,稀有元素、丰产元素化学及钨化学的奠基人。早在20世纪40年代即向政府提出,出口钨矿石应该根据其中铌、钽含量制定价格标准,保护国家珍贵资源。50年代创造了络合均相沉淀法,开辟了制备黄钨酸的广阔道路。在深入研究钨化学的基础反应后,首度研制得到活性粉状白钨酸。80年代主要研究以"内在还原法"制备蓝色氧化钨,创造性地以"倒滴加法"在常温及低酸度下制得活性粉状白钨酸,以湿法生产偏钨酸铵,为制备各种含钨化合物开辟了新途径。

稀土元素化学也是顾翼东的主要研究方向。1955年顾翼东指导研究生,首先用纸上色层法进行了稀土和铀分离分析研究,并解决了当时独居石中铀的定量分析问题,保障了独居石的安全生产。另外,在国际上最先报道在常温、常压下和近中性溶液中制得含四价镨的铈镨杂多核氧化物,从而测得四价镨在醋酸溶液中的吸收光谱。撰写《金属离子的液相萃取分离法》,介绍了用于溶剂萃取的有机试剂。编著《有机试剂在金属元素比色分析及沉淀分离中应用的发展》一书,使得溶剂萃取法在萃取化学上发挥了重要作用。

顾翼东毕生爱国爱乡。代表族人将祖传赐砚堂、辟疆小筑即传砚堂、宝砚堂等老宅数百间房屋以及许多家藏文物捐献给国家,并将顾沅所辑《吴郡文编》稿本80册计246卷捐赠给苏州博物馆。1996年1月21日在上海逝世。

(李 峰 王伟群)

吴进贤(1903—1998)

吴进贤,本名广兴,又名二宝,字寒秋,安徽歙县昌溪里河坑(今属深渡镇)人。生于清光绪二十九年(1903)。曾为常熟唐市永春典当号学徒。后于苏州晏成中学毕业,任基督教浸会新民社干事。1928年于南京金陵大学农科肄业。任晏成中学教员,兼任校刊主编。通英文,擅诗词,喜昆曲,能自编自唱。曾参加禊集曲社,擅演《贵妃醉酒》之唐明皇及《牡丹亭》之柳梦梅等。

吴进贤自少酷爱书法,勤于练习。先后师从蒋炳章、李根源,并得到陶行知指点。在李根源处得见大量汉碑原拓,勤奋临拓不止,使书法技艺大有长进。擅行楷,尤精于隶书。写隶书宗汉碑,以《张迁碑》为主流,又在《郙阁颂》《衡方碑》等方正浑厚一路上下过苦功。因一个偶然机会,在书店看到清人何绍基临汉碑十种,甚是欢喜,从而由临摹汉碑原拓转向临摹汉碑墨迹本,克服了此前只知临原拓者的通病,在笔意上直追何绍基。1933年,与吴清望、余觉、蒋吟秋合作完成的正草隶篆四体屏条被义卖。民众争相抢购。该四人被小说家程瞻庐称为"吴中四杰"。吴进贤的书法作品在扇庄出售,曾受到书法大家于右任称赏。

1935年吴进贤在苏州创办进贤小学。次年又创办进贤国学讲习社。抗日战争胜利后吴进贤任慧灵女中国文教员。1949年中华人民共和国成立后,吴进贤在苏州市第三中学任教。加入中国书法家协会,曾任苏州市文联艺术指导委员会委员。在书法创作时喜用安徽夹宣,认为夹宣有五层,吃得住墨,最能表现墨色的变化。在用墨方面,常将"一得阁"和"曹素功"混合在一起使用,施以浓墨重笔。晚年所作隶书结体高古、团墨较重、润枯适当,在线条运用中时有刻意抖动之感,在吴中被称为"隶王"。郑逸梅曾撰文称其书法"透出江南第一笔"。吴进贤的作品多次参加国内外大型书画展。苏州园林重修时,吴进贤曾为留园、盘门三景书写大幅长篇序文,还为天平山庄等风景名胜地书写大量楹联。为庆祝北京举办第十一届亚运会,创作了30幅书法作品,通过中国书协转赠给亚运会组委会,受到组委会高度评价。

1998年,吴进贤病逝于苏州。出版有《毛主席诗词选隶书字帖》《吴进贤隶书千字文》等字帖。与诗友唱和之作被辑为《嘘寒集》。

(袁成亮)

费达生(1903—2005)

费达生,吴江(今江苏苏州吴江区)同里人。生于清光绪二十九年八月十一日(1903年10月1日)。郑辟疆继妻,费孝通姐。父费玄韫曾留学日本,与母杨纫兰皆为地方教育界知名人士。

费达生自幼受到良好的家庭教育。十四岁入江苏省立女子蚕业学校学习,受到校长郑辟疆的培育熏陶。1920年夏毕业,被学校选派去日本留学。次年考入东京高等蚕丝学校制丝科。留学期间,看到日本蚕丝业以科教兴国,成为中国强劲对手,激起了重振祖国蚕丝事业的决心。1923年毕业后回校,任推广部养蚕指导员,随校长郑辟疆到吴江震泽、严墓巡回宣传育蚕新技。次年于震泽区开弦弓村,个别指导农户科学育蚕,推广小单位的稚蚕公育、改良蚕种。1925年任推广部主任,于吴江合资创办友声、大有蚕种场。与震泽镇丝业公会合作开办土丝改良传习所,推广女子蚕业学校的改良木制立缫车。次年又举办培训班。1927年于《妇女杂志》发表《人造丝的现在及将来》等文。1929年在开弦弓村建立生丝精制运销有限合作社。该合作社为国内首家农村股份制合作企业,实行共同消毒、共同催青、稚蚕共育、共同售茧,其蚕茧的产量和质量大大优于普通农户蚕茧的产量和质量。费达生又建立小型机械缫丝厂,将稚蚕公育与发展乡村制丝业有效结合,对推广改良太湖流域蚕业卓有贡献。次年赴日本考察丝业,归国后兼任蚕校制丝科主任、制丝实习工厂厂长。1931年被聘为江苏省农矿厅蚕业设计委员会委员。次年联名呼吁中央年拨半数人造丝进口税改良蚕丝,又主持将无锡瑞纶丝厂改造为玉祁制丝所并兼任经理。与制丝教师张复升成功研制出国内首创的立缫车,并在玉祁制丝所安装了32部,提高了生丝的产量和品质。将坐缫改为立缫这一改革在江浙制丝业中影响很大。后何香凝参观玉祁制丝所后,曾题赠"农业救国"。1934年,费达生兼任吴江县蚕桑改良区副主任,由其弟费孝通代撰《复兴丝业的先声》,发表于《大公报》副刊《乡村建设》及《农村经济》杂志。次年兼任震泽制丝所经理。1937年复主管新建平望制丝所,指导吴县光福区生产合作联合社创设模范小型丝厂。

抗日战争全面爆发后费达生内迁四川。1939年以专家身份出席全国生产会议。曾任四川丝业公司制丝总技师、新生活运动促进总会妇女指导委员会乐山蚕丝实验区主任,并襄助女子蚕业学校办学,编辑出版《蚕丝月报》。抗日战争胜利后,1946年费达生任中国蚕丝公司技术处副处长,于苏州接收敌产瑞纶丝厂并任厂长,又任江苏省立女子蚕业学校制丝实验厂厂长,兼任苏州乐益女中校董。

中华人民共和国成立后,费达生历任中国蚕丝公司华东区公司总技师,中国蚕丝公司技术室副主任,苏州市工业局、江苏省丝绸工业局副局长,主持制定了"立缫工作法"。1958年任苏州丝绸工业专科学校副校长。1961年任苏州丝绸工学院副院长。在院长郑辟疆领导下,主持研究,将日本定粒式缫丝机改为定纤式缫丝机。次年又组织联合攻关,试制D101型定纤式自动缫丝机成功。这是中国第一台自行设计的自动缫丝机,并经纺织工业部鉴定被推广到全国。费达生后任苏州丝绸工学院顾问。因对农业科研、教育推广工作有杰出贡献,1984年荣获中国农学会表彰。1985年在《经济日报》撰文《建立桑蚕丝绸的系统观点》,对中国桑蚕丝绸业的综合改革和协调发展颇有影响。年逾九十,又开始对蓖麻蚕的开发利用进行探索,表现了追求理想目标的坚韧意志和献身精神。

费达生曾当选为中国蚕学会、中国丝绸协会理事,江苏省丝绸协会名誉会长。先后加入九三学社、中国共产党。曾当选为江苏省人大代表,苏州市政协副主席、市妇联副主任,九三学社江苏省委顾问、苏州市委副主委等。2005年8月12日在苏州病逝。

(李 峰 王 晨)

潘家辰(1904—1932)

潘家辰,又名家洵,或作家珣,俄文译名克鲁,吴县(今江苏苏州)人。生于清光绪三十年(1904)。家居富仁巷。曾祖潘霨,历官湖北、江西、贵州巡抚。到祖父潘开寅时家道中落。父潘承启曾留学日本,攻读法律,归国后任教,生活清贫。

潘家辰随母久居昆山外婆家,六岁入小学,成绩优异。"五四"运动期间,思想受到启发。1920年夏潘家辰随父母迁居北京,考入外交部创办的俄文专修馆,结识江苏同乡瞿秋白,同时阅读了大量宣传俄国"十月革命"和马克思主义的进步报刊书籍,倾向于革命。1923年年底,毅然放弃在中东路当高级职员的机会,奔赴苏联,进入东方劳动者共产主义大学学习,得到中共党员赵世炎、王若飞、陈延年等同学的帮助,使得思想进步很快。1924年加入中国共产党。潜心研究俄国"十月革命"和国际共产主义运动的经验教训,探讨中国革命的道路和方式,曾提出应根据各国实际情形,区别对待国际斗争的经验。1925年共产国际创建中山大学。潘家辰经党组织调派,赴中山大学任翻译,兼做学生工作。次年由谭平山证婚,与中山大学学生、中共党员庄东晓完婚。1927年随共产国际视察团秘密回国,在党中央国际联络处主要从事文件翻译工作。次年4月,奉命负责护送部分出席中共六大的代表去苏联,并作为中央指定的代表参加了中共六大,代表职工运动委员会在大会上发言。会后留在苏联,进入列宁学院深造。

1930年12月,因国内革命运动急需大批干部,经组织安排,潘家辰与庄东晓秘密回国。次年3月前潘家辰赴湘鄂西苏区,5月1日抵达湘鄂西特委和联县政府驻地沔阳县瞿家湾,出任湘鄂西中央分局巡视员。1931年6月湘鄂西临时省委成立,潘家辰任临时省委巡视员。12月11日湘鄂西省苏维埃政府成立,潘家辰出任经济部部长。

为加强湘鄂西根据地建设,潘家辰曾推行"租佃制"的过渡政策,允许劳动力和耕具严重不足的农户将土地暂时租佃给较为充裕的农户耕作。还与国民党湖北省政府水利厅开展"堤工外交",利用国际救灾组织的援助,解决在赤白交界地段的堤岸修筑问题。为稳定湘鄂西苏区金融市场,以省苏维埃政府的名义发布通告,禁止各县滥发纸币,统一发行纸币和铸造银币、铜币,在各区县设立兑换所。在潘家辰主持下,《湘鄂西苏区生产协作社组织章程(草案)》《劳动法令》等法规相继出台。

潘家辰对王明等领导人搞宗派主义、安插亲信、排斥富于实际斗争经验的地方干部的做法明确表示反对,招致湘鄂西中央分局书记夏曦的极大不满。1932年1月22日湘鄂西省第四次党代会在瞿家湾召开。潘家辰、万涛、段德昌等人在会上对王明"左倾"路线发表不同意见,对夏曦的政治报告提出批评,被夏曦定性为"反国际、反中央正确路线"的派别活动。会后,各地开展揭露批判潘家辰"右倾机会主义政纲和一贯反对中央正确领导的阴谋"。5月,湘鄂西苏区开始大规模"肃反"。潘家辰被夏曦诬陷为"用新共产党名义"在湘鄂西活动的托洛茨基派首领,被错误开除党籍,于6月21日被捕入狱,受到残酷迫害。在共产国际的关心和过问下,张闻天曾电告湘鄂西中央分局,指示将潘家辰一案交中央处理,但未能成功营救。8月31日,潘家辰被错误杀害于瞿家湾青龙垸。

1978年中共十一届三中全会后,潘家辰被改正,其英名被列于湘鄂西苏区革命烈士纪念馆烈士祠。

(李海涛)

仇昆厂(1904—1938)

仇昆厂,笔名隐厂、阿昆、昆厂,自号白门幻宇聊生,回族,江宁(今江苏南京)人。生于清光绪三十年十一月初二日(1904年12月8日)。幼年丧母,成童就读于私塾。父经营糖坊,1913年病故。仇昆厂遂投靠亲戚。1915年辍学赴上海,于珠宝店做学徒,坚持业余学习。投稿屡为苏州社会通俗日刊《吴语》所采用。为创办人马飞黄所赏识,1917年成为《吴语》报社练习生,很快熟悉新闻业务,成为该报记者、编辑。与报社中名家戚饭牛及后成为连襟的胡觉民等同事佐助马飞黄锐意改革,使《吴语》报面貌一新,销数在当时苏州四开报中名列第一。1921年仇昆厂任编务。1924年参与发起正心团。1927年10月苏州新闻记者协会改组。仇昆厂当选为执行委员,负责交际事务,曾提请苏州新闻记者协会出面敦促劳资双方互相妥协,以平息铁机工潮。

1928年1月,仇昆厂佐助经理胡觉民,改组《吴语》报为对开报《吴县日报》,以《吴语》为副刊名,历任采访主任、总编辑。柳济安等发起组织苏州市政研究会。仇昆厂被推为筹备委员之一,作为苏州新闻记者协会代表参加江苏省报界联合会成立大会。被张叔良聘为《苏州明报》记者、主编,佐助张叔良将《苏州明报》大加改革创新,使《苏州明报》得以与《吴县日报》《早报》并称为苏州三大报。

1929年4月,因仇昆厂于《苏州明报》撰写社论揭露军阀恶行及驻军不法行为被诬为"反动行为",《苏州明报》被勒令停刊一周。仇昆厂被押解至上海淞沪警备司令部,予以穷凶极恶的匪徒般的待遇,经苏州新闻记者协会及总商会等各团体声援,终得获释。因党政军联合新闻检查处滥行职权,随意删除新闻,妨害新闻记者业务,摧残舆论精神,7月2日苏州各报议决于次日一律停版,要求撤销联合新闻检查处,并组织苏州各报反对党政军联合新闻检查处运动委员会。仇昆厂被推为委员,并与《吴县日报》之李天钟、《小日报》之汪知心组成主席团,与国民党吴县县党部交涉。5日联合新闻检查处被明令撤销后,各报复刊,并于6日一律发行红报,以志庆祝。吴县县长彭国彦清廉勤政,因不依附上司,被非法拘押。仇昆厂主持的《苏州明报》接连三天以大字标题刊发《彭国彦被逮》的新闻,并刊登余觉的诗,引导苏州民众舆论,对彭国彦予以深切同情与声援。同年7月,仇昆厂曾自办四开三日刊小报《福禄寿》。1930年冬又创办八开三日刊小报《民报》。1931年1月,苏州新闻记者协会筹备改组为吴县新闻记者公会。仇昆厂被推为筹备员,后当选为理事长。1932年5月,《小苏报》三日刊主任苏小素被驻苏六十师司令部逮捕。仇昆厂等作为报界代表积极营救,又代表吴县新闻记者公会参加在苏州举行的十九路军"一·二八"淞沪抗日阵亡将士追悼大会。6月,十九路军被迫调防福建参加"剿共"内战。仇昆厂与范君博、夏学钧作为苏州请愿代表,联合无锡代表去南京,分赴行政院、军委会、军政部呈文请愿收回成命,挽留十九路军仍驻原防。

仇昆厂在黄金荣智囊谌则高门下"四大金刚"中名列第二。书工欧体,能诗善对,亦精猜谜、制谜,喜唱京剧。1932年,梅兰芳偕同夫人福芝芳以及刘宝根等从南京来苏州。仇昆厂偕壬申票房票友同往请晤,并于曲会上清唱《滑油山》。梅兰芳还接受了仇昆厂的独家采访。

原国民党吴县县党部委员、蠡墅乡恶霸朱彦良欺压百姓,多有劣迹。仇昆厂经常撰文揭露抨击。1934年6月,仇昆厂因揭露吴县妇女会主席陈蕤梧之夫程中青以妇女会名义在外招摇,被程中青控告,经记者公会会员大会声援,终被判无罪。7月,辞去《苏州明报》职,9月创办《大华报》。努力扩大信息容量,精心布置版面,使《大华报》图文并茂。尤为重视社会新闻版,并开辟《都市风光》,偏重本地新闻的侧面报道,刊载小品、小说,提倡风雅,12月起还开设了《诗谜征猜》,举办有奖竞猜活动,于苏州首创投稿者免附邮资,故应征踊跃,富于生气。

仇昆厂主持舆论,一秉至诚,执笔撰文,精警透辟,有"苏民铎音"之誉。1935年元旦增刊刊发《国难》,讥讽"九一八"事变以来国民党政府对日妥协的不抵抗政策。"一二·九"运动爆发后,仇昆厂亲率报社、印书馆职工,与苏州各界人士举行游行活动,声援北平爱国学生。1936年5月4日,于《苏州闲话》撰文纪念"五四"运动,指出:"推动新文化的'五四',在中国文坛史上造成光荣的一页,值得我们追念,号召苏州的文人,本着'五四'推动新文化的精神,努力的干!"

西安事变后,仇昆厂曾任苏州民众抗敌后援会审查科科长、苏州青年抗敌团主任、吴县各界民众抗敌后援会审查委员等职,并免费义务承印苏州的抗日标语。1937年"八一三"事变后,与连襟胡觉民协同南京《朝报》主编张慧剑等,承印军事委员会主办的东战线《阵中日报》,每天印发一万多份,用专车送往淞沪会战前线,激励抗日士气。10月13日《大华报》停版,仇昆厂携家眷避于吴县横泾乡张家桥,两拒出任苏州维持会伪职。1938年2月8日,惨遭谷正南等匪徒枪杀。

抗日战争胜利后,仇昆厂之妻周鹤贤在社会各界声援下,控告凶犯谷正南,终将谷正南逮捕正法。《大华报》亦由周明等自发接办,于1945年12月1日正式复刊。次年 2 月 10 日,复刊后的《大华报》出版《仇昆厂先生殉难八周年纪念特辑》,名士张寿鹏为撰《像赞》,将仇昆厂誉为"吴中之英"。　　　　　（李　峰）

彭国彦(1904—1960)

彭国彦,字隽人,江西吉安人。清光绪三十年(1904)生于江苏扬州。1922年考入东南大学预科,后转本科政治经济学系。1925 年任学生自治会委员长,"三九学潮"时组织学生维持学校委员会,并任主任。次年毕业,获文学学士学位,留校任助教。1928 年任冯玉祥国民军联军司令部教育处上校科长,兼河南中山大学讲师,后任无锡中学训育主任,于江苏省第一届县长考试中获第一名,出任吴县县长,兼财务局局长、清乡委员会委员长,立誓为清官况钟第二。在任时清廉勤政,礼贤下士,勇于为民请命,致力保护文物古迹,拒贿禁毒,多有善政。

彭国彦素性孤高清傲,尤不喜取媚上司,因拒绝逢迎江苏省民政厅厅长缪斌而遭忌恨。1929 年,缪斌诬彭国彦为国家主义派,以不奉命令等借口擅自将彭国彦拘押,并撤职。后经妻许宪民力救,苏州各界纷起声援,彭国彦终得获释。1931 年彭国彦任代理江阴县县长,不久即对调任邳县县长,在任半年,因失察部属依旧案浮征四户社地价税五厘,次年被诬浮收受贿,再次被非法拘禁并免职。彭国彦为辩诬曾绝食抗议,得各界公论声援。1935 年被判刑五年,经上诉,以失察浮征罪名被改判为一年四个月,获释后闲居苏州。

抗日战争全面爆发后彭国彦赴重庆,曾任国民党中央党部秘书,中央宣传部文书科科长及出版处编审室副主任、代主任等。1945 年春转至粮食部田赋管理处、中央银行任秘书、协纂等职。抗日战争胜利后彭国彦任中央银行设计专员,兼中国建设服务社监事,拒绝参加国民党员登记。中华人民共和国成立后,彭国彦与许宪民离婚。1957 年被判劳动改造五年,后闻知女儿林昭因直言以反革命罪名被捕,于 1960 年 11 月服鼠药自尽。

彭国彦译著有《国家之理论与实际》《国际货币建议》等。　　（王晋玲）

朱兆雪(1904—1965)

朱兆雪,原名肇锡,常熟人。生于清光绪三十年(1904)。幼年丧亲成孤儿,被天主教会抚养。1917 年入上海震旦学院。1919 年参加"五四"运动,赴法国勤工俭学,入巴黎水陆工程大学。1923 年获巴黎大学数学硕士学位。后入比利时岗城大学皇家工程师研究院学习。

1926年回国后,朱兆雪曾任京汉铁路工务处工程师、奉天宝利公司建筑工程师、冯庸大学中学部数理教授等。1931年任北平大学艺术学院建筑系讲师,历升教授,又任北平中法大学理学院教授,后兼任北平师范大学数学系讲师。1935年在实业部登记为土木科技师。曾参加设计世界红卍字会济南道院。1938年任伪北京大学工学院建筑系主任,自营北平大中建筑师事务所,曾参加对故宫建筑实地测绘工作。1947年,时任龙虎建筑公司经理,积极赞助北平市学生助学委员会。在土木工程界早有声誉,与上海著名建筑师杨宽麟并称"南杨北朱"。

中华人民共和国成立后,朱兆雪任北京市建设局建工科副科长、建筑师,仍兼任北京大学工学院建筑系主任。1950年与建工科科长赵冬日提交《对首都建设计划的意见》,对梁思成、陈占祥的《关于中央人民政府行政中心区位置的建议》提出异议,认为:如果放弃原有城区在郊外从头建设新的行政中心,在财力、物力条件有限的情况下,势必难以新旧兼顾,导致荒废旧城区。主张在北京古城原有基础上继续进行建设,使其更加完善。具体建议:将行政区设在全城中心,南至前三门城垣,东起建国门,经东西长安街至复兴门,与故宫以南,南海、中山公园之间的位置。他们的意见得到苏联城市建设专家和北京市相关业务部门赞同。同年朱兆雪以北京大学教授身份,被梁思成推荐加聘为北京都市计划委员会委员。1952年,任首都人民英雄纪念碑兴建委员会工程事务处建筑设计组副组长、建筑设计委员会委员兼结构设计专门委员会召集人。历任北京市建筑公司、北京市建筑工程局设计院、北京市城市规划管理局主任总工程师,当选为中国建筑学会第一至三届常务理事,《建筑学报》第一、二届编委会副主任委员。1961年任北京工业大学教授、副校长。次年加入中国共产党。1964年荣任校长。曾当选为第一、二届全国人大代表,北京市人民委员会委员,北京市各界人民代表会议代表、人大代表。精于土木工程结构设计,特别对钢筋混凝土骨架结构设计有精深的研究和丰富的实践经验。曾负责和主持全国政协礼堂、人民大会堂结构设计,还与赵冬日合作设计中共北京市委办公楼、中共中央直属机关礼堂、北京伊斯兰教经学院等。1965年5月30日逝世。编著有《高等数学》《图解力学》《材料耐力学》等。

(王晋玲)

陆近仁(1904—1966)

陆近仁,常熟白茆人。生于清光绪三十年(1904)。中国科学院院士陆宝麟二兄。1926年于东吴大学生物学系毕业,获理学学士学位。留校任教,并供职于生物材料供应处。1931年于燕京大学研究院肄业,转入东吴大学生物系。1934年获硕士学位。赴美国康奈尔大学研究院专攻鳞翅目昆虫学。1936年获博士学位。为斐陶斐和西格玛赛荣誉学会会员,曾获三枚金钥匙奖。回校任生物系教授。

抗日战争全面爆发后,陆近仁与刘承钊率部分师生内迁成都。1938年年末任教于昆明西南联合大学,为清华大学农业研究所昆虫学组、清华大学农学院昆虫系教授,加入清华昆虫学会并绘制会旗,为会歌制谱,为参加学术演讲次数最多者。编著《昆明鳞翅目幼虫检索表》,在云南开创植物保护研究领域。抗日战争胜利后陆近仁任清华大学生物系教授,兼《农学记录》编辑。1948年任昆虫系代主任。

1949年中华人民共和国成立后,北京大学、清华大学、华北大学三校的农学院与辅仁大学农艺系合并成立北京农业大学。陆近仁任合并搬迁委员会主任。后任北京农业大学昆虫系、植物保护系教授,以及校务委员会委员、副教务长、大一部主任、建校委员会副主任、校长助理等,兼任中国科学院昆虫研究所研究员、昆虫形态学研究室主任,中国昆虫学会理事,《昆虫学报》编委。曾当选为民盟北京农业大学区分部主任委员、民盟北京市委委员、民盟中央委员会组织委员会委员。1956年被评为一级教授。是中国昆虫形态学与幼虫学的开拓者、奠基人之一,有"中国的斯诺德格拉斯"之誉。

陆近仁爱集邮,喜音乐,能谱曲,擅小号、二胡。曾组织翻译《昆虫学术语》。参与审订《昆虫学名词》,参编《英汉昆虫学词典》,合编教材《普通昆虫学》及《中国经济昆虫志·鳞翅目 夜蛾科》。与管致和合作整理《中国螟蛾科昆虫名录》。

1966年"文化大革命"爆发后,陆近仁不堪凌辱,于9月1日含冤去世。

(王晋玲)

顾公硕(1904—1966)

顾公硕,名则奂,以字行,笔名老奂、秀厈、七阳、浅草、依仁等,吴县(今江苏苏州)人。生于清光绪三十年七月初七日(1904年8月17日)。顾文彬曾孙,顾麟士四子。1918年毕业于吴县第四高等小学(今草桥小学)。本欲入上海南洋路矿学校读书,因家中反对中止。此后即与众兄弟在家中接受旧式教育,先后从张廷升、朱锡梁、孙宗弼受业。又有家学渊源,工书善画,精于鉴赏。在摄影方面有所成就。

1930年父去世后,顾公硕经表兄沈希白介绍,赴上海华东银行任文书。未数年银行倒闭,顾公硕即失业回家。1936年,通过姐夫陆楚善关系,再赴上海,进入陆氏所办天香味宝厂任秘书,前后共计十四年之久。中华人民共和国成立后,顾公硕于1950年回苏州,任苏州市文管会委员。1952年任苏州市文联民间艺术研究组组长。1954年至1955年任文联刺绣工场负责人。1956年参加中国民主促进会,并被选为苏州市政协委员、文联常委。1960年苏州博物馆成立后,顾公硕任副馆长,兼任苏州工艺美术研究所所长。1966年"文化大革命"爆发后,顾公硕志不受辱,8月26日于虎丘一号桥自沉以殁。

孙宗弼在顾家任教期间,外姓听讲者达数十人。同窗中志同道合者曾组成浪华旅行团,赴江南各地游览摄影,以为历练。当时的主力就是顾公雄、顾公硕昆季及汪葆楫、顾寅、汪叔川、程庸畴、朱容孺等十余人。顾公硕与部分团员兼有另一身份,即浪华影社社员。在《浪华旅行团十周年纪念册》中,除所撰《浪华旅行团虞山之游报告书》《记阳羡两洞》《胥口波光》《旅行与摄影》《孙伯南先生祭文》《消夏会引》外,纪念册封面照片《十年树木》和插页中《竹》《富春江》亦皆出于顾公硕之手。1936年至1937年间,金石声等在上海创办的《飞鹰》杂志上刊载有顾公硕之《强力显影与舞台摄影》《大苏打驱除法之新研究》《滤色镜的倍数问题》《正全色性软片的特征》等文。顾公硕身后所遗留照片、底片一箱,由后人捐赠给苏州地方志编纂委员会办公室。而有关摄影方面资料,"文化大革命"过后经刘涤民等介绍,已转归中国摄影家协会收藏。

1949年中华人民共和国成立以后,顾公硕与族人共同将怡园捐归公有,又陆续向国家捐赠家藏文物数十件。顾麟士去世时,顾公柔已先一年卒,顾公可于1940年去世。顾麟士所保存之书画古籍,由四子分存。全面抗日战争期间,顾氏朱家园、醋库巷两处宅子均被日军洗劫一空。所幸书画善本已先被转移,免于劫难。其中,书画归顾公雄者,后被捐赠给上海博物馆;古籍善本归顾公硕者,"文化大革命"后大半被转归南京图书馆。

顾公硕晚年由于工作关系,致力文物古迹保护与工艺美术研究。古建筑专家陈从周调查洞庭东山杨湾轩辕宫,以及编订《苏州旧住宅》一书,均受到顾公硕之引导。而对桃花坞年画、苏州刺绣、缂丝、泥塑、木雕等的研究、保护和恢复,顾公硕尤有巨大贡献,并撰有《苏州年画》《顾绣与苏绣》《摩睺罗》等文。当时,上海有出版社曾约请顾公硕编纂工艺美术辞典,且其已撰有条目卡片一箱,惜因"文化大革命"爆发而未能成书。与此同时,顾公硕将历年对书画题跋的心得,参考日本学者青木正儿之《题画文学の发展》,撰成《题跋古今》一书。至于其自幼所写日记,数十年间积稿盈尺,不幸被毁于劫火。残存文章笔记等被辑为《顾公硕残稿拾影》行世,遗存摄影作品有《过云楼旧影录》。

(李 军)

支 谦(1904—1974)

支谦,字慈庵、子安,号南村居士,别署染香馆主,吴县(今江苏苏州)人。生于清光绪三十年(1904)。原住狮子林旁张菜园弄。1913年,其姐支一清与无锡金石家、竹刻家张瑞芝结为伉俪,在上海开办"慨吾庐"雕刻艺坊。支谦时随姐姐生活。就读于吴县县立东区中学,在校时常取大方砖仿刻文彭印鉴,为同学所赞赏。初中毕业后即从姐夫学习篆刻与竹刻,练就一手精细绝伦的雕刻技艺。1925年移居上海,在收藏家李祖韩处获见名家竹刻珍品甚多,受到很大教益,遂相与研讨,并捉刀镌刻,以搁臂、扇骨为多。1932年日军挑起"一·二八"战事。姐夫张瑞芝携家迁回无锡,而支谦却留驻上海,并有机会得到顾麟士、吴昌硕、张大千、沈钧儒等书画篆刻家的指点,使技艺大进。这时期摹刻秦汉宋元明印章较多,尤其擅长铁线篆,受到赵叔儒、诸德彝、黄葆戊等名家赞赏和鼓励。著名画家吴湖帆常用的一枚"梅景书屋"收藏章,就是支谦在苏州凤凰街吴氏寓所内所刻。1934年,支谦先后拜赵叔儒、吴湖帆为师,与画家吴子深亦在师友之间,常讨论金石书画。受此影响,又挥毫作画,初习竹石,后作山水、花卉、博古,亦有天趣,开始走上自书自画自刻的竹刻之路。1937年有竹刻代表作品《蒲塘清趣及蚕叶图臂搁》,意在影射日军入侵,国土沦丧、民族危亡。其忧国之情溢于刀锋。

支谦在上海新闻路寓所内辟简石经室,专门陈列历代名人碑刻及自己的竹刻与金石作品,以便同行交流、观摩。室内置有一画案,师友吴湖帆、张大千、张石园、江寒汀等不时来此切磋。1939年起,支谦在苏州、无锡、南京、上海等地举办个人书画、竹刻展览六次。1947年在上海中国画院与吴子深合办书画展览。其印章、竹刻获书画界人士赞扬,其中优秀作品大多入编1948年出版的《上海美术年鉴》。

中华人民共和国成立后,1952年支谦加入新国画研究会。1956年受聘为上海工艺美术研究室竹刻研究员。次年出席第一届全国工艺美术艺人代表大会。晚年大多在家闲居,以作画、刻印、郊游自娱。1974年逝世。一生留下的作品有上百件,主要被上海工艺美术博物馆、中国工艺美术馆等收藏,部分散落于民间藏家手中。

(陈道义)

王守竞(1904—1984)

王守竞,吴县(今江苏苏州)人。生于清光绪三十年十一月十八日(1904 年 12 月 24 日)。王季同长子。1922 年考入清华学校高等科。1924 年赴美国攻读物理学,获康奈尔大学、哈佛大学硕士学位,哥伦比亚大学博士学位。1928—1929 学年在威斯康星大学物理系从事博士后研究。

1929 年秋王守竞回国,任浙江大学物理系教授、系主任。1931 年任北京大学物理系教授、系主任。次年参与发起中国物理学会,当选为临时执行委员、评议员,被教育部聘为物理译名委员会委员。1933 年被国立编译馆聘为审查物理学名词委员会委员,任军政部兵工署技术司光学组主任,后任军事委员会资源委员会少将专员。1937 年抗日战争全面爆发后,王守竞奉命于昆明筹建中央机器厂,任总经理,为发展国防工业多有贡献。1945 年,任国民政府驻美国中国物资供应委员会主任委员兼驻美物资供应处主任。中华人民共和国成立后,王守竞于 1951 年弃职定居美国,为林肯实验室研究员。1969 年退休。1984 年 6 月 19 日逝世。

王守竞长期从事量子力学研究,为中国现代物理学奠基人之一。其多原子分子非对称转动谱能级公式被称为"王氏公式"。

(李 峰)

顾廷龙(1904—1998)

顾廷龙,号起潜,吴县(今江苏苏州)人。生于清光绪三十年十月初四日(1904 年 11 月 10 日)。出身于书香门第。自幼由祖父教读四书五经。1931 年毕业于上海持志大学,获文学学士学位。1933 年毕业于燕京大学研究院国文系,获文学硕士学位,任哈佛燕京图书馆驻北平采访处主任。1939 年与人共同创办上海合众图书馆,任总干事、董事,兼任暨南大学、光华大学教授。其间编纂《合众图书馆丛书》,收书 18 种。这些书多为清代先哲未刻稿本与抄本。

1949 年中华人民共和国成立后,顾廷龙将十余年来收集的合众图书馆近三十万册古籍,以及近代中外珍贵文献悉数捐献给国家。历任上海图书馆筹备委员会委员、上海历史文献图书馆馆长、上海图书馆馆长。20 世纪 50 年代末,主持筹建上海图书馆影印工场,短短几年中,将 30 种馆藏珍贵文献影印行世,包括宋本《唐鉴》《孔丛子》《侍郎葛公归愚集》《韵语阳秋》、明刻本《松江府志》《三峡通志》、清刻本《康熙台湾府志》、稿本《古刻丛钞》《刍牧要诀》《稼圃辑》、尺牍诗翰《纳兰成德书简》《龚自珍魏源手批简学斋诗》等。20 世纪 70 年代末后,主持影印元刻孤本《农桑辑要》、明写本《永乐大典》郎字韵一册,以及《孙中山先生遗札》《柳亚子先生遗札》等。又主持与中华书局、上海古籍出版社、上海书店等出版社合作影印宋本《元包经传》《钜宋广韵》《周髀算经》《九章算术》《孙子算经》《张丘建算经》《东观余论》《杜荀鹤文集》《嘉祐集》《王荆公唐百家诗选》、元本《颜氏家训》《文心雕龙》、稿本《玉函山房辑佚书续编》、元刻孤本《农桑辑要》等。

顾廷龙曾任《辞海》编委、分科主编,文化部国家文物鉴定委员会委员,国务院古籍整理出版规划小组顾问,中国图书馆学会第一至三届副理事长,复旦大学、华东师范大学兼职教授。编有《章氏四当斋藏书书目》。与潘承弼合编《明代版本图录初编》。主编《中国丛书综录》《中国古籍善本书目》《续修四库全书》。与族侄顾颉刚合编《尚书文字合编》。著有《说文废字废义考》《吴愙斋先生年谱》《古陶文舂录》等。又以书法名世,有《顾廷龙书法选集》。

1998 年 8 月 21 日顾廷龙在北京逝世。

(曹培根)

吴吉人(1904—?)

吴吉人,号紫薇,笔名鱼痴等,吴县(今江苏苏州)人。生于清光绪三十年(1904)。早年赴上海。与范烟桥等为星社社友。1928 年任上海电影界慰劳北伐将士游艺跳舞大会纪念特刊助理编辑,后供职于杜美路明星总公司文牍部。1932 年创办《吉报》三日刊,发起筹设土布工厂。书工正、草、隶、篆,加入国粹书画研究社,颇有时名。

吴吉人爱金鱼成癖,精通艺鱼术,有"金鱼博士"之称,曾于《申报》副刊发表《金鱼漫话》等,介绍心得与经验。1933 年于上海海格路合资创办大规模之"鱼乐园",专养金鱼,有颇多珍稀品种。任"鱼乐园"管理主任,曾应邀参加苏州公园鱼菊展览会。1935 年主持漕河泾冠生园农场金鱼部,参与发起中国艺鱼社,并为该社中坚人物,为友周瘦鹃所办苏州鱼乐园之高等顾问。1948 年自创吉人金鱼场,推销国产名种金鱼远至欧美。著有《金鱼饲养法》《金鱼》等。(李　峰)

周奎麟(1905—1942)

周奎麟,字一斗,乳名首春,化名周青、林开,太仓浏河人。生于光绪三十一年(1905)。出身于店员家庭。读过私塾。1921 年为上海证券物品交易所练习生,后任场务科职员。1924年加入中国共产党。次年任中共上海证券物品交易所支部书记。1927年参与上海工人第三次武装起义准备工作,任沪中区市民代表会议常务委员、大会执行主席,党团支部书记。国民革命失败后,周奎麟任中共沪中区委宣传委员兼上海证券物品交易所支部书记。1930年曾两次被捕。1932年"一·二八"淞沪抗战时,组织抗日义勇军支援第十九路军,又被捕判刑。于1937年抗日战争全面爆发前出狱,参与领导上海各业员工战时服务团,兼任常务理事会秘书。次年年初入《译报周刊》发行部,任中共江苏省委店员工作委员会委员,兼任中共益友社支部负责人。1939年去新四军教导队四中队学习,后任第一支队特派员办公室组长、军部军法处三组组长。1941年皖南事变后被国民党军统囚禁于上饶集中营,任中共秘密支部委员,参与制订暴动计划。因对敌斗争坚决,被编入"政治顽固营"看押。1942年6月16日夜,在福建崇安大安被国民党军统特务秘密杀害。

(李　峰)

潘承厚(1905—1943)

潘承厚,又名厚,字温甫,一字博山,号少卿、蘧庵,吴县(今江苏苏州)人。生于清光绪三十年十二月十二日(1905年1月17日)。早年丧父,后继承经营酱园生意,又倡议组建苏州电气公司、垦业银行。曾任故宫博物院顾问。全面抗日战争初期于上海创设通惠银行。

潘承厚与弟潘承弼均以藏书知名。在祖父潘祖同之竹山堂四万卷藏书基础上,购得曹元忠之笺经室、莫棠之铜进文房、孙毓修之小绿天等旧家藏书,将藏书数量增至三十万卷,其中多为明末史料、乡贤文献、名贤手翰,有一千余家名人手迹。潘承厚曾购得宋蜀大字本《陈后山集》三十卷,遂将藏书楼命名为"宝山楼"。

潘承厚工书,擅画山水、花卉,设色尤工致,亦精于鉴赏。1942年曾编辑影印《明清画苑尺牍》6册,收录明清两朝247位书画家尺牍;编辑《明清藏书家尺牍》4册,收录149位藏书家的手迹。另辑有《明季忠烈尺牍初编》。编著有《沈石田年谱》《毛子晋年谱》《文徵仲年谱》等。1943年5月6日潘承厚病逝。弟潘承弼将其书画作品刊印为《蘧庵遗墨》行世。

(曹培根)

费　巩(1905—1945)

费巩,原名福熊,字寒铁、香曾,吴江(今江苏苏州吴江区)人。生于清光绪三十一年八月十八日(1905 年 9 月 16 日)。出身于名门望族。曾祖费元镕为休宁训导。祖父费延釐,同治进士,与同乡吴仁杰齐名,号称"吴费",加昆山朱以增,并称"吴中三高士"。父费树蔚,学识渊博。母吴本静系吴县"贵吴"吴大澂之女。费巩为袁世凯长子袁克定长女婿。

费巩自少受到严格的家庭教育。1917 年与兄费福焘同赴上海,先后就读于南洋模范小学、复旦大学附属中学。1923 年考入复旦大学。次年被复旦学生会推为学生评议委员会主席,兼任复旦附属义务学校董事长。1925 年"五卅"惨案发生后,费巩发动义务小学师生在江湾一带演讲、游行,配合罢工、罢课斗争,积极参加反帝爱国运动,并将所学专业由文学改为政治学。1926 年 6 月以优异成绩从复旦大学社会科政治学系毕业,获文学学士学位。1928 年秋,自费到法国巴黎求学。翌年转入英国牛津大学学习政治经济学,并致力英国及西欧各国政治制度的研究。1931 年以优等成绩获荣誉毕业证书,并出版了学术生涯的第一部重要著作《英国文官考试制度》,对英国政治文职官员的编制、职权、考核、升降、待迁等制度和其实行的具体办法进行了独到评价,认为国家官吏应是人民之仆人,在学术界引起很大反响。"九一八"事变后,费巩取道苏联回国,先任《北平日报》社评委员,继而由陈望道荐入上海中国公学任教。1932 年秋到复旦大学任教,讲授英国政治制度。拒绝在经济界、法学界任职做官,矢志于教育事业。因常穿马夹,被时人称为复旦大学的"马夹教授"。

1933 年秋,费巩应聘为浙江大学副教授兼注册课主任,后升为教授,讲授政治经济学和西洋史。1937 年"八一三"淞沪抗战爆发后,费巩随校西迁至贵州遵义。1940 年应竺可桢校长之请出任浙江大学训导长兼主任导师,在国内高校中首创导师制。坚决不加入国民党。1941 年辞训导长职,因国民党当局迫害被迫离校,直到 1943 年才重返浙江大学。因经常发表文章和演讲批评国民党独裁政治,积极参与民主宪政运动,为国民党当局所忌恨并受到秘密监视。请假一年前往重庆复旦大学讲学,签名支持民主运动。1945 年 3 月 5 日凌晨,在重庆千厮门码头被军统特务秘密绑架。先被押至重庆警备司令部,后转至渣滓洞看守所,不久便遭秘密杀害,并被投入镪水池毁尸灭迹。

当年费巩失踪的消息引起社会各界极大震动。其后,中共代表提出和平谈判八项要求,第七项包括"立即释放叶挺、廖承志、张学良、杨虎城、费巩"。但国民党当局对费巩下落隐匿至深。中华人民共和国成立后,经过调查,费巩遇害的真相才浮出水面。1978 年 9 月,费巩被上海市革命委员会追认为革命烈士。1980 年 3 月 16 日,上海龙华烈士陵园举行了怀念会暨费巩衣冠盒安放仪式。

1997年浙江大学于建校100周年时,在校园建"费巩亭"。2005年费巩诞生100周年之际,浙江大学举行了纪念仪式、《费巩文集》首发式、费巩铜像落成典礼。

费巩在政治学、经济学和法学领域多有成就。另著有《比较宪法》《世界各国政体》《中国政治思想史》《中国政理》《中国政治史稿》《中国政治史》《经济学原理》《中国经济问题》《西洋政治制度》以及《西洋政治思想》(近代)、《中国政治制度》(民国)等。

(袁成亮　袁　炜)

冯有真(1905—1948)

冯有真,常熟西港(今江苏张家港锦丰)人。生于清光绪三十一年(1905)。出身于农民家庭。毕业于杭州之江大学。放弃留校任教机会,投笔从戎。1927年于国民革命军总司令部政治训练部政治工作人员养成所第一期培训班结业,供职于南京特别市党部、军事委员会政训部组织处。后任第一军第一师政治部宣传干事。1928年被调到南京,任国民党中央通讯社采访部记者。洞察力强,笔锋犀利,行文流畅,文章不落俗套,颇为外界所认可。1932年冯有真升任采访组主任,兼任《中央日报》特约记者。

1933年,冯有真以特派秘书身份随国民政府司法行政部部长罗文干巡视新疆,历时79天,对新疆的历史、地理、政治、经济、民族风情进行了全面深入的考察记录,并撰写长篇通讯《新疆行》,逐日在《中央日报》刊发。回南京后又完成三万余字的《新疆与新疆事变》一文。这些文章都成为当时内地了解新疆社会的重要资料,影响甚大。1934年冯有真任中央通讯社南昌分社主任,出版《新疆视察记》。该书短短数年被多次再版,并被翻译成多国文字。

冯有真是第一位报道奥运会的中国官方记者。1936年第十一届奥运会在德国柏林举行。时任中央通讯社采访部主任的冯有真随中国代表团采访。从代表团自上海起航开始,冯有真便撰写《世运代表团随征记》,逐日发表,介绍参赛选手,采写沿途风光和逸闻。比赛期间,生动地介绍了奥运会的精彩片段,详尽地报道了中国代表团取得的任何一点成绩,剖析了中国代表团失败的缘由,呼吁国人奋发图强,改进体育,字里行间体现出忧国忧民、期盼祖国强大的爱国情怀。

1937年冯有真任国民党中央通讯社上海分社主任,兼上海新闻学会筹委会主席、新闻记者公会执行委员、上海市文化界救亡协会常务理事。抗日战争全面爆发后,冯有真于中日淞沪会战期间亲赴前线采访,及时宣传报道抗日将士的英雄事迹,特别是其修改谢晋元率部在四行仓库英勇抗日的记者报道,轰动海内外[1]。上海沦陷后,冯有真被任命为国民党中央宣传部驻上海专员、上海统一委员会委员。领导上海爱国报人坚守租界"孤岛",宣传抗日。1940年9月,与吴绍澍合作在上海创办《正言报》。太平洋战争爆发后日军占领租界。冯有真内撤。1942年被委派为中央宣传部东南战区战地宣传员,设办事处于安徽屯溪,停办上海版《中央日报》,创办屯溪版《中央日报》,并以中央通讯社上海分社主任身份指挥上海的新闻活动。

1945年抗日战争胜利后,冯有真任中央宣传部驻沪代表、驻沪办事处主任,分管新闻出版,恢复上海版《中央日报》,任社长兼中央通讯社上海分社主任,当选为上海市临时参议会参议员,兼任《申报》报务委员会委员,江苏省文化运动委员会委员,上海市记者公会整理委员、常务理事,参与发起创办中国新闻专科学校。1947年当选为制宪国民大会代表,兼之江大学校友总会理事长。1948年秋,国民党中央宣传部决定将《中央日报》的南京版和上海版合并,转移至广州出版。冯有真被任命为《中央日报》总社社长。12月21日因飞机失事在香港身亡,被公葬于上海静安公墓。

(李海涛)

徐碧云(1905—1968)

徐碧云,名桂沅,字继香,艺名斌喜,乳名小老公、四儿,被同人尊称为徐四爷,吴县(今江苏苏州)人。清光绪三十一年(1905)生于北京。清末著名小生徐宝芳四子,徐兰沅弟,梅兰芳妹夫。曾读私塾。九岁从丁连升习武生,又师从吴菱仙学青衣、花旦。1916年入俞振庭之斌庆社学戏。应工武旦,架子极漂亮,文戏、刀马、小生兼擅并美。在三庆园与俞华庭、俞振庭、小振庭合唱大轴或压轴戏《百凉楼》《东皇庄》《通天犀》《刺巴杰》《泗州城》《金山寺》等获誉。1923年出科后,曾搭同庆、云兴、双庆等班。后师从梅兰芳,艺宗梅派。1925年义父孟觐侯为其组班玉华社。徐碧云演《虞小翠》《薛琼英》《木兰从军》《无愁天子》《芙蓉屏》《褒姒》《李香君》《江南二乔》《雪艳娘》《蝴蝶杯》等新戏亦别具特色。所演《绿珠坠楼》以武功、歌舞称胜,做作细腻,为唱做俱佳之代表杰作。徐碧云尤以翻跌功夫及抛接翎子之绝活著称一时。1927年《顺天时报》将徐碧云与梅兰

---

[1] 黄本仁:《一代名记者冯有真》,见江苏省政协、张家港市政协文史资料委员会:《江苏文史资料》第39辑《张家港人物选录》,1991年,第121—122页。

芳、尚小云、程砚秋、荀慧生并称五大名伶新剧夺魁。高亭、百代公司多为徐碧云灌制唱片。徐碧云与萧长华合作《女起解》所唱苏三唱片被誉为范本。徐碧云后搭荣华、庆云等社,1928年与言菊朋合组云庆社。1930年接办俞振庭之双庆社。次年与梅兰芳、尚小云、程砚秋、荀慧生于上海联袂会演《红鬃烈马》,曾饰演王宝钏。抗日战争全面爆发,华北沦陷后,徐碧云在大连演出《法门寺》,曾将剧中一句台词改作"你成天念日文,早把汉字忘了",因此遭到日本人毒打。后与王少泉组平剧团赴中南、西南、西北地区演出。1939年搭高善斋班于兰州胜利大舞台。次年创建云声大戏院京剧戏班,自任班主。1942年赴西安演出。抗日战争胜利后,1946年徐碧云任教于四维剧校三分校。次年至上海夏声剧校任教。中华人民共和国成立后,1955年徐碧云应邀赴西安狮吼剧团教戏,导演的豫剧《王佐断臂》获陕西省首届戏剧观摩演出大会导演一等奖,豫剧《打焦赞》获导演二等奖。后任陕西省戏曲学校副校长,陕西省京剧院筹备处副主任、副院长,兼教于陕西易俗学校。1968年于"文化大革命"中逝世。

徐碧云生平擅演剧目极多,除前所述剧目外,还有小生戏《八大锤》《黄鹤楼》、武旦戏《摇钱树》《演火棍》《扈家庄》等。于新编全本《玉堂春》及独一无二之《前世新玉堂春》中,一人兼演小生、武旦,以《女起解》最负盛名。弟子有毕谷云、黄蜚秋、醉丽君等。

(王晋玲)

姚苏凤(1905—1974)

姚苏凤,名赓夔,一作庚奎,以笔名行,别署月子、贝多、诸葛夫人等,吴县(今江苏苏州)人。生于清光绪三十一年(1905)十一月。祖父姚元揆,字和卿,一作荷卿,姚孟起堂侄。清廪生。能文工书,授业称名师。曾入湖南巡抚吴大澂幕,官至江西候补知县。参纂民国《吴县志》。父姚祖训,字学洲,历署山东莱芜、平度县知事,1920年任利津县知事,有清廉名,被大总统授予四等嘉禾勋章,早逝致家道中落。

姚苏凤为家中长子,1926年于苏州工业专门学校建筑科毕业。好文学,得亲戚包天笑提携。善作小品文,曾为《申报》副刊等撰杂谈或小说。1922年加入星社,为鸳鸯蝴蝶派后进。1926年,所编《心冢》由上海潮音楼出版。1927年,其短篇小说《穷雕刻师》被列为《小说家言》刊物首篇。同年由亲戚管际安介绍,姚苏凤进入上海影戏公司任宣传兼编辑,并为苏州《星报》写影评,于慧冲影片公司兼职宣传。后编辑《民国日报》副刊《觉悟》、《闲话》等。次年主编《电影周刊》，广开言路，使版面清新精致，创姚式风格，并兼任上海特别市教育局自然科学教学视察员，加入中国国民党。1929年进天一影片公司编撰字幕，后改任编剧，创作《夫妻之间》《歌场春色》等。1930年又兼任明星影片公司宣传科科长。潘公展为国民党上海特别市党部常委，后任上海特别市教育局局长，特别赏识和信任姚苏凤，聘姚苏凤为上海特别市教育局督学。潘公展创办《晨报》后，姚苏凤遂于1932年主编《晨报》副刊《每日电影》，发表影评近180篇，于理论和批评上多创新见，为中国影评活动及新兴电影运动之有力推手。又兼任上海市电影检查委员会委员和《民报》编辑，被最早提倡教育电影的大夏大学聘为讲师，讲授电影教育课程。1933年当选为中国电影文化协会首届常务执行委员兼宣传部部长、中国教育电影协会上海分会首届候补执行委员。作为明星影片公司专任编剧，曾创作《妇道》《残春》《路柳墙花》《夜会》等。1934年亲自编导影片《青春线》，与左翼作家夏衍等人交密并有所合作。参与执导的电影《女儿经》颇有影响。次年姚苏凤兼主编《小晨报》。1936年《小晨报》更名为《辛报》。姚苏凤仍任主编，又与叶灵凤等联合主办文艺杂志《六艺》，兼任发行主任。1937年3月中国文艺协会上海分会成立。姚苏凤当选为中国文艺协会上海分会常务理事。

抗日战争全面爆发后，姚苏凤曾任香港《星报》总编辑。1942年主编《广西日报》副刊。后于重庆主编《新民报》副刊《西方夜谭》《戏剧与电影》《万方》等，曾任国民政府军事委员会政治部军中文化研究班戏剧系特邀讲师，创作话剧《之子于归》《火中莲》。1945年抗日战争胜利后，进步报纸《世界晨报》于上海复刊。姚苏凤曾任该报总编辑。次年报纸被迫停刊后，姚苏凤任《东南日报·大都会》副刊主编，还编过《剧影日报》《铁报》等，兼任国民党中央宣传部宣传指导员室指导员。1947年当选为上海文艺作家协会联络委员会委员。曾编电影剧本《姐妹冤家》，出版所著中篇小说《铸梦传奇》，并于《大侦探》杂志连载其译《皇苑传奇》，将英国著名推理小说家阿茄莎·克丽丝蒂的作品介绍到中国。

中华人民共和国成立后，姚苏凤曾任《剧影日报》副总编辑，当选为上海市第一次文代会代表。1950年秋回任《新民报》晚刊（1958年更名为《新民晚报》）编辑，曾编《新平弹》周刊和《彩虹》《红雨》等副刊，辟《书场中来》专栏，创编长篇弹词《琵琶记》，改编中篇弹词《搜书院》等，合作短篇弹词《邻家夫妇》。1973年退休。次年8月病逝于上海。

姚苏凤生前办报志趣独在副刊，甘做人梯以培养新生力量。其独特、灵活、新颖的划版风格脍炙人口，有"姚氏编排"之誉。姚苏凤有着广泛的生活兴趣，善猜谜,喜集邮、评弹、桥牌等。另著有《抗战与电影》《重庆私语》和小说《诉哀情》《念此青年》《少男少女》《失眠人的床头书》等。

（李 峰）

许云樵(1905—1981)

许云樵,名钰,以字行,号梦飞、希夷室主等,吴县(今江苏苏州)人,祖籍江苏无锡。生于清光绪三十一年(1905)。毕业于苏州振声中学高中部,留校任教,并于国学专修馆自修。后肄业于苏州东吴大学及上海师范大学、中国公学大学部。

1931年许云樵赴英属马来亚,曾任柔佛宽柔中学教务股、出版股、夜学部主任,创办并主编校刊。后赴泰国。次年任英属新加坡静芳女子师范学校教员。1933年赴泰国北大年中华学校主持教务,后任曼谷国立商科学院讲师,究心于调查明朝郑和下西洋之史实古迹。1936年编译《电离学说》《暹罗王郑昭传》等。

1937年抗日战争全面爆发。许云樵于1938年任新加坡《星洲日报》编辑,积极宣传中国人民抗战英勇事迹,动员华侨踊跃支持抗战事业。1940年与姚楠等创建第一个从事南洋问题研究的学术团体——中国南洋学会,当选为理事,与姚楠等合编《星洲十年》,创办《星洲日报》副刊《南洋史地》,提倡开展南洋史、华侨史研究。次年参加南侨总会文工团宣传抗日,任新加坡中正中学高中部文史教员,荣获国民政府中央研究院南洋史一等奖。1942年获中央研究院蚁光炎奖学金。1945年于日本投降后,与友人合组华侨出版社,出版《华侨生活》《华侨经济》周刊。次年受南洋书局之聘,主编《南洋杂志》,公布研究日本侵占及统治马来亚的重要参考资料,轰动一时。并主编《马来亚少年报》《南洋学报》等。和友人出版《马来亚人民抗日军》等单行本,为战后南洋史及华侨问题研究重新揭开了序幕。因论著《丹丹考》荣获中国中央研究院蚁光炎学术奖,成为海外华人获得此奖第一人。[1] 1948年与人合资创办新加坡印铁厂,任董事、经理。1949年参加《南洋年鉴》编辑工作,主编《南洋年鉴·华侨篇》。

1957年,许云樵任南洋大学史地系副教授兼南洋研究室主任。1959年主编《南洋研究》。1961年创办东南亚研究所,任所长,兼《东南亚研究》主编。1963年被美华树胶有限公司聘为研究室主任。次年任义安学院校长室秘书兼史地教授、院刊编辑。后供职于森都公司,翻译《世界发明史》。1970年任南洋大学研

---

[1] 朱杰勤:《海外华人社会科学家传记》,广东人民出版社1991年,第78页。

究院特约研究员。曾当选为英国皇家亚洲学会马来亚分会副会长、中国学会副会长。1981年11月17日逝世,被称为终身以研究学术为职志的"一代学人,我们东南亚研究的泰斗"[1]。

许云樵有藏书三万余册,是罕见的南洋史籍、华侨史籍收藏家。工诗文,于语文、民俗及中医药研究也有所贡献。著述丰富,发表《中暹通史考》《南诏非泰国著作考》《古代南海航程中地峡与地极》等多篇论文,出版单行本四十余种。最早将《马来纪年》译为中文,另译有《安南通史》等。主编《新马华人抗日史料1937—1945》,辑录《清实录中南洋资料》,校注《新加坡风土记》《徐衷南芳草物状辑注》等。编有《传统中药展览目录》《治癌专方集志》《马来验方新编》《南洋华语俚俗辞典》等。著有《华侨史略》《马来亚史》《西马来西亚各州华族拓殖史》《马来亚近代史》《北大年史》《南洋邮票史》《天竺散记》《希夷室诗文集》《文心雕虫集》《许云樵来往书信集》《许云樵文集》等。　　（冯勇攀　李　峰）

严欣淇(1905—1985)

严欣淇,又名庆淇,上海人,原籍浙江宁波,徙居吴县(今江苏苏州)。生于清光绪三十一年(1905)。著名实业家严裕棠四子。曾就读于苏州东吴大学,于菲律宾大学文科毕业。1927年又毕业于上海国立暨南大学法律系。

严欣淇为吴县律师公会会员,曾任上海光裕营业公司副经理。1931年于苏州观前街合资开设鸿盛钱庄,任董事长。1934年任苏州商团第十五支部部长。次年任苏纶纺织公司总经理,后当选为吴县商会仲裁委员。全面抗日战争时期迁运部分设备去后方生产,又曾任谢文达部挂名伪参议。1945年抗日战争胜利后,严欣淇以中统局专员身份接收苏纶纱厂,仍任经理,兼任苏纶职工子弟小学董事长、校长,创办裕社。1946年当选为东吴大学苏州同学会会长。上海工业商业储蓄银行复业后,严欣淇任董事长。1947年捐资重建"美国萧特义士殉难纪念碑",并为吴县东吴镇第一中心国民学校建造欣淇堂。历任吴县参议会副议长、议长,兼兵役协会主委,以扶轮社理事长身份创办苏州防痨协会,任理事长。1948年当选为国民政府立法院立法委员,被推为救济特捐上海区筹委会苏州分会主委,辞吴县参议会议长职。创办《法声新闻》期刊和《法声日报》,皆自任社长,不久将《法声日报》更名为《江东日报》。1949年4月移居香港,加入英国籍,

---

[1] 刘子政:《许云樵教授与我》,见《南洋学报》1982年第37卷第1、2期合刊。

创办怡生纱厂。获美国三一大学荣誉博士学位。1985 年逝世。

严欣淇多才艺,早年曾为大隆铁厂自治会导演戏剧《白宫的侍儿》。译有《美国宪法原理》。

(李　峰)

徐荫祺(1905—1986)

徐荫祺,吴县(今江苏苏州)人,原籍常熟。生于清光绪三十一年(1905)。父徐允修,名元福,清诸生,早年于苏州博习书院教授国学,后为东吴大学汉文教习,曾任秘书长,著有《东吴六志》。

徐荫祺早承父教,有志于科学事业。1926 年毕业于东吴大学生物系。为燕京大学生物系教授胡经甫的研究生,并任该校首位兼职助教。1929 年获理学硕士学位。赴美国留学。1932 年毕业于康奈尔大学研究院昆虫学系,获哲学博士学位,被推为全美自然荣誉学会会员。归国后任东吴大学理学院生物学系教授。1935 年任燕京大学教授。1937 年回任东吴大学教授、系主任,曾兼任上海圣约翰大学、沪江大学、复旦大学等校教授。全面抗日战争时期曾任四川乐山盐场场长,工作勤勉,富有成效。1943 年获冯玉祥赋诗称赞。抗日战争胜利后,徐荫祺复任东吴大学教授,并任生物材料供应处主任兼动物技师。

中华人民共和国成立后,徐荫祺于 1951 年当选为苏南各界人民代表会议第二届一次会议代表。次年任苏南师范学院筹建工作委员会委员。因院系调整,后任上海第一医学院教授及寄生虫病学教研室主任、卫生系副主任等,兼复旦大学教授。曾当选为上海市寄生虫学会副理事长等。1986 年 1 月 29 日于上海逝世。

徐荫祺酷嗜集邮。1920 年即与弟徐荫祥在苏州天赐庄创办徐氏兄弟邮票社(又名大陆邮票交换俱乐部),广涉海内外客户,并创办英文版《大陆邮票新闻》季刊。加入中华邮票会,曾任新光邮票研究会评议员。

在学术上,徐荫祺尤致力研究寄生虫学,为中国蜉蝣目研究创始人。主编《人体寄生虫学讲义(试稿)》,参编《生物学词典》《蜱螨学名词名称》《英汉农业昆虫学辞典》《蜱螨学进展》等。编有《中国生物学家汇录》,与美国学者合著《蜉蝣生物学》,著有《运动与健康》《蜉蝣昆虫生物学》等。

(李　峰)

金　震(1905—1991)

金震,字东雷,号东庐,吴县(今江苏苏州)横塘人。生于清光绪三十一年

(1905)。林达祖表兄,金松岑、李根源、章太炎弟子。

1922年金震毕业于苏州博文中学。任吴中公学小学部主任,兼教中学部,并任苏州美术学校义务教员。又入中央大学等中外函授班学习。曾任教于无锡辅仁中学,被李根源聘为家庭教师。1928年发起苏州拒毒同志会,任吴县禁售组主任,参加禁烟运动。1931年为小公园林则徐纪念碑撰写碑文。1932年任教于江苏省立苏州中学时,为范烟桥主编之《珊瑚》半月刊特约撰述。1934年应张季鸾之邀,任天津《大公报》副刊《小公园》编辑,兼任《国闻周刊》编辑。所作《赛金花访问记》被南北各报转载,引发重新研究赛金花热潮。

1935年金震参与发起章太炎之章氏国学讲习会,任《制言》半月刊理事会委员,撰文参加论战,论读经有利无弊,颇有影响。所著《英国文学史纲》为全面抗日战争前中国学者同类著作规模之最。1937年金震参加江苏省文艺协会吴县分会,与李楚石、邵鹤亭拟《民族文艺运动宣言》公开发表。全面抗日战争时期教授国学。抗日战争胜利后,金震曾任东吴大学教授,被推举为苏州临时参议会参议员。

金震与郑逸梅友,与萧蜕为忘年交。擅长英文。潜心于黄宗羲、戴震之学,兼擅辞章,工诗词。著有《东庐诗钞》等。1991年逝世。

(李　峰)

李先良(1905—1993)

李先良,吴县(今江苏苏州)人。生于清光绪三十一年正月十五日(1905年2月18日)[1]。毕业于江苏省立第一师范学校。1927年于国民党中央党务学校第一期结业。次年任国民党吴县党务指导委员会委员兼组织部部长。1929年发起社会问题研究会,当选为国民党党务指导委员会全国和江苏省代表,吴县党部执行委员、党务指导委员会主席。后任国民党中央执行委员会干事、安徽省党部组织部秘书、国民党中央组织部干事等。1933年任国民党青岛特别市党部整理委员会委员、干事、执行委员,次年任常务委员、主任委员。1937年当选为国民大会代表。

抗日战争全面爆发后,李先良坚持敌后抗日斗争。1938年任国民党山东省党部执行委员兼二十一督导区督导员、青岛市党部特派员、青岛区党务指导员。收编伪军赵保原部,以此为基础,将鲁东的游杂部队按人枪数目编为保安旅和保

---

[1] 刘国铭:《中国国民党百年人物全书》(上),团结出版社2005年,第857页。

安团,初步稳定了鲁东地区社会局势。1939年年初,经山东省政府主席兼省保安司令沈鸿烈推荐,任山东省鲁东抗日联军总指挥兼鲁东行署主任。次年任山东省政府委员。1941年鲁东行署被撤销后,李先良任青岛市国民政府秘书长,设市政府办事处于莱阳濯村。将原鲁东行署独立营(前身是国民党第五战区游击指挥部第十六支队第二纵队直属第三大队)改名为青岛保安大队。次年代行市长职权,设市政府于崂山华严寺。于青岛保安大队增设第二大队,不久合编为青岛保安总队,自兼任总队长。于建立崂山抗日根据地、领导艰苦卓绝的崂山抗战卓有功绩。

1945年李先良当选为国民党第六届候补中央执行委员。8月15日日本宣布投降后,李先良被正式任命为青岛市市长,于崂山组织青岛市接收委员会。9月13日率青岛保安总队进入青岛市区,阻止中共武装解放青岛。被国民政府授予金质胜利勋章。次年当选为制宪国民大会代表,兼任青岛警备副司令,后在军政事务改革中被削夺兵权。1947年兼任青岛市国民大会代表、立法委员选举事务所主席委员,青岛抗建学校名誉校长兼董事长,国术馆馆长等,获国民政府三等景星勋章[1]。次年7月被免去青岛市市长职务。1949年去台湾。后赴美国纽约州立大学公共行政研究所进修,获硕士学位。1957年受聘为台湾政治大学教授。1974年退休后,移民加拿大多伦多。1993年逝世。生前著有《抗战回忆录》《李先良回忆录》《市政学》《都市计划学》等。

(李海涛　李　峰)

严家淦(1905—1993)

严家淦,乳名雨荪,号兰芬,字静波,吴县(今江苏苏州)木渎人。生于清光绪三十一年九月二十五日(1905年10月23日)。先世为苏州洞庭东山望族。1916年入苏州桃坞中学,后入东吴大学附属中学。1919年,曾与沈雁冰、沈泽民、金仲华等于乌镇、桐乡一带参与创建新乡人社,创办《新乡人》刊物,提倡新思想、新文化。于中学毕业后,严家淦考入上海圣约翰大学,攻读理论化学,并于1926年毕业,获理学学士学位。宋子文弟宋子良、陈仪外甥徐学愚为其大学同窗,且彼此引为知己。严家淦因苏州东山望族席锡蕃介绍,入德中孔士洋行任职。1931年经宋子文引荐,任京沪、沪杭铁路管理局材料处处长。

抗日战争全面爆发后严家淦转赴福建。1938年任福建省贸易公司总经理,

---

[1] 见《青岛市政府公报》1947年第5卷第2期,第1页。

后任福建省政府委员兼建设厅厅长。大兴公路及小水电建设,以理顺东南沿海与大后方运输。1939年任福建省财政厅厅长。因法币贬值,粮商囤积居奇,于军需民用影响甚多,严家淦遂推行田赋征收实物制度,大有成效。1945年2月任战时生产局采办处处长,办理美国租借法案及中英、中加借款案。8月日本战败投降后,严家淦以经济部及战时生产局代表身份由重庆赴南京,协助何应钦办理投降日军接收工作。12月24日赴台湾,任台湾行政长官公署交通处处长兼交通部特派员。1946年,转任财政处处长兼台湾银行董事长。1947年5月台湾省政府成立。严家淦任省政府委员兼财政厅厅长。1948年一度内调,参与"行政院"的"美援运用委员会"筹备事宜。1949年6月,于台湾协助省政府主席陈诚主持台币改革,发行新台币稳定台湾金融,并以黄金储备兑换政策支持新台币信用。

1950年1月,严家淦擢升"经济部"部长兼"美援运用委员会"副主任委员。3月任"财政部"部长。初建经济班底,并于推行现代预算制度、拟定金融政策、整理财政税务法规等方面有所建树。1955年任台湾省政府主席兼"行政院"经济安定委员会主任委员,推行土地改革,整理农会、渔会,健全乡村卫生体系。1957年,调任"行政院"政务委员兼"美援运用委员会"主任委员。次年回任"财政部"部长。1963年12月,国民党"中常会"讨论"行政院"改组事宜,经蒋介石提议,同意陈诚请辞"行政院"院长,并以严家淦代之。1964年3月,严家淦提名蒋介石之子蒋经国为"国防部"副部长兼政务委员。1966年擢升"副总统",并兼任"行政院"院长。次年再兼"国防研究院"副院长。1972年,再任"副总统","行政院"院长则由蒋经国接任。1975年4月,严家淦接替病故的蒋介石任"总统",并随即领衔推举蒋经国任国民党"中央委员会"主席暨"中常会"主席,开启"蒋严体制"时代。

"总统"任期内,严家淦于重大事宜皆与蒋经国协商,共谋解决之道,使政治体系平稳运行。一届六次"国民大会"前夕,严家淦以国民党"中常委"身份致信国民党"中央"秘书长张宝树,提名蒋经国为第六任"总统"候选人。1978年1月7日,国民党"中常会"举行临时会议,同意严家淦之提名建议,并向十一届二中全会正式提案。5月蒋经国就任"总统"。严家淦转任"中华文化复兴运动推行委员会"主任委员,7月任会长。10月,国民党"中常会"以严家淦为召集人,成立由七名常委组成的"提名审核小组",负责对参加增额"国大代表""立法委员"选举的本党籍候选人做审核。1979年,严家淦被推举为台北"故宫博物院"管理委员会主任委员。1986年3月,任"十二人革新小组"召集人,负责研议政治革新要务。同年,患脑溢血入院,告别政坛。1993年12月24日,因心脏衰竭,病逝于台北荣军总医院。

(顾亚欣)

李 强(1905—1996)

李强,本姓曾,名培洪,字幼范,以化名行,常熟虞山人。生于清光绪三十一年八月二十八日(1905年9月26日)。曾吉章孙,曾朴堂侄,曾雍孙叔。1920年考取杭州宗文中学。1922年因反对旧礼教被开除。次年转入上海南洋路矿学校中学部三年级,毕业后升入东华大学土木工程科肄业。1924年加入中国国民党。次年参加"五卅"运动,当选为上海学生联合会学生军事委员会军需委员,加入中国共青团,转为中国共产党党员,历任曹家渡青年团书记、团上海地委候补委员。1926年年初调任上海浦东青年团书记,组建中共常熟特别支部并任书记,后任上海吴淞区青年团书记,秘密制造炸药、手榴弹,为中共领导的上海工人武装起义做准备。

1927年3月北伐军占领常熟后,李强任常熟县临时行政委员会公益委员。上海"四一二"反革命政变后,任中共中央军委特科第四股即特务股股长,后任交通科科长,次年任无线电通讯科科长。1929年以淞沪无线电学校教授为职业掩护,自制出我党第一批无线电收发报机,在上海建立第一个秘密电台,在香港九龙建立了第二个秘密电台,后于江西中央苏区建立第三个电台。1931年被派赴苏联莫斯科,任邮电人民委员会通信科学研究院工程师,发表无线电科学论文《发信菱形天线》。其研究成果被命名为"李强公式"。后李强晋升为研究员,兼任共产国际交通部无线电训练班教员。1938年年初回延安,为第一个电影放映员。曾任中共中央军委军事工业局副局长、局长,陕甘宁晋绥联防军、陕甘宁边区政府军事工业局局长。1944年兼任延安自然科学院院长,被评为边区特等劳动模范。毛泽东曾为其题词"坚持到底"。1945年抗日战争胜利后,李强兼任军委三局副局长。次年兼任工矿委员会副主任。1947年年末任中央军委电讯总局副局长。次年领导制造广播电台大功率发射机和定向天线等,当选为中华全国总工会执行委员。1949年春兼任中央广播事业管理处副处长、工程部部长。

中华人民共和国成立后,李强任中央人民政府新闻总署广播事业局局长,兼任邮电部无线电总局和电信总局局长,被派为出席国际电讯联盟会议代表,出任对外贸易部副部长兼驻苏联大使馆商务参赞。1955年当选为中国科学院首批学部委员,兼任中国科学院首任电子研究所所长。后曾兼任国防部航空工业委员会委员,对外经济联络总局副局长,国家对外经济联络委员会副主任,对外经济联络部副部长,对外贸易部革命委员会副主任、党的核心小组副组长等。1973年任对外贸易部部长、党的核心小组组长。1981年任国务院顾问。1983年退居二线。曾任中国罗马尼亚友好协会会长、中国兵工学会名誉顾问、中国电子学会名誉理事等。当选为中共八大至十二大代表、十三大和十四大特邀代表、第九至十一届中央委员、中央顾问委员会委员,第三至五届全国人大代表等。是中国共产党的优秀党员、久经考验的忠诚的共产主义战士、无产阶级革命家,亦是科学家、经济专家,是中共党内难得的复合型人才,在科研、军工生产、广播电讯和外经贸领域都做了奠基性或开创性工作。1996年9月29日逝世。

(李　峰　潘正言)

仲肇湘(1905—1998)

仲肇湘,字绍骧,吴江(今江苏苏州吴江区)盛泽人。生于清光绪三十一年(1905)。父仲颐,字少梅,为仲周需玄孙,清诸生,曾为姐夫孙金彪记室。民国初期当选为江苏省议员,历任江苏省实业厅二科科长及奉贤、崇明县知事。能诗善书画,与曾朴、杨天骥、邵力子等交密。曾编辑《吴江王岳麓先生哀思录》。

仲肇湘为仲颐长子,唐仲英表兄。1930年毕业于上海交通大学交通管理专业。次年参加民国首届高等文官普通行政考试合格,于江苏省政府任学习荐任官。工书能文,素好体育,曾获1932年江苏省政府第一届公余网球赛冠军。1933年始任江苏省政府主席陈果夫秘书,历任江苏省政府科长、中央政治学校主任秘书、军事委员会委员长传从室第三处少将专员等。1946年任中国农民银行董事会主任秘书,为陈果夫亲信。1947年任南京特别市监察委员会候补委员。次年当选为立法委员,隶属于"革新俱乐部"派,并兼任江苏丝织产销联营股份有限公司、中合产物保险股份有限公司常务董事。

1949年仲肇湘携父赴台湾,于"国防研究院"结业。曾任国民党"中央设计考核委员会"委员、评议委员,"立法院"党部委员,《中华民国法律汇编》审订委员会委员,国际关系研究所所长,政治大学教授,《中央日报》总主笔、名誉主笔等。为行政法专家,台湾《大法官会议法》起草人。1998年7月10日逝世。

(李　峰)

谢孝思(1905—2008)

谢孝思,字仲谋,贵州贵阳人。生于清光绪三十一年(1905)。出身于书香门第。曾祖谢宝书为举人,官至道台,曾任贵阳正谊书院院长。工诗词,精医道,善书画篆刻。父谢士瑞酷爱诗画,惜英年早逝。受家庭熏陶,谢孝思自小喜爱书画。读小学与中学时,因绘画一课表现极为突出,得到美术教员贾仲民、马啸澄喜爱及悉心指导。在贵阳私立达德中学高中部毕业后,以优等生留校任小学部教员。1928年考入南京中央大学艺术教育系,得到吕凤子、汪采白、徐悲鸿诸名师教导。毕业后回母校达德中学任教,并被董事会推选为校长。

1937年抗日战争全面爆发后,谢孝思出任贵阳教职员抗日救国会总干事,开展救亡宣传工作。当时最活跃的进步组织沙驼剧社、烛光音乐会等均设在达德中学校内。1939年谢孝思到重庆,历任私立正则艺术专科学校和国立社会教育学院艺术教育系教授。每年都要从师生书画作品中选出80幅,由八路军驻重庆办事处转送至延安,以表敬仰慰问之情。抗日战争胜利后,1947年谢孝思随国立社会教育学院迁到苏州。除教授绘画、理法等课程外,兼授音乐、戏剧、美术三组的共同课目。

中华人民共和国成立后,1950年国立社会教育学院与无锡省立教育学院合并为苏南文化教育学院。谢孝思被推选为苏州市第一届各界人民代表会议代表,并当选为副主席。历任苏州市文管会委员、苏州市文教局局长、园林整修委员会主任。1973年后,曾任苏州市人大副主任,苏州市政协副主席,苏州市文联主席,全国政协委员,民主促进会中央委员、苏州市主任委员等职。对苏州文化尤其是苏州园林保护建设倾注了大量心血。先后对拙政园、留园、狮子林、虎丘、沧浪亭、怡园和寒山寺、玄妙观等古典园林和寺庙、道观进行了整修恢复,为保护苏州园林做出了杰出贡献。

尽管政务繁忙,谢孝思从未放弃绘画艺术上的追求。在绘画技法上,能扬弃前人之短,博取众家之长,构图新颖、造型优美、意境深远。作为吕凤子的高足,谢孝思继承了业师豪迈朴茂、刚健婀娜的画风,并吸取西洋写生技巧的长处,树立自己的风格,无论是记游写生的山水、松石还是其他静物、花鸟等,或水墨淋漓,或重彩浓丽,或苍劲佶屈,或秀润缠绵,均甚精妙。1940年著名教育家陶行知特地为谢孝思及夫人刘叔华在重庆举办书画展,中共要人王若飞等也前来观摩。谢孝思的代表作《芦雁》《秋艳图》等充分展示了中国画设色构线技巧的特有功夫,得到吕凤子高度评价。吕凤子认为谢孝思足倒清代工笔名家蒋南沙、沈南苹旗帜,而自举旌成家,仍与并世能手争横。谢孝思晚年喜画松梅,以寄托老亦弥坚的志趣。画梅以遒劲灵动之笔,勾出老干新枝如龙蛇飞舞,加上密蕊繁花,一片香雪,一派清光,给人以独特的艺术享受。

因家学渊源,谢孝思诗词国学功底很深。其画辅以清新隽永的题款,或诗或文,融诗情画意于一体,有浓郁的民族特色和气派。其晚年代表作有《盆菊》《梅花》《太湖之夏》《峨嵋金顶》《苏州名园石谱》《黄山松谱》《寿石》等。

谢孝思在书法艺术上也成绩斐然,真、草、隶、篆无所不能。早年作楷书植根于颜鲁公,中年习"二王"、参李北海作行草,作隶书自《史晨碑》《礼器碑》着手,后用功于《石门颂》,并从胡小石攻金文篆籀,最终创出独具风格的草篆。其书法大多以篆为主,间以隶、行,字体苍劲古朴,新奇别致。

谢孝思长期工作、生活在苏州,在阔别故乡四十年后,1985年11月与夫人刘叔华在贵阳举办了书画展览。贵州美术出版社为其出版《谢孝思画集》。1999年,谢孝思夫妇将他们毕生创作的一百六十余幅书画作品捐赠给故乡。2008年10月22日谢孝思于苏州病逝。

(袁成亮)

许金元(1906—1927)

许金元,笔名警予等,吴县(今江苏苏州)人。生于清光绪三十二年(1906)。出身于小商人家庭。许宪民兄。于苏州萃英中学毕业。1923年考入杭州之江大学。目睹帝国主义对中国的欺凌掠夺,封建军阀对外妥协、对内镇压的反动残暴,开始探求救国救民的真理。次年组织悟悟社。于上海《民国日报》副刊《觉悟》发表《革命文学运动》《为文学革命再说几句话》等文,坚决反对风流才子式文学,无情地揭露鞭挞"风月派"文人的灵魂,指出举国靡靡之音泛滥,只能使人们颓丧、无聊、消极,满腔热情地提倡能激发人们去做"革命者"的革命文学,"以期国民革命早日成功,真民国早日出现",表现了反帝反封建的战士气概。经恽代英、侯绍裘介绍,加入中国社会主义青年团、中国国民党。同年夏肄业,任教于苏州博文中学,成立悟悟社苏州支部,征求革命新诗歌。协助侯绍裘在苏州开展筹建国民党党部,发展匡亚明、秦邦宪等加入国民党。又与叶天底等积极参与全国非基督教运动,当选为非基督教大同盟苏州支部执行委员,12月当选为苏州国民会议促成会筹备委员。1925年参加"五卅"运动,任国民党苏州第一区党部负责人,兼任《平江日报》副刊编辑。转为中国共产党党员,当选为国民党苏州党部常务执行委员,领导苏州铁机工厂大罢工。1926年年初,任中共苏州独立支部书记,调任国民党江苏省党部委员兼青年部部长,被组织派赴广州中山大学学习,当选为校社会科学研究会干事。

1927年4月初,许金元回南京协助侯绍裘主持国民党江苏省党部工作。9日,蒋介石唆使流氓打手捣毁江苏省党部和总工会,并拘捕江苏省党部负责人。次日,南京各界群众数万人举行声讨反革命派大会,并举行游行,遭到国民党反动派血腥镇压,被打死数十人,斗争形势极其严峻。许金元当晚参加中共南京地委紧急扩大会议,研究应变措施,因叛徒告密,与参加会议的侯绍裘、张应春等被捕,"四一二"反革命政变后被秘密杀害。

(李 峰)

费 穆(1906—1951)

费穆,字敬止,号辑止,吴县(今江苏苏州)人。清光绪三十二年八月二十三日(1906年10月10日)生于上海。六岁入湖州旅沪公学就读,十岁时随父迁居北京。1918年入法国高等学堂求学,后自修英、德、意、俄文。因长年苦读,其左眼失明。1924年,费穆依父愿在直隶临城矿务局任会计主任。自小喜爱电影,工作之余为北京真光戏院之《真光影讯》撰写影评,还曾与朱石麟一起合办过电影杂志《好莱坞》。1930年任天津华北电影公司编译,并在导演侯曜编导的《故宫新怨》中出任助理导演,从此走上电影导演之路。1932年,应联华影业公司老板罗明佑之邀,出任联华上海一厂导演,并于次年独立导演无声影片《城市之夜》。

"华北事变"后,日本对中国的侵略不断加深。1936年1月,费穆与欧阳予倩、蔡楚生、孙师毅等一批进步电影人士发起成立了上海电影界抗日救国会。1937年抗日战争全面爆发后,费穆又与夏衍、阳翰笙、蔡楚生等成立了上海电影编剧导演人协会,并当选为理事。先后导演了《狼山喋血记》《联华交响曲》《北战场精忠录》等以抗日为题材的影片。上海"孤岛"时期,又导演了《孔夫子》《洪宣娇》《水淹七军》等古装片。太平洋战争爆发后上海全面沦陷。费穆拒与日本人合作,毅然退出电影界。先后创办上海艺术剧团、新艺剧团与国风剧团。编导了《杨贵妃》《秋海棠》《浮生六记》《小凤仙》《清宫怨》《孤岛男女》等多部话剧,与黄佐临、朱端钧、吴仞之并称上海四大话剧导演,而以其居首。

抗日战争胜利后,费穆重返影坛,在上海实验电影工场主持艺术创作,先后摄制故事片《铁骨冰心》《大地回春》《浮生六记》。1948年,与吴性栽主持的文华影业公司合作,导演了代表作《小城之春》,还导演了由梅兰芳主演的中国第一部彩色电影戏片《生死恨》。《小城之春》是一部描写一个家庭情感波澜的影片,也是一部具有高度艺术性和电影化的作品,在人性真实与艺术美感上达到了和谐统一,开中国电影史上比较完整的散文结构、诗话电影的先河。1949 年 5 月费穆到香港,与朱石麟、费鲁伊合作创办龙马影片公司,任总经理兼编导,创作了反映杂技演员生活的《江湖儿女》电影剧本。1951 年 1 月 30 日,因脑血管突发破裂病逝。

费穆先后共编导故事片、戏曲片、电影剧作 15 部。对中国古典美学的传统艺术手法和电影写实的艺术特性都有精深的理解与把握,并在创作中努力探索两者的完美结合。他的作品以丰富的哲理性内涵和独特的个性色彩受到电影界的高度评价。20 世纪 80 年代,《小城之春》被海外影评家列为中国电影十大名片之首。1995 年纪念世界电影诞生一百周年、中国电影诞生九十周年时,费穆被追授中国电影世纪奖之导演奖。

(袁成亮)

彭望荃(1906—1975)

彭望荃,吴县(今江苏苏州)人。生于清光绪三十二年(1906)。出身于书香门第。大学士彭蕴章玄孙女。祖父彭翰孙,字南屏,曾署惠州、广州知府,著有《师矩斋诗录》。祖母吴清蕙,为状元吴钟骏女,著有《写韵楼诗草》。父彭泰士,字鲁瞻,号颉林,为福建布政使吴承潞长女婿。光绪进士。习文史,工诗词,精楷书。曾任四川内江知县,称名宦。

彭望荃自苏州第二女子师范学校肄业,入上海中西女塾,曾当选为上海学生联合会评议部外务科书记。1924 年毕业,考入沪江大学。次年留学美国布林·莫尔学院,获文学学士学位。又于哥伦比亚大学、密执安大学新闻系专修,获硕士学位。

1930 年彭望荃回上海,任暨南大学教授,兼大夏大学教授。次年当选为暨南大学教职员抗日救国会执行委员。"一·二八"淞沪抗战时期,参与发起尚义团,慰劳救护十九路军抗日将士。又兼任英文期刊《中国评论周报》编辑、主笔,中华职业教育社附设中华职业补习学校英文教师。1936 年,被中国华洋义赈救灾总会驻沪事务所聘为首位女干事。1937 年,参与发起创办妇女刊物《一家言》,宣传妇女解放。抗日战争全面爆发后,彭望荃参加中国红十字会上海国际委员会工作,编纂《上海国际红十字会报告(民国二十六年十月至二十八年三月卅一日)》。后任《中国评论周报》编辑,兼任中华职业补习学校"高级英语"教员。1940年任教于沪江大学英文系,1942年至1944年任系主任。抗日战争胜利后彭望荃任圣约翰大学外文系教授,专授新闻写作,为中国"世界职业妇女节"发起人之一。1946年曾被聘为上海市政府代理秘书。1948年时任大同大学文学院教授,参与发起成立中华全国大学妇女会上海分会。

中华人民共和国成立后,1950年彭望荃被上海市人民政府聘为秘书处科员。后任北京国际关系学院教授。1975年逝世。译有《闪闪的红星》。著有《母亲》等。

(李 峰)

李廷松(1906—1976)

李廷松,吴县(今江苏苏州)人。清光绪三十二年十一月初三日(1906年12月18日)生于上海。在万竹小学、敬业中学、青年会中学受到过良好教育。高中毕业后,在上海天利洋行、英美烟草公司当跑街。

李廷松自幼聪颖,喜爱民间音乐。十五岁开始专攻琵琶,先后师从崇明派演奏家施颂伯、平湖派名家吴梦飞,后从师于著名琵琶大师、"汪派"创始人汪昱庭,甚得器重。1924年参加上海国乐研究会。次年秋邀集一些民族音乐家,发起组织霄雿乐团,并任团长。1930年任其父开办的协丰搪瓷厂经理。1935年秋将霄霓国乐团更名为霄霓国乐学会,被推为会长,11月1日率学会同人在上海兰心大戏院举办霄霓国乐学会十周年纪念音乐大会,盛况空前。市长吴铁城大力支持,并出任名誉会长。1937年5月李廷松复率学会同人于兰心大戏院举办国乐演奏大会。抗日战争全面爆发后李廷松离开上海,辗转于云南、四川,同时在各地搜集民间音乐,举行抗日义演,受到热烈欢迎。抗日战争胜利后李廷松返回上海,仍任协丰搪瓷厂经理。

1949年中华人民共和国成立后,李廷松参加上海各种义演,受到人民政府表彰。1952年携家迁往北京。1954年,应邀参加由文化部、中国音乐家协会组织的中国民间古典音乐巡回演出团,至全国十大城市巡演,名声大振。列席全国第二届文代会。被吸收为中国音乐家协会、北京古琴研究会会员,同时被中央音乐学院民族音乐研究所聘为特约演奏员。曾任教于中央音乐学院、天津音乐学院、解放军总政治部文工团、沈阳音乐学院、吉林艺术专科学校(吉林艺术学院前身)等院校及文艺团体。1976年8月11日逝世于北京。作为"汪派"琵琶的第二代传人,被誉为汪昱庭之后的又一"琵琶大王"。

李廷松在琵琶艺术实践上独树一帜,以武曲见长。其风格古朴深厚、刚劲挺拔,乐曲处理深入浅出、前呼后应、浑然一体。李廷松有着得天独厚的艺术条件:手指修长灵活,听觉和反应敏捷;基本功尤其扎实,琵琶技巧掌握得比较全面并有自己的特色;其轮指细密圆润,急徐相济,有种特殊的音色。其"凤点头"在琵琶界可称绝活。其主要特点是速度快,大指摇指同时做食指的弹抹,不但均匀,而且有强弱的变化。他左手换把敏捷,按指及揉弦十分微妙,擅长在"推""拉"中取得效果,对各种滑音有明确的力度和速度的变化要求。在音乐的处理上有很强的层次感,无论对文曲还是武曲,都有定型的处理手法,在演奏过程中,引人入胜。1931年,曾与世界著名小提琴家海弗斯在上海兰心剧院同台演出。同年,聂耳在上海俭德会听完以李廷松为首的霄霓乐团演奏的《普庵咒》之后,认为完全表现出深山古寺的风味,"听起来真是飘然如仙境"[1]。文学家徐嘉瑞曾仿唐代白居易《琵琶行》之格律,写长诗《听李廷松弹琵琶歌》,成为佳话。

在音乐理论方面,李廷松也做出了卓越的贡献。认为:"中国音乐是世界上最美的艺术……中国音乐蕴含着深远的哲理,体现着中国民族的灵魂。"[2]而在长期的实践中,形成了自己独特完整的音乐体系。在音乐演奏上,提出了松而不懈、紧而不僵等辩证方法。对琵琶记谱问题进行了长期探索,发明用坐标纸来标记工尺谱,用小方格的数目来标志节拍和小节,并加注了他创立的左右手的指法符号。同时,比较早地使用简谱,并有一整套很有实用价值的指法符号。曾系统整理了《十面埋伏》《青莲乐府》《夕阳箫鼓》《霸王卸甲》等传统琵琶曲谱,录制了《霸王卸甲》《十面埋伏》《灯月交辉》《塞上曲》等传统古曲。发表过《传统琵琶的音律和音阶》等文,著有《路南夷属音乐概说》。

子李光祖,生于1943年,自幼承继家学,亦为著名琵琶演奏家。1954年获全国少年儿童音乐比赛优秀奖。1956年考入中国人民解放军总政治部歌舞团任演奏员。1972年任中央乐团独奏演员。1990年移居美国。曾整理出版《琵琶古曲李廷松演奏谱》,与郝贻凡合作整理出版有《汪派琵琶李廷松演奏谱》。

(袁成亮)

庞薰琹(1906—1985)

庞薰琹,原名鋆,字虞弦,笔名鼓轩,常熟虞山人。生于清光绪三十二年四月

---

[1]《聂耳全集》编辑委员会:《聂耳全集》下卷,文化艺术出版社2011年,第302页。
[2] 郑汝中:《精湛的技艺,青松的品格——琵琶演奏家李廷松(上)》,见《乐器》2011年第11期。

二十九日(1906年6月20日)。家居望仙桥。出身于官宦世族。曾祖庞钟璐,榜眼及第,官至刑部尚书。祖父庞鸿文,做过两省学政。叔祖父庞鸿书,官至巡抚。庞薰琹为庞鸿书嗣孙。幼承父教,八岁学书法,十岁后学画,好临摹水浒人物。小学二年级时,被教水彩画的美术老师着意栽培,及长,对民间装饰艺术产生浓厚兴趣。

1921年庞薰琹考取上海中法国立通惠工商学校。转入震旦大学医预科。1924年毕业。次年从白俄画家古朗斯基学油画,自费赴法国,于巴黎大学学习法国文化史,又经徐悲鸿夫人蒋碧薇介绍,于叙利恩绘画研究所学绘画,课余从巴黎音乐学院梅隆夫人学音乐。1927年入格朗·歇米欧尔学院研究西洋绘画,后自辟画室,以画作《只有死才能解除一切痛苦》闻名一时。在巴黎,庞薰琹遍访各大博物馆、画廊、展览会,还常去卢浮宫临摹名家名作。而巴黎博览会上那琳琅满目的精美工艺美术作品,更使庞薰琹领略到了建筑与装饰艺术的神奇魅力,并由此产生了将来回国创办一所装饰美术学院的想法。庞薰琹结识旅居法国的四川画家常玉后,深为常玉那带有东方趣味的油画和线描作品所折服,由此也喜欢上了现代艺术。

1930年年初,庞薰琹离开巴黎回到上海,经刘海粟介绍,任小学图画教员,参加常熟旭光画会首届展览会。复于上海率先创辟画室,领衔与屠茵湖、胡道之、汪荻浪创办苔蒙画会、苔蒙西画研究所,推动新艺术运动。作品《忧郁》等被刊载于《申报》副刊。次年,作品《巴黎的诱惑》被刊载于《图画》半月刊,作品《西班牙舞》等参加南京市美术展览会。苔蒙画会被封后,庞薰琹兼任上海新华艺术专科学校教授,并于上海昌明艺术专科学校、上海美术专科学校代课。1932年筹备成立大熊工商业美术社,为《艺术旬刊》特约撰稿《薰琹随笔》。参加中华学艺社美术展览会,并举办首次个人绘画展览会,展出油画、水彩画及用钢笔、毛笔所作之构图肖像和速写等七十余幅,以特殊风格与超现实的情趣,被誉为中国现代绘画新倾向代表者。其《咖店》《屋顶》等作品尤受好评。庞薰琹又与张弦、倪贻德、杨秋人、阳太阳、傅雷等创建决澜社,订于每年双十节举办画展,决心打破国内画坛沉闷与庸俗的气氛,要用"狂飙一般的热情、铁一般的理智来创造我们色、线、形交错的世界"。次年庞薰琹又参加现代名家小品国画展,与倪贻德、杨秋人、阳太阳等开办决澜画室及讲座。1934年兼任新华艺术专科学校绘画研究所、上海青年会美术研究班导师。画作、诗文及小说《罗纱》等先后被刊载于《文艺画报》《文艺茶话》《文艺生活》《矛盾》《诗篇》《美术杂志》《美术生活》等刊物。庞薰琹曾为《独立漫画》《漫画生活》等刊绘制封面。1936年兼任上海美术专科学校绘画研究所导师,又任教于国立杭州艺术专科学校、北平艺术专科学校。

1937年抗日战争全面爆发后,庞薰琹避难南迁,创作了水彩《无题》等抗日体裁作品。1938年任昆明中央博物院筹备处研究员。1939年在陈梦家、沈从文的鼓励下,致力古代装饰纹样研究。所编绘的历代《中国图案集》在国立西南联合大学教授中被传观一时。1940年庞薰琹率苗夷族胞调查团考察云南、贵州少数民族民间艺术,搜集了大量珍贵服饰、工艺、民谣、民歌等民俗资料,还创作了《贵州山民图卷》《黄果树瀑布》等作品。后任四川省立艺术专科学校教授兼实用美术系系主任。1942年兼任重庆中央大学艺术系教授,又于华西大学兼课。1944年于重庆举办个人画展,与吴作人等筹组现代美术会并举办画展。抗日战争胜利后庞薰琹回上海,1946年参加上海美术作家协会联合展览,并举办个人近作绘画展。次年,任广东省立艺术专科学校绘画系系主任,兼中山大学师范学院教授。1948年返上海,于新开利义画廊举办夫妇及子女庞壔、庞均联合展。次年联名发表《美术工作者宣言》迎接解放,参加上海美术作家协会联合展览,出版《工艺美术集》。

中华人民共和国成立后,庞薰琹赴北京参加了第一届全国文代会。历任中央美术学院华东分院教授、绘画系主任,兼任教务长。1953年调任北京中央美术学院教授兼工艺美术研究室主任,出版《图案问题的研究》。主持筹备第一届全国民间工艺美术展览会,并率中国工艺美术代表团赴苏联考察,当选为中国美术家协会首届常务理事。1956年中央工艺美术学院成立。庞薰琹出任第一副院长,加入中国民主同盟,当选为北京市人民代表。1957年被错划为"右派分子"。1962年被摘去"右派分子"之帽后,曾任装潢系教研室主任。"文化大革命"时期再度蒙冤。1972年退休。"文化大革命"结束后,1978年庞薰琹重回中央工艺美术学院。1980年复任第一副院长,加入中国共产党。曾当选为中国科协、中国文联委员等。曾亲赴四川、江苏等地讲学。1983年"庞薰琹教授执教五十二周年"庆祝大会在中央工艺美术学院举行,"庞薰琹画展"也随之在中国美术馆开幕。画展展出了1929年至1983年庞薰琹所创作的百余幅作品,其中22幅为中国美术馆所收藏。1985年3月18日,庞薰琹因病逝世。常熟特建庞薰琹美术馆,以纪念这位中国现代艺术的先驱、中国工艺美术教育和工艺美术史论的奠基者。

庞薰琹亦工诗文,喜音乐。擅国画,精心研究并使毛笔画中线条简洁、隽秀、美妙,以完成中国画中素向忽略的写实,并应用于西画创作。长于油画、水彩及人物白描,尤精于图案和装饰艺术设计。创作立足民族艺术传统,勇于创新。有《大地之子》《路》《贵州山民图卷》《瓶花》等代表作。有《庞薰琹画辑》《庞薰琹画选》《工艺美术集》。另著有《庞薰琹随笔》《中国历代装饰画研究》《工艺美术设计》《论工艺美术》《就是这样走过来的》《庞薰琹工艺美术文集》《论艺术、设计、美育》等。

(李　峰　袁成亮)

王传淞(1906—1987)

王传淞,本名森如,小名阿巧,以艺名行,吴县(今江苏苏州)人,祖籍山东。生于清光绪三十二年七月十六日(1906年9月4日)。家居苏州温家岸。父王寿椿执行中医,乐善好施,医德高尚。

王传淞幼年因家贫辍学,做过挑花工和童工,饱受辛酸。1921年8月入苏州昆剧传习所,师承沈月泉、沈斌泉、陆寿卿,初习小生,后改副行,兼工丑。出科后,先后搭入新乐府、仙霓社昆班。其表演冷隽诙谐,白口、吐字清晰,又精于做工,功架扎实。王传淞擅演《西厢记·游殿》之法聪、《燕子笺·狗洞》之鲜于佶、《鲛绡记·写状》之贾主文、《水浒记·借茶、活捉》之张文远、《义侠记·挑帘、裁衣》之西门庆、《荆钗记·开眼、上路》之姚氏、《连环记·议剑、献剑》之曹操、《八义记·评话》之张维、《鸣凤记·嵩寿、吃茶》之赵文华、《望湖亭·照镜》之颜秀、《借靴》之刘二等各类身份、年龄、性格迥异的舞台人物。抗日战争爆发后,"传"字辈星散,纷纷被迫改行。王传淞与周传瑛在异常困苦的情况下搭入国风苏剧团,与朱国梁、龚祥甫等苏滩名演员长期合作,使得姑苏南昆一派仍能依附于苏剧而薪传不绝。

中华人民共和国成立后,王传淞加入浙江昆苏剧团(后称浙江昆剧团),1956年任副团长。因排演改编本昆剧《十五贯》,进京演出大获成功,轰动剧坛。其饰演的娄阿鼠一角,亦因神态逼真、技艺精湛而饮誉海内外。在继承昆曲悠久传统的基础上,王传淞把昆曲的副丑和小丑融会贯通,使昆剧丑角表演艺术达到一个新的高度。京剧名丑萧盛萱、艾世菊、孙正阳,昆坛名丑刘异龙、范继信、林继凡等均曾从其习艺。1986年起,王传淞仍积极参加昆剧培训班的教学工作。1987年5月9日病逝于杭州。著有《丑中美——王传淞谈艺录》。

女王世荷,原名来来,工昆剧旦行,擅演《挡马》中的杨八姐等角色。子王世瑶,原名拖拖,曾任浙江昆剧团团长,工副、丑行,演丑戏富于雅趣而不俗,颇有其父风范,被文化部表彰为有显著成就的艺术家。

(徐　阳　王　宁)

胡均鹤（1906—1993）

胡均鹤，或作君鹤、鋆鹤、钧和、均和等，别署中和、静波，本名登云，以字行，化名陈炳文等，吴县（今江苏苏州）甪直人。生于清光绪三十二年五月二十八日（1906年7月19日）。抗日英雄赵尚志妹赵尚芸之夫。

小学毕业后，胡均鹤曾为上海店员学徒、纱厂工人。1925年积极参加"五卅"反帝运动，加入中国共产党，任中国共青团沪西区委组织部、引翔港部组织委员。1927年初春参加大罢工负伤，调任沪东部委员，后任共青团江苏省委经济斗争工作部部长兼儿童工作委员会负责人，改任沪东区委书记。次年任共青团杨树浦区委书记，以共青团中央委员、江苏省委委员身份为团中央代表，出席在莫斯科召开的中国共产党第六次全国代表大会、共产国际第六次代表大会及中国共青团第五次全国代表大会、少共国际第五次代表大会等重要会议，当选为共青团中央委员、少共国际候补执行委员。1929年历任共青团江苏省委书记、浙江特派员，共青团沪西区委书记。次年参加中央苏维埃区域代表大会准备会议，任五人委员会委员，又参加中共六届三中全会，任中共北方局委员、中共顺直省委委员。1931年任中共顺直省委书记，当选为团中央局书记、中华苏维埃共和国第一届中央执行委员会委员。次年年初任共青团苏区中央局委员、组织部部长，与袁炳辉、胡大海时称团中央三大台柱。奉派赴上海工作。11月团中央组织被破坏后，胡均鹤被国民党特务逮捕，自首叛变后，被中共中央和共青团中央联名决议开除党籍和团籍，并被中华苏维埃共和国中央执行委员会明令通缉。1934年春出狱后，曾任国民党中统南京区副区长兼情报股股长、平绥铁路特别党部特务室主任等。抗日战争全面爆发后，1938年胡均鹤任中统苏沪区副区长兼情报股股长、东南督导区秘书。次年9月被汪伪特工逮捕后投敌，与李士群创立搞学生运动的特务组织海社，任书记长。后任汪伪特工总部南京区副区长兼情报科科长、江苏实验区区长、警政部第二处处长、军事委员会调查统计部第三厅厅长兼特工总部南京区区长。1941年重新与中共情报部门建立秘密联系，曾指派专人护送潘汉年、刘晓等撤往淮南抗日根据地。次年出任伪政治保卫局驻浙办事处处长、副局长兼第二局局长。1943年年初曾与李士群陪同中共中央华中局情报部部长潘汉年赴南京见汪精卫，任伪调查统计部李士群治丧委员会驻沪办事处主任。次年改任伪军事委员会政治部政治保卫局第二局局长、特工总部第二区区长、伪政治保卫局副局长，1945年春兼任政治保卫部总监署秘书长。抗日战争胜利后胡均鹤被国民政府逮捕并判刑十年。1949年年初获释后被委任为南京、上海地区潜伏组负责人,投奔中共丹阳解放区。经中共中央华东局同意并报请中共中央同意,协助镇压反革命工作,出任上海市公安局社会处情报委员会主任委员、专员,主动向公安部门提供了一份"已予运用及可予运用之沪地伪两统(军统和中统)人员表",供肃反工作参考,并先后提供了千余起国民党特务活动线索,协助侦破各类特务、反革命案四百余起和特务潜伏电台上百部,立有大功。1954年9月被捕入狱,1982年潘汉年冤案被改正后,胡均鹤获准保外就医。1984年公安部做出复查结论:对历史问题既往不咎,潜伏特务问题系错定,反革命罪应予以改正。次年1月组织正式给胡均鹤改正,年末将其作为离休干部安排在上海市公安局老干部处。1993年3月27日胡均鹤在上海去世。

(李 峰)

周文在(1906—1994)

周文在,常熟人。生于清光绪三十二年(1906)。父周鼎,字锡侯,号苏铁,清末加入中国同盟会。曾任金村小学、浒浦小学校长,常熟临时行政委员会执行委员,兼国民党县党部青年部、妇女部部长。全面抗日战争时期任苏州县人民抗日自卫会副主席、副县长。中华人民共和国成立后,曾任苏南各界人民代表会议代表、苏南行署监察委员会委员等,以开明进步有很高威望。

周文在自幼得父严教,追求进步。1924年于上海中华公学毕业。次年参加"五卅"运动,当选为上海大学附属中学国民革命青年团执行委员,加入中国共产党。1926年入广州黄埔军校。1927年任国民革命军第二十军学兵营一连政治指导员,参加中共领导的"八一"南昌起义,打响反对国民党反动统治的第一枪。起义失败后周文在潜归常熟。考入上海群治大学。1929年任群治大学学生会筹备委员,后长期从事党的秘密工作。

全面抗日战争时期,周文在任江南抗日义勇军第三支队副支队长,江南抗日义勇军第一团三营政治教导员、副营长,新四军挺进纵队七团政治处主任,苏北指挥部第一纵队军需处处长,新四军第一师一旅供给部政治委员,苏中军区第三军分区政治部组织科科长、政治部副主任兼组织科科长,苏中三专区税务管理局局长,泰兴县独立团政治委员兼泰兴县县委书记,苏中军区第二军分区政治部主任,参加了保卫郭村战斗和黄桥决战。解放战争时期,曾任苏中军区政治部组织部部长、华中野战军第七纵队政治部副主任兼组织部部长、华东野战军苏北兵团政治部组织部部长、第十兵团政治部组织部部长,参加了淮海战役和渡江战役。

中华人民共和国成立后,周文在历任第十兵团兼福建军区干部部部长,福州军区干部部部长、政治部副主任,福建省军区副政治委员。1955 年被授予少将军衔。1975 年离休归居苏州,曾任江苏省政协副主席。1994 年 4 月 10 日在苏州逝世。

(王晋玲)

沈传芷(1906—1994)

沈传芷,原名葆荪,又名保生,字仲谋,以艺名行,吴县(今江苏苏州)人,原籍江苏无锡洛社,祖籍浙江湖州吴兴。生于清光绪三十二年七月十六日(1906 年 9 月 4 日)。名伶沈寿林孙,沈月泉次子。

1922 年春沈传芷进入昆剧传习所,师承沈月泉。初工小生,取艺名传璞。后改工正旦,取艺名传芷。扮相端庄,口劲足,吐字清脆,嗓音圆润。擅演《烂柯山·痴梦、泼水》之崔氏、《西游记·认子》之殷氏、《满床笏·纳妾、跪门》之龚夫人、《琵琶记·剪发、卖发、描容、别坟、廊会、书馆》之赵五娘、《风筝误·后亲》之柳夫人、《白兔记·养子、出猎》之李三娘、《鸣凤记·写本、斩杨》之杨夫人等正旦戏。与华传浩合作,排演了师辈未授之《跃鲤记·芦林》《艳云亭·痴诉、点香》,使两剧得以保存。其戏路与乃父一脉相承,生、旦、净、末、丑各行角色均能传授,又精于撮笛。1927 年出科后,沈传芷仍以曲师兼授身段为业。1933 年 3 月重搭仙霓社演于沪、苏等地。尔后一度应邀赴青岛青光曲社授艺。仙霓社解散后,仍留沪长期任平声、庚春等曲社曲师。

中华人民共和国成立后,沈传芷于 1951 年 8 月参加华东戏曲研究院艺术室工作。1954 年起,先后任昆曲演员训练班及上海市戏曲学校昆剧教师,主教小生,兼授正旦。蔡正仁的冠生戏、岳美缇的巾生戏以及梁谷音的正旦戏大多由其亲授。江苏省昆剧院张继青主演的《痴梦》旦脚戏、石小梅主演的《小宴》《琴挑》《偷诗》《受吐》等小生戏,乃至林继凡的《游殿》二面戏,均得其传授。1986 年始,沈传芷又积极参加昆剧培训班的教学工作,为培养昆剧人才不遗余力。有《养子》《认子》(旦角)及《琴挑》《辞朝》《拾画》(生角)唱片出版。1994 年 5 月 6 日在苏州病逝。

(徐 阳 王 宁)

吴晓邦(1906—1995)

吴晓邦,本名锦荣,学名祖培,别名启明,曾用名山田丽介,太仓沙溪人。生于清光绪三十二年十一月初三日(1906年12月18日)。出身于农民家庭。十个月时过继为吴大有栈主嗣孙,八岁徙居苏州。曾就读于浒墅关小学、东吴大学附属中学。1921年为江苏典业银行练习生,业余于普益社补习学校进修英文、数学,又于万国函授学校学习银行会计。1924年考取江苏省立第一师范学校吴江分校,改入苏州萃英中学、上海沪江大学附属中学,参加"五卅"运动,于持志大学法科二年级加入中国共产主义青年团。1926年考入武汉中央军事政治学校。次年曾参加武汉国民政府中央独立师西征平息杨森、夏斗寅叛乱,"宁汉合流"后回上海。1928年任沙溪太仓县立初中历史教员,兼教英文,因创办书报流通室,宣传革命思想被解聘。次年春,赴日本学小提琴,受日本早稻田大学学生舞蹈《群鬼》影响,入高田雅夫舞踊研究所学习芭蕾舞与现代舞,为日本舞蹈教师协会名誉会员、高田舞蹈团团员。1931年因敬仰波兰音乐家肖邦改现名。次年上海"一·二八"事变后归国,发起上海电力公司联益社。继承吴大有栈产800亩,皆转归前妻吴金巽。再赴日本高田雅夫舞踊研究所,在东京演出处女作《傀儡》《无静止的运动》获誉。1933年与张沁瑛在上海创办晓邦舞蹈学校,并于新亚学艺传习所任教,负舞蹈未来派艺术家盛名。次年于国际学舞社教授交际舞。1935年创办晓邦舞蹈研究所,兼任上海剧院、乐剧训练所舞蹈教授。与声乐家陈歌辛联合举办歌踊之夜第一次公演。此为其第一次舞蹈新作品发表会,开中国艺术界介绍西洋音乐舞蹈先河。吴晓邦又为上海剧院陈大悲所编五幕古装音乐剧《西施》创作《苏台舞》《浣纱舞》《干将舞》,并任舞蹈指挥。三赴日本高田雅夫舞踊研究所。次年参加江口隆哉与宫操子暑期现代舞踊讲习会,学习日本现代舞。深受邓肯舞蹈观影响,回上海后再度开办舞蹈研究所,参加援助绥蒙抗日将士义演。1937年春举办第二次舞蹈新作品发表会,并任影片《三星伴月》之周璇、影片《艺海风光》之陈燕燕等名演员的舞蹈教练,被聘为业余剧人协会特约舞蹈顾问。

抗日战争全面爆发后,吴晓邦任先锋演剧队秘书兼演出部主任,参加抗日救亡演剧四队。次年春参加新四军战地服务团,先后创作演出抗日舞蹈《义勇军进行曲》《打杀汉奸》《大刀舞》《流亡三部曲》《游击队员之歌》等。回任上海中法戏剧艺术专科学校话剧科教授,兼中法剧社舞蹈指导。1939年任《桃花源》舞蹈指导、童话剧《小渔夫》《奇丐》导演,创作并导演新型歌舞剧《罂粟花》。《罂粟花》被誉为"中国新歌舞剧先声"。吴晓邦又举办诗歌短品舞蹈新作演出,任子夜剧社公演《张太太的梦》《木兰从军》编导。后携学生盛婕等赴桂林广西省立艺术馆,参加新安旅行团,1940年编演四幕舞剧《虎爷》。次年赴重庆,为国立实验剧院、育才学校授课,与继妻盛婕及戴爱莲等合开新舞踊作品演出会,演出独舞《丑表功》《血债》《试练》《传递情报者》等,与戴爱莲合舞《红旗进行曲》,与盛婕合舞《出征》,与二人合作小舞剧《合力》。又与盛婕应邀为孩子剧团教授排演《大刀进行曲》《法西斯丧钟响了》等舞蹈。参加导演新歌剧《秋子》,任五幕古装话剧《棠棣之花》舞蹈指导。1942年到江安国立戏剧专科学校教授自然法则舞蹈训练体系。又赴曲江任广东省立艺术专科学校教授,开设中国最早的正规专业的舞蹈系,创作舞剧《宝塔与牌坊》及舞蹈《思凡》《三个饥饿者》等。1944回重庆,将三人舞《游击队员之歌》改为独舞,将《三个饥饿者》改为独舞《饥火》,并演出《生之哀歌》《迎春》《奇梦》《徘徊》《血债》等。又赴西安保育院儿童艺术班教授现代舞蹈基础。次年在重庆北碚与戴爱莲联合演出后赴延安,于鲁迅艺术学院戏剧系、音乐系教授舞蹈。

抗日战争胜利后,1946年吴晓邦任张家口华北联合大学舞蹈班主任,率学员去内蒙古文工团,编演蒙古舞《希望》《内蒙人民三部曲》等。次年年初到佳木斯东北大学文艺学院,后赴哈尔滨为东北民主联军政治部宣传队教授舞蹈,创作《练兵舞》《进军舞》等。1949年在沈阳鲁迅艺术学院建立舞蹈班,当选为中华全国舞蹈工作者协会副主席。赴武汉为中国人民解放军第四野战军政治部部队艺术学校教授舞蹈,并为全军文工团培训舞蹈干部,转为中共正式党员。次年在上海新安旅行团教授舞蹈,排演舞剧《愤怒的火焰》,协助成立上海红旗舞蹈团,出任中国青年艺术剧院舞蹈团团长。1952年任中央民族文工团团长,创作舞剧台本《望夫云》,当选为中国舞蹈艺术研究会主席,并任北京舞蹈学校筹备委员会主任。1954年当选为全国政协委员。1956年任中国舞蹈史研究组组长,创建天马舞蹈艺术工作室,于重庆、成都、昆明、贵阳巡回演出,有《青鸾舞》《开山》《纺织娘》《渔夫乐》等新作品。后被诬为"白专道路,思想右倾",1960年被迫解散工作室,到南京研习国画与书法。"文化大革命"时曾被下放至湖北咸宁"五七干校"劳动。1976年任文化部文学艺术研究院顾问。1978年任《舞蹈》杂志主编,中国舞蹈工作者协会筹备组组长。次年当选为中国舞蹈家协会主席,并任全国文联常委。1980年任文化部文学艺术研究院舞蹈研究所所长,于《舞蹈艺术》创刊后兼任主编。次年任《中国大百科全书·舞蹈卷》及《中国民族民间舞蹈集成》主编,后任中国艺术研究院研究生部舞蹈系导师。1995年7月8日逝世于北京。

吴晓邦一生以舞言志警世,坚持舞蹈教育、创作、理论三位一体的方法,并首先提出中国舞蹈分类法,是中国新舞蹈的奠基者、开拓者和实践者。亦好武术,工书画,有《吴晓邦书画作品集》。编有《新舞蹈艺术初步教程》等。著有《新舞蹈艺术概论》《舞蹈新论》《舞论集》《舞论续集》《舞蹈基础知识》《舞蹈学研究》《吴晓邦舞蹈学研究》《吴晓邦舞蹈文集》《吴晓邦谈艺录》《我的舞蹈艺术生涯》《我的艺术生活——舞蹈生涯五十年》等。

(李 峰)

倪徵𣈣(1906—2003)

倪徵𣈣,一作征𣈣,字哲存,吴江(今江苏苏州吴江区)黎里人,迁居平望,祖籍秀水(今浙江嘉兴)。生于清光绪三十二年六月初八日(1906年7月28日)。出身于书香门第,在家中排行第九。三姑倪寿芝于黎里创办求吾蒙塾,自任学监,男女学生兼收,开私立新式小学先声,后任吴江第四区女子学校校长。长兄倪慰农,名徵旸,于邮传部上海高等实业学堂中院三班毕业,考取首届学部游美学务处留美学生,转为清华学堂高等科预备一年学生。后入京师农政学堂学习气象,以全科第一名毕业。为气象专家,曾创办慰农学圃。著有《新屯垦法》。堂姐倪徵琮,名中医倪与三女,1921年于清华学校专科毕业,留学美国,获康奈尔大学医学博士学位,为著名小儿科专家。

1923年,倪徵𣈣于上海沪江大学附属中学高中部毕业。考取沪江大学文科,以擅英文演说当选为沪江大学学生会宣讲部主任。1925年参加"五卅"运动。次年转入东吴大学法学院,当选为上海学生联合会首届执行委员、东吴大学法学院学生会交际主任及澄衷中学校友会首届执行委员。1928年毕业,获法学学士学位。受堂姐倪徵琮鼓励,留学美国斯坦福大学博士院研究国际公法。次年获法学博士学位,其博士论文《法律的进化:从偶然性到选择性》出版。倪徵𣈣复入霍普金斯大学研究院研究法学,兼攻政治学,被聘为法学研究所荣誉研究员。1930年回国,被聘为东吴大学法学院、持志大学法律及政治教授,加入上海市律师公会,开办律师事务所兼执业务。"九一八"事变后,参加上海各大学教授抗日救国会。曾于大夏大学等校讲授国际法、国际私法、比较民法、法理学等,出版专著《法律的假设性》。1932年任江苏高等法院上海二分院推事。1935年改任第一特区地方法院推事。次年当选为持志同学会监事。1943年任重庆地方法院院长、国民政府司法行政部参事。1945年被派赴英国和美国考察司法制度,详细观摩学习西方司法体系、审判程序和证据采集,对中外法律的比较研究有了更深刻的认识。

1946年倪徵𣈣回国,编刊《司法考察报告》。该年秋,被外交部聘为远东国际军事法庭中国检察官首席顾问,参与控诉、审判土肥原贤二、板垣征四郎、松井石根等甲级战犯。倪徵燠通过中国政府驻日军事代表团,向盟军最高统帅要求并获准让中国检察官查阅已被封闭的日本内阁和陆军省档案,获得了大量有关日本战犯的罪证,对最终判决土肥原贤二等日本战犯死刑卓有贡献。1947年曾任司法行政部代刑事司司长,当选为中华民国法学会、中国法律教育委员会委员,参加全国司法行政检讨会议,出版专著《美国和英国的司法制度》。1948年年末辞任高等法院首席检察官,回任东吴大学法学院教授兼法律系主任,于1949年中华人民共和国成立后兼任教务长。

1952年因全国高校院系调整,东吴大学法学院停办。倪徵燠于1954年调任同济大学图书馆主任兼俄语教师。1956年经周恩来总理亲自点将,出任外交部条约委员会专门委员、条约法律司法律顾问。1972年作为中国代表团成员参加联合国海洋法会议。1981年当选为联合国国际法委员会委员。参加联合国海底委员会海洋法起草委员会的工作。1982年通过的《联合国海洋法公约》使用五种文字。倪徵燠是中文文本的负责人。同年加入中国共产党,任外交部法律顾问。1984年当选为中华人民共和国首位联合国国际法院大法官。1991年当选为国际法研究院(欧洲)院士。1994年从国际法院卸职。2003年9月3日病逝于北京。

倪徵燠生前曾加入中国民主同盟。曾任全国政协委员,中国国际贸易促进委员会海事仲裁委员会、对外经济贸易仲裁委员会仲裁员,当选为中国国际法学会理事、中国海洋法学会会长等。喜京剧,为北京市昆曲研习社著名票友。译有《国际私法》。著有回忆录《淡泊从容莅海牙》及《国际法中的司法管辖问题》《倪征燠法学文集》等。

(李 峰 袁成亮)

张寒月(1906—2005)

张寒月,字莲光,本名政,字兆麐,号空安居士、寒月斋主,吴县(今江苏苏州)黄埭人。生于清光绪三十二年五月初七日(1906年6月28日)。父张月涛在苏州齐门外经营大顺隆米行,爱好书画,笃信佛教。张寒月颇受其父影响。七岁入私塾,十五岁自习绘画。十六岁父亲过世,米行被转让给他人经营,张寒月则拜吴中名家吴松柏为师学画,尤擅画龟,名气远播于日本。

绘画之外,张寒月亦擅刻印。张寒月走上刻印之路事出有因。一次他将自己的画稿卖给一个旧木器店的伙计。伙计告知,凡画要有题款钤印才值钱。张寒月闻之即自刻出生平第一方印。以书画为生后,更是赴各地探访金石古物、名胜古迹,还大量临刻了秦汉玺印和明清各家印作,为以后取各家之长、自成面貌打下了坚实的基础。其父生前好友、书法家鲍南平携其至上海拜吴昌硕为师,使其篆刻技艺大有长进。吴昌硕颇感欣慰,并将其最得意的篆刻高足常熟赵石介绍给张寒月。在吴昌硕的指点下,并转益多师后,张寒月刻印着重于篆法、章法、刀法的相辅相成,形成了自己独特的篆刻艺术风格。其篆刻布局严正、刀法精熟、形式多样、善于变化,刀中见趣,刀中见墨意,笔墨刀石浑然一气。其治印融书画、造像、山水风景于一体而自成"雍容宽博,丰茂浑朴"的风貌。

1931年,张寒月所作21方印入选苏州书店出版的《古今名人书画金石真迹初集》。1939年,张寒月与好友朱竹云、张辛稼在城隍庙对门开办海棠画馆,经营书画篆刻。出版了《寒月斋主印存》,内集印作二百余方,由赵石为其题签。朱竹云、张辛稼转往外地谋生后,海棠画馆则由张寒月一人经营,三年后迁至景德路察院场口。1947年,经裱画名手华道初介绍,张寒月到上海静安画廊专事篆刻,结交了邓散木、白蕉、朱屺瞻等沪上名家。

中华人民共和国成立后,张寒月返回苏州,在察院场继续经营篆刻。1963年1月,与蒋吟秋、祝嘉、蔡谨士的书法印章展览在江苏省美术馆举办,后又转往广州中山公园展出,受到郭沫若、宋文治等名家赞赏。张寒月后又将印款题材拓展至园林山水。所作吴见山绘《苏州风光》12枚组印,熔书、画、印于一炉,给人以独特的艺术享受。1973年11月,其创作的《十二生肖印谱》入选全国工艺美展。《鲁迅笔名印谱》分别被上海、绍兴鲁迅纪念馆和日本仙台宫城县中日友好协会鲁迅先生显彰会收藏。作品还曾参加全国第一届书法篆刻展、首届全国篆刻展、国际书法篆刻展等大型展览。1992年7月,上海古籍出版社出版《张寒月金石篆刻选集》,共收入造像、生肖印、苏州园林室名印等三百余方。

2005年4月18日张寒月病逝于苏州。生前加入中国书法家协会、西泠印社,曾任江苏省书法家协会理事、东吴印社顾问、苏州市文联艺术指导委员会顾问等。

(袁成亮)

姚荫梅(1907—1997)

姚荫梅,学名民奇,小名柏官,吴县(今江苏苏州)甪直人。生于清光绪三十二年十一月二十日(1907年1月4日)。父姚寄梅、母也是娥均为评话艺人。姚荫梅三岁丧父,随母漂泊江湖。读过私塾,后就读于上海敬业中学附属小学,读到高小一年级时辍学,时年十一岁。十四岁登台,演出评话《金台传》。后因坏嗓而改学弹词,拜唐芝云为师,学唱《描金凤》。十八岁转从"描王"夏荷生学《描金凤》。1924年,与夏莲君、朱琴香、尤少卿、赵湘泉等人组合成班,在上海大世界游乐场演唱化妆弹词(又称"书戏")年余。好动脑改编新书,将《玉连环》小说本改编为长篇弹词,演唱多年,并与周剑虹拼档,将《玉连环》与周剑虹之《大红袍》交换。后入光裕社,拜师朱耀祥。1935年,将张恨水著名小说《啼笑因缘》改编成弹词,在江浙各码头边演边改,反复磨砺。1945年秋,在上海沧洲书场开说《啼笑因缘》,因说法新颖,生动有趣,别具风格,极为轰动,以至于在新老沧洲两家书场同时开书,以满足听众,此后即长期走红。抗日战争胜利后,姚荫梅当选为上海市弹词评话研究会常务理事。1947年1月当选为苏州光裕社理事。1949年1月又当选为苏州弹词评话研究会常务理事。中华人民共和国成立后,姚荫梅于1951年加入上海市人民评弹工作团,为首批入团的18位演员之一。曾随团至治淮工地采风,参加中篇弹词《一定要把淮河修好》编写、演出。1955年被推为上海市人民评弹工作团艺术委员会主任。1957年曾被错划为"右派分子"。后曾任上海市人民评弹工作团艺术委员会委员,当选为中国民主同盟上海市委候补委员。

  姚荫梅自幼聆遍名家演出,博采众长,平时善于观察社会,捕捉细节笑料,语言生动,描述细腻,构思新奇巧妙,说表亲切自然,引人入胜,演唱生活气息浓,噱头不庸俗,常随口而出,令人捧腹,有"巧嘴"之誉。虽嗓音嘶哑,却能以书情与说法妥帖自然安排唱词,专唱白话开篇,风格独特。代表作《跳舞厅》等,均以描绘世态、缕析人情见长,唱腔自由灵活,平易近人。姚荫梅演唱《啼笑因缘》《方珍珠》等近现代题材书目时,借鉴方言、话剧表现手段,根据人物籍贯、身份和性格,运用不同乡谈,使人物栩栩如生、形象传神,听众有身临其境之感。其说表以噱见长,诙谐风趣。曲调自成流派,吐字清晰,婉转亲切,行腔自由,富有幽默感。其调以普通书调为基础,受小阳调影响,以本嗓为主,偶用假嗓小腔,世称"姚调"。注重兼顾神、情、味、趣、气、上六字。演唱《啼笑因缘·旧货摊》时,运用【乱鸡啼】曲牌,将旧货摊上各种大小货物一一列举,一口气唱完,堪称一绝。代表作另有《饭粥》开篇及《炼印》《杨广林转变》等。

  姚荫梅注重评弹艺术的教育意义[1],自20世纪50年代起,从事创新和整

---

[1] 姚荫梅:《说书是高台教育——也谈旧上海题材的书目》,见苏州评弹研究会:《评弹艺术》第十三集,新华出版社1991年,第5—6页。

旧工作。一生创作、改编、整理长篇、中篇及短篇弹词作品二十余部,其中《玄都求雨》《汪宣扮死》《汪宣断案》《县衙风波》《猎虎记》《冰化雪消》《激浪丹心》《双按院》《方珍珠》《金素娟》《义胜春秋》《玉素赠凤》《刘胡兰·就义》等尤著名。姚荫梅赞同评弹艺术"理、味、趣、细、技"五字诀,并提出评弹演员艺术修养"懂、通、松、重、动"五字诀[1]。所编长篇弹词《双按院》《啼笑因缘》分别于1986年和1988年由上海文艺出版社出版。

1997年1月24日姚荫梅逝世。

(李嘉球)

戴松恩(1907—1987)

戴松恩,常熟东唐市人。生于清光绪三十二年十一月二十二日(1907年1月6日)。毕业于苏州晏成中学。1925年,因学习成绩优异被南京金陵大学农业专修科免试录取。次年6月以第一名毕业,留校农学院农艺系任助理,协助沈宗瀚教授进行小麦、水稻遗传育种研究工作,并考取本科。1931年,再以第一名从农艺系毕业,获农学学士学位,被学校授予金钥匙奖,留任助教。参与育成和推广"金大2905""金大26"等小麦品种。利用来自中国、苏联、美国的小麦品种进行杂交,对其性状遗传规律做了研究。当时细胞遗传是遗传学的一个新兴分支。戴松恩系我国致力作物遗传育种基础理论研究较早的学者之一。1933年,考取清华大学首届公费留美生,进入康奈尔大学研究生院,专攻作物育种及细胞遗传学。1936年冬获博士学位,并被选为美国西格玛赛荣誉学会会员,同时获该学会金钥匙奖。

1937年3月,戴松恩受聘为农林部南京中央农业实验所麦作系技正,负责小麦抗病育种和细胞遗传学研究。"七七"事变爆发后,戴松恩被派往江苏北部担任督导,推动小麦增产工作。南京沦陷后,戴松恩辗转于安徽芜湖、广西柳州等地。1938年2月到贵阳中央农业实验所工作站,开展玉米、烟草和油菜的育种研究。1940年冬,随工作站迁移到四川荣昌。出任金堂铭贤农工专科学校教授、系主任。1942年任恩施湖北农业改进所所长。1944年回重庆北碚中央农业实验所,任麦作系技正兼主任。前后连续四年,对已搜集到的小麦品种材料进行抗病性鉴定试验,发表了《小麦赤霉病抗病性研究》,并以云南"牟定火麦"为例,

---

[1] 姚荫梅:《懂、通、松、重、动——我的演唱经验》,见苏州评弹研究会:《评弹艺术》第一集,中国曲艺出版社1982年,第135—144页。

论证了选育抗病品种的可能性,对发展我国小麦抗赤霉病育种工作是一个很好的启发。1947年3月,任中央农业实验所北平农事试验场场长。次年被行政院简任为该所技正。同年年底,拒绝执行国民党政府撤往南京的命令,决心保护好试验场的人员、财产、仪器设备和档案资料,迎接解放。

中华人民共和国成立后,戴松恩任华北农业科学研究所副所长、研究员。1955年当选为首批中国科学院生物学地学部学部委员。1956年,参加制订国家十二年科学技术远景发展规划,主持农业科技规划说明书的全部定稿工作。后任中国农业科学院作物育种栽培所副所长、中国农业科学院副秘书长、研究生院副院长等。先后加入中国民主同盟、中国共产党。曾当选为中国作物学会副理事长兼秘书长,全国及北京市人大代表、政协委员,中国民主同盟中央委员、北京市常委等。

从1978年起,戴松恩主持"小麦非整倍体研究"。这是利用非整倍体材料和相应的分析方法,为小麦定向育种提供理论根据的基础研究。1980年戴松恩主持召开"全国小麦非整倍体研究讨论会",并发表了《为什么研究小麦非整倍体》及译文《小麦非整倍体》等,积极推动研究工作。还通过政协等渠道,向政府及有关部门提出了许多关系国计民生及具有全局性和长远性意义的建议,如:制止围湖造田,保护森林、草原、湖泊,珍惜耕地,以确保粮食生产;重视农业科学技术推广,使其真正转化为生产力;建议黑龙江省商品粮基地着重提高单产,不以开荒来扩大商品粮基地。1983年被中国农学会授予"从事农业科研50周年表彰奖"。1985年被中国科学院授予"从事科学工作50年荣誉奖"。1987年7月31日逝世于北京。著有《种子的科学》等。

(潘正言)

刘天韵(1907—1965)

刘天韵,吴江(今江苏苏州吴江区)盛泽人,祖籍山东。生于清光绪三十二年年末(1907年1月)。读过私塾。从小喜听评弹,辍学从艺,拜夏莲荪为师,习弹词《三笑》。半年后在上海新世界游乐场登台帮师唱开篇,艺名"十龄童"。此后随师在上海、天津等地演出,使艺名大显。十七岁起,与师叔郁莲卿、潘莲艇、王似泉分别拼档。其《三笑》演出本博采众长。后刘天韵又从张梅卿补学《落金扇》。并与徒弟谢毓菁拼档,说唱《三笑》《落金扇》,世称"刘谢档",名噪一时。抗日战争胜利后,刘天韵在大百万金空中书场电台演播,红极一时。

1949年10月中华人民共和国成立后,刘天韵被推选为上海市评话弹词研究会改选筹备会委员,积极要求进步,要求建立国营评弹团体。1951年与唐耿良等负责筹备,建立上海市人民评弹工作团,为首批入团的18位演员之一,并担任第一任团长[1]。参加上海文艺界治淮工作队赴安徽漯潼河、佛子岭工地进行文艺宣传。1953年又随团赴广东海军基地慰问演出。1954年改任团艺委会主任,与徐丽仙拼档演出长篇弹词《杜十娘》《王魁负桂英》。1956年开始对长篇弹词《三笑》结合演出整理加工。1958年与华士亭拼档演出。中国共产党八届七中全会在上海召开时,刘天韵为中央首长演出,弹唱陈调唱段《林冲踏雪》得到好评。1960年7月参加中国文联代表大会,为毛泽东、刘少奇、周恩来等中央领导人演唱《林冲踏雪》选曲,得到赞赏。1962年赴香港演出,出任上海市人民评弹工作团副团长。与侄女刘韵若搭档,合作演出《三笑·追舟》,其中刘天韵表演的船工唱山歌被称为评弹界一绝。1963年因病辍演,在家授徒并记录整理《三笑》脚本。1965年8月22日病逝。生前曾当选为上海市文学艺术界联合会副主席、中国曲艺工作者协会副主席。

刘天韵对评弹艺术精益求精,善于观察,善于交流。因经常接触社会底层,故善演小人物,尤擅丑角。在新书坛上,注重"噱"从人物性格和情节出发,充分发挥了艺术才华。还对评弹艺术进行革新,整理旧书,创作新书,使得弹唱的书目益多,技艺益精。对《三笑》一书钻研尤深,博采广征,兼得王(少泉)、谢(品泉)二派之长,对主次角的塑造都很到位,使听众越品越有味。京剧表演艺术家盖叫天曾说:"我很敬佩刘天韵,他说的书,不管是正面或是反派角色,都唱得出神入化。春夏秋冬四香,把这四个人物的性格和神情都从他的口、眼、身、手中表演出各个不同形象,使我对武松的表演很受启发。"[2]刘天韵的主要代表作还有《孟老头》《学旺似旺》《老地保》《玄都求雨》《三约牡丹亭》《义责王魁》等。

(俞 前)

吴永刚(1907—1982)

吴永刚,吴县(今江苏苏州)人。生于清光绪三十三年九月二十六日(1907年11月1日)。父为汴洛铁路工程师,母毕业于上海爱国女学。吴永刚四岁时随家迁居河南洛阳,少喜文学、绘画、电影。曾就读于教会所办开封圣安德烈中

---

[1]《上海市文化事业管理局关于五个国营剧团沿革情况的报告》(1954年8月16日),见中共上海市委党史研究室:《上海文化建设文献选编(1949—1966)》上册,上海书店出版社2014年,第65—66页。
[2] 李炳华:《弹词名家刘天韵》,《江苏地方志》1994年第4期。

学。后随父母回到苏州,就读于教会所办萃英中学。1925年春,因受反帝国主义文化侵略的"反基督教大同盟"影响,酝酿学潮而被学校开除,进入上海百合影片公司为美工练习生。后于商务印书馆学习工艺美术,于大中华、百合影片公司任美工师,勤奋钻研服装、道具、化妆等与电影有关的业务,跟著名导演史东山做过场记,有时还根据导演口述写电影故事,打下了坚实的专业基础。

1928年,吴永刚进入天一影片公司任美工师,并于上海美术专门学校进修。曾参演史东山导演的《美人计》等影片,参加中共所领导的左翼电影运动。1931年加入联华影业公司,参加了《三个摩登女性》和《母性之光》的拍摄。1934年,在夏衍、田汉等帮助指导下,自编自导了自己的第一部影片《神女》。该片由阮玲玉主演,描写了一个普通城市妇女为养育儿子被迫做暗娼,后又被流氓霸占,因失手将流氓打死被判刑入狱。影片以朴实无华的素描手法刻画了下层妇女的悲苦心理,表达了对受压迫凌辱的下层妇女的深切同情和对社会黑暗的强烈控诉,一经上映便极为轰动,当时被认为是"中国影坛的最大收获"。

1936年,吴永刚又编导了《小天使》《浪淘沙》《燕双飞》及抗日题材故事片《壮志凌云》《忠义之家》等。抗日战争全面爆发后,吴永刚留守上海"孤岛",在于伶、阿英等中共地下党领导的关怀和帮助下,积极参加孤岛爱国电影和戏剧活动,拍摄了《胭脂泪》《离恨天》等影片,并为上海剧艺社等话剧团导演《花溅泪》《明末遗恨》等话剧。先后在新华影业公司、华新影片公司、华成影片公司、金星影业公司、中央电影制片厂任导演。1947年创办大业电影公司,拍摄《迎春曲》《终身大事》等一批有影响的影片。

中华人民共和国成立后,吴永刚加盟上海电影制片厂。1950年,为东北电影制片厂导演了中华人民共和国成立后第一部描写农村土地改革的影片《辽远的乡村》。1952年到新疆哈萨克部落体验生活,两年后拍摄了我国首次使用少数民族演员和语言的故事片《哈森与加米拉》。该片于1957年获文化部颁发的优秀影片奖。吴永刚后因发表《政论不能代替艺术》等文章被错划为"右派分子",下放到美工车间搞资料搜集工作。1961年被改正后,导演了舞台艺术片《碧玉簪》《尤三姐》。"文化大革命"爆发后,吴永刚后被打成"三十年代黑干将",下放到农村改造。"文化大革命"结束后,吴永刚后重新迎来了自己电影事业的新高潮,先后导演了《刘三姐》《巴山夜雨》等片。1980年《巴山夜雨》获文化部优秀影片奖。1981年获第一届中国电影金鸡奖最佳故事片奖,而有关人员分获最佳编剧奖、最佳女主角奖、最佳男女配角集体奖、最佳音乐奖等多项大奖。吴永刚曾当选为中国电影家协会理事、中国民主同盟中央委员会委员等。加入中国共产党。

1982年12月18日吴永刚病逝于上海。一生共拍摄26部故事片、5部舞台艺术片和3部舞台艺术纪录片,为中国电影事业做出了杰出的贡献,后被追授中国电影世纪奖。擅作歌词,另编有剧本《失眠之夜》等。著有《我的探索和追求》。

(袁成亮)

吴景略(1907—1987)

吴景略,名韬,以字行,号缦叟、箫声琴韵室主,常熟塘市(今属江苏张家港)人,祖籍江苏江阴。生于清光绪三十三年(1907)。少从赵剑侯、周少梅等学丝竹乐与琵琶套曲。1927年师从王瑞璞习古琴,深研古乐,精于琴学。1936年参与创办今虞琴社,1939年任司社。次年被聘于上海授学。曾与人合开新艺美工建筑公司。加入国乐研究会,有"古琴圣手"之誉。

中华人民共和国成立后,1953年吴景略被聘为中央音乐学院民族音乐研究所通讯研究员,后任音乐系弹拨乐教研室主任、教授,中国音乐研究所特约演奏员。1980年当选为北京古琴研究会会长。兼任中国文艺学术界联合会委员、中国音乐家协会民族音乐委员会委员。古琴"吴派"又演化派生出虞山吴派。吴景略是虞山吴派的代表人物,一生打谱四十余首,尤擅曲目《潇湘水云》《胡笳十八拍》《胜利操》等。不仅使古琴从民间的业余状态走上了近代化的道路,而且在演奏上融南北风格于一体,不愧为"虞山吴派"之开山。1987年8月16日于北京逝世。

(李 峰)

徐迈进(1907—1987)

徐迈进,又名文源,曾用名建三、晓光,化名周善,笔名秋蝉等,吴县(今江苏苏州)北桥姚浜人。生于清光绪三十三年(1907)。小学毕业。早年为上海养蜂公司学徒。1925年加入中国共产党,任中共无锡县甘露镇党支部书记。1927年上海"四一二"反革命政变后,任武进县前黄公学教务主任,建立前黄党支部并任书记,曾任东南区委、武进县委委员,组织昇西乡农民抗租斗争。次年任中共宜兴特委委员。后任共青团江苏省委秘书、上海沪东区委委员、团中央秘书兼组织部出版发行主任。1929年参与筹建共青团杭州中心市委,任组织部部长。是年被捕,在狱中任浙江陆军监狱中共狱中特别支部书记,坚贞不屈。所作《囚徒歌》被广为传诵。1931 年徐迈进被转押至苏州陆军军人监狱,任中共狱中支部书记。1933 年获释。1935 年任上海《立报》社会新闻版主编。

1937 年抗日战争全面爆发后,徐迈进奉党组织之命,赴南京参与筹办《新华日报》,因时局紧张转移至武汉。1938 年参与创办中共中央长江局机关报《新华日报》,任经理。又参与创办《群众》杂志和国际新闻社,并任中国青年新闻记者学会常务理事。1941 年皖南事变后到缅甸,参与创办《新知周刊》《侨商报》,建立缅甸华侨战时工作队。次年回国,历任重庆中共中央机关报《新华日报》管委会秘书兼总务课主任、新闻编辑室副主任、党报委员会委员兼办公厅主任。1945 年以《新华日报》记者身份出席在南京举行的接受日本投降仪式,后奉周恩来之命筹办上海《新华日报》,任上海办事处主任兼《群众》周刊社副社长、发行人,参与创办《建国日报》,秘密编印新华社通讯稿。1947 年撤回延安,历任《解放日报》副总编、新华通讯社总社社委兼第三办公室主任。

1949 年年初,徐迈进任北平市军事管制委员会所属文化接管委员会新闻出版部部长、中央广播事业管理处管委会委员兼办公室主任。中华人民共和国成立后,徐迈进曾任中央人民政府新闻总署办公厅主任兼政务院中央广播事业局副局长,政务院文教委员会办公厅主任、党委副书记,国家广播事业局副局长,中共中央宣传部副秘书长兼新闻广播处处长,国务院文教办公室副主任,文化部顾问、老干部工作委员会主任,全国政协新闻组组长,中共中央南方局党史资料征集小组副组长等。曾当选为全国政协常委。1987 年 9 月 22 日于北京逝世。

(王晋玲)

周同庆(1907—1989)

周同庆,昆山人。生于清光绪三十三年十一月十七(1907 年 12 月 21 日)。周梅初子。1924 年就读于东南大学附属中学,获江苏省第三届理科实验竞赛会第一名。次年毕业考取清华学校。1929 年毕业于清华大学物理系,获理学学士学位。考取庚款留学美国专科生,留学普林斯顿大学研究院,曾获金钥匙奖。1933 年获哲学博士学位。回国后任北京大学物理系教授,参加中国物理学会北平年会。1936 年任中央大学物理系教授、系主任,获中华教育文化基金科学研究补助金。次年当选为中国科学社、中国数学会、中国物理学会、中国动物学会、中国植物学会五科学团体杭州联合年会总委员会委员。研制了新的低压电弧光源,进行了 Rb 和 Cs 等原子光谱线倒斯塔克效应、分子光谱和分子结构等研究。

抗日战争全面爆发后,周同庆随校内迁重庆。1943 年任上海交通大学物理系教授。为测量长江—嘉陵江沿江小城市吃水线和水下暗礁,保证安全航行,与中央工业实验所合作,成功研制超声发生器、超声探测器及回声测深仪,获国民政府教育部嘉奖。抗日战争胜利后周同庆回上海复校,任上海交通大学物理系系主任、理学院院长。1947 年任中国物理学会京沪杭区年会论文宣读委员会主席。次年任无锡江南大学教务长。

中华人民共和国成立后,1952 年全国高校院系调整。周同庆调任复旦大学物理系教授,任系务委员会主任、X 光管研究室主任、光学教研室主任,创立新兴学科等离子体物理。试制中国第一个医用封闭式 X 光管成功。又指导用国产材料成功研制 100 千伏高压整流管,为 X 光机配套,指导蔡祖泉成功吹制玻璃高真空扩散泵。1955 年当选为首批中国科学院学部委员。后又开创并深入研究了气体立体放电等离子体光谱。

1989 年 2 月 13 日周同庆于北京逝世。生前加入中国民主同盟。曾当选为中国物理学会理事、上海物理学会理事长、全国人大代表、全国政协委员、上海市政协常委等。是中国等离子体物理学科及光谱学研究的开拓者和重要奠基人。曾合译《原子物理学》,合编《受控热核反应》。

(李　峰)

宣景琳(1907—1992)

宣景琳,本姓田,名金玲,小名阿四,吴县(今江苏苏州)人。清光绪三十三年四月初五日(1907 年 5 月 16 日)生于上海。幼年丧父,因家贫辍学。能歌善舞,喜戏剧,会唱京剧青衣。曾被迫沦落风尘,卖身为妓。

1925 年宣景琳加入明星影片公司,出演首部影片《最后之良心》成名,后相继主演影片《上海一妇人》《盲孤女》《可怜的闺女》《早生贵子》《多情的女伶》《富人之女》《无名英雄》《梅花落》《少奶奶的扇子》等。擅演各类角色,以反派角色与老太婆角色为最佳,时与张织云、杨耐梅、王汉伦并称电影四大名旦。1931 年于天一影片公司主演其首部有声电影《歌场春色》。次年上海"一·二八"事变后,曾组织宣景琳旅行团赴南京、武汉、长沙等地巡回演出,宣传抗日救亡,轰动一时。复返明星影片公司,与胡蝶等主演《有夫之妇》《姊妹花》《再生花》《空谷兰》《大家庭》等。1936 年为新华影业公司主演《秋雨残冬》。全面抗日战争时期参加上海新钟剧团。1939 年曾主演《花好月圆》及弹词名剧《刁刘氏》《玉蜻蜓》等。

中华人民共和国成立后,宣景琳于大同电影企业公司参演影片《自由天地》《女儿春》。1952年入上海电影制片厂为演员,曾参演影片《家》《三八河边》《长虹号起义》《地下航线》《家庭问题》等。加入中国农工民主党,曾当选为上海市政协委员。1992年1月22日逝世。

(王晋玲)

王淦昌(1907—1998)

王淦昌,常熟支塘枫塘湾人。生于清光绪三十三年四月十七日(1907年5月28日)。1925年考入北京清华学校大学部物理科(次年改系),为叶企孙、吴有训教授高足。1929年毕业,留任助教,加入中国科学社。次年公费留学德国,从事β射线谱研究。1933年获柏林大学博士学位。

1934年4月王淦昌回国,任山东大学物理系教授。1936年任浙江大学物理系教授。次年被推为中国科学社、中国数学会、中国物理学会、中国动物学会、中国植物学会五科学团体杭州联合年会总委员会委员,中国物理学会年会筹备委员及论文委员。抗日战争全面爆发后王淦昌随校播迁至贵州,特开设"军用物理"课程,首先研制出荧光粉。1941年提出通过轻原子核俘获K壳层电子释放中微子时产生的反冲中微子的创造性实验方法,验证中微子存在并为实验所证实。1943年任物理系主任。1947年曾被选派赴美国加州伯克利分校做研究。1949年年初归国,独获第二届永利化学工业公司范旭东荣誉纪念奖金。

中华人民共和国成立后,1950年王淦昌任中国科学院近代物理研究所研究员。1952年参与制订中国近代物理科研发展的第一个五年计划。1953年在云南领导建立首个宇宙线实验站,使中国宇宙线研究追踪国际前沿。1955年当选为首批中国科学院学部委员。1956年秋,被派赴苏联杜布纳联合原子核研究所,任高级研究员,后又任副所长,联合开展高能实验物理研究。1959年于该所领导研究小组,在世界上首次发现反西格玛负超子,把人类对物质微观世界的认识向前推进了一大步。1964年,独立地提出用激光打靶实现核聚变的设想,为国际激光惯性约束核聚变理论和研究的创始人之一,使中国在这一领域走在当时世界各国的前列。1961年起,参与中国原子弹、氢弹原理突破及核武器研制的试验研究和组织领导工作。怀抱以身许国的信念,隐姓埋名,远离家乡、亲人,到海拔3600米以上的核试验基地,克服天寒地冻、高原缺氧的艰苦条件,殚精竭虑,一丝不苟,严格把关,保证了每次实验都获得成功,为新中国迅速进入核大国行列,建立强大的国防,打破超级大国的核垄断、核讹诈,立下了卓著的功勋。

1979 年加入中国共产党。1984 年,又领导开辟氟化氪准分子激光惯性约束聚变研究的新领域。1986 年 3 月 3 日,与王大珩、杨嘉墀、陈芳允联名提出的《关于跟踪研究外国战略性高技术发展的建议》被呈送给邓小平。在邓小平的大力支持下,国务院在充分论证的基础上,制订了《高技术研究发展计划纲要》(通称"863 计划"),为中国高技术发展开创了新的局面。

王淦昌是我国实验原子核物理、宇宙射线及基本粒子物理研究的主要奠基人和开拓者。曾任中国科学院近代物理研究所所长,第二机械工业部第九设计研究院副院长、副部长兼原子能研究所所长,国家科委核聚变专业组组长、冷试验技术委员会主任。当选为中国科学技术协会副主席,中国核学会理事长,九三学社中央参议委员会主任、中央名誉主席,第三至六届全国人大常委会委员等。获两项国家自然科学奖一等奖、一项国家科学技术进步奖特等奖等。1998 年 12 月 10 日于北京逝世。1999 年被国家追授"两弹一星功勋奖章"。著有《中微子与负质子》《王淦昌论文选集》等。

(李 峰 潘正言)

柳无忌(1907—2002)

柳无忌,本名锡礽,以笔名行,别署笔名啸霞、霞、胜溪、胜己、深溪、萧亚等,吴江(今江苏苏州吴江区)黎里人。生于清光绪三十三年六月十三日(1907 年 7 月 22 日)。南社领袖诗人柳亚子之子。自幼敏而好学,"举凡《诗经》《孟子》《左传精华》《史记》《唐诗三百首》《古文观止》等书,都能熟读背诵"[1]。曾随父参加南社活动。1920 年于黎里第四高等小学毕业,就学于上海圣约翰中学及大学一年级。1925 年入北京清华学校主修化学,兼及经济,始习德文,发表译诗《哀希腊》。1926 年弃理从文,改习西洋文学,参加清华文学社,深得老师朱自清赞赏。

1927 年柳无忌公费留学美国,先后获劳伦斯大学学士学位、耶鲁大学英国文学博士学位。1931 年与罗皑岚、罗念生、陈麟瑞等在纽约创办《文学杂志》,任名誉主编,发表新诗和诗论多篇。1932 年回国,任南开大学英文系教授、系主任。1935 年与罗皑岚发起人生与文学社,并编辑社刊《人生与文学》及天津《益世报》文艺副刊。全面抗日战争时期,曾任长沙临时大学、西南联合大学、中央大学教授,编著《现代英语》教材。1945 年赴美国讲学。1948 年当选为中国英语

---

[1] 叶雪芬:《柳无忌年谱》,社会科学文献出版社 1992 年,第 6 页。

教学研究会理事。定居美国后,先后任劳伦斯大学、耶鲁大学和印第安纳大学中文教授。20世纪60年代初在印第安纳大学创办东亚语文系,任系主任。

柳无忌精通英语,兼通法、德语,对中国文学和西方文学均有深入研究,在国内讲授西方文学,在美国则讲授中国文学,为中西文学交流起了桥梁作用。早年即致力研究南社人物苏曼殊,晚年积极推进南社研究事业。1976年退休后筹建国际南社学会,被推为会长,资助南社资料和研究著作的出版。2002年10月3日在美国旧金山病逝。江苏南社研究会、国际南社研究会和中国南社与柳亚子研究会合作,编辑纪念集《教授·学者·诗人——柳无忌》。

柳无忌一生撰述译编中英文著作三四十种。编有《苏曼殊诗集》《曼殊逸著两种》《苏曼殊年谱及其他》《柳亚子年谱》等。曾与曹鸿昭合译《英国文学史》。编译《少年哥德》《莎士比亚时代抒情诗》《近代欧美短篇小说选》等,编选《当代中国文学作品选》等。著有《曼殊评传》《孔子的生平和时代》《苹果里》《西洋文学的研究》《中国文学概论》《葵晔集》《抛砖集》《古稀话旧集》《休而未朽集》《柳无忌散文选》《印度文学》等。

(俞 前)

王季迁(1907—2003)

王季迁,本名季铨,字选青,又署己千,吴县(今江苏苏州)洞庭东山人。生于清光绪三十三年正月初二日(1907年2月14日)。王鏊十四世孙。由于家庭影响,幼年即对书画产生兴趣。十四岁时,拜过云楼主人、画家顾麟士为师,学习绘画与鉴赏。就读于东吴大学法律系时,偶然于苏州护龙街裱画铺见吴湖帆画作,对其笔墨之精深为佩服。好友潘承厚是吴湖帆内侄。王季迁通过潘承厚引见,至上海正式拜吴湖帆为师,时年二十岁左右。

由于受到吴湖帆的悉心指导,并在梅景书屋纵览吴湖帆之收藏,王季迁亦精于古书画鉴定。1935年经吴湖帆推荐,王季迁与同门徐邦达被遴选为故宫博物院赴伦敦展览的审查委员,得以经眼故宫所藏中国古代书画精品数千件,令眼光骤精。同时编选历代书画家印鉴、款识一书,将初稿交给商务印书馆。但因战事,初稿不幸散失。王季迁不得不重新搜集资料。1940年,与德籍美术史学家维多利亚·孔达合作编纂的《明清画家印鉴》正式出版,叶恭绰、吴湖帆为之作序。全书收录公家如故宫博物院、上海市博物馆,私人如吴湖帆、冯超然、高络园、徐邦达、顾公可、蒯若木、黄宾虹、何亚农、叶恭绰等所藏明清书画中之印鉴、题款,凡430家,附录宋元画家23家,收藏家64名,以笔画为序,中英文对照,对于中外艺术史研究者而言,至今仍为鉴定明清书画之重要参考书。

王季迁早年藏画,以明末清初的"四王"为主,延伸至明清诸大家。1949年后定居美国纽约,致力流散海外之古画的搜集。曾于犹太人古董铺购得佚名古画,后经研究,定为北宋武宗元之《朝元仙杖图》,并从张大千处购得董源《溪岸图》。据相关记录,王季迁藏宋元画约有64幅,虽然未必都可靠,但数量已十分惊人。王季迁先后向欧洲、美国、澳大利亚等地博物馆出售、捐赠古画150多幅。例如,1960年曾向美国克利夫兰艺术博物馆出让宋元古画13件,1973年和1997年又出让宋元古画两批予美国大都会艺术博物馆,包括其最珍爱的董源《溪岸图》。还在美国旧金山第杨博物馆、洛杉矶郡立美术馆、哈佛大学福格美术馆、香港艺术中心、台北市立美术馆等地举办藏画展览,大力宣传中国古代书画艺术,受到海内外收藏家的广泛瞩目。又依托其深厚的中国书画艺术修养,为海外中国艺术史研究者提供了诸多的便利与指导,将中国书画的鉴赏推向欧美国家,同时促成传统中国画进入国际艺术品流通领域。

1959年、1963年、1990年,王季迁三往台北"故宫博物院"赏鉴藏画,前两次均有笔记留存,由杨凯琳整理为《王季迁读画笔记》。徐小虎曾数次访谈王季迁,并将访谈内容整理为《画语录》,连载于台湾《故宫文物月刊》。2003年7月3日王季迁于美国纽约逝世后,两书皆被公开出版。王季迁另有《王己千书画集》。

(李 军)

吴蔚云(1907—2003)

吴蔚云,吴县(今江苏苏州)人。生于清光绪三十三年十月十九日(1907年11月24日)。幼读两年私塾,擅拉二胡,喜观蹦蹦戏。因为家贫,1922年入上海美丰石印局做学徒,学习绘石。1927年考入天一影片公司学习摄影、洗印,曾扮演《白蛇传》之许仕林、《梁山伯与祝英台》之梁山伯的书童等角色。次年拍摄《蒋老五殉情记》获誉。1929年与朱梦觉等合办艺华制片公司,于海滨、新中国、暨南、联艺等影片公司任摄影师,拍摄《海滨豪杰》《绿林叛徒》《江湖廿四侠》《太极镖》等武侠片。1932年为天一影片公司拍摄有声影片《一夜豪华》。1934年为电通影片公司拍摄《桃李劫》,次年为艺华影业公司拍摄《逃亡》《暴风雨》《凯歌》等片,皆轰动一时,成为其摄影风格向现实主义转变的起点。还创办光明电影机器厂,自任经理,成功仿制美国摄影机上片匣,并有所改进。

1935年,吴蔚云加入国民政府军事委员会政训处电影股。次年任南昌行营少校摄影师。1937 年为电影股所办武汉电影制片厂拍摄《铁血精忠》。抗日战争全面爆发后吴蔚云加入中国电影制片厂。1939 年赴香港拍摄故事片《南海风云》。后归重庆,拍摄军事教育片《步兵射击教育》等、新闻片《抗日战争实录》及故事片《日本间谍》等。在香港加入大地影业公司,拍摄《孤岛天堂》《白云故乡》等影片。抗日战争胜利后吴蔚云回上海,拍摄《遥远的爱》《还乡日记》《街头巷尾》等影片。1947 年加入昆仑影业公司,拍摄《关不住的春光》,担任《一江春水向东流》《丽人行》等片的摄影顾问和技术指导工作。

中华人民共和国成立后,吴蔚云曾应邀出席第一次中华全国文学艺术工作者代表大会。后进入东北电影制片厂工作。1954 年年底调入北京电影制片厂。1956 年调入上海电影制片厂任摄影总技师,获全国先进生产者称号。其间先后拍摄了《赵一曼》《白毛女》《土地》《丰收》《梅兰芳的舞台艺术》《搜书院》《陈三五娘》《天仙配》等片。其中《白毛女》于 1957 年获文化部 1949—1955 年优秀影片一等奖。1958 年吴蔚云加入中国共产党。1960 年任上海电影技术研究所所长。"文化大革命"期间曾被打成"反动权威"。1977 年拍摄《江姐》,后为《儿子、孙子和种子》《于无声处》《月到中秋》等片摄影顾问,并任上海电影制片厂摄影总技师。1985 年 12 月离休。曾当选为第一至五届上海市人民代表,中国电影家协会第一届委员、第二至四届理事,中国电影家协会上海分会第二届理事等。2003 年 10 月 28 日逝世。

吴蔚云是中国电影摄影界从无声电影到有声电影、从黑白电影到彩色电影历史过程的见证者与参与者。刻苦自学,有高超的摄影技术。认为"光线就是摄影师的调色板,他赋予画面以生命"[1],故特别"追求画面构图的灵活和注意使用光线来加强人物的质感。这就为影片大大增添了色彩,加强了艺术感染力"[2]。其摄影风格细腻、明快、自然、真实,人物造型生动,取景构图自然。吴蔚云合著有《电影摄影》《故事片的摄影创作》《中国声乐作品选》等。 (朱季康)

潘景郑(1907—2003)

潘景郑,名承弼,字良甫,以号行,别号寄沤、盦宀,吴县(今江苏苏州)人。生于清光绪三十三年七月初二日(1907 年 8 月 10 日)。

---

[1] 吴蔚云等:《电影摄影》,中国电影出版社 1959 年,第 1 页。
[2] 中国电影家协会电影史研究部:《中国电影家列传》第二集,中国电影出版社 1982 年,第 179 页。

潘景郑幼承家学,十三四岁学训诂之学。1931年春由李根源推荐从章太炎治经史,又拜吴梅为师学词,拜俞粟庐为师学曲。1935年章太炎在苏州创办章氏国学讲习会。潘景郑被聘为讲师,负责编辑《制言》杂志。《制言》从创刊至结束共有63期。抗日战争全面爆发后,章太炎夫人汤国梨率门生等在上海办太炎文学院。潘景郑获聘任教。在文学院被汪伪政府强行停办后,与张元济、叶景葵、顾廷龙等创办合众图书馆。编有《海盐张氏涉园藏书目录》《上海市合众图书馆石刻拓本分类目录》等,与顾廷龙合编《明代版本图录初编》。

潘景郑与兄潘承厚继承祖上宝山楼藏书,又搜集增购至三十万卷,其中多为明末史料、乡贤文献。潘承厚好藏历代尺牍,潘景郑则好藏石拓及砚。中华人民共和国成立后,潘景郑将宝山楼余藏善本佳椠以及清代缙绅录、朱卷等捐献给上海市历史文献图书馆(上海图书馆前身),后又将所存六朝隋唐墓志、六朝造像、宋辽金元经幢、汉砖汉瓦百余种及唐代井栏拓片等捐赠给苏南区文物管理委员会。先后供职于上海市历史文献图书馆、上海图书馆,致力古籍版本的鉴定。编有《上海历史文献图书馆农艺史料目录》《上海历史文献图书馆台湾史料目录》《上海历史文献图书馆石刻拓本分类目录》《上海历史文献图书馆黄河史料目录》等。"文化大革命"后,任上海图书馆研究员,兼任中国古籍善本书目编辑委员会顾问、《词学》编委等。2003年11月15日逝世。

潘景郑曾辑佚书一百余家题为《著砚楼佚书》。从家藏中选出未刊的先人手泽、师友遗著及其他罕传秘籍,编印《陟冈楼丛刊》甲、乙两集。续编潘承厚原编的《元明诗翰》《明清画苑尺牍》等。刊印章太炎之《春秋左传读》、张鸣珂之《寒松阁题跋》、龚自珍之《定庵续集》、陈骧德之《古云屋书画录》等。编校辑成钱牧斋之《绛云辑题跋》、毛晋之《汲古阁书跋》、沈复粲之《鸣野山房书目》、马瀛之《金香仙馆书目》等。著有《日知录补校》《寄沤賸稿》《著砚楼书跋》《著砚楼读书记》等。

(曹培根)

柴德赓(1908—1970)

柴德赓,字青峰。浙江诸暨里亭人。生于清光绪三十四年九月初六日(1908年9月30日)。四岁入私塾,以《四书》开蒙。十一岁习《古文观止》,始发国文兴趣。就读于萧山临浦小学高小及该校增办初一时,遇蔡东藩亲授文史,深喜掌故,萌发史学志向。1923年秋入杭州私立安定中学,越二年考取浙江省立第一中学校高中文科,其间发奋学习,热心于革命,被推为杭州学生联合会代表。

1928年加入中国国民党,毕业后脱离关系。

1929年夏柴德赓考入北平师范大学史学系,师从陈垣、邓之诚等。因学业突出,得陈垣器重。所撰论文《明季留都防乱诸人事迹考(上)》被荐载于本校《史学丛刊》创刊号。1933年毕业后,柴德赓于安庆安徽省立第一中学任国文教员。翌年秋转至杭州市立中学任教。1935年7月返北平,于辅仁大学附属中学教授国文。次年任辅仁大学史学系讲师。1941年发表《宋宦官参预军事考》,1944年发表《鲒埼亭集谢三宾考》。以上三篇考证文章,为秉继乾嘉考据精髓,传承学脉经典之作。其中《鲒埼亭集谢三宾考》是"陈门北方抗战史学"的组成部分,获国民政府教育部1945年度著作发明奖励文学类二等奖(一等奖空缺)。[1]

1944年初因不满汉奸曹汝霖参预辅仁大学校董会事,柴德赓携家南下,于教育部洛阳进修班讲授国文,并兼任第一战区长官部秘书之职。中日洛阳会战后,西行入蜀,留下诸多爱国诗篇。同年9月被国立女子师范学院聘为副教授,任教于国文、史地两系,1945年2月又被聘为学院图书组主任。1946年夏再返师门,任辅仁大学史学系教授。热情迎接人民解放军和平解放北平,热烈拥护中国共产党的人民民主建国纲领和新生的中华人民共和国。1950年任史学系主任。同年,经马叙伦、陈伯君介绍加入中国民主促进会。1952年因全国高校院系调整,辅仁大学被并入北京师范大学。柴德赓任新组建的北京师范大学历史系教授、系主任。连续当选为民进北京市分会第二、三届理事。

1955年柴德赓奉调至江苏师范学院历史专修科,受命创建江苏省属高校第一个历史系,任教授、系主任。到苏州后组建民进基层组织,吸收周瘦鹃、范烟桥、谢孝思、程小青、顾公硕等加入民进。1956年当选为民进第四届中央委员。兼任苏州市第二届人大代表,苏州市人民委员会委员,江苏省、苏州市政协常委,并任民进江苏省筹委会副主委、民进江苏省委员会第一届副主委,苏州市筹委会主委、苏州市委员会第一届主委,苏州专区、市筹委会委员等职。

柴德赓注重苏州地方史研究,被调至江苏师范学院当年年末,即于玄妙观机房殿发现了雍正十二年(1734)所立《长洲县奉各宪永禁机匠叫歇碑记》,并考证其文物价值,为研究18世纪中国丝织业中资本主义因素增长问题及机织工匠罢工斗争历史提供了重要资料。1957年,署名中国史学会主编的中国近代史资料丛刊之《辛亥革命》全八册出版,实由柴德赓领衔编纂完成。后柴德赓撰有《从

---

[1]《申报》1946年12月30日。报道称:"12月28日经教育部学术审议委员会第二届第四次全体会议通过民国三十四年著作发明奖励案,决议:一等奖八十万元,二等奖四十万元,三等奖二十万元,并经选定:(一)文学类,二等奖二人,柴德赓《鲒埼亭集谢三宾考》、姚薇元《鸦片战争史事考》。"

白居易诗文中论证唐代苏州的繁荣》《明末苏州灵岩山爱国和尚弘储》《王西庄与钱竹汀》等地方史文章,并承担苏州市政府对外活动中介绍姑苏掌故工作。还先后邀请尚钺、吴晗、吴泽、韩儒林、翦伯赞、邓广铭、胡华等友人来学院座谈和做学术报告,加强学术交流。

1957 至 1958 年,柴德赓在整风、反右运动中曾遭受错误地批判,被迫进行四十余次检查。1962 年奉教育部之命,赴京参加全国高等学校历史教材编审工作,并于中共中央高级党校、北京大学讲授"资治通鉴介绍""史料与史学"等课程。此后,写成《试论章学诚的学术思想》《章实斋与汪容甫》《王鸣盛和他的〈十七史商榷〉》等清代学术研究论文。1964 年受命参加国家组织的中华书局《二十四史》整理工作,再度赴京,协助陈垣点校《新五代史》,留有完整的点校本及校勘记,为学林"校勘历史文献之范本"[1]。柴德赓对陈垣十分敬重,一生追随,撰有《我的老师——陈垣先生》,在华东师范大学做过题为"陈垣先生的学识"的演讲,以传承陈门衣钵为己任,被人视为陈垣门下"四翰林"之首。[2]

1966 年"文化大革命"开始后柴德赓被迫离京返苏,被抄家、批斗,关入"牛棚",身心备受摧残。1970 年 1 月 23 日在苏州尹山湖农场劳动中,柴德赓因心脏病突然复发猝死。1979 年被定性为受"四人帮"迫害致死,并恢复名誉。1987 年与夫人陈璧子被合葬于北京八宝山公墓。

柴德赓多才多艺。同门启功学长称其"精于文史,敏于词章,书法潇洒流畅,得张阆生先生(宗祥)之传"[3]。柴德赓去世后,亲属后代将其所遗藏书、手稿、藏品等陆续捐赠给苏州大学、复旦大学、苏州档案馆和国家图书馆,其中"中国历史要籍介绍""清代学术史讲稿"等手稿被列为国家图书馆善本典藏。其遗著陆续出版的有《资治通鉴介绍》《史学丛考》《史籍举要》《清代学术史讲义》《柴德赓点校新五代史》《宋辽金元史讲稿》等。柴德赓另有《柴德赓来往书信集》等行世。

(柴念东)

王沛纶(1908—1972)

王沛纶,吴县(今江苏苏州)人。生于清光绪三十四年正月二十九日(1908

---

[1] 陈祖武在"柴德赓点校《新五代史》新书发布会"上的发言,2014 年 6 月 29 日。
[2] 首都博物馆藏"陈垣旧藏《汪中临圣教序》"尾跋。周祖谟之子周士琦《辅仁大学四翰林》一文中的排序为柴德赓、余逊、周祖谟、启功。
[3] 刘乃和:《历史文献研究论丛》,广西师范大学出版社 1998 年,第 345 页。

年3月1日)。十五岁进入江苏省立苏州中学,开始学习中西乐器。1930年考入上海国立音乐专科学校,师从萧友梅博士学乐理,师从华拉教授习小提琴。受刘天华教授之托,创立国乐改进社上海分社,并编辑出版音乐刊物。1933年毕业,在上海、重庆部分中学及师范学校任音乐教员。1941年执教于国立中央大学师范学院。是年1月和1942年1月,两次在重庆指挥演出歌剧《秋子》,首开完整演出中国歌剧之先河。不仅精研西乐,对中国古乐亦学有专精,倡导以"中乐为体,西乐为用",运用西乐技术以表现中乐情韵。1943年应邀执教于国立福建音乐专科学校。曾组织雅乐三重奏(南胡、三弦、钢琴),自操南胡,利用假期在各地巡回演出。抗日战争胜利后,王沛纶任江西省音乐教育委员会委员兼演出组组长,1947年曾举行南胡独奏会,将国乐大师刘天华的《烛影摇红》《光明行》等作品发挥得淋漓尽致。

王沛纶后供职于南京中央广播电台,任管弦乐团指挥。1949年1月随该电台迁往台湾,出任"中国广播公司"音乐指挥、音乐组长,兼任台湾省立师范学院教授及台湾省立交响乐团指挥。1959年在台北实践堂举行南胡独奏,发表《城市歌声》《台湾组曲》等杰作,被誉为"南胡圣手"。1960年任台湾艺术专科学校及"中国文化学院"教职。1968年任台湾电视公司交响乐团指挥。次年任"中国文化学院"音乐系教授。

王沛纶创作有《战场月》《灵山梵音》《城市之音》《四季吟》《祖国恋》等民族器乐曲及声乐作品二十余首。先后受聘为台湾"教育部国立编译馆"音乐名词统一编订委员、教科书编审委员、学术审议委员会委员等职。有感于中国音乐名词之杂乱,独力编著《音乐辞典》一书,以乐语统一、乐事周详、乐理明确为乐坛所称道。另编著有《歌剧辞典》《乐人字典》《交响乐主题》《指挥学》等。

1972年11月8日王沛纶逝世于台湾。

(李海涛)

蒋恩钿(1908—1975)

蒋恩钿,太仓城厢人。生于清光绪三十四年八月二十二日(1908年9月17日)。伯祖蒋汝坊,字伯言,光绪生员,捐官至分部郎中,被授予农工商部四等议员,为知名实业家,创办学堂达十多所。父蒋桐侯为小学教员,家道中落,性喜昆曲,善起丑角。

蒋恩钿十一岁丧母,初中毕业后曾任小学教员。后于苏州振华女校读高中,成绩优异,屡获演讲比赛第一名,深受校长王季玉器重。1929年考取清华大学西洋文学系后,又得到王季玉筹资帮助。大学毕业后留校供职。1937年与时为银行家的清华大学经济系同学陈谦受成婚,由校长梅贻琦担任主婚人。婚后获富布赖特基金,与丈夫赴美国留学,行至香港,闻知婆母病重及"七七"事变爆发,复返回北平。陈谦受因暗中资助抗日同学,曾被捕入狱,被银行赎出后,携家赴重庆,蒋恩钿则任教于上海护士学校。1948年,蒋恩钿与夫携子女去美国考察学习。

中华人民共和国成立后,1950年蒋恩钿和丈夫怀着建设新中国的强烈愿望,从美国回到北京,与医学博士吴赉熙交密。吴赉熙为旅欧华侨,年十七就读于英国剑桥大学,先后获得七个学位,尤酷爱月季,相继引进国外200多个月季新品种,家植400棵月季,精于欣赏和研究。1951年,临终前将其月季事业托付给蒋恩钿。1953年蒋恩钿随丈夫徙居天津,将这400棵月季移植到自己家园,研读吴赉熙遗赠的专业书刊,并得到园艺家陈俊愉、汪菊渊教授指教,成为月季养殖名家。看月季叶子即能识别会开什么花,此技时称全国第一。1958年,应清华老同学、北京市副市长吴晗邀请,蒋恩钿帮助北京为迎接国庆十周年开展城市美化工作,并将自己园中的月季花全部捐献并移植给新建的人民大会堂月季园。1959年国庆十周年前夕,数百种月季按照蒋恩钿设计的颜色和图案开花,受到周恩来总理称赞。蒋恩钿复应邀义务出任北京市园林局顾问,工作于天坛公园月季园,一周在北京工作,一周回天津照顾家庭。1963年5月天坛公园月季园花季时,陈毅副总理观赏后,赞誉蒋恩钿为"月季夫人"。

蒋恩钿生活俭朴,平易近人。从解散的技校选了四个十二三岁的男孩和清洁工刘好勤当徒弟。五人后皆成种月季能手,刘好勤还是全国一流的花卉高级技师。中国科学院院长郭沫若、副院长吴有训,康有为女儿康同璧的外孙女罗仪凤,文学家叶君健的夫人苑茵等皆师从蒋恩钿学习月季种植技艺。谢冰心与蒋恩钿亦师亦友,对其月季事业的支持不遗余力。

蒋恩钿对中国月季事业发展倾注了毕生心血。大量阅读中外月季文献,并撰写实验记录,探索月季花扦插和过冬等技术。经蒋恩钿考证,清嘉庆十一年(1806)英国胡姆爵士在广州郊区花地将四种中国月季带到欧洲,使中国月季自此走向世界。这纠正了月季玫瑰来自欧洲的谬说。蒋恩钿还对搜集到的月季品种精心分类,编写目录,对于只有英文或法文名称的月季皆翻译、编定中文名称,先后搜集多达500多种。这对于弄清中国品种,指导杂交和培育新品种具有重要作用。同时,蒋恩钿还与刘好勤等技术人员长期攻关,解决了批量提供月季成品苗的难题,把近代杂交珍稀名种茶香月季等推向社会。经常与上海、常州、无锡、杭州、厦门的园艺师们研究技术,交流品种。1964年与郑枕秋、陆翠斋等代表北京市出席在上海、杭州召开的全国月季专业会议。会议确定了天坛月季园为北方月季的中心,月季品种的定名以天坛月季园发布的为准。至1966年前,天坛月季园达1.3公顷,拥有3 000多个品种、7 000多株月季。蒋恩钿还帮助建设陶然亭月季园,恢复天津自家的月季园,并帮助建设天津睦南道月季园,协助北京和英国皇家月季花协会建立了联系。

1966年"文化大革命"开始后,蒋恩钿在天津精心守护家中园地月季。1975年北京市决定恢复香山植物园,拟请蒋恩钿再任顾问,而蒋恩钿因病动手术,术后三天,不幸于6月22日在天津逝世。1993年英国出版《月季的遗产》一书,专门介绍了蒋恩钿对中国月季事业的贡献。太仓市在现代农业园建设了恩钿月季公园及月季夫人蒋恩钿纪念馆。来自法国并多次获奖的一个月季新品被命名为"恩钿女士"。世界月季协会联合会主席梅兰博士专程从瑞士到北京植物园月季园出席了命名仪式。

蒋恩钿生前曾与出版社订立协议,翻译澳大利亚作家普里查德的《有翼的种子》《黄金里程》。翻译出版了美国小说《自由列车》《富兰克林书信札》等。

(李　峰)

许宪民(1908—1975)

许宪民,原名铸元,吴县(今江苏苏州)人。生于清光绪三十四年(1908)。革命烈士许金元妹。

许宪民就读于苏州乐益女中时,即受其兄许金元影响,积极参加进步活动。先后加入中国共青团、中国国民党。1927年于上海景贤女中毕业后,奉国民党吴县党部之命,参加组织驱逐吴县教育局局长彭清鹏运动委员会,任国民党苏州市党部宣传部工作人员,因"煽动"人力车夫工潮嫌疑曾被捕讯问。1929年当选为国民党吴县党部候补执行委员兼秘书,任吴县妇女会整理委员。其夫彭国彦时任吴县县长,清廉勤政,因不阿附上司,被诬为国家主义派,以不奉命令等借口被非法拘押、撤职。许宪民积极奔走营救,苏州各界纷起声援,使彭国彦终得获释。1934年许宪民与冯英子、项坚白等发起成立苏州妇女会,从事抗日救亡活动。

全面抗日战争时期许宪民曾化名徐菁,从事抗日地下工作,任国民党江苏省党部视察,兼三区党务办事处督导,曾被汪伪特工站、日本宪兵队逮捕入狱,坚贞不屈。抗日战争胜利后,许宪民未参加国民党党员登记。1947年,由著名爱国民主人士史良女士介绍,秘密加入中国民主同盟,任吴县银行董事、《大华报》社社长,又合资创办苏福汽车公司,并任董事长。1948年在史良支持下,参选并当选为制宪国民大会代表。与中共中央华中局社会部合作开展策反及情报工作,并资助建立秘密地下电台,积极配合苏州解放。

中华人民共和国成立后,许宪民迁居上海,曾任新苏长途汽车公司副经理。又加入中国国民党革命委员会。曾当选为民盟苏州市委常委、苏州市政协委员。晚年信基督教,在爱女林昭被错误迫害致死后患病。"文化大革命"时期被打成"历史反革命",遭受迫害。1975年11月25日逝世于上海,被葬于苏州灵岩山。

(王晋玲)

祁莲芳(1908—1986)

祁莲芳,吴县(今江苏苏州)人。生于清光绪三十四年(1908)。出身于评弹世家。父祁名扬、外祖父陈子祥均为著名弹词艺人。1920年,祁莲芳拜外祖父陈子祥为师。十五岁起即与舅父陈莲卿长期拼档,起初在江浙城乡演出,20世纪30年代初在上海走红。早年常说长篇《双珠凤》《小金钱》《绣香囊》,后又弹唱《文武香球》《华丽缘》《一捧雪》等。这对舅甥双档多才多艺。1948年1月《苏报》有文评曰:"会唱的书达七部之多。自中秋节返苏,登台梅园、静园等几副场子,连接开卷《文武香球》《绣香囊》《小金钱》等三部书,已有五个月光景,各场子听客迄今未衰,其卖座之盛无出右者,足见'真骨子'。"[1]

中华人民共和国成立后,1958年祁莲芳参加上海市文化局所属评弹艺人演出队。1960年转入杨浦区星火评弹团。1979年起,任东方评弹团艺术顾问。为中国曲艺家协会会员,曾当选为中国曲艺家协会上海分会常务理事,上海市评弹协会副主席,杨浦区第三届政协委员、第五届人大代表。

祁莲芳跟随陈子祥学习的是正宗"俞调"。刻苦揣摩,不断探索,后又学"夏调""徐调",并观摩京剧程砚秋派及昆剧,博采众长,结合自身嗓音特点,将"俞调"长过门改成短过门,把长腔加以精练、改革,逐步形成与众不同的流派——"祁调"[2]。"祁调"清丽娴静,幽抑缠绵,丝丝扣人,俗称"迷魂调""催眠调",

---

[1] 竖雨阁主:《陈祁双档将去虞山》,见《苏报》1948年1月25日。
[2] 易辰:《漫谈祁调》,见苏州评弹研究会:《评弹艺术》第8集,中国曲艺出版社1987年,第111页。

深得听众喜爱。"祁调"以低抑的假嗓为主,以委婉凄惨、缠绵悱恻为特色,旋律优美、婉转动听[1]。"祁调"有快慢之分,"快祁调"婉转明达,"慢祁调"哀怨低沉[2],前者以《绣香囊·夫妻相会》为代表,后者以《双珠凤·霍金定私吊》《宫怨》等为典型。上海市人民评弹工作团周云瑞以"祁调"唱《秋思》开篇,在过门和唱腔的演变上有新的改革,人称"新祁调"。邢晏芝将"俞调""祁调"糅合在一起演唱,突出表现哀愁幽怨的感情,人称"俞祁调"。

祁莲芳曾改编、演唱过许多剧目,如《文武香球》《梁祝》《秦香莲》《朱元璋》《蝴蝶杯》《一捧雪》《华丽缘》《贩马记》等。其传统长篇代表作为《绣香囊》《小金钱》《双珠凤》和开篇《剑阁闻铃》《黛玉焚稿》等。

1986年5月6日祁莲芳逝世。生前悉心培养评弹新秀,将数十年的艺术积累传授给徒弟。传人有邢晏芝、徐文萍、严燕君、徐淑娟、施雅君等。（金　坡）

费彝民(1908—1988)

费彝民,原名秉,笔名夷明、执中等,吴县(今江苏苏州)人。清光绪三十四年十一月二十九日(1908年12月22日)生于上海。名中医费访壶孙。聪颖早慧,小学六年学业用三年半完成。考入北京高等法文学堂,以四年时间完成七年学制课程,1925年获毕业考试第一名,获法国政府奖学金,被保送法国高等电机工程学院。上海"五卅"惨案发生后费彝民放弃出国,进北京陇海铁路总公所当文员。1930年任天津《大公报》驻辽宁通讯记者,翌年正式加盟《大公报》。1932年5月2日,该报出版一万号,费彝民在特刊上发表《谈〈大公报〉的使命》,称报纸是广义的函授学校,主笔便是教师,报纸便是课本;并提出三条建议:报纸应为市民提供愈多愈好的资料,应介绍对社会有价值的行为或功绩,应做有效的彻底的救国宣传。其建议产生较大反响,引起社长吴鼎昌、总编辑张季鸾、总经理胡政之重视。1935年费彝民参与上海《大公报》创刊,历任编辑部记者、经济课主任、总稽核、上海分馆社评委员。

抗日战争全面爆发后,费彝民奉命留守上海租界"孤岛",协同经理李子宽保管沪馆资产。1938年1月25日《文汇报》在沪创刊。费彝民任主笔,呼吁全民团结,抵抗日本侵略。同时兼任法国哈瓦斯通讯社(法新社前身)中文部主任,

---

[1] 吴宗锡:《评弹小词典》,上海辞书出版社2011年,第157页。
[2] 吴宗锡:《评弹小词典》,上海辞书出版社2011年,第206页。

并为《申报》《译报》《中美日报》撰写社论。1945年6月18日遭日本宪兵队逮捕,受尽酷刑,仍坚强不屈,经张国淦营救得以恢复自由。抗日战争胜利后,费彝民任上海《大公报》副经理、社评委员。不久,赴台北参加接受日本投降仪式,并发表长篇报告。1947年,赴美国白宫采访总统杜鲁门。翌年8月香港《大公报》复刊。费彝民调任经理。1949年5月上海解放后,费彝民兼任上海《大公报》经理。

中华人民共和国成立后,1950年费彝民兼任中南军政委员会文化教育委员会委员。1952年香港《大公报》改组。费彝民任社长。3月因《大公报》转载《人民日报》评论《抗议英帝国主义捕杀香港的我国居民》,费彝民遭港英当局逮捕,《大公报》被封。费彝民严正抗议,诉诸法律,最终被无罪释放。机智灵敏,交游广泛,多谋善断,曾动员中国航空公司和中央航空公司元老刘敬宜起义回大陆,先后安排或联系陈嘉庚、华罗庚、钱学森、夏衍、侯宝璋、马师曾、红线女、马连良、张君秋、俞振飞、容国团、姜永宁等返回内地。被周恩来总理接见五十余次。曾转交廖承志致蒋经国亲笔信。积极联络和团结港澳同胞、海外侨胞支援祖国建设,又广交朋友,增进国际友谊。1982年获法国骑士荣誉勋章。

费彝民曾当选为中华全国新闻工作者协会副主席,任第二至五届全国政协常委,第五、六届全国人大常委会委员,第七届全国人大法律委员会副主任委员,香港特别行政区基本法起草委员会副主任委员。1988年5月18日病逝于香港。2002年夫人苏务滋病逝后,夫妇骨灰被合葬于北京八宝山革命公墓。(李嘉球)

张鸿声(1908—1990)

张鸿声,原姓耿,别名镜清,从养父姓,绰号"象牙肥皂",吴县(今江苏苏州)人,原籍常熟。生于清光绪三十四年十一月十九日(1908年12月12日)。高中二年级肄业。养父张瑞卿在苏州阊门外开设汇泉楼书场,故张鸿声自幼聆遍名家演出。1924年拜蒋一飞为师,习评话《英烈传》。初进上海,在耀华书场及大世界游乐场为杨莲青、王效松代书,未能立足。1928年于光裕社出道后,在苏州、常熟、无锡等地演出。1935年中秋再进上海,隶邑庙怡情处,参加名家书戏大会串。1937年又参加光裕社名家会书。1947年与严雪亭、姚荫梅、曹汉昌等响档义结书坛十弟兄。1949年上海解放前,张鸿声曾任上海贫儿工读院劝募大会弹词劝募组负责人。为上海"七煞档"之一,兼蒋一飞、许继祥之长,后来居上,因嗓音、中气、起角皆佳,噱头尤多,说书快速、火爆,被称为"飞机英烈"。不仅从书中不断加深对胡大海这一角色的了解,还在生活中仔细揣摩此类人物的性格,加上精心的艺术提炼,塑造了粗而不野、戆中有智的艺术形象,遂有"活胡大海"之誉。

中华人民共和国成立后,1951年张鸿声加入上海市人民评弹工作团。曾任上海市人民评弹工作团秘书长、演出股长、艺术顾问,上海评弹改进协会副主任。

张鸿声奉守老辈艺人的道德准则和道义,又深受海派文化"革新创新,亲和入世"精神的濡染,观察生活敏锐细致,使自己的艺术创造紧跟时代,贴近群众,以睿智颖悟的语言成功塑造了各路角色。除《英烈传》中胡大海一角最为人所称道外,张鸿声曾演出《海上英雄》《王孝和》《白虎岭》《江南春潮》等,编演长篇《铁道游击队》等,塑造的苗科长、姜阿土、猪八戒、敌轮机长等角色也都给听众留下了深刻印象。张鸿声同时发扬了评弹的放噱艺术,所放的外插花噱头具有一定的深度和品位,正如他自己所说:"我在台下除正经谈话外,养成了一种讲笑话的习惯,同时也养成了我观察社会生活,向生活中吸取养料的习惯,这样放出来的噱头就更有利于书情,更有利于人物的刻画。"[1]在其发挥自己的禀赋才能,挥洒自如,享受着艺术创造和表演乐趣的同时,听众也感受到一种不迟重、不沉闷、婉畅自然、闲适轻松的怡悦。

1990年10月20日张鸿声逝世。传人有侄张效声及弟子朱庆涛等。

(谢丽玲)

王守泰(1908—1991)

王守泰,字瞻岩,吴县(今江苏苏州)人。生于清光绪三十四年(1908)八月。王季烈四子,三叔王季点嗣子。1930年毕业于北平大学工学院电机系。曾任辽宁电灯厂工务员。1932年赴英国EEC公司实习。次年于德国柏林蔼益吉公司任工程师。1936年年末被聘为国民政府建设委员会设计委员,供职于电业处。抗日战争全面爆发后,1939年王守泰出任资源委员会昆明中央机器厂第四厂厂长。主持设计制造80马力水轮机、150马力混流式水轮机。1943年研制成首台30千瓦国产转桨式水轮机,后又主持完成150、300、600千瓦水轮机发电机组定型设计,主持制造2 000千瓦汽轮发电机,驰誉国内。抗日战争胜利后,1947年王守泰任北洋大学北平部电机系教授,因反对将北洋大学北平部并入北京大学

---

[1] 中国曲协研究部:《曲艺艺术论丛》第一辑,中国曲艺出版社1981年,第110页。

而离校南归。

1949年中华人民共和国成立后,王守泰历任苏南工业专科学校、江南大学教授,南京大学教授、热力设备教研组主任。1952年全国高校院系调整。王守泰任南京工学院(后改名东南大学)教授。曾兼任水电部科学技术委员会委员,当选为江苏省政协委员、民建江苏省委委员。精通英、德、俄、意、日、法、捷克语,在汽轮机理论上有高深的造诣,并从事能源研究。编有《汽轮机》,译有《蒸汽动力厂的设计与形式》,编译有《汽轮机损伤原因的分析》等,著有《汽轮机》《电厂设备》,编著有《旋转体找动平衡的理论基础》等。

王守泰自幼嗜昆曲,早年师从徐庆寿、高步云,初学老生,改唱巾生、官生,擅吹笛。曾参加北京肄雅曲社、天津曲社,串演《乔醋》《拆书》《拾画》《对刀步战》等剧。1954年曾与周传瑛合演《花荡》。曾当选为江苏省昆剧研究会副会长。深研曲学,佐父整理《正俗曲谱》。主编《昆曲曲牌及套数范例集(北套)》,为《中国戏曲音乐集成·江苏卷》顾问兼编委。编著《昆曲格律》等。

1991年10月23日王守泰逝世。

(李 峰)

蒋德麒(1908—1994)

蒋德麒,昆山徐公桥人。生于清光绪三十四年九月三十日(1908年10月24日)。父蒋大光,字仲钧,清诸生。宣统元年(1909)当选为江苏谘议局议员。1912年加入共和党,当选为县议员。后任徐公桥乡镇镇长。1928年协同中华职业教育社黄炎培等创立徐公桥乡村改进实验区,并任徐公桥乡村改进会委员兼总务部部长,推行农业改良,普及民众教育,移风易俗,颇有劳绩。1934年蒋德麒毕业于金陵大学农艺系,获农学学士学位。曾任上海银行西安分行农业课主任,兼陕西棉产改进所技士,在关中推广改良棉种和棉花产销合作。1936年任全国稻麦改进所技士,在南京、开封、宿县等地从事推广改良小麦工作。1937年留学美国明尼苏达大学研究院,次年获农学硕士学位。回国后任农林部中央农业实验所技士、技正,1939年被派赴川北调查荒区。次年在陕西筹办改良作物品种繁殖场。后该繁殖场改为西北农业推广繁殖站,蒋德麒则兼任主任。1943年蒋德麒陪同国民政府行政院美籍顾问罗德民参加西北水土保持考察团,赴陕甘青诸省考察。次年完成《西北水土保持事业考察报告》,制定了《渭河上二游水土保持规划》《水土保持试验研究计划大纲》等,留驻甘肃天水水土保持实验区,兼任技正。1947年赴美国参加扬子江三峡建设工程设计,并应联合国粮农组织邀请参加《世界土壤保持》之中国水土保持部分编辑工作,于美国东部、中西部、西南部三十余州考察、实习水土保持。次年在华盛顿州立学院研究院深造。1949年年初返国。

中华人民共和国成立后,蒋德麒任华东农业科学研究所农业技师兼土壤系系主任。1953年自愿调往西北工作。历任西北水土保持委员会、黄河水利委员会西北黄河工程局农业技师,黄河水利委员会水利科学研究所水土保持研究室主任,陕西省水电局副总工程师,陕西省水土保持局革委会副主任、总工程师、教授级高级工程师,参加制订黄河治理规划。曾兼任中国科学院黄土高原综合科学考察队和西北水土保持研究所学术委员,中国水利学会泥沙专业委员会副主任委员,中国农学会土壤肥料研究会理事、学术顾问,中国农业工程学会理事、顾问,陕西省水利学会理事、名誉理事,中国水土保持学会及陕西省水土保持学会名誉理事长,陕西省水土保持勘测规划研究所高级学术顾问,为中国现代水土保持开创者之一。曾任全国人大代表、政协委员,九三学社西安分社委员,九三学社陕西省委员会顾问。1983年加入中国共产党。1990年7月退休,1994年6月23日病逝于西安。生前曾任《黄河志》学术顾问和《国际泥沙研究》编委,指导拍摄《引水拉沙》《水平梯田》等科教影片。参加主持的"水坠坝研究与推广"获国家科学技术进步奖二等奖和国家科技成果推广奖二等奖,参加主编的《陕西省水土保持区划》获国家农业区划二等奖。与辛树帜主编《中国水土保持概论》。

(李　峰)

包可永(1908—?)

包可永,吴县(今江苏苏州)人。生于清光绪三十四年(1908)。包天笑长子。上海工部局华童公学毕业。1922年被德国西门子公司上海洋行选派留学德国。1927年于柏林工业大学电工科毕业,获特许工程师学位,任西门子公司电机厂实习技师。1929年归国,获国民政府军政部、交通部支持,考察英、法、美、日等国及本国电政,任上海西门子洋行工程师。次年兼任中国无线电工程学校教授,于国内首先开设电视显像传影术课程。曾兼任上海交通大学及光华、劳动、同济等大学教授,《国际每日文选》特约德文译述。1934年任交通部上海电报局局长,兼国防设计委员会电气专门委员会委员,与李熙谋、顾毓琇等发起成立中国电机工程师学会,当选为董事。1936年曾暂兼任国际电讯局局长。

1937年春包可永被聘为唯生学会学术导师。中日淞沪会战时期,被推为上海市各界抗敌后援会交通委员会副主委,保障通讯颇力。内撤福建后,任军事委员会技工训练班主任。1938年任福建省公用事业管理局局长兼省汽车总队总队长、建设厅秘书兼技术室主任,与严家淦、胡时渊、陈萱并称省府委员兼建设厅厅长徐学禹系"四大金刚"。次年任福建省政府委员兼建设厅厅长,并兼福建省建教合作委员会委员、福建省政干团建设系主任及福建省汽车总队部汽车技术人员训练班主任。1940年兼任第三战区经济委员会委员,福建省经济建设计划委员会委员、设计处主任,福建省驿运管理处处长,福建省立科学研究院工业研究所所长,福建省合作金库理事。次年兼任第三战区司令长官部福建省水陆联运管理处处长及福建省公营运输、贸易、企业三公司董事长,当选为国民党福建省党部执行委员,改任福建省经济建设计划委员会秘书长,兼福建省专业人员养成会常务委员,当选为中国工程师学会永安分会首任会长。1942年任经济部资源委员会技正,兼电工业产品分配委员会常务委员,被推举为同仁公余讲习会总干事,兼任中国航空公司副董事长、重庆天原电化厂公股常务董事等。1944年兼任国防委员会中央设计局工业组设计委员、台湾调查委员会台湾行政干部训练班工商交通组主任导师、经济部标准设计委员会常务委员、国外实习人员考选委员会委员、中国工程师学会工程材料试验委员会副主任委员,参与中央设计局编制《第一期国家经济建设总方案物资建设五年计划草案》。出任资源委员会工业处代理处长、三峡水力发电计划研究委员会委员及战时生产局制造处处长。次年曾代理矿业处处长。

抗日战争胜利后,包可永调任台湾行政长官公署工矿处处长,兼经济部台湾区特派员,接收日据工矿企业并整合为十余个大公司,为台湾工业奠定了基础。后兼任台湾省石炭调整委员会首任主任委员、台湾日侨管理委员会委员、台湾银行董事。1946年将其父包天笑自沪接至台北奉养。1947年加入"二二八"事件处理委员会,出任交通部参事、技术室技监,兼上海中华无线电学校董事长,被派驻美国购船。次年被交通部聘为招商局轮船股份有限公司首届常务董事,1954年改任董事。后曾任台湾"行政院"驻美采购服务团代理团长。就读于纽约大学夜校,1966年获硕士学位。1971年参加世界宗教研究院,致力搜集珍稀经籍。1973年退休,为华府国剧社票友。1994年尚在世。

(王晋玲)

吴作人(1908—1997)

吴作人,吴县(今江苏苏州)人,祖籍安徽泾县。生于清光绪三十四年十月初十日(1908年11月3日)。幼年丧父,全家靠母亲和长兄维持生计。1926年考入苏州工业专门学校建筑科。毕业后考入上海艺术大学美术系。徐悲鸿对其赞赏有加。上海艺术大学被当局查封后,吴作人转入徐悲鸿任主任的南国艺术学院美术系继续学业。1928年11月徐悲鸿转至南京中央大学艺术系任教。吴作人成为旁听生,数月后即因接触左派人士被当局驱逐。徐悲鸿建议吴作人到法国巴黎学习,并为他办理了出国留学护照手续。

1930年吴作人以深厚的素描功底考进巴黎高等美术学校后,徐悲鸿予以生活资助,不久又为其争取到比利时皇家美术学院著名艺术大师巴斯天工作室助学金。吴作人的才华为巴斯天所称赏。入学第二年吴作人即以一幅《男人体》作品在全院暑期油画大会考中获金奖。

1935年吴作人学成回国,应徐悲鸿之邀任中央大学艺术系讲师。抗日战争全面爆发后,吴作人随校迁至重庆,曾率艺术系战地写生团赴前线写生,还在重庆举办"战地写生画展"。他创作的油画《空袭下的母亲》《不可毁灭的生命》《重庆大轰炸》等作品,表达了对日本侵略者的愤慨和抗日必胜的信心。其中《重庆大轰炸》还被宋美龄带往美国义卖,为抗日战争筹款(该作品于抗日战争胜利五十周年之际回到中国)。正是在这次前线写生过程中,吴作人深刻体会到艺术对于革命斗争生活之巨大影响,并发出"艺术使我们奋发,艺术使我们勇往直前"的呼声。

吴作人十分注重从大自然和社会生活中吸取艺术创作营养。1943年至1944年,两度西行写生,前后历时16个月,在陕西、甘肃、青藏高原都留下了足迹。裸露在西部旷野的豪放民风和深藏于沙漠的文化真谛,给了吴作人全新的人文视野。他体会到了中国画水墨语言在表达情感方面所具有的独特魅力,开始尝试以中国水墨画方式抒情达意,创造了独特的个性,其艺术风格也由此向民族化方向转变。在创作题材中,吴作人很喜欢动物,笔下的骆驼负重行远,牦牛坚韧奋进,给人以极强的艺术感染力。他画的鹰没有腾腾杀气,却充满了雄心壮志。熊猫形象也是吴作人在古老宣纸上的独创,其笔法简练到仅有线条和几处墨块,却使人过目不忘。

中华人民共和国成立后,1950年吴作人任中央美术学院教务长、油画系教授。1955年任中央美术学院副院长,1958年任院长,1979年任名誉院长。其艺术又焕发出新的生命,创作了《佛子岭水库》《大兴安岭》《三门峡——中流砥柱》《翻身农奴牧牛图》等许多反映现代题材的作品。1955年创作的《三门峡——中流砥柱》,用刀刻技法来表现山石和水,将黄河在这一段的特点生动地展现出来,成为其代表作之一。吴作人创作《齐白石》时,用西法来表现齐白石的胡须很是传神,细节很是到位,连齐白石的手也取其握笔动作的姿势,将一代大家齐白石的质朴精神展现无余。20世纪60年代至80年代,邮电部还发行了三套吴作人创作的熊猫邮票。

由于在艺术创作及美术教育方面的突出成就,吴作人曾当选为第一至六届全国人大代表,第六届全国人大常委会委员,中国文联副主席,中国美协主席,中国民主同盟中央常委、参议委员会副主席等职。晚年曾多次赴国外举办个人画展,并获极高荣誉。1982年其国画《藏原放牧》获巴黎大宫画展金质奖章。1984年法国政府文化部授予吴作人"艺术与文学最高勋章"。1986年比利时国王授予吴作人"王冠级荣誉勋章"。1988年吴作人以个人名义创立了吴作人国际美术基金会,并在苏州建立了吴作人艺术馆。1997年4月9日因病逝世。出版有《吴作人画集》《吴作人水墨画选》《吴作人速写集》等,著有《吴作人文选》。

(袁成亮)

吴兆基(1908—1997)

吴兆基,字湘泉,吴县(今江苏苏州)人,原籍湖南汉寿。生于清光绪三十四年十月十七日(1908年11月10日)。1931年毕业于苏州东吴大学化学系。先后在苏州、上海、常熟、无锡、南京等地中学任教。1941年春在苏州创办私立肇基中学。

吴兆基博学多才,兴趣广泛。父吴兰荪善抚琴,母爱吹箫,家庭音乐予吴兆基熏陶至深。吴兆基七岁起能拉二胡,吹笛、箫,弹风琴。年十三随父习古琴,翌年随父参加在上海由周梦坡主持的晨风庐琴集,尤为倾慕吴浸阳之琴艺,拜师为弟子。吴兰荪琴艺源于岭南派,久居姑苏,风格渐近虞山派(亦称"熟派")。吴浸阳原籍四川,弱冠后往来于苏沪杭间,风格融汇了川、熟二派之长。吴兆基对琴艺深于揣摩和钻研,继承并发扬吴家古琴艺术,又掌握了吴浸阳右手触弦用力不觉、左手吟揉方圆有变的传统技法,逐渐形成自己之独特风格,将古琴艺术在理论和实践上提高到新的高度。1946年春在南京文化会堂音乐会上,操《渔樵问答》《潇湘水云》,崭露头角。

中华人民共和国成立后,吴兆基在苏州第一中学任教,曾任数理教研组、数学教研组组长,苏州市数学中心教研组副组长。1955年后,调入江苏师范学院(今苏州大学)数学系任教授。受新生活感染,积极投入创作和演出。1956年春,全国古琴采访小组赴苏州为吴兆基及其父吴兰荪录音。1957年吴兆基创作古琴新曲《田园操》。1959年受中国文联、中国音乐家协会以及北京古琴研究会的邀请,与其他四位古琴艺术家为话剧《蔡文姬》的公演配奏,引起轰动。20世纪80年代,年逾七旬的吴兆基仍活跃于琴坛,对古琴艺术潜心钻研。与苏州琴家徐忠伟、叶名珮及自己弟子裴金宝发起创立吴门琴社,并应邀赴中国香港、台湾地区和意大利、新加坡等国进行学术交流和演出,受到广泛欢迎。香港雨果音像制作公司出版发行了古琴录音磁带和CD《吴门琴韵》,其中收录了吴兆基常弹的十五首古琴曲。叶明媚评曰:"其琴风具有中正平和、宁静古朴、清逸洒脱、气韵生动等特点,把行将沦为'器'的古琴重新提升到'道'的层面。"[1]吴钊评曰:"表面看来,轻静淡逸,质朴舒缓,其实内中蕴含的可以说是熔水乡山灵水秀之气与高风亮节、诗书气功于一炉之纯青的火焰。"[2]

吴兆基在气功和太极拳的理论和实践方面亦颇有造诣。二十岁时师从陈徵明习杨式太极拳,一年后又拜有"北方太极圣手"之称的李香远为师,加上自己不懈的研究探索,将太极拳与气功相结合,自创"归真太极拳"和"三元气功"[3]。经数十年的实践,把太极拳气功与古琴操缦密切联系在一起,曾于《中国音乐》等杂志发表《太极拳与古琴》《气功和古琴》等文。

吴兆基擅弹《胡笳十八拍》《平沙落雁》《阳春》《忆故人》《渔歌》《潇湘水云》《石上流泉》《渔樵问答》《良宵引》《梅花三弄》等古曲,录有《吴门琴韵》盒带和唱片各两盘。《忆故人》《渔歌》《石上流泉》等曲子被收入CD《中国音乐大全·古琴卷》。吴兆基另撰有《我对古琴曲〈秋塞吟〉的理解》等文,主编《吴门琴韵》。

1997年8月2日吴兆基于苏州逝世。生前加入中国音乐家协会、中国音乐家协会江苏分会,曾被聘为上海音乐学院音乐研究所特约研究员、上海音乐学院古琴特约教授、西安音乐学院客座古琴研究生导师。

(唐宏婷)

钱仲联(1908—2003)

钱仲联,名萼孙,字仲联,中年后以字行,号梦苕、苕隐,常熟人,原籍浙江湖

---

[1] 叶明媚:《吴兆基的古琴艺术》,载于CD《吴门琴韵》中文字本,香港雨果制作有限公司1993年。
[2] 吴钊:《古乐寻幽:吴钊音乐学文集》,文化艺术出版社2011年,第253页。
[3] 凌瑞兰:《现代琴人传》,上海音乐出版社2009年,第154页。

州。生于清光绪三十四年九月初三日(1908年9月27日)[1]。晚清著名骈文家钱振伦与翁同龢姐翁端恩之孙,家学渊源深厚。1926年毕业于无锡国学专修馆(1927年先后更名为无锡国文大学、无锡国学专门学院,1929年奉教育部令更名为私立无锡国学专修学校)第三届。同年在《学衡》杂志发表《近代诗评》。后任上海大夏大学讲师、教授。1934年任无锡国学专修学校教授。抗日战争全面爆发后钱仲联随校迁广西。1940年奉校长唐文治召赴上海,于无锡国学专修学校沪校任教。后任南京中央大学文学院教授。1943年秋任文学院中国语文系系主任。1945年上半年任文学院院长。曾主编《学海》月刊。讲授修辞学、诗学、小说史、诗词作法等。1948年前后在家乡中学任教。

中华人民共和国成立后,钱仲联执教于沙洲中学、扬州行政干部学校。1957年奉调至南京师范学院中文系。次年江苏师范学院重建中文系。钱仲联调入该系任古典文学教研室主任。1981年被国务院批准为国家新学位制度建立后的首批博士生导师之一,培养了许多优秀的中国古代文学研究人才。1982年江苏师范学院改办为苏州大学后,钱仲联为中国古典文学专业首席教授。曾任明清诗文研究室主任、文治国学院名誉院长、中国近代文哲研究所所长,兼任国务院古籍整理出版规划小组成员,《中国大百科全书·中国文学卷》编委会副主任,《中华大典·文学典》《全宋诗》编委会顾问,《全清词》编纂研究室顾问,《续修四库全书》学术顾问,中国古代文学理论学会、中华诗词学会及中国近代文学学会顾问,中国诗学研究会理事长,中国韵文学会第一届副会长、名誉会长等学术职务。又兼任苏州市政协常委、文史资料委员会副主任等。1991年起享受国务院颁发的政府特殊津贴。1993年获曾宪梓教育基金会二等奖。同年被江苏省教委定为普通高校优秀学术带头人。1996年被江苏省教委评为江苏省优秀研究生教师。为新学位制度建立后国务院批准的首批博士生导师之一,获国务院颁发的政府特殊津贴。2003年12月4日逝世。

钱仲联通经学,能骈文,早年即被誉为诗词名家。近代著名诗人许承尧评其诗"从昌谷入,逸气轩举,秀句叠出,造句之巧,卓尔迈伦";金松岑称其诗"才雄骨秀,其气昌,其辞瑰伟而有芒"[2]。钱仲联长期致力中国古典文学教学与研

---

[1]《钱仲联自传》作于"清光绪三十四年九月初三日(公历1908年9月26日)"。见中国人民政治协商会议江苏省委员会文史资料委员会:《江苏文史资料》第41辑《江苏近现代历史人物》(第二集),1991年内部发行,第209页。经核准钱仲联生于清光绪三十四年九月初三日无误,公元应为1908年9月27日。

[2]《钱仲联自传》,见中国人民政治协商会议江苏省委员会文史资料委员会:《江苏文史资料》第41辑《江苏近现代历史人物》(第二集),1991年内部发行,第214页。

究,在明清诗文方面有着深厚的造诣,且具有丰硕的成果,蜚声海内外。主编《中国文学家大辞典·清代卷》《中国文学大辞典》《近代诗钞》《广清碑传集》《历代别集序跋综录》等。主持编纂的《清诗纪事》堪称巨著,屡获殊荣,对推动中国清诗研究有重大贡献。钱仲联笺注有《剑南诗稿校注》《后村词笺注》《吴梅村诗补笺》《鲍参军集注》《人境庐诗草笺注》《李贺年谱会笺》《陆游全集校注》《沈曾植集校注》等。著有《韩昌黎诗系年集释》《游汕词》《梦苕庵骈散文》《梦苕庵诗话》《梦苕庵清代文学论集》《梦苕盦论集》《梦苕庵诗词》《梦苕盦诗文集》等。

(罗时进)

张青莲(1908—2006)

张青莲,常熟支塘人。生于清光绪三十四年七月初四日(1908年7月31日)。于苏州桃坞中学毕业。1926年考入光华大学化学系。1930年毕业后,任教于常熟孝友中学。1931年考取清华大学无机化学专业研究生,师从高崇熙教授。1934年以优异成绩毕业,进入德国柏林大学物理化学系深造,在无机化学家李森菲尔特指导下研究重水,完成轻水、重水全温程的两相密度状态图,首次提出氢氧同位素在地球各界中的分布理论,成为中国重水研究的先驱。1936年获博士学位,为瑞典皇家科学院物理化学研究所访问学者。1937年"七七"事变爆发后张青莲回国,受聘为国立中央研究院化学研究所副研究员。次年任光华大学教授。1939年任西南联合大学化学系教授,讲授高等无机化学、稀有元素、复(络)合物化学等课程。1943年,综合自己在国内外发表的重水论文所著《重水之研究》论文集获国民政府教育部学术二等奖。1946年张青莲任清华大学教授,首次将重水密度的测量温度提高到95℃,并外延至100℃,将所得精密数据的相关论文发表于英国《自然》杂志,受到高度重视。

中华人民共和国成立后,1952年全国高校院系调整。张青莲任北京大学化学系教授。1955年当选为首批中国科学院学部委员。曾任北京大学化学系无机教研室主任、系主任,兼中国科学院化学学部副主任、中国质谱学会首届理事长、国家科学技术委员会稳定同位素分组组长等。

张青莲长期致力无机化学特别是有关重水及同位素化学研究。1957年起,受化工部委托,多次赴有关单位主持重水生产的专业会议并亲自做报告。所领导的稳定同位素研究小组开展了重水生产的研究,成功地合成了重水生产中的镍铬催化剂。张青莲曾担任工厂技术顾问,成功进行锂同位素的分离,为我国核能工业的建设做出了很大贡献。1985年测定了25°C时标准平均洋水（SMOW）的密度。测定结果达到7位有效数字，成为1975年后国际上3项高度精密测定之一。

张青莲在国际上最有影响的是原子量的精确测定。1990年张青莲用校准质谱法测定了碲的原子量，被国际纯粹与应用化学联合会（IUPAC）的原子量和同位素丰度委员会（CAWIA）评为近年来最佳测定。1991年开始，所主持的科研小组历时12年，完成了铟、铱、锑、铕、铈、钾、锗、镝、锌、钐10项原子量新值的测定，所测值都被CAWIA正式确认为原子量的国际新标准值。张青莲当选为CAWIA衔称委员。

张青莲曾合译苏联涅克拉索夫著之《普通化学教程》。与戴安邦等合编中国学者第一本自主编纂的《无机化学教程》。该书为各高等学校所普遍采用。张青莲还曾主编《无机化学丛书》，另著有《张青莲文集》。

2006年12月14日张青莲在北京逝世。

（王伟群）

沈遵晦（1908—?）

沈遵晦，字俊亚，吴县（今江苏苏州）人，寄居常熟。生于清光绪三十四年（1908）。曾就读于东吴大学。1927年考入中国国民党中央党务学校。1929年任湖南省党务指导委员会宣传部秘书、代理宣传部部长。次年任党务指导委员会常务委员兼组织部部长。曾任中央陆军军官学校政治教官、总教官，第一次首都学生集中训练总队训导主任，《国衡》半月刊社社长。1933年任中央陆军军官学校特别研究班秘书、湖北孝感自治实验县县长。1935年任武汉警备总部秘书长、豫鄂陕三省边区秘书处处长。

全面抗日战争期间，沈遵晦曾任中央陆军军官学校政治部少将副主任，《党军日报》社社长、主编，四川省训练团政治总教官，远征军司令长官部秘书处处长，中央训练委员会委员，中央组织部秘书等职。1946年任海军总司令部新闻处军简二阶处长，《中国海军》月刊社社长兼总编辑。1948年曾任热河省政府委员兼秘书长。次年赴台湾，任国民党台湾省执行委员会书记长，后任"行政院光复大陆设计委员会"委员，新闻局电影检查处处长，台湾银行经济研究员，"中美经济文化协会"总干事，台湾中国文化学院、政工干部学校、淡江学院教授等。参与创办台湾"中华佛教居士会"。

沈遵晦曾编译及著述数十种，主要有《民国三十八年的台湾》《创办合作农场为农业建设之中心论》《海军与渔业》等。

(王晋玲)

黄文熙(1909—2001)

黄文熙,吴江(今江苏苏州吴江区)人。光绪三十四年十二月十二日(1909年1月3日)生于上海。1925年考入南京河海工科大学。1929年于中央大学土木工程系毕业。1933年考取清华大学首届留学美国公费生,专攻水利工程。1935年获密歇根大学硕士学位。1937年又获博士学位。同年回国,曾供职于浙江水利局和西安东北大学,后任中央大学水利系教授、系主任,并兼任水利部水利讲座、中央水利实验处特约研究员及土工实验室主任等。

中华人民共和国成立后,黄文熙历任南京大学、南京工学院、华东水利学院(今河海大学前身)教授,兼任水利部南京水利实验处处长。1955年当选为首批中国科学院学部委员。次年调任清华大学教授,兼任水利部水利科学研究院副院长,后改水利水电科学研究院副院长。曾当选为中国水利学会、中国水力发电工程学会副理事长,中国土力学及基础工程学会理事长等。为中共党员,曾当选为全国、江苏省人大代表,全国、北京市政协委员。

黄文熙是岩土工程与水工建筑专家,中国土力学学科的奠基人。善于抓住生产实践中的关键性学术问题,进行创造性的基本研究,注意引进和推广国内外先进技术。创导用栅法分析拱坝应力,阐明影响砂土液化的许多因素,并创议用振动三轴仪研究液化问题等。建议用砂井和预压法加固软土地基,用反滤层和排水井防止闸坝地基被渗透破坏,用补偿基础原理建造水闸,用就地浇注混凝土防渗墙阻塞砂粒地基的渗漏等。参加了治淮和治黄工程中一些水闸和佛子岭、梅山、板桥、岳城、新丰江、毛家村等水坝的科研与加固工作,以及武汉长江大桥、上海宝山钢厂及其他一些工程的有关河道冲刷防护与地基加固处理的咨询工作,并提出了积极建议。主持的"土的本构关系研究"项目曾获国家自然科学奖三等奖。主编《土的工程性质》等,著有《水工建设中的结构力学与岩土力学问题——黄文熙论文选集》。2001年1月1日于北京逝世。

(李 峰)

陆瘦燕(1909—1969)

陆瘦燕,本姓李,名昌,以出嗣继母陆氏改姓更名,昆山人,原籍江苏嘉定严庙乡杨家宅(今上海市嘉定区朱家桥乡人民村)。生于清宣统元年十一月初二日

(1909年12月14日)。针灸名医李培卿幼子。十五岁中学毕业,随父学医。精研《内经》《难经》《甲乙经》《针灸大成》等经典医著,悉心侍诊,常在自己身上扎针练习,以体会针感及熟练取准穴位,打下针灸学坚实功底。亦好书法,每日诊余临池挥毫不辍,得力于六朝和郑板桥甚深,翰墨苍劲有力。

1927年陆瘦燕赴沪考试合格取得开业执照,加入神州医药总会,在昆山南街与上海南市两处行医。1935年迁至上海八仙桥福德里一处应诊。因辨证正确,取穴精当,手法高超,疗效显著,蜚声海上,以至于求医者络绎不绝,日诊数高达百数十号。为振兴中医与针灸学,1948年与夫人朱汝功医师创办新中国针灸学研究社,改革针具,自制瘦燕式真毫针,设计制造针灸经络穴位模型,又附设针灸函授班,编写讲义,传授针灸术。其学员遍及海内外。陆瘦燕还出版《针灸正宗》第一集(《中风预防法》《金针实验录》)和第二集(《金针心传》《穴位释义》),影响很大。

中华人民共和国成立后,1952年陆瘦燕参加上海市公费医疗第五门诊部特约门诊。1955年被聘为第二军医大学及上海市干部疗养院中医顾问,加入中国农工民主党。被香港《大公报》誉为"针灸大王"。和朱汝功举办两期针灸学习班,学制三年,培养了一批针灸专业人才。1958年毅然停办收入丰厚之诊所,受聘入上海中医学院,历任针灸教研组、针灸系首任主任,附属龙华医院针灸科首任主任,上海市针灸研究所首任所长。兼任国家科学技术委员会中医专业委员会委员、上海市中医学会副主任委员兼针灸科学会主任委员等职。为第三届全国政协特邀代表,上海市第一至三届政协委员。

在繁忙的教学和诊务之余,陆瘦燕潜心于针灸学理论与临床科学研究,取得了丰硕的成果:将针刺手法归纳成5种基本、164种辅助手法,3类18种复式手法和催(候)气、行(导)气、补泻3类手法作用,一举理清了元明以来各种繁杂的针刺手法;应用双手爪切进针,善施行气、补泻手法;对"烧山火""透天凉"及"导气"针刺手法进行临床实验研究,获得极有价值的资料,当时居国内外领先地位;重视以经络学说指导临床实践,创"经脉元气说",对众说纷纭的"经气"、经脉等提出独特见解;善用切诊,注重肾气、胃气对人体的影响;对腧穴进行严密考证,临诊根据脏腑虚实及五行生克配穴处方;大力推广温针、伏针、伏灸等治法,取得显著疗效;改自古相袭的隔衣进针为暴露体表进针,以皮肤、针具消毒等扎针新法,为现代针灸操作常规奠定了基础;与教学模型厂合作研制成全国第一座大型光电显示经络腧穴电动玻璃人模型与第一套脉象模型,增强了教学效果;还开展了针灸治疗聋哑和针刺麻醉的科研。1959年作为新中国第一个医学代表团成员赴苏联讲学、会诊,为祖国医学争得很高声誉。

陆瘦燕治学勤奋,极重视著书立说。先后撰写、发表了二十余篇医学论文。到上海中医学院后,即组织编写出版高等中医院校针灸系、医疗系和中专三套不同层次的针灸学教材,为新中国针灸教育立下殊勋。还主持编写《针灸学习丛书》,系统整理总结经络、腧穴、刺灸、治疗等方面的理论和经验,出版《经络学图说》《腧穴学概论》《刺灸法汇论》《针灸腧穴图谱》等专著。其中《针灸腧穴图谱》几经再版,还被译成日文,远销海外。

1966年"文化大革命"开始后,陆瘦燕被错误批斗抄家、隔离审查。《针灸穴名解》《针灸歌赋选释》《针灸治疗学总论》等文稿被毁于一旦。1969年4月27日陆瘦燕被迫害致死。1979年2月被改正。1984年人民卫生出版社出版由其夫人及门人整理汇编的《陆瘦燕针灸论著医案选》。1989年上海成立陆瘦燕针灸学术研究会。2011年,"陆氏针灸疗法"被列入国家级非物质文化遗产名录(扩展项目)。

(马一平)

朱传茗(1909—1974)

朱传茗,原名祖泉,以艺名行,太仓璜泾人。生于清宣统元年(1909)。父朱鸣园,小名阿本,出身于昆曲堂名世家,又擅演南词、苏滩。清光绪间任鸿庆堂班主。擅演曲目《赠剑》《起霸》《天官》《酒楼》《弹词》《刀会》《逼试》《起布》《封赠》等。范惠成、徐阿本、徐凤书、蔡祥庆、蔡金生等师从其学艺。

朱传茗幼读私塾,后随父学艺。1921年入苏州昆剧传习所,师承许彩金、尤彩云、施桂林、丁兰荪,主工五旦,兼正旦、贴旦。1925年起随传习所赴上海,演出于笑舞台、新世界等处。后加入新乐府,与名小生顾传玠合作并称名家,以旦角又与梅兰芳并称"北梅南朱",有"昆剧梅兰芳"雅号。

朱传茗工谱曲,精撅笛。能戏多,唱调疾徐有致,身手面上皆有戏情。朱传茗擅演《牡丹亭》之杜丽娘、《长生殿》之杨贵妃、《紫钗记》之霍小玉、《西楼记》之穆素徽、《雷峰塔》之白素贞、《玉簪记》之陈妙常、《金雀记》之井文鸾、《占花魁》之花魁女、《狮吼记》之柳氏、《四弦秋》之花退红、《南柯记》之金枝公主、《孽海记》之色空、《青冢记》之昭君、《蝴蝶梦》之田氏、《烂柯山》之崔氏、《金锁记》之窦娥、《跃鲤记》之庞氏、《南楼传》之刁刘氏及吹腔戏《凤凰山》之公主、《贩马记》之李桂枝等。曾与顾传玠合演吴梅所排之《湘真阁传奇》。演唱的《游园》《瑶台》《扫花》《受吐》,及与顾传玠合作演唱的《折柳》《阳关》《梳妆》《茶叙》等唱段,和全出《贩马记·写状》等,由上海开明等公司灌制成唱片。

1931年始朱传茗与周传瑛、赵传珺、张传芳等合作,加入仙霓社为台柱。1942年仙霓社报散后,除演剧外,朱传茗主要为曲友授曲、教戏,曾任上海戏剧学校、中华国剧学校昆剧教师。1946年曾于上海美琪、皇后大戏院为梅兰芳配演《游园》等,并为其子梅葆玖授戏,有京剧名票之誉。1948年曾参加名票名伶大会串。

中华人民共和国成立后,1951年朱传茗入华东戏曲研究院艺术室,后任教于昆曲演员训练班及上海市戏曲学校昆剧班。1970年因身患瘫痪残疾,归居太仓故里。1974年1月14日逝世。

(李　峰)

沈祖棻(1909—1977)

沈祖棻,字子苾,别号紫曼,笔名绛燕、苏珂,吴县(今江苏苏州)人,原籍浙江海盐。生于清宣统元年正月初八日(1909年1月29日)。家居苏州大石头巷。曾祖沈炳垣,大学士、咸丰帝师。祖父沈守谦,精于书法,与画家吴昌硕、词人朱祖谋为友。

沈祖棻八岁入私塾。1924年江浙军阀战争波及苏州。沈祖棻随家避难于上海,先后入坤范女子中学、南洋女子中学就读。1930年考入国立中央大学上海商学院,一年后转入南京中央大学中国文学系。其时系中名师云集、学风鼎盛。沈祖棻以其古典文学研究及旧体诗写作才能引起广泛注意。1932年春,中文系系主任汪东讲授"词选"课。沈祖棻作一首《浣溪沙》,深刻反映"九一八"事变后之民族危机,得到汪东热情鼓励。1934年毕业,考入私立金陵大学国学研究班,专攻词曲,并发表《辩才禅师》等一系列短篇历史小说。其间,结识中文系学生程千帆,与之志同道合,并结为爱侣。1936年于研究班毕业后,入南京《妇女周刊》任编辑,约半年后因故离职。同年春发表的《悬崖上的家》亦广受好评。

1937年抗日战争全面爆发后,沈祖棻与程千帆避难于安徽屯溪,并于当地完婚,流亡至湖南长沙。1938年5月沈祖棻赴重庆,因未获理想职业,且身体状况不佳,遂赴巴县、雅安休养。1940年7月,被程千帆接往乐山武汉大学休养。1942年秋,与程千帆一同应聘至金陵大学任教。除从事创作外,于开课时物色5名学生成立正声诗词社,复为4名将毕业的学生各选30多首诗词作品结成《风雨同声集》出版。1944年秋,与程千帆因揭发校中人员贪污口粮,反遭迫害,遂双双应聘至成都华西大学任教。

抗日战争胜利后,程千帆至乐山武汉大学任教,而沈祖棻因病留成都。1946年8月因堂兄沈楷亭病危,沈祖棻辞去华西大学教职赴上海。未几,武汉大学自乐山回迁武汉。沈祖棻亦至武汉与程千帆团聚。1949年,将此前历年所作诗词结集成《涉江词》出版,受到名家广泛好评。

中华人民共和国成立后,1951年1月沈祖棻抱病参加武汉大学妇女工作团,任小组长,投入民主改革活动中。1952年9月后重返教坛,任职于江苏师范学院(今苏州大学)。1956年调入武汉大学中文系与夫团聚,讲授"中国文学史""古典名著选读""历代韵文选""元明戏曲研究""唐人七绝诗"等课程。1957年程千帆被错划为"右派分子",下放到农场劳动。沈祖棻仍留武汉大学任教,独立支撑全家生活。1966年"文化大革命"开始后,遭抄家之祸,全家被扫地出门。1972年独生女结婚,家中仅余沈祖棻一人。沈祖棻以与程千帆诗词唱和度日。1975年程千帆摘去"右派分子"帽子后,回家团聚。同年冬沈祖棻退休。1977年春与程千帆赴南京等地探望亲友,6月27日于返回武汉珞珈山寓所途中因车祸离世。

(顾亚欣)

陶秋英(1909—1986)

陶秋英,吴江(今江苏苏州吴江区)黎里梓树下人。生于清宣统元年六月初七日(1909年7月23日)。大伯陶亚魂,名赓熊,金松岑、章太炎弟子。清诸生。肄业于苏州中西小学堂,又就读于上海爱国学社,捐资刊行邹容《革命军》,宣传反清思想。后归籍任蒙学教员。性滑稽,习法文,精算理,能小说。曾自撰《陶亚魂本纪》,译有《军役奇谈》。二伯陶甸夏,名赓鱼,于东吴大学堂毕业,获文学学士学位。在校时支持编纂校刊《雁来红》。反美华工禁约运动时曾捐资刊行《同胞受虐记》。久任吴江县立中学英文和西洋史教员。曾与柳亚子合译《泰西五十轶事》。父陶神州,名赓照,于苏州铁路学堂毕业,亦为金松岑弟子,南社社员。

陶秋英少承家学,勤奋进取,早有才女之誉。1930年于上海持志大学文科国学系毕业,获文学学士学位,至苏州私立乐益女中任教。次年考取燕京大学研究院中国文学研究生。1931年"九一八"事变后,参加赴南京请愿学生爱国运动。1932年获燕京大学文学硕士学位。先后执教于上海明强中学、中西女中和杭州弘道女中等校。1936年曾参加南社纪念会雅集。1938年与姜亮夫在上海结婚,金松岑曾赠予《海燕南归图》。1940年起陶秋英先后执教于成都华西大学、三台东北大学、云南大学和浙江英士大学。1949年被聘为云南大学文史系教授。中华人民共和国成立后,陶秋英于 1953 年调至杭州浙江师范学院。次年曾任上海四联书店编辑。后致力辅佐姜亮夫著述。1986 年 6 月 2 日在杭州逝世。

陶秋英擅书画,工诗文小说。其小词颇佳,且中国古典文学史论研究造诣高深,早年著作《汉赋之史的研究》于学术界享有盛誉。陶秋英曾与姜亮夫校绎《陈本礼离骚真义原稿留真》。早年曾编辑学生考试准备丛书《中国历史题解》《中国地理题解》《世界地理题解》《中国人文地理概要》等。编有《现代女子书信》《敦煌碎金》《宋金元文论选》《小品文选》等。另著有《中国妇女与文学》。

(王晋玲)

温肇桐(1909—1990)

温肇桐,笔名虞复,常熟虞山人。生于清宣统元年三月二十四日(1909 年 5 月 13 日)。吴仲达甥。1928 年考入苏州美术专门学校学西画,与庞薰琹等于常熟创办旭光画会,倡导新美术运动。1930 年转入上海艺术大学西画系,毕业后曾任教于上海私立光裕第二公学,常熟县立实验小学、石梅小学、塔前小学,江苏省立无锡师范学校附属小学等校。1936 年被聘为上海美术专科学校教授,当选为中华美术协会编辑委员会委员,参与筹办教育部主办的第二次全国美术展览会。后曾任上海美术专科学校艺术教育科、图书馆、出版部主任,《美术界》月刊、《艺术生活》周刊主编等。

1937 年抗日战争全面爆发后,温肇桐一度曾任江西奉新剑声中学教员,被教育部聘为青年及民众读物编辑员,兼任绍兴旅沪中学总务主任。1942 年曾列名发起上海洋画学会。1945 年抗日战争胜利后,温肇桐曾兼任上海师范专科学校教授、艺术系系主任,被教育部聘为小学艺术课程标准委员会委员。1947 年参加上海美术家协会。1949 年为美术家协会、漫画家协会、木刻家协会联合会起草《迎接上海解放宣言》。中华人民共和国成立后,1952 年起,温肇桐历任无锡华东艺术专科学校教授,兼图书馆主任、美术系副主任,后改任南京艺术专科学校、南京艺术学院教授。曾任常熟市政协常委、江苏省美学学会顾问。1990 年 1 月 23 日于常熟逝世。

温肇桐一生致力美术教育理论及中国绘画史论研究,成就卓著。编著有《小学美术科教材和教法》《新美术与新美育》《中小学美术教学法》《明代四大画家》《色彩学研究》《国民教师应有的美术基础知识》《创造的儿童绘画指导研究》《儿童的美术欣赏指导研究》《中国古代画论要籍简介》《中国绘画艺术》《中国绘画批评史略》《顾恺之新论》及论文集《美术与美术教育》等。　　（李　峰）

吴　茵（1909—1991）

吴茵，本姓陆，名丽娜，改姓杨，名瑛，以艺名行，吴县（今江苏苏州）洞庭东山人。清宣统元年六月十七日（1909年8月2日）生于天津。不到半岁便被生父送给杨姓结拜兄弟为养女。养父在青岛做生意，家境比较富裕。由于经常随养父出入戏院、电影院，耳濡目染，吴茵由此喜爱文艺。十三岁时被生母接到上海，先后就读于进德女校、民立女中。因生父家业破产，为了继续求学，吴茵十八岁时嫁给一个阔少。于明星影片公司演员养成所业余受训，后转入城东女校国画科学习绘画。1929年参演话剧《苏州夜话》，反串男主角老画师。初次登台便获导演好评，却遭到婆家的强烈反对。为了摆脱家庭阻挠，毅然结束了这段婚姻。

1934年吴茵被导演蔡楚生选中，于联华影业公司影片《新女性》中客串女校长，声名鹊起。蔡楚生助手孟君谋为其起艺名"吴茵"。次年吴茵与鲁思等组织上海剧社，参演千秋剧社所排名剧《梅罗香》，并于快活林影业公司主演其有声电影处女作《小姨》，又参演电通影片公司影片《自由神》《都市风光》等，被誉为"健美女性"。又以特约演员身份在天一、明星等影片公司拍摄影片。1936年经应云卫介绍，加盟明星影片公司二厂任演员。又先后参加拍摄了《十字街头》《清明时节》《压岁钱》《社会之花》等影片十余部。在这些影片中，吴茵扮演的都是老年妇女角色，如农妇、母亲、房东、工头、女佣人、阔太太等，身份也是各式各样，其因此成为当时影坛上饰演老年妇女形象的知名演员。

1937年抗日战争全面爆发后，吴茵参加了由陈白尘、孟君谋等组织的上海影人剧团，经武汉到重庆，加入中国电影制片厂、中国万岁剧团。在重庆、成都等地开展抗日战争宣传和进步戏剧运动。主演《金玉满堂》，参演《芦沟桥之战》《流民三千万》《日出》《夜上海》《雾重庆》《大雷雨》《钦差大臣》等中外进步话剧。"皖南事变"后，又参与组建中华剧艺社，在艰苦条件下排演五幕话剧《大地回春》，所饰演的戴妈妈好评如潮。这一时期，吴茵还拍了《火的洗礼》《塞上风云》《青年中国》《遥远的爱》等影片，参拍《塞上风云》时曾随摄影队两次经过延安。

抗日战争胜利后，吴茵与夫孟君谋等参与组建上海联华影艺社，任昆仑影业公司演员组长,参演影片《祥林嫂》《一江春水向东流》《八千里路云和月》《万家灯火》《乌鸦与麻雀》《希望在人间》《三毛流浪记》等。时为十大明星之一。其在《一江春水向东流》中塑造的婆婆,在《乌鸦与麻雀》中塑造的萧太太,久负盛名。其所演《万家灯火》中的胡智清一角被誉为"远东第一老太婆"。

中华人民共和国成立后,吴茵在上海电影制片厂工作,参演《武训传》《我们夫妻之间》《宋景诗》《家庭问题》等影片,以及《家》《星火燎原》《白杨树下》等舞台剧。1956年加入中国民主同盟。所参演的《乌鸦与麻雀》于1957年获文化部1949—1955年优秀影片一等奖,吴茵则获一等演员奖。同年被错划为"右派分子",下放到农村劳动,腰椎受伤。"文化大革命"爆发后吴茵又遭迫害,两腿相继残疾,只能依靠拐杖。1978年12月被改正。1985年加入中国共产党。曾任中国电影家协会名誉理事,中国戏剧家协会妇女委员会主任,上海市第一、二届各界人民代表会议代表,上海市妇联常委等。1991年4月10日病逝于上海。

吴茵能诗画,会篆刻。一生参加拍摄39部影片,演出45个舞台剧,成功塑造了众多泼辣、爽直、倔强的老年妇女形象。著有《回首忆当年》。（袁成亮）

张辛稼（1909—1991）

张辛稼,原名国枢,字星阶,改字辛稼,号霜屋老农,吴县(今江苏苏州)人。生于清宣统元年八月初八日(1909年9月21日)。受父影响,自幼喜爱绘画,好临摹其父画稿。在苏州纱缎业小学就读时,常受时任校长的著名书法家蒋企范指导临习晋唐碑帖。十五岁考入江苏省立苏州工业专门学校,有幸得到著名画家陈摩悉心指导,使绘画技艺大进。毕业后,年方二十即于苏州美术专门学校中国画系花鸟组任教,先后参与了娑罗画社、中国画研究社等美术组织的创建与指导工作。

1937年抗日战争全面爆发后,张辛稼携眷避乱至吴县香山。1939年,与好友朱竹云、张寒月在城隍庙对门开办海棠画馆,经营书画篆刻。后携家迁沪,靠鬻画度日,并广交同道,切磋技艺,取各家之长,形成了自己独特的风格。抗日战争胜利后,苏州美术专科学校复校。张辛稼被聘为中国画系教授。与朱西村、吴似兰、朱竹云创办怡园画厅,为吴门书画家提供了一个很好的交流平台。国民党发动全面内战后,民不聊生。张辛稼乃与人合开寄售商店,勉强度日。

中华人民共和国成立后,张辛稼先后在上海闸北区市北中学和南市制造局第四师范学校教授语文等课程。1957年反右派斗争开始后,张辛稼携家回到苏州,在文化工艺厂从事设计工作。1961年苏州国画馆成立后,张辛稼被聘为画师,深入生活,创作了《生产队饲养场》《群鸭图》《东山枇杷》《东山银杏叶》等富有时代气息的作品。其间还曾一度去浙江写生,返苏后举办的汇报展也引起不小的轰动。1966年"文化大革命"爆发后,国画馆被解散。张辛稼受到冲击,所珍藏的明清字画也被抄一空。后来随着政治气候变化,张辛稼才被允许创作《山丹丹花开红艳艳》等政治色彩浓厚的作品。非常珍惜特殊时期难得的机会,勤奋创作,常与吴䍩木、许十明等于狮子林指柏轩作画交流。1973年特地将字"星阶"改为"辛稼",以寓像老农辛勤稼穑一般来耕耘砚田。

1976年"文化大革命"结束后,张辛稼迎来了艺术生涯的第二个春天。1978年苏州国画馆恢复后,张辛稼出任馆长。与李苦禅、陆俨少、刘继卣、何海霞等著名画家应文化部之邀进京作画,历时两个月创作花鸟画作品百余幅。其清新雅逸的画风获得同行高度评价。其间张辛稼还为人民大会堂创作了巨幅《万松图》,并为中央美术学院国画系做花鸟画技法讲座。苏州国画馆改为苏州国画院后,张辛稼任院长。在艺术上,后人谓其"七十前尚能,七十后尚拙"。其创作熔大写意与小写意于一炉,远追明代徐渭、陈道复,近取任伯年的清新活泼、吴昌硕的潇洒沉着。其笔墨松灵潇洒,凝练老到,豪放飘逸,设色明丽,意境清新。

张辛稼为人正直豁达,诚恳谦逊,甘于寂寞,勤于绘事,不求名利。晚年曾写自题诗一首以明心志:"问我所习,一枝画笔。问我所好,三升米汁。雕虫小技,磨人短墨。观河识面,止酒疗疾。难得糊涂,胸怀坦率。老有童心,天宽地阔。"除了在艺术上取得很高成就外,还着意培养人才,可谓桃李满园。当今苏州许多知名画家都曾得其指教。1991年1月12日张辛稼病逝于苏州,有吴门画坛一代宗师之誉。

(袁成亮)

周云舫(1910—1939)

周云舫,又名耀生,吴县(今江苏苏州)人。生于清宣统二年(1910)。幼从父习画。1923年于上海闸北青夜义务日校毕业。次年为福记书局首绘连环画《麒麟豹》。绘连环画宗朱润斋画派,无师自通。后研究西洋画,学习素描、透视,并运用于连环画创作,为当时连环画家中所稀见。兼擅古装、时装及社会、科学题材,被朱润斋誉为"全才画家",时称"周派",以生动活泼获誉。其连环画被《申报》连载,风行一时。1933年周云舫续画朱润斋未竟之《三国志演义》,采用上图下文形式。此形式已接近现代连环画的形式。次年周云舫当选为图画小说业改进研究会首届理事。又最早画中外电影连环画即"跑马书",有《罗宾汉》《地狱探艳记》《夜半歌声》等。抗日战争全面爆发后,与胡水萍合作创作抗日题材连环画《大战成家堡》,编绘苏联影片连环画《十三勇士》等。1939 年以改善连环画为宗旨筹备成立连环画人联谊社,任声乐组执事,同年因病去世。

周云舫与朱润斋、沈曼云、赵宏本并称连环画界"四大名旦"。弟子有王祖元、卢汶等。另创作有连环画《百寿图》《张玉帝二十八宿》《梁山伯与祝英台》《王先生出世》《濮公案》《第五才子水浒传》等。

(李　峰)

张文元(1910—1992)

张文元,一名文魁,太仓万丰人。生于清宣统二年四月二十日(1910 年 5 月 28 日)。出身于农民家庭。年十三小学毕业,入免费的太仓艺徒学堂漆科半工半读。后于上海做漆匠,擅国画山水,酷嗜创作漫画。1931 年"九一八"事变后,回太仓任小学美术教员。1934 年供职于淮阴民众教育馆。次年起在上海《时代漫画》《论语》等刊发表漫画。后供职于上海《新闻报》和《太仓文化报》。1936 年于乡创办云寰业余剧社,做演员及布景设计。其作品《大观园》等参加第一届全国漫画展获誉。次年抗日战争全面爆发后,张文元与沈逸千等于上海主办慰劳前方将士画展会,其作《大众漫画》等作品百余件,其中《赤地千里图》及长卷《人间地狱》均系巨幅杰作。1938 年张文元参加中华全国漫画作家协会战时工作委员会,在武汉编绘《抗战画刊》,参加军事委员会政治部第三厅艺术科工作。作品《走狗献供》参加西安全国首届抗敌漫画展览会,《傀儡政权组织系统图》被刊载于《抗战漫画》。后张文元供职于美国新闻处。1943 年于重庆中苏文化协会举办首次个人国画画展。1945 年参加叶浅予组织的漫画八人联展。抗日战争胜利后回上海,任中华全国漫画作家协会理事,并举办川滇风物与漫画个人展览。1946 年中华全国漫画作家协会为张文元举办个人漫画展。张文元勇于揭露时弊,其作品被刊载于众多知名报刊。1948 年张文元去香港,参加进步美术团体人间画会。所作《大闹宁国府》描绘了国民党行将灭亡,为大构图漫画之代表作。1949 年 7 月,张文元赴北平参加首次中华全国文学艺术工作者代表大会,当选为全国美术工作者协会(中国美术家协会之前身)委员。中华人民共和国成立后,张文元于 1953 年当选为中国美术家协会首届理事。后任上海《新闻日报》美术摄影组组长,并任中国美术家协会上海分会常务理事,参与创办《漫画》月刊并任编委,创作《儒林内史》等。1957 年调至《宁夏日报》工作,翌年被增补为"右派分子"。"文化大革命"结束后张文元被改正,曾任中国美术家协会宁夏分会副主席。1980年回上海《解放日报》工作。1992年4月逝世。作品曾获宁夏回族自治区美展一等奖。有《张文元漫画选》。　　　　　　　　（李　峰）

郑传鉴（1910—1996）

郑传鉴,本名容寿,字镜臣,以艺名行,吴县(今江苏苏州)人,祖籍浙江慈溪。生于清宣统元年十二月初九日(1910年1月19日)。家居苏州史家巷。幼时从朱秋帆学评弹。1921年8月入昆剧传习所,师从吴义生,专工老生。虽嗓音略带沙哑,然唱念苍劲有力,讲究音律、韵味,扮演各类人物无不个性鲜明,神态逼真,有"昆曲麒麟童"之誉。专擅的剧目有《卖书》《纳姻》《寄子》《弹词》《酒楼》《搜山》《打车》《卖兴》《别坟》《扫松》《卸甲》《封王》《议剑》《吃茶》《侠试》《赠马》及吹腔戏《贩马记》等。出科后,郑传鉴转入新乐府昆班,后与倪传钺共同主持社务。1940年任上海戏剧学校老师,为"正"字辈京剧演员授艺。不久,又担任上海雪声、东山、玉兰、合作等越剧团和艺华沪剧团技导,为东山越剧团范瑞娟、傅全香创排《绿珠坠楼》设计身段动作,赢得广泛好评。

中华人民共和国成立后,1954年起郑传鉴任上海戏曲学校昆曲教师,学生有计镇华、顾兆琪、周启明、陆永昌等。1976年"文化大革命"结束后,郑传鉴任上海昆剧团艺术指导顾问,参加了《蔡文姬》《钗头凤》《唐太宗》《血手记》《长生殿》《潘金莲》的创排与复排。亦曾多次为昆剧大师俞振飞搭戏,无不配合默契,相映生辉,尤其是在《千忠戮·惨睹》中配演乔扮成道士的程济,大大丰富了表演艺术。1986年又赴苏州积极参加昆剧培训班的教学工作。1992年冬已逾八旬,犹应邀入京为北方昆曲剧院新排演的改编本《琵琶记》进行艺术加工。1996年7月6日在上海逝世。著有《郑传鉴及其表演艺术》。　　（徐　阳　王　宁）

顾传玠（1910—1965）

顾传玠,本名时雨,后易名志成,以艺名行,吴县(今江苏苏州)人。生于清宣统元年十二月十五日(1910年1月25日)。家居苏州山塘街普济桥下塘长生果弄,系顾传琳胞弟。

1921年8月顾传玠进入苏州昆剧传习所,师承沈月泉,工小生,大冠生、小冠生、雉尾生、穷生等均能应工,是小生行中全才。1925年冬起,随昆剧传习所赴上海实习演出,即声名鹊起。出科后,转入新乐府昆班,成为"传"字辈演员中红极一时的名角。扮相清秀,音调清丽委婉,表演细腻传神,与名旦朱传茗合作,尤称珠联璧合。擅演《牡丹亭》之柳梦梅、《玉簪记》之潘必正、《西厢记》之张君瑞、《狮吼记》之陈季常、《西楼记》之于叔夜、《长生殿》之唐明皇、《千忠戮》之建文帝、《琵琶记》之蔡伯喈、《连环记》之吕布等角色。于鞋皮生戏《永团圆·击鼓、堂配》中饰蔡文英,于《彩楼记·拾柴、泼粥》中饰吕蒙正,于《金不换·守岁、侍酒》中饰姚英等,尤为擅长。于武生戏《割发代首》中饰张绣,于《雅观楼》中饰李存孝,串演亦颇具功力。1930年8月曾与梅兰芳合演大轴全本《贩马记》,广受好评。后由于"新乐府"内部纷争逐渐激烈,顾传玠遂弃伶求学。先后就读于苏州东吴大学附属中学、上海光华大学附属中学,旋入南京金陵大学学习,毕业后一度在镇江从事农技管理工作。

1937年抗日战争全面爆发后,顾传玠赴沪在师承中学执教。1939年与名曲家张元和结成伉俪,常结伴参加曲社活动,并同台彩串过《长生殿·惊变》。不久,出任上海大东烟草公司副经理,在沪经营进出口行及药房等。1949年携家移居台湾,促进了台湾昆曲的发展。1965年1月6日在台中病逝。

(徐 阳 王 宁)

刘汝醴(1910—1988)

刘汝醴,曾用名君实、诚、路渊、益之、百馀及金之江等,号菊庵,吴江(今江苏苏州吴江区)人。清宣统元年末(1910年1月)生于上海。1927年入上海艺术大学,随田汉转入南国艺术学院,参加南国社。又师从徐悲鸿,为南京中央大学艺术科旁听生。1932年于上海加入中国左翼美术家联盟,先后转学于上海美术专科学校、苏州美术专科学校。次年毕业赴日本东京川端美术学校等校留学,参与导演留学生公演曹禺话剧《雷雨》。1935年回国,任教于上海震旦大学。

1937年抗日战争全面爆发后,刘汝醴曾于军事委员会政治部第三厅工作。1939年与颜文樑等于上海租界发起组织青年美术学会,当选为理事,提倡研究精神,开展美术运动。1940年与朱屺瞻等创办雁风美术研究所,为大钟剧社导演并公演美尔博的《银包》、小仲马的《天长地久》等名剧。1941年赴新四军军部所在地盐城,任教于鲁迅艺术学院华中分院美术系,奉命返回上海。曾任教于上海清心中学。1943年参与创办新中国艺术学院。抗日战争胜利后,1946年刘汝醴于上海国际饭店举办个人写实主义画展,有素描画、粉画、油画、水彩画等,所绘《流亡曲》尤为轰动。同年刘汝醴参与发起组织上海美术作家协会,并举办联展。后赴苏北解放区淮阴,任华中建设大学教授,兼华中文联委员。次年任中国人民解放军第四野战军大连军工部文艺顾问,兼旅大文联常务理事。1949年以军代表身份参与接管国立杭州艺术专科学校。

中华人民共和国成立后,刘汝醴调任上海市文物保管委员会主任秘书,负责筹建上海博物馆、上海图书馆。1953年起历任华东艺术专科学校、南京艺术学院等校教授。曾任《中国大百科全书·美术卷》副主编,《美术纵横》《美与艺术》杂志主编,当选为中国美术家协会江苏分会(今名江苏省美术家协会)第二届常务理事,江苏省美学学会首届常务理事、副会长等。1988年11月14日于南京逝世。

刘汝醴博学有才调,有着很深的艺术史研究造诣。译有《苏联艺术的发展》《艺术的社会意义》等。编、著有《古代埃及艺术》《伟大的雕刻艺术——云冈》《江苏紫砂工艺的发展》《艺术放谈》等。与罗卡子合著《桃花坞木版年画》,与刘明毅编著《英国水彩画简史》,与吴山合著《宜兴紫砂文化史》,与张少侠合著《西方美术发展史》。

(王晋玲)

朱 凤(1910—1993)

朱凤,原名寿臣,又名琪,字瑞成,常熟人。生于清宣统二年四月初八日(1910年5月16日)。父朱伊仁原为铁路工人,工伤后转为记账员。母王蕴若擅长工笔画,又善刺绣。1915年,朱凤随父母迁居苏州。小学毕业后即随母学艺,打下苏绣基础。1924年父调丹阳火车站,举家随迁至丹阳。朱凤入丹阳正则女子职业学校刺绣科,师从乱针绣创始人杨守玉。1926年毕业,留校任教。1928年任南京栖霞山乡村师范学校劳作课教师。1933年绣成《孙中山先生像》,获南京工艺美术展览会金质奖章。1934年回丹阳母校劳作师范科任刺绣教员。全面抗日战争期间随母校西迁,又奔走于湖南、贵州、广西、四川、福建等地,学习研究贵绣、蜀绣、苗绣、瑶绣、回绣,使得见识更广,绣艺愈进。1940年寓居福建南平,以文玉、蕴玉、永璞等绣名绣花鸟、人物绣片多幅。其《木兰出征图》于1942年福建工艺商品展览会获超等奖状。1945年朱凤迁居杭州,曾绣制山水、花木、亭台楼阁等绣品多幅。1949年迁居苏州。

1951年春,朱凤绣制彩色《毛主席像》,先后参加苏南区城乡交流物产展、上海土特产展,引人注目。上海土产公司当即联系定制两套马克思、恩格斯、列宁、斯大林、毛泽东、朱德像。鉴于时间和人力有限,朱凤通过市领导出面,请来丹阳老师杨守玉和同学周巽先、任嘒闲,同时办起刺绣学校,开办刺绣训练班,边教边绣,共同完成绣制任务。1954年,朱凤绣制的苏联领导人伏罗希洛夫、马林科夫、卡冈诺维奇、赫鲁晓夫像各一幅,与其他作品同于苏联工艺美术展览会展出。同年,散套双面绣在其倡议和指导下试制成功。

朱凤曾供职于苏州刺绣工艺美术生产合作社、刺绣研究所。1956年,以"点彩绣"针法绣《毛主席像》多幅。一幅被全国青年联合会赠给世界青年联合会,获金质奖章。一幅被中国美术家协会献给毛主席,中共中央办公厅因此给朱凤发嘉奖函祝贺其创新。1957年7月朱凤出席全国第一次工艺美术艺人代表会议,其散套绣《敦煌供养人像》和双面绣《百花鸟》在会上展出。《敦煌供养人像》彩色照片被刊载于《人民画报》。朱凤编著的《中国刺绣技法研究》由上海人民美术出版社出版。

由于反右派斗争扩大化,1960年朱凤调入苏州刺绣厂,任刺绣技艺指导员。1965年提前退休。1979年被改正后,当选为民革苏州市委员会委员,第六、七届苏州市政协委员,为高级工艺美术师。1987年还收何峥等六人为徒传艺,然因手指阵发性颤抖而不能再操女红。1993年6月29日病逝。

朱凤的点彩绣《虎丘后山图》被苏州工艺美术博物馆收藏。生平作品还有《牡丹》《飞天》《北海》《罗汉》《耶稣像》《立马》等。朱凤另有《苏绣》行世。

(林锡旦)

张道行(1910—1995)

张道行,字贯之,常熟锦丰西港(今属江苏张家港)人。生于清宣统二年(1910)。毕业于中央大学,获法学学士学位。1928年于中国国民党中央党务学校第一期毕业后,创办国民党常熟县党部《新生报》,任县党部指导委员会常务委员、宣传部部长、监察委员等。1929年当选为国民会议代表,任南京市学生团体整理委员会指导科主任。1930年由国民党中央派遣留学美国。1932年获西北大学研究院政治学硕士学位。1934年获衣阿华州立大学政治学博士学位,被聘为《法律评论》特约撰述员。同年回国,被聘为中央政治学校教授,兼任训导班训育指导员,出任国民党中央组织委员会设计委员。1935年当选为中国文化建设协会南京分会干事。

抗日战争全面爆发后,张道行于1938年当选为外交问题研究会理事,曾主编《外交研究》《时事类编特刊》等。1940年任国民政府外交部秘书,兼国民外交协会《外交季刊》编辑委员。1946年当选为国民大会代表,并筹组琴澄汽车公司。1947年被国民政府聘为宪政实施促进委员会研究委员会委员。次年当选为立法院外交委员会委员,被聘为政治大学教授。

1949年张道行去台湾,曾执教于台湾政治大学、中兴大学等校。1955年任台湾当局驻哥斯达黎加"公使",1961年改任"大使"。1970年定居美国,先后任马里兰大学、金门大学教授,旧金山林肯大学董事长、校长。与其妻顾剑霞在林肯大学设立中国国剧研究会,以弘扬京剧国粹于海外,并授予"张派"大师张君秋林肯大学人文学名誉博士学位。曾任美国商务部北加州出口委员会委员、加州联邦俱乐部会员、旧金山中国和平统一会会长、美中经济开发总商会会长等。1992年任美国教育部教育计划审查委员。晚年致力祖国和平统一事业。1995年1月20日于美国遭遇车祸去世。

张道行有很高的学养,富于学术识见。与王世杰合著有《国民政府制宪史略》。著有《国际纷争中之中东路》《国际公法》《中外条约综论》《日本政治机构》《美国中立与未来战争》《美国远东政策》《中国抗战与国际条约》《中东铁路与中俄条约》《中国边疆条约与边疆争执》《战后世界和平问题》等。　　（王晋玲）

费孝通(1910—2005)

费孝通,名彝江,以字行,吴江(今江苏苏州吴江区)人。生于清宣统二年十月初一日(1910年11月2日)。费玄韫、杨纫兰四子,费达生弟。四岁入其母所办蒙养院。后随家徙居苏州,曾就读于苏州振华女校、东吴大学附属中学。1928年入读东吴大学医预科。次年当选为校学生会书记。1930年因参加学潮,转入燕京大学社会学系,师从吴文藻。1933年毕业,获学士学位。考取清华大学社会学及人类学研究所研究生,师从白俄学者史禄国。1935年获硕士学位。和吴文藻同门女弟子王同惠结婚,并应广西省政府邀请,赴大瑶山瑶族地区考察,研究特种民族之人种与社会组织。年末因在由金秀古陈村赴平南罗运乡途中迷路,费孝通误入竹林瑶民所设"虎阱"受伤。王同惠奋力将费孝通救出后,在夜幕中求外援,于山涧失足遇难,此时新婚仅108天,被葬于梧州白鹤山。《社会研究》为王同惠出追悼专号。吴文藻将王同惠誉为现代中国民族考察研究的第一位女性学者。

1936年,费孝通将亡妻主译的《社会变迁》一书列入商务印书馆《汉译世界名著》出版,并于吴江震泽区开弦弓村调查租佃等社会问题。至英国伦敦大学联盟成员政治经济学院人类学系留学,师从著名学者马林诺斯基学习社会人类学。1938年获哲学博士学位。以开弦弓村的调查资料为基础撰写的博士毕业论文《江村经济》,通过揭示开弦弓村农民的家庭生活和农副业生产、财产与继承、社会结构及合作工厂、贸易、资金、土地制度,对中国地主剥削农民予以深刻揭露,开启了世界观察近代中国农村社会概况的窗口,成为国际人类学界的经典之作。同年费孝通回国,任云南大学社会学系助理教授,创建社会学研究室,参加吴文藻组建的燕京大学与云南大学合办的实地调查工作站,开展禄丰县大北厂及易门、玉溪等地调查。1939年年初获中英庚款董事会科学研究补助金,于英国出版英文《江村经济》。1941年任云南大学社会学系教授、系主任,兼任西南联合大学教授。1943年曾应邀访美,将所作《禄村农田》与张子毅所作《易村手工业》《玉村农业和商业》合辑为英文版《被旧的乡土经济束缚住的中国》即《云南三村》,1945年交由芝加哥大学出版。同年转入西南联合大学,被聘为清华大学教授。参加中国民主同盟,投身于爱国民主运动。1946年被聘为《上海文化》杂志特约撰述,于大型综合性杂志《月刊》发表小说《销骨为厉》。译著《文化论》以《社会学丛刊》甲集第一种出版,并出版所著《生育制度》《内地农村》《初访美国》等,应邀赴英国讲学。1947年归国,任清华大学副教务长。出版《乡土重建》。又将《世纪评论》杂志所连载的己作结集为《乡土中国》,对中国基层传统社会里的一种特具的体系进行了深刻总结,被马林诺斯基誉为人类学实地调查和理论发展上的一个里程碑。次年与钱昌照等发起中国社会经济研究会。1949年年初,与张奚若、张东荪、雷洁琼等教授联名发表对时局宣言,支持北平和平解放,参加中国人民政治协商会议第一次全体会议及中华人民共和国开国大典。

1950年费孝通任中央民族访问团西南团、中南团副团长,贵州分团、广西分团团长。参加筹建中央民族学院,1952年任副院长,兼任中央人民政府民族事务委员会委员,后任全国人大民族委员会委员。1956年任国务院专家局副局长,兼民族事务委员会副主任。次年被错划为"右派分子",后被改正。1978年任中国社会科学院民族研究所副所长。1980年创建社会学研究所,曾任所长、名誉所长。1982兼任北京大学社会学系教授。1985年任北京大学社会学研究所所长,兼社会学系教授。曾当选为中国社会学会会长,被聘为上海大学上海社会发展研究中心主任、中央民族大学名誉校长等。曾任香港特别行政区基本法起草委员会副主任委员,全国人大常委会副委员长,全国政协副主席,中国民主同盟北京市副主任委员,民盟中央主席、名誉主席等。曾被授予英国伦敦大学政治经济学院荣誉院士,澳门东亚大学社会科学名誉博士、香港大学文学名誉博士学位等。曾获国际应用人类学会马林诺斯基名誉奖、英国皇家人类学会赫胥黎奖章、美国大英百科全书奖、日本亚洲文化大奖、霍英东杰出奖等。2005年4月24日因病在北京逝世。

费孝通毕生志在富民,改造中国社会,是中国社会学、人类学、民族学的主要奠基人之一。重视实地调查,尤其重视社区的比较研究,主张当代中国的社会学应该反映社会主义性质和中华民族特点,必须立足中国的社会实际。在建构乡土中国本色差序格局理论、生育制度理论、中华民族多元一体格局、小城镇研究的方法与理论等方面有杰出的学术贡献。曾与吴文藻、冰心等译《世界史》《世界史纲》,参译《民族问题资料摘译》。主编《当代社会人类学发展》。另著有《从事社会学五十年》《社会学在成长》《人的研究在中国》《论小城镇及其他》《边区开发与社会调查》《行行重行行——乡镇发展论述》《费孝通民族研究文集》《费孝通社会学文集》《费孝通精品集》《费孝通文集》等。有《费孝通全集》行世。

(李　峰　郭素素　袁成亮)

瓦　翁(1910—2008)

瓦翁,本姓卫,名东晨,曾名止安,以号行,吴县(今江苏苏州)人,祖籍浙江萧山。生于清宣统二年(1910)〔1〕。出身于书香门第,祖、父皆以书法篆刻见长。受家庭熏陶,瓦翁五岁即开始习字。家人聘著名文史家章钰授以晋唐小楷及行书,旁涉碑版甲骨。瓦翁学习认真,勤于临摹北魏迄明历代名家书法,还养成了以抄代阅的读书习惯,先后抄阅了大量碑帖题跋,对元四大家之一的倪瓒的作品尤其喜爱。瓦翁学前人书法不仅学其技巧,而且注重其精神,并由此形成了自己独特的书法风格。凡甲骨文和真、行、草书等书体无所不能,尤精小楷,出版有《瓦翁小楷》等。其作品具有浓浓的书卷气。有学者评其书法:"貌似纤秀平

---

〔1〕 2008年5月4日《苏州日报》报道瓦翁逝世,谓生于1908年(光绪三十四年)5月,有关治丧和悼念文字资料多同。瓦翁生年,一说为宣统二年(1910)。瓦翁曾为张钟、王葵合作《春讯图》题写:"春讯　癸未冬月张锺王葵合写于娄东　花季烂漫　瓦翁年九十四。"癸未年即2004年,按实岁推为1910年。瓦翁逝世后,参加追悼会的清华大学博士后顾工于2008年5月7日发表博文,谓:"我以前问过他的生年,他和我祖父同年同月(1910年农历五月)出生,我应该不会记错。他去年过99岁生日,日子很巧,07年7月7日,也即农历五月廿三。《苏州日报》08.05.04要闻A03版刊登关于瓦翁弟子杨鼎美的文字《二十年指点享用一生》说:'1989年拜师瓦翁的杨鼎美言语里流露出不舍来。这对刚好相差36岁的师徒都属狗。'师徒二人都属狗,杨鼎美应该也不会弄错,瓦翁应该是1910年生(庚戌年,属狗)。"

静中蓄含着丰富的想象力和对江南水乡的深厚情感。运笔秀挺洒脱,意气清健,格调遒媚而萧疏,如飞鸿舞鹤、雨疏风徐,真趣横溢,给人以独特的艺术享受。"

瓦翁早年即以篆刻为人所知。治印主张"知古今而非古非今"。其作品无论是在篆意、刀法还是在章法、造型上,都陶然天趣、抒情自如、构思奇妙、技法老到、浑穆古媚、典雅流动,文静中见风烈,单纯中见丰富,质朴中见洒脱,机巧中见情性。瓦翁所刻肖形印,取动物之特征,表审美之意趣,功力韵味皆胜,极为精卓。

瓦翁的书法不仅得到国内同行的高度评价,影响还远播新加坡、日本等国。其作品曾于1987年入选"现代国际临书大展",于1988年入选《日本当代墨宝集》。其书法篆刻作品曾连续入选全国第二、三、四届书法篆刻展。在1989年全国第四届书法篆刻展中,瓦翁的参展作品大册页宋范成大著《石湖文略》获得专家们的一致好评,荣获一等奖第一名,瓦翁也创造了全国书法篆刻展中获奖者最大年龄的纪录。1990年瓦翁获江苏省首届文学艺术奖,1992年获苏州市首届文学艺术奖。

瓦翁一生热心于社会文化与教育事业。曾受聘为江苏省文史研究馆馆员,当选为江苏省书法家协会理事、苏州市文联艺术指导委员会副主任,兼任苏州市书法家协会顾问、苏州图书馆顾问,被推为东吴印社社长、名誉社长等。2008年5月2日病逝于苏州。

(袁成亮)

陆修棠(1911—1966)

陆修棠,曾名伯平,以字行,号憩南,昆山人。生于清宣统三年十月(1911年12月)。自少酷爱音乐,擅二胡,能唱昆曲,自学美声唱法。1924年就读于昆山县立初级中学,为学生自治会国乐组副组长。后入江苏省立苏州中学高中师范科,攻音乐,并参与丙寅国乐团活动。1930年任教于昆山茜墩小学。1932年为昆山县立乡村师范学校、江苏省立苏州中学音乐教员,并任吴平音乐团艺术指导。1935肄业于上海国立音乐专科学校国乐选科,学习琵琶,曾于江苏省电台首次举行个人二胡独奏音乐会与独唱音乐会。

1937年"八一三"事变后,陆修棠辗转奔赴重庆,于国立中学和国立音乐专科学校重庆分校任教,并任教育部音乐训练班讲师,兼任山东省立剧院国乐教授,曾任中央广播电台音乐组干事、指挥等。表演二胡独奏演出获盛誉,继刘天华后提倡国乐最力。1941年被上海国立音乐专科学校等校聘为教授,在上海与沪江国乐社合作举行音乐会,获"陆派二胡"之誉。太平洋战争爆发后,陆修棠曾供职于苏州中学、南京广播电台。1945年抗日战争胜利后,陆修棠任教于上海晋元中学。1947年任苏州国立社会教育学院音乐系讲师,兼任吴平国乐团艺术指导。1949年,于上海法文协会举办南胡独奏音乐会,首开中国音乐史上比较完整和标准的二胡个人独奏音乐会先声,使二胡的地位从伴奏乐器上升为独奏乐器。

中华人民共和国成立后,陆修棠曾任上海市北中学教师,华东师范学院音乐系、北京艺术师范学院音乐系副教授,后任上海音乐学院民乐系副教授、民族音乐教研室主任。1966年"文化大革命"爆发后陆修棠遭受迫害,8月31日于南汇惠南镇乡间投河自尽。

陆修棠的二胡艺术特色为富有歌唱性、流畅性,讲究韵律感、音乐感。音乐界称其为"二胡圣手",将其与蒋凤之并称"北蒋南陆"。王乙、项祖英等为其高足。陆修棠另擅演奏竹笛、小提琴,能作曲。其二胡曲《怀乡行》最负盛名。陆修棠另有《风雪满天》《孤雁》《农村之歌》《旅途》等。主编高等音乐院校二胡教材《二胡曲选》第一集,编有《二胡曲集》《二胡独奏曲八首》《中国乐器演奏法(二胡、笛、箫、笙演奏法)》等,编著《怎样拉好二胡》等。

(李 峰)

金 山(1911—1982)

金山,本姓赵,名默,字缄可,以艺名行,吴县(今江苏苏州)人,祖籍湖南沅陵。生于清宣统三年六月十五日(1911年8月9日)。家居苏州城南三多巷。父赵锦文原在江浙一带做蚕茧生意,金山出生两个月后,不幸暴卒于湖北汉口。尽管家境富裕,但因受继父的虐待,金山青少年时代过着半流浪的生活,喜听评弹、看昆曲等演出。在农场当学徒时,还编导和演出了幕表戏《出征》。十六岁考入不收学费的苏州蚕桑学堂。出于对艺术的爱好,入学不久便辍学,为上海某戏班绘布景,偶尔也演一些配角。在戏班解散后又回到苏州。十七岁再赴上海自谋出路,卖报,拉黄包车,干码头苦力,在小报馆当校对,历经艰苦。

1931年夏金山考入上海税警警官学校。1932年"一·二八"事变后,加入反帝大同盟,投身于抗日救亡运动,并于同年年底加入中国共产党。经党组织批准,调到左翼戏剧家联盟工作,从此正式投入进步戏剧运动,活跃于工厂、郊区农村和学校,还曾在苏州大戏院参加话剧《父归》演出。1935年夏,和戏剧家章泯组织东方剧社,培训戏剧学员。后又组织上海业余剧人协会,出演外国名剧《娜拉》《钦差大臣》等。同年开始参加电影拍摄,主演《昏狂》《夜半歌声》等影片。在当时轰动一时的由夏衍编剧的《赛金花》中扮演李鸿章。这是其第一次在舞台上扮演反面历史人物角色。因得到著名电影导演洪深指授,金山领悟到演戏实为演人,不仅改变了演李鸿章的路子,在以后的表演中更着重于对"人"的研究。抗日战争全面爆发后,金山先担任上海救亡演剧二队副队长。演剧二队后来相继改名为抗日救亡剧团、新中国剧团。金山任团长。在武汉、香港及东南亚一带从事抗日宣传活动,并募得大量捐款。1942年,扮演由郭沫若所编大型历史剧《屈原》之屈原,获得极大成功,并得到周恩来的赞扬。

1946年,金山受党组织委派,接收东北最大的电影制片厂日本"满洲映画株式会社",为东北电影制片厂的成立做出了贡献。还与盛家伦、张瑞芳等成功拍摄了抗日体裁影片《松花江上》。该片由金山任导演,讲述一对青年矿工夫妇不堪日军欺压,和民众起来进行抗日武装斗争的故事,从头到尾始终让人嗅到一种清新的北国乡村的冰雪和泥土的气息,一经上映便受到广大观众的热烈欢迎。

中华人民共和国成立后,金山任新中国第一个专业话剧院——中国青年艺术剧院副院长,并在苏联名剧《钢铁是怎样炼成的》中扮演保尔·柯察金,树立了一个有血有肉、可敬可亲的英雄形象。1954年在根据契诃夫名著改编的话剧《万尼亚舅舅》中扮演万尼亚也受到好评。还导演了多部话剧。1958年自编自导话剧《红色风暴》,并在剧中出演施洋大律师。该剧后来被改编成电影,片中施洋仍由金山扮演。1960年以后,金山又先后导演了《丽人行》《文成公主》《上海屋檐下》《记忆犹新》《李秀成之死》等话剧。

"文化大革命"时期,金山受到迫害,被投入监狱达七年五个月之久,身体受到极大摧残,继妻孙维世也被迫害致死。"文化大革命"结束后,金山拖着病体,以极大的热情排演了反映"四五"运动的话剧《于无声处》。晚年曾任中央戏剧学院院长、中国电视艺术委员会主任等,当选为中国戏剧家协会副主席、全国文联委员、全国政协委员等。1982年7月7日病逝于北京。 (袁成亮)

唐长孺(1911—1994)

唐长孺,吴江(今江苏苏州吴江区)平望人。生于清宣统三年六月初九日(1911年7月4日)。1932年毕业于上海大同大学。先后任教于上海爱群女中、浙江南浔中学、上海圣玛利亚女校等校。年少时代即对历史学产生兴趣。1940年起任教于上海光华大学历史系等,开始从事专业研究。1944年被武汉大学聘作副教授,次年升为教授。

唐长孺早年从事辽金元史研究,后从事隋唐史研究时,受吕思勉、李剑农、陈寅恪等人著作影响,深感隋唐史诸多问题之源流皆与魏晋以来历史发展有关,遂自1944年起专治魏晋南北朝史。于斯时之政治、经济、军事、民族、宗教、学术等方面皆有涉足。治学善从小处入手,考辨明晰,兼有选题宏大、思路辽阔之特点。同时,喜作专题性论文,而罕有综述性长篇大论。早年关于辽金元史等的著述被收入《山居存稿》等。关于魏晋南北朝史的代表作有《三至六世纪江南大土地所有制的发展》《魏晋南北朝史论丛》等。其中,《魏晋南北朝史论丛》为中华人民共和国成立初期不可多得之史论结合著作,在国际上尤其是在日本学界产生巨大影响。宫川尚志、狩野直祯、池田温等学者曾专门撰写书评,予以大力推荐。

潜心著述之余,唐长孺曾任武汉大学历史系主任、武汉大学中国三至九世纪研究所所长,兼任国家文物局古文献研究室主任、中国科学院历史研究所研究员等。自1955年起招收培养多批研究生。1956年参加编制教育部颁《中国古代史教学大纲》。1961年主编《中国通史参考资料·古代部分(第三册)》。1962年倡议成立魏晋南北朝隋唐史研究室,并将研究室发展成学风严谨、成果显著的学术团队。1963年起,主持并参加《二十四史》中北朝四史(《魏书》《周书》《北齐书》《北史》)点校工作。尤其值得称道的是越出专业范围,出于扩充唐代史料之需要,于1975年倡议组建吐鲁番出土文书整理组,主持整理新疆吐鲁番古墓出土文书近两千件,并编成出版《吐鲁番出土文书》,惠泽国内外学界。

1978年以后,唐长孺曾当选为中国史学会理事,中国唐史学会会长,中国敦煌吐鲁番学会副会长,湖北省史学会副会长、会长,湖北省考古学会理事长,六朝史研究会名誉会长。曾受聘为《中国大百科全书》总编辑委员会委员、《中国大百科全书·中国历史》编辑委员会副主任。1994年10月14日因病逝世。一生除从事学术研究及相关事务外,于其他方面关注甚少,曾于墓志铭中以"勤著述、终无补"相自谓。其学界之宗师地位亦获广泛认可。

唐长孺另著有《魏晋南北朝史论丛续编》《魏晋南北朝史论拾遗》《魏晋南北朝隋唐史三论》《唐书兵志笺正》《山居存稿续编》《山居存稿三编》等。著述和讲义等被汇辑为《唐长孺文集》行世。

(顾亚欣)

丁善德(1911—1995)

丁善德,昆山人。生于清宣统三年九月二十二日(1911年11月12日)。与陆修棠为昆山县立初级中学同学。1928年入上海艺术大学音乐系,改入国立音乐院。次年国立音乐院改名为国立音乐专科学校。丁善德在钢琴组,选修配器与作曲,兼擅琵琶、二胡、三弦等。曾兼任上海市立新陆师范学校、复旦大学附属实验中学、两江体育师范学校音乐教员。1933年9月起兼任私立上海美术专科学校声乐教授。1934年首演贺绿汀获奖作品《牧童短笛》及《摇篮曲》,并灌制唱片,为中国钢琴家灌制唱片第一人。1935年于国立音乐专科学校钢琴组师范本科毕业,成功举办国人首个个人钢琴独奏音乐会。后任教于北平国立女子师范大学。1937年抗日战争全面爆发后丁善德与陈又新等创办上海音乐馆,1941年将之改组为私立上海音乐专科学校,自任校长,增加本科、师范科二部,办学有成效。

1945年丁善德创作了中国首部钢琴组曲《春之旅》,引起轰动。次年当选为上海市音乐协会常务理事,创办《音乐杂志》月刊,改任南京音乐学院教授。1947年赴法国巴黎音乐学院学作曲。1949年中华人民共和国成立后丁善德回国。曾任上海音乐学院教授、作曲系系主任、副院长,当选为中国音乐家协会副主席等。1995年12月8日逝世。

丁善德另有《长征交响曲》《新中国交响组曲》等作品。出版有《丁善德钢琴作品选》《丁善德艺术歌曲集》等。有《丁善德全集》行世。　　　　　　（王晋玲）

樊庆笙(1911—1998)

樊庆笙,常熟人。生于宣统三年闰六月初十日(1911年8月4日)。1929年毕业于苏州萃英中学。考入南京金陵大学农学院。1933年毕业,获理学学士学位。留校教授植物学、植物分类学。抗日战争全面爆发后随校内迁,于1940年赴美国威斯康星大学研究生院攻读农业微生物学,先后获科学硕士学位、哲学博士学位。1944年携盘尼西林菌种归国,定中文名称为青霉素,在昆明进行生产、提取与临床试验,支持抗战前线。1945年抗日战争胜利后,樊庆笙执教于金陵大学。1946年受聘兼任卫生署上海生化实验处技正,负责青霉素菌种选育及发酵条件的研究。作为中国率先进行此项工作的学者,樊庆笙为中国生产青霉素药品做了重要的前期工作,被誉为中国青霉素之父。

中华人民共和国成立后,樊庆笙于1950年至1952年任教务长。后任南京农学院教授兼副教务长。1957年反右运动及"文化大革命"期间,曾受到错误批判。1981年出任南京农学院院长。翌年加入中国共产党。曾当选为中国微生物学会理事兼农业微生物专业委员会主任委员、中国食用菌协会名誉会长、江苏省微生物学会理事长。为中国农业微生物学的开创者之一,在共生固氮菌的生理生化研究,紫云英、花生、大豆根瘤菌应用研究和紫云英北移等方面亦有重要贡献。1998年7月5日逝世。生前曾任《中国农业百科全书·生物学卷》编委会主任。与陈华癸合著《微生物学》,与娄无忌合著《固氮微生物学》。著有《土壤微生物学》《微生物学进展》等。

(王晋玲)

王兆俊(1911—2001)

王兆俊,原名朝浚,吴县(今江苏苏州)人。生于清宣统三年八月初八日(1911年9月29日)。父王卓若,为曹沧洲弟子,曾当选为苏州中医协会执行委员、吴县国医会首届执行委员,兼任苏州国医研究院讲师。晚年被聘为苏州市中医院特约顾问。嗜藏中医典籍,辑录有《杨子安方案》。

1934年王兆俊以全班总平均成绩第一名毕业于上海医学院,获医学学士、医学博士学位。任附属上海红十字会第一医院小儿科住院医师。1936年任上海公共租界工部局传染病医院医师。1942年在苏州开设诊所。1946年任安徽省立医院院长。1948年留学美国哥伦比亚大学公共卫生学院,专攻寄生虫病学。次年获公共卫生学硕士学位。于美国中央卫生研究院和疾病控制中心进修,归国途中考察学习意大利、希腊、以色列、埃及、印度对黑热病、疟疾等寄生虫病的防治研究,出任山东省卫生厅技正。中华人民共和国成立后,1950年王兆俊任华东军政委员会卫生部黑热病防治总所首任所长。1953年改任山东省黑热病防治所所长。卫生部指定该所为全国黑热病防治研究指导中心。王兆俊还兼任中国医学科学院寄生虫病研究所特约研究员、山东医学院寄生虫学教授、山东省医学科学院副院长。后改任山东省寄生虫病防治研究所所长、名誉所长,世界卫生组织淋巴丝虫病合作中心主任。加入中国共产党。曾当选为山东省人大代表、政协常委,全国政协委员,曾兼任卫生部血吸虫病学术委员会、寄生虫病研究委员会委员,全国疟疾专题委员会副主任委员,北方疟疾技术指导组组长,山东省微生物学会副理事长,中华医学会传染病与寄生虫病学分会委员,中华医学会山东分会和山东省红十字会副会长。领导进行的《消灭黑热病的研究》获1978年全国科学大会奖。1979年获"全国劳动模范"称号。为山东省在全国率先基本消灭黑热病、线虫病和疟疾做出突出贡献。2001年4月5日在济南逝世。编著《黑热病》。与吴征鉴编著的《黑热病学》迄今仍为权威性著作。

(王晋玲)

张幻尔（1912—1965）

张幻尔，名超，又名伯埂，以艺名行，曾用艺名惠尔、小影、天儿、哈哈等，吴县（今江苏苏州）人。生于1912年11月2日。家居苏州乌鹊桥。父张幻影、叔张幻梦均是文明戏（通俗话剧）演员。张幻影以擅长演出马褂滑稽闻名。张幻梦曾任苏州市滑稽剧团副团长。

受家庭熏陶，张幻尔自小喜爱滑稽戏。十五岁拜张啸天为师，取艺名天儿。自1928年起，随父亲、老师赴汉口、九江、庐山、青岛演出。学戏勤奋，有很高的悟性。1932年到上海，与朱翔飞、唐笑天、程笑飞等滑稽名家合作演出《疯狂魔王》（陆九皋）引起轰动。除此之外，还自编自导自演了《钱笃笤求雨》《真假将军》《面包侦探》等。

1937年抗日战争全面爆发后，上海、苏州等地独脚戏逐渐衰落。张幻尔与沪上名家将独脚戏化为多脚戏，或将独脚戏段子串成滑稽戏演出。所演出的《小山东到上海》《七十二家房客》《三毛学生意》等作品均受到观众好评。1941年张幻尔回到苏州，邀请筱咪咪、大娃娃、胡化魂等滑稽名家组织璇宫剧团，自任团长。在《济公活佛》中，根据剧情配以空中电光斗剑等舞台布景，使观众大呼过瘾。后剧团因逃避当局迫害被迫歇业。抗日战争胜利后，张幻尔应唐笑飞、包一飞等沪上名家邀请到上海再度合作，带去的第一本戏就是《钱笃笤求雨》，并改戏名为《人造原子雨》，很是吸人眼球。1946年8月张幻尔回苏州重组璇宫剧团，在苏州金星大戏院、怡园夜花园、丽都戏院等场所轮流演出。由于国民党政治腐败，物价飞涨，民不聊生，璇宫剧团因生意清淡于1948年4月再度解散，直到次年4月苏州解放才得以恢复。

中华人民共和国成立后，1950年9月，张幻尔与张冶儿在常熟功德林剧场组建星艺滑稽通俗话剧团，方笑笑、姚嘻笑等八位名家相继加入。他们积极配合形势创作了一批具有时代气息的好作品，如为宣传婚姻法创作了《家有喜事》，为配合"三反""五反"运动创作的《糖衣炮弹》还获1952年苏州市春节戏曲竞赛一等奖。1955年，星艺滑稽通俗话剧团与方笑笑主持的新声滑稽通俗话剧团合并，张幻尔则任团长。张幻尔领衔创作的《苏州两公差》在上海正国戏院演出，场场爆满。1957年，张幻尔主演的《伪巡长》在南京举办的中国话剧运动五十年纪念演出大会上大获成功，留下了令人难忘的艺术形象。1958年苏州市滑稽剧团正式成立。张幻尔为首任团长。以张幻尔为首创作的现代滑稽戏《满意勿满意》一经演出，便好评如潮，在1959年1月江苏省第三届戏曲观摩演出大会上获优秀创作奖、演出奖,被誉为"江苏省戏剧之花"。1963 年 9 月该剧被长春电影制片厂改编摄制成喜剧故事片《满意不满意》在全国上映。张幻尔在舞台剧中塑造的老娘舅马伯伯、在银幕上塑造的二号老张师傅等艺术形象都给观众留下了深刻印象。

张幻尔擅演冷面滑稽,富于即兴创造,以阴噱、幽默逗人,有"冰冻滑稽"之称,是苏式滑稽戏奠基人。他说:"苏式滑稽戏寓理于戏,冷隽幽默,爽甜润口,滑而有稽。"创作之外,还十分注重人才培养,先后收门徒十余名,均以"尔"字辈命名,其中比较出色的有以表演为代表的王再尔,以编导为代表的陈继尔等。

1965 年 4 月,张幻尔因病在苏州逝世。生前曾当选为第三届苏州市人大代表、中国戏剧家协会江苏分会理事、江苏省剧目工作委员会委员、苏州市文联执委等。

(袁成亮)

张英超(1912—1977)

张英超,名忠铭,以字行,吴县(今江苏苏州)人。生于 1912 年。摄影家、实业家张珍侯子。1928 年时任上海民立中学学生会宣传部主任,参加"五九"国耻纪念会宣传活动,曾被租界巡捕拘押。喜摄影,能篆刻,兼从钱瘦铁学国画,多参西画技法。1928 年其雕刻、山水画作参加天马会展览获誉。次年张英超考取复旦大学社会科学科。曾为《中华》图画杂志社设计社徽,参加华社,被誉为小摄影家。复自攻漫画,1932 年为《上海漫画》编辑。其《失乐园》《爵士乐里之风景线》等作品被刊载于《漫画月刊》《新上海》《独立漫画》《时代漫画》《东方漫画》《漫画界》《红绿》等杂志。张英超为《中国漫画》等杂志特约作者。是上海滩第一次西洋浪潮的弄潮儿,尤擅画俊男靓女及洋场风情,创造新感觉派,亦热衷于流行服装介绍与设计,备受上流社会人士青睐。1935 年参与发起上海漫画同志聚餐会,当选为漫画同人联欢社常务委员,曾为《如娟小说集》装帧插画,于《申报》发表民族英雄漫画。次年参与发起组织第一届全国漫画展览会,其作品《美人恩》《夏之王国》参展。抗日战争全面爆发后,张英超参加上海漫画界救亡协会,任《救亡画报》编委、银联漫画研究班导师。1940 年与朱屺瞻等创办雁风艺术研究所,并举办高级研究班,参加洋画家联合展览会,参与投资新话剧场。又致力融合水彩与油画技法改进国画,自名为"江南派"。次年以《除夕》等作品举办个人画展,有"新中国画创造者"之誉。又与丁光燮等举办中国艺术专科学校夜校,自任校长,兼任新艺剧社财政部部长。为纪念祖父张永曜,复于中国艺术专科学校捐设永曜美术图书室、永曜清寒奖学金,于中国大年油漆涂料厂化验室捐设永曜纪念实验座。太平洋战争爆发后赴重庆经营工厂。抗日战争胜利后,于1946年任大一行总经理,开办油脂工业厂,并为大型画报《特写》《七彩卡通画报》漫画作家。1949年去香港。次年与但杜宇等成立涛画会,出任《中南日报》编辑。后去台湾,为《新生报》之《新生漫画》周刊画家,曾任《华报》记者、某美术馆馆长。1977年逝世。有《抒情画集》行世,著有《漫画入门》。 （李　峰）

严绍唐（1912—1979）

严绍唐,本名家驯,以字行,吴县(今江苏苏州)洞庭东山人。生于1912年7月15日。朱润斋弟子,赵三岛师。毕业于上海招商公学小学部高小。曾为永庆钱庄学徒、永顺汽轮公司售票员、金牛鲜橘水厂职员等。

严绍唐少喜绘连环画。1925年上海世界书局出版其作《西游记》。1931年严绍唐开始专业创作,将所绘《女子剑侠》《关公走麦城》《麒麟豹》《珍珠塔》《五龙传》等交由宏泰书局出版。1932年淞沪抗战后到志成书局,与朱润斋合作创作《乾隆下江南》,续绘完成朱润斋之《三国志演义》《朱元璋》等,并创作《智取生辰纲》《三打祝家庄》《八大剑侠》《老丐》等。全面抗日战争时期因海上溺水而失聪。1945年9月加盟上海同康书局,为之编绘《香妃》《十八个蛮洞》等。所绘《秦二世》《武王伐纣》等由上海东亚书局等出版。中华人民共和国成立后,严绍唐曾于新美术出版社、上海人民美术出版社从事创作,参加编绘长篇连环画《三国演义》《狄青演义》等,创作《爱国诗人白居易》《张衡》等。1972年退休。1979年逝世。

严绍唐一生创作连环画近300部,其中于民国时期创作的占184部,以擅于描绘通俗演义、旧说部故事、中国古代民间故事著称。其画风敦厚古拙,行笔流畅,画中人物形象饱满,出场人物多,服饰、布景等皆极细致。严绍唐被时人称为"老牌严绍唐"。其代表作尚有《五虎八义》《全部三国志》《六国拜相》《嘉定三屠》《粉妆楼》《血滴子》《明宫》《怕》《荆州豪侠传》《玉蜻蜓》《苦心海棠花》《济公》《于谦》《闹花灯》《老三打井》《玉龙第三国》《无双珠》《珍珠姑娘》《生死恨》《取红灯》《金玉奴》《孟丽君》等。

（李　峰）

鲁 思(1912—1984)

鲁思,本姓陈,名鹤,字九皋,以笔名行,吴江(今江苏苏州吴江区)芦墟人。生于1912年3月30日。考入江苏省立第二中学。酷爱戏剧,曾组织怀疑社,主编《怀疑》半月刊。1931年入复旦大学政治法律系,加入复旦剧社,创作话剧《血的跳舞》《爱与死之角逐》《都会流行症》等,导演《六二三》等剧。又加入中国左翼戏剧家联盟,投身于左翼电影运动,为左翼影评小组成员。1934年与包时、凌鹤、吴铁翼创办国内唯一戏剧月刊《现代演剧》,任主编。又创办上海剧社,以公演话剧、研究戏剧理论为职志。又任《民报》副刊《影谭》主编,与"软性电影论"者展开论战。1936年组织艺社。

抗日战争全面爆发后鲁思留上海租界"孤岛",参加青鸟剧社、上海剧艺社,主编《中美日报》副刊《艺林》,导演阿英编剧的《日出之前》,并参加义演为新四军秘密筹款。曾任华华中学国文教员。1940年参与创办华光戏剧专科学校,被聘为话剧教授。1941年编剧《狂欢之夜》由该校公演,又为保联剧团导演《日出之前》,并为天风剧社将沈西苓作品《十字街头》改编为舞台剧,为远东剧社排演《金粉世家》。1942年与谭正璧等创办中国艺术学院、新中国艺术学院,历任电影系系主任、秘书长,曾编导喜剧《爱我今宵》等。

抗日战争胜利后鲁思积极参加爱国民主运动,掩护中共地下党员工作。中华人民共和国成立后,鲁思曾任上海电影专科学校电影文学系主任,并于华东军政委员会文化部电影处、上海市文化局电影事业管理处、上海市电影发行公司、《大众电影》编辑部、上海市电影局等处任职。1984年2月29日逝世。

鲁思为人忠诚老实,淡于名利,以影评为终身事业,鞠躬尽瘁,一以贯之,于影坛堪称第一。编写《中国左翼电影评论史》未成。著有《电影知识》《影评忆旧》等。

(王晋玲)

周传瑛(1912—1988)

周传瑛,原名根荣,以艺名行,吴县(今江苏苏州)人。1912年6月30日生于甫桥西街一户贫民家庭。1921年9月初,于苏州定慧寺内双塔小学读书时,受已入昆剧传习所之胞兄周根生即周传铮之影响,辍学往传习所学艺。初从沈斌泉习旦角,因嗓音不佳而改行打小锣。因传习所规定打小锣者亦需熟悉剧目内容,以控制锣鼓节奏,遂习得相当数量之剧目。久之,其才能被传习所教师沈月泉发现,得以改行习小生。1925年,传习所组织全体学员赴上海做实习性演出。周传瑛利用此机向沈月泉学习大量小生重头戏,并与名旦张传芳合作,使得技艺大为提升,且冠生、穷生、雉尾生均能应工。1927年12月出师后,入新乐府昆班,成为台柱之一。因长期与张传芳合作,被称为"传"字辈中"小挡"(顾传玠、朱传茗称"大挡")。其扮相儒雅俊秀,风度翩翩,虽嗓音欠润,然吐字清晰,唱、念抑扬顿挫,韵味醇厚。周传瑛擅运用眼神、身段、舞姿塑造各类舞台人物,尤其是扇子、褶子、翎子功扎实,有"三子唯传瑛"之说。周传瑛擅演《琴挑》《偷诗》《湖楼》《受吐》《亭会》《三错》《跳墙》《着棋》《断桥》《井遇》《看状》《定情》《密誓》《小宴》《惊变》《埋玉》《出猎》《回猎》《梳妆》《掷戟》《对刀》《步战》《卖兴》《当巾》及《桂花亭》等剧目。

因自幼读书较少,周传瑛对剧目中冷僻字及深奥典故不甚了解,唯以死记硬背之法应对。1930年随班于上海大世界游乐场演出时,与学者张宗祥结识,得以迅速提高文化修养。演戏之外,亦擅长与昆剧有关之艺术创作。1931年6月新乐府昆班报散。次年周传瑛与另十人发起成立仙霓社昆班,并于当年10月1日首演。此后,因首席小生顾传玠离班求学,周传瑛遂于班中独当一面。1937年,周传瑛随班于上海福安公司游乐场演出。"八一三"事变起,战火烧毁仙霓社全副衣箱,导致仙霓社停演。次年9月,周传瑛与班中部分人马重新聚合,于上海东方第一书场、仙乐大戏院等处演出,终因观众稀少而难以维系,仙霓社亦于1942年2月宣告解散。1943年,经师兄王传淞引荐,周传瑛搭班于国风苏剧团。复经朱国梁介绍,拜苏滩名艺人筱桂荪为师,学习苏剧唱腔。此后开始将昆剧老剧目改编为苏、昆夹唱的脚本,使昆剧得以依傍苏剧而生存。

中华人民共和国成立后,1951年起,国风苏剧团先后更名为国风苏昆剧团、国风昆苏剧团,继而改组为浙江省昆苏剧团、浙江昆剧团。周传瑛长期于其中担任副团长、团长等职,并任主要演员及教师。致力昆剧推陈出新。所执导并主演之《长生殿》,1954年被列为纪念清代剧作家洪昇诞生250周年活动的主要内容之一。周传瑛被评为1955年浙江省先进工作者与全国先进工作者。1956年4月,率浙江省昆苏剧团晋京演出昆剧《十五贯》,轰动首都,受到毛泽东、周恩来等党和国家领导人高度赞扬。《人民日报》发表专题社论,称该剧为"一出戏救活一个剧种"之典范。周传瑛因成功塑造了为民请命、刚毅正直又具书卷气的况钟形象而蜚声中外,并加入了中国共产党。先后当选为浙江省政协常委,中国文联委员,浙江省文联常委,中国戏剧家协会理事及浙江分会副主席、名誉主席等。

演出与创作之外,周传瑛复倾心于昆剧人才之培养。亲自参与培养的浙江

"世""盛""秀"字辈三代演员,先后成为活跃于昆坛的中坚力量。上海、江苏的中青年昆剧演员中,受其教诲者亦甚众,当代名小生汪世瑜为其得意弟子。1980年周传瑛被医院诊断患癌症,但仍牵挂于昆剧事业之传承。1986年受聘担任文化部振兴昆剧指导委员会副主任,并赴苏州担任该会所办昆剧培训班班主任,制订培训计划,带病向学员传授剧目,为昆剧事业做出了最后的奉献。1988年2月16日病逝于杭州。著有《昆剧生涯六十年》。 （顾亚欣　徐　阳　王　宁）

胡崇贤（1912—1989）

胡崇贤,字仲贤,绰号"胡照相",吴县(今江苏苏州)人。生于1912年。读小学时即学习摄影。1927年任《苏州民报》记者,并开设珊瑚摄影社,精于花卉、山水摄影,以人像摄影艺术知名。1934年所摄苏州潘园荷花《四面拜观音》被刊载于《申报》图画特刊。次年胡崇贤曾拍摄胡蝶、梅兰芳等著名演员访美演出归来照片。

1937年胡崇贤进入励志社电影科摄影股,历任干事、股长。1940年起任蒋介石侍从摄影官长达35年。宋美龄师从其学摄影。1945年9月17日,重庆国共谈判期间,胡崇贤于曾家岩主席官邸为国人独家拍摄毛泽东、蒋介石合影。该合影成为历史经典。1949年胡崇贤随蒋介石赴台湾。所拍摄的蒋介石和孙蒋孝武在士林官邸下西洋跳棋的照片,1953年获美国旧金山记者协会主办的国际摄影展人像组第一名。蒋介石曾书赠"游於艺"予以嘉勉。次年胡崇贤兼任中影公司台中制片厂副厂长。1975年蒋介石去世后,胡崇贤专注于艺术创作。1976年摄影大师郎静山代表亚洲影艺协会给胡崇贤颁赠摄影荣誉博士学位。

胡崇贤随侍蒋介石35年。其间所摄照片为历史珍贵记录,颇有价值。其艺术摄影获郎静山、黄君璧、张大千等赏识。胡崇贤与张大千交情最契,二人曾三度合作举办摩耶精舍荷花、梅花摄影展。1983年胡崇贤于美国洛杉矶太平洋亚洲博物馆与张大千画展举办联展,堪称其摄影生涯巅峰。其《梅花》等作品多次于台湾被印制成邮票。胡崇贤有《民国胡崇贤摄影集》《胡崇贤摄影选集》等。1989年逝世。

（李　峰）

吴健雄（1912—1997）

吴健雄,小名薇薇,太仓浏河人。生于1912年5月31日。八岁入其父吴仲裔创办的明德学校。小学毕业后,1923年考取苏州第二女子师范学校。1927年以优异成绩毕业,任小学教员。1929年考取南京中央大学数学系,一年以后转入物理系。1934年毕业,入浙江大学深造。不久,经该校物理系系主任张绍忠推荐,到中央研究院物理研究所从事研究工作。

1937年8月,在叔叔资助下,吴健雄往美国旧金山加州大学伯克利分校求学。1938年在劳伦斯教授的指导下,开始了原子核物理实验研究。对放射性元素因β衰变放出电子而产生两种形态X光的理论及其分辨方法做出了相当清楚的实验论证,为这方面的数个理论建立了坚实的实验基础。是年年底发现了铀原子核分裂。这一发现于1939年1月在《科学》期刊发表后,极大地震惊了世界。全球在这一领域的科学家都迫不及待地展开了相关的实验工作。吴健雄和诺贝尔奖获得者塞格瑞在实验中,利用37英寸回旋加速器中的800万电子伏特的重氢原子核去撞击一个金属元素铍,然后再利用产生出来的中子撞击铀原子核(或钍原子核)造成核分裂。结果,吴健雄在铀原子核分裂产物碘中,发现了一种对铀原子核分裂连锁反应有关键影响的惰性气体——氙,并准确地定出两种放射性惰性气体氙的半衰期、放射数量和同位素数量。这一研究成果为美国后来制造原子弹的"曼哈顿计划"提供了关键技术,也为吴健雄日后加入美国最机密的原子弹研究创造了条件。该成果在美国最权威杂志《物理评论》上一经发表便立即引起科学界的极大关注。1940年,吴健雄以其出色的研究成果完成了博士论文答辩。五位口试答辩委员中有三位诺贝尔奖获得者,可谓盛况空前。1941年4月26日,伯克利分校所在地的《奥克兰郡报》以"娇小的中国女生在原子弹撞击研究上出类拔萃"为标题,对吴健雄做了专题报道。

1942年夏,吴健雄任教于美国东海岸麻州的史密斯学院。一年后,在劳伦斯推荐下,成为普林斯顿大学有史以来的第一位女讲师。1944年3月,应劳伦斯和奥本海默之邀,进入哥伦比亚大学原子弹研究重点实验室,参加了当时美国最机密的"曼哈顿计划"。所参与工作之一就是浓缩铀的制造,而她以往的一项重要研究成果,即有关铀原子核分裂后产生的氙气对中子吸收横截面产生影响的论文,对于解决原子核连锁反应中突然出现的"反应停止"起了极其重要的作用。1945年7月16日,人类第一颗原子弹在美国新墨西哥州的沙漠中试爆成功。

原子弹试爆成功后,吴健雄在这一领域继续展开研究。与加州大学洛杉矶分校理论物理学家莫兹考斯基合著的《β衰变》,被公认为权威著作。1957年1月,吴健雄又以实验推翻了"宇称守恒"定律。《纽约时报》在头版以"物理的基本观念宇称已经由实验而推翻"为题,报道了这一在科学史上具有重大意义的发现。而李政道和杨振宁的"宇称不守恒"学说,也正是由于吴健雄的实验证实而荣获诺贝尔物理学奖。1962年吴健雄又以精确的实验证明了"向量流不灭原理"。

鉴于吴健雄在物理学领域做出的杰出贡献,1964年美国科学界将五年一次的康士托克奖颁发给了吴健雄,使她成为获得该奖的第一位女性。1974年吴健雄被美国《工业研究》杂志评为年度科学家。1975年被推选为美国物理学会会长,也是该会成立以来第一位女会长。同年荣获美国最高科学荣誉——国家科学勋章。1978年又获得由以色列工业家捐款设立的沃尔夫奖。1990年5月7日,中国科学院南京紫金山天文台庄重宣布,将新近在太阳系发现的编号为第2752号的小行星命名为"吴健雄星",以表彰她在高科技领域对人类所做出的贡献。1994年,吴健雄当选为首批中国科学院外籍院士。

在萍踪浪迹的半个多世纪的科学生涯中,吴健雄始终心系祖国,怀念家乡。1971年,吴健雄和其夫物理学家袁家骝归国省亲,并在北京受到周恩来总理接见。1983年太仓市人民政府将浏河中心校恢复为明德学校。吴健雄亲自参加了恢复校名大会并为母校题写校名,与袁家骝倾其近百万美元私人积蓄,设立了"纽约吴仲裔奖学金基金会",并先后为学校修建了明德楼、紫薇阁。

1997年2月17日,吴健雄因脑溢血在美国纽约不幸逝世。按她生前遗愿,袁家骝亲自护送她的骨灰,并将之安葬于太仓浏河。吴健雄墓园中英文墓志铭上这样写道:"这里安葬着世界最杰出女性物理学家——吴健雄(1912—1997);她一生绵长深刻的科学工作,展现了深思力作和真知灼见;她的意志力和对工作的投入,使人联想到居里夫人;她的入世、优雅和聪慧,辉映着诚挚爱心和坚毅睿智;她是卓越的世界公民和一个永远的中国人。"

（袁成亮　郭素素）

程金冠(1912—2000)

程金冠,绰号"刹眼大王",吴县(今江苏苏州)人,祖籍安徽。1912年生于江苏嘉定(今属上海)。靛商程步云子。家居苏州养育巷救国里。自小酷嗜体育,尤擅短跑。曾就读于上海麦伦书院。1924年就读于上海格致公学,获校运动会一英里比赛冠军。1926年考取复旦大学附属实验中学,参加童益小球队,曾任上海申星足球队队长,正式练习田径,有"短跑怪杰"之誉。1928年获复旦大学运动会附属中学200米、400米低栏冠军,次年再获200米、400米低栏冠军。1930年转入苏州晏成中学,获江浙私立中学九校田径赛200米、400米低栏冠军,名列个人第一。代表江苏省参加杭州第四届全国运动会,获200米低栏亚军,为江苏队独得3分。又以中国国家队队员身份赴日本东京,参加第九届远东运动会低栏项目比赛。这是其生平第一次参加国际大型比赛。因跨栏技术不过关,程金冠在预赛中即被淘汰。1933年考入复旦大学经济系,与黄飞龙、董寅初、王季临参加上海万国运动会4×100米接力赛,以46秒创中国新纪录,并获上海市运动会男子锦标径赛个人第一。其百米成绩为11.2秒,仅亚于全国短跑名将刘长春的成绩。程金冠与刘长春并称"南程北刘",同被列入全国百米十杰。1934年程金冠任上海白虹田径队队长,代表中国队参加菲律宾马尼拉第十届远东运动会。同年10月4日,率白虹队和上海俄国侨民队举行100米短跑比赛,以10.6秒成绩打败短跑名将列夫塞斯库,获得冠军,并将刘长春保持的全国纪录缩短了0.1秒,平了日本吉冈隆德创造的远东运动会百米最佳成绩。虽因这次比赛不属于正式大型比赛,程金冠的成绩未被正式列入全国纪录,但他的声名愈加显扬。当年程金冠即发起举办中国单项田径竞赛。1935年转入东吴大学政治系,参加上海圣约翰大学、东吴大学对抗赛,在200米低栏比赛中创全国纪录,获男子个人第一。参加江苏省运动会时,其100米成绩为11.4秒,200米决赛成绩为24.1秒;后再创200米23.7秒佳绩:皆为当时江苏省田径男子组项目纪录。1936年程金冠参加第十一届柏林奥运会选拔赛,以58.3秒的成绩获400米中栏冠军并打破全国纪录,获得奥运会参赛权。同年8月,参加柏林奥运会100米、200米短跑和4×100米接力赛三个项目。由于参加比赛前长时间的旅途奔波,体力消耗过大,在100米比赛中,分在第8组的程金冠同第3名仅一步之差。在4×100米接力赛中,程金冠与刘长春、傅金城等人合作,比法国队慢2.2秒,也被淘汰。1937年程金冠获华东九大学运动会100米、200米及中栏三项冠军,个人分数名列男子第一。

全面抗日战争时期程金冠参加上海华联田径队。1947年白虹田径队恢复。程金冠任干事,兼任上海市体育协会第二届田径委员会委员、南市体育场指导员。次年年初仍保持400米中栏58.3秒全国纪录。中华人民共和国成立后,1951年程金冠携妻子由香港回苏州定居,任上海铁路局苏州铁路中学体育教研组组长30年。曾当选为中华全国体育总会江苏分会委员、苏州市田径协会副主席,是苏州市政协委员。

在程金冠的精心培育下,一批优秀的体育运动员脱颖而出,其中包括排球运动员孙晋芳、低栏跑运动员顾传慧、中长跑运动员周丕烈等。程金冠曾应中华全国体育总会之邀参加亚运会开幕式、上海第八届全国运动会、海内外体育元老聚会等,并受到党和国家领导人的接见。1994 年 6 月,应当年东吴大学同窗好友蒋纬国邀请赴台湾访问,并见到了当年一同参加奥运会的标枪选手周长星及东北田径三杰之一的中距离跑名将李世民等。台湾《中国时报》以"三十年代飞毛腿程金冠年登耄耋作客宝岛"为题做了专文介绍,称"他腰杆笔直而又健步如飞,令人敬佩","可能也是我国最资深的田径元老","以他这种经历,在海峡两岸中国田径界可能是硕果仅存的前辈老将",并赞扬他退而不休,为中国体育事业奋斗不止的精神。

2000 年 5 月 1 日程金冠病逝于苏州。

(李　峰　袁成亮)

曹汉昌(1912—2000)

曹汉昌,原名锡棠,以艺名行,吴县(今江苏苏州)人。生于 1912 年 9 月 18 日[1]。家居苏州温家岸。父曹芙卿,经营砖瓦石灰业。姑父石秀峰,为评话《金枪传》的大响档。1922 年,曹汉昌到上海听石秀峰说书后,对评弹产生了浓厚兴趣,尤好苏州评话。1924 年拜在周亦亮门下习说《岳传》,改用艺名。1926 年开始说书,在湖州、南浔、常熟等码头上历练数年。1931 年在苏州光裕社出道,享誉书坛。说书时书路清晰、口齿清爽,注重表述,擅长说理,艺术上有"一口干"特色。中气充沛,提起丹田时单从面部表情也能分清书中人物的忠贤奸佞。1948 年 3 月《苏报》有文评论曰:"听其书如嚼橄榄,初觉平淡,平铺直叙滔滔说来,至紧张处衬出奇峰突起,恰到好处,已是一关子,使听客津津有味为之拉牢,其精气神运用之适当,与书路之纯熟,实非短时可幸致,其描摹书中脚色入木三分,噱头亦无扞格、火气诸弊,堪称上乘。"[2]

1949 年中华人民共和国成立后,曹汉昌参加上海市文艺处举办的艺人学习班。后去浙江说书。1950 年年末回到苏州,参加苏州市文联举办的第一届学习班。1951 年下半年响应潘伯英的倡议,同意放弃高额收入,成立评弹团。1952 年 1 月成为首批加入苏州市评弹实验工作团(今苏州市评弹团)的 11 位演员之一,并长期任团长。1980 年秋,调往苏州评弹学校任校长,为培养评弹接班人呕

---

[1] 曹汉昌《书坛烟云录》自述"我是 1911 年生的",见江浙沪评弹工作领导小组办公室:《书坛口述历史》,古吴轩出版社 2006 年,第 38 页。北京语言学院《中国艺术家辞典》编委会:《中国艺术家辞典》现代第二分册曹汉昌条作"一九一一年九月十七日生",湖南人民出版社 1981 年,第 442 页。曹织云之女曹莉茵自动与外祖父曹汉昌一起生活在苏州,现为上海评弹团演员,告知家谱和家庭户口簿上记载曹汉昌生于 1912 年 9 月 18 日,此最为准确。

[2] 世外人:《曹汉昌昆仲大小书》,见《苏报》1948 年 3 月 17 日。

心沥血。曾兼任中国曲艺家协会理事、苏州市文联艺术指导委员会副主任等职。

曹汉昌重视对传统书目的整理加工,指出:"要不断地想书,艺术要日新月异。每天说过的书要想一想,有哪些地方说得不对,不合理,不动人,现场没有效果。下次再说,应该如何改动。"[1] 20世纪50年代,在集体的帮助下,曾与"评话状元"杨震新等人一道整理《岳传》。此后历多年整理,终于1986年出版演出本《岳传》。一生都在说《岳传》,八十多岁仍与北方评书名家刘兰芳同登苏州书台,进行南北《岳传》交流演出。

2000年5月11日曹汉昌于苏州逝世。有徒濮浩声、王浩声、李宏声、陈景声等。其弟曹啸君、女曹织云均为苏州弹词表演艺术家。

(解 军)

时 钧(1912—2005)

时钧,曾名化霖,常熟莫城人。生于1912年12月13日。1917年入小学读书。1926年于常熟孝友中学毕业,入苏州工业专门学校附中班读高中。次年随班转入苏州中学高中部,被分在理科班。1929年毕业后被保送东吴大学。1930年复考入清华大学化学系。1934年夏毕业,获理学学士学位。考取学校第二届公费赴美留学生。1936年5月获缅因大学造纸专业硕士学位。受校友侯德榜的影响,又赴麻省理工学院专攻化学工程。

抗日战争全面爆发后,时钧毅然决定携家回国。1938年6月至汉口,任军政部学兵队化学教官。1939年2月到重庆,先后受聘在国立中央大学、重庆大学、中央工业专科学校、兵工大学以及动力油料厂研究生班等任教,主讲"物理化学""化工计算""化工原理""工业化学""化工热力学""化工经济"等多门课程,深受学生喜欢,被誉为"娃娃教授"。抗日战争胜利后,1946年8月随中央大学回南京复校,任教授兼化工系系主任,仍兼任重庆大学化工系教授及系主任。1947至1948年又被聘兼任金陵大学化工系教授。

1949年中华人民共和国成立后,时钧任南京大学工学院化工系教授、系主任。1952年全国高校院系调整。时钧任南京工学院化工系教授、系主任,受命创建我国第一个硅酸盐专业。1956年秋,与汪德熙、汪家鼎等教授联名上书高等教育部,建议在化工系设立化学工程专业。1957年高等教育部同意试办,在

---

[1] 曹汉昌:《书坛烟云录》,见江浙沪评弹工作领导小组办公室:《书坛口述历史》,古吴轩出版社2006年,第81页。

北京召集有关会议制订化学工程专业教学计划,由时钧任组长。1958 年时钧被错划为"极右分子"和撤职,"文化大革命"中又遭到迫害。1979 年被彻底改正,晋升为一级教授,着手重建南京化工学院化学工程系,任系主任。亲自开设课程,主持建设化学工程研究所,并建成了化学工程博士点。1985 年改任南京化工大学化工系名誉系主任、化学工程研究所名誉所长。后为南京工业大学教授。作为中国水泥专业、化学工程专业的创导者和开拓者,执教 60 多年,培养了大批高水平的科技人才,其中有两院院士 14 名。

时钧是化学工程学家,主要研究化工热力学、干燥技术和膜分离技术,发表研究论文两百余篇,主持完成了《化学工程手册》新版以及《大百科全书·化工卷》的编撰工作。在流体热力学性质的实验测定方面,组建了热力学基础物性的测定中心,对广泛范围的相平衡、容积性质和过量性质进行研究。在流体相平衡方面,筹建了精度较高的高压相平衡装置,以实测结果纠正了前人所测数据的偏差,扩充了测量的范围。创造了在一台装置上同时测量高压流体相平衡组成和平衡相密度的简便方法,提供了快速有效地获取高压下的流体基础物性的新手段。在溶液热力学研究方面,用色谱法测定了众多体系的无限稀释活度系数,改进了国外学者的模型与方法,建立了自己的经验关联式,用于预测汽液平衡,取得了比运用国际通用方法更高的预测精度。在膜分离技术方面,对渗透汽化过程和液膜分离设备性能进行了研究,首创用改性含氟树脂膜对混合气体进行渗透分离得到氨。开展用国产膜组成单膜、双膜渗透器和连续膜塔进行混合气体分离试验,从理论上阐述气体在膜中的溶解与渗透机理,探索了各种膜渗透器及其系统的气体分离计算方法,建立了新的数学模型。

2005 年 9 月 1 日时钧在南京逝世。生前先后加入九三学社、中国共产党,为全国政协委员。曾获得何梁何利基金科学与技术进步奖以及多项国家和省部级科技进步奖,被化学工业部授予"全国化工有重大贡献的优秀专家"光荣称号,当选为中国化工学会常务理事、江苏省化学化工学会理事长等。　　　（王伟群）

曹孟浪(1912—2005)　　程丹娜(1912—1984)

曹孟浪,名莹,小名阿庆,号显臣,以艺名行,吴县(今江苏苏州)人,祖籍安徽歙县。生于 1912 年。毕业于上海惠灵英文专科学校。历任美资通用汽车修理厂文案、中国航空公司工程师,业余从事歌咏、戏剧活动。1932 年参加中国左翼戏剧家联盟。主持中华艺术供应社事,参加阿波罗艺术社、苏州戏剧联合社、艺社等,曾演出话剧《南归》等。与欧阳予倩、郭沫若、金山、赵丹等交密。一向留意收集戏剧资料,1935年于苏州建立孟浪戏剧图书馆。次年参加苏州戏剧联谊社。1937年成立苏州实验剧团,任理事,宣传抗日救亡。全面抗日战争期间任重庆华山剧社总干事、云南省抗敌后援会戏剧股股长。抗日战争胜利后曹孟浪任云南省教育厅剧教队副队长,参演曹禺名剧《日出》等。

中华人民共和国成立后,1951年曹孟浪调入上海华东人民艺术剧院,后调入上海歌剧院。1955年调至北京任中国戏剧家协会艺术委员会干事。1962年中国艺术博物馆工程下马后,曹孟浪任职于文化部艺术局资料室。"文化大革命"期间未安排工作,被下放到湖北咸宁之文化部"五七干校"劳动。1977年被分配到北京京剧团资料室,后回文化部。晚年任文化部艺术局顾问。喜好昆曲,为北京昆曲研习社社员,数十年拍摄戏剧演出资料并珍藏之。1992年,为纪念夫人程丹娜,将其家中孟浪戏剧图书馆改名为孟丹戏剧资料室。2005年去世后,所余文献资料皆被捐赠于苏州的中国昆曲博物馆。

程丹娜,本名雪珍,吴县(今江苏苏州)人,祖籍安徽太平。生于1912年。曹孟浪妻,程和钧妹。曾就读于苏州振苏蚕桑学校,肄业于上海新华艺术专科学校。曾在网师园与张善孖所养老虎"虎儿"合影。该合影由马相伯题字,后成为胡文虎永安堂虎标万金油著名标志。在田汉及中国左翼戏剧家联盟的影响下,1934年程丹娜于苏州参加艺社,演出进步话剧,积极倡导左翼戏剧运动。1937年任苏州实验剧团理事,组织巡演。抗日战争全面爆发后,程丹娜参加救亡演剧第二队,历徙重庆、昆明。抗日战争胜利后,其于1946年回苏州。中华人民共和国成立后,其先后供职于上海图书馆及中国戏剧家协会资料室。1984年先于夫曹孟浪逝世。

(王晋玲)

张光斗(1912—2013)

张光斗,常熟鹿苑(今属江苏张家港)人。生于1912年5月1日。出身于贫寒家庭。1924年于小学毕业后,入上海南洋大学附属中学,后经上海交通大学预科升入土木工程学院本科,学习结构工程。1934年毕业,以优异成绩考取清华大学水利专业留美公费生。1936年获加州大学硕士学位。1937年又获哈佛大学硕士学位,并获得哈佛大学攻读博士学位的全额奖学金。

抗日战争全面爆发后,张光斗毅然放弃了继续深造的机会,回国效力。先后担任国民政府资源委员会龙溪河水电工程处设计课长和襄渡河水电工程处主任,主要负责设计了四川下清渊硐、桃花溪、仙女硐、鲸鱼口等我国首批小型水电站。1945年抗日战争胜利后,张光斗担任资源委员会全国水电工程总处设计组主任工程师、总工程师,负责修建了上清渊硐、古田溪等中型水电站,并为三峡、钱塘江、柘溪、翁江、岷江等八处水电站地址进行勘测工作,收集了大量资料,首次估计我国蕴藏水能资源为2.5亿千瓦。人民解放战争胜利前夕,在华工作的美国水电工程师力邀张光斗"逃离沉船"赴美工作。张光斗回答:"我是中国人,是中国人民养育了我,我有责任建设祖国,为人民效力。"国民党政府也曾多次下令,让张光斗把自己多年参与查勘、积累的水电资料送往台湾。在中共地下党的帮助下,张光斗巧施掉包计,上交假资料,而将真资料保存下来,后将这些资料全部捐献出来。这些资料成为中华人民共和国"一五"计划期间水电建设的重要依据。

1949年中华人民共和国成立后,张光斗任清华大学水工结构教研组主任,意识到水利理论教学的贫乏,认真钻研,整合优化,探索了一套教学大纲,率先在高校开设了水工结构专业课,编写了国内第一本《水工结构》教材。同时,建立国内最早的水工结构实验室,开创了水工结构模型实验。20世纪50年代初,负责河南新乡地区人民胜利渠的渠道工程。人民胜利渠建成后不仅使灌区高产,也为黄河下游开堤建闸引水开创了先例。1954年,张光斗作为中方主要专家和苏联专家一起开展黄河三门峡水利枢纽的规划设计工作。由于成绩卓著,1955年当选为首批中国科学院学部委员,兼任中国科学院水工研究室主任。1957年出任黄河三门峡水利枢纽工程技术主要负责人,为工程顺利建成做出了卓越的贡献。1958年任水利电力部、清华大学水利水电勘测设计院院长兼总工程师,负责设计密云水库,采用高砂砾坝薄壤土斜墙、深覆盖层混凝土防渗墙和防渗帷幕、土坝坝下导流廊道等创新技术,达到了国际先进水平。密云水库建成后,防治了潮白河下游洪水,成为北京市主要供水水源,受到党中央和水电部、北京市的赞誉。"文化大革命"期间,张光斗虽身处逆境,但仍致力水利工程建设。1973年参加长江葛洲坝水利枢纽工程设计,提出修改枢纽布置,加大二江泄洪闸,以减小大江截流水头,为砂页岩软弱地基上修建深齿墙混凝土闸坝等创新建议设计。葛洲坝工程获国家科学技术进步奖特等奖。

1978年张光斗任清华大学副校长,兼任水利电力部水利水电科学研究院院长。参加隔河岩水电站、荆江分洪闸、官厅水库、大伙房水库、三门峡工程、五强溪水电站、东风水电站、二滩水电站、三峡工程、小浪底工程、龙滩水电站等项目的设计,对枢纽布置、结构设计等提出创新意见,解决关键技术问题,保证工程安全可靠,得到有关单位赞誉。1982 年,为墨西哥几座大坝工程提出咨询意见,解决复杂技术问题,被墨西哥工程科学院选为外籍院士。同年获美国加州大学哈斯国际奖。

1993 年 5 月,张光斗被国务院三峡工程建设委员会聘为《长江三峡水利枢纽初步设计报告》审查核心专家组组长,主持三峡工程初步设计的审查。在汇集 10 个专家组、126 位专家意见的基础上,慎重研究,反复推敲,逐字逐句地核定最终审查意见。1994 年,当选为首批中国工程院院士、主席团成员。三峡工程开工后,张光斗担任国务院三峡建设委员会三峡工程质量检查专家组副组长,每年至少两次到三峡工地施工现场进行检查与咨询。2000 年年末,耄耋之年的张光斗又一次来到三峡工地,为考察导流底孔的表面平整度是否符合设计要求,硬是从基坑攀着脚手架爬到 56 米高的底孔位置。之后,在质量检验总结会上,极力坚持修补导流底孔,以确保工程质量。

张光斗毕生为中国水利事业操劳奋斗,功勋卓著,2000 年以来在国内外屡获大奖,并被人们称赞为"当代李冰"。2013 年 6 月 21 日逝世于北京。

(缪 宏)

王为一(1912—2013)

王为一,吴县(今江苏苏州)人。生于 1912 年 3 月 1 日。1931 年入上海美术专科学校研究所学画,亦擅二胡。曾参加曦昇剧社,1933 年与赵丹、金山等演出进步独幕剧《街头人》《母亲》《两条战线》《放下你的鞭子》《饥饿线》等,积极宣传抗日救亡。1934 年任艺华影业公司场记,参加上海业余剧人协会。1936 年入新华影业公司,参演《狂欢之夜》《夜半歌声》等,并参加上海业余剧人协会实验剧团。1937 年曾导演《钦差大臣》,并与赵丹、俞佩珊主演《罗密欧与朱丽叶》等,编剧《为自由和平而战》等。

抗日战争全面爆发后王为一赴重庆,1938 年任中国电影制片厂编导,改编《中国万岁》等。次年与妻俞佩珊及赵丹等赴新疆从事话剧工作,被盛世才逮捕入狱。抗日战争胜利后王为一回上海,入联华影艺社,并加入昆仑影业公司,与徐韬合作导演《关不住的春光》,与史东山合作导演《八千里路云和月》尤获盛誉。1949 年在香港南国影业公司独立导演粤语片《珠江泪》。

中华人民共和国成立后,1951 年王为一赴广州筹建珠江电影制片厂,任厂长,兼任华南文艺学院戏剧部主任。并于北京电影制片厂、上海电影制片厂、珠江电影制片厂等厂任导演,拍摄故事片《山间铃响马帮来》《铁窗烈火》《三家巷》及湖南花鼓戏曲片《打铜锣》《补锅》等。曾任中国电影家协会理事、广东省影协副主席等。曾荣获国家"优秀电影艺术家"等称号及广东省首届"文艺终身成就奖"等。2012年获得中国电影金鸡奖终身成就奖,有"中国电影的活化石"之誉。2013年10月8日因病于广州逝世。

(李 峰)

王承绪(1912—2013)

王承绪,江阴三甲里(今属江苏张家港南沙)人。生于1912年6月。1928年考取江苏省立无锡中学师范科。1930年于《中学生文艺》发表《青年苦闷的分析及其补救》获奖,又以商务印书馆暑期四角号码检字法、编制索引实习所第一班第一名结业。次年获中学生创作征文奖,毕业后于江苏省立无锡中学附属实验小学任教。1932年借读于浙江大学教育系。次年免试转为正式生,首开浙江大学先例。编著《英文改错释例》,并于《教师之友》《教育杂志》《中华教育界》等杂志发表《教学技术概要》《苏俄教育的新趋势》《波兰教育鸟瞰》等文。1936年毕业,获学士学位,留校任教,并旁听德语、法语。次年加入中国教育学会,兼任《中华英文周报》译述,编著《英文单字与前置词连用法》辑入《英文学生丛书》。

1938年王承绪留学英国伦敦大学教育学院。1940年获教师文凭。次年获教育学硕士学位,任诺丁汉大学成人教育系中国历史讲师。1942年注册攻读博士学位,并于夜校攻读德语、法语,自学俄语。组织留英同学编辑出版《东方》副刊,介绍欧美科技文化最新成就及中国教育状况,宣传中国人民抗日战争业绩。1946年完成博士课程学习,以中国代表团秘书身份参加巴黎联合国教科文组织成立大会,为教育组成员。次年回国任浙江大学教育系教授,参加中国代表团,出席联合国教科文组织于南京召开的远东区基本教育研究会议,翻译出版联合国教科文组织所编《基本教育》。1948年兼任浙江大学教育系主任。

中华人民共和国成立后,王承绪于1951年加入中国民主同盟。曾任浙江师范学院教育系主任、学院副教务长,杭州大学教育系教授,兼任外国教育研究室、高等教育研究室、比较教育研究中心主任,高等教育研究所所长、名誉所长,再任浙江大学教育系教授。曾任教育部国家教育发展研究中心兼职研究员,当选为中国陶行知研究会副会长,浙江省高等教育学会会长,中国高等教育学会、全国比较教育研究会、全国教育史研究会理事,联合国教科文组织亚太地区教育合作顾问委员会委员。1983年加入中国共产党。曾任民盟浙江省委常委,浙江省政协副主席、省政协华侨委员会主任等。1993年被授予伦敦大学教育学院荣誉院士称号。2003年为被联合国教科文组织授予亚太地区教育革新终身成就奖的第一人。2009年获浙江大学教师最高荣誉"竺可桢奖"。翌年获中国高等教育学会"高等教育科学研究特殊贡献奖"。2013年11月19日于杭州逝世。

王承绪是中国比较教育学科创始人之一、国际著名比较教育学者。指导主编国内首部高校教材《比较教育》。合译《西方现代教育论著选》《战后英国教育研究》《教育原理》《国际高等教育政策比较研究》《高等教育系统》《学术权力》《高等教育哲学》《高等教育新论》等。主持翻译《别国的学校和我们的学校》《教育的新时代》等。自译《民主主义与教育》《高等教育不能回避历史》《探究的场所——现代大学的科研和研究生教育》《建立创业型大学:组织上转型的途径》《大学的持续变革:创业型大学的新案例和新概念》等。主编《发展中国家高等教育模式的国际移植比较研究》《比较教育学史》等。著有《王承绪教育文集》等。

(李　峰)

夏崇本(1913—1942)

夏崇本,吴江(今江苏苏州吴江区)芦墟袁家浜人。生于1913年。父夏锺麟,原名麐,字应祥,别号楦耳,沈昌眉妻弟。清季生员,曾在家设馆授徒。早年加入南社,能诗文,工书法,楷书酷似欧阳询。

夏崇本为夏锺麟次子,1930年于苏州中学毕业。体育全能,曾代表浙江男排参加全国运动大会。后入杭州之江大学,因参加进步学生运动被开除。1934年就读于上海持志大学经济学系。次年毕业后供职于其舅唐九如所办银行。

面对日本疯狂侵略,夏崇本毅然告别妻子儿女,励志从戎。1937年春考入杭州笕桥中央航空学校第九期航空班。抗日战争全面爆发后,中央航空学校迁至云南昆明,改名为中央空军军官学校。夏崇本曾赴重庆、迪化等地,在苏联专家指导下学习飞行。1939年7月毕业,被编入空军第四大队二十二中队,转战重庆、桂林等地。1940年在保卫昆明的空战中,驾驶苏联商用飞机改装的驱逐机,屡建战功,晋升小队长、中尉军衔。曾奉命赴新疆伊犁及印度接收美国援助的新飞机。1942年春,一批美式P-43战机被运抵昆明。夏崇本主动承担风险,参与试飞训练,5月在飞行中不幸出现"失速"事故,随机坠地殉职,被安葬在昆明航空烈士陵园。其生前所在的航空小队被命名为"崇本小队"。

1995年,中国政府在南京紫金山北麓航空烈士公墓建造抗日航空烈士纪念碑,夏崇本则名列其中。

(李海涛　李　峰)

任天石(1913—1948)

任天石,又名启生,化名赵济民、康平,常熟梅李塘桥人。生于1913年。出身于中医世家。1927年8月考入私立孝友中学,因参加学生自治会和学潮被开除。回乡随父学医。1932年8月考入上海中国医学院,毕业后回乡挂牌行医。时国难深重,抗日救亡运动日益高涨。任天石痛切体验到:"做个医生,只能救命;若要救民,必先救国。"[1]1937年3月,在梅李参加常熟人民抗日救国自卫会。抗日战争全面爆发后,任天石在家乡组建抗日武装。1938年7月常熟人民抗日自卫队(简称"民抗")成立,任天石先后任副大队长、大队长。1939年5月,中共领导的江南抗日义勇军(简称"江抗")东进来到常熟。"民抗"配合"江抗"拔除了东乡十多个伪匪据点。不久"民抗"总部成立。任天石任司令,同年秋加入中国共产党。由于"民抗"纪律严明,维护群众利益,广受爱戴。人们称任天石为"老天",称"民抗"部队为"老天部队"。同年9月,"民抗"主力随"江抗"西撤,任天石则留在东路(沪宁铁路常州以东两侧直到上海的地区)敌后坚持斗争,并组建"新民抗",与"新江抗"互为策应,打击日伪军。

1940年4月谭震林到常熟,领导建立苏南东路敌后抗日游击根据地。任天石在东路军政委员会领导下,从事苏州、常熟、太仓三县民主建政工作。8月初当选为常熟县人民抗日自卫会(后改为常熟县政府)执行委员会主席,又帮助苏州、太仓两县相继建立抗日民主政权。9月任常熟县委书记。次年"皖南事变"后,苏南行政机构改组。任天石任第一行政区督察专员兼常熟、苏州两县县长,并任中共苏常太工委委员,进行了艰苦卓绝的反日伪"清乡"斗争,后奉命突围,撤至苏北。旋任中共苏中四地委江南工委书记,兼通海工委书记、通海行署副主任、通海警卫团政委,为南下开展苏常太地区"清乡"后的恢复工作做好准备。他亲自培训秘工干部,挑选人员组织精干武装,分批派回江南,建立起若干立足点,恢复地方党组织。1943年后,先后任苏中区党委巡视员、通海行署主任、第六行政区专员、苏中行政委员会委员等职。1945年8月日本投降以后,任天石返回江南,组成苏常太警卫团,亲率部队攻打伪军据点,整顿、健全苏常太游击区的政权机构,开展征粮和扩军

---

[1]　常熟市地方志编纂委员会:《常熟市志》第二十七编《人物》,上海人民出版社1990年,第1114页。

工作,为争取抗日战争的全面胜利做出了积极贡献。

1945年10月,国共《双十协定》签订后,任天石领导组织人力、物力和大批船只,安排新四军浙东纵队渡江北上,随后奉命带领军政人员北撤至如皋。1946年年初改任京沪路东中心县委书记。9月华中十地委成立。任天石任常委兼社会部部长。1947年1月华中十地委机关秘密迁至上海不久,因叛徒告密,任天石于1月30日夜不幸被捕,在狱中始终坚贞不屈。1948年冬被国民党秘密杀害于南京。

(黄丽芬)

严雪亭(1913—1983)

严雪亭,原名金根,学名仁初,以艺名行,吴县(今江苏苏州)湘城陆巷人。生于1913年11月13日。父严汉平是带城桥小学校工,母为布厂女工,家境贫寒。严雪亭靠带城桥小学校长帮助免费读完小学,毕业后以优异成绩被保送苏州商业学校。一年后因贫辍学,为"梅度和"银匠铺学徒。因于凤凰街凤苑书场听著名弹词演员徐云志说《三笑》而着迷,1928年方十五岁,不顾父母反对,拜徐云志学艺,艺名雪庭,后改雪亭。在徐云志的精心指导下进步很快,几个月就能为师代书,有时还出去做堂会,一年中就将整部《三笑》全部学会。二十二岁只身进入大上海,先在四美轩等小书场挂牌。因台风大气稳重,说表洒脱爽脆,弹唱别具一格,很快受到上海听众的热烈欢迎,并进入东方书场等大书场。为了打出自己的品牌,严雪亭还以三百大洋买下了书迷陈范我所作三十回长篇弹词本《杨乃武与小白菜》,并加工改编,1945年一经演出便红遍上海滩。《杨乃武与小白菜》人物繁多,即以大小官员而言,地位不同,性格各异,形形色色。严雪亭一人饰多角,运用面风手势、嗓音声调等将各种人物外表、内心表演得惟妙惟肖,千人千面,足见功力非同一般,赢得了"弹词皇帝"的美称。也正是在《杨乃武与小白菜》表演过程中,严雪亭在"快徐调"的基础上吸收"小杨调"等唱腔,创出了朴直明快的唱腔"严调"。"严调"吐字清晰,腔句平直,长于表叙,唱来亲切流畅。当年,严雪亭在苏浙各水陆码头演出时,往往满船乘客皆慕名而来,这些船只也被人戏称为"雪亭号"。1948年上海《书坛周刊》举办"十大说书名家"评选活动,严雪亭以604票名列榜首,再次确定了"书坛至尊"的地位。

中华人民共和国成立后,民间艺术迎来了春天。1952年严雪亭加盟上海市人民评弹工作团,表演的《九纹龙史进》《四进士》《情探》《十五贯》《白毛女》等深受广大观众欢迎。1962年随团赴香港演出,轰动一时。1966年"文化大革命"爆发后,严雪亭与蒋月泉、杨振雄等被打成"上海评弹团十大牛鬼蛇神",身心受到严重摧残。1976年严雪亭因积郁成疾患上了帕金森综合征。1983年4月16日病逝于上海。生前曾当选为上海市卢湾区人民代表,兼任上海评弹改进协会主任委员、上海市曲艺工作者协会第一届副主席、苏州评弹协会第一届副会长等职。

(袁成亮)

华特生(1913—1985)

华特生,本姓庞,名树灿,字荫庭,以艺名行,常熟塘桥(今属江苏张家港)人,属于常熟庞氏训畲堂。生于1913年10月8日。1920年入常熟县立三校读小学。1924年转入塔前小学。1926年考入常熟县立初级中学,后肄业。自幼喜爱魔术,1927年考入万国魔术协会苏州分会。1929年入世界魔术学院进修一年,得院长吴恩淇真传,毕业后被吴恩淇正式收在门下,为亲授单传弟子。1931年组织美克魔术团,自任团长,在沪杭一带演出。全面抗日战争时期在上海各影剧院演出,曾兼任上海法商电车公司工会和金星钢笔厂工会魔术组教师,被誉为一流大魔术家。

中华人民共和国成立后,1950年华特生被聘为张慧冲巨型魔术团道具设计师,并联合演出。后通过自筹资金等方式,于1952年10月30日成立华特生巨型魔术团,任团长。1955年,首创民族形式演出魔术,在场面、舞美、服装、音乐、表演等中融入民族因素,并采用敦煌飞天图案设计幕布,体现了民族特色和神话气氛,"得到了广大群众的认可和喜爱,获得了社会的好评"[1]。1958年年底,华特生巨型魔术团改名为上海市国营星火魔术团。华特生任团长兼演员。1959年,率团参加华东魔术杂技会演。会演共评出四个优秀魔术节目,而该团荣获三个。1961年华特生率团赴江西南昌演出,响应周恩来总理号召支援江西革命老根据地。1962年元月该团易名为江西省魔术杂技团,而华特生仍任团长。1966年"文化大革命"爆发后,华特生受到冲击。江西省魔术杂技团停演,于1968年并入南昌市杂技团,1972年春改名为江西省杂技团。同年华特生退休,定居上海市徐汇区。1985年9月22日逝世。生前曾当选为江西省政协委员、江西省文联委员、江西省戏剧家协会副主席、中国杂技艺术家协会理事及上海分会理事、

---

[1] 上海市徐汇区政协文史资料工作委员会:《徐汇文史资料选辑》第一辑,1989年内部出版,第229页。

中国杂技艺术家协会顾问委员会委员、上海市徐汇区政协委员等。

华特生认为："艺术不能脱离生活,生活可以提炼艺术,生活是艺术的源泉,艺术要丰富人民生活。"[1]"其编演节目,注重思想性和群众性,风格以快见称。是中国'闪电派'魔术的创始人。"[2]具有高超的技艺,擅长魔术玩具、智力玩具和巨型魔术设计。曾创作"十大奇遁"魔术,其中,"水遁""隐遁"两套道具在剧院续展两年,无人识破。其创作的著名节目还有《三隔奇遁》《水晶遁来》《打倒酷刑》《脱铐》《电美人》《催眠赠奖》《人身传电》《美人阁》《刀遁》《十字隐遁》《旋遁》《梯遁》《电遁》《飞鸽回鸽》《农家乐》《楼台腾来》《废品回收重新生产》《传真腾来》《农业大丰收》等。编著《华特生魔术》《魔术》等。

华特生爱好广泛,情趣高雅。喜好体育、音乐、摄影、烹饪、集邮等。早年曾创办绿洲邮票社、绿洲邮票会,主编《青春邮语月刊》。旧藏被其幼子顾林林(从母姓)继承。华特生亦喜养鸟虫,曾创制虫具——"华氏过管"。与长子庞秉璋合著《家养鸣虫》行世。

(朱季康　李　峰)

黄异庵(1913—1996)

黄异庵,名沅,字冠群,一字易安,以艺名行,别作怡庵,号了翁、四海老人、百词印斋主等,太仓人,徙居吴县(今江苏苏州),祖籍安徽太平。生于1913年2月6日。于家中排行第八。父黄理彬,曾在太仓西门下牵埠开爿"黄理记"酱油店。

四岁时,黄异庵随二哥上私塾,握笔描红颇有些模样。七岁时便站在小凳上,在酱油店柜台前,和父兄一起替人写春联,为人所赞叹。经名人江锡舟介绍,到上海拜书法家刘介玉即天台山农为师,学习魏碑、颜体楷书等。十岁在沪上大世界设摊写一笔虎字半年,署名"十龄童"。中学毕业后曾教私塾。1929年受聘于上海九福堂笺扇庄免润书联。后从金石篆刻家邓散木学刻印章,得其神髓,有《黄异庵百词印存》存世。工颜字,能草书。又工律诗、绝句,间画兰竹,亦潇洒有致。后为江锡舟女婿,江寒汀妹夫。

黄异庵少喜评弹艺术,擅三弦、二胡,初学唱开篇,即引起江锡舟关注。患病回乡后,恰巧朱兰庵来太仓说书,说其父朱寄庵自编弹词《崔莺莺待月西厢记》,每天说唱一档。黄异庵痴心要学,朱兰庵就让其先在台上唱开篇。冬季王耕香

---

[1] 江西省文化艺术志编纂委员会:《江西省文化艺术志》,新华出版社1999年,第680页。
[2] 戈炳根:《常熟国家历史文化名城词典》,上海辞书出版社2003年,第129页。

来太仓说《三笑》,黄异庵遂拜其为师,每天上台唱开篇,然后坐在台下听书。至临近春节王耕香回苏州过年,黄异庵共听了短短39天《三笑》,学到一些说书窍门。出道登台,为润余社中坚,于上海雅庐、汇泉楼、得意楼、东方、沧州等大书场演出。善说表,收放自如,雅噱风趣。其说书绰号为"小和尚"。1932年冬黄异庵自编弹词《西厢记》首演于无锡控江楼,尤擅《游殿》,所起张生、法聪尤佳。每说一回黄异庵就认真回顾分析,反复琢磨,终于形成了有自己特色和风格的《西厢记》,不落朱兰庵窠臼,遂取艺名"异庵"。1937年无锡为其出专刊《沉醉东风集》。全面抗日战争时期黄异庵多假座明远等电台播唱。做各场子送"剪书",继姚民哀后独擅胜场。1939年应三友实业社聘于明远、大美电台播唱《东厢》即《夫妇之道》。1940年演出于好友书场颇受欢迎,与魏含英、许继祥、吴均安并称四大响档。1941年至1944年除放单档外,曾与徒钱雁秋拼档。又能说《三笑》《文徵明》。曾连谱《赛金花》弹词开篇十四首,严守格律,均极生动。亦能唱苏州滩簧。早有"评弹才子"之誉。

中华人民共和国成立后,黄异庵任苏州光裕社副主席、苏沪评弹协会苏州市临时工作委员会主任委员。曾与弟子杨振雄、继妻刘美仙拼档。1950年参加第一届全国戏曲改革工作会议,以华东地区评弹代表身份受到周恩来总理赏识。上海评弹界举办书会,开展新评弹竞赛活动。黄异庵因忙于行政事务,把自编弹词《李闯王》给杨震新去上海参赛,获得新书创作一等奖。后供职于苏州文化局艺术研究室。1957年被错划为"右派分子",下放至青海劳改,后又在苏北滨海农村受管制。曾编写长篇弹词《两万五千里长征》和《英雄儿女》。1976年"文化大革命"结束后黄异庵被改正。曾为吴县评弹团创作。1979年供职于苏州市评弹研究室。1996年5月18日逝世。生前曾任苏州市政协委员,鹤园书画院、寒山艺术会社顾问等。弟子尚有饶一尘、程振秋等。

(陈道义 李 峰)

李竞雄(1913—1997)

李竞雄,吴县(今江苏苏州)人。生于1913年10月20日。1936年毕业于浙江大学农业植物系。1944年至1948年留学美国,先后获康奈尔大学硕士和博士学位。

中华人民共和国成立后,李竞雄曾任清华大学农学院农艺系教授、系主任,北京农业大学教授,中国农业科学院作物育种栽培研究所研究员、副所长,当选为中国作物学会理事长。为中共党员,第三届全国人大代表。1978年获全国科学大会奖。1980年当选为中国科学院学部委员。为国家攀登计划"粮棉油雄性不育杂交种优势基础研究"首席科学家。

李竞雄是中国利用杂种优势理论选育玉米自交系间杂交种的开创者。育成的多抗性丰产玉米杂交种"中单2号",1982年以来,每年种植面积在两三千万亩,为全国推广面积最大的玉米杂交种,增产显著。李竞雄在开拓我国玉米品质育种、群体改良和基因雄性不育研究等方面,也都取得了显著进展。主持国家"六五""七五"玉米育种科技攻关成绩斐然,对发展中国玉米育种事业和玉米生产做出了重大贡献。1984年荣获国家技术发明奖一等奖。曾主编《作物栽培学》《植物细胞遗传学》《玉米育种研究进展》等。

1997年6月28日李竞雄于北京逝世。

(李 峰)

沈昌焕(1913—1998)

沈昌焕,号揆一,吴县(今江苏苏州)人。生于1913年10月16日。沈恩孚侄孙,沈竹贤长子,潘光旦甥,黎民伟长女婿。于中学毕业后,考入上海大同大学,转入光华大学政治学系。1933年获华东大学英文演说竞赛会个人第一名。毕业后考入燕京大学研究院攻读国际政治,曾任学生自治会主席,参加"一二·九"运动,要求抗日救亡。1936年留学美国,入哥伦比亚大学攻读国际政治。1937年获密歇根大学政治学硕士学位。

抗日战争全面爆发后沈昌焕回国,任国民党元老、中山大学校长邹鲁秘书。1940年任重庆私立中华大学英文系教授,后任交通部公路运输总局、军事委员会运输统制局公路总局秘书,调任外交部交际科专员,出任中国远征军司令长官部昆明办事处副处长、少将参议,中国远征军驻印度专员公署二等秘书。1945年抗日战争胜利后,沈昌焕任国民政府主席、军事委员会委员长蒋介石办公室及侍从室简任秘书兼英文翻译。1948年任外交部礼宾司司长、行政院新闻局局长。1949年辞职,任中国国民党总裁办公室第四组副组长。后去台湾,曾任国民党"中央宣传部"副部长,国民党"中央改造委员会"委员、第四组主任,"外交部"政务次长,驻西班牙、梵蒂冈、泰国"大使","行政院"政务委员,两任"外交部"部长,并任"国家安全会议"秘书长,"总统府"秘书长、国策顾问、资政。当选为国民党"中央执行委员会"常务委员。主掌台湾当局"外交系统"近三十年,有"外交教父"之称。

1998年7月2日沈昌焕逝世。著有《沈昌焕日记》。

(王晋玲)

麦 新(1914—1947)

麦新,本姓孙,名培元,别署默心、铁克等,常熟人。1914年12月5日生于上海。1920年起,先后就读于上海自励公学、钢山小学、格致公学、南光中学、上海中学等校。1926年因父丧家贫中断学业,到上海外滩美亚保险公司做练习生。做工之余,在西门英文夜校、虹口圣芳洛夜校、李右之国文夜校、中华书局函授学校等处补习英文和国语,还积极参加爱国活动。1931年"九一八"事变后,曾参加万人抗日大会和示威游行。次年"一·二八"事变爆发,驻守上海的十九路军英勇抗日。麦新奋不顾身地救护伤员,支持淞沪抗战。

麦新自小喜爱音乐。1935年加入上海进步歌咏团体——民众歌咏会业余合唱团。次年又参加歌曲研究会和中国歌曲作者协会,经常与吕骥、冼星海等进步音乐家一起学习和探讨音乐创作,不断提高创作水平。处女作《九·一八纪念歌》经冼星海谱曲,很快传遍上海。1937年抗日战争全面爆发后,麦新参加了中共上海党组织领导的战地服务队,创作了《牺牲已到最后关头》《保卫马德里》等二十余首歌词,谱写了《向前冲》《马儿真正好》《大刀进行曲》等六十余首曲子。其中,《大刀进行曲》热情歌颂了二十九军将士奋勇杀敌的英雄壮举,充分表达了中国人民抗击日本侵略者的强烈感情和必胜信心,在抗战中发挥了巨大的鼓舞作用。

1938年年初,由战地服务队特别支部书记刘田天介绍,麦新在浙江江山加入了中国共产党。4月随战地服务队去武汉干训团受训,被分配到总司令部特务营担任连队政治指导员。1940年,经周恩来、叶剑英介绍,到延安鲁迅艺术学院音乐系任教,并任系党支部书记,先后参加了著名的大生产运动、整风运动及延安文艺座谈会。也是延安群众音乐活动的主要组织者和领导者之一,曾任延安作曲者协会干事会干事、边区音乐界抗敌协会执委、聂耳创作奖评选委员会评委等职。创作的作品有《春耕小曲》《保卫边区》《毛泽东歌》《红五月》《志丹陵》等,还撰写了《关于创作儿童歌曲》《略论聂耳的群众歌曲》等多篇音乐理论文章。

1945年8月抗日战争胜利后,麦新随陈毅赴华东工作,后又转赴东北。1946年2月下旬,随中共阜新地委到达内蒙古哲里木盟,任中共开鲁县委委员、县委秘书,负责工农干部训练班,并主办县委机关报《开鲁工作快报》。后任开鲁县委宣传部部长、组织部部长。生活俭朴,与群众同甘共苦,深受爱戴。在繁忙工作之余,还创作了《农会会歌》《翻身五更》《咱们的游击队》等十余首歌曲。1947

年6月6日上午,在四区参加完县委会议后,带领通讯员回五区传达会议精神。行至河西刘祥营子以南的芦家段时,突遭大股匪徒袭击,壮烈牺牲。开鲁县委决定将五区改名为"麦新区"。《歌唱麦新》《麦部长真英雄》两首民歌在当地广为流传。

(袁成亮)

彭子冈(1914—1988)

彭子冈,本名雪珍,乳名阿雪,以笔名行,吴县(今江苏苏州)人。生于1914年2月7日。出身于名门望族。父彭世芳,为彭宁求八世孙。清诸生。毕业于日本东京高等师范学校本科博物部。宣统三年(1911)被赏格致科进士。曾任北京高等师范学校博物部首任教务主任,中华博物学会植物部主任,北京师范大学、北京女子高等师范学校、北京农业大学等校教授,教育部视学员,江苏省教育厅督学,曾被教育部聘为初中暂行课程标准自然科审查专家,为知名植物学家。

彭子冈好学能文。1931年就读于苏州景海女子师范学校初三,三次参加《中学生》杂志全国征文,两获第一。开始使用笔名"子冈"。同年考取苏州女子中学高中部。次年转入振华女校。于《申报》副刊发表《姊姊的恋》《寄故人》《苏州人》《苦孩子》《阿琳》《生路》等。《我是燕子》入选《中学生》杂志《征文当选集》,得到杂志主编叶圣陶称赏。后彭子冈考取北平中国大学英语专业,痛感国难深重,1936年自愿肄业离校,投身于抗日救亡活动。任上海生活书店《妇女生活》杂志助理编辑,以为《生活星期刊》采写鲁迅葬礼特稿《伟大的伴送》成名。

1937年抗日战争全面爆发后,彭子冈任汉口《妇女前哨》主编。1938年与夫徐盈同为《大公报》外勤记者,秘密加入中国共产党。后去重庆《大公报》,1941年为桂林版《大公报》采写近百篇"重庆航讯",有"重庆百笺"之誉。率先破除当时新闻报道状人记事的机械呆板,融文学手法于新闻采写中,擅长人物形象描写,其白描手法客观真实。1945年8月15日日本宣布投降,28日毛泽东赴重庆参加国共两党和平谈判。彭子冈采写的《毛泽东先生到重庆》为特写名篇,在众多新闻报道中一举夺魁。彭子冈与杨刚、浦熙修、戈扬有后方新闻界四大名旦之誉。后彭子冈任《大公报》驻北平办事处记者,1946年和美联社记者一起去张家口解放区采访,采访组文《张家口漫步》于报上连载,被国民党当局指为共产党宣传员。

中华人民共和国成立后,彭子冈在《大公报》《进步日报》工作,后调入《人民日报》文艺部,当选为中国新闻社首届理事。多次赴苏联及东欧国家访问,出版

《苏匈短简》等书。1955年调入中国青年出版社,任《旅行家》杂志主编。1957年被错划为"右派分子",下放至河北安国县农村劳动。1979年重返《旅行家》杂志任主编。1983年被特邀担任中华全国新闻工作者协会理事。一生追求真理,正直敢言,有"挥戈驰骋的女斗士"之誉。1988年1月9日于北京逝世。另著有《记者六题》《子冈作品选》《时代的回声》等。

(李　峰)

唐　纳(1914—1988)

唐纳,本姓马,初名继宗,更名季良,以艺名行,笔名罗平、陈沱等,吴县(今江苏苏州)人。1914年5月7日生于天津。父马培甫时任津浦铁路局洋务译员。14个月大时,唐纳就被过继给大伯马含苏,住苏州胡厢使巷"马家墙门"大宅。曾就读于大儒小学、草桥中学和江苏省立苏州中学。十六岁开始便以巨钰、瞿觉等笔名在《吴县日报》发表散文、短诗。1932年秘密加入中国共青团,与同学组织剧团,常去胥门外工人区水仙庙等处演出"左翼"话剧《工场夜景》《活路》等。后因号召同学罢课与校方斗争而被开除学籍。中共苏州地下党组织遭破坏后,唐纳经人介绍到上海大陆银行当练习生,不久考入圣约翰大学。以"唐纳"笔名为《晨报》副刊《每日电影》专栏撰写大量稿件,而当时中共地下党佘其越也常以"唐纳"之名为晨报撰文。由于两人文笔犀利、见解独到,很快赢得读者赞赏。该专栏主编姚苏凤也是吴县人,对两人投稿来者不拒。不久,上海一流大报《申报》的《电影专刊》、《新闻报》的《艺海》、《中华日报》的《银座》、《大晚报》的《剪影》等影剧专栏,都争相刊登"唐纳"文章。后来佘其越另选笔名"史枚",马季良得专名"唐纳"。

1933年,唐纳加入左翼戏剧家联盟,在《晨报》《申报》《时代电影》等报刊发表影评。1934年入艺华影业公司,担任抗日影片《逃亡》导演助理。1935年主演电通影片公司摄制的《都市风光》,并主编《电通画报》,着力介绍过《王老五》与俄国名剧《大雷雨》。1936年,出任明星影片公司编剧委员会副主任,积极参加上海电影界救国会和国防电影运动的组织工作。唐纳与蓝苹(江青)、赵丹与叶露茜、顾而已与杜小鹃一起在杭州旅行时举行集体婚礼,同年5月唐纳携蓝苹回苏州家中小住。不久两人婚变,唐纳为此几度自杀未遂。

1937年5月唐纳和蓝苹离婚,积极投入抗日救亡运动,并出任上海《大公报》特派员。抗日战争全面爆发,日军占领南京后,唐纳流亡武汉,与导演郑君里和演员赵丹、白杨、金山、顾而已等组织附属于《大公报》的大公剧团。1938年由唐纳编剧、应云卫导演的抗日话剧《中国万岁》在大公剧团上演,获得各界好评。同年10月唐纳与话剧女演员陈璐产生恋情,经香港返回上海,但不久两人便分道扬镳。1941年太平洋战争爆发后,唐纳离开上海赴重庆。先在应云卫的中华剧艺社工作,后因剧社解散失业。1944年在重庆成立中国业余剧社,自任社长,冯亦代任副社长。剧社成立后,因上座率不佳而很快解散。唐纳因英语流利,受聘于英国驻华大使馆新闻处,但未就职。

抗日战争胜利后唐纳回上海,任《时事新报》主笔,应好友《文汇报》总编徐铸成之请,出任《文汇报》副总编。1947年8月,唐纳对《自由论坛报》记者、国民政府前驻法大使陈箓的三女儿陈润琼一见倾心。后赴任香港《文汇报》总编。1948年12月以香港《文汇报》特派员名义赴美。1951年与陈润琼在巴黎举行婚礼。双双弃文从商,经营明明、京华、天桥等饭店,生意日益兴隆。生有一女取名马忆华,表达了在异国对祖国的深深思念。"文化大革命"结束后,唐纳曾于1979年、1985年两次回苏州旧居探望亲友,第一次回国时还受到叶剑英接见。1988年8月23日因肺癌病逝于巴黎。著有《马季良(唐纳)文集》。 (袁成亮)

李　猷(1914—1996)

李猷,字嘉有,号破山樵者、龙磵居士、龙磵老人等,常熟人。生于1914年[1]。祖父李塱,字简庭,能文工书。族伯李钟,字虞章,为吴昌硕弟子,善画花卉,以书法篆刻闻名。父李钶,字楞庄,一字楞伽,号伽禅老人,与李传笏、沙馥、倪宝田、任预等交契。擅内科兼外科。工诗文,喜园艺,好摄影,富收藏。画以花卉、草虫、翎毛、走兽著名,亦善人物、山水,兼采各家,归趋于蒋廷锡。晚年笃佛,多有善举。

李猷为李钶次子。自幼秉承家学,娴读文史,勤练书法,十岁时曾以所书五言联与当时常熟书画名家一起展览。十二三岁时师从翁同龢侄孙翁忍华。十八岁入虞山国学专修学校。后为金松岑、章太炎等所赏识,加入中国国学会。还拜杨云史、张鸿、金鹤冲等为师,奠定了扎实的诗文基础。二十一岁考入常熟交通银行,后历调至汉口、香港、重庆。曾任交通银行董事会秘书、会计处课长、襄理,兼天津交通银行公会秘书、代理秘书长等。1954年由香港徙居台北,在交通银

---

〔1〕 李猷生年,另有1913年、1915年等说。此据戴书训等:《李猷诗选》,见《重修台湾省通志》卷十《艺文志·文学篇》第一册,台湾省文献委员会1997年,第575—576页。

行系统前后服务四十余载。1979年退休。被台湾淡江大学中文系聘为教授,曾开设文章学、昭明文选、古典诗词等课程,直至1990年。

迁台后,李猷因诗词古文及书画造诣精深,声名鹊起,曾兼任台湾"国史馆"纂修,文化建设基金会工艺奖审议委员,"教育部"文艺创作奖书法组召集人,台北"故宫博物院"收购藏品审查委员,"中华学术院"诗学研究所所长,中山学术文化基金会文艺组审查委员兼召集人,"中华民国"书法学会、礼乐学会理事,"中华民国"诗书画家协会常务理事兼诗学委员会主任委员,文化复兴运动推行委员会戏剧委员会委员,孟小冬国剧奖学基金会副董事长,"中华诗学季刊社"社长等。为台湾"中华民国"书法学会发起人之一、"中华民国"篆刻学会创始人,历任常务理事、常务监事、顾问等。

李猷工篆刻,为吴昌硕再传弟子。书画承家学。其书法作品参展和个展不下百次。无论是写甲骨文、金文、汉隶还是写晋唐小楷、行草,李猷皆能挥洒有致,尤以篆书和行草为书林所称誉,有《散氏盘文临本》《红竝楼书画集》《行云流水——李猷书法集》等。此外,还嗜好京剧,曾师从名家孟小冬女士,为知名票友,撰有京剧剧本《双云传》。著有《近代诗介》《红竝楼诗》《龙磵诗话》《红竝楼诗话》《红竝楼文存》《红竝楼诗文续集》《红竝楼诗画集》等。还将翁同龢《瓶庐诗稿》中的诗和《瓶庐诗钞》中的词与文牍辑为《翁文恭公遗集》,由台北维新书局影印出版。

1996年8月21日李猷在台北罹遇车祸,经抢救无效,于9月9日逝世。

(李海涛　李　峰)

陈国符(1914—2000)

陈国符,常熟人。生于1914年11月30日。祖父陈苑卿,居乡有隐德。父陈熙诚,字斐伯,清宣统三年(1911)夏毕业于江苏高等学堂,经学部复试为各省高等学堂毕业生最优等十四名之一,被授予举人出身,为七品小京官。辛亥革命后回乡办学。曾任常熟归义乡教育会会长、县学务委员、常熟市乡财政委员会委员。1927年年初当选为县公欵公产处副董。母吴静贞,出身于江阴名门。长姐陈树仪、三妹陈树德先后毕业于中央大学电机系。二妹陈树仁考取清华大学地学系,毕业于西南联合大学,留学英国。陈树德则留学美国,获密歇根大学博士学位,为加利福尼亚大学圣特巴拉分校教授。

陈国符1932年高中毕业于江阴南菁中学,考入国立上海医学院,又考取上海国立交通大学电机工程学院备取生,因病休学。1933年考取国立浙江大学化工系,1937年6月毕业,获工学学士学位。留学德国达姆施塔特工业大学,攻读纤维素化学专业。1939年获特许工程师学位。1942年年初获工学博士学位,为中国留德第一批工学博士之一。其工学博士论文《浆在黄酸酯化时之反应能力》发表于德国著名期刊。同年回国后,陈国符历任西南联合大学工学院化工系副教授、教授,兼教理学院化学系,曾被聘为西南联合大学工学院学生生活指导委员会委员。抗日战争胜利后,陈国符于1946年秋任国民政府资源委员会纸业组副组长、简任技正。1948年11月任北京大学化工系、化学系教授,为首任化工系系主任。

中华人民共和国成立后,1952年全国高校院系调整。陈国符调任天津大学化工系教授。次年隶属新成立之造纸教研室,在全国高等学校率先开创纤维素化学教学与科研工作,创建造纸专业。1956年参与制订国家十二年科技发展规划。曾编写《工业化学讲义》《木材与纤维化学讲稿》《造纸化学讲义》等。合编教材《植物纤维化学》于1961年正式出版。该教材被高等学校长期采用,享有盛誉。陈国符曾当选为天津市造纸学会理事、中国林业化学化工学会理事,兼任《化工学报》编委。1971年调入天津轻工业学院化工系造纸教研室。"文化大革命"结束后,1980年陈国符当选为天津市第九届人民代表大会代表。翌年复调回天津大学化工系,后任应用化学系教授。1982年加入中国民主同盟。2000年8月20日于天津逝世。

陈国符自幼喜欢博览群书,知识面广,国学功底坚实,尤精于内典,为《道藏》及中国炼丹史研究权威。曾当选为中国宗教学会理事。译有《中国炼丹术》。著有《道藏源流考》《道藏源流续考》《中国外丹黄白术考》《陈国符道藏研究论文集》等。

(李 峰)

陈华癸(1914—2002)

陈华癸,昆山陈墓(今锦溪)人。1914年1月14日生于北京。陈三才侄。父陈定保,朱文焯表叔。清宣统二年(1910)毕业于东京高等工业学校电机工程科。被赏工科举人,任邮传部主事。入民国后,曾任交通部技正、技术官室电气股主任等职。编有《珠算教材整数除法和小数部分》。

陈华癸幼承庭训,勤奋好学。1935年毕业于北京大学生物系。于英国留学。1939年获伦敦大学哲学博士学位。回国任教。中华人民共和国成立后,陈华癸先后参与筹建北京大学农学院土壤系、武汉大学农学院农业化学系、中国科学院武汉微生物研究室。历任北京大学农学院教授、土壤系系主任,武汉大学农学院教授、农业化学系系主任,华中农学院教授、土壤及农业化学系系主任、院长,华中农业大学学术委员会主任,中国科学院武汉病毒研究所兼职研究员、副所长等。曾兼任国务院学位委员会委员,当选为中国微生物学会副理事长、中国农学会副会长、中国土壤肥料研究会理事长等。是中国民主同盟盟员、中国民主建国会会员,中共党员,曾当选为第三至七届全国人大代表。1980年当选为中国科学院学部委员。

陈华癸是微生物学家,中国土壤微生物学奠基人之一。20世纪70年代,对水稻土根层营养元素的生物循环和水稻土肥力、根瘤菌共生固氮的有效性进行了开拓性的研究。首次阐明了根瘤组织的大小和持续时间与共生固氮有效性的关系,首次发现紫云英根瘤菌的属——寄生属性,揭示了紫云英根瘤菌是一个独立的互接种族,为中国长江流域及长江以南扩大双季稻种植,以及为紫云英根瘤菌的生产和大面积推广,提供了坚实的科学基础和应用技术。还发现了严格厌气亚硝酸细菌,对研究自然界氮的转化有重要意义。80年代后又率先将我国根菌的研究引入分子生物学领域。主持的"根瘤菌在寄主细胞内的分化及存活性"研究项目荣获国家科学技术进步奖一等奖。陈华癸曾主编《微生物学》《土壤学》等。所著《土壤微生物学》为中国该领域的首部学术专著。

2002年11月19日陈华癸于武汉逝世。 (李　峰)

何泽慧(1914—2011)

何泽慧,原籍山西灵石两渡。1914年3月5日生于吴县(今江苏苏州)。核物理学家、中国科学院院士、两弹一星功勋奖章获得者钱三强夫人。

父何澂,字亚农,号真山,王颂蔚、王谢长达四女婿,物理学家、曲学家王季烈妹夫。清光绪二十七年(1901)作为山西首批赴日本留学生,入振武学堂,继入日本陆军士官学校第四期。三十一年加入同盟会。次年回国从事革命活动,返日后加入铁血丈夫团。宣统元年(1909)毕业回国,为陆军部通国速成武备学堂兵学教官。辛亥革命爆发后,何澂南下协助陈其美谋划光复上海,任沪军都督府参谋长、第二师参谋长。1912年退出军界,定居苏州十全街,经营实业。曾任沧石铁路筹备局局长、国民党中央监察委员。1940年购得网师园,大加修缮,收藏丰富,1946年逝世。母王季山,一作季珊,于王谢长达所办振华女校师范科毕业,清季参加反美华工禁约运动,任苏州抵制美约会书记长。知书达理,相夫教子,有贤惠名。

何泽慧在开明进步的家庭和学校环境中,自小培养了自尊自强的进取精神,立志献身于科学。1932年于苏州振华女校高中毕业,同时考取浙江大学与清华大学物理学系,为浙江大学录取的唯一女生,但她选择了清华大学。1936年以物理学系第一名毕业,到德国柏林高等工业大学技术物理系攻读博士学位。出于抗日爱国热忱,毅然选择了实验弹道学专业方向,完成了《一种新的精确简便测量子弹飞行速度的方法》博士论文,1940年获工程博士学位。进入柏林西门子工厂弱电流实验室参加磁性材料研究工作。1943年又到海德堡威廉皇家学院核物理研究所,师从玻特教授,从事新兴的原子核物理研究,首先发现并研究了正负电子几乎全部交换能量的弹性碰撞现象。该成果先后于1945年9月在英国布列斯托尔举行的英法宇宙线会议、1946年7月在英国剑桥举行的国际基本粒子与低温会议上报告,英国《自然》杂志载文介绍称之为"科学珍闻"。

1946年春何泽慧到法国巴黎,与大学同学即国学大师钱玄同之子钱三强结婚。二人皆在约里奥·居里夫妇领导的法兰西学院原子核化学实验室和居里实验室工作,并合作发现了铀核裂变的新方式——三分裂和四分裂现象。何泽慧首先捕捉到世界上第一例四分裂径迹,在国际科学界引起轰动。1948年夫妇携出生七个月的大女儿回国,参与组建北平研究院原子学研究所,任研究员。中华人民共和国成立后,何泽慧历任中国科学院原子能研究所研究员,高能物理研究所研究员、副所长,是第五至七届全国政协委员。1980年当选为中国科学院学部委员。

何泽慧性格质朴直率,不苟且附和,不慕虚荣,始终自觉地服从、服务于国家、民族根本利益的需要。在科学研究中坚持"立足常规,着眼新奇",学风严谨求实,思想活跃开放,勇于创新,一贯倡导尽量利用简单的实验条件做出有意义的研究结果,并致力扶植后学,甘当人梯。中华人民共和国成立初期,何泽慧与陆祖荫、孙汉城等合作研制出对粒子灵敏的原子核乳胶探测器,制成了对电子灵敏的核乳胶,获得1956年中国科学院自然科学奖三等奖。在领导建设中子物理和裂变物理实验室、高山宇宙线观察站、高空气球及开展高能天体物理等领域研究方面何泽慧也做出了重要贡献。曾与赵忠尧、杨承宗主编《原子能的原理和应用》,与钱三强合撰《原子能发现史话》。

在何澄和八个子女中何泽慧排行第三。大姐何怡贞为院士葛庭燧妻,获美国密歇根大学物理系哲学博士学位,任中国科学院固体物理研究所研究员,长于光谱学与光谱分析,为著名金属物理学家。妹何泽瑛为农学家刘浩章妻,毕业于东吴大学生物系,任中国科学院南京植物研究所研究员。长兄何泽明,毕业于日本东京帝国大学冶金专业,曾任北京钢铁学院教授、北方工业大学副校长。弟何泽涌,毕业于日本庆应大学医学部,为山西医科大学教授;何泽源、何泽诚、何泽庆均为高级工程师、资深教授。1949年年底母亲在苏州十全街灌木楼家中不幸被害后,何泽慧兄弟姊妹八人将网师园、灌木楼皆捐献给国家,并将于灌木楼发现的其父生前珍藏的1 347件文物、642册珍版古籍图书、541件古墨以及72方印章、印材全部捐献给苏州博物馆。

2011年6月20日何泽慧于北京逝世。女钱民协,博士,北京大学化学与分子工程学院教授。子钱思进,博士,北京大学物理学院教授。　　　　（王晋玲）

顾　准(1915—1974)

顾准,父姓陈,从母姓,字哲云,吴县(今江苏苏州)人。1915年7月1日生于上海。于黄炎培所办中华职业学校毕业。因家境贫困,1927年入潘序伦所办上海立信会计师事务所为练习生。1931年,为潘序伦《高级商业簿记教科书》编写《习题详解》,后交由商务印书馆出版。复发起成立立信同学会,并出版会刊《会计季刊》。这是中国最早的会计学学术刊物。1934年经潘序伦推荐,顾准赴圣约翰大学、之江大学教授"银行会计"课程。所著《银行会计》由商务印书馆出版,并被各大学用作教材。

1934年2月,顾准组织马克思主义学习小组进社,后参加宋庆龄领导之中华民族武装自卫委员会,曾任中华民族武装自卫委员会上海分会主席、总会宣传部副部长。1935年加入中国共产党。因组织遭破坏,顾准流亡至北平。1936年2月自北平回上海,先后担任上海职业界救国会党团书记,职员支部书记,中共江苏省委职员运动委员会宣传部部长、书记,江苏省委副书记。1940年离开上海,曾任中共苏南澄锡虞工委书记、专员,江南行政委员会秘书长,苏北盐阜区、淮海区财经处副处长,后赴延安中央党校学习。1946年1月回到华东地区,先后任中共中央华东局财委委员、淮阴利丰棉业公司总经理、苏中区行政公署货管处处长、中共中央华中局财委委员、山东省财政厅厅长。1949年5月,随人民解放军解放上海,任上海市财政局局长兼税务局局长、上海市财经委员会副主任及华东军政委员会财政部副部长等职。

在"三反"运动中,顾准被撤销党内外一切职务。1953年后,曾先后任中央建筑工程部财物司司长、洛阳工程局副局长等职。1956年入中国科学院经济研究所任研究员。经过缜密研究,顾准认为计划体制无法完全消灭商品货币关系和价值规律,并于学术刊物《经济研究》发表《试论社会主义制度下的商品生产和价值规律》一文,提出社会主义市场经济理论。1957年任中国科学院资源综合考察委员会副主任,随后被错划为"右派分子",并下放劳动。摘去"右派分子"帽子后,于1962年回到经济研究所,受孙冶方委托研究会计学和经济学,相继翻译了熊彼特与琼·罗宾逊的经济学著作,并撰著《会计原理》《社会主义会计的几个理论问题》等。此外,对民主问题亦较为关注,坚持民主社会主义理想,与六弟陈敏之通信讨论哲学、历史、政治、经济等方面的理论问题。这些通信日后被结集成《从理想主义到经验主义》一书。

1965年,顾准外甥宋德楠与同学建立现代马列主义研究会,被指为"反动小团体"。顾准亦受其牵连,再度被划为"右派分子",与妻子汪璧协议离婚。1966年"文化大革命"爆发后,顾准在各方面均受较大冲击,汪璧于1968年自杀,子女被迫与其断绝关系。其间顾准依旧坚持撰述,如1974年2月12日至5月2日所撰《读希腊史笔记》,日后被结集为《希腊城邦制度》一书。同年12月3日,顾准因肺癌在北京病逝。1980年2月被改正并恢复名誉后,其贡献亦逐渐为世人所知,声誉日隆。顾准曾被称为"20世纪70年代唯一当得起思想家称号的知识分子"。

子顾逸东,航天应用技术和浮空飞行器专家,中国科学院院士。历任中国科学院高能物理研究所、空间科学与应用研究中心、光电研究院研究员,空间科学与应用研究中心主任,光电研究院院长,载人航天工程应用系统总设计师兼总指挥、高级顾问,系留气球系统总指挥等。主要贡献有领导建立了中国高空科学气球系统及载人航天空间应用技术体系等。荣获国家科学技术进步奖特等奖等奖项。

(顾亚欣)

黄授书(1915—1977)

黄授书,常熟人。生于1915年4月26日。清诸生黄星璿子。先后毕业于常熟孝友中学、江苏省立苏州中学。1933年考取浙江大学物理学系。1935年获全国大学物理学竞赛甲等第十名及中山奖学金。1937年年初在国际权威的《科学》杂志发表论文《低温制造之原理与实际》,同年夏毕业,获理学学士学位。抗日战争全面爆发后,浙江大学内迁。黄授书于1938年任浙江大学助教,并入西南联合大学。1940年为清华大学物理学部研究生,师从周培源。1943年毕业获硕士学位,被聘为西南联合大学师范学院理化学系和初级部教员。1946年被国民政府教育部公派赴美国攻读天文学。1949年获芝加哥大学自然科学博士学位,留校任讲师,于叶凯士天文台做博士后研究。1951年任伯克利加州大学天文研究员,加入美国籍。1959年任美国国家航空暨太空总署戈达德空间飞行中心天体物理研究员,后任普林斯顿高等研究院研究员,华盛顿天主教大学、西北大学之物理系、天文系教授。为美国天文学会和国际天文学联合会会员。最早预言天文学红外星。对渐台二星的质量、本质问题有创新见解。提出的盘状星模型为天文界所广泛采用,被誉为"密近双星"研究史上八个里程碑之一。1993年国际天文学联合会把国际编号为3014的小行星命名为"黄授书星"。黄授书因此成为华人之骄傲。1977年回国讲学期间突发心脏病,于9月15日在北京逝世。撰有《张衡的科学成就及其传略》等。

(王晋玲)

许 亚(1915—1982)

许亚,本姓徐,名耀华,曾化名陈伯英、陈英、陈大信等,常熟锦丰西港(今属江苏张家港)人。生于1915年5月。1927年考取上海圣芳济学校中学部,积极参加学生进步运动。1933年9月加入中国共青团,任共青团苏州特别支部委员,后任共青团江苏省委巡视员、组织部部长、代理书记、书记。1936年11月转为中国共产党党员。在上海被捕,任狱中共青团支部书记。1941年出狱,赴新四军江南办事处工作,转赴苏北抗日根据地,曾任中共苏北盐阜区党委巡视员、淮安县委书记兼县总队政委、盐阜地委及苏北区党委整风队支部书记和党委副书记。人民解放战争期间,曾任中共淮海地委组织部副部长、华东局城市工作部陇海工委书记、宿北县委书记、淮海地委组织部部长、华中局工委党校副书记、苏州地委副书记。

中华人民共和国成立后,许亚随军南下,历任福建省福州市市长、中共福州市委书记兼福建省计划委员会副主任、福建省林业厅厅长、福建省副省长兼省计划委员会主任、福建省农林水办公室主任,再任福建省副省长,中共福建省委候补书记、书记。曾当选为中共八大代表、第五届全国人大代表。因在福建大力推广杂交水稻,曾获国家科学技术委员会、国家农业委员会颁发的"农业科技推广奖"奖励证书。1982年任中共福建省委顾问,同年11月19日因病于上海逝世。

(王晋玲)

潘 素(1915—1992)

潘素,一名白琴,字慧素,吴县(今江苏苏州)人。生于 1915 年。清大学士潘世恩裔孙女,民国四大公子之一张伯驹四夫人。早年因家贫,曾沦落为妓。工女红,习音律,尤擅琵琶。又师从朱葆慈,善画花卉。1937 年嫁给张伯驹后,精心临摹家藏名迹,又师从汪孟舒等,专攻山水,水墨、浅绛皆能,尤长于金碧、青绿山水,能推陈出新,为张大千所称赏。为免国家艺术品沦落于外国,曾与夫倾资购藏隋展子虔之《游春图》及西晋陆机之《平复帖》等。曾任北平美术分会监事,1949 年夏于燕京大学展出作品与家藏名贵书画,颇获佳誉。

中华人民共和国成立后,潘素曾任吉林艺术专科学校讲师、吉林艺术学院教授及北京中山书画社副社长等。加入中国民主同盟,曾当选为全国政协委员,中国国民党革命委员会中央妇女委员、监察委员。1992 年 4 月 16 日于北京逝世。

潘素一生创作作品上千幅,在国内外多次展出。主要作品有《漓江春晴》《夏山过雨》《万松积雪》《桂林伏波山》《希夏邦马峰》等。与张大千合作有《芭蕉图》等。夫妇有《张伯驹潘素书画集》行世。

(王晋玲)

高伯瑜(1915—1997)

高伯瑜,名垚,字伯瑜,吴县(今江苏苏州)人。生于 1915 年 11 月 16 日。父高哲夫曾就读于武汉大学堂,善诗文书画。母为常熟钱氏后裔,著名学者钱仲联堂房姑母。受家庭熏陶,高伯瑜自小喜爱艺术,小学毕业后就读于苏州晏成中学。后因父亲生病,家道中落被迫辍学。先到上海当学徒,后在苏州娄门永顺祥布店和皋桥乾昌祥布店做账房。20 世纪 30 年代中期曾任吴县县立医院总务一职。1940 年因染肺病失业,生活陷入困境,一直靠兄弟接济度日。

中华人民共和国成立后,高伯瑜的人生迎来了新的转机。1954 年苏州市文联民间艺术研究组刺绣生产小组成立。高伯瑜负责总务管理,同时致力苏绣艺术的研究。与同事发现了濒临失传的发绣工艺,立即召集老艺人们全力抢救。在他的谋划下,艺人们创作了新中国第一幅发绣作品《屈原像》。该作品于 1959 年被选送参加全国农业展览会,并获朱德委员长的题词和嘉奖。另一幅发绣作品《长生殿》赴香港展出,也受到好评。

1966 年"文化大革命"爆发。1969 年 12 月高伯瑜被下放至江苏滨海县滨淮公社劳动改造。1972 年应邀担任东台县东台镇跃进工艺厂顾问,并出任生产科科长和质检科科长等职。凭借在书画工艺界的声望和关系,将沈子丞、王能父等一批名家招来研发新产品,将发绣作为厂里重点项目进行开发。在他的指导下,经过画师、刺绣艺人数月的努力,东台历史上第一幅发绣作品唐寅之《秋风纨扇图》诞生,《东方朔》《岳阳楼》等多幅发绣作品也相继问世并获好评。随后高伯瑜又转向彩色发绣研发。1973年中国发绣史上第一幅彩色发绣作品《黄山迎客松》被绣制成功。该作品集黑、白、棕、黄、绛、赭等色泽于一体,一经问世便引起轰动。另一幅彩色发绣作品《苏州留园图》入选1978年全国美术展览。不久,高伯瑜又成功策划和指导创作了中国第一幅双面异色发绣作品《松鼠》,并获全国工艺美术品"百花奖"希望杯。在高伯瑜的努力下,发绣不仅成为东台传统工艺特色产品,也成为盐城地区经济发展的支柱产业之一。后东台发绣被列入江苏省第一批省级非物质文化遗产扩展项目名录,东台被国家文化部授予"中国发绣艺术之乡"称号。高伯瑜因在发绣艺术上的突出成就被誉为"现代青丝绣之父",曾获轻工业部颁发的"从事工艺美术行业工作30年"荣誉证书。受父亲影响,高伯瑜之女周莹华也成为当今发绣艺术领域的领军人物。

高伯瑜多才多艺,早年有苏州"棋坛神童"美称。20世纪60年代中期,曾在数次大赛中获得冠军,曾主持《新苏州报》的《棋谱专栏》,还创作了数以百计的象棋排局。曾任苏州市青年棋社社长、苏州市棋艺协会副主任委员,为苏州象棋事业培养了许多人才。

高伯瑜在灯谜领域所取得的成就更为令人瞩目。高伯瑜的父亲爱好灯谜,也是制谜高手。受其影响,高伯瑜自小也爱上了灯谜。1956年,与王能父等筹建苏州市第一工人俱乐部灯谜组(苏州市职工灯谜研究会前身)。除此之外,还搜集了三百余种灯谜书籍,并于1987年领衔编纂中华人民共和国成立后第一部历代谜语书汇编《中华谜书集成》。台湾高雄、福建漳州两文虎基金会分别于1994年、1996年授予高伯瑜沈志谦文虎奖提名奖和沈志谦文虎奖。

1997年5月10日高伯瑜病逝于苏州。家属遵其临终遗嘱,将其灯谜藏书79种150册全数无偿捐献,永久保存于漳州灯谜艺术馆。漳州市在灯谜艺术馆内塑立了"谜贤高伯瑜"半身铜像以资纪念。

(袁成亮)

宋鸿钊(1915—2000)

宋鸿钊,一名鉴,字衡之,以字行,吴县(今江苏苏州)人。生于1915年8月13日。清大学士宋德宜之子宋骏业裔孙,宋鸿铨、宋鸿鉴弟。1938年毕业于东吴大学生物系,入北平协和医学院。1941年太平洋战争爆发后该校停办。1942年宋鸿钊转入国立上海医学院红十字会医院完成临床实习。次年取得上海医学院毕业文凭。1948年北平协和医学院复校后,宋鸿钊回院任住院医师,由该校董事会补授美国纽约大学注册医学博士学位。

中华人民共和国成立后,宋鸿钊加入中国农工民主党。曾任中国医学科学院协和医院研究员,兼中国协和医科大学教授、协和医院妇产科主任医师、中华医学会妇产科学分会主任委员及《中华妇产科杂志》主编等。是第七届全国政协常委,兼任医药卫生体育委员会副主任,曾被聘为国务院计划生育领导小组专家组成员。

宋鸿钊是中国现代计划生育学的开拓者之一。发明了"北京型宫内节育器",制定了口服避孕药标准剂量。20世纪50年代以来,从事妇产科肿瘤研究,在绒癌研究方面取得国际领先的重大成就。首创用大剂量5-氟尿嘧啶等化学药物治疗绒癌,取得突破性根治效果。对保留绒癌患者生育功能的研究首获成功。研究绒癌肺转移,阐明了X射线胸片表现和内在病变的关系,提高了早期病变诊断的准确率。研究绒癌脑转移,首次阐明了发病过程,提出了早期临床诊断和有效治疗方法,大幅度降低了死亡率。所提出的绒癌临床分期方法,被国际上定为统一临床分期法。宋鸿钊曾组织全国进行葡萄胎发病率调查,首次查明了中国人群发生率。1985年获国家科学技术进步奖一等奖,另获卫生部医药卫生科技大会奖及科研成果一等奖,国家科委科技进步奖一等奖,首届陈嘉庚医学奖、何梁何利基金科学与技术进步奖等。与吴葆桢等合著的《滋养细胞肿瘤的诊断和治疗》获全国科技优秀图书一等奖。

1995年宋鸿钊当选为中国工程院院士。次年当选为英国皇家妇产科学院名誉院士。2000年2月17日于北京逝世。

(李 峰)

冯新德(1915—2005)

冯新德,吴江(今江苏苏州吴江区)同里人。生于1915年10月12日。毕业于东吴大学附属中学。1933年考入东吴大学生物系。次年转入清华大学化学系。1937年毕业,获理学学士学位。后任教于昆明云南大学、重庆中央工业专科学校和迁到遵义的浙江大学等校。1945年考取公费留学生。次年入美国印第安纳州诺脱丹大学研究院化学系,师从年轻有为的普瑞斯教授。1948年获博士学位。接受清华大学邀请回国任教。1949年率先在国内讲授高分子化学的聚合反应课程。

中华人民共和国成立后,1952年全国高校院系调整。冯新德调任北京大学化学系教授,开设高分子化学课程,并于次年招收研究生。1955年起兼任中国科学院高分子化学委员会委员,参加有关高分子化学的各项规划工作。1958年北京大学成立了全国第一个高分子化学教研室。冯新德任教研室主任直至1986年。后任北京大学化学学院教授。潜心研究教育科学规律,博采国外研究生培养的先进方法与经验,并结合实际,实施了一套独特的教学方法,先后培养硕士、博士研究生和博士后60多名,成为高水平科技人才。荣获中国化学会育才奖。

冯新德是中国高分子化学教学与研究的开拓者和奠基者之一。长期从事高分子化学基础理论的研究,非常重视创新。在烯类自由基聚合方面,研究氧化还原引发体系和反应机理。在过氧化物与胺引发体系中,证实来自过氧化物和胺组分反应产生的两种自由基都能引发单体聚合,首次提出有机过氧化氢物与胺体系的引发机理,并由实验加以证实。应用模型化合物的反应,弄清了聚醚氨酯、聚醚聚酯的接枝地点并提出接枝机理。通过对含胺及其他给电子体的光敏引发聚合的研究,首次将芳胺由叔胺扩展至伯胺、仲胺,在光敏引发聚合方面,证实可以采取CTC激发或定域激发两个途径。由冯新德与沈家骢主持的国家自然科学基金重大项目"烯类、双烯类聚合反应研究——机理、动力学及产物结构调节",将烯类、双烯类自由基聚合与配位聚合反应理论提高到较高的分子设计水平,项目一系列的创新亦为通用高分子的聚合反应与产品优质化提供了理论依据和基本数据。

20世纪70年代后,冯新德开展了功能高分子研究,特别是涉及了光敏高分子以及生物医用高分子,包括抗凝血高分子材料、高分子药物和高分子生物材料中的药物缓释体系等方面。设计合成的链段化聚醚氨酯以及由铈离子引发的接枝聚合物,具有良好的抗凝血性能。通过丙交酯与己内酯的开环共聚合反应,冯新德制备了恒速降解的生物降解高分子。这种高分子可用作药物缓释材料。

1980年冯新德当选为中国科学院学部委员。是我国《高分子学报》和*Chinese Journal of Polymer Science*(即英文版《中国高分子科学》)的创建人之一,曾任两刊主编。曾获国家自然科学奖三等奖、国家教委科技进步奖二等奖、何梁何利基金科学与技术进步奖、教育部生物医学高分子研究一等奖等。曾合编《饱和聚酯与缩聚反应》等,著有《高分子合成化学》《冯新德文集》等。

2005年10月24日冯新德在北京逝世。

(王伟群)

姚 鑫（1915—2005）

姚鑫，常熟虞山人。生于1915年10月18日。父为地主管家，粗通文墨。姚鑫是长子，居外祖父家读小学，后考入江苏省立苏州中学，尤喜爱生物学。1931年"九一八"事变后，曾参加学生爱国请愿活动。1933年报考当时全国高校招生唯一设有实验生物学组的浙江大学生物系，并被录取。1937年以甲等优异成绩毕业，获学士学位，被系主任贝时璋教授赏识，留任助教。抗日战争全面爆发后，1940年姚鑫随校内迁至贵州湄潭，升任讲师。研究线虫的染色质时，于国际上首次观察到在个体发育中体细胞所丢失的染色质属于异染色质。这对弄清染色质丢失与细胞谱系和细胞分化的关系具有意义。后姚鑫认真阅读了英国科学家李约瑟的《化学胚胎学》《生物化学与形态发生》等理论著作，其学术兴趣逐步转向对形态发生过程中生物化学变化的研究和探索。经贝时璋和李约瑟共同推荐，姚鑫获得1946年英国文化委员会奖学金，赴英国留学。李约瑟推荐他成为爱丁堡大学遗传研究所魏定顿教授的研究生。魏定顿是国际知名的实验胚胎学家、英国剑桥化学胚胎学派的创始人之一，指导姚鑫完成了博士论文《果蝇胚胎和胎后发育细胞化学研究》。该论文研究内容属国际首创。1949年8月姚鑫获哲学博士学位，于中华人民共和国成立前回到浙江大学生物系任教。

1950年9月，贝时璋在上海筹建中国科学院实验生物研究所，特邀姚鑫前去工作，从事肿瘤发生机理的研究。1959年姚鑫加入中国共产党。历任实验生物研究所研究员、室主任。1964年任副所长，后任学术委员会主任，改任中国科学院上海细胞生物学研究所研究员。1980年当选为中国科学院学部委员。

姚鑫是中国著名实验生物学家和肿瘤学家。留英归国后，致力组织化学和实验肿瘤研究。通过激素不平衡实验操作，在大鼠或小鼠中诱发甲状腺、卵巢和乳腺肿瘤，以及用化学致癌剂诱发大鼠肝癌等，研究这些肿瘤在发生过程中细胞内的组织化学变化。与此同时，建立了许多核酸、酶、碳水化合物等的定性测定方法和部分定量测定方法，其中包括设计了一台细胞光度计装置，可用于定量测定DNA经孚尔根反应后的光密度。1957年，在《动物学杂志》发表《近代的组织化学和细胞化学》一文，详细地评述了组织化学和细胞化学的概念、研究方法及其对生命科学已做的贡献。后在南京大学生物系讲授"组织化学"课程，积极推动和促进了组织化学这门新兴学科在我国的发展。

20世纪70年代初免疫酶组织化学学科兴起后，姚鑫在理论和技术方面开拓创新，是国内最早开展并应用铁蛋白标记免疫电镜技术和免疫酶标记技术的研究者之一。应用甲胎蛋白诊断临床人体肝癌,并首先用于人群普查,对发现早期肝癌及其早诊早治做出了贡献。在国际上首次研制了抗人体肝癌单克隆抗体,为研究人体肝癌的发病机理、诊断和治疗提供了新的方法、手段。利用提纯的甲胎蛋白及其抗体,建立了灵敏度很高的放射免疫测定法及其他快速、灵敏的免疫测定法。这些方法经放射性标记后可用于临床示踪显影和肝癌治疗。姚鑫用培养的人体肝癌细胞及其裸鼠模型开展了系列基础研究,为肝癌单抗在临床的导向治疗成功打下了基础。其"肝癌甲胎蛋白的诊断和普查应用研究"这一成果获得1978年全国科学大会集体奖。继而,姚鑫与研究组发现人体肝癌细胞存在一种新的膜相关胚胎抗原,它的特性不同于已知的甲胎蛋白和癌胚抗原,于是从实验和理论上探讨了肿瘤与胚胎的相关性。姚鑫对这种既有癌细胞特性又有胚胎细胞特性的细胞开展研究,后获得1986年中国科学院科技进步奖二等奖。

姚鑫与同事在研究胚胎癌细胞的同时,开始研究小鼠胚胎干细胞(ES细胞)。1987年研究组建立了国内第一株小鼠胚胎干细胞研究的实验室,建成小鼠ES-5细胞及其他ES细胞系。"小鼠恶性畸胎瘤研究"和"TGF-β1基因过表达对ES细胞分化的调节"分别获得中国科学院1987年科技进步奖三等奖、1998年自然科学奖三等奖。

姚鑫还参与主持了肿瘤和宿主相互关系项目的研究,发现带瘤动物免疫功能低下与体内存在抑制性巨噬细胞有关。抑制性巨噬细胞在体外经细菌脂多糖处理后,可以保持其抗肿瘤的特性,但大大降低了抑制T、B淋巴细胞的作用。这个现象被称为免疫调变,其机理研究获1998年中国科学院自然科学奖二等奖。

姚鑫曾兼任中国细胞生物学学会创办的英文学术期刊 *Cell Research*(《细胞研究》)主编。曾任亚太地区细胞生物学联合会第一届主席、第二届副主席,当选为上海市免疫学会理事长、中国细胞生物学学会理事长等职。2005年11月4日病逝于上海。

(潘正言)

冯英子(1915—2009)

冯英子,曾更姓王、毕,乳名阿锡,学名锡泉,又名轶、尧基,笔名焚戈、吴士、方任等,昆山人。生于1915年2月17日。于吴江同里二铭小学五年级肄业。曾为南货店学徒、店员。1932年为《昆南报》《昆山民报》记者,《新昆日报》记者、编辑。因勇于揭露时弊,被称为"火种"。1934年任苏州《早报》记者兼副刊《平旦》编辑,和曹孟浪等创办苏州民众歌咏团、苏州戏剧联谊社,并任苏州实验剧团理事,宣传抗日救亡。1937年任《苏州明报》记者,兼上海《大晚报》记者。抗日战争全面爆发后,冯英子为上海《大公报》战地记者。次年任中国青年新闻记者学会总干事,转任国际新闻社记者,后任《力报》《前方日报》《中国晨报》等报总编辑。加入中国民主同盟。

1945年抗日战争胜利后,冯英子历任南京《中国日报》总编辑、《新中华日报》总经理、苏州《大江南报》社社长。1946年当选为苏州记者公会首届理事,并任吴县报业同业公会理事长、苏南十四县报业联谊会常务理事。后于上海民治新闻专科学校任教。1949年任香港《周末报》副社长兼总编辑,后任香港《文汇报》总编辑。1953年任上海《新闻日报》秘书处秘书,后任《新民晚报》高级记者兼编委、副总编辑等。曾任上海辞书出版社编审、大地文化社社长,兼任《当代中国》上海卷副主编。当选为上海市政协常委。能诗擅文,长于时评、通讯、特写,亦为散文、杂文名家。著有《劲草——冯英子自传》《苏杭散记》《我所走过的道路》《移山集》《相照集》《冯英子杂文选》等。2009年8月5日于上海病逝。

(李 峰)

王大珩(1915—2011)

王大珩,吴县(今江苏苏州)人。1915年2月26日生于日本东京。祖父在跨塘桥旁开设王大元米行。父王应伟,娶周秀清为妻,为顾颉刚姨夫。留学日本东京物理学校,精通天文、气象科学,是中国天文学会创始人之一,曾任中国科学院编译。

1936年王大珩毕业于清华大学物理系。1938年赴英国留学,从事光学玻璃研究。1940年获伦敦大学帝国学院硕士学位。1948年回国。任中共创建的大连大学应用物理系教授、主任。中华人民共和国成立后,1951年王大珩到中国科学院工作。1952年以来曾任中国科学院长春光学精密机械研究所研究员、所长,中国科学院长春分院院长,中国科学院技术科学部主任、空间科学技术中心主任,国防科委十五院副院长,解放军总装备部科学技术委员会顾问,长春光学精密机械学院院长,哈尔滨科学技术大学校长,中国科协副主席,北京市科协主席,当选为中国光学学会理事长、中国仪器仪表学会理事长、中国计量测试学会理事长、中国高科技产业化研究会理事长等职。是中国共产党第十二次全国代表大会代表,第三至六届全国人大代表,第三、七届全国政协委员,曾当选为吉林省政协副主席。

1955年王大珩当选为首批中国科学院学部委员,后改称院士,为中国现代光学及光学工程的主要开拓者和奠基人之一。20世纪50年代创办了中国科学院仪器馆。后来该仪器馆发展成长春光学精密机械研究所。王大珩领导该所早期研制我国第一埚光学玻璃、第一台电子显微镜、第一台激光器,使该所成为国际知名的从事应用光学和光学工程的研究开发基地,为我国社会主义建设和现代国防事业做出了杰出贡献。1985年获国家科学技术进步奖特等奖。1986年当选为国际宇航科学院院士,和王淦昌、陈芳允、杨嘉墀联名提出发展高技术的建议,为国家制订"863计划"指出了方向。1992年,与其他五位学部委员倡议并促成中国工程院的成立。1994年当选为中国工程院院士。另获何梁何利基金科学与技术成就奖等。1999年荣获国家"两弹一星功勋奖章"。

2011年7月21日于王大珩北京逝世。主编有《长春遥感试验论文集》《长春遥感试验典型图像分析》等。

(李　峰)

夏济安(1916—1965)

夏济安,原名澍元,笔名夏楚等,吴县(今江苏苏州)人。生于1916年。家居苏州庙堂巷。台湾"中央研究院"院士夏志清长兄。父夏大栋,字柱庭,于交通部吴淞商船学校肄业。加入青帮仁社。曾创办永大保险股份有限公司,任南京中央饭店总经理和上海振兴商业储蓄银行常务董事、亿中商业银行经理,出任台湾省交通处航务管理局秘书兼总务组组长。

1934年夏济安于江苏省立苏州中学毕业。考取南京私立金陵大学。次年夏转入国立中央大学哲学系二年级,因病休学。1940年毕业于上海光华大学英文系,留校任教。后任教于中央军校第七分校和西南联合大学、南开大学外文系等。1946年任教于北京大学西语系。1949年4月自上海赴香港,任教于新亚学院。次年秋去台湾,历任台湾大学外文系讲师、副教授、教授,曾兼任外文系系主任。与弟夏志清为中国现代文学评论界的两大巨擘。

1956年,夏济安于台湾创办《文学杂志》并任主编,提倡朴实、理智、冷静的现实主义文学,积极译介西方文学作品和西方文艺理论,开展文学批评和研究,培养白先勇、陈若曦、叶维廉、李欧梵等文学青年,引领台湾现实主义文学运动,颇有影响。1959年赴美国,任教于西雅图华盛顿大学,后为加州大学伯克利分校中国问题研究中心研究员。1965年2月23日因脑溢血病逝于美国伯克利。

夏济安译有《莫斯科的寒夜》《名家散文选读》《夏济安译美国经典散文》,评注有《现代英文选评注》,著有《黑暗的闸门——中国左翼文学运动研究》《夏济安日记》《夏济安选集》等。与弟夏志清有多卷本《夏志清夏济安书信集》等。

(李　峰)

袁水拍(1916—1982)

袁水拍,本名光楣,以笔名行,吴县(今江苏苏州)郭巷人。生于1916年。系出尹山渡桥袁氏,为袁学澜侄玄孙。曾祖袁兰升,字庆孙,一字青士,或作青峙,号铜井山人。清诸生。陈钟麟外孙,费延釐妻兄,与陆懋修为金兰交。工诗有高节。著有《铜井山房类稿》。

1934年袁水拍毕业于江苏省立苏州中学。次年考入上海沪江大学。入学三个月即肄业,先后供职于浙江商业银行、中国银行。抗日战争全面爆发后,袁水拍调入中国银行香港分行信托部任职。1940年5月调入重庆总行工作,开始从事诗歌写作,并投身于抗日宣传,出版诗集《人民》。1941年5月再回香港。太平洋战争爆发,香港沦陷后,经中共领导的东江纵队营救,袁水拍转移至抗日游击区短暂生活,随后赴桂林,并转回重庆,历任重庆美术出版社编辑、中华全国文艺界抗敌协会候补理事兼会刊主编。1942年加入中国共产党,出版诗集《冬天、冬天》,次年出版诗集《向日葵》。其诗歌风格偏于西化,抗日战争后期因受毛泽东文艺思想影响,开始趋于大众化。

抗日战争胜利后,袁水拍调入中国银行上海分行任职,并兼任《新民晚报》副刊《夜光杯》编辑。以世界语中"Movado"之音,并取吴方言中谐音"麻烦多"之意,取笔名马凡陀,开始从事政治讽刺诗写作。1946出版诗集《马凡陀的山歌》,次年出版诗集《沸腾的岁月》,1948年出版《马凡陀的山歌续集》,揭露国民党腐朽统治,鞭辟入里。同年因时局变化,离开中国银行转移至香港。

1949年中华人民共和国成立后,袁水拍调入北京《人民日报》任文艺部主任,兼任《人民文学》《诗刊》编委,曾参加关于武训历史的调查工作。1961年调任中共中央宣传部文艺处处长。其间继续坚持创作,出版的主要作品有诗集《解放山歌》《诗四十首》《歌颂和诅咒》《春莺颂》,诗歌及通讯集《华沙、北京、维也纳》,论文集《文艺札记》等。

1966年"文化大革命"开始后,中共中央宣传部成所谓"阎王殿"。袁水拍因属"大判官"之列被迅速打倒。1969年中共中央宣传部实施军管。袁水拍随同事被集体下放至宁夏贺兰县"五七干校"。1972年冬,因肺结核病而回京治疗,随后复出,重新安排工作,曾参与倡导和组织《红楼梦》版本的校订与注释。1976年年初任文化部副部长。"文化大革命"结束后,袁水拍因政治上与江青等"四人帮"有牵连而被停职并隔离审查。1979年8月夫人朱云珍去世。袁水拍的心情日趋消沉,身体每况愈下,1982年10月29日其因病于北京去世。

袁水拍一生以诗歌创作而显名,将笔名"水拍"与"马凡陀"分别用于创作抒情诗与讽刺诗,多有佳作。此外,于诗歌翻译领域亦有所建树,曾任《毛泽东诗词》英译本定稿组组长,并译介智利诗人聂鲁达作品及一批诗歌论著。卒后有《袁水拍诗歌选》行世。

(顾亚欣)

陶 金(1916—1986)

陶金,原名秉钧,字谋峦,吴县(今江苏苏州)人。生于1916年2月24日。家居老阊门。四岁那年,因父陶贻丰(字伯年)调任教育部佥事,陶金随迁北京。自小喜爱文艺、体育,中学时代就活跃于业余演出舞台,曾任校足球、篮球和排球队队长。后在北平京华美术学院艺术师范科学习美术与音乐。1934年考入山东民众教育馆戏剧训练班,改名陶金。就读半年后,因父病逝回北平,参加唐槐秋创办的中国第一个职业剧团——中国旅行剧团,参演《茶花女》《雷雨》《日出》《复活》等中外名剧。在话剧《雷雨》中扮演周萍,和扮演四凤的章曼苹擦出爱情火花,1936年结为终身伴侣。同年加盟上海天一影片公司,五个月内主演了《黄浦江边》《女同学》《杨柳村》三部影片。因不满天一影片公司的粗制滥造,半年后转入左联领导的上海业余剧人协会实验团。与赵丹、舒绣文、沙蒙、顾而已、吴茵等知名演员合作,先后出演了《铸情》《太平天国》《武则天》《原野》等剧。

1937年抗日战争全面爆发后,陶金参加了上海救亡演剧队第四队,深入城镇、乡村巡回演出《放下你的鞭子》《回春之曲》《塞上风云》等进步剧目。后来一直活跃在大后方的舞台和银幕上。1945年抗日战争胜利后,陶金回到上海,演出话剧《春寒》《清宫外史》《群魔乱舞》。1946年加入进步电影阵地昆仑影业公司。1947年受史东山和蔡楚生邀请,先后主演经典影片《八千里路云和月》《一江春水向东流》。在与白杨、舒绣文、上官云珠等合作演出的《一江春水向东流》中,以高超的演技,将张忠良这个软弱的小资产阶级知识分子的双重性格和各个阶段的矛盾心理演得真实自然、惟妙惟肖。影片上映三个多月,观众数量即达70万人次,创造了当时国产影片最高上座纪录。陶金也由此成为当时最红的电影明星。1948年,先后为上海国泰影业公司及香港永华影业公司、大光明影业公司主演了《凶手》《国魂》《火葬》《山河泪》《诗礼传家》等影片。

中华人民共和国成立后,1951年2月陶金随大光明影业公司从香港迁至上海,并先后在上海电影制片厂、武汉电影制片厂任导演,导演或主演了《方珍珠》《斩断魔爪》《宋景诗》《十五贯》《护士日记》《二度梅》等一批优秀国产影片。1962年2月武汉电影制片厂与珠江电影制片厂合并。陶金随即来到广州,先后导演了《父女俩》《山村新曲》《欢乐的儿童》《斗鲨》等影片。

陶金一生演出电影近四十部、话剧近百部,导演影片十余部。曾当选为中国电影家协会理事、中国电影家协会广东分会副主席、中国民主同盟广东省委副主席、全国政协委员等。1986年9月28日病逝于广州。

(袁成亮)

汤蒂因(1916—1988)

汤蒂因,原名萼,改名兆棣,曾用名凤宝、招弟、碧珍等,以字行,吴县(今江苏苏州)人。1916年1月31日生于上海。早年就读于上海万竹小学。因家贫辍学,十四岁入上海益新教育用品社为店员,升任门市部主任、进货部主任。1933年与人合股开办现代物品社,自任协理。1937年抗日战争全面爆发后,汤蒂因曾于云南昆明开设分店,往返奔波。1941年现代物品社改独资,更名为现代教育用品社。汤蒂因自任经理。自强不息,努力拼搏,1947年创办绿宝金笔厂,被誉为"金笔女王",为民国时期中国民族制笔业的模范代表人物。

中华人民共和国成立后,1953年汤蒂因任上海绿宝金笔厂股份有限公司总经理。1955年,绿宝金笔厂并入公私合营华孚金笔厂。汤蒂因任私方经理,兼任上海制笔工业公司私方副经理。曾当选为全国人大代表、全国政协常委,民主建国会中央委员、上海市委员会副主任委员,全国妇联执委,中国制笔协会副理事长等。终身未婚。1988年3月25日于上海逝世。著有回忆录《金笔缘》。

(王晋玲)

陆宝麟(1916—2004)

陆宝麟,常熟白茆人。生于1916年6月19日。受到二哥陆近仁影响,立志从事生物科学研究。1938年毕业于东吴大学生物系。1939年秋考取内迁昆明的清华大学研究生院生物学系,攻读昆虫学,进行水生昆虫生态学研究。1941年毕业,获理学硕士学位。先后任教于华西大学、清华大学、北京农业大学,致力双翅目昆虫研究,为消灭蚊子,防治由蚊子传播的疟疾、淋巴丝虫病、流行性乙型脑炎、登革热等疾病而努力。

1950年朝鲜战争爆发,美军悍然使用细菌武器。陆宝麟奉派往前线调查审核细菌战的罪证,发现了一些被调查人员忽视与遗漏的证据,同时也剔除了混入罪证中但不具备传播功能的摇蚊。他的科学态度与严谨作风得到调查委员会负责人郭沫若、廖承志和周恩来总理的重视和赞扬。

1952年陆宝麟调任解放军军事医学科学院微生物流行病研究所研究员。和同事们到云南边境,参加我国有史以来第一次对疟疾病的研究和防治工作。走遍了整个云南西部和南部,访问了成百上千个少数民族村寨。这里过去被称为瘴疠之地。居民生活贫困,被疾病缠绕,寿命普遍很短。陆宝麟初步判断这种现象是由流行性传染病所致,于是从收集昆虫着手,一次曾收集上万只蚊子的标本,通过化验分析,得知传播疟疾病的元凶是微小按蚊。针对微小按蚊的习性,制定出一系列的灭蚊措施,在微小按蚊的生长繁殖期,采用药物集中杀灭的办法,使其群落数降到最少,大大遏制了疟疾病的蔓延。到1958年左右,这里各少数民族居民的寿命增加了一倍,普遍达到60~70岁,生活水平也有很大提高。

登革热病在世界各地流行数十年,尤其是在非洲,每年夺去上百万人的生命。1978年改革开放以后,登革热病也在我国海南和广东南部地区迅速传播,使数十万人被感染。陆宝麟赶赴疫区,调查疫情,和助手们日以继夜地收集各种蚊子品种,分析化验,发现埃及伊蚊和白纹伊蚊为传播元凶。于是和助手们迅速制定出杀灭措施,很快遏制了登革热病的扩散和蔓延,为我国最终消灭登革热病做出了重大贡献。

陆宝麟为中共党员,曾任军事医学科学院医学昆虫研究室主任、全军重点实验室主任等职,兼任世界卫生组织、世界粮食组织、联合国环境规划署治理媒介专家组成员。1981年当选为中国科学院生物学部学部委员,后称院士。是中国医学昆虫学事业的开拓者之一,曾荣获国家科学技术进步奖特等奖等。主编《中国重要医学昆虫分类与鉴别》《中国按蚊鉴定手册》等。长期以来培养了大批专业人才,被解放军总后勤部授予"一代名师"称号。2004年4月9日在北京逝世。

(潘正言)

谈镐生(1916—2005)

谈镐生,吴县(今江苏苏州)人,祖籍江苏武进。生于1916年12月1日。父谈振华是清末贡生,曾做教员、职员,有爱国思想。谈镐生五岁丧母,学龄前由父教授四书五经。1929年进入江苏省立苏州中学,高中毕业前,自学完微分方程、变分法等大学课程。1935年考入上海交通大学机械工程学院,参加赴南京请愿要求抗日和"一二·九"爱国学生运动。抗日战争全面爆发后谈镐生随校内迁。1939年毕业,获工学学士学位。进入成都航空机械学校高级班学习。1940年毕业时,因起草的毕业典礼献词中批评国民党政府贪污腐败而被禁闭半年。后任中国航空研究院副研究员,两年内解决了滑翔机蒙布张力的测量问题,制成了张力计,并获得奖章。

1945年谈镐生通过公费留美考试。1946年赴美国加州理工学院攻读研究生,转入康奈尔大学航空研究生院,师从西尔斯教授。其成绩优异,才华为数学大师费勒和诺贝尔奖获得者贝蒂所称赏。1949年谈镐生同时获得数学、力学和航空博士学位,留任研究员,从事激波马赫反射问题、旋翼层流边界层和流体分离区问题的研究。1954年任诺脱顿大学工程力学副教授。1956年晋升终身教授,转任底特律大学航空工程教授。1957年创办高等热工研究所,任所长、科学顾问。1963年任伊利诺伊理工学院教授。旅美期间,曾被聘为《力学评论》《数学评论》《航空学报》评论员,美国海军部特邀顾问。多次拒绝加入美国国籍,并三次拒绝被载入美国科学家名人录。1965年,以赴西欧旅游和去日本讲学为名辗转回国,任中国科学院力学研究所研究员。

谈镐生主要从事流体力学、稀薄气体力学和应用数学研究。建立了平面激波对近平角钢壁马赫反射的二级理论,给出了反射波形和反射激波强度的二级解。这一成果对核爆炸的破坏机理研究具有关键意义。谈镐生将普朗特和卡门就特殊二维物体得到的有限定形分离定理推广到任意二维物体情况。这成为流体力学的一项经典成果。在层流边界层研究方面,谈镐生对绕垂直轴旋转的半无限平板和旋转柱形叶片,给出了三维流场各级解的一种系统求法,为开拓直升机旋翼三维流场的研究奠定了基础。还提出了网格后湍流末期衰减负二次幂规律及其动力学解释,并用分层湍流模型揭示了末期衰减的能谱的解析性质。作为植被流理论研究的先驱,首先建立了准定常植被湍流局部扩散模型。还在自由分子流中弹头形状的优化问题、超音速双翼飞机马赫波锥流场的相互作用、非旋转对称激光光腔稳定性的普遍条件和地壳板块运动规律等方面取得重要成果。这些成果被广泛引用并被吸收到相关领域的专著中。

1966年"文化大革命"爆发后,谈镐生因所谓"特务嫌疑"而成为内部控制对象,仍然抱病举办各类专业讲座,秘密培养人才,并翻译审校了200多万字的《随机函数和湍流》等书稿,积累了大量学术成果。"文化大革命"结束后,1977年谈镐生上书中央领导,最早提出在中国建立分两级(相当于国外硕士和博士)培养研究生制度的方案。国家制订《1978—1985年全国基础科学发展规划》时,最初只在技术科学规划中列入了工程力学。谈镐生即向中国科学院党组呈报书面意见,强调力学的基础性,提出召开全国力学规划会议,制订全国力学发展规划。这一建议被转呈中央,并得到批准。1978年8月全国力学规划会议召开,明确了力学是许多工程技术和自然科学学科的基础,并将理论和应用力学列入《1978—1985年全国基础科学发展规划》。同年年底,力学研究所建立了基础力学研究室,下设天体物理力学、地球物理力学、生物物理力学、应用数学、力学物理五个组。谈镐生为我国力学沿正确方向发展起了重要的推动作用,做出了突出贡献。

1980年谈镐生当选为中国科学院数理学部学部委员。1981年至1984年任力学研究所副所长兼学术委员会主任。曾兼任国务院学位委员会学科评议组成员、中国科学院受控核聚变重点任务总顾问、中国科技大学力学系系主任等。创办《力学进展》并任该刊主编,兼任《中国科学》《科学通报》《应用数学和力学》副主编。当选为中国力学学会、空间科学学会、生物物理学会常务理事,为清华大学、上海交通大学、西北工业大学兼职教授。2005年9月28日在北京病逝。

(邵志锋)

吴大琨(1916—2007)

吴大琨,字伟石,乳名淞宝,笔名吴穆、吴学东等,吴县(今江苏苏州)人。生于1916年10月8日。父吴立骏,字季高,曾为宝山县衙师爷,后回籍经商,为吴大琨启蒙之师。1928年吴大琨于江苏省立苏州中学附属小学(后改称江苏省立苏州实验小学)毕业,因成绩优异被保送升入江苏省立苏州中学初中部。其父不幸病逝后,愈益发奋励学。

1931年春季吴大琨考取江苏省立苏州中学高中部。"九一八"事变后,参加苏州学生请愿团赴南京国民政府请愿,要求抗日救亡。翌年上海"一·二八"事变后开始接触马克思主义,因学潮受到校方严重警告。参加中共地下党外围组织苏州世界语学会,撰文刊于上海《大中国周报》,并担任共产国际在上海主办的《中国论坛》刊物苏州发行人。1933年冬毕业,任南京国民政府国防设计委员会统计员,参编刊物《现实》。1934年夏考入东吴大学文科,参加中国左翼文化界总同盟领导的中国农村经济研究会。1935年3月于《东方杂志》第32卷第2—5号发表《最近苏州的农民闹荒风潮》,揭露国民党当局镇压农民抗租运动的真相,并在学校组织社会学研究会,组织农村调查,积极支持苏州女子师范学校进步学潮,处于危险境遇中。8月赴日本东京神田区东亚高等专门学校做挂名研究生,自学马克思之《资本论》,翻译苏联学者列昂节夫所著《政治经济学》英译本。深受北平"一二·九"学生爱国运动鼓舞,1936年8月回上海参加抗日救亡运动,经全国各界救国联合会宣传部部长章乃器推荐,任宣传部总干事,编辑会刊《救亡情报》。与庄纪尘合译完成列昂节夫(原题莱渥铁爱夫)著之《政治经济学》,并交由上海文化编译社以《大众政治经济学》书名出版,新知书店经售。后该书连续再版三次并被广泛翻印,对马克思主义政治经济学的启蒙宣传工作有重要贡献。[1]沈钧儒等"救国会七君子"被国民党当局拘捕入狱后,吴大琨在宋庆龄领导下,参与营救工作颇力。

吴大琨极为关注国际形势发展,1937年5月翻译出版了法国E·Henry所著《希脱勒进攻苏联》。抗日战争全面爆发后,吴大琨曾亲赴淞沪会战前线劳军。后参加全国基督教青年会军人服务部工作,辗转于苏州、南京、芜湖。1938年年初于武汉任沈钧儒秘书,并与八路军办事处取得联系,于川军中开展统战工作。因车祸受伤,回上海租界"孤岛"。先后出版所著《抗战中的文化问题》,翻译出版苏联阿多拉茨基著之《新哲学概论》、德国籍犹太作家雷翁·傅克脱惠格著之《莫斯科记》等。与陈鹤琴等结成爱国秘密团体民社。按照宋庆龄的指示,参与组建保卫中国大同盟上海分会工作,积极支持新四军。1939年2月受中共党组织委派,以上海地方协会会长杜月笙代表身份任团长,率上海各界民众第二批慰劳团到皖南泾县云岭新四军军部慰问。慰劳团团员皆参加新四军。吴大琨一人回沪途中,5月12日晚于太平县被国民党特务绑架,成为江西上饶茅家岭监狱的第一个政治犯。皖南事变后被关押于上饶集中营,编入周田监狱特训班文化组并任组长,与冯雪峰等并称为"上饶集中营七君子"。经黄炎培、沈钧儒、孙晓村、吴觉农、陈鹤琴等多方营救,1942年11月12日吴大琨被吴觉农保释出狱。赴福建建阳,任暨南大学文学院英文讲师,并于商学院兼教"战时经济"课程。次年年底至广东曲江,任东吴大学文理学院经济系副教授,讲授"经济学"等课程。1944年所著《经济建设论》被中国国民党中央宣传部列入"中国之命运"研

---

[1] 北京图书馆:《民国时期总书目(1911—1949)经济》上册,书目文献出版社1993年,第14页。该书卷首有"译者前记",1936年11月初版,1938年4月汉口4版。

究丛书,由国民出版社出版。吴大琨与时任英国驻华大使馆文化参赞的李约瑟博士结交,为其写作世界名著《中国科学技术史》提出过有益的建议。豫湘桂战役失败后,东吴大学文理学院被迫解散,吴大琨经党组织同意,任美军驻华空军第十四航空队顾问兼翻译官,协助美军对日情报工作,于美军炸毁广州日军飞机场有功。1945年8月抗日战争胜利后吴大琨赴上海,加入中国共产党。曾任《联合日报》社副社长,在党组织领导下参与创办理论刊物《经济周报》,为主编之一。次年10月赴美国西雅图华盛顿州立大学远东研究所,任研究员、副教授,研究中国经济史和战后美国经济情况,被授予美国"自由勋章"。1949年暑期回国,列席了中国人民政治协商会议第一次全体会议,奉组织之命返美。所撰论文《太平天国时代的清代财政制度》1950年被刊载于美国著名刊物《太平洋历史评论》。1951年夏应李约瑟之邀,吴大琨到英国剑桥大学东方研究部讲学,11月与夫人林珊携子女回到祖国。所撰论文《对中国经济史的一个解释》被刊载于英国历史杂志《过去与现在》1952年创刊号。

1952—1956年吴大琨任山东大学历史系教授,兼马列主义教研室主任,主讲政治经济学,曾当选为第一、二届青岛市人民代表大会代表。1957年调任中国人民大学经济系教授。在历次政治运动中曾遭受审查、批判,党籍几度失而复得,直到1978年才最终恢复党组织生活,全力以赴投入学术研究工作。曾任中国人民大学世界经济教研室主任,主持创建世界经济专业,确立了世界经济学的学科体系,编写了教学大纲和教材,为国家培养了第一批世界经济专业的人才。1987年主持建立中国人民大学太平洋经济研究所,并兼任所长。1988年国际经济系成立,吴大琨被聘为名誉系主任。曾任校务委员会委员,从1990年起享受国务院政府特殊津贴。1999年被确定为中国人民大学资深教授。2006年被授予中国人民大学首批荣誉教授称号。曾兼任中国社会科学院世界经济与政治研究所顾问、中国世界经济学会首届副会长、北京市城市经济学会首届会长、中国金融学会常务理事、中国财政学会理事、中华人民共和国香港特别行政区基本法起草委员会委员,当选为第二至四届中国民主建国会中央常委,第三至七届全国政协委员,第七、八届全国人大常委会委员,兼财经委员会委员。2007年3月12日因病在北京逝世,其骨灰被安葬于八宝山革命公墓。

吴大琨是中国共产党优秀党员,著名经济史学家、经济学家,中国世界经济学学科的奠基者之一。教书育人,崇尚学术,致力用马克思主义的理论、观点、方法研究问题。在中国经济史方面,参加了诸如古史分期问题、《红楼梦》时代背景问题、资本主义萌芽问题、"亚细亚生产方式"问题的研究和讨论,对战后西方资本主义经济研究中的诸多难点问题进行了大胆的探索,并将对世界经济问题的研究运用于改革开放工作的实践。曾主编《国际经济学概论》《当代资本主义:结构、特征、走向》《我国沿海经济发展战略》《论太平洋经济》《金融资本论》等。著有《谈谈美国经济危机(中华全国新闻工作者协会主办学习讲座讲稿之一)》《资本主义经济危机与经济周期》《中国的奴隶制经济与封建制经济论纲》《吴大琨选集》《中国人民大学名家文丛:吴大琨自选集》等。有回忆录《白头惟有赤心存——风雨九十年琐忆》行世。

(王晋玲)

曹大铁(1916—2009)

曹大铁,原名鼎,别号北野夫、若木翁等,常熟虞山小湖甸人。生于1916年9月10日。少年时学诗于杨云史,十七岁师从于右任学书法,十九岁成为张大千最后一位入室弟子。1940年毕业于杭州之江大学土木系。精于鉴别,爱好收藏。曾购得常熟赵氏旧山楼一对紫楠木书橱,系明代赵氏脉望馆遗物,"先后收得旧山楼藏本一百三十六目,除艺芸精舍覆宋本陶集一目,由赵次侯手校者外,余皆明椠本,或钞校本,悉纳此二楼中,引以为快"[1]。又得赵仲举手写《旧山楼书目》。藏书处名菱花馆,又名半野堂,在常熟虞山镇菱塘秋水园,1946年冬落成。曹大铁后又购得张氏半野园及张氏小琅嬛,自行设计"后绛云楼""后双芙阁"。

中华人民共和国成立后,曹大铁由华东海军部转到安徽合肥市建设部门工作,为高级土木工程师。1957年曾被错划为"右派分子"。当时菱花馆藏书有善本图书426种,名画27件。2000年曹大铁的《藏书目录》载有153种。曹大铁藏有绛云楼、也是园、爱日精庐、稽瑞楼、小石山房、铁琴铜剑楼藏书及毛氏汲古阁刻本、钞本,周大辅鸰峰草堂钞本,丁国钧、丁祖荫淑照堂藏书,俞冠群旧藏等。还藏有南宋尤刻池州本《文选》,元《杨铁崖诗稿》,明末清初计六奇稿《明季南略》《明季北略》等。所藏多经自己整理,或复修装帧,或校阅补抄配足,或撰跋题记。曹大铁撰跋常将所撰诗词、版本考证、品相著录、书籍来历和得书心情景况等融于一体,加之书法精良,时或另加画作,自成一家。

曹大铁擅长诗词,1987年5月被中国作家协会评为当代旧体诗词十大作家之一。1988年被聘为江苏省文史研究馆馆员。2007年11月向常熟市政府捐赠

---

[1] 曹大铁:《梓人韵语》,南京出版社1993年,第422—423页。

6件书画作品,其中之一为张大千所作《浣纱图》轴。2009年9月6日逝世。

曹大铁著述甚丰,主纂《张大千诗文编年》。著有《大铁词残稿》《菱花馆歌诗》《半野堂乐府》《梓人韵语》《中国山水画流派概论》等。

(曹培根)

顾也鲁(1916—2009)

顾也鲁,乳名连生,学名仁祥,更名忆椿,以艺名行,吴县(今江苏苏州)渭塘人。生于1916年9月1日。小学毕业。1931年到上海安裕绸庄做学徒。考取三友实业社练习生。1934年供职于三友实业社所属生生牧场,推销牛奶兼收账。业余就读于中华职业补习学校夜校,并参加吼声剧社,于独幕话剧《压迫》中反串女房客。后加入中共外围组织蚁社所办蚂蚁剧团,排演《同住三家人》《走私》《毒药》《号角》等独幕话剧及抗日话剧《谁杀害了婴孩》等。1936年参加立信剧社。

1937年"八一三"淞沪抗战爆发后,顾也鲁曾参加伤兵医院救护服务。1938年加入青鸟剧社、益友剧团、洪荒剧团、上海剧艺社等,参演《雷雨》《花溅泪》等剧,并于新华影业公司影片《情天血泪》中饰演少爷。次年于职妇剧团之《女子公寓》中饰演赵卓如,于工华剧团之《阿Q正传》中饰演小D,于上海剧艺社之《明末遗恨》及新华影业公司据此剧改编的影片《葛嫩娘》中饰演郑成功。1940年参演征雁艺术剧团之《闺怨》,以饰演中国联美影业公司处女作古装影片《梁山伯与祝英台》之梁山伯走红,又饰演新华影业公司影片《王老虎抢亲》之周文彬、华新《碧玉簪》之王玉林、《珍珠塔》之方卿、《玉蜻蜓》之申贵生等角色,因瘦小而形象英俊,被称为"袖珍小生",与刘琼、梅熹并称新华影业公司"三大小生"。次年饰演中国联合影业公司影片《玉连环》之赵云卿等,又主演新华影业公司影片《灵与肉》等,参加东吴剧社慈善公演《日出》,饰演黄三省。1942年参演《重见光明》《第三代》。1943年参演中华联合影业公司话剧《江舟泣血记》,参演《博爱》《渔家女》《锦绣前程》等影片。1944年参演影片《大富之家》《凤还巢》,后组织南艺剧社,于北平、天津、青岛等地巡回演出《日出》《重庆二十四小时》等话剧。

抗日战争胜利后,1946年顾也鲁加入上海国泰影业公司,参演《民族的火花》《欲海潮》《歌女之歌》等。1948年参演香港永华影业公司影片《国魂》,与顾而已等在香港组织大光明影业公司,并参演《野火春风》《水上人家》及长城影业公司影片《琼楼恨》等。次年主演《女勇士》等。先后和张翠红、周璇、胡蝶、陈云裳、王丹凤、秦怡、上官云珠、李丽华、童月娟等当红女星联合主演,长盛不衰,在电影界有"流水的女明星,铁打的顾也鲁"之谓。

中华人民共和国成立后,顾也鲁于1951年加入上海电影制片厂,为中国民主同盟盟员。参加拍摄《宋景诗》《小二黑结婚》《51号兵站》《难忘的战斗》《不夜城》《子夜》等影片。1959年参加筹建江苏电影制片厂,导演纪录片《红色巧姑娘》,编导纪录片《工人升工程师》等。1962年与王丹凤、韩非联合主演喜剧电影《女理发师》,大获成功。"文化大革命"时期遭受迫害,曾被下放至"五七干校"劳动。"文化大革命"结束后顾也鲁复从事表演事业。2009年12月23日病逝于上海。一生演出近50部话剧、70部电影及电视剧《围城》等百余集,荣获优秀电影艺术家称号。著有《艺海沧桑五十年》《影坛艺友悲欢录》《上海滩从影记——顾也鲁自传》等。

(王晋玲)

沙曼翁(1916—2011)

沙曼翁,祖上系清朝皇族爱新觉罗氏,原名古痕,别号曼公、听蕉、苦茶居士等,常熟人。1916年9月生于江苏镇江。出身于贩布小商人家庭。1931年入教会学校读书。入学时学校要求学生交一枚自己的名章。爱好书法的沙曼翁遂自刻印章,从此步入书法篆刻的艺术殿堂。1935年到上海谋生,先后就职于联合广告公司、进步书店、中国天一保险公司等。有幸结识著名书法金石家马公愚,虚心求教,使技艺大有长进。抗日战争全面爆发后,沙曼翁在常熟虞山古城培伦公寓内举办了第一个书法个展,受到好评。1942年定居苏州,供职于城外浒墅关一家信用社。上下班时为了不向站岗日军脱帽行礼,即使在严冬沙曼翁也从不戴帽,体现了民族气节。工作之余刻苦钻研书法艺术,有幸拜"虞山第一书家"萧蜕为师,进步很大。与画家项介石合作举办扇面展,令字画相映成趣,深受人们欢迎。

沙曼翁先后就职于上海、杭州、苏州保险业界,并编辑《保险界》期刊。1949年中华人民共和国成立后,被推荐担任上海市食品工业同业公会秘书。1957年反右派斗争开始后,沙曼翁受到不公正待遇。1958年被下放到上海郊县嘉定后,阅读了大量有关书法篆刻的书籍,对甲骨文、籀篆乃至"二王"、苏轼、米芾无所不研,对秦汉简牍、瓦当、古玺也青睐有加,反复临摹,使书艺基础愈益坚实。1976年"文化大革命"结束后,沙曼翁的艺术生涯迎来了新的高峰。1979年,刚创刊不久的全国第一家书法专业杂志《书法》发起主办全国首届群众书法评比活动。年逾花甲的沙曼翁以一幅书卷气十足的甲骨文对联荣获金奖,由此闻名海内外。

长期以来,沙曼翁对书法篆刻艺术实践及其艺术原理进行开创性的研究,并形成了古朴淳雅、苍劲清逸的独特风格。其书法、篆刻作品参加了多届全国性重大书法篆刻展览。2001年,沙曼翁在中国美术馆举办个人书法展,还曾应邀赴南京、无锡、郑州及新加坡等举办个展,出版有《沙曼翁篆刻卷》《曼翁书画篆刻选》《曼翁篆刻选》等。其著名弟子有曾任中国书法家协会主席的张海以及言恭达、徐利明、王冰石、李刚田、唐思领、马士达等,可谓桃李满天下。

沙曼翁曾任江苏省书法家协会理事、苏州市书法家协会副理事长、东吴印社社长、南京印社名誉理事、镇江中冷印社名誉社长,被聘为苏州市书画研究会顾问。2009年被中国书法家协会聘为艺术指导委员会委员,并被授予第三届"中国书法兰亭奖"终身成就奖。2011年10月8日病逝于苏州。　　　　(袁成亮)

钱家骏(1916—2011)

钱家骏,一作家俊,原名云麟,一作云林,字中川,笔名田丁,吴江(今江苏苏州吴江区)同里人。生于1916年。1935年于苏州美术专科学校毕业。任南京励志社美术股干事。1937年抗日战争全面爆发后钱家骏赴重庆,与费彝复等创作大幅抗日宣传画《敌军暴行图》等巡回展览。1940年编写并主绘中国早期抗日战争题材有声动画片《农家乐》。次年任重庆中华教育电影画片社动画片《生生不息》摄制组组长,1943年改任绘图组组长。抗日战争胜利后钱家骏回南京。1946年任励志社卡通股主任,于苏州美术专科学校校刊《艺浪》复刊第4卷发表《关于动画及其学习方法》,率先主张以"动画"一词替代音译"卡通"。1948年任中国电影制片厂编导委员兼美工股股长。后任苏州国立社会教育学院电教系教授。曾兼任香港南国动画学院校董、中华书局编辑所教育电影部顾问、中华全国美术会南京分会副会长。

中华人民共和国成立后,1950年钱家骏于苏州美术专科学校首创动画制片室及动画专修科,任主任,编写《动画规律》《动画线描》等教材,为中国动画教育专业创始人。1952年调至北京,任中央人民政府文化部电影局电影学校动画专修科教授兼主任。次年改任中央电影专科学校动画教研组组长。后任上海电影制片厂美术片组副总技师兼导演,上海美术电影制片厂总技师、导演,上海电影专科学校动画系系主任、教授。与特伟等研究水墨动画片制法,开创中国动画教育体系。

钱家骏曾为动画片《九色鹿》插曲作词,主持创作《拔萝卜》《布谷鸟叫迟了》《古博士的新发现》《一幅僮锦》等优秀动画片。其中:动画片《乌鸦为什么是黑的》曾获文化部优秀影片三等奖、意大利威尼斯第七届短片奖及第八届儿童电影展览会奖;动画片《小蝌蚪找妈妈》曾获中国首届电影百花奖最佳美术片奖,并获瑞士第十四届洛迦诺国际电影节短片银帆奖、法国第四届戛纳国际电影节荣誉奖和南斯拉夫国际动画电影节一等奖;动画片《牧笛》获1979年丹麦欧登塞城第三届国际童话电影节金质奖。钱家骏参与研制的"水墨动画制片工艺"荣获文化部科技成果奖一等奖、国家技术发明奖二等奖。

2011年8月15日钱家骏于上海逝世。著有《线描画的理论和技法》等。

(李　峰)

朱季海(1916—2011)

朱季海,名学浩,以字行,吴县(今江苏苏州)人,原籍上海浦东三林塘。1916年生于江西九江。父朱孔文,字书楼,清光绪附生。首批官费留学日本法政大学速成科,编著国人首部《教授法通论》,参加拒俄运动及留日学生军。毕业后被授予法政科举人,加入同盟会,考授邮传部主事。入民国后,曾任江苏松江审判厅厅长、华亭地方检察厅厅长,广东高等审判厅推事,江西九江地方检察厅检察长,江苏省司法厅监狱科科长、第一高等检察分厅监督检察官,金坛县县长,国民政府司法行政部秘书、科长。后辞职卜居苏州。喜藏书籍字画,书学苏轼,习古文宗归有光。译有《法制新论》,另著有《江州文钞》《读史随笔》《华亭司法纪实》等。姐朱学静,字澹如,为北京女子高等师范学校首届毕业生,"五四"运动时号为才女。曾任厦门集美师范学校国文教员、上海各界妇女联合会执行委员、国民党上海特别市党部第二区党部妇女部部长。后任江苏省立女子蚕业学校训育主任兼国文教员,敬业中学、江苏省立上海中学国文教员。工诗文,长于国学,被誉为"苏省女教育界有数人才"。

朱季海幼承庭训,随父宦游,曾就读于江西九江同文学院。1932年入苏州东吴大学附属中学,与蒋纬国及杨度之子杨公兆为同学。1933年被章太炎收作弟子,被称为"千里驹"。1935年参与发起成立章氏国学讲习会,兼任讲师,复创办《制言》半月刊,并任主要编辑。1936年6月章太炎逝世,朱季海力促讲习会继续开办。1937年参加考文学会筹备会,为《考文学会杂报》撰发刊词,并发表

《订十驾斋养新余录二事》《校三国志注二事》。复与同门潘承弼、沈延国等合编《太炎先生著述目录后编初稿》,刊载于《制言》。抗日战争全面爆发、日军侵占苏州后,朱季海陪同师母汤国梨迁章氏国学讲习会于上海,1939 年被聘为研究部研究员。汤国梨举办太炎文学院后,朱季海被聘为主讲教师。1941 年太平洋战争起,太炎文学院遂告停办。朱季海于 1944 年涉足《楚辞》研究,以寄家国情怀。抗日战争胜利后,1946 年 12 月南京国史馆成立。朱季海得师母汤国梨推荐,为简任协修,作《马君武传》。为求修撰翔实,多次赴北平搜寻史料。1949 年辞职,曾于苏州九如茶馆讲学授徒。

中华人民共和国成立后,朱季海曾兼任东吴大学、苏州第三中学教职,因故辞谢江苏省文史研究馆馆员之聘,居家读书著述。1960 年注释清代画僧道济《画谱》,由人民美术出版社出版。1963 年中华书局上海编辑所出版朱季海所著《楚辞解故》。该书被学界称为"天书"。"文化大革命"期间,朱季海于怡园读书时遭红卫兵冲击,遂隐居不问世事,其藏书多遭毁弃。"文化大革命"结束后,1980 年上海古籍出版社出版《楚辞解故》第二版,朱季海新研究成果亦被汇入其中。1983 年朱季海赴扬州参加纪念段玉裁、王引之、王念孙学术研讨会,《章太炎全集》中之《庄子解故》部分点校工作亦于是年完成。1984 年朱季海赴四川师范学院参加屈原问题学术研讨会,出版《南齐书校议》。1986 年为苏州建城 2 500 周年编订《苏州游记选》,并赴杭州参加章太炎逝世 50 周年纪念会暨学术研讨会。1989 年曾任苏州市委宣传部部长的俞明撰《痴子》一文专论朱季海,并发表于《瞭望》杂志,使朱季海的影响有所扩大。20 世纪 90 年代初朱季海被聘为苏州铁道师范学院兼职讲师,为文学、史学、美术专业学术带头人上课。曾被聘为中国训诂学会名誉顾问、苏州博物馆顾问、中共苏州市委宣传部工农联盟顾问。2005 年受邀任苏州复兴私塾名誉顾问。2011 年 12 月 21 日病逝。

朱季海精通英、德、日语,学习梵文和巴利文。自音韵训诂之学而治文史,博通精微。复研究书画理论,于书法上有声誉。曾与施立华校勘《南田画跋》。辑《南田画学》,校点《画品丛书》。所著《楚辞解故》《初照楼文集》《说苑校理 新序校理》等被汇编为《朱季海著作集》。

(顾亚欣 李 峰)

陆兰秀(1917—1970)

陆兰秀,又名芝,吴县(今江苏苏州)人。生于 1917 年 3 月。少时随父陆殿扬宦游,曾就学于上海启明女校、浙江省立杭州高级中学。1937 年考入武汉大学化学系。抗日战争全面爆发后陆兰秀随校内迁至四川乐山。1939年转入经济系,因病在四川白沙镇家中休养期间,常去中共地下党开设的生活书店阅读进步书刊,开始接触马列主义,立志参加革命。1940年4月加入中国共产党,任武汉大学女生宿舍支部书记,曾三次被捕。1942年5月后与党组织失去联系,先后在重庆申新纱厂、裕华纱厂、第一制药厂、民兴中学等处工作、任教,仍积极从事抗日救亡活动。1945年与中共党员朱传钧结婚。抗日战争胜利后陆兰秀回到南京,供职于中央银行。1946年5月经中共党员罗叔章介绍,加入地下妇联和中共外围组织中国经济事业协进会南京分会,投身于民主运动,反对国民党发动内战。在"下关惨案"中被国民党特务殴打受重伤,受到中共代表周恩来及其夫人邓颖超慰问。1948年供职于国防部工兵署,同夫朱传钧秘密参加人民解放军第二野战军情报处工作。

1949年10月中华人民共和国成立后,陆兰秀由组织分配到国家燃料工业部(1956年改为煤炭工业部),历任行政处会计、行政司财务科副科长、党委宣传处理论教员。1958年5月调入中国科学技术联合会宣传组,后在与中国科普协会合并成立的中国科学技术协会政研室、科学普及出版社资料室工作。1962年5月后参与筹建中国科普图书资料馆。1965年10月因丈夫来苏州长期休养,调任苏州市图书馆副馆长。热爱学习,勤于思考。业余自学俄语,能翻译出版苏联科普读物,曾与周邦立合译《动植物界的进化》。还较系统地学习马列主义理论和中国历史,做了大量的阅读笔记,使理论素养和认识水平显著提高。

1966年"文化大革命"开始不久,陆兰秀经过冷静观察与思考,较早觉察到这是历史的倒退,是给全党和全国各族人民带来深重灾难的内乱。出于对党和国家命运的深切忧虑,毅然挺身而出,开始公开、鲜明地反对"文化大革命"。由于反对"文化大革命"的言行及1942年脱党的所谓"历史问题",1968年5月3日起被隔离审查,遭长期非法关押近两年,遭到残酷迫害,以致精神分裂症两度复发,两次绝食。但她始终坚持真理,忠贞不屈,通过汇报思想、撰写文章、申诉意见、回答审讯、上书党中央、发表《告全国人民书》等方式,秉笔直书,表现了远超常人的洞察能力和气魄,力图唤起人们的觉醒,拨正历史的航向。

被关押期间,陆兰秀在书写的十四余万字的文章、书信中,反对阶级斗争扩大化的错误理论和错误做法,坚决不同意在无产阶级专政条件下继续搬用"造反有理"的口号;公开要求为被错误打倒的前中共中央副主席、国家主席刘少奇平反,坚决反对对老一辈革命家的迫害;客观分析并肯定中华人民共和国成立后干部队伍和知识分子队伍总体上是好的,要求恢复党的正确的干部政策和知识分子政策;坚决反对挑动群众斗群众的阴谋和当时的派性斗争,揭露并批判制造盲目个人崇拜的现代迷信,要求维护马列主义、毛泽东思想的科学性,要求改变错误的指导思想,迅速结束"使整个国家遭到毁灭性灾难"的"文化大革命",及早把党和国家的工作重点转移到经济建设上来,尽快把我国建设成强大的社会主义国家。深知自己的言行会遭到灭顶之灾,但始终正义凛然、视死如归,坚决拒绝改变自己的观点。在1970年3月5日写给小女儿朱红的信和16日所写的《代遗书》中,坚信"被颠倒的历史一定会重新颠倒过去","十年、二十年后将作出结论";表示"宁为玉碎,不为瓦全","能够为人民的利益献出自己的生命,是人生最大的光荣"。同年3月25日被逮捕,5月19日被定为"叛徒",7月2日以现行反革命罪名被判处死刑,7月4日经公开宣判后被处决于市郊横山山麓。

"文化大革命"结束后,江苏省和苏州市的党委及政法部门对陆兰秀案进行了全面、认真的复查。1978年5月27日江苏省委决定:撤销苏州市革命委员会《关于对叛徒陆兰秀的处理决定》;撤销原苏州市军管会以现行反革命罪判处陆兰秀死刑并立即执行的判决;陆兰秀一案,应予彻底改正。1982年,江苏省委、省人民政府决定:追认陆兰秀为革命烈士,在苏州市横山烈士陵园建立烈士墓碑,恢复陆兰秀的中国共产党党籍。

陆兰秀有《陆兰秀狱中遗文》行世。

(姚福年)

筱快乐(1917—1982)

筱快乐,一作小快乐,本姓朱,名良,以艺名行,吴县(今江苏苏州)人,原籍江苏宝山(今属上海)。生于1917年。初拜仲心笑为师,后改师刘春山,艺有其风,又得张冶儿指授。年少英俊,擅辞令,胆大心细,被称为滑稽界中干才。1936年自号所演为"特别滑稽",曾当选为上海滑稽公会理事长。

抗日战争全面爆发后,筱快乐与刘春山于上海电台广播,呼吁抗日救国。"孤岛"时期筱快乐于租界电台以说口唱的形式编词播送新闻,自谓"社会滑稽"。1939年始与杨柳村合作,演出《滑稽夫妻》等。1941年主办快乐剧艺社,专办各种喜庆游艺堂会,曾主办滑稽大会串,导演大戏《上海的米》。1945年年初又导演《百龄机》《摩登清道夫》等。加入上海市滑稽戏剧研究会,为军统特务、青帮头目郑子良弟子。1946年组建筱快乐剧团并任团长,以提倡"新生活"为宗旨。编刊唱词《社会怪现象》,并率其弟筱乐弟及时笑芳、张醉地、田丽丽等于电台系列说唱,针砭时弊。1947年于天声等电台播唱,将拒绝限价之米商称为"米蛀虫",编剧《杀人不见血》予以抨击,激起市民抢米风潮。因此招致不法米商殴打,得各界同情声援获盛誉,时人曾为其编印《筱快乐特刊》。后筱快乐曾表演话剧《为祖国飞行》及《还我山河》《从军乐》等反共劳军节目。

1949年上海解放后,筱快乐曾被市军管会逮捕,后被保释,将其剧团改组为人艺剧团,转向演滑稽大戏,曾领导演出《心花朵朵开》《人人要饭吃》《团团圆圆》《妈妈不要哭》等。1950年解散剧团,去香港演出未归,后至台湾经商。1982年逝世。弟子有翁效良、张致良、周豪良和沈一乐等。

(李　峰)

陆　地 (1917—1982)

陆地,名以诚,以笔名行,曾用名田芜、绿蒂、芦衣等,吴县(今江苏苏州)人。生于1917年2月。毕业于吴县黄埭乡村师范学校。1933年自学木刻。1935年与顾前创办文艺杂志《蚂蚁》,并发表外国文学家肖像作品。入上海新华艺术专科学校西画系肄业。次年与同学陈可墨发起成立刀力木刻研究会,参加苏州木刻社,创作《卖唱》等刊载于《苏州明报》文艺副刊木刻特辑。曾加入上海职业界救国会。1938年为《反攻杂志》做封面,于武汉参加中华全国木刻界抗敌协会。其作品《雪地行军》等参加抗战木刻展,入选军事委员会政治部编印的《抗战木刻选集》,并于欧洲展出。次年陆地随第五战区戏剧队到长沙,与李桦等筹备成立中华全国木刻界抗敌协会湖南分会。1940年7月7日,陆地参加湖南分会与精忠服务团合办的"七七纪念木刻流动展览会",参与编辑出版《抗战木刻选集》(木刻流动展纪念画集),其《爸爸的遗物》《同志之死》等四幅作品入选其中。陆地还参与编辑长沙《阵中日报》之《木刻导报》周刊。1944年创作《愤怒的矿山》系列木刻获盛誉。次年任贵阳达德中学美术教员、《艺风报》美术编辑。1946年其作品《修船》等参加漫画木刻展,被带往加拿大展出。其作品《运石防河》被刊载入《抗战八年木刻选集》。陆地曾为重庆《民主日报》创作《永不熄灭的火焰》,参加被国民党特务暗杀的民主斗士李公朴、闻一多的追悼会。次年在长沙举办个人木刻画展,于上海参加中华全国木刻协会工作,创作《灾民图》。其作品《苦力之家》被送至日本展出。陆地曾加入香港人间画会,去台湾彰华职业中学任教。1948年在南京参加地下文工团。次年制作木刻招贴画《欢迎人民解放军》等迎接解放。中华人民共和国成立后,1950年陆地任南京大学美术系讲师,后调至南京师范学院美术系任教。1963年举办陆地版画展。曾创作《抢救航运支前》参加全国美展。创作的《苏州刺绣姑娘》等水印木刻尤独树一帜。1980年陆地当选为中国版画家协会首届理事,还任江苏版画家协会名誉会长、中国美协江苏分会常务理事。1982年7月夏江苏省美协、省美术馆为陆地举办个人版画展览,展览未竟陆地即于南京病逝。陆地作为从20世纪30年代即奋斗不息的中国第一代版画家之一,卓有劳绩,"韧性战斗,永远向前"可以概括其战斗精神。其遗著《中国现代版画史》充实了中国革命文艺史料的宝库。

(李 峰)

吴仲华(1917—1992)

吴仲华,吴县(今江苏苏州)人。1917年7月27日生于上海。曾就读于上海格致中学。1933年转入南京金陵大学附属中学高中部。1935年毕业,考入清华大学机械工程系。抗日战争全面爆发后吴仲华随校南迁。1940年毕业于西南联合大学机械工程系,留任助教、教员。1944年留学美国,专攻内燃机。1947年获麻省理工学院科学博士学位。其间,他的"四冲程内燃机输入过程的热力学分析"研究成果被列入《当代物理学在中国的发展》。吴仲华曾任美国航空咨询委员会刘易斯喷气推进中心研究科学家,从事航空发动机基础理论研究。

中华人民共和国成立后,1951年吴仲华转任纽约布鲁克林理工大学机械工程系教授兼热工组主任。1954年回国。1957年被增选为中国科学院技术科学部学部委员。历任清华大学动力机械系教授兼系副主任,中国科学院动力研究室主任、研究员,力学研究所副所长,工程热物理研究所所长、名誉所长,中国科学院主席团执行主席、名誉主席,曾当选为全国政协委员、全国人大常委会委员,兼任国家科学技术委员会工程热物理学科组组长、燃气轮机专业组副组长,中国航空学会副理事长、中国工程热物理学会理事长、中国青少年科技辅导员协会理事长等。1980年加入中国共产党,创办《工程热物理学报》并任主编。

吴仲华是中国工程热物理学科的创始人。20世纪50年代初发表学术论文《轴流、径流和混流式亚声速与超声速叶轮机械中三元流动的普遍理论》,所提出的理论在国际上被称为"吴氏通用理论",所提出的主要方程被称为"吴氏方程"。20世纪60年代,吴仲华提出了使用任意非正交速度分量的叶轮机械三元流动基本方程组。"吴氏通用理论"在国际上被广泛地应用于先进的航空发动机设计中。吴仲华还领导研究发展了整套亚、跨、超声速计算机方法与计算机程序,并在国内广泛应用,为提高我国能源利用水平做出了重大贡献。曾获中国科学院1957年自然科学奖二等奖、1975年重大成果奖,1982年国家自然科学奖二等奖,1986年中国机械工程学会科技成就奖等。1992年9月19日逝世于北京。

著有《燃气的热力性质表》《工程流体动力学》《吴仲华论文选集》。所著《亚声速和超声速叶轮机械中二元和三元旋转流动的通用理论》由美国国家航空航天局出版。

妻李敏华,固体力学专家,中国科学院院士,别有传。 （李　峰）

程民德(1917—1998)

程民德,吴县(今江苏苏州)人。生于1917年1月24日。父程瞻庐,名文棪,字观钦,清光绪诸生,江苏高等学堂学长。曾任景海女子师范学校教务长、江苏省立苏州图书馆总务主任。擅词曲,以小说著名,作品雅谑,被誉称为"滑稽之雄"。

1932年程民德考入苏州工业专门学校纺织科,受时在苏州中学兼课的数学教师张从之影响,对数学产生浓厚兴趣。1935年投考浙江大学电机系,由于数学成绩特别优秀,被数学系系主任苏步青教授转录到本系。1937年抗日战争全面爆发后,程民德曾参加抗日游击队。一年后返校复学,后随校辗转西迁至贵州湄潭。1940年毕业后,转为研究生,师从著名分析学家陈建功教授学习三角级数理论。1941年,由苏步青推荐,在日本《东北帝大数学杂志》上发表了第一篇关于傅立叶级数切萨罗求和的论文。1943年留任数学系讲师。次年与浙江大学研究生卢运凯女士结为伉俪。

抗日战争胜利后,1946年北京大学数学系系主任江泽涵教授邀请程民德来本系任教,并推荐他考取李氏奖学金,赴美国攻读博士学位。1947年程民德进入普林斯顿大学数学系,在著名数学家博赫纳教授指导下,学习与研究刚刚显露强大生命力的多元调和分析,两年时间便完成了数篇高水平论文,将部分论文发表于美国著名学术杂志《数学年刊》。程民德获博士学位后,继续在普林斯顿大学做博士后工作,受教于世界著名数学家E.阿廷、C.谢瓦莱等,使学术眼界大开。

1949年中华人民共和国成立后,程民德满怀报效祖国的决心,于1950年1月回到祖国,历任清华大学副教授、教授。1952年因全国高校院系调整,转到北京大学数学力学系,历任数学分析与函数论教研室主任、系副主任。和系主任段学复教授合作,很快完成系的初期建设任务。还一直担任教学与科研工作,除讲授基础课之外,还自编讲义。1954年开始同学生陈永和合作,在我国开创了多元函数三角多项式逼近的研究方向。1956年1月加入中国共产党,同年开设调和分析课程,后于 1959 年、1962 年再次开设,先后培养了张恭庆、陈天权、陈子歧、龙瑞麟、黄少云等新一代数学家。

1966 年"文化大革命"开始,程民德受到严重冲击,曾被隔离审查达七年之久。1973 年根据实际情况,从研究沃尔什变换及其在图像频带压缩中的应用开始,组织了跨学科的讨论班,从事信息处理的研究,是我国开展模式识别与图像处理研究的先驱与倡导者之一。1976 年"文化大革命"结束后,程民德在政治上获得彻底解放。1978 年任北京大学数学研究所第一任所长。1980 年当选为中国科学院学部委员。力荐石青云,把她引导入模式识别这一当代信息科学的前沿领域。在程民德的引导下,石青云取得了系统的创造性成果,并于 1993 年当选为中国科学院院士。

程民德还曾任北京大学信息科学中心学术委员会、视觉与听觉信息处理国家重点实验室学术委员会、中国科学院系统科学研究所数学机械化中心学术委员会主任,当选为北京市数学会理事长,中国数学会副理事长,中国图像图形学会会长、名誉理事长等。曾为国务院学位委员会数学学科评议组成员、国家自然科学基金会数学天元基金学术领导小组组长、国家教委应用数学领导小组负责人之一、全国数学教材编审委员会副主任、科学出版社《现代数学基础丛书》主编。1998 年 11 月 26 日逝世于北京。

(朱汉林)

蒋月泉(1917—2001)

蒋月泉,原名根生,吴县(今江苏苏州)人。1917 年生于上海。父为戏院案僚,故蒋月泉得以对各剧种耳濡目染,逐渐喜欢表演艺术。就读于中学期间,对评弹产生兴趣,并常去弄堂口水果店旁听留声机所唱弹词开篇。1934 年拜钟笑侬为师,学说弹词《珍珠塔》。因感此书不合自身性格,又投张云亭学说《玉蜻蜓》。翌年登台演出,并在电台演唱开篇,一举成名。其时代表作有《(男)哭沉香》《(女)哭沉香》《离恨天》等。1936 年蒋月泉由张云亭带领在光裕社出道。次年,因仰慕隔房师兄周玉泉之艺术,自降辈分拜周玉泉为师,学说《文武香球》和《玉蜻蜓》。其后,蒋月泉因小嗓较好,加之不断实践,使唱功突飞猛进,获电台邀约不断。其时代表作有《灯下劝妻》等。1940 年因倒嗓,蒋月泉遂将京剧老生杨宝森之唱腔与京韵大鼓发声方法融于自身演唱中,并根据嗓音特点不断衍变,开始形成"蒋调"。其时代表作有《杜十娘》《战长沙》等。蒋月泉后与周玉泉、曹汉昌、潘伯英等搭档演出,并外出跑码头实践,使艺术水平突飞猛进。

中华人民共和国成立后,蒋月泉开始演出《小二黑结婚》《三雄惩美记》等新书目。1951年陈灵犀改编之《林冲》上演于上海黄金大戏院,由蒋月泉饰林冲,其中选曲《酒店思妻》为其盛年代表作。是年11月上海市人民评弹工作团组建,蒋月泉则任副团长。1952年4月该团以蒋月泉为主的十八人参与的《一定要把淮河修好》首演,为评弹界首部以中篇形式反映祖国建设的作品,引起社会和文艺界重视。其中选曲《留过年》成为蒋月泉又一代表作。1954年蒋月泉参与整理《白蛇传》《玉蜻蜓》等书目,与朱慧珍合演《玉蜻蜓》。后又参与《大生堂》等作品的整理改编,参与创编《海上英雄》《刘胡兰》《霓虹灯下的哨兵》《白求恩大夫》《夺印》等作品。1966年还参演一组新题材评弹短篇作品。

"文化大革命"开始后,蒋月泉被列为上海人民评弹团十大"牛鬼蛇神"之一,饱经挫折。"文化大革命"后主要致力授课,收有秦建国、沈世华、李荫等学生。1985年定居香港。次年,由杨德麟记谱之《蒋月泉唱腔选》发行。1987年5月,蒋月泉在上海大华书场纪念其舞台生涯五十周年,并与苏似荫拼档说《骗上辕门》,和王柏荫合作《沈方哭更》。1989年,以《庵堂认母》获得首届中国金唱片奖。1997年在逸夫舞台纪念其舞台生涯六十周年,并回老家苏州参观。1998年在香港摔折股骨,身体每况愈下。2001年8月29日因脑梗死突发而逝。

蒋月泉为书坛最负盛名之大家。其说表细致清脱,语言高雅凝练、幽默含蓄,表演潇洒传神,弹唱悦耳动听、声情并茂。蒋派艺术成为评弹中最主要的流派之一。

(顾亚欣)

钱人元(1917—2003)

钱人元,常熟西乡汤家桥(今属江苏张家港)人。生于1917年9月19日。父钱育仁,字安伯,一字汉民,号南铁。清光绪诸生。参加辛亥革命。文才横溢,尤工骈体。曾任常熟虞社社长兼社刊主编、县图书馆馆长。

1931年钱人元考入苏州中学化工科。1935年毕业,进入浙江大学化学系。由于爱好无线电,业余时间曾自行装设短波无线电电台,先后与国内各地及日本、菲律宾等国业余无线电电台对话。先后选修电磁学、近代物理和光学等课程。1939年毕业后,因物理课程成绩优异,被破例留校任物理系助教,并在王淦昌教授指导下进行研究工作。1940年任昆明西南联合大学理化系助教,后任教员。坚持旁听物理课程,并在张文裕教授指导下做过一些实验,还曾自制电磁继电器、恒温水浴、恒温细菌培养器等仪器。1943年赴美国留学,先后就读于加州理工大学、威斯康星大学、衣阿华州立大学,为后来从事边缘学科研究打下了坚实的基础。1948年回国,任厦门大学化学系讲师。1949年回浙江大学化学系,任副教授。

1951年钱人元调任中国科学院物理化学研究所研究员。1953年改任中国科学院上海有机化学研究所研究员,开始投入在国内仍属空白的高分子物理研究领域。1956年上海有机化学研究所的高分子部分迁到北京。钱人元任新建的中国科学院化学研究所研究员、所长,负责高分子物理方面的学术领导工作。所研制的各种仪器的测试结果均达到当时的国际先进水平,其研究成果荣获1957年中国科学院自然科学奖三等奖。1958年中国科学技术大学成立,钱人元与王葆仁院士共同创建我国也是世界上第一个高分子化学和高分子物理系。1980年钱人元当选为中国科学院学部委员。是中国高分子物理与有机固体电导和光导应用基础研究的开创者和奠基人。

改革开放以来,钱人元积极倡导科学研究为国家经济建设服务,关注高分子工业发展,成功开发出聚丙烯纤维新品种。领导研究的聚丙烯纺丝降温母粒技术,1986年曾获第14届日内瓦国际发明博览会银牌奖、布鲁塞尔第35届尤里卡世界发明博览会麦斯塔副首相大奖。钱人元又于国内开创有机固体研究,建立了世界上第一个有机固体实验室,对电荷转移复合物和导电高聚物进行了广泛的研究,特别在有机固体中的载流子迁移性质、吡咯电化学聚合反应机理,以及导电聚吡咯的电化学制备、电化学性质、分子链结构与质子化问题等研究方面做出了重要贡献。其有机金属导体的研究获1988年国家自然科学奖二等奖,导电高聚物的研究获1989年中国科学院自然科学奖一等奖,导电聚吡咯的研究分别获1993年中国科学院自然科学奖一等奖、1995年国家自然科学奖二等奖。钱人元摒弃了按学科分解课题、各自独立研究的传统模式,以高分子凝聚态物理中若干基本问题为中心,从分子水平上进行富有创新意义的研究,在分子链凝聚等许多问题上获得一系列重大成果,1998年、1999年分别获中国科学院自然科学奖一等奖、国家自然科学奖二等奖。还曾获求是科技基金会颁发的杰出科学家奖。

钱人元曾当选为全国人大代表、政协委员,中国化学会理事长。还被选为美国化学家学会会士(Fellow)、国际纯粹与应用化学联合会(IUPAC)高分子学部第二委员会委员及IV.2.1工作组东亚研究会议主席、太平洋高分子协会理事等。积极推动国际学术交流,在国外学术机构和国际学术会议上应邀讲学达百余次。多次担任国际学术会议的国际顾问委员会成员,组织过中国与美国、日本、德国、意大利、英国、韩国等国的高分子双边学术讨论会,以及中日有机固体和导体双边学术讨论会,在国际同行中享有很高的声誉。曾被日本高分子学会授予第一届国际奖。2002 年其专著 Perspectives on the Macromolecular Condensed State 由新加坡世界科学出版社出版。2003 年 12 月 6 日钱人元在北京逝世。

(缪 宏)

李敏华(1917—2013)

李敏华,吴县(今江苏苏州)人,祖籍四川中江。生于 1917 年 11 月 2 日。清江苏按察使、网师园主李鸿裔族裔。父李寿萱,商业职员出身。母朱蕙若,毕业于浙江省立女子师范学校,思想开明。舅朱辅成,为著名律师。

1923 年李敏华入苏州振华女校小学部。翌年随父母徙居上海。1935 年毕业于上海市立务本女子中学校普通科,考取清华大学化学系,积极参加"一二·九"爱国学生运动和妇女救国会活动。1937 年抗日战争全面爆发后,李敏华转入机械工程系,按照清华大学内迁安排,入国立长沙临时大学。翌年随校迁至昆明,就读于西南联合大学工学院航空工程系。1940 年为航空工程系唯一毕业生,留任助教、教员。1943 年与吴仲华结婚后,一起赴美国麻省理工学院留学。1945 年获工程力学硕士学位。1948 年获机械工程专业科学博士学位,成为麻省理工学院工科首位女博士。1949 年进入美国航空咨询委员会路易斯飞行实验室从事研究工作。中华人民共和国成立后李敏华积极准备回国,因朝鲜战争爆发而受阻。1952 年任布鲁克林理工学院航空工程和应用力学系研究教授与研究组组长。翌年被遴选为西格玛赛学会布鲁克林理工学院分会会员。1954 年与吴仲华携两子回国。任中国科学院数学研究所力学研究室副研究员,转任力学研究所副研究员、研究员,历任塑性力学组组长,十二室副主任、主任,兼任力学研究所学术委员会委员、所务委员会委员、学位评定委员会委员,曾被聘为中国科学技术大学近代力学系教授。

李敏华是杰出的固体力学专家。在塑性力学方面,得出了轴对称平面应力问题用塑性形变理论的简单的精确解,论证了对这类问题在加载过程满足塑性形变理论的适用条件,以后又推广到平面应力问题。对涡轮轴(变截面圆轴)在扭矩作用下,提出了应用非正交曲线坐标的有限差分法的新解法,能够很精确地计算出轴在小凹槽处的高应变集中区的应变。进行超载对低周疲劳寿命影响的研究工作,通过对铅合金圆孔薄板试件在一种疲劳载荷作用下的实验研究,得出超载60%,疲劳寿命增加3~4倍的载荷范围,并观察到超载滑移线障碍主载滑移带的发展。1956年曾获中国科学院自然科学奖三等奖。1978年获中国科学院重大科技成果奖。1980当选为中国科学院技术科学部学部委员,后称院士。

1984年李敏华加入中国共产党。曾先后兼任中国力学学会副秘书长、常务理事、理事、名誉理事,固体力学专业委员会副主任委员,《力学学报》《固体力学学报》编委,中国航空学会理事等。当选为全国人大代表、北京市人大代表、全国妇联执委、全国政协委员。2013年1月19日于北京逝世。编有《塑性力学讲义》,著有《硬化材料的轴对称塑性平面应力问题的研究》。

(李 峰)

胡 绳(1918—2000)

胡绳,本姓项,名志逊,以笔名行,吴县(今江苏苏州)人,祖籍浙江杭州。生于1918年1月11日。家居苏州旧学前,于兄弟姐妹六人中排行第二,家贫好学。九岁入新学前苏州市立第一小学,因语文考核成绩优异,被破格插入五年级。年十五有志于学。1927年入第四中山大学区苏州中学(1928年改称江苏省立苏州中学)初中部。1931年毕业后升入高中部师范科。"九一八"事变爆发后,参加学校演讲宣传队,到公共场所进行抗日宣传。还担任国文墙报编辑,并在校刊和校外报纸上发表文章。致力钻研文学理论和哲学,并开始接触马列主义著作。1933年秋,因从事进步活动被迫离开苏州中学前往上海,由此走上革命道路。1934年考入北京大学哲学系。1935年下半年即肄业回到上海,投身于抗日救亡运动,从事中共党组织领导的文化工作。曾参加上海世界语协会工作,并为《读书生活》《生活知识》《新知识》《自修大学》等刊物撰稿,并任《新知识》编辑。

1937年抗日战争全面爆发后,胡绳前往武汉。次年1月加入中国共产党,为党在文化宣传和统一战线等方面做了大量工作。曾任武汉《全民周刊》《全民抗战》《救中国》等刊物编辑、第五战区文化工作委员会委员、《鄂北日报》主编、生活书店编辑、《读书月报》主编、香港《大众生活》编委。1942年奉命回重庆《新华日报》社工作,曾任重庆中共南方局文委委员、《新华日报》社编委等。1946年任中共上海工委候补委员、文委委员,上海、香港生活书店总编辑,先后在上海、香港等地动员和联络爱国民主人士。1948年10月离开香港,辗转至华北解放区,在中共中央宣传部工作。1949年作为社会科学界代表之一,参加了中国人民政治协商会议第一次全体会议。

中华人民共和国成立后,胡绳曾任中共中央宣传部教材编写组组长,华北人民政府教科书编审委员会副主任,政务院出版总署党组书记、办公厅主任,中共中央宣传部副秘书长、秘书长,中共中央党校一部主任,中共中央政治研究室副主任,《红旗》杂志副总编辑等职。为毛泽东主席的"五大秘书"之一,有"党内秀才"之誉。1966年"文化大革命"爆发后,胡绳遭受迫害,被撤销一切职务。1973年复出后,在国务院政治研究室及《毛泽东选集》工作小组工作。后任毛泽东著作编辑委员会办公室副主任、中共中央文献研究室副主任。1982年起,任中共中央党史研究室主任。1985年任中国社会科学院院长,兼中华人民共和国香港特别行政区基本法起草委员会副主任委员。1988年任中华人民共和国澳门特别行政区基本法起草委员会副主任委员、国务院学位委员会副主任委员。曾当选为中共第十二届中央委员,第四、五届全国人大常委会委员,第七、八届全国政协副主席。

胡绳工书能诗,喜好藏书,学识渊博,是著名的马克思主义理论家和历史学家,在历史、哲学、文化思想等方面有深入研究,以逻辑严密、说理透彻而著称,在哲学社会科学界早享盛名。1955年即当选为中国科学院哲学社会科学部学部委员。后曾当选为中国史学会、中共党史研究会、孙中山研究会会长,欧洲科学院通讯院士。著述等身,一些学术观点对我国社会科学领域产生了广泛而深远的影响。胡绳晚年尤为关注和研究中国社会主义发展、社会主义与资本主义的关系等问题,有卓著的成就。曾主编《中国共产党的七十年》等。著有《帝国主义与中国政治》《枣下论丛》《童稚集》《理性与自由》《历史和现实》《马克思主义与改革开放》《从鸦片战争到五四运动》等。

胡绳曾为母校苏州中学题名,十分注重培养社会科学研究青年人才。1997年捐出30万元稿费,设立胡绳青年学术奖励基金,由中国社会科学院主管。2000年11月5日因病在上海逝世。根据其生前遗愿,其骨灰被安葬于苏州市吴中区锦绣公墓。部分著作、书籍和手稿被捐献给苏州图书馆。胡绳所著被辑成《胡绳文集》《胡绳全书》等出版。

(吴智煜　袁成亮)

吴中伟(1918—2000)

吴中伟,江阴南沙七房庄(今属江苏张家港)人。生于1918年7月20日。父吴瑞祯毕业于上海美术学校,后回乡执教。吴中伟出生后刚满百日,举家就迁居江阴新桥外祖母家。吴中伟先后就读于新桥小学、梁丰中学、苏州中学,积极参加抗日救亡宣传活动。1936年考入南京中央大学土木工程系。1940年毕业，供职于綦江导淮委员会。其间参与研制石灰烧黏土水泥，开我国无熟料水泥研制应用之先河。1945年5月赴美深造，先后在美国垦务局丹佛材料研究所、陆军工程师团和加州大学学习进修混凝土科学技术，并在公路研究所等研究考察，收集了大量技术资料。1947年归国，任中央大学土木工程系副教授，率先提出"混凝土科学技术"概念，组织起第一支科研队伍，创建了我国第一个混凝土研究室。

1949年8月，吴中伟北上参加华北窑业公司研究所筹建工作。随着中华人民共和国成立后大规模经济建设的展开，吴中伟以极大的工作热忱，大力推介科学的混凝土配合比设计，指导现场质量控制与冬季施工技术。1951年与王季周合作研制成松香热聚合物引气剂，用于海港、治淮、水库与水电站等工程，获显著成效。1953年对苏联援建的大连机场工程的质量疑问做出了正确的分析。同年，应邀参与佛子岭水库大型水利工程建设，协助建立试验室，进行质量控制并推广新技术。首次在国内提出混凝土的碱集料反应问题及有效防止措施，得到水利部门的充分重视，避免了大坝混凝土因发生此类反应而引致巨大损失。1954年任建筑材料部水泥研究院混凝土室主任，后任该院副院长兼总工程师。积极推进用水泥制品代替钢、木的方针，组织研究队伍，大力研制与开发一系列水泥制品，满足了当时国民经济发展的需要，并为我国水泥制品工业的创建与发展奠定了基础。1959年首次发表"混凝土中心质假说"，开通过亚微观、微观方法研究混凝土组分、结构对性能影响之先河。1957年加入中国共产党。1964年当选为第三届全国人民代表大会代表。1965年，松香热聚合物引气剂荣获国家科委首次颁发的国家发明奖。

"文化大革命"期间，吴中伟受到冲击，曾被打成所谓"资产阶级反动学术权威"，后被改正。1978年受聘为清华大学土木工程系教授。1979年起，先后担任中国建筑材料科学研究院总工程师、副院长、技术顾问等职，并培养硕士、博士研究生。

为解决混凝土的抗裂防渗问题，指导与推进膨胀混凝土的研究，吴中伟提出了混凝土的补偿收缩模式，并结合工程实际进行推广，成效卓著。1979年，膨胀混凝土后浇缝技术被成功地应用于毛主席纪念堂的防水工程。20世纪90年代，吴中伟根据可持续发展战略，在国内首先提出研究推广高性能混凝土建议，提出"环保型胶凝材料"与"绿色高性能混凝土"新概念，针对我国水泥工业现状提出调整产业结构、大量利用工业废渣等建议。1992年担任国家自然科学基金项目

"三峡大坝混凝土耐久性及破坏机理研究"、国家"九五"重点攻关项目"重点工程混凝土安全性的研究"的技术顾问。先后主持参与了数以百计的国家重点工程和重大科研项目的规划、论证和研究开发实践,为中国建材工业,特别是水泥混凝土科学技术的创新发展以及水泥制品新型产业的形成,做出了不可磨灭的贡献。1994年当选为中国工程院院士。1998年荣膺中国工程院资深院士称号。1999年获何梁何利基金科学与技术进步奖。

吴中伟曾编著《补偿收缩混凝土》《膨胀混凝土》《水泥基复合材料科学导论》等。其部分诗作被结集出版,取名《寸阴集》。

2000年2月4日吴中伟于北京逝世。 （缪　宏）

吴传钧(1918—2009)

吴传钧,吴县(今江苏苏州)人。生于1918年4月2日。1941年毕业于中央大学地理系。1943年获硕士学位并留校任教。1948年获英国利物浦大学博士学位。中华人民共和国成立后,吴传钧曾任中国科学院地理研究所研究员、副所长,兼任中国地理学会理事长、国际地理联合会副主席等。先后加入九三学社和中国共产党。1991年当选为中国科学院学部委员,后改称院士。

吴传钧生前主要从事综合经济地理(包括国土开发整治)和农业地理(包括土地利用)研究,也是中国人文地理事业的开拓者。提出经济地理学是与自然科学及技术科学密切交错的具有自然、技术、经济结合特点的边缘科学,地理学的中心研究课题是人地关系、地域系统的发展过程、机理和结构特征、发展趋向和优化调控,推进了地理学的基础理论研究,为国家经济建设及协调人地关系提出了系统的理论和方法。曾获国家科学技术进步奖一等奖一项、二等奖两项,中国科学院科技进步奖一等奖两项等。合作编著《中国农业地理总论》《国土开发整治与规划》《现代经济地理学》,主编《中国经济地理》《1∶1000000中国土地利用图》等,著有《中国粮食地理》《吴传钧文集》等。

2009年3月13日吴传钧在北京逝世。 （李　峰）

钱今昔(1918—2012)

钱今昔,原名景雪,字洁之,笔名薛璇、薛妤婕、斯丁、钱征、秦再政等,吴江(今江苏苏州吴江区)松陵人。生于1918年9月26日。祖父钱崇威,字重修,号自严,清光绪三十年(1904)进士。毕业于东京法政大学法律速成科。宣统元年(1909)当选为江苏谘议局议员。二年被授予翰林院编修加侍讲衔。1912年署江苏省高等检察厅检察长。曾任上海律师公会主席、吴江县劝学所所长、吴江旅沪同乡会副会长、江苏省立法政专门学校校长、中国出口物产证券交易所股份有限公司法律主任、青岛实业银行秘书长。中华人民共和国成立后,钱今昔曾任苏南行署参事、江苏省文史研究馆馆长,当选为江苏省人大代表、政协委员。喜藏书,工诗词,书擅诸体。著有《存雁诗草》等。

钱今昔曾插班入太仓实验小学四年级,毕业后考取太仓县立初中,作文均居第一名。初一时将处女作刊载于上海《中学生文艺创作丛刊》。后于校刊《星语》发表《卖粥老人的悲哀》等散文,并任文学报纸《娄光》总编辑。积极参加反帝反封建的进步学生运动,险遭开除。1934年毕业后,入读上海光夏中学高中部。1937年抗日战争全面爆发后,钱今昔考取上海暨南大学文学院史地系,参加文艺社,任中共江苏省学委领导的学生协会西区地下交通员,投身于抗日救国。1941年毕业。曾兼任《文艺》《生活与实践丛刊》《杂文丛刊》编委,并在《文汇报》《申报》《南风》《中美日报》《小说月报》《万象》《中国妇女》《哲学》《知识与生活》《新文艺》《文艺小说月刊》《文艺春秋》《学生》《文综》《文林》《人生》等众多报刊发表诗歌《出征前》《从军》《海与记忆》等、散文《山乡的奇情》《夏夜散感》等、小说《苏》《冷静》《燔火》《拳击手》《基督的儿女》等。其作品被辑入新流文丛第一辑《信号塔》。钱今昔有"文坛巨子"之誉。后赴福建南平,任《东南日报》编辑兼《东南画刊》主编、剑津中学教员,在《东南日报》《民主报》《现代青年》《南方日报》《十日谈》等报刊发表经济学、文学作品,由南平文化供应社出版系列报告文学《上海风景线》《流浪汉》等。抗日战争胜利后钱今昔回上海,曾任上海中国新闻专科学校教授,《正言》报副总编辑兼采访主任等,于《少女》《茶话》《家庭》《生活》等报刊发表散文《山之市·水之乡》《悬岩与幽谷》及小说《灰色和金色的心》等。1949年春其著述《新哲学的地理观》由金屋书店出版。该书是国内外第一部以哲学分析地理的专著。

中华人民共和国成立后,钱今昔曾任《科学画报》、上海人民广播电台编委,上海市人民委员会干部学校、格致中学教师。1956年加入九三学社。后任上海华东师范大学教授兼学术委员会、学位委员会委员。曾任中国人文地理教学研究会副理事长,中国地理学会人文地理专业委员会副主任及经济地理委员会、世界地理委员会委员,中国能源研究会理事兼能源经济专业委员会副主任、华东区域委员会副主任兼能源经济专业委员会主任,中国农村能源技术经济研究会顾问,上海市世界经济学会理事,《辞海》《世界地名辞典》《中国大百科全书·世界地理卷》编委等。创立能源地理学的科学体系及基本法则,在能源技术经济学方面提出了多能互补、纵横网络的理论。在人文地理学、经济地理学方面,致力自然、技术、经济三者和谐平衡理论的探讨。2012年4月2日逝世。曾合著《战后世界石油地理》《中国城市发展史》等。主编《中国的能源》《世界的石油》等。著有《苏联》《解放了的西藏》《东南亚》《中国旅游景观欣赏》《社会主义生产力分布研究》《南方地区农村能源问题及其缓解途径》等。所撰回忆录、文学作品和散文,由其女钱初颖编为《花与微笑:钱今昔文存》行世。 （李 峰）

严庆澍（1919—1981）

严庆澍,小名鹿生,号雨苍,笔名唐人,别署笔名阮朗、颜开、江杏雨、陶奔、洛风、高山客、草山上人等,吴县（今江苏苏州）洞庭东山人。生于1919年9月29日。远祖严经,字道卿,号芥舟,明弘治进士,官终河南彰德府知府,入府志《名宦传》。祖父严善斋,清光绪诸生,于上海充公司账房。父严静安,毕业于苏州第一师范学校,曾任上海育贤小学教务主任,当选为南汇县教育协会首届候补执行委员。

严庆澍毕业于洞庭东山务本小学。1932年进上海新寰中学。1937年"八一三"事变前后回乡,创办《新东山》,又以唱歌、演剧等形式从事抗日宣传。次年转赴长沙,任湖南文化界抗敌后援会组织干事。通过其小学老师中共党员潘超,结识钱俊瑞、邵宇等人。长沙大火后,随邵宇等撤退至邵阳,任资江歌剧团团长。1940年奉命赴河南邓县,于五战区第三十一集团军总司令部政治部所属三一出版社任职。1942年赴陕西宝鸡,任职于中国银行西北运输处。1944年赴四川成都,考入燕京大学新闻系,并参加海燕剧团等学生团体。其间秘密学习毛泽东之《新民主主义论》等著作,曾参加在蓉高校反独裁大示威等运动。

1946年毕业后严庆澍被《大公报》聘用,曾赴解放区采访。次年被派赴台湾建立台北分馆,任主任,开拓《大公报》航空版业务,其言论引起当局注意。1949年5月19日台湾颁布戒严令后,《大公报》台湾分馆立遭查封。严庆澍遣散员工后转赴香港《大公报》,任编辑部副主任。

1950年,严庆澍任《大公报》报系《新晚报》编辑、记者及主要负责人,并开始从事写作。时有蒋介石之侍卫官退休来香港,以五页八行笺为严庆澍写下关于蒋介石的一些材料。严庆澍于此基础上查阅资料,结合个人经历闻见,编写长篇章回体小说《金陵春梦》,以"唐人"笔名开始在《新晚报》连载。该系列共八集,叙述蒋介石在大陆兴衰史,其中前五集在《新晚报》连载三年。此后,严庆澍又以"唐人"笔名撰《草山残梦》,叙述蒋介石退居台湾后之历史。《金陵春梦》与《草山残梦》构成著名的"二梦"系列。类似题材作品还有《蒋后主秘录》《宋美龄的大半生》等。

严庆澍一生曾用笔名四十余个,以多产作家著称,撰述多达八十余部。另有小说《北洋军阀演义》《十三女性》《爱情的俯冲》《她还活着》《赎罪》《长相忆》《黑裙》《我是一棵摇钱树》《大地浮沉》等,电影剧本《血染黄金》《华灯初上》《姐妹曲》《诗人郁达夫》等。

1977年严庆澍当选为广东省政协委员。1978年3月被选为全国政协委员,加入中国作协,兼任广东作协理事,9月因脑溢血突发而半身不遂。次年被送至广东从化疗养。1981年转往北京友谊医院治疗。因感于全国人大常委会委员长叶剑英所提国共实行对等谈判、完成国家和平统一大业之建议,欲撰写台湾背景的电影剧本《阿里山下》。11月26日凌晨起床写作时,因心肌梗死突发逝世,被葬于北京八宝山革命公墓。

子严浩,香港著名电影导演,代表作有《似水流年》等。

（顾亚欣）

赵三岛(1919—1997)

赵三岛,曾用名三涛,吴县(今江苏苏州)洞庭东山人。生于1919年6月12日。严绍唐弟子。

赵三岛少年时即因家贫,于上海南京路虹庙小吕宋衣帽铺做学徒。好学工书,尤喜绘画,擅临摹广告画和洋画人物。素慕前辈画家朱润斋,年二十始于创作连环画。尤擅白描工笔技法,所绘画面细腻工整,人物、场景生动丰富。赵三岛与颜梅华等并称连环画界"四小名旦"。曾创作《浮生六记》等,尤致力创作武侠连环画,如《三极三绝技》《白云观夺剑》《吓倒离间计》《铁戟江山》《二打八里庄》《三斗牛天王》《小侠王阿三》等。这些作品皆风靡海内外。

中华人民共和国成立后,赵三岛任上海市人民图书馆办事员,兼职为同康、东亚、文化、全球等书局及大方、隆兴等书店创作连环画《丁甲山》《三战小霸王》《苏武牧羊》《虹霓关》《三气周瑜》等。1954年入上海新美术出版社连环画创作室(后并入上海人民美术出版社),曾创作《李定国抗清兵》《一鼓作气》《左慈》《犯长安》《天水关》《李郭交兵》等。又为美术读物、天津美术、河北人民美术、朝花美术、少年儿童、新艺术等出版社创作《血战睢阳》《茶瓶计》《马骏飘海》《百骑劫魏营》《南瓜王》《盐商万雪斋》《犯长安》《白衣渡江》《枪挑小梁王》等。其中《犯长安》《天水关》《李郭交兵》为 1956 年上海人民美术出版社出版的六十集一套系列连环画《三国演义》三本分册,其中人物饱满,形象传神,气势恢宏,表现出特有的艺术风格,受到专家和读者高度评价。

1958 年因受所谓"政治历史"问题影响,赵三岛被迫脱离连环画界。"文化大革命"中再次受到冲击,被遣送回原籍进行劳动改造。"文化大革命"结束后赵三岛被改正。1997 年 12 月 12 日病逝。 （李　峰　章致中）

宋文治（1919—1999）

宋文治,笔名宋灏,太仓城厢人。生于 1919 年 10 月 28 日。养父母在西郊镇开小面店,家境贫寒。宋文治自小喜爱绘画,初学画时临习《芥子园画传》,后在著名画家张石园指导下,研习两本石印的"四王"画谱。1931 年小学毕业。其作品曾被选送参加国际儿童画展,并获纪念奖。

1935 年宋文治入上海秀堂广告社,当学徒一年半。1941 年考入苏州美术专科学校沪校,接受正规的绘画训练。太平洋战争爆发、日军占领租界后,学校被迫关闭。宋文治先后在太仓城中小学、太仓中学任美术教员。1946 年任太仓民众教育馆馆长,后辞职任教于安亭师范学校,兼任安亭震川中学美术教员。1948 年,宋文治将其创作的花鸟、山水等作品百余件在校举办画展,并将义卖所得 180 余担大米全部捐赠给学校。陆俨少赞赏这位弟子的人品、画品,特作《松隐庐》长卷相赠。

中华人民共和国成立后,1955 年应安徽省委宣传部、省文化局之邀,宋文治与陆俨少、孔小瑜、徐子鹤赴梅山水库、黄山等地写生。其间,宋文治创作了一批优秀作品,其中《黄山松云》《桐江放筏》入选全国国画展览,并在《人民日报》发表。《桐江放筏》以抒情的笔调、凝练的笔墨技巧描绘了皖浙山区筏工为社会主义建设运送木材的生活情节。《人民画报》载文称:"这幅画从题材内容,到笔墨、构图,以及画面所体现出的作者的思想感情,都与旧山水画拉开了距离,完全体现了民族绘画的特点,令人耳目一新。"

1960 年 3 月江苏省国画院正式成立。宋文治任画师兼院长秘书。9 月参加了江苏省国画院组织的画家行程二万三千里大型写生活动。归来创作了《华岳参天》《山川巨变》《山城晓色》《广州造船厂》等作品。1963 年北京电影制片厂拍摄专题片《画中山水》,对作品《山川巨变》进行了介绍。1966年"文化大革命"爆发后,江苏省国画院解散。宋文治先后被下放到高邮蚕种场、江苏省"五七干校"桥头分校和金坛等地。1970年被调回南京,参加江苏省美术创作组,1973年任副组长。1977年江苏省国画院恢复成立。宋文治任副院长。创作的《茨坪长青》被中国人民革命军事博物馆收藏,《韶山朝晖》被毛主席纪念堂收藏。

宋文治为"新金陵画派"的主要代表之一。其艺术创作秉承了娄东画派的血脉传统,清新儒雅,凝结着深厚的传统艺术精华,又具有鲜明的现代美感。其早期作品面貌以传统居多,后期画风突变,逐渐形成苍沉、隽秀的艺术风格。尤其晚年受到张大千"泼彩"和其他新技法的启发,宋文治以泼墨入画,注重色彩的运用和意境的抒发,形成"境象笔墨之外,别有画在"的新风貌。在其众多作品中,充满诗情画意的江南水乡尤其受到人们喜爱。宋文治因此被人誉为"宋太湖"。出版有《宋文治作品选集》《宋文治山水画小辑》《宋文治画集》《宋文治山水画选集》等。1999年8月10日病逝。

(袁成亮)

阙殿辉(1919—2006)

阙殿辉,艺名笑嘻嘻,吴县(今江苏苏州)阙家桥人。生于1919年11月17日。因家贫弃学从艺。九岁于上海新新演艺场演出,次年与妹笑奇奇在花花世界演出独脚戏。1930年于大世界演出《劝用国货》等,被誉为滑稽神童。勤奋好学,吸收其父古彩戏法段子与其姐双簧卖口,又师从独脚戏响档刘春山,亦勤于揣摩其他名家表演艺术。台风大方、表演细腻,曾创作抗日题材滑稽化装小戏《义勇军投军别窑》等。1942年参加笑笑剧团,学习表演滑稽戏,参演《瞎子借雨伞》《火烧豆腐店》等。1946年与朱培生合作,演出独脚戏《和气生财》等。后与杨华生、张樵侬、沈一乐合作首创独脚戏四股档,有"四大天王"之称。

中华人民共和国成立后,1950年阙殿辉参与组建合作滑稽剧团,于大型滑稽戏《活菩萨》中演法空和尚。1952年又组建大公滑稽剧团,曾任团长兼艺委会主任。后任上海人民滑稽剧团副团长、艺委会副主任、名誉团长,当选为上海曲协常务理事、艺术顾问等。加入农工民主党。

阙殿辉擅演角色有《七十二家房客》之炳根、《糊涂爹娘》之福根、《苏州两公差》之李达等。担任编导演的大型滑稽戏《孝顺儿子》曾被许多剧种移植。阙殿辉曾参与创作滑稽戏《样样管》《糊涂爹娘》等经典剧目,编有滑稽剧本《阿福上生意》《盯巴》《剃头》《调查户口》《细水长流》，小品剧本《梁山伯讲文明》，滑稽双簧《劝夫戒赌》等。2006年3月22日于上海逝世。著名弟子有王汝刚等。

（李　峰）

杨嘉墀（1919—2006）

杨嘉墀，吴江（今江苏苏州吴江区）震泽人。生于1919年7月16日。祖父杨文震，字海帆，曾任震泽丝业公会会长，创办震泽丝业小学。父杨澄蔚，字扶岑，于上海中国公学肄业，任江苏银行职员，精通英语、会计。

杨嘉墀毕业于震泽丝业小学、上海中学。1937年9月考取上海交通大学电机工程系，1941年毕业。于昆明西南联合大学任助教，后任中央电工器材厂助理工程师，研制出中国第一套单路载波电话样机。1947年赴美国哈佛大学文理学院应用物理系留学。1949年获哲学博士学位。

中华人民共和国成立后，杨嘉墀曾任宾夕法尼亚大学生物物理系助教。所研制的自动记录光谱仪被称为"杨氏仪器"，获得美国专利。杨嘉墀后被聘为宾夕法尼亚大学副研究员、洛克菲勒研究所（现为洛克菲勒大学）高级工程师。参与研制高速模拟电子计算机，主持研制快速记录吸收光谱仪和高阻自稳零直流放大器。1956年携妻女回到祖国。曾任中国科学院自动化研究所研究员、副所长，北京控制工程研究所所长，中国空间技术研究院副院长、科学技术委员会副主任，航空航天工业部总工程师，航空航天部、航天工业总公司科学技术委员会顾问等，当选为国际宇航联合会副主席、中国自动化学会理事长、中国仪器仪表学会副理事长等。

杨嘉墀是中共党员，中国自动控制和检测学的奠基者。长期致力我国科学技术和航天事业的发展，参与制订中国工业自动化仪表、中国自动化科学技术等发展规划和中国人造卫星发展十年规划，领导和参加我国第一颗人造地球卫星姿态测量系统的研制，是空间技术分系统的设计师。在我国返回式卫星姿态控制系统方案论证和技术设计中，提出了一系列先进可行的设计思想，达到当时的国际先进水平，在三轴稳定的返回式卫星和科学探测卫星的发展中有重大贡献。先后主持火箭和核试验用的仪器和控制系统开发研制工作。1980年当选为中国科学院学部委员，后称院士。1985年当选为国际宇航科学院院士，同年荣获国家科学技术进步奖特等奖。1986年，与王大珩、王淦昌、陈芳允等一起提出了对我国高技术的发展有重要意义的建议。在邓小平亲笔批示和积极支持下，国务院在听取专家意见和充分论证的基础上,制订了《高技术研究发展计划纲要》即"863计划",为中国高技术发展开创了新局面。

1999年,杨嘉墀荣获国家"两弹一星功勋奖章"。2006年6月11日于北京逝世。著有《杨嘉墀院士文集》。

（李　峰）

殷之文(1919—2006)

殷之文,吴县(今江苏苏州)甪直人。生于1919年5月30日。1942年毕业于云南大学采矿冶金系。1948年获美国密苏里大学冶金系硕士学位。1950年又获伊利诺伊大学陶瓷工程系硕士学位,同年回国。1956年加入九三学社。曾任中国科学院上海硅酸盐研究所研究员、副所长,兼学术委员会主任及中国科学院无机材料中试基地经理等,曾当选为上海硅酸盐学会理事长等。

殷之文是材料学家,中国无机材料学科的学术带头人和奠基人之一。20世纪60年代在我国开创了锆钛酸铅(PZT)压电陶瓷的研究和开发,成功地发展了应用于水声声呐、超声电声技术等领域所需的压电陶瓷材料和元器件。70年代在对弛豫型铁电体相变的微结构研究中,以锆钛酸铅镧(PLZT)透明陶瓷为对象首先观察到纳米尺度的极性微区,还对PLZT的晶界结构、晶界运动和晶界效应进行了广泛、详尽的研究。80年代,应欧洲核子研究中心(CERN)L3组的委托,进行锗酸铋(BGO)闪烁晶体的研究,研制成具有高抗光伤能力的掺铕BGO晶体,并为L3组建造探测器提供了12000支高质量、大尺寸晶体。在新型卤化物闪烁晶体研究上,对氟化钡(BaF_2)、氟化铈(CeF_3)、氟化铅(PbF_3)和碘化铯[CsI(Tl)]等晶体的研究均获得卓有成效的进展。曾获国家技术发明奖二等奖、全国科学大会重大成果奖、中国科学院科研成果奖一等奖等多项。

1993年殷之文当选为中国科学院院士。2006年7月18日于上海逝世。曾主编《电介质物理学》《半导体物理学》等。

（李　峰）

汪闻韶(1919—2007)

汪闻韶,吴县(今江苏苏州)人。生于1919年3月15日。1943年毕业于中央大学水利工程系。曾任黄文熙教授的土力学课程助教。1947年年末留学美国。1949年获衣阿华州立大学力学和水力学硕士学位。1952年获伊利诺伊理工学院土木工程博士学位。曾任美国麻省理工学院研究员。1954年年底回国。

历任水利部南京水利实验处、水利科学研究院、水利水电科学研究院、中国水利水电科学研究院高级工程师,抗震防护研究所首任所长。1980年当选为中国科学院学部委员,后称院士。

汪闻韶是中共党员,土力学及土坝、地基抗震学家。长期结合水利水电工程建设,从事水工建筑物地震震害分析和抗震设计中饱和土液化问题的研究,重点研究饱和砂土的液化机理及其在震动作用下的孔隙水压力产生、扩散和消散基本规律,提出了电渗和水力渗透混合流公式,诠释了电渗加固软土的机理,阐明了土的液化机理及其与土体极限平衡和破坏间的区别和关系。进一步开展了少黏性土、砂砾料和粉煤灰液化特性的研究。发现了预震的影响和砂土的结构性问题。提出了剪切波速在评估砂土液化可能性中的应用。初步总结了我国数十年水利工程的震害经验。曾获1957年中国科学院自然科学奖三等奖、1987年国家自然科学奖四等奖、1994年首届茅以升土力学及基础工程大奖、1999年国家科学技术进步奖三等奖等。主编《中国水利工程震害资料汇编1961—1986》,著有《土的动力强度和液化特性》。

2007年10月7日汪闻韶因病在北京逝世。

(李 峰)

王 安(1920—1990)

王安,昆山玉山人。生于1920年2月7日。1930年以第一名考入昆山县立中学。1933年毕业,考入江苏省立上海中学高中部。1936年考入上海交通大学电机系。1940年毕业。太平洋战争爆发后,王安去桂林某军工厂负责设计和制造军用无线电装置。1943年公费留学美国。1945年入哈佛大学。1948年获应用物理博士学位,当年即发明了具有划时代意义的"磁性脉冲控制"和"磁性存储器",申请了专利权,为计算机小型化奠定了基础。1951年创办了王安实验室,被国际商业机器公司(IBM)聘为顾问。1958年正式成立王安电脑公司,以发现并满足社会需要为宗旨,不断开拓创新。1970年生产出700型计算器系列。1971年制成1200型计算器。1976年在纽约市辛托皮坎贸易展览会上推出以阴极射线管为基础的文字处理机——WPS。人们第一次看到在屏幕上编辑文字的表演时,认为简直不可思议。文字处理设备迅速打入《幸福》杂志所开列的一千家大公司的办公用具市场。

王安以下列三项发明为最:一是纸孔带加工装置,亦称纸孔排字机,为提高报馆工作效率而设计。二是台式对数计算器。由于利用对数,计算器的运算能够精确到 10 位数字。三是文字处理系统。以荧光屏为基础的文字处理系统,使计算器进一步发展为小型计算机,让一般人都能在屏幕上处理文字和数据的程序编制,以及继续研制外存储器。这些革命性的创举,使王安的产品从为科研、商业服务逐渐被推广到银行、铁路、报馆、证券交易所、保险公司等各个领域。20世纪 80 年代,王安电脑公司遍布 100 多个国家和地区,跻身世界大公司行列,并为中国计算机技术的发展做出了贡献。

1984 年 9 月,美国《福布斯》杂志发布"美国 400 个最富有人物"名单。王安名列第五。同年被美国电子协会授予"电子及信息技术最高荣誉成就奖",被纽约华美协进会授予"青云奖"。1986 年 7 月 3 日,在美国举行的自由女神像落成 100 周年庆祝大会上,里根总统向移民美国的 12 位杰出公民颁发"自由奖章"。王安名列榜首。同年 10 月,和夫人一行回祖籍昆山扫墓并参观旧居及一些工厂。1988 年,被美国国家著名发明家纪念馆列为与爱迪生、贝尔等人齐名的美国第 69 位大发明家。1990 年 3 月 24 日因病逝世。

(陈凯歌　李　峰)

朱德熙(1920—1992)

朱德熙,吴县(今江苏苏州)人。生于 1920 年 10 月 24 日。出身于盐务局高级职员家庭。1939 年考入西南联合大学物理系学习。次年转入中文系。从唐兰、闻一多学习研究古文字学及古音韵学,并得罗常培及陈梦家等人教导。1945 年毕业后,任教于昆明中法大学中文系,加入中国民主同盟。次年转入清华大学中文系任教。

中华人民共和国成立后,1952 年朱德熙任副教授,因全国高校院系调整,调往北京大学中文系,并被派赴保加利亚索菲亚大学任教。1955 年归国,于学界开始声名鹊起。初与吕叔湘合撰《语法修辞讲话》连载于《人民日报》,产生较大影响。1956 年发表《现代汉语形容词研究》一文,以崭新的研究角度及方法引起国内外同行瞩目。发表《寿县出土楚器铭文研究》《洛阳金村出土方壶之校量》《战国记容铜器刻辞考释四篇》等文,于古文字研究领域也崭露头角。1961 年,在美国描写主义语言学家哈利斯的基础上提出变换分析法,将汉语语法研究引向深入。复发表《关于动词形容词"名物化"的问题》《说"的"》《语法结构》三文,将汉语语法研究推向新阶段。至 20 世纪 70 年代,发表《"的"字结构和判断句》《与动词"给"相关的句法问题》《汉语句法中的歧义现象》三文,运用变换理论及方法分析语法问题。此一时期还参与江陵望山楚墓竹简、临沂银雀山汉简、长沙马王堆帛书、平山中山王墓铜器铭文的整理研究工作,并发表相关论文。

1979年朱德熙任北京大学中文系教授。同年提出语义特征分析法,弥补变换分析法局限。1982年出版《语法讲义》一书,将语法研究理论、方法与具体语法规律相结合,并提出较多新观点。1985年出版《语法答问》,提出以词组为语法本位。1986年被法国巴黎第七大学授予荣誉博士学位。

朱德熙曾任北京大学中文系副主任、计算语言学研究所所长、副校长兼研究生院院长。当选为第七届全国人大常委会委员,中国语言学会、世界汉语教学学会会长,中国古文字研究会理事。兼任国务院学位委员会、国家语言文字工作委员会委员,国务院古籍整理出版规划小组顾问,中国社会科学院语言研究所学术委员会委员等。

1989年朱德熙应美国华盛顿大学与斯坦福大学之邀,前往讲学并开展合作研究。1991年12月病重,被确诊为晚期肺癌。1992年7月19日病逝于美国斯坦福大学医院。其著述被汇辑为《朱德熙文选》《朱德熙文集》行世。　　（顾亚欣）

周玉菁(1920—2005)

周玉菁,初名德生,号立斋,吴县(今江苏苏州)人。生于1920年4月17日。父周念慈,号赤鹿,为知名画家,精于释道人物。周玉菁幼承庭训,喜爱书画艺术。从小随父与陈摩、吴待秋、王季迁、蒋吟秋、萧蜕、张辛稼等众多书画家过从,尤与吴子深、吴似兰交善,并成为娑罗画会当时年纪最小的成员,还有幸向萧蜕求教篆法,受益匪浅。十四岁小学毕业,为分担养家重担,师从吴门竹刻名家黄山泉学艺,专攻刻竹,因竹刻落款及谋生技能之需要,兼及刻印。两年后黄山泉突然病故,周玉菁接续其师为扬正记扇庄刻扇骨,产品远销于平津等地,技艺也随之逐步精熟。

1949年中华人民共和国成立后,由于社会环境发生变化,一向为文人雅士所赏玩的折扇相对受到冷落,扇庄生意一落千丈,靠刻扇骨养家已难以为继。1952年周玉菁移居昆山陈墓镇(今锦溪),投靠妹夫,在镇上照相馆门口设摊为人刻字、刻章谋生,闲时以刻竹自娱。1953年其三件竹刻臂搁在苏州展出,又被送至南京等地参加展览,后入选在北京举办的首届全国民间美术工艺品展览会。1955年,周玉菁约花一年时间刻石鼓残文八行阳文扇骨一柄。该扇骨的风格细腻典雅。1963年为思想家顾炎武诞生350周年,周玉菁以清代名家禹之鼎所绘肖像为蓝本,在臂搁上刻制来纪念这位先哲,受到一致好评。

"文化大革命"爆发后,古器物铭文、传统花鸟与山水画等很多竹刻题材被归入"封资修"之列,周玉菁因此几年没有刻竹。后受一些画家应时代而"创新"的启发,1972年在臂搁上以隶书刻上毛泽东《为人民服务》全文八百多字,历时八个月。该臂搁的阳文衬以沙底,每字在0.4~0.5厘米之间,工整清秀,不失为特殊年代中的一件佳作。"文化大革命"结束后,文艺开始复兴。周玉菁的竹刻创作又焕发了青春。1979年,其两件竹刻作品参加了江苏省庆祝中华人民共和国成立30周年大型艺术展览。后应吴县轻工公司沈百川经理之邀,周玉菁到枫桥吴县工艺美术厂传授竹刻技艺一年多。1981年受昆山陈墓大东砖瓦厂龚竹钰厂长之聘,任职于古砖瓦研究室,鉴别分类古砖瓦,并带领几名学徒复原了一些汉砖、瓦当。

周玉菁在刻竹之余,也宗秦师汉,冲切驰骋。代表作有刻于1958年的昆曲散套《咏花》组印和后来的毛泽东词《采桑子·重阳》组印、叶剑英词《忆秦娥·祝科学大会》组印等。

自1957年起,周玉菁先后任四届昆山政协委员,为江苏省书法家协会会员、亭林印社社长。退休数年后,1999年夏因年迈多病被长子周熙民接回苏州。2005年12月17日病逝。

(陈道义)

吴䍩木(1921—2009)

吴䍩木,名彭,号小铻,吴县(今江苏苏州)人,原籍浙江石门(今桐乡崇福镇)。1921年9月生于浙江嘉兴。祖父吴滔是清末江南第一山水画家。父吴待秋与吴湖帆、吴子深、冯超然并称民国沪上画坛"三吴一冯"。母沈漱石多才多艺,系鸳湖名士沈稚峰之女。在家庭熏陶下,吴䍩木五岁开始学画,并在山水画方面显露天赋,七岁临摹一幅二丈许《长江万里图》,被人啧啧称赞。

1931年吴䍩木随家迁居苏州,就读于苏州晏成中学。毕业后考入上海复旦大学法学院经济系,大学毕业后,在外滩中央银行国库局工作。1949年父病逝后,吴䍩木离沪返苏,全身心投入绘画艺术。1953年苏州市文化局举行迎春国画展。吴䍩木创作的一幅《大龙湫》令画界同道大为惊叹。前后十年间,吴䍩木将郑振铎编《域外所藏中国古画集》中历代百余家一千几百幅名作反复临摹,将父母所遗两大柜九千张宣纸全部画完。对历代大家之技法无不谙熟于心,深得其奥秘,为自己的艺术发展变化打下了深厚的基础。在作画用具上也令人称绝,凡是有助于表达艺术效果的东西,都一概纳于手中,如国画《雁荡山》中苍郁古朴的山石便是以乱柴作笔而成,并于1955年获全国首届青年画展奖。

1958年苏州工艺美术专科学校成立后,吴羏木任该校绘画专业组组长。1961年夏,漫画家华君武来苏州当场观摩吴羏木创作《山中瀑布》后,赞叹不已。1980年9月,吴羏木画展在苏州博物馆展出,引起强烈反响。1990年江苏省工艺美术书画研究会赴日本举办画展,吴羏木作品由此名扬海外。日本知名水墨画家安田虚心带领数十位学生专程来苏州,为吴羏木举办作品座谈会,盛赞吴羏木是"当代南画(中国画)第一人"。1991年4月,法国国家电视台慕名专程到苏州为吴羏木拍摄了专题片。同年冬,吴羏木又应日本美术界邀请赴日访问。日本前首相中曾根康弘、宇野宗佑还亲自在东京设宴款待,对其山水画作品给予了高度评价。

吴羏木最引以为豪的是其"第三类国画"。"第三类国画"可说是对中国传统画的大胆变革,"比传统还传统","视传统而古之"。从绘画技法上讲,就是反传统之道而行之,或将传统国画技法用过头,在"物极必反"中显其新意。吴羏木一生创作"第三类国画"千余幅,并从中探索总结出画技542种。如作品《江亭秋晚》,采用"两幅重叠而出之"的技法,画面上石头与树木重叠在一起,打破了传统的时空观念,使观者的想象突破了时间、空间的限制,在平面的画幅上表现出一种视力难以触及的结构。另一幅作品《凛其乎不可留也》,画面上的水(留白处)给人一种静止的感觉,秃山上无树无草,天空昏沉,飞鸟绝迹,显出一种人迹罕至、混沌初开的迹象。香港《文汇报》称吴羏木"第三类国画"是"超乎想象之外""思古人未思者",澳门《华侨报》、《人民日报》(海外版)、中央人民广播电台等许多报刊、电台也都报道介绍了吴羏木,法国代表团称其为"中国的毕加索"。吴羏木的山水画作品在国内外被出版、展出、收藏、义卖、捐赠的达两千余幅,部分作品被人民大会堂、中国人民革命军事博物馆和台北"故宫博物院"等收藏。吴羏木与萧平合作撰写的《山水画传统技法解析》是我国山水画领域权威著作之一。吴羏木撰著的《中国画技法概论》被译成英、德、法三种文字出版,在海内外广受好评。

吴羏木曾任苏州国画院院长,被聘为江苏省文史研究馆馆员。当选为中国民主促进会江苏省委委员,苏州市人大常委会委员、市文联艺术指导委员会委员,江苏省工艺美术学会、吴门画派研究会会长等。2009年3月7日在苏州逝世。

(袁成亮)

唐耿良（1921—2009）

唐耿良，吴县（今江苏苏州）人。生于1921年1月30日。1926年入桃花坞初等小学读书。1931年因家贫而辍学。1933年9月拜评话响档唐再良为先生，习说长篇评话《三国》。一年后赴苏州外垮塘破口说书。曾向周镛江求教《千里走单骑》，向杨莲青学习技艺，使书艺大增。1944年中秋，经"描王"夏荷生介绍，进入上海说书，与夏荷生、魏含英等人合作于沧洲书场，从此蜚声苏浙沪书坛，成为"七煞档""四响档"之一。

上海解放后，1949年6月唐耿良与潘伯英、张鸿声、顾宏伯合作，初次开说新评话《大渡河》。1950年春节唐耿良赴香港说书，返沪后在范烟桥帮助下编演新书《太平天国》，参加1951年上海戏曲曲艺春节演唱竞赛，荣获一等奖、荣誉奖。同年冬赴北京参加抗美援朝宣传。为适应形势变化，是年夏与刘天韵、蒋月泉等带头"斩尾巴"不说传统书，积极组建上海市人民评弹工作团（今上海评弹团），为首批入团的18位演员之一，历任副团长、艺术委员会主任。同年年底，随团赴安徽治淮工地进行文艺宣传，在工地上与民工同吃同住，在艰苦生活中受到锻炼。治淮三月后返回上海，参加集体创作中篇《一定要把淮河修好》，奠定了中篇评弹形式。1952年9月，与朱慧珍、陈希安参加第二届中国人民赴朝慰问团，在朝鲜演出四十余天，丰富了阅历和见识。1953年赴北京参加第二届全国文代会。1959年"七一"前夕加入中国共产党。1960年、1979年分别赴京参加第三、四届全国文代会。曾当选为上海评弹改进协会副主任委员、秘书长，上海市人民代表，中国曲艺家协会常务理事，中国曲艺家协会上海分会（今上海曲艺家协会）第一至三届副主席等。

在演说《三国》众多名家中，唐耿良以嗓音甜润、富有吸引力、书路清晰、剖析周到、说表流畅并善于结合时事增添书情新意等特点占得一席之地。对传统书目进行了去芜存菁的加工。所整理的传统折子书《草船借箭》将人物心理刻画得细腻，将故事情节叙述得合理，受到广泛好评。唐耿良曾多次下工厂、农村、部队体验生活，编演了《空中英雄张积慧》《走在时间前面的人——王崇伦》《大寨人的故事》等短篇评话以及《王孝和》《冲山之围》《钢水沸腾》等中篇评话，充分反映了时代需要，对在基层推广"讲故事"活动做出了贡献，多次被《解放日报》《文汇报》报道。20世纪80年代末，编演《三国用人之道》，古为今用，给人以启迪，尤受企业界人士欢迎。1989年自评弹团退休后，远赴加拿大，在国外多次讲学和演出，为弘扬和传播民族文化发挥余热。出版有唐耿良演出本《三国·群英会》、长篇评话录像《三国·千里走单骑》《三国·诸葛亮出山》及一百回评话录音《三国》，著有回忆录《别梦依稀——我的评弹生涯》。2009年4月21日逝世于上海[1]。2015年《别梦依稀——说书人唐耿良纪念文集》出版。　　（解　军）

徐国钧（1922—2005）

徐国钧，常熟白茆横塘人。生于1922年11月17日。1945年毕业于国立药学专科学校，留校任教。中华人民共和国成立后，学校先后改名为南京药学院、中国药科大学。徐国钧历任副教授、教授、中药学系系主任、中药研究所所长，致力生药鉴定、品质评价、资源开发及学科建设，是著名生药学家，中国生药显微鉴定尤其是粉末生药学和中成药显微分析的奠基人。

徐国钧开创了国内外中成药鉴定的先例。中国传统应用的中成药丸散膏丹，大多直接用粉末药材制成。一种中成药常含有几种、十几种或几十种粉末药材，向来缺乏鉴别依据。1956年，徐国钧对南京同仁堂国药号产品"灵应痧药"进行鉴定。运用粉末鉴定方法，通过反复实验、观察、分析，掌握各种组成药物的专属性特征，终于成功检出10种药材，与规定处方一致，打破了"丸散膏丹，神仙难辨"的神秘观。1964年陆续发表了18种商品中成药的鉴定方法，使中成药粉末鉴定方法趋于完善。主编《中药材粉末显微鉴定》，使我国粉末生药学跃居国际领先地位。

在中成药鉴定中运用显微分析法是徐国钧的又一重大贡献。1973年至1975年，为验证显微分析法对中成药鉴定的正确性和可靠性，徐国钧配合中国药典工作，观察、复核、制定了66种药的显微鉴别标准。又在中成药显微鉴定经验交流学习班上讲授显微分析专业知识和技能，共同复核了近百种药典中成药的显微鉴别项目内容。在这项研究中，徐国钧发现有的成品与药典处方不相符，这涉及成品药的疗效。由此，显微分析成为保证中成药品质的关键。1980年11月，在天津举行的世界卫生组织药用植物标准化和应用国际会议上，徐国钧所做《显微分析对植物药和中成药标准化的重要性》学术报告得到大会高度评价。1981年徐国钧应邀参加在日本名古屋举办的天然药物鉴定研究会。1982年，和研究生对中国药典中组成药最复杂、鉴定难度最大的"再造丸"进行研究，将58

---

[1] 唐耿良生平可参阅唐耿良著、唐力行整理：《别梦依稀——我的评弹生涯》附录《作者年谱》，商务印书馆2008年，第434—440页。

味植物、动物、矿物药逐一检出,并对该类丸药中某些同名异物药材也予以清楚的鉴别。这一研究成果的发表使中成药显微分析水平达到新的高度。长期以来,徐国钧对成千上万种中成药进行极其细致的显微分析、观察、记录、对比,将中成药的成分丝毫不差地区分开,使中国的显微分析鉴定研究处于世界领先地位。

"七五"与"八五"期间,徐国钧任国家重点科技攻关课题"常用中药材品种整理和质量研究"南方片组组长,对111类多来源中药进行系统研究,对澄清混乱品种,提高鉴定技术水平,保证药材质量,保障用药安全有效,修订、制定药品标准,开发利用新药源均有重要的科学意义。

徐国钧为九三学社社员。1995年当选为中国科学院院士。曾获国家科学技术进步奖一等奖、国家医药局科技进步奖一等奖等。2001年获何梁何利基金科学与技术进步奖。2005年6月17日在南京逝世。另编著《药用植物及生药学》,参编《中国医学百科全书》及《中华人民共和国药典》(英文版),合作编著《生药学》等,合作主编《中草药彩色图谱》等,主编《药材学》等。　　(潘正言)

张永昌(1922—2007)

张永昌,上海人。生于1922年。出身于文玩世家。曾就读于辅仁大学历史系。1941年拜著名的跨国文物公司卢吴公司经理叶叔重为师,学习瓷、铜、玉杂等古玩业务。1944年任苏州古玩珠宝业行商组组长,经营古玩、珠宝玉器。中华人民共和国成立后,张永昌被推举为苏州文物商店采购组组长及鉴定组组长,主要从事文物鉴定与征集工作。1973年至1975年,对苏州博物馆除书画部分外的各类文物藏品进行分类编目、鉴定和登记。1986年3月成为首批国家文物鉴定委员会委员。被聘为研究馆员、国家文物出境鉴定江苏站专家,被国内外公认为古玉鉴定第一人。[1]

在从事文博工作的几十年中,张永昌征集了包括瓷器、玉器、青铜器在内的许多珍贵文物,并从准备出口的文物中发现过许多国宝,使之免于流失海外。20世纪80年代,协助中国文物商店总店对1978年外贸部门截留的八万余件古玉进行了鉴定和估价。"20世纪90年代,他接受国家文物局国家文物鉴定委员会主持的全国博物馆及文管会馆藏一级文物鉴定确认任务,巡回鉴定了19个地

---

[1] 刘雪杉:《文物鉴赏大家张永昌(上)》,见《艺术市场》2006年第1期。

区、106个文博单位的藏品。工作中,经他鉴定的各类文物百万余件,仅古瓷、古玉两项,就达50万件之多。"[1]

张永昌为我国文博事业培养了许多人才。从1978年至1996年,应国家文物局、中国文物商店总店及各地文博单位邀请,先后在杭州、保定、北京、南京、曲阜、广州、武汉、宁波、扬州、常州、镇江以及东北三省的文博单位和大学主讲古玉器鉴定,传授鉴定技术,面授学员2 000多人。此外,还为全国海关人员讲授过古玉器基础知识。

张永昌多才艺,擅长篆刻印章、竹笔筒、扇骨,书学郑板桥,风格自成一家。编著《古玉浅说》《古玉鉴定(璧、人、鹿、龙)》《古代玉雕艺术》《斑斓璀璨——中国历代古玉纹饰图录》等,合作主编《中国古代玉器艺术》等。

2007年2月25日张永昌逝世。生前即与北京著名文物鉴赏专家耿宝昌并称"南张北耿"。曾任国家文物局局长、故宫博物院院长的吕济民评曰:"南张北耿,如此德艺双馨的鉴赏大家,恐怕也是空前绝后了。"[2]

(冯勇攀)

陈华薰(1923—1945)

陈华薰,昆山陈墓(今锦溪)人。生于1923年5月12日。父陈定谟,留学美国,任教于北京大学、南开大学、复旦大学、厦门大学、广西大学等校,为知名教授。

1941年陈华薰于云南楚雄中学毕业,考入昆明中法大学物理系。时当抗日战争艰苦时期,毅然投笔从戎,1942年考取中国空军军官学校。1943年1月被选送至美国深造,相继完成初级、中级、高级战斗机训练所规定的科目。受训期间,富于爱国主义正义感,学习勤奋,技术高超,表现勇敢。在一次飞行训练时飞机引擎突然起火,但陈华薰没有弃机跳伞,沉着机智地坚持驾驶飞机降落机场,受到表彰与奖励。12月16日,以优异成绩毕业于美国亚利桑那州菲尼克斯洛克基地高级驱逐机飞行学院,获颁毕业证书。

1944年回国后,陈华薰任美国陆军第十四航空队中美混合联队"飞虎队"第三大队第八中队第四分队少尉三级飞行员,初被派驻四川新津空军基地,后转至四川梁山等空军基地。1945年1月5日随第三大队出动执行任务,在12时30分自湖北老河口机场起飞,下午1时20分编队由孝感进入武汉上空,攻击汉口

---

[1] 刘明杉:《佩鸣玉以比洁 期有德于传闻——追忆著名玉器鉴赏家张永昌先生》,见《收藏界》2007年第5期。
[2] 李飞:《德艺双馨 南张北耿》,见《艺术与投资》2006年第12期。

及武昌日军机场,与敌机展开激烈空战。驾驶 P-40 型 675 号战斗机,冒着地面日军猛烈的炮火,低空俯冲往返扫射八次。在再次俯冲投弹时不幸被日军高射炮射中,壮烈殉国。被追赠空军中尉军衔。

抗日战争胜利后,1946 年 3 月国民政府在南京紫金山巅重建抗日航空烈士公墓,置有陈华薰烈士衣冠冢,并举行了公祭,将陈华薰的事迹载入《航空英烈册》。1988 年,中华人民共和国民政部颁发革命烈士证明书,批准陈华薰为革命烈士。2009 年 9 月 26 日南京抗日航空烈士纪念馆开馆,陈华薰的英名被镌刻在抗日航空烈士纪念碑上。2011 年陈华薰英烈事迹被列入锦溪镇革命烈士陵园展览。2013 年锦溪镇革命烈士陵园设陈华薰烈士遗物冢,并立碑纪念。

(陆宜泰)

顾懋祥(1923—1996)

顾懋祥,太仓人。生于 1923 年 1 月 25 日。1945 年毕业于上海雷士德工学院机械系。留学美国,1949 年获密歇根大学研究院造船与轮机系工程硕士学位。中华人民共和国成立后,顾懋祥于 1950 年回国,任教于上海交通大学。后任中国人民解放军哈尔滨军事工程学院教授、海军工程系副主任,哈尔滨船舶工程学院教授、副教务长,中国船舶工业总公司第七研究院第 702 研究所研究员、所长,中国船舶科学研究中心所长、名誉所长等。

顾懋祥是中共党员,船舶性能研究和设计技术专家,中国现代船舶理论与技术以及海洋工程技术的学科带头人。20 世纪 50 年代起,在我国率先开展现代新船型的研究,主持研制成世界上第一艘气垫船及我国第一艘单水翼艇,最早用实验保证了国际上无舱盖集装箱船的诞生。提出了顺浪与逆浪下水翼攻角变化理论,率先引进并精辟论述了船舶动力学的概率理论,将海浪与船舶运动的随机过程理论结合起来,使船舶在不规则海浪中运动的计算成为可能,并得到精密的验证。用平稳随机过程理论指导船舶减摇鳍系统设计,是我国舰船减摇技术的创始人。20 世纪 70 年代,开创了我国舰船舶耐波性理论研究及数字计算工作,率先完成在波浪中运动的二维计算程序,并提出了有关波群诱导的长波理论。80 年代初,在国内率先系统地开展了海洋工程研究工作,先后领导完成了单点系泊、多点系泊、半潜式平台、张力腿平台试验发展研究,海洋风、浪环境要素确定,浮体在风、浪、流作用下的自由度运动与外载荷理论计算和实验研究等多项重大项目,均达到国际先进水平,被誉为我国海洋工程浮式系统研究领域的奠基人。在主持由国家 7 个部委 22 家单位组成的全国海上平台管节点研究委员会期间,先后开展了管节点应力分析、承载能力研究、疲劳试验与设计方法等 10 个项目，均达到国际先进水平。开创国内人工神经网络理论在船舶与海洋工程系统中的应用研究，亦取得丰硕成果。领导研究的船舶动力定位系统的智能控制技术获得国际专利。顾懋祥曾荣获全国科学大会奖、国家科学技术进步奖二等奖、国家经委优秀科技成果一等奖、中国船舶工业总公司优秀科技成果奖二等奖等，为我国船舶工程发展做出了重大贡献。

1995 年顾懋祥当选为中国工程院院士。1996 年 5 月 21 日在上海逝世。著有《船舶摇摆》《顾懋祥院士学术论文选集》。

（李　峰）

范雪君（1925—1995）

范雪君，本姓王，名凤燕，更姓名范彩娣，以艺名行，吴县（今江苏苏州）人。生于 1925 年。幼年曾就读于苏州城内道养小学。生父王少峰，原说评话《西游记》《金台传》，后改说弹词《三笑》，因艺涯落魄、生活困窘，英年早逝。王少峰之子王振寰、王振球也说评话《西游记》，相继早夭。范雪君生母亡夫丧子后无力抚养范雪君，将其过继给评话演员范玉山作螟蛉女，后范雪君改姓更名。范雪君由养父范玉山送入上海民立女中就读，肄业后入评弹界。

范雪君曾跟张少泉学长篇弹词《杨乃武与小白菜》。之后养父延师授艺，让她按年龄、身份、性格的不同，采用特定站法与步法，以使角色鲜明不易混淆，并亲自教授琵琶、三弦。一年工夫，范雪君将开山之书学成，出道于光裕社。1941 年在上海南京饭店的女子书场登台献艺，单档演出长篇《杨乃武与小白菜》，令听客刮目相看。1943 年于仙乐书场说唱著名小说家陆澹安改编的《啼笑因缘》。1945 年春于大华书场开书陆澹安改编的《秋海棠》，后到苏州的吴苑、隆畅两书场演出，引起强烈反响。1946 年，应上海汇泉楼书场邀请演出，开上海传统书场延聘女演员之先河。同年上海文艺界举办竞选，范雪君以色艺俱佳荣获"弹词皇后"的桂冠，成为大响档，三年后再次荣膺这一称号。其间灌制《秋海棠》中《哭诉》《定情》两段，成为女说书中灌制唱片的第一人。

范雪君曾向艺人夏宝声学习琵琶弹奏，开场时"先奏琵琶一曲，指法精妙，橄弄绝佳"[1]，往往能曲惊四座，顿时令全场肃然无哗。常在开篇中加唱昆剧或流

---

[1] 苏州市评弹研究室：《苏州评弹史料之九：上海〈戏报〉一九四六—四八评弹史料专辑》，1984 年内部印行，第 42 页。

行歌曲,还能唱京剧、大鼓,于书中融会贯通,如在《秋海棠》中加唱京剧《罗成叫关》,在《啼笑因缘》中穿插大鼓《黛玉悲秋》等,显示了多方面的艺术才能。另外,善说小说家张梦飞为其编写的《董小宛》《雷雨》《赛金花》等长篇书目。台风落落大方、秀美脱俗,说唱潇洒飘逸,且善于各地方言,普通话水平上佳,又吸收话剧表演成分,说法新颖独特,自弹琵琶,顾盼生姿,令听者飘飘欲仙,范雪君因此蜚声书坛,红极一时,成为上海先生。收范雪雯、范雪华二女为艺徒,授予《啼笑因缘》《秋海棠》。

后范雪君嫁给上海绒线大王之子邓仁和,暂离书坛。中华人民共和国成立后,范雪君曾与刘天韵、蒋月泉、王月香等合演书戏《小二黑结婚》。1953年赴美国定居,后移居香港,复姓王,更名志芳。1957年曾在电台播唱《秋海棠》,其中选曲《自古红颜多薄命》《恨不相逢未嫁时》刻成唱片,流传于世。1995年4月6日因肝癌逝世。

(王 亮)

殷启辉(1926—1952)

殷启辉,吴县(今江苏苏州)人,祖籍江苏镇江[1]。生于1926年3月23日。1943年考入浙江大学政治经济系。次年秋转入中央大学。1945年抗日战争胜利后,殷启辉曾短暂辍学,帮助父亲维持家庭生计。其间曾加入三青团江苏青年服务队,被分配至崇明县三青团团部工作。因不愿与国民党党团干部同流合污,毅然辞职。

1946年7月,殷启辉加入中国共产党,接受中共上海市委国立大学区委领导。入上海临时大学法学院三年级继续学习。10月转入上海国立暨南大学。1947年1月当选为暨南大学学生自治会理事,参加上海学生抗议美军暴行运动和"反饥饿、反内战、反迫害"运动。同年夏毕业,获法学学士学位。在中共党员身份暴露后,10月受组织委派前往台湾,以台湾林产管理局竹东林场职员身份为掩护,进行地下工作。后担任新竹地委领导,并分管中共中坜支部、竹东水泥厂支部工作,积极开展林场工人与台南市省立冈山中学学生运动。组织了冈山中学学生自治会、教师联谊会,开办祖国语文义务补习夜校,创办《新教师》刊物,传播进步思想,组织进步力量。

1950年中共台湾省工委遭受破坏后,殷启辉负责重组后的中共新竹地委工

---

[1] 一说生于镇江市,随父迁居苏州。

作。1951年在桃园县龙潭,因叛徒出卖不幸被捕,在狱中坚贞不屈。1952年8月8日,被国民党当局枪杀于台北六张犁。因两岸隔绝,直至20世纪80年代初期,殷启辉牺牲的消息方被大陆知晓。经过调查,1995年苏州市人民政府追认殷启辉为革命烈士,并建纪念碑。

(朱季康)

殷 震(1926—2000)

殷震,吴县(今江苏苏州)人。生于1926年6月28日。1949年毕业于南通学院畜牧兽医系。1956年5月参加中国人民解放军。1965年11月加入中国共产党。历任中国人民解放军兽医大学、农牧大学、军需大学教授,校专家组组长,解放军基因工程重点实验室主任等。兼任国务院学位委员会学科评议组、国家自然科学奖复审组、国家自然科学基金委员会学科评审组成员,国家科学技术进步奖军事医学评审委员会委员,卫生部医学科学技术委员会常务委员、医学科技成果评审委员会委员和医药生物技术专家顾问组成员,国家兽医生物技术重点实验室学术委员。当选为中国免疫学会兽医免疫分会名誉主任委员,中国微生物学会病毒专业委员会、中国畜牧兽医学会生物技术研究会副主任委员。曾任《中国兽医学报》主编、《病毒学报》副总编。创立培养高科技人才群体的主体式教学法,为培养高科技人才做出了突出的贡献。1989年获全国教学成果军队级一等奖。先后荣立二等功一次、三等功四次,曾荣获全军优秀党员、优秀教员和"一代名师"等称号,并被国家科委授予全国优秀科技工作者称号。1995年当选为中国工程院院士。2000年7月18日在赴哈尔滨参加会议途中遭遇车祸,不幸以身殉职。

殷震是动物病毒学和分子生物学专家,中国兽医病毒分子学开拓者之一。在动物病毒病的基础和防制研究方面,先后分离鉴定新的哺乳动物病毒13种,对我国动物病毒病的研究和防制起到重要的促进作用。分离国际上新的狂犬病病毒变异株,建立了诊断方法,研制出疫苗,有效地控制了梅花鹿流行性狂犬病的发生。在国内率先开展基因工程、细胞工程等高技术研究,主持建立了军队首批重点医学实验室——中国人民解放军基因工程重点实验室,在国际上首次在实验室内实现不同属病毒基因的细胞内重组,首创转基因家兔的自体植入技术。曾获国家科学技术进步奖二等奖和省部级、军队科技进步奖一、二等奖多项,并获中国人民解放军专业技术重大贡献奖。合译《病毒的分类与命名》等,编著有《动物病毒学基础》等。

(李 峰)

朱 预(1927—2013)

朱预,昆山茜墩(今千灯)人。生于1927年11月18日。祖父朱保旭,晚清诸生,初业医,后任本镇小学国文教员。父朱文元,全面抗日战争前曾任昆山县第四区区长。朱预系长房长孙,聪慧好学。1953年毕业于杭州浙江医学院六年制医本科,被分配至北京协和医院任外科住院医师。1955年加入中国共产党。1956年任外科住院总医师。1959年晋升为外科主治医师。1977年任外科副主任。1978年晋升为外科副主任医师。1981年被批准为首批硕士研究生导师。1982年1月赴美国宾夕法尼亚大学医学院,做访问学者一年,研修胰岛移植。1984年任副院长。1985年晋升为外科主任医师,任北京协和医院院长兼外科主任,兼中国医学科学院外科学研究员、临床医学研究所所长,中国协和医科大学外科学教授、临床医学部主任。1986年被国务院学位委员会批准为博士研究生导师。1992年11月卸任院长,任北京协和医院顾问。1993年当选为第八届全国人大代表,兼任全国人大教科文卫委员会委员。曾兼任卫生部医学科学委员会委员兼外科学专题委员会主任委员、国家科委发明评选委员会特邀委员,当选为中华医学会常务理事、中华医学会外科学会主任委员与名誉主任委员,为国际外科学会中国代表、中国医学科学院学术委员会委员、中国协和医科大学学位评定委员会委员、《中华外科杂志》总编辑、《中级医刊》编委会主任委员。

朱预具有精湛的医术和高尚的医德,是我国著名外科学家、医学科学家和医院管理专家,为中国普通外科重要领军人物和内分泌外科学奠基人之一。从事外科医疗、教学和科研工作六十余年,具有极为丰富的临床经验,尤擅长疑难复杂疾病的外科诊治。在国内最早开展胰腺癌、胰腺内分泌肿瘤、胰岛细胞移植、甲状旁腺移植、外科营养及大血管疾病等方面的诊治与研究,且水平均居领先地位,在有些领域甚至达国际先进水平,推动了我国胰腺外科和普外内分泌外科的发展进步。其亲自完成的原发性甲状旁腺功能亢进手术近300例,时为亚洲最大宗病例。其亲自诊治的胰岛素瘤病例逾百,使协和医院迄今保有胰岛素瘤国际单中心最大宗病例。

朱预非常重视医学科研与教育。在国内外医学学术期刊上发表论文120多篇,主编《临床内分泌外科学》,合作主编《人工胃肠支持——肠外与肠内营养》《外科临床指导》《地震创伤》等,合作编译《完全胃肠外营养的基础和临床》,参编《黄家驷外科学》《临床外科手册》《实用肿瘤学》《糖尿病学》《急诊临床》《外科基本功》《急诊医学》《急诊外科》《现代胃肠病学》等20多部。多次参加国际外科学术会议,进行学术交流。主持或参加完成的科研项目先后获国家科学技术进步奖二等奖 2 项,省部级科技进步奖一等奖 1 项、二等奖 5 项、三等奖 3 项。

朱预曾荣获国家有突出贡献中青年专家,首批中国医学科学院、中国协和医科大学名医,首届全国医院优秀院长等称号。2007 年 5 月 27 日,作为中国 9 名外科学泰斗级教授之一,被授予中华医学会外科学分会杰出贡献奖。2013 年 3 月 30 日在北京病逝。

(马一平)

徐丽仙(1928—1984)

徐丽仙,曾随养父改姓钱,原名招娣,以艺名行,吴县(今江苏苏州)枫桥人。生于 1928 年。因家贫,未满周岁即被送给弹词艺人钱景章为养女。钱景章,一作锦章,又名小春,为王绶章弟子,擅说《果报录》即《倭袍》。与妻陈亚仙创建男女拼挡,开办钱家班招收女弟子。参与创立普裕社,任常务委员。为青帮大字辈张子云干儿子,加入国民党。抗日战争胜利后钱景章将普裕社与光裕社合并,任理事长,后任吴县评弹协会会长、吴县戏院业同业公会理事长、云社理事长,素有书霸、恶霸之名。

七岁起,徐丽仙在养母陈亚仙严苛要求下,开始学习评弹。还学习京戏,会唱《苏三起解》《凤还巢》《汾河湾》等。十二岁便随养母等在酒楼、堂会上卖唱。早年主要在苏州、常熟等地码头献艺。十七岁时,因无意中代替大师姐在苏州大书场献唱成功,一举成名。1947 年随钱家班到上海演出,弹唱《倭袍》《啼笑因缘》等,深受听众喜爱。1949 年中华人民共和国成立后,徐丽仙脱离钱家班,恢复徐姓。

徐丽仙早年以唱"俞调"为主,后曾学过"周调""徐调""沈薛调",再后则专门学唱"蒋调"。在艺术上思想开放,善于广采博收,勇于开拓创新。"丽调"就是在传统评弹唱调特别是"蒋调"的基础上,吸收京剧、京韵大鼓、戏曲、说唱音乐和歌曲等艺术元素,并加以提炼而形成的具有鲜明女性特色的新唱腔。1953 年,徐丽仙参加上海市人民评弹工作团(今上海评弹团),先后参加《罗汉钱》《猎虎记》《错进错出》《杜十娘》《情探》《珍珠塔》《双珠凤》等的演出。她在创腔和演唱上的独特风格逐渐形成,得到听众和同行的承认。一个新的评弹流派"丽调"由此产生。

早期的"丽调"柔和婉约、清丽深沉,主要用于表现书中女角色的哀怨之情,生动细致地揭示人物的内心世界。随着时代的进步,弹词音乐需要表现英雄人物,徐丽仙又博采其他艺术形式的唱腔因素,使"丽调"又具有了明朗刚健的特点。1956年,以《情探》唱段参加全国音乐周演出,获得好评。1958年谱曲演出《新木兰词》开篇,塑造了古代女英雄花木兰的音乐形象。接着又开拓弹词音乐表现领域,从"俞调"和北方大鼓中吸收旋律,从生活中吸取流畅明快的节奏和生动活泼的表现形式,来表现社会主义的新生活。1960年出席全国第三次文代会,深受鼓舞。1961年和1964年,先后谱曲《六十年代第一春》《全靠党的好领导》,使"丽调"别开生面。由于她不断奋进、创新,十余年间使"丽调"跨了三大步,说唱弹词开篇毛泽东词《蝶恋花·答李淑一》曾风靡全国。

"文化大革命"中,徐丽仙遭到摧残与迫害。"文化大革命"结束后不久,徐丽仙不幸确诊患上舌癌。但她仍坚持一面治疗,一面对"丽调"进行新的研究与开拓,使得以"丽调"为基础谱曲的《重游延安》《八十抒怀》《望金门》《二泉映月》等开篇取得成功。1982年参加全国曲艺(南方片)会演。《望金门》《二泉映月》荣获一等奖,徐丽仙也因对弹词音乐有卓越贡献而获荣誉奖。同年,上海音乐学院在院长贺绿汀指示下,为抢救"丽调"的珍贵原始资料,为徐丽仙拍摄影像资料。同时徐丽仙还对《黛玉葬花》《年轻妈妈的烦恼》《宝玉夜探》等进行整理,灌制唱片。

徐丽仙曾当选为上海市政协委员以及中国曲艺家协会、中国音乐家协会理事等,加入中国民主同盟。1983年11月又加入中国共产党。1984年3月6日病逝于上海。有《徐丽仙唱腔选》。

(李　军)

陆文夫(1928—2005)

陆文夫,原名贵,江苏泰兴人。生于1928年3月23日。六岁时随家迁居靖江夹港。私塾老师秦奉泰为其起学名文夫。1945年陆文夫考入苏州中学。1948年高中毕业后投奔苏北解放区,在华中大学学习半年。1949年4月随中国人民解放军南下解放苏州。中华人民共和国成立后,陆文夫历任新华社苏州支社、《新苏州报》记者。火热的生活激发了陆文夫的创作灵感。其第一篇小说《荣誉》就获得江苏省首届文学奖,并被译为外文。陆文夫也加入了华东作家协会。1956年出版其第一部短篇小说集《荣誉》,并出席全国第一次青年作家代表会议。同年10月小说《小巷深处》被发表于文学刊物《萌芽》,好评如潮,被视为陆文夫的成名作。

1957年春,陆文夫结束八年的记者生涯,调入江苏省文联从事专业创作。

反右派斗争开始后,陆文夫与高晓声、方之、叶至诚等因发起筹办《探求者》同人刊物,被诬为"反党小集团"。陆文夫被定为"不戴帽子的右派分子",下放至苏州机床厂当徒工。在机床厂两年半时间,勤奋钻研技术,先后四次被评为优学秀员、先进工作者和技术能手。

1959年江苏省文联重组。陆文夫在被召回创作组后,以自己劳动改造时的生活体验与感受创作了大量作品,其中《葛师傅》《二遇周泰》被发表于《人民文学》。其第二部短篇小说集《二遇周泰》出版。茅盾称《葛师傅》为陆文夫创作上的"一次跃进,也是一个里程碑",称赞陆文夫是一个"不踩着别人脚印走,也不踩着自己的脚印走"的作家。"文艺整风"开始后,陆文夫关于工厂生活的作品被视为"替'右派分子'翻案",其因此再次成为被批判的重点对象,并被下放至江宁县江宁公社李家生产队劳动改造。1965年10月,又被下放到苏州市苏纶纱厂做机修工。1966年"文化大革命"爆发后陆文夫受到错误批斗与迫害。1969年举家被下放到苏北射阳县陈洋公社南分大队。

1976年"文化大革命"结束后,陆文夫迎来了小说创作生涯的第三个高潮。《献身》获1978年全国优秀短篇小说奖。《小贩世家》获1980年全国优秀短篇小说奖。《美食家》获第三届全国优秀中篇小说奖。《围墙》获1983年全国优秀短篇小说奖。1995年出版的长篇力作《人之窝》获江苏省首届紫金山文学奖。陆文夫还出版了散文集《壶中日月》《梦中的天地》。其作品被翻译成英国、法国、日本等国文字,驰誉海外。陆文夫曾当选为中国作家协会副主席、江苏省作家协会主席、第六至八届全国人大代表。

陆文夫以擅长描写苏州生活特色而闻名文坛。作家艾煊在陆文夫作品学术讨论会上曾说过:"世界那么大,他只写苏州;苏州也不小,他专写小巷,专写高高风火墙后边的那些人家……陆文夫是苏州的,苏州也是陆文夫的,陆文夫是文学上的'陆苏州'。"陆文夫以"当代意识、地方特色、文化风貌"为办刊方针,1988年一手创办了《苏州杂志》,并任社长兼主编。1994年和1995年《苏州杂志》分别被评为华东地区优秀期刊一等奖、江苏省社科类"双十佳期刊"。2005年7月9日,正值《苏州杂志》第100期出版前夕,陆文夫不幸病逝于苏州。有《陆文夫文集》行世。

(袁成亮)

屈梁生(1931—2007)

屈梁生,常熟人。生于1931年3月17日。1948年考入上海交通大学,同年年底加入中共外围进步组织新民主主义联合会。次年3月参加中共地下党工作,积极投身于革命,迎接解放。1952年毕业于上海交通大学机械系。1955年哈尔滨工业大学研究生毕业。曾任西安交通大学教授,机械工程系系主任、机械工程研究所所长等。是机器质量控制与监控诊断专家,中国机械故障学的奠基人之一。2003年当选为中国工程院院士。

屈梁生长期从事机械质量控制与监测诊断领域的基础性、开拓性研究,提出"诊断是以机械学和信息论为依托,多学科融合的技术,本质是模式识别"的学术思想。首创全息谱技术,全面集成机器振动的幅、频、相信息,显著提高了机器运行中稳差故障的识别率。在此基础上开发完成了轴系全息动平衡技术,主要改善了现有转子现场动平衡方法,打破了高速动平衡技术被外国垄断的局面,使我国的转子动平衡技术达到国际先进水平。所研制的多机组在线监测网络具有预警、故障追忆、远程和智能诊断功能。屈梁生运用和发展机械信号处理技术,从发动机噪音中成功地提取了故障特征,揭示了机器声悦耳感的机理,提高了多种机电产品的传动精度。曾获国家技术发明奖二等奖、教育部技术发明奖一等奖以及中国仪器仪表学会科学技术奖等。合作编著《机械故障诊断理论与方法》《机械故障诊断学》等,著有《机械故障的全息诊断原理》《机械监测诊断中的理论与方法——屈梁生论文集》。

2007年12月7日屈梁生因病于西安逝世。　　　　　　　　　　（李　峰）

范敬宜(1931—2010)

范敬宜,字羽诜,吴县(今江苏苏州)人。生于1931年6月12日。范仲淹第二十八世孙。父范承达,毕业于上海交通大学,为邹韬奋同班同学。母蔡佩秋曾师从章太炎等,工诗词格律。

1949年范敬宜毕业于无锡国学专修学校沪校,考入上海圣约翰大学中文系,常于新闻系听课,并曾任校报编辑。1951年毕业后赴辽宁,任《东北日报》编辑,后改任《辽宁日报》编辑,历任农村部副主任、主任,报社编委等职。1957年,因于《东北日报》任上发表的两篇杂文被错误划为"右派分子",被送至辽阳种马场劳动改造。"文化大革命"时期,全家被下放至辽西建昌县农村。后范敬宜获县委书记马汉卿赏识,调入县城工作。1978年春加入中国共产党。

1979年,范敬宜重返《辽宁日报》工作。所撰《莫把开头当过头——关于农村形势的评述》被《人民日报》全文转载,引起强烈反响,受到时任辽宁省委第一书记任仲夷关注。1983年范敬宜任《辽宁日报》副总编。1984年调任文化部外文局局长。1986年任《经济日报》总编,于全国率先推出个人专栏。1993年任《人民日报》总编,于头版开设短文专栏《今日谈》,力求清新文风。1998年起,任第九届全国人大常委会委员、人大教科文卫委员会副主任委员。2002年4月被清华大学聘为教授、新闻与传播学院院长。曾兼任中国人民大学新闻学院、武汉大学新闻学院教授,中国社会科学院研究生院新闻系博士生导师等。当选为中国新闻摄影学会会长、中国新闻文化促进会会长等。

范敬宜一贯重视新闻媒体的社会责任,并强调领导应以身作则,敢于直面工作中的风险。同时倡导文风个性化,不盲目追求同一风格。关心青年才俊,经常推荐年轻记者稿件。

范敬宜幼年曾师从吴门画派传人樊伯炎,于文学艺术上亦有所造诣。冯其庸曾誉其"诗书画一体,情文韵三绝"。季羡林则因范敬宜兼对西方文化之了解,以"四绝"称之。范敬宜自身则重视文学艺术对新闻工作的灵感启发作用,提倡学习文学写作丰富多样的表达方法,以增强新闻作品感染力。

2010年11月13日范敬宜于北京病逝。一生著述颇丰,有《总编辑手记》《敬宜笔记》《敬宜笔记续编》《马克思主义新闻观十五讲》《范敬宜诗书画》等。

(顾亚欣)

黄胜年(1932—2009)

黄胜年,太仓人。生于1932年2月10日。1950年考入清华大学物理系,被选派留学苏联列宁格勒大学物理系。1955年毕业。曾任中国科学院原子能研究所中子物理研究室主任、核物理研究所科技委员会主任,中国核工业研究生部主任,中国原子能科学研究院研究员、学术顾问等。1991年当选为中国科学院数学物理学部学部委员,后称院士。

黄胜年是中共党员、核物理学家。测定和澄清了国外有分歧的核能利用所需要的某些核数据。完成了各种能量中子引起铀、钚、钍核素以及铀-238、钚-240自发裂变体系的实验。科学地建立方法与装置,完成了中国第一颗原子弹金属铀本底中子的测定。1979年后,与合作者一起对锎-252自发裂变这种典型的低激发能裂变进行了系统的、详细的实验,观察到高动能事件碎片质量分布上的精细结构,并得出氚和α粒子伴随裂变(三分裂)的各种关联特性。先后获全国科学大会奖及部级科技进步奖二等奖3项、三等奖1项、四等奖2项等。

黄胜年出身于书香门第,有深厚的文学造诣,酷嗜诗词,其诗作、诗论皆富于哲理。诗作形象地描绘了繁复的意象世界,深刻地表现了时代的主题,寄托了崇高的精神情怀,时有出神之笔,形神兼备,别具一格。2009年1月8日黄胜年因病于北京逝世。著有《黄胜年诗文集——一个科学院院士的情怀》。 （李　峰）

章　申(1933—2002)

章申,常熟鹿苑(今属江苏张家港)人。生于1933年10月24日。父章太和为著名开明人士,曾任常熟市政协委员、工商联合会秘书长,家教甚严。

1952年章申于梁丰中学毕业,考入南京农学院土壤系。1956年毕业后,考取高教部留学苏联研究生,先于南京大学化学系深造。赴莫斯科大学生物土壤系学习四年,从事微量元素景观地球化学和生物地球化学研究,以优异成绩获生物学副博士学位。1962年学成归来,进入中国科学院地理研究所。先后创建了微量元素实验室,化学地理研究组、研究室,环境生物地球化学开放实验室。长期从事黑钙土、褐土地、棕壤、黄壤、红壤和砖红壤以及河湖沉积物种生命与污染微量元素含量分布及成因规律研究。通过对我国陆地水中约30种微量元素的含量分布和赋存形态的研究,揭示了陆地水环境地球化学规律。首次揭示珠穆朗玛峰地区冰、雪、水中氢氧同位素的含量、分布和分馏规律,促进了我国高山极地水环境地球化学的发展。

1966年"文化大革命"开始后,学术活动一度被迫中止。1967年,章申与同研究室的三位同志到延安革命老区南泥湾,开始对当时世界上尚未攻克的大骨节病和克山病等地方病的调研防治工作。与中国科学院土壤研究所等单位的研究员深入病区调查研究,发现那些地区水体中硫元素含量偏低,经过缜密分析,提出了"大骨节病硫酸根疗法"。该方法成为20世纪70年代中国防治大骨节病的主要方法之一,引领和促进了我国地方病生物地球化学病因说研究的大规模开展。正是在这一时期,章申与同事提出了生物地球化学质、量、比营养概念及我国生物地球化学省的规划方案。

鉴于我国水污染问题日益严重,1973年章申又投入地球环境科学研究,主持官厅水库水污染与治理研究项目。历经三年大协作攻关,综合应用地学、化学、生物学、土壤学的原理与方法,圆满完成任务。这项研究成果为中国开辟水环境研究、防治水污染提供了一套完整的研究程序、原则和方法,总结出的一些带有基础应用性的环境科学理论有力地推动了中国环保事业和环境科学的开展,1978年荣获全国科学大会奖。

章申又积极开拓中国水环境地球化学研究新领域,系统揭示了蓟运河、湘江等河湖重金属污染规律,提出了水体污染的防治措施。主持完成的"长江水系环境背景值研究"国家科技攻关课题,全面揭示了长江水系5 800多个水、泥、生物样中约30种微量元素的背景值、空间分布、形态分配以及在湖泊沉积物中的历史演变规律。在环境保护实践基础上,章申提出环境问题形成的源、流、场、效应链式机制和防治对策。该研究成果获得1992年中国科学院科技进步奖一等奖,1993年国家科学技术进步奖三等奖。

1993年章申当选为中国科学院院士。1995年当选为国际欧亚科学院院士。1996年当选为中国科学院地学部常务委员。2002年9月3日因病于北京逝世。

(缪 宏)

时铭显(1933—2009)

时铭显,常熟辛庄合泰人。生于1933年4月26日。中国科学院院士时钧族侄。1952年毕业于南京大学化工系。1953年考入清华大学石油系研究生班,因高校院系调整,1956年毕业于北京石油学院机械系研究生班,留校任教。历任炼厂机械教研室主任、机械系副主任等职。在学校更名后,为中国石油大学(北京)化工学院教授。

时铭显长期从事化学工程和装备领域的科技研发工作。1959年至1960年,组织教师及毕业班学生为北京特种钢厂研制了一台大型超声波除尘器,且用该除尘器进行工业实验获得成功。后曾从事对管式加热炉和新型塔板等的研究,以及30万吨合成氨厂主要装备的引进消化吸收工作。1975年开始从事对液固多相流分离技术与装备的研究。所研制成的天然气干式除尘器在四川输气站被推广应用。针对石油加工的催化裂化装置降低催化剂损耗与降低能耗的需要,时铭显主持完成了多项国家级及部级有关旋风分离系统研究的课题。首次全面地总结了结构参数对流场的影响规律,提出了二次尘源等新观点。首创旋风分离器结构尺寸分类优化原理,并指导开发旋风分离器优化组合设计新方法及其计算软件,在国内首次解决了催化裂化旋风分离器完整的设计技术。此外,所研制的多型号的高效旋风管为催化裂化高温烟气能量回收系统所用立管式第三级旋风分离器的核心部件,获国家发明专利。1985年至1986年,这些新型高效旋风管首先在大庆、燕山石化等厂得到成功应用,达到国际先进水平。1987年获中国石化总公司科学技术进步奖二等奖、国家科学技术进步奖三等奖。1990年,时铭显所开发出的新型高效 PV 立管式第三级旋风分离器在大庆石化厂的大型催化裂化装置上被成功应用,使催化剂损耗大幅度下降,主要技术性能达到国际先进水平,获中国石化总公司科学技术进步奖一等奖和1991年国家科学技术进步奖二等奖,并在全国被推广应用。

在东南大学主持的国家攻关项目中,时铭显承担"劣质煤增压流化床燃烧(PF-BC)联合循环发电"中"高温燃气除尘技术"这项关键技术的研究开发。经过"七五"末期运行的高温试验,其实验装置技术指标被鉴定为达到了国际先进水平,填补了国内空白。1991年该装置获国家教委科技进步奖二等奖,后又被列入国家"八五"攻关项目。在1993年国家攻关课题中期评估中,第二级卧管式多管旋风分离器被评为国内首创。该装置除尘效果优于国外同类装置。

20世纪末,时铭显又将研究领域向两方面延伸。一方面是进入"多相流反应工程"领域,发明一系列"快速床反应器出口气固快速分离技术",获4项国家发明专利,并将这些技术迅速推广应用于炼油厂。另一方面是进入"多相流基础研究"领域,结合工程特点,探索气固、气液多相流动的基本规律,用于指导新设备的开发。1993年成功开发的 DTC 型小多管高效旋风分离器,经小型热模试验证实可达到指标。时铭显又在徐州贾旺煤矿建设了一个 15 MWe 中试电站,攻克高温陶瓷过滤器,研制崭新的强力高效脉冲反吹清灰系统并取得成功。

1995年时铭显当选为中国工程院院士。曾当选为中共十二大代表,被授予全国优秀教师、全国高等学校先进科技工作者、石油工业有突出贡献的科技专家等称号。2009年9月24日因病于北京逝世。

(潘正言)

潘承洞(1934—1997)

潘承洞,吴县(今江苏苏州)人。生于1934年5月26日[1]。清大学士潘世恩玄孙。曾祖潘曾玮,为潘世恩五子,监生。历官刑部郎中、布政使衔记名道员,多行善举。工书能诗,词作恪守律吕,被同人诩为"白眉"。祖父潘祖谦,优贡生,被授予内阁中书,开万成酱园及典当铺等。参与策动江苏和平光复。曾当选

---

[1] 于秀源:《潘承洞传》,见《科学家传记大辞典》编辑组:《中国现代科学家传记》第六集,科学出版社1994年。赵秀芳、李丹编著的《山东当代科学家》等多持此说。中国科学院学部联合办公室主编的《1991中国科学院学部委员》谓"1934年4月14日出生于江苏省苏州市",见浙江科学技术出版社1993年版第75页。考1934年5月26日为民国二十三年农历四月十四日。

为江苏省典业公会会长、吴县总商会特别会董。父潘子起,号艮斋,与孪生兄潘子义发起成立私立江苏女子职业中学校,任常务经济董事。学校办学多有成绩及得以维持,以其昆仲之力居多。邹韬奋称"两昆仲之力居多,其热心殊可钦敬"[1]。潘子起曾任江苏典业银行董事,吴县田业银行筹备主任、总理,吴县商业银行总经理。当选为江苏全省典业公会苏属会长,江苏省典业公会常务执行委员、名誉会长,苏州总商会常务执行委员,吴县典当业同业公会主任委员,吴县县商会代主席等。全面抗日战争时期曾任伪苏州自治委员会委员、伪江苏省建设厅厅长,连任三届伪吴县商会理事长。母高嘉懿,江苏常州人,因家贫而不识字,品德优良,管教子女严格。

潘承洞小时贪玩,喜欢棋牌及球类运动,上小学时曾留级一年,后奋发向学。1949年初中毕业于苏州振声中学,考入桃坞中学高中。尤喜数学,因纠正《范氏大代数》一书中一道有关循环排列题的错误解答,其才华颇令老师祝忠俊欣赏。1952年毕业后,潘承洞考入北京大学数学力学系,受教于江泽涵、段学复、戴文赛、闵嗣鹤、程民德、吴光磊等著名教授,对以具有许多简明、优美的猜想为特点的数学分支——数论尤感兴趣。1956年毕业后留系任教。次年2月成为闵嗣鹤的研究生。20世纪50年代前后是近代解析数论发展的重要时期。为了研究数论中的著名猜想,大筛法、Riemann Zeta函数与Dirichlet L函数的零点分布、Selberg筛法等新的重要的解析方法成为当时解析数论界研究的中心。闵嗣鹤曾受教于华罗庚教授,极有远见地将Dirichlet L函数的零点分布及其在著名数论问题中的应用确定为潘承洞的研究方向,并推荐潘承洞参加了华罗庚在中国科学院数学研究所主持的哥德巴赫猜想讨论班。潘承洞与陈景润、王元等互为师友,后被称为解析数论研究的"三驾马车"。

1961年3月毕业后,潘承洞至山东大学数学系任教,历任助教、讲师、副教授。1978年晋升教授。1979年起历任数学系主任、数学研究所所长、副校长,1986年11月任校长。始终重视和热爱教学工作,无论是任系主任还是任校长,都坚持担任一定的本科生教学任务,对树立优良教风身先垂范。1991年当选为中国科学院学部委员,后称院士。曾兼任国务院学位委员会数学学科评议组召集人、国家自然科学基金委员会数学学科评审组组长及《数学年刊》常务编委等。是中国共产党党员,第五至八届全国人大代表,曾当选为中共山东省委委

---

[1] 邹韬奋:《参观沪宁路线各地职业教育述评》,见邹韬奋:《韬奋全集》第1卷,上海人民出版社1995年,第392页。

员、山东省人大常委会委员、山东省科协主席、中国数学学会副理事长等。

潘承洞治学非常严谨,在基础理论和研究方法上具有坚实的基础,有深厚的学术造诣,尤其执着于解析数论研究,成就卓著。20世纪50年代,第一个得到关于算术数列中最小素数的上界定量估计。在从事哥德巴赫猜想的研究中,首先确定命题{1,C}中C的具体数值,证明了命题{1,5}和{1,4}成立,为后来的命题{1,3}和{1,2}的证明打下了基础。在简化陈氏定理{1,2}时提出并证明了一条新的均值定理。这是对Bombieri定理的重要推广与发展。为了最终解决哥德巴赫猜想,潘承洞提出了一个完全不同于经典"圆法"的新途径,其中的误差项比"圆法"简单明确,便于直接处理。他以对哥德巴赫猜想的研究思路、方法及卓越研究成就,加入了国际数学巨星的行列,与华罗庚及王元、陈景润成为中国数论派的代表,为国际数学界所赞誉。1978年荣获全国科学大会奖,并获全国科技先进工作者称号。因在哥德巴赫猜想研究中的突出贡献,1982年与陈景润、王元一起荣获国家自然科学奖一等奖。1995年又获何梁何利基金科学与技术进步奖等。

潘承洞有广泛的兴趣爱好,喜欢象棋及足球、乒乓球、台球,尤擅长桥牌。1997年12月27日因肠癌于济南逝世。其著述被汇编为《潘承洞文集》。潘承洞另与弟子于秀源合作编著《阶的估计基础》。与胞弟潘承彪教授合著教材《初等代数数论》《解析数论基础》《初等数论》《简明数论》以及《素数定理的初等证明》《哥德巴赫猜想》等。

(李　峰)

丁大钊(1935—2004)

丁大钊,吴县(今江苏苏州)人。生于1935年1月12日。出身于寒素之家,先后就读于苏州纱缎小学和有原中学(今苏州市第六中学)。刻苦勤奋,成绩优异。1951年考入同济大学物理系,因全国高校院系调整,转入复旦大学物理系。1955年毕业。在中国科学院物理研究所参加工作。1956年至1960年,被派赴苏联杜布纳联合原子核研究所从事高能物理研究。历任中国科学院原子能研究所、高能物理研究所及中国原子能科学研究院研究员,兼任北京正负电子对撞机国家实验室副主任、中国原子能科学研究院科学技术委员会副主任等。1991年当选为中国科学院学部委员,后改称院士。

丁大钊是核物理学家。1959年在苏联杜布纳联合原子核研究所参加王淦昌领导的研究小组,在世界上首次发现反西格玛负超子。提出并发展了一种确定径迹气泡密度并进而鉴别粒子的方法,为鉴定与分析反西格玛负超子事例解决了关键问题。20世纪60年代初,负责轻核反应实验小组,为完成氢弹研制所需部分基础数据的测量创造了条件。70年代中期及以后,负责开辟快中子核反应γ谱学分支学科,并领导热中子辐射俘获与原子核巨共振研究。1982年荣获国家自然科学奖一等奖。80年代负责串列加速器核物理国家实验室的实验区建设,建成适于进行精细核反应谱学与核结构研究的实验室。90年代以来,兼任北京正负电子对撞机国家实验室副主任,负责同步辐射应用并参与建议高性能同步辐射光源的建设,后负责开展加速器驱动放射性洁净核能系统的研究工作。曾获国防科工委重大成果二、三等奖与核工业部科技进步奖二等奖等多个奖项。

2004年1月14日丁大钊于北京逝世。合作编著有《中子物理学——原理、方法与应用》等。

(李　峰)